Das Geheimnis des Vakuums

Schöpfungstanz, Bewußtsein und Freie Energie
Die Neue Physik aus mystischer Sicht

John Davidson M.A. (Cantab)

Aus dem Englischen von Gisela Bongart und Martin Meier

Omega-Verlag

Bibliographische Information der Deutschen Bibliothek

Die Deutsche Bibliothek verzeichnet diese Publikation in der
Deutschen Nationalbibliografie;
detaillierte bibliografische Daten sind im Internet über
http://dnb.ddb.de abrufbar.

3. Auflage September 2005

Titel der englischen Originalausgabe: „The Secret Of The Creative
Vacuum - Man And The Energy Dance"
Copyright© John Davidson 1989
Published 1989 by The C.W. Daniel Company Limited, 1 Church Path,
Saffron-Walden, Essex CB10 1JP, England
ISBN 0-85207-202-3

Copyright© 1996 für die deutsche Ausgabe by *Omega*®-Verlag,
Düsseldorf
Einzig berechtigte Übersetzung aus dem Englischen von Gisela Bongart,
M.A. und Martin Meier
Das englische Original wurde für die deutsche Ausgabe vom Autor
überarbeitet und aktualisiert.

Coverfoto: Science Photo Library/FOCUS Hamburg

Druck: FINIDR, s. r. o., Český Těšín, Tschechische Republik

Widmung

An alle Fackelträger

Alle Schöpfung ist aus kosmischem Traumgewebe gemacht...
Alle Traumblasen müssen schließlich unter einer letzten, weckenden
Berührung zerplatzen.

Sri Yukteswar

Was wir sehen, existiert nicht.
Was wir nicht sehen, existiert wirklich.

Maharaj Charan Singh Ji

Wir sind solch Stoff, aus dem die Träume sind;
Und unser kleines Leben ist von Schlaf umgeben.

William Shakespeare (Prospero, Der Sturm)

Ich habe Raum und Zeit überschritten ...
Ich bin sogar kleiner als das Atom,
Doch ich habe mich bis zu den äußeren Grenzen des Universums
ausgedehnt.

Tukaram (1598-1650)

Menschen stolpern gelegentlich über die Wahrheit,
Doch die meisten stehen wieder auf und eilen davon,
Als wenn nichts geschehen wäre.

Winston Churchill

Worte sind bestenfalls eine ehrenwerte Lüge.

Mikhail Naimy, Das Buch des Mirdad

Danksagung

Ich möchte den vielen Freunden und Mitarbeitern danken, die auf so vielfältige Weise geholfen haben, dieses Buch zu ermöglichen. Insbesondere habe ich aus Arbeiten der unten Genannten zitiert oder diese erwähnt. Ich bin den Autoren, Urhebern und Verlegern für die Verwendung des folgenden Materials dankbar:

Autobiographie eines Yogi, Paramahansa Yogananda
Bhagavad Gita, übersetzt von Juan Mascaro
Das Buch des Mirdad, Mikhail Naimy
The Ether of Space, Sir Oliver Lodge
Ether Technology, Rolf Schaffranke
Generation of Electric Power by Magnetic Force, Kohei Minato, ins Englische übersetzt von Mitsuo Nakada
Ghost Mass and the Unseen Energy World as Revealed by the Anomalies of the Gyroscope, Harold Aspden
Ideas and Opinions und *Aus meinen späten Jahren*, Albert Einstein
Die große Gemeinschaft der Schöpfung, J. Allen Boone
Brief an den U.S.-Präsidenten, Häuptling Sealth
Life Beyond the Veil, Rev. G. Vale Owen
Lebendes Wasser, Olof Alexandersson
Magneto-Voltaic Technology, A Solid State Approach for Tapping the Zero Point Energy Field (ZPE), Adolf Zielinski
Masnavi, Jalalu'ddin Rumi, übersetzt ins Englische von R.A. Nicholson
Vortrag in Florenz, Italien, Max Planck
Mystic Experiences of Medieval Saints, R. P. Aug. Ponlain
Psychotronics und *Paradigm of New Science,* Dr. Shiuji Inomata
Radha Soami Satsang Beas für die Übersetzung von *Tukaram, Saint of Maharastra*, Chandravati Rajwade und Zitaten aus *Heaven on Earth*, Daryai Lal Kapur
The Rhythm of Living Form, Dr. Peter Guy Manners
The Seed of Truth, Silver Birch

Alice hinter den Spiegeln, Lewis Carroll
Towards a New Electromagnetics und *The New Tesla Electromagnetics and the Secrets of Electrical Free Energy*, T.E. Bearden. Auch andere anregende, von T.E. Bearden vorgestellte Ideen.
Das Werk von *Thomas Townsend Brown*. Artikel in den Zeitschriften *Science and Invention*, 1926, und *Interavia*, 1956, sowie Briefe an Rolf Schaffranke, 1973.

Weiterhin: *St. Francisco Javier, St. Ignatius von Loyola, Dr. Arthur Cam, Dr. Marcel Pages, Dr. Jean-Pierre Petit, Don Kelly, Christopher Seebach, Keith Tutt, Vita de Waal, Scott Strachan, Andrew* und *Monique Michrowski, Moray King, P. Tewari, Bruce DePalma, Adam Trombly, Leonard Holihan, Sandy Kidd, Lao-Tse, Francis Thompson, William Blake, William Shakespeare, Howard Johnson, Dr. T. Henry Moray, Viktor Schauberger, P.L. Barrett, Joseph Newman, John Searl, Nikola Tesla, Fritjof Capra, Stephen Hawking* und *Albert Einstein.*

Besonderen Dank schulde ich dem Wissenschaftler Dr. Harold Aspden und meiner Schriftstellerkollegin Jeane Manning, Autorin von *The Coming Energy Revolution* (ab 1997 auf deutsch im Omega-Verlag, Düsseldorf, unter dem Titel: *Freie Energie – die Revolution des 21. Jahrhunderts*) für ihre Hilfe bei der Zusammenstellung der Informationen, die nötig waren, um den ursprünglichen Inhalt der Kapitel 8 bis 10 (von 1989) zu aktualisieren. Harolds letztes Buch, *Aether Science Papers*, veröffentlicht 1996, ist für jeden, der ernsthafte Forschungen zu Theorie und Technik der Vakuumenergie betreiben möchte, eine Fundgrube für Ideen, Einsichten und Spekulationen.

Besonders erwähnt werden sollen die Meister von Beas in Indien. Sie sind in der jüngeren Geschichte die erste Abfolge von vollkommenen Mystikern, die unerschrocken den vollständigen, universellen und zeitlosen mystischen Weg gelehrt haben und in unverschleierter, nicht-symbolischer Sprache ausüben – Redefreiheit wurde in Indien und vielen anderen Ländern während des neunzehnten und des zwanzigsten Jahrhunderts gesetzlich geduldet. Es sind dies: Swami Shiv Dayal Singh Ji (1818-1878), Baba Jaimal Singh Ji (1839-1903), Maharaj Sawan Singh Ji (1858-1948), Sardar Bahadar Jagat Singh Ji (1884-1951) und meine eigenen Satgurus, Maharaj Charan Singh (1916-1990) und Maharaj Gurinder Singh (1954-). Mein bescheidenes Verständnis mystischer Dinge ist dieser großzügigen Quelle entsprungen.

Meinen Dank schulde ich auch dem Physiker und Avantgarde-Ingenieur Dr. Gunnar Sandberg dafür, daß er die Manuskripte durchgesehen und eines der beiden Vorworte geschrieben hat, Dr. Shiuji Inomata für das andere Vorwort und Dennis Halls für fast alle Zeichnungen und Diagramme.

Die Erlaubnis zur Copyrightnutzung wurde eingeholt, wo dies anwendbar war. In ein paar Fällen werden kurze Passagen oder Briefe zitiert, bei denen es mir nicht möglich war, entweder die Quelle oder die betreffende Person ausfindig zu machen. Ich bin zuversichtlich, daß man mir diese wenigen Fehler vergeben möge. Eine vollständige Bibliographie befindet sich am Ende des Buches.

Inhalt

TEIL II

Die Entschleierung des Tanzes
Geist, Freie Energie und das schöpferische Vakuum

Vorwort aus dem Osten

von Dr. Shiuji Inomata

Dr. Inomata wurde 1933 in der Präfektur Niigata geboren. Nach seinem Universitätsabschluß in Fernmeldeelektronik (1956) schloß er sich sofort dem Elektrotechnischen Labor von MITI (ETL) an und erhielt später vom Tokyo Institute of Technology die Doktorwürde. Zur Zeit ist er ranghöchster Wissenschaftler am ETL. Er war Gastwissenschaftler am amerikanischen M.I.T. und ist Präsident des Japanischen Psychotronics Institute (JPI).

In den Augen eines Nichtphysikers scheint die Physik in den letzten fünfzehn Jahren in großen Schwierigkeiten gewesen zu sein. Zuerst kamen die öffentlichen Demonstrationen paranormaler Phänomene wie Uri Gellers Metallbiegen, das durch die bekannten Pardigmen zeitgenössischer Physiker nicht erklärt werden konnte. Wie überall führten die wiederholten Fernsehvorführungen dieser Phänomene auch in der japanischen Öffentlichkeit zu einer Reihe von Fällen, in denen Metall verbogen wurde, und eine zunehmende Zahl von Leuten begann zu erkennen, daß es echte Phänomene waren.

Dann kam die Reaktorkatastrophe Tschernobyl in der Sowjetunion. Radioaktive Wolken kontaminierten nicht nur ganz Europa, sondern erreichten sogar das mehr als 8000 Kilometer vom Unglücksort entfernte Japan.

Ein ETL-Kollege, der aus der Elektrotechnik kommt, sagte zu mir: „Was für eine verrückte Technologie die Physiker in die Welt gesetzt haben! Wenn mit einem gewöhnlichen Stromkraftwerk etwas passiert, sind die Einflüsse nur auf dessen Bereich begrenzt!"

Vor diesem Hintergrund hat John Davidson eine Reihe von Kapiteln in diesem Buch unorthodoxen und sauberen Energietechnologien gewidmet, die darauf abzielen, Energie direkt aus einem „schöpferischen Vakuum" oder aus einem „Meer nichtmateriellen Äthers" zu zapfen. Ich denke, das ist höchst aktuell.

Ist das Vakuum schöpferisch oder nicht-schöpferisch? Konventionelle Physiker betrachten das Vakuum normalerweise als nicht-schöpferisch. John Davidsons Buch ist angetreten, den allgemeinen Glauben zeitgenössischer Physiker anzufechten, daß es „keinen Äther gibt", daß das Vakuum sowohl leer als auch inaktiv ist. Außerdem hat er das wichtige Argument vorgebracht, die angenommene Konstante der Lichtgeschwindigkeit, eine heilige Kuh für Einsteins spezielle und allgemeine Relativitätstheorie, stehe vielleicht für alle Beobachter im Widerspruch zu den experimentellen Fakten. Doch diese Versuchsergebnisse werden von den orthodoxen Physikjournalen zurückgehalten.

Dieses Prinzip hinsichtlich der Konstanten der Lichtgeschwindigkeit wurde von Einstein gegen experimentelle Entdeckungen wie Bradleys Aberration verwendet, um das „Gespenst" des Äthers aus der wissenschaftlichen Szene zu verbannen. Danach wurde das Vakuum als „nicht-schöpferisch" betrachtet.

Doch bei meinem letzten Besuch in Europa erzählten mir schweizerische Kollegen, Einstein selbst hätte in seinen späten Jahren begonnen, anders zu denken. Jeder macht Fehler, wenn er oder sie jung ist, selbst wenn wir alt sind, doch im Falle Einsteins hat dies die Wissenschaft dazu geführt, 80 Jahre in die falsche Richtung zu driften. Das Unglück von Tschernobyl ist eine Folge. Wir sollten Einstein jedoch nicht allzu sehr tadeln. In Wirklichkeit war er ein treuer Nachfolger von Sir Isaac Newton, dem früheren lukasischen Professor der Universität von Cambridge, der in seinen *Prinicpia*, veröffentlicht im siebzehnten Jahrhundert, eine mechanistische Weltsicht darlegte.

In *Das Geheimnis des Vakuums* zeigt John Davidson – ebenfalls von der Universität Cambridge – auf, daß Newtons Verständnis von Gravitation oberflächlich war, wie dieser selbst zugab. Zum Beispiel hätte Newton nicht wissen können, daß die elektrische Kraft genau wie die Anziehungskraft einem umgekehrt quadratischen Gesetz gehorcht. Sicherlich weist allein dies auf eine direkte Verbindung zwischen Elektrizität und Gravitation hin. Es ist außerdem in den *Principia* recht deutlich, daß Newton von der Existenz paranormaler Phänomene wußte. Er trennte solche Phänomene jedoch von der anerkannten Wissenschaft, indem er sagte, es gebe zu dieser Zeit nicht genügend experimentelle Erkenntnisse.

Doch durch das Ignorieren wichtiger Beweise hat sich die Wissenschaft somit selbst auf einen total materiellen Weg begeben. Alles, was diese Weltsicht herausfordert, wird vom materialistischen Wissenschaftler ignoriert oder belächelt, der sich wünscht, daß nicht etwa seine Wissenschaft, sondern vor allem seine innere Weltsicht unangefochten bleibt.

Für die menschliche Rasse ist Wissenschaft ein „Radarsignal", eine Ankündigung gegenwärtiger und zukünftiger Richtungen. In unserer gegenwärtigen Situation ist es so, als ob man an einem Radargerät in einem Linienjet, der die Nordpolroute zwischen Japan und Europa fliegt, eine Fehlfunktion feststellen würde.

Es ist wirklich eine gefährliche Situation.

In diesem Buch werden Sie viele solcher „Radarsignale", viele solcher Anomalien finden, die von der konventionellen Physik nicht verstanden werden können. Eine davon ist der Biefield-Brown-Effekt. Das gegenwärtige Paradigma des Elektromagnetismus berechnet oder erklärt dieses Phänomen nicht. Wenn es real ist, würde es bedeuten, daß unser Verständnis von elektromagnetischen Phänomenen unzureichend ist. Und die konventionellen Theorien des Elektromagnetismus (EM) liegen im innersten Kern der theoretischen Physik, unseres wissenschaftlichen Verständnisses der physischen Welt.

Ich habe das Biefield-Brown-Experiment am ETL wiederholt und es zu unserer Überraschung bestätigen können. Jeder argwöhnische Physiker sollte dieses Experiment selbst durchführen. Und der Biefield-Brown-Effekt deutet auf eine Verbindung zwischen EM und Gravitation hin.

Wie John Davidson beschreibt, glaubte einer der Begründer des heutigen EM-Verständnisses, Michael Faraday, daß EM und Gravitation miteinander verbunden seien. Doch es gelang ihm nicht, die Verbindung experimentell zu demonstrieren. Es ist die Ironie dieses EM-Zeitalters, daß die andere „wichtige Hälfte" des EM weder wissenschaftlich untersucht noch technologisch erforscht worden ist.

Doch wie es scheint, sind einige unkonventionelle Erfinder auf der Suche nach neuen Energiequellen bereits dabei, in dieses neue Forschungsfeld vorzudringen.

John Davidson beschreibt mich freundlicherweise als einen der Begründer der „japanischen Neuen Wissenschaft". Meine eigenen Erfahrungen mit dem Verbiegen von Metall vor mehr als zehn Jahren führten mich zu der Annahme, die gegenwärtige Physik der Massenenergie reiche nicht aus, den Menschen und unser Universum zu beschreiben. Und durch diese Erfahrungen wurde ich auf die Rolle des Bewußtseins in der Wissenschaft aufmerksam, genauso wie ein fallender Apfel Professor Newton die Rolle der Gravitation zu Bewußtsein brachte. Die über zehnjährige Suche nach einem neuen Paradigma der Wissenschaft war erfolgreich. Im Herbst 1987 habe ich das Buch *Paradigm of New Science, Principia for the 21st Century* (Paradigma der Neuen Wissenschaft, Prinzipien für das 21. Jahrhundert), veröffentlicht. Leider ist es noch nicht ins Englische übersetzt worden.

Es wurde gesagt, meine „Neuen Principia" seien das Produkt aus japanischem Geist und westlichem „Know-how". Bis vor kurzem wurde der japanische Geist stark durch den Zustrom östlicher Philosophien vom chinesischen Festland beeinflußt. Jetzt wird er zunehmend durch die Weltsicht westlicher Wissenschaft und Technologie geprägt.

Mitten in unserer weltweiten Krise war es also die Rolle eines Japaners, der kränkelnden westlichen Wissenschaft zu helfen, sich entlang der Linien der östlichen Philosophien zu reorganisieren. Das ist es, was ich in der japanischen Neuen Wissenschaft getan habe. Und ich habe das Gefühl, daß im Westen John Davidson mit *Das Geheimnis des Vakuums* dasselbe getan hat.

Dr. Shiuji Inomata
Tsukuba-shi, Japan
September 1988

Vorwort aus dem Westen

In Schweden geboren und aufgewachsen, wo er einige Jahre im Umfeld der technischen Industrie arbeitete, ist Gunnar Sandberg heute Elektro-nik-Forschungsingenieur an der Universität von Sussex, England.

Beobachtende und experimentelle Forschung der letzten fünfzig Jahre hat ergeben, daß im Vakuum ein Prozeß ständigen Entstehens und Vergehens kleinster Paare subatomarer Partikel stattfindet. Außerdem ist das Vakuum auf der fast unvorstellbar kleinsten aller Schalen (kleiner als der Kern des kleinsten Atoms) in heftiger Bewegung: Die sogenannten Quantenfluktuationen oder Oszillationen im elektromagnetischen Feld erfüllen den gesamten Raum – sei es den zwischen den Sternen oder den innerhalb des Atoms. Theoretische Arbeiten deuten darauf hin, daß die Geometrie der Raum-Zeit ebenfalls den heftigen Quantenfluktuationen unterworfen ist, die gravitative Wechselwirkungen hervorrufen.

Obwohl die Energiedichte dieser Vakuum-Oszillationen immens hoch ist, entstehen grundlegende Schwierigkeiten, wenn man versucht, diese Form von Energie in brauchbare Arbeit umzuwandeln. Es ist jedoch vorstellbar, daß die in den Quantenfluktuationen des Vakuums enthaltene Energie eine gewisse Form von interaktiven „Raumpartikeln" hervorbringt, die eine geordnete, dynamische Vakuumstruktur erzeugen, welche sowohl elektromagnetische als auch gravitative Aspekte enthalten und außerdem wesentlich mit der Entstehung, dem Erhalt und der Gestaltung von biologischen Lebensformen verknüpft sind.

Auf dieser Hypothese aufbauend, zeigt John Davidson, wie das physische Vakuum als Schnittstelle zwischen biologischem Leben und höheren Seinsebenen dienen könnte. Er zeigt auch, wie der menschliche Geist durch Meditation im Vakuumfeld einen Zustand von bewußter und ungedämpfter Gegenwart erreichen und vielleicht in ihn eintreten könnte, was dem Geist erlaubt, sich mit den höheren Ebenen des Seins zu verbinden.

Dies ist ein neuer Ansatz zu einem immens wichtigen Problem, der zu einem sehr fruchtbaren Boden für neue Entdeckungen bezüglich der spi-

17

rituellen Entwicklung des Individuums werden könnte. Gleichermaßen könnte er wesentlich zu neuen fundamentalen physikalischen Entdeckungen beitragen. Verschiedene Einzelpersonen haben behauptet, die im Vakuum enthaltene Energie sei erfolgreich in Elektrizität und Bewegung umgewandelt worden. Diese wenn auch kontroversen Behauptungen verdienen nichtsdestoweniger eine eingehendere Untersuchung. Sie werden in diesem Buch diskutiert. Wenn nur eine von ihnen sich als praktisch nutzbares Phänomen erweist, werden die Energieprobleme des Menschen für alle Zeit gelöst sein. Er könnte Energie aus dem Raum um ihn herum nehmen, wann immer er wollte.

Wichtiger noch, das Konzept des Vakuumfeldes als Schnittstelle zwischen physischem Leben und Leben nach dem Tod könnte uns ein neues Werkzeug liefern, direkteren Zugang zu genauem, faktischem Wissen bezüglich des Überlebens des körperlichen Todes zu bekommen. Solches Wissen würde einen tiefen Einfluß auf unsere westliche Gesellschaft haben, indem es die lähmenden Auswirkungen der Angst vor dem körperlichen Tod ausschalten würde.

Wenigen Menschen ist die Gunst zuteil geworden, mystische Erfahrungen zu machen, was sie überzeugt hat, daß das Leben heilig und ewig ist. Uns übrigen ist ein solch überzeugendes Wissen noch nicht begenet. Ich bin mir jedoch sicher, daß John Davidsons Ansatz an diese Frage eine Quelle der Inspiration für alle Männer und Frauen sein wird, die das nötige spirituelle Bewußtsein haben, um auf der Suche nach den innersten Geheimnissen des Lebens selbst neue Wege zu erforschen.

Gunnar Sandberg
Universität von Sussex
Falmer, England
November 1988

Einleitung

Meine Wahrnehmung des Universums ist vor allem eine mystische. Diese habe ich während meines Erwachsenenlebens durch spezielle Meditationsübungen für Geist und Bewußtsein entwickelt, nach einer Kindheit und Jugend, in der Andeutungen des Mystischen häufige Begleiter waren.

Ich bin jedoch in einer modernen Welt aufgewachsen und habe auch einen Hang zum wissenschaftlichen Denken. Von Geburt an entsprach dies ebenfalls meiner Natur. Doch mein eigentliches Interesse liegt in der persönlichen Evolution des Mystischen, und dies beinhaltet Disziplin der Gedanken, des Geistes – nicht Verschwommenheit, sondern stetig zunehmende Klarheit, Luzidität und Fähigkeit, sich innerhalb seiner selbst zu konzentrieren.

Es gibt viele Arten von Kommunikation, sie alle sind jedoch vor allem Äußer-ung, ein Versuch, das, was wir innerhalb unserer selbst verstehen oder erfahren, 'zu äußern', 'nach außen zu wenden'. Sprache ist nur eine Methode dafür, und eine beschränkte zudem.

Möchte man aber Gedanken und Wort als Mittel des Ausdrucks verwenden, so verlangt der mystische Weg, daß man dies wohlüberlegt tue. Dies habe ich versucht. Die meisten modernen Autoren, die versucht haben, die Einheit in allem zum Ausdruck gebrachten oder äußeren wissenschaftlichen Wissen aufzuzeigen, waren in erster Linie Wissenschaftler, und sie haben vielleicht erst in zweiter Linie versucht, Parallelen zum mystischen Verständnis aufzuzeigen. Was mich betrifft, habe ich seit siebzehn oder achtzehn Jahren, seit meinem Abschluß an der Universität von Cambridge, kaum ein einziges wissenschaftliches Buch gelesen, außer solchen, die für meine Arbeit als Computerwissenschaftler erforderlich waren. Ich arbeite also umgekehrt, indem ich mir die Wissenschaft und das Leben vom mystischen Standpunkt aus anschaue.

Man nimmt natürlich vieles durch Osmose auf, vor allem wenn man an einer Universität arbeitet, und ich kann in dieser Hinsicht Rupert Sheldrakes Idee beipflichten, daß es ein universelles Feld gibt, in dem wir alle geistig miteinander verbunden sind. Denn als ich nach all diesen Jahren wieder einmal dazu kam, aktuelles wissenschaftliches Material zu lesen, fast wie ein frischgebackener Universitätsstudent, war es mir größtenteils ganz klar und vertraut. Vieles davon war als Spiegelung des sozialen Kontextes und der Ausdrucksweise und des Wesens der Gegenwart bereits erwartet oder vorweggenommen worden.

Es war so, wie das erste Mal in einer Stadt anzukommen, jedoch mit dem Gefühl, schon einmal dort gewesen zu sein und die Grundstruktur des Straßennetzes zu kennen. Sich mit der Physik auseinanderzusetzen, ohne die Mathematik verstehen zu wollen, war die schwierigste Aufgabe. Ich war schon immer eher biologisch orientiert. Doch ich glaube, das Wesentliche von dem begriffen zu haben, was in den Köpfen der Physiker vorgeht (jedenfalls, was die Physik angeht!), und ich hoffe, daß ich ihnen in meinen Diskussionen kein ernstliches Unrecht antue. Zweifellos wird mir jemand mitteilen, ob es mir geglückt ist oder nicht! Und jeden zufriedenzustellen wird immer unmöglich sein.

Die Neue Physik befindet sich am Rande eines Abgrunds. Einerseits gibt es jene Wissenschaftler, die das Gefühl haben, alle Geheimnisse des Lebens werden enthüllt, wenn wir nur die Mathematik dazu bringen, die richtigen Lösungen zu liefern. Auf der anderen Seite sind jene, die intuitiv fühlen, daß Leben und Bewußtsein über die materielle Substanz hinausreichen. Doch sie können das Bindeglied nicht finden zwischen dem, was wir außerhalb von uns wahrnehmen oder uns als wissenschaftliche Theorie vorstellen (z.B. Atomstruktur usw.), und ihrem intuitiven Verstehen oder Erkennen von Seele und Geist in unserem Inneren.

In diesem hoffentlich einfachen Buch möchte ich eine Möglichkeit vorschlagen und dann sehen, wie sie sich sowohl auf die menschlichen als auch auf die mystischen und wissenschaftlichen Eigenheiten von Ausdruck und Wahrnehmung auswirkt.

Diese einfache Idee ist, daß das Vakuum oder das 'Nichts mit räumlichen Dimensionen' eigentlich ein reales Energiefeld oder ein Zustand feinstofflicher Substanz ist, aus dem alle wahrnehmbare Materie geformt ist und in dem sich auf sogar noch feineren Ebenen der Manifestation jene Energiefelder finden lassen, in denen unsere Gedanken und Instinkte angesiedelt sind.

Diese Idee ist natürlich nicht völlig neu, aber viele Folgerungen aus einem so simplen Vorschlag sind bislang weitgehend ignoriert worden, oder zumindest sind sie in unserer Gegenwartssprache nicht deutlich zum Ausdruck gekommen. Sie sind sicherlich nicht mit aktuellen und konventionellen wissenschaftlichen Paradigmen in Zusammenhang gebracht worden.

Viel von dieser Denkweise findet ist bereits in meinen beiden Büchern *Subtle Energy* und *The Web of Life zu finden*. In Teil I (Kapitel eins bis fünf) von *Das Geheimnis des Vakuums* habe ich mit Absicht eine einfache Ausdrucksweise benutzt. In mancherlei Hinsicht lassen sich diese ersten fünf Kapitel als Vorwort sowohl für *Strahlungsfeld* (diese deutsche Übersetzung von John Davidsons *Subtle Energy* ist leider vergriffen und wird derzeit nicht mehr aufgelegt; Anm. d. Ü.) als auch besonders für *The Web of Life* lesen. Die ersten neun Kapitel (Kapitel sechs bis vierzehn) des zweiten Teils sind wissenschaftlich komplizierter, enthalten aber wichtiges Material, das für den Fortbestand unserer gegenwärtigen, auf Technologie basierenden Zivilisation bedeutsam ist. Ich habe auch versucht zu zeigen, wo die moderne Physik sich in das rundum mystische Verständnis vom Universum einfügt, und zu verdeutlichen, wo sich, wie mir scheint, die theoretische Physik irrt. Ich hoffe, man möge dies nicht für anmaßend halten.

Kapitel fünfzehn schlägt ein simples Experiment vor, durch das bestimmte Dinge verifiziert werden können.

Nachdem ich zahllose Punkte geltend mache, die manchen vielleicht eher verwirren, als daß sie zur Klärung beitragen, unternimmt der Schlußabschnitt, der Epilog, den Versuch, all diese Einzelteile innerhalb des Gesamtzusammenhangs der mystischen Realität wieder in die Dose der Pandora zurückzulegen.

Idealerweise sollte das Streben nach Wissen innerlich erbaulich sein und/oder, auf welche Weise auch immer, irgendeinen guten, praktischen Wert besitzen. Vor allem sollte es eine Quelle sowohl der Erleuchtung als auch des Vergnügens sein. Ich hoffe also, Sie haben Freude an diesem Buch und finden es für Ihr Leben nützlich.

John Davidson M.A.(Cantab)
Cambridge, England
Februar 1988

TEIL I

Der Tanz des Zauberers

Das Vakuum und die Feinstofflichkeit, das Energieparadigma und das Leben

Alles was du siehst, ist eine Zaubervorführung.
Die Welt ist wie ein Traum.

Baba Jaimal Singh Ji

Das geheimnisvolle Vakuum

Viele Leute, mich selbst eingeschlossen, neigen dazu, Sachbücher zu lesen, indem sie mal hier, mal dort in den Text eintauchen. Es gibt gute Gründe, so zu verfahren, doch wenn Sie es mit diesem Buch versuchen, kann es sein, daß Sie sich hoffnungslos verirren. Ich würde sogar vorschlagen, daß Sie, wenn Sie wie ich oft die Einleitung bis zu einem späteren Zeitpunkt völlig ignorieren, doch noch einmal zu dieser zurückblättern, denn sie liefert Ihnen Plan und Ziel des Nachfolgenden. Ich werde daher ohne weitere Vorbemerkung anfangen.

Was ist das Vakuum?

Vom Vakuum denken wir zumeist, es sei 'Nichts'. Wenn Sie alle Luft aus einer Flasche heraussaugen und den Eintritt jeglicher elektromagnetischer und anderer Strahlung verhindern, haben Sie 'nichts' mehr in der Flasche, und wir sagen, dies sei ein Vakuum.

Ähnlich gibt es außerhalb der Gashülle, die unseren Planeten umgibt, den 'leeren Raum'. Das heißt, er ist nur fast leer. Er enthält das Licht von der Sonne und den Sternen, ein paar (relativ gesagt) kosmische Teilchen, bestehend aus Atomen, Teilen von Atomen und anderen subatomaren Partikeln, plus einige weitere Formen strahlender Energie ähnlich dem Licht, aber außerhalb des Bereichs unserer Sinneswahrnehmung. Und viel mehr, wenn überhaupt noch etwas, gibt es dort draußen nicht. So heißt es jedenfalls.

Doch nicht nur in leeren Flaschen und im Weltraum gibt es das 'Nichts' oder das Vakuum. Tatsächlich weiß die moderne Wissenschaft seit langem, daß alles anscheinend feste, flüssige und gasförmige Material, das uns umgibt, größtenteils aus 'Nichts' besteht, mit einer vergleichsweise geringen Anzahl Moleküle, Atome und so weiter, die sich in ihm umherbewegen.

Feste Objekte sind nur fest, weil andere feste Objekte nicht durch sie hindurchgelangen können. Das liegt an den *Kräften* zwischen den Atomen und Molekülen. In Wirklichkeit lassen einige feste Objekte andere kleinere Moleküle hindurch. So können zum Beispiel manche Gesteine aufnahmefähig für Wasser oder Atmosphäre sein. Auch kann das Licht Glas durchdringen, was Sie und ich nicht zustande brächten. Licht ist in seiner Zusammensetzung natürlich nicht molekular, doch man stellt sich vor, daß es sich aus subatomaren *Teilchen* zusammensetzt, die man *Photonen* nennt.

Doch selbst solche subatomaren Teilchen betrachtet die moderne Physik eher als Flecken existentieller Wahrscheinlichkeit mit wellenartigen und schwingenden Eigenschaften denn als kleine feste Kleckse aus irgendetwas.

Mit anderen Worten, was für uns fest aussieht, ist eigentlich ein Tanz winziger Teilchen in einem Vakuum. Preßte man jeglichen Raum aus unserem Planeten Erde heraus, dann erhielte man etwas, das so groß wäre wie ein Tennisball, oder manche meinen sogar, nicht größer als eine Erbse. Die genaue letztendliche Größe ist irrelevant, da es erstens nicht wahrscheinlich ist, daß so etwas passiert, und zweitens der Punkt, um den es geht, so oder so deutlich wird.

Gemäß der modernen Physik noch einmal zusammengefaßt: *Physischer materieller Stoff ist größtenteils nichts oder Vakuum.* Dies wird stark vereinfacht und graphisch in Abbildung 1-1 ausgedrückt.

Woher kamen (oder kommen) die Teilchen?

So sehen sich moderne Physiker vor der Aufgabe zu erklären, wie es möglich ist, daß etwas vor langer, langer Zeit in einem Urknall aus dem Nichts heraus entstanden ist, wie wir aus nichts etwas bekommen. Aber diese Art von Erklärungen und Theorien ergeben keinen wirklichen Sinn. Tatsächlich fehlt diesem Ansatz zum Verständnis der Geheimnisse des Seins deutlich ein wesentlicher Faktor. Vor allem anderen kann dieser Faktor nur unsere eigene Lebenskraft und unser Bewußtsein sein. Wir richten eine Frage an das Rätsel und sind dabei ein integraler und dynamischer Teil dieses Rätsels. Um die Antwort zu finden, müssen wir wissen, wie die eigentliche Frage lautet – und diese wird nicht in Worte oder auch nur in Gedanken gefaßt sein. Wir müssen in uns selbst wissen, was wir *sind* – was unser Leben, unser Bewußtsein ist –, ehe wir wirklich eine gültige Antwort auf die Frage erwarten können: „Was ist die Natur der Welt, die *wir* wahrnehmen?"

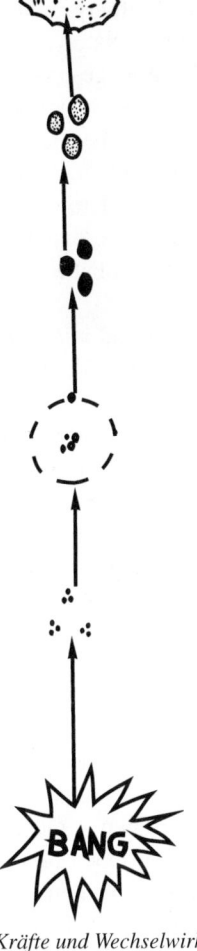

OBJEKTE
bestehen größtenteils aus NICHTS, innerhalb dessen existieren:

MOLEKÜLE
(z.b. Wasser), bestehend aus

ATOMEN
(z.b. Wasserstoff), zusammengesetzt aus

SUBATOMAREN TEILCHEN
(z.b. Protonen, Elektronen), geformt aus

NOCH KLEINEREN SUBATOMAREN TEILCHEN
(z.b. Quarks), deren Existenz begann im

NIRGENDWO
in einem Urknall vor langer, langer Zeit.

Kräfte und Wechselwirkungen zwischen den Teilchen oder Objekten sollen auf andere Teilchen zurückzuführen sein (Vorstellung der Quantentheorie) oder auf Spannungen in ihrer geometrischen Anordnung in Raum und Zeit (Vorstellung der Relativitätstheorie).
Gravitation ist die Anziehung von OBJEKTEN über eine Entfernung hinweg.
Elektromagnetismus wird als Kraft der elektrischen Ladung und magnetischer Polarität dargestellt.
Die Starke Kernkraft hält die subatomaren Teilchen zusammen und formt sie zu Atomen.
Die Schwache Kernkraft stellt die Energie zur Verfügung, die nötig ist, um ein subatomares Teilchen in ein anderes umzuformen.

Abb. 1-1. Das konventionelle Verständnis vom materiellen Stoff gemäß der modernen Physik.

Die neo-darwinistische Vorstellung, nach der Leben und Bewußtsein sich aus einer Suppe aus subatomaren Teilchen entwickelt hat, ergibt also einfach keinen Sinn. Sie setzt voraus, daß die Substanz der Natur unabhängig von uns existiert. Zudem läßt die Theorie eine Unmenge unserer Alltagserfahrungen völlig außer acht und ebenfalls einige höchst wirksame, nicht ganz so alltägliche, die als mystische Erfahrungen bezeichnet werden. Unsere Emotionen, unsere Gedanken, ebenso Schönheit, Meditation, innere Bestrebungen, Intuition, Gesundheit, Heilung, Krankheit, Psychologie, außersinnliche *Erfahrungen*, Religion – kurz, die Ganzheit unseres Lebens, wie wir es *erfahren*, wird getrost ignoriert und hat keinen wirklichen Platz in dieser Art mechanistischer Theorie.

Und wenn eine Theorie in *Gedanken* ausgesponnen wird und wir nicht wissen, was Gedanken tatsächlich sind, welchen Wert hat sie dann als *Gesamt*-Antwort auf das Rätsel des Lebens?

Die Wissenschaft hat somit ihren Platz, doch sie kann sich nicht anmaßen, die grundsätzlichen Fragen zu beantworten. Fairerweise muß man anerkennen, daß viele Wissenschaftler dies von ihr auch nicht erwarten. Sie sind nicht der populäre Archetyp eines kalt- und hartherzigen Individuums, sondern genauso sensibel wie wir alle, mit einem ebenso breiten Spektrum von Meinungen und Erfahrungen, wie man es in jeder Gruppe von Menschen findet.

Wo ist das Bindeglied?

Wir haben daher ein Vorstellungsbild von subatomaren Teilchen oder Schwingungsflecken aus Energie, die in einem Medium aus 'Nichts' umherhüpfen, aber gleichwohl sehr präzisen Gesetzen gehorchen – Gesetzen und Beziehungen, die wir nicht vollkommen verstehen. Doch lassen Sie uns jetzt unser visuelles Bild dessen, was eigentlich passiert, neu ordnen. Wir wissen, daß man nicht etwas umsonst bekommen kann. Es gibt keine sprichwörtliche 'kosmische Gratismahlzeit'. Damit etwas existiert, muß es von irgendwoher *kommen*. Man beachte den Gebrauch der Gegenwartsform. Die Schöpfung ist nicht etwas, das vor langer Zeit geschah und woraufhin Gott (oder wie auch immer man die zentrale Ordnungskraft nennt) in Urlaub ging. Die Schöpfung dauert an. Die indische Mystiktradition sagt zum Beispiel, das Universum sei das *Spiel* oder die *Projektion* des Schöpfers, der universellen Lebenskraft oder des Bewußtseins, und Er (oder Es) halte es fortwährend von innen heraus aufrecht.

Es ist einer der größten Trugschlüsse sowohl der Wissenschaft als auch der Religion, daß die Schöpfung sich vor langer, langer Zeit ereignete. Im wahrsten Sinne war es nicht so. Die Schöpfung ist eine *Dauer*vorführung. Sie findet rund um uns herum und in uns statt, genau jetzt. Ebbe und Flut mag es gegeben haben, und es wird sie weiterhin geben. Dinge kommen und gehen, einschließlich der Universen. Doch der Schöpfer ist jenseits der Zeit. Er ist unendlich und ewig, das ewige Jetzt. Alles ist fortwährend in Ihm enthalten und wird fortwährend aus Ihm heraus manifestiert oder projiziert. Was wir sehen, ist bloß der Tanz, das Marionettenspiel. Wir sehen vielleicht nicht, wie die Fäden gezogen werden. Wir sehen vielleicht nicht genau, wie der Zauber veranstaltet wird: wie Seele, Geist und Materie aus einer Quelle gewirkt werden. Doch der Zauber der Schöpfungskraft ist stets gegenwärtig und schwingt in allen Dingen. Sie ist tatsächlich genau diese Bewegung und Schwingung selbst. Und sie ist auch die Ruhe des Einen, jenseits aller Bewegung.

Die Wissenschaft ist freilich nur fähig, diese Innerlichkeit bis dorthin zu verfolgen, wo sie sich der äußeren, physischen Beobachtung entzieht. Doch wir werden das Wenige, das wir beobachten, so viel klarer verstehen, wenn wir erkennen, daß es sich aus einer Quelle tief im Inneren fortwährend manifestiert, fortwährend ausdrückt, fortwährend projiziert, daß es fortwährend zur Existenz gebracht wird.

Dann wissen wir, daß wir unseren Griff bei der Suche nach dem letzten, unteilbaren Fleckchen Etwas in unserer materiellen Welt lockern können. Denn dieses allerletzte Etwas existiert nicht viel mehr als die wechselnden Bilder auf einer Kinoleinwand. Alles ist bloß eine Vorführung, es sind Muster in der Energie, Muster der Bewegung, die durch die innere Kraft des Schöpfungsstroms in ihrem faszinierenden Tanz erhalten werden.

Und es gibt eine Reihe möglicher Erwiderungen auf die naheliegende Frage: „Woher kam denn der Schöpfer?", aber letztlich lautet die Antwort: „Entwickle dein eigenes spirituelles Bewußtsein, bis du ein Teil von Ihm wirst, dann verstehst du die Antwort automatisch." Doch das ist eine Erfahrung, kein Konzept des Verstandes und kein Gedanke. Und die Antwort hängt natürlich mit der Unendlichkeit, dem ewigen Jetzt zusammen und damit, daß Er *jenseits von Raum und Zeit* ist, daß in Wirklichkeit Er diese *geschaffen* hat. Die Frage, *wo* Er herkam oder *wann* Er es getan hat, wird somit bedeutungslos.

Zudem hat derjenige, der die Frage auf unserer menschlichen Stufe stellt – also unser *Ego*, unser Identitäts- und Individualitätssinn –, infolge von

Bewußtseinserweiterung, selbst in den allerfrühesten Stadien unserer Annäherung an das Universelle, einige radikale Veränderungen durchgemacht, so daß sich das Wesen der Frage automatisch mit dem inneren Fortschritt ändert. Wie viele andere Fragen wird sie eher aufgelöst als gelöst.

Doch wir befassen uns mit dem Gebiet der physikalischen Substanz und damit, wo die subatomaren Teilchen *herkommen*. Achten Sie nochmals auf die Verwendung der Präsensform, denn die Schöpfung ist eine *fortdauernde* Aufführung.

Die Antwort liegt jedoch wie so oft direkt vor unseren Augen. Wir sehen den Wald vor lauter Bäumen nicht. Ganz klar, *die Teilchen kommen aus dem 'Nichts', aus dem Vakuum*. Von anderswo können sie nicht herrühren. *Also muß 'nichts' faktisch ein 'Etwas' sein.*

Das rätselhafte Vakuum

Wir sollten deshalb das Vakuum besser noch einmal genauer in Augenschein nehmen und schauen, ob es wirklich nichts ist! Warum denken wir denn überhaupt, daß es nichts ist? Hauptsächlich deshalb, weil wir es nicht mit unseren fünf physischen Sinnen – Sehen, Hören, Riechen, Schmecken und Fühlen – oder mit irgendwelchen instrumentellen Erweiterungen dieser Sinne wahrnehmen können. Doch ist das ein besonders gutes Kriterium für eine solche Annahme? Wir können mit unseren Sinnen keine Gedanken oder Gefühle wahrnehmen, aber glauben wir, daß sie existieren? Glauben wir, was das angeht, an Atome und subatomare Teilchen, ohne sie zu sehen? Oder an Radiowellen und Röntgenstrahlen? Wir glauben an diese Dinge wegen ihrer Wirkungen, nicht aufgrund direkter Sinneswahrnehmung.

Vielleicht haben wir also keinen physischen Sinn, der das Vakuum wahrnimmt. Es wäre ganz schön verwirrend, wenn wir nicht nur das Etwas, sondern auch das Nichts wahrnehmen könnten! Man kann auch annehmen, daß wir das Nichts nicht sehen *sollen*. Wenn wir automatisch wahrnehmen könnten, daß nichts etwas ist, wäre die Scharade des Lebens in dieser Welt weitgehend entlarvt.

In gewissem Sinne ist das Vakuum die Mauer unseres irdischen Gefängnisses, damit wir unseren Ausgang nicht sehen können, ehe unsere Zeit um ist. Zumindest nicht, ohne daß wir eine andere Art von eher innerlicher Wahrnehmung entwickeln, die auch der Läuterung unseres menschlichen Geistes bedarf, mit all seinen Schwächen und Stärken. Diese Wahrnehmung ist also mit unserer spirituellen Entwicklung verknüpft. Es ist eine Art eingebauter Mechanismus, der sicherstellt, daß die 'Bösen' (das sind wir) hinter Gittern bleiben.

Wenn das Vakuum also ein reales Etwas ist, ein wirkliches Energiefeld, in dem Kräfte, Schwingungen und Bewegung existieren und auf dessen 'Oberfläche' Blasen und Wellen gebildet werden, dann können wir die Frage stellen, wie sich diese Blasen (oder subatomaren Teilchen) und Wellen denn eigentlich physisch beobachtbar manifestieren.

Im wissenschaftlichen Detail ist dies eine Angelegenheit der Mathematik und der physikalischen Vorstellungen, doch es läßt sich mit einfachen Worten folgendermaßen beschreiben.

Der Nullpunkt des Vakuums

Zunächst, warum erscheint das Vakuum als Nichts oder, mathematisch ausgedrückt, als Null? Die Antwort lautet: Weil es Null ist. Es ist ein *Nullpunkt*. Stellen Sie sich zum Beispiel zwei gleich große Mannschaften vor, die mit einem langen Seil Tauziehen spielen.

Wenn wir um des Beispiels willen annehmen, daß alle Teilnehmer genau gleich stark sind, dann würde, *egal wie viele Personen mitspielen*, das Seil *unbewegt* an derselben Stelle bleiben. Mathematisch bliebe seine Position immer gleich. Sie wäre stets gleich Null. Doch uns ist ganz klar, daß die *Gesamt*situation sich zwar ständig *ändert*, aber stets 'Null ergibt'. Und die Leute, die am Seil ziehen, die Kräfte, deren Summe Null ergibt, können wir als *Substruktur*, als Grundlage des Nullzustandes bezeichnen.

Aber nicht nur das, denn obwohl sich die Gesamtenergie der Kräfte, die am Seil ziehen, zu Null *summieren* kann, *werden* sie dadurch nicht *wirklich* gleich Null. Das Seil ist tatsächlich 'voll' von *potentieller* Energie. Potentielle Energie bedeutet Energie, die zwar schon *existiert*, aber noch darauf wartet, sich auszudrücken.

Nun, angenommen, das Seil ist über eine Straße gespannt, und die beiden Mannschaften befinden sich für uns unsichtbar in zwei Querstraßen (siehe Abb. 1-2). Wir könnten dann nur das *Seil* und nicht die *Leute* sehen, und wir würden tatsächlich nicht sehen, daß sich etwas bewegt, *weil wir nur Unterschiede wahrnehmen*. Sicherlich nicht wahrnehmen oder auch nur vermuten würden wir den Spannungsgrad oder die potentielle Energie im Seil, die von den Kräften der für uns unsichtbaren Menschen auf das Seil einwirkt.

Ähnlich ist der Vakuumzustand oder der Nullpunktenergie-Zustand überall vorhanden, und solange er sich zu Null summiert, nehmen wir ihn nicht wahr. Es ist ganz so, als wäre unser Seil überall zugleich, doch da es

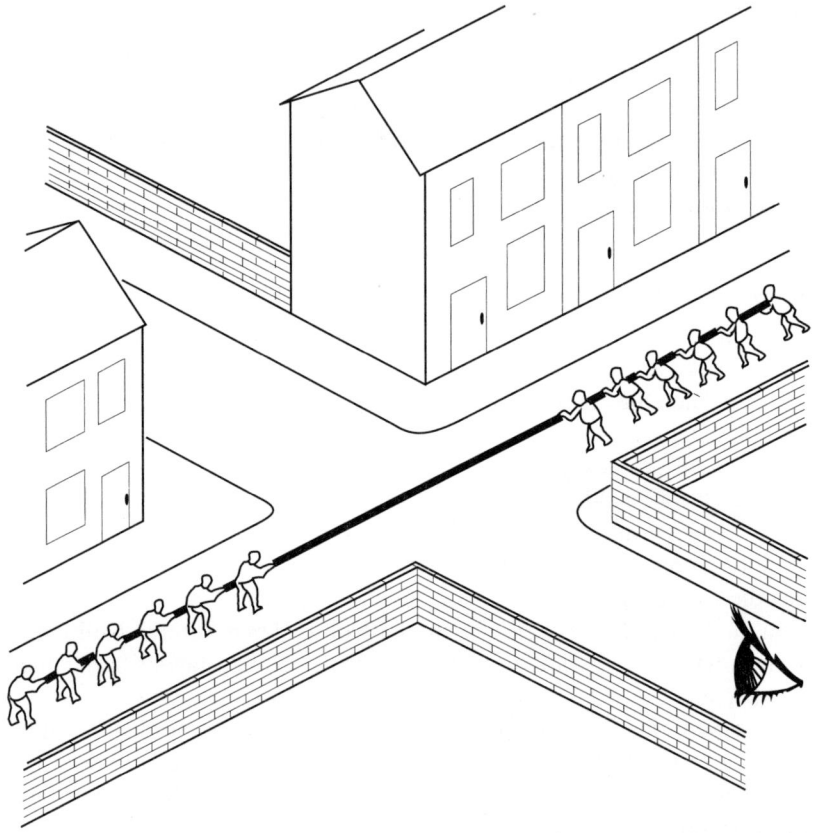

Abb. 1-2. Zwei gleich starke Mannschaften spielen Tauziehen auf einer Stra-ße, wobei das Seil quer über eine kreuzende Straße gespannt ist. Unserem Blick von der Querstraße aus erscheint das Seil unbewegt. Solange die Mann-schaften gleich stark sind – solange ihre Nettowirkungen sich zu Null addie-ren –, solange wird die Zahl der Variationsmöglichkeiten für die Anzahl der Mannschaftsmitglieder beider Teams unendlich sein. Es könnten eine starke und zwei schwache Personen sein, fünf starke und zehn halb so starke und so weiter. Das versteht man unter Substruktur.

keine äußeren Anzeichen von Bewegung oder Unterschied zeigt, können wir es nicht sehen.

Was wir jedoch wahrnehmen können, sind Veränderungen oder Ungleichheiten. Nehmen wir an, ein Mannschaftsmitglied hört auf zu ziehen. Dann haben wir eine Bewegung. Das Seil bleibt nicht mehr in offensichtlicher Ruhe, bei Null, und wir bemerken den Unterschied sofort. Ähnlich verhält es sich mit den Kräften innerhalb der Nullpunktenergie bzw. der *eingeschlossenen potentiellen Energie* des Vakuums, die in Bewegung und Veränderung resultieren, welche wir als subatomare Teilchen, elektromagnetische Strahlung und Kräfte wahrnehmen – die Phänomene, aus denen sich unsere physische Welt zusammensetzt.

Und mehr noch. Denn die Eigenschaft der Bewegung in subatomaren Teilchen ist für deren Existenz von überragender Bedeutung, darin stimmen alle Physiker überein. So etwas wie ein *ruhendes* Teilchen gibt es nicht. Bewegung ist ein Wesensmerkmal seiner Existenz. Teilchen rotieren und schwingen, sie besitzen elektrische Ladung und haben noch weitere, abstrusere Eigenschaften. Und immer, wenn eine Sorte von Eigenschaften vorhanden ist (z.B. Ladung oder Spin), muß wegen der kontinuierlich ausgewogenen Erscheinung des Ganzen eine gleich große und entgegenwirkende Eigenschaft vorhanden sein. Dies ist das innere Gesetz der Dualität, Polarität oder von Ursache und Wirkung, durch das jegliche Manifestation erfolgt. Und es sind diese Eigenschaften, die mit ihrem Sein gleichbedeutend sind, nicht so sehr als kleine, feste, unteilbare Materiekleckse, sondern als vibrierende, wirbelnde Energiestrudel. Ein Beispiel kann das verdeutlichen.

Keim und Knospe – ein Modell der Manifestierung

Raum (oder Vakuum oder 'nichts') ist (merklich) dreidimensional, doch zur leichteren Anschaulichkeit wollen wir ihn vorübergehend als zweidimensional betrachten. Dann kann man sich das Vakuum als ein rein weißes, straff gespanntes und alles bedeckendes Tuch ohne bestimmte Merkmale vorstellen.[1]

---

[1]In Wirklichkeit ist es überhaupt nicht so, aber wir wollen es uns vorübergehend so vorstellen und die Wahrnehmung später erweitern. Tatsächlich liegt gerade in der Struktur der Schwingungsbeziehungen, die die Energiemuster des Vakuums enthalten, das Geheimnis der manifestierten Dinge und ihrer Wechselbeziehungen.

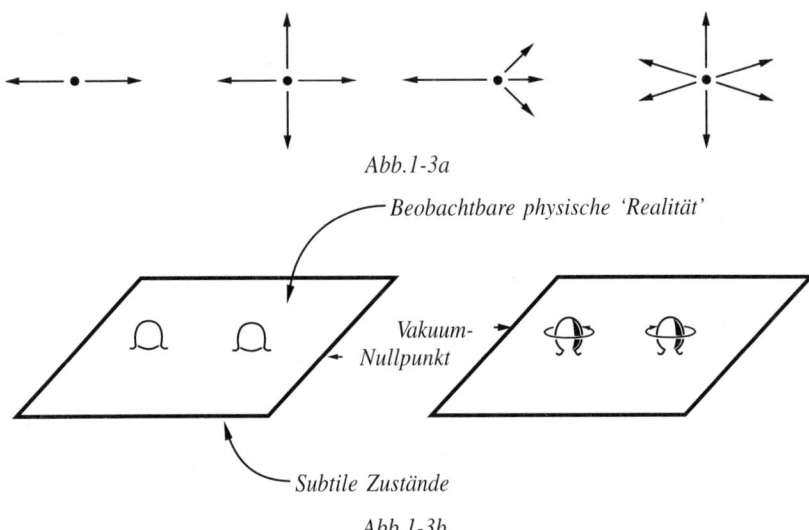

Abb.1-3a

Beobachtbare physische 'Realität'

Vakuum-
Nullpunkt

Subtile Zustände

Abb.1-3b

Abb. 1-3. Keim und Knospe – ein Modell der Manifestierung

Innerhalb der Substruktur dieses Tuches (die wir mit unseren grob-physischen Sinnen und Geräten nicht wahrnehmen) entstehen Wellen, Schwingungen oder Vibrationen, die dazu führen, daß auf der Vakuum-oberfläche eine Ungleichmäßigkeit der Substruktur auftritt. Das Ergebnis könnte ein *Blip* sein, ein kurz aufblitzender Keim (siehe Abb. 1-3a). Wür-de dieser Keim zu rotieren anfangen, dann könnte es *den Anschein erwek-ken, als würde er ausknospen* oder vom Tuch oder dem Vakuum, das ihn unaufhörlich im Sein erhält, unabhängig werden (siehe Abb. 1-3b).

In der Welt unserer physisch wahrnehmbaren 'Realität' würde er prak-tisch als *rotierendes Teilchen* erscheinen. *Masse läßt sich dann als Vakuum-welle, Schwingung, Oszillation verstehen* oder als rhythmische Bewegung, die vom Spin erfaßt wird und als Teilchen erscheint. Ähnlich können alle vier Grundkräfte der Natur – die Gravitation, die elektromagnetische und die beiden inneratomaren Kräfte – als Ausdruck von Spannungen oder energetischen Wechselwirkungen innerhalb des Gefüges, des Webmusters oder der Matrix des *Vakuumzustands* betrachtet werden.

Unsere gesamte physikalische Realität wird aus diesen subatomaren Teilchen und Kräften gebildet, allerdings nicht in zwei, sondern in alles durchdringenden drei Dimensionen.

Tatsächlich inszenieren Physiker am Forschungslabor für Hochenergie-physik CERN in der Schweiz routinemäßig die Umwandlung von einem subatomaren Teilchen in eine Vielzahl anderer. Offenbar kann die Grundenergie des Vakuums auf recht unterschiedliche Weise Gestalt annehmen. Und es sind diese unterschiedlichen Konfigurationen, die wir subatomare Teilchen nennen – aus dem Vakuum heraufbeschworene Energieanordnungen oder Energiemuster. Leider erlauben die Vorstellungen, in denen die Physiker verhaftet oder beschränkt sind, den meisten von ihnen zur Zeit nicht, die Bedeutung des Geschehens zu erfassen.

Berücksichtigen Sie das bereits erwähnte Konzept vom Vakuum als Matrix, Gitterwerk oder Gewebe. Wenn das Vakuum ein echtes Energiefeld ist, so muß es seiner Natur nach sowohl in seiner (nicht beobachtbaren) Substruktur (deren Summe Null ist) als auch in den Teilen, die wie Blasen auf einem Ozean ins Sein hinein wirbeln und tanzen – strukturiert sein wie die subatomaren Teilchen, wie sie unsere heutigen Physiker kennen, und wie die Kombinationsformen dieser Teilchen, die unserer Sinneserfahrung vertraut sind.

Diese Auffassung vom Vakuumzustand als echt energetische, form-bildende Matrix ist nicht allein dem Bereich der theoretischen Physik vorbehalten, sondern sie läßt sich selbst auf der makroskopischen Ebene unserer Alltagserfahrung beobachten. Was wir durch unsere Sinne erfahren, sind nur Muster, die in dem uns einschließenden Raumgefüge entstehen und vergehen. Sei es die feste Struktur eines Berges, die Unermeßlichkeit eines Ozeans, seien es die Bestandteile eines Waldbaches, die Formen natürlicher Organismen, unser eigener Körper oder die Alltagsgegenstände um uns herum – all das sind bloß Muster in und auf dem Raum, dem Vakuum.

Ich erinnere mich, wie mir kürzlich im Hause eines Freundes die Rolle zufiel, zur Teestunde einen äußerst schweren, saftigen Früchtekuchen in zwanzig Scheiben aufzuteilen. Nüsse, Trockenfrüchte, klebriges Weizenmehl und ein üppiger Zuckerguß- und Marzipanüberzug klammerten sich mit tausend winzigen Fingerchen am Messer fest. „Aha", sagte ich, „ich stelle fest, die Vakuummatrix dieses Kuchens weist einen Zustand verdichteter Manifestation auf." Doch trotz des fragwürdigen Scherzes und solch zweifelhafter Erkenntnis schmeckte der Kuchen köstlich.

Die Matrix umgibt uns also, sie ist rings um uns herum, wenn wir uns nur in ihre funkensprühende, vibrierende, natürliche, ehrfurchtgebietende und doch zarte Symphonie einstimmen können. Und *dies* direkt zu erfahren ist weitaus mehr wert als alles wissenschaftliche Theoretisieren der Welt.

Das vertikale Energiespektrum

Zu verstehen, wie die Energiemuster des physikalischen Universums aus dem Inneren des Vakuumzustands heraus erschaffen werden, bringt uns dahin wahrzunehmen, daß dies ein vertikaler oder innerlich fortlaufender Prozeß ist. Das heißt, das Vakuumfeld ist nicht selbst das Primärenergiefeld, sondern es ist ebenfalls von innen heraus 'geschaffen', in einem vertikalen Energiespektrum, das letztendlich bis zur zeit- und raumlosen, unendlichen und alles umfassenden Quelle zurück reicht.

Die Vorstellung eines vertikalen Energiespektrums bedarf jedoch einer Einschränkung. Wie angedeutet, rührt alles vom Innen her. Und der Vorgang ist eng mit unserem eigenen Leben oder unserem *Bewußtsein* dessen verknüpft, was 'dort draußen' zu sein scheint. Tatsächlich gibt es gar kein 'dort draußen', alles ist 'hier drinnen'. Es liegt am unvollkommenen Verständnis dieser Realität, daß die Quantenphysik sich selbst so sehr an ein mathematisches und philosophisches Durcheinander gewöhnt hat, während sie fast widerstrebend zuzugeben gezwungen wird, daß das 'Äußere' mit dem 'Inneren' in Beziehung steht. Die Objekte unserer Sinne sind nicht von den Sinnen selbst getrennt. Wahrnehmung ist nicht objektiv, sondern subjektiv.

Das bedeutet folglich: das vertikale Energiespektrum *einschließlich der scheinbar äußeren Welt* liegt in uns selbst. Man kann zum Beispiel feinstoffliche oder gedankliche Energien nicht dadurch finden, daß man die scheinbar physikalisch konkrete Substanz untersucht, denn sie sind wie die physische Substanz in uns.

Doch selbst dieses Modell oder diese Erklärungsweise ist unzulänglich, denn das scheinbar externe Universum scheint eine Realität zu besitzen, die vom Wahrnehmenden unabhängig ist. Die Dinge hören zum Beispiel nicht auf zu existieren, wenn wir sie nicht mehr wahrnehmen, wie einige Philosophen zu behaupten versucht haben. Oder anders gesagt, wenn Sie und ich jeweils unsere physische Existenz 'träumen', warum ähneln sich dann unsere Träume so sehr? Im inneren Denken, Fühlen und Deuten mögen sie dies natürlich nicht tun, doch gleichwohl gibt es eine augenscheinliche, mit der physischen Existenz verbundene Konkretheit, die wir *beide* erleben und anerkennen.

Anders ausgedrückt, taucht dieses Paradox wieder auf, wenn wir bedenken, daß die Lebenskraft, obwohl sie den Geist und subtile physische
Energien speist, in erster Linie dafür verantwortlich ist, den energetischen
Bauplan unseres physischen Körpers zu strukturieren; doch wenn wir sterben, bleibt der physische Körper zurück, um zu verwesen, und auch die
äußere Welt, die diese Seele, dieser Geist einst erlebte. Das heißt also, die
'Außen'-Welt hat ein Ausmaß, das sich von unserer Sinneswahrnehmung
und unserem Innenleben unterscheidet. Alles, ob belebt oder unbelebt, ist
von innen erschaffen, doch die Lebenskraft verflicht die unbelebten Zustände der materiellen Substanz zu einem physischen Körper, indem sie
die Vakuummatrix in die komplexen biochemischen und bioelektronischen
Prozesse hineinbildet, die wir als lebendigen Körper wahrnehmen.

Diese Unterscheidung ist unter dem Gesetz des *Karma* (Kausalität und
Rückbeziehung) fest in den Schöpfungsmechanismus eingebaut, denn
wenn Seelen in menschlichen oder anderen physischen Körpern inkar-
niert sind, stehen sie miteinander durch das Medium der massenträgen
materiellen Substanz ständig in Beziehung. Sie geben und nehmen im
endlosen karmischen Kreislauf von Geburt, Tod und Wiedergeburt.

Wahres Verstehen jedoch findet in mystischer Erfahrung in einem selbst
statt. Also läßt sich bestenfalls sagen, daß wir alle nach karmischem Gesetz Teilhaber oder Mitschöpfer sind, daß wir alle ein integraler Bestandteil des Mechanismus sind, durch den unser physisches Universum geschaffen wird und in dem das Universelle immerfort in Seiner tragenden
Kraft gegenwärtig ist. Doch kommen wir später auf das Wesen dieses
Mechanismus zurück.

Demnach setzt sich das physikalische Universum aus einer räumlichen
Vakuummatrix auf der dreidimensionalen 'Oberfläche' zusammen, aus
der ein Tanz hervorgeht, den Physiker als wechselwirkende Elementarteilchen *beschreiben*.

Werfen wir nun einen kurzen Blick auf das Wesen wissenschaftlicher
Beschreibungen.

Orangen, Elektronen und theoretische Modelle

Wenn wir eine Orange oder ein beliebiges anderes Objekt wissenschaftlich beschreiben, analysieren wir ihr Gewicht, ihre Farbe, Abmessungen
und Textur, ihren Molekül- oder Atominhalt und so weiter. Diese Analyse
legt die Art fest, wie wir die Orange wahrnehmen. Ein Zen-Buddhist hin-

gegen würde vielleicht zur Orange greifen, uns damit auf den Kopf schlagen und ausrufen: „DAS ist die Orange!" – NICHT das Wort 'Orange' oder unsere geistige oder verbale Beschreibung von ihr. Es ist also wichtig, den Unterschied zu begreifen zwischen unserer unmittelbaren Erfahrung einer Sache, der Bedeutung oder Vorstellung, die wir von dieser Sache im Sinn haben, und den Worten, die wir benutzen, um diese geistige Beurteilung auszudrücken. In der Wissenschaft nennt man diese geistigen Konzepte und verbalen/mathematischen Beschreibungen *Modelle* oder *theoretische Modelle*. Alle wissenschaftlichen 'Erklärungen' sind solche Modelle – sie bilden nicht die Realität der Sache selbst.

Die Folgen dieses Vorgangs werden zum Beispiel in der Teilchenphysik deutlich, wenn wir versuchen, ein theoretisches Modell eines Elektrons zu beschreiben oder zu erfinden. Wir können seine Eigenschaften in Begriffen von Masse, Spin, Ladung, Geschwindigkeit, Teilchennatur, Wellennatur und so weiter auflisten. Es gibt jedoch einen grundlegenden Unterschied zwischen unserem Wissen von einer Orange und unserem Verständnis eines Elektrons. Denn in der Physik sind es nur verbale/mathematische *Beschreibungen* und *gedankliche Vorstellungen* von den Eigenschaften eines Elektrons, die seine Existenz für uns definieren. Wir haben keine unmittelbare Sinneswahrnehmung oder Erfahrung von einem Elektron. Ein Elektron ist bestimmt durch seine Eigenschaften, die nur durch einen intellektuellen, durch Laborexperimente angereicherten Prozeß bekannt sind. Die Möglichkeit, ein Elektron in seiner DING-haftigkeit zu erfahren, ist uns verschlossen.

Man kann also sagen, unser Verständnis vom Elektron ist nicht das von 'einem Etwas mit Eigenschaften', sondern es ist – für uns – *die Summe all dieser Eigenschaften selbst*, anders als unsere Orange, die – in sich selbst – unveränderlich dieselbe bleibt, egal was wir über sie aussagen. Tatsächlich verändern wir eigentlich unser Verständnis von dem, was unser Elektron ist, wenn wir unsere Beschreibung der Eigenschaften unseres Elektrons ändern. Diesen Punkt unterstreicht die Tatsache, daß die Physiker kein allumfassendes theoretisches Modell vom Elektron beziehungsweise von einem anderen Teilchen oder einer anderen Kraft im subatomaren Bereich haben. Mit anderen Worten, kein Physiker versteht (durch seine Physik), wie das physische Universum zusammengesetzt oder wie es entstanden ist (oder entsteht).

Selbst mit all unseren besten (wenn auch unvollständigen) Beschreibungen der Wirklichkeit im Sinne der Physik bleiben wir also, egal was wir sagen, weiterhin ohne persönliche Erfahrung der Wirklichkeit, die wir beschreiben.

Der mystische Ansatz ist jedoch grundsätzlich anders und doch nicht unvereinbar. Hierbei nähert sich der Mystiker einem Verständnis der Wirklichkeit rein durch Erfahrung – innere Erfahrung –, indem er die Dinge von innen nach außen wahrnimmt, nicht von außen nach innen. Und diese Innerlichkeit besteht nicht in seinen Gedanken, sondern in der realen und ernsthaften innerlichen *Vision und Wahrnehmung*, einem Zustand des *Bewußtseins*. Und obwohl sie in diesem gegenwärtigen Moment im Kreislauf des Menschheitsdaseins außergewöhnlich ist, ist diese Erfahrung gleichwohl vollkommen gültig.

Unsere Beschreibung des Elektrons – oder anderer subatomarer Teilchen und Kräfte – als Muster oder als Ansammlung von Eigenschaften auf der Oberfläche dieses riesigen Ozeans aus Vakuumenergie befindet sich daher ganz im Einklang mit dem Grundgedankengut der 'konventionellen' modernen Physik. Sie vertieft die Angelegenheit nur ein wenig und bindet sie in unsere subjektive Erfahrung von sinnlicher Wahrnehmung ein, wodurch sie uns eine Ahnung von den Vorgängen vermittelt, durch die die Illusion der Schöpfung vor uns abgespult wird. Es ist ein Tanz, ein Gewebe von Energie, das sich ständig verschiebt: eine Matrix aus Polarität und Musteranordnung, in der der Beobachter durch seine Erfahrung und seine Wahrnehmung unentwirrbar im kosmischen Geheimnis des Daseins festgehalten wird.

Diese Analogie – diese Beschreibung – bricht jedoch ihrerseits zusammen, wenn wir überlegen, daß die Orange selbst sich aus 'Teilchen' und 'Kräften' zusammensetzt, die sich auf der Vakuummatrix ausspinnen, und ihre scheinbare Realität nur aus den Erfahrungsmechanismen unserer fünf Sinne und deren Innen-Außen-Verknüpfung bezieht. Denn obwohl die Orange ein 'Etwas' zu sein scheint, können wir in der subatomaren Welt, aus der sie besteht, überhaupt kein 'Etwas' finden – nur Eigenschaften und Beziehungen zu uns selbst und zu anderen 'Teilchen'. Plötzlich wird uns der Teppich unter den Füßen weggezogen, und wir bleiben mit einem herrlichen Gefühl von der traumartigen Natur der physischen Welt zurück, die wir einst für so konkret gehalten hatten.

Alice im Wunderland

Physiker räumen natürlich ein, daß die Eigenschaften, die sie dem Elektron (beziehungsweise anderen subatomaren Kräften oder Teilchen) zuschreiben, kein vollständiges und zusammenhängendes Modell dieses Elektrons bilden (geschweige denn eines der gesamten subatomaren Welt). Also läßt sich ziemlich sicher sagen: Die Wissenschaft weiß nicht, was ein Elektron oder irgend etwas anderes im Bereich des Subatomaren wirklich ist. Da ja alles aus dieser unbekannten subatomaren Struktur besteht, bedeutet dies, daß die Wissenschaft das *innerste* Wesen eines beliebigen Dinges in dieser Welt keineswegs versteht.

Aus diesem Grund hat sich der Physiker und Autor John Gribbin in seinem Buch *Auf der Suche nach Schrödingers Katze* wie viele andere Wissenschaftler auch mit Lewis Carrolls Buch *Alice im Wunderland* beschäftigt, um Anregungen zum Wesen der Wirklichkeit zu erhalten. In populärwissenschaftlichen Zeitschriften wie dem *New Scientist* wurde *Alice im Wunderland* immer wieder als Quelle bemüht, denn das Reich der subatomaren Physik gibt so viele bizarre mathematische, philosophische und experimentelle Rätsel auf.

Bevorzugt werden Zitate aus *Jabberwocky* (in der deutschen Übersetzung *Der Zipferlake*[1]) verwendet:

(Twas brillig and) the slithy toves
did gyre and gimble in the wabe.

(Vesperlich wars, und) die schlüpfrigen Schwaden
quirlten und drillten im Gestreck.

Gribbin führt aus, daß Elementarteilchen sich auf eine Art und Weise verhalten, zu der es in unserer makroskopischen Welt keine Parallelen gibt, und er erklärt, es wäre passender, sie statt als Partikel oder Wellen als 'schlüpfrige Schwaden' zu bezeichnen, ihr Treiben ließe sich zutreffender mit 'quirlen und drillen' beschreiben als mit 'wirbeln', 'rotieren' und so weiter.

Ich würde ergänzen, daß dies innerhalb der grundlegenden Zwänge der manifestierten Energie von Polarität und Dualität und der *erwei-*

---

[1] Aus *Alice hinter den Spiegeln*

terten, nicht-linearen Auffassung vom Kausalitätsgesetz ganz richtig sein muß.

Denn das Gesetz, das die vertikale Manifestierung der Energie von innen nach außen sowie die horizontale Musterung und die Veränderungen beherrscht, mit denen wir vertraut sind, ist ebenfalls ein Teil dieses erweiterten Gesetzes von Ursache und Wirkung, Kausalität oder Karma. Alles Karma findet im Bereich von Dualität oder Polarität statt. Das ist intrinsisch. Dualität und Karma sind also wesentliche Bestandteile desselben Schöpfungsmechanismus und liegen allen Phänomenen des Lebens zugrunde.

Womit wir es hier zu tun haben, ist Energiebewegung, Potential, Polarität und Beziehung. Lineare Mathematik wird nicht ausreichen, um ein Modell der integrierten Verbundenheit zwischen komplexen Energiemustern nachzubilden. Ich vermute, die Rückkehr zur Geometrie als Grundlage mathematischen Ausdrucks bietet ein besseres Modellierverfahren, weil die Geometrie viel eher als die reine, lineare Mathematik dazu fähig ist, gleichzeitige und nicht-lokale Beziehungen darzustellen.

Diese ist freilich die Grundlage für Einsteins Modell der gravitativen Anziehung, zurückführbar auf die Krümmung einer geometrisch konzipierten Raum-Zeit. Doch als Modell sind Einsteins Ideen allein auf Vorstellungen von einem dreidimensionalen Raum und die Darstellung der Gravitationskraft beschränkt geblieben. Mehr hierüber jedoch in späteren Kapiteln. Vorerst versuche ich, die Dinge einfach und relativ unkompliziert zu halten.

Antimaterie, Vakuumzustand und Wahrnehmung

Ich beabsichtige nun, zu einer Diskussion von Energie, Dualität und erweitertem, nicht-linearem Kausalitätsverständnis überzuleiten. Doch zunächst werde ich indirekt mit einer Diskussion der Antimaterie beginnen. Viele Menschen sind von der Vorstellung der Antimaterie fasziniert, und nicht wenige sind überrascht, daß Antimaterie nicht einfach eine Erfindung von Science-fiction-Autoren ist, sondern daß sie tatsächlich existiert. Antimaterie besteht natürlich aus Antiteilchen – das sind subatomare Teilchen, bei denen einige Eigenschaften gegenüber denen ihrer Gegenstücke aus normaler Materie umgekehrt polarisiert sind. Daher besitzt ein Antielektron oder Positron zum Beispiel genau dieselbe Masse wie ein Elektron, aber eine entgegengesetzte elektrische Ladung. Ähnlich verhält es sich mit Protonen und Antiprotonen.

Die Vorstellung von Antimaterie ist nicht neu. Der britische Physiker Arthur Schuster hat die Möglichkeit erstmals 1898 nahegelegt, vor fast hundert Jahren, obwohl er auch darauf hinwies, die Idee sei rein spekulativ. Dies waren ausgezeichnete Gedanken für seine Zeit, mußte doch der Atomkern erst noch entdeckt werden. Auch Einsteins berühmte Gleichung, die Masse und Energie miteinander in Beziehung setzt, wurde erst einige Jahre später aufgestellt. Der erste, der in den frühen dreißiger Jahren die Existenz von Antiteilchen voraussagte, war allerdings Paul Dirac, und obwohl die Physiker zunächst skeptisch waren, halfen Carl Anderson in Kalifornien und Patrick Blackett an der Universität von Manchester in England unabhängig voneinander, doch fast gleichzeitig, die Angelegenheit dadurch zu entscheiden, daß sie 1932 in kosmischer Strahlung Positronen entdeckten. Zwanzig Jahre später entdeckte eine Gruppe an der Universität von Kalifornien das Antiproton, und die Theorie wurde noch fester etabliert.

Wenn Antiteilchen und normale Teilchen in Kontakt kommen, wird der Massegehalt der Partikel in eine gewaltige Menge elektromagnetischer Energie umgewandelt. Im Falle von Positronen und Elektronen geschieht dies in Form von Gamma-Strahlen. Man nimmt deshalb an, daß alle Teile des Universums, die aus Antimaterie bestehen, von jenen Teilen getrennt sind, die aus Materie bestehen, denn sonst würden sich beide unter Erzeugung einer unglaublichen Menge schnell ausstrahlender elektromagnetischer Energie gegenseitig beeinflussen. Angesichts dessen denken Wissenschaftler tatsächlich ernsthaft über Methoden nach, Anti-Wasserstoff[1] als Treibstoff für Raumfahrzeuge zu benutzen. Die Schwierigkeit liegt natürlich darin, wie – und *worin* – er aufzubewahren wäre, weil er eine eingebaute Neigung hat, mit jeder Art Behälter aus normaler Materie zu interagieren.

Vom Standpunkt der Vakuum-Manifestation aus kann man verdeutlichen, wie sich subatomare Teilchen treffen, eines aus Materie und das andere aus Antimaterie, deren höchst energievoll rotierende Energiewirbel elektrisch gegensätzlich polarisiert sind. Das Ergebnis ist ein spontanes 'Aufdröseln' der Teilchen in eine ultraschnelle, geradlinige elektromagnetische Strahlung. Man kann sagen, eine Menge hochgradig lokaler Wirkungen auf der Vakuum-'Oberfläche' (ein Teilchen) wird durch eine

---

[1]Ein Wasserstoffatom ist das kleinste mögliche Atom. Es besteht aus einem Proton plus einem Elektron. Also ist Anti-Wasserstoff ein Antiproton plus ein Positron.

andere schnell expandierende Menge von Wirkungen ersetzt, wobei die Gesamtsumme der Energie oder der Aktivität gleich bleibt. Und dies liefert uns ein interessantes Bild von der möglichen Natur der elektrischen *Ladung*.

Ich erinnere mich, wie ich auf der Schule meinen Physiklehrer mit Fragen wie „Was ist Schwerkraft?" zur Verzweiflung brachte. Er konnte mir nur eine Gleichung hinschreiben, die sich deutlich von der Erfahrung eines auf meinen Kopf fallenden Apfels unterschied. Doch was besitzt größeren Wirklichkeitsgehalt – die Erfahrung oder die Vorstellung? Und dieselbe Frage muß angesichts aller Phänomene gestellt werden. Was ist Gewicht, was ist elektrische Ladung, was sind Bewegung und Zeit? Jedes ist durch die jeweils anderen definiert, durch Begriffe seiner *Wirkung*, nicht in Begriffen dessen, was es *ist*.

Dies führt zu einem eng geknüpften Gewebe wissenschaftlicher Vorstellungen, die sich gegenseitig durch die Begriffe der jeweils anderen definieren, ohne daß wir jedoch bereits verstanden hätten, was die Dinge tatsächlich *sind*.

Selbst mit einem vollständigen Überblick über die gesamte, dem Menschen bekannte Wissenschaft kann man noch mit Staunen das Panorama der 'gewöhnlichen' alltäglichen Dinge und Ereignisse betrachten, die uns von unseren Sinnen vorgeführt werden, und man kann – und sollte sogar – weiterhin die Grundfragen stellen: Was ist all das – grundsätzlich? Und: Was bin ich? Ohne Beantwortung dieser Frage müssen alle Antworten dieses 'Ichs' auf jede andere Frage zutiefst suspekt sein. Und gesetzt den Fall, man wollte auch noch quälend philosophisch werden, so sind gerade die vom 'Ich' gestellten *Fragen* gleichermaßen suspekt. Das bedeutet, schon die intellektuelle Methode, der Wirklichkeit nachzuspüren, ist an sich mangelhaft.

Aus unserem Verständnis der Vakuum-Matrix heraus können wir sehen, wie alle Manifestation ein Muster, ein Tanz, eine Wirkung ist, die *durch unsere Sinneswahrnehmung* besondere 'Wirklichkeit' erhält und mit unserem Bewußtsein verbunden ist.

Unterschiedliche Arten nehmen unterschiedlich wahr. Sie sind auf unterschiedliche Weise mit diesem Muster verknüpft, entsprechend ihrer eigenen inneren feinstofflichen oder 'mentalen' Struktur. Daher nehmen manche Insekten Infrarotstrahlung, die temperaturabhängige Strahlung, wahr, und so können sie Dinge sehen, wo wir Menschen das 'Nichts' sehen, das wir Finsternis nennen. Jedes Ding, auch die Luft, hat eine Temperatur, deren Infrarotstrahlung also für solche Arten bei Tag und bei Nacht sichtbar sein kann. Sie können sogar die spezifischen Infrarotabstrahlungen gewisser Moleküle 'sehen', die wir Menschen als Düfte wahrnehmen. Insektenfühler sind tatsächlich hochgradig abgestimmte Antennen oder Empfänger für modulierte Infrarotsignale. Solche Moleküle sind als Pheromone bekannt, und sie werden zur Kommunikation benutzt – zum Anlocken und zur Identifizierung von Geschlechtspartnern und Pflanzennahrung, als Warnsignale für andere Artgenossen und für andere notwendige Kommunikationserfordernisse, die sich aus ihren sozialen und Umweltbedingungen ergeben.

Was das eine Wesen riecht, kann ein anderes tatsächlich als Hitze empfinden, während ein drittes es sieht. Vermutlich trifft dies zu, wenn Motten in eine Kerze fliegen und tödlich verbrannt werden. Sie können nicht gewußt haben, was ihnen zustößt. Sie sehen die Hitze der Flamme, die wie etwas aussieht, von dem sie instinktiv angezogen werden – vielleicht eine Nahrungspflanze, eine Blume oder ein andersgeschlechtlicher Artgenosse. Und erst zu spät entdecken sie, daß die Flamme brennt und tödlich ist.

Was also ist die 'wirkliche Wirklichkeit'? Das, was *wir* wahrnehmen, oder das, was eine andere Art wahrnimmt? Selbst unter uns Menschen reagieren wir alle unterschiedlich auf sensorische, soziale, intellektuelle und andere Erfahrungen. Welche ist also 'real', oder verfügt keiner von uns über eine absolute 'Realität'?

So werden wir immer wieder zu unserer *Erfahrung* zurückgezogen, die irgendwie eng mit dem verknüpft ist, was wir für objektiv halten mögen. Erfahrung ist subjektiv, sei sie sensorisch, vorstellungsmäßig oder sonstwie geartet, und unsere Verwirrung entsteht erst, wenn wir denken, daß wir von dem, was wir wahrnehmen, *getrennt* sind. Tatsächlich sind wir auf wunderbar mystische Weise integraler Bestandteil dieses kosmischen Energietanzes und können all das nur durch mystisches Überbewußtsein, aus dem Innen heraus wirklich verstehen.

Energie und Kausalität

Wenn Materie und Antimaterie aufeinandertreffen, sprechen Physiker faktisch von gegenseitiger *Aufhebung* unter Freisetzung von Energie. Es ist jedoch keine wirkliche Aufhebung. Es ist lediglich *Transformation*. Der Inhalt von materieller Substanz und ihren Kräften ist und war immer *Energie*. *Energie ist alles, was ist.* Die Dinge *enthalten* keine Energie – sie *sind* Energie. Dies steht natürlich im Widerspruch zur klassischen physikalischen Definition von Energie, die besagt, Energie sei das Vermögen, Arbeit zu verrichten, falls und sobald wir die Durchführung von Arbeit vorsehen. Aber das ist ein sehr beschränkter Standpunkt.

Energie ist der Tanz von Leben und Form. Alles was grob- oder feinstofflich manifestiert ist, ist Energie. Bewegung und Differenzierung sind es, die das Panorama des Daseins ausmachen, innen wie außen. In mystischen Worten heißt ihre Musterstruktur Maya – das ewige Wechselspiel von Veränderung und Illusion. Energie ist das urschöpferische Ausströmen des Einen, das Schöpfungslied der Hopi-Indianer, das Wort der Bibel. Sie formt den Universellen GEIST, der seinerseits mit einem endlosen Aufspalten, Bewegen und Spiegeln seiner selbst in sich selbst das Thema erwidert, bis wir von seiner funkelnden Zaubershow entzückt und verwirrt sind. Sie ist Goggelmoggels Ei, zerbrochen in eine Unzahl von Einzelteilen, die vor uns tanzen und glitzern und unseren menschlichen Verstand mit ihrem unwiderstehlichen Blendwerk anlocken.

Energie ist sowohl das Muster als auch das Ding selbst. Zwischen beiden besteht kein Unterschied. Sie ist die Bewegung, die die trügerische Darbietung der Wirklichkeit aufführt. Sie ist die Schwingung, die jedes Elementarteilchen bestehen läßt. Sie ist die Bewegung der Sterne und Galaxien. Für den Geist ist sie Kausalität und Materie; für die Seele enthält sie das Wesen der Liebe des Schöpfers. Der Herr spielt das Spiel der Liebe in sich selbst durch den Energietanz seiner Schöpfung. Energie ist die Essenz unserer Gedanken und Gefühle, sie ist das Gefüge unserer Körper. Energie verbindet und verwebt, sie erscheint wie Trennung und Polarität, doch sie vergißt niemals ihre Verbundenheit mit ihrer einen inneren Quelle. Ihre Muster sind die Blasen auf Seinem Ozean, der Schaum auf Seiner Welle. Sie ist Sein *Leela*, Sein Spielen, Sein Spiel.

Energie ist eine Schneeflocke, eine Blume, ein Blatt. Sie ist Atom und Molekül, DNS und alles übrige. Sie ist der riesige Mammutbaum und das zarte Veilchen. Sie ist die Eisblume auf der Fensterscheibe, das wundervoll verschlungene Gefüge aus Gewebe und Zellen in den Lebewesen. Sie ist der Kreislauf der Jahreszeiten, die Zeitspanne eines Lebens, der Rhythmus der Planeten. Sie ist die dunstige Stille eines Sommertages, die Kraft eines Wirbelsturms, die Gewalt einer sich brechenden Woge. Sie ist die ruhige Flamme einer Kerze, die Explosion einer Supernova.

Wir können der Energie nicht entfliehen. Unsere Seele ist von ihren mannigfaltigen Formen umgeben. Unser Geist ist Energie, die physische

Welt ist Energie. Wir teilen 'unsere' Energie 'ihrer' Energie mit Hilfe von Energie mit. Sie ist sowohl der Informationsgehalt als auch die Trägerwelle. Wir sind in Energie eingebettet. Ihr Gesetz ist kausaler Art, auch wenn es unseren linearen intellektuellen Verstand übersteigt. Sie stellt ständig die Verbindung aller Teile mit dem Ganzen in sich selbst her. Sie ist Vielfalt, und doch ist sie eins.

Diese immanente Einheit in der Vielfalt ist es, die die Essenz der Kausalität, die Ursache der Kausalität sozusagen, ausmacht. Kausalität bedeutet Beziehung, Muster, Vereinigung, und man könnte nun scharfsinnigerweise fragen: „Was *ist* Kausalität an sich? Warum sind die Dinge nicht zufällig? Warum sind sie verbunden?" Hier haben wir die Antwort, denn innerhalb der Einen Quelle ist nur Eines. Ohne zwei oder mehr kann es keine Kausalität geben, denn wer sollte Ursache wofür sein, wenn alles eins ist? Aber das Eine schafft das Viele und bleibt doch sowohl in sich selbst ungeteilt als auch in der Unzahl von Energiemustern und Energieformen Seiner Schöpfung gegenwärtig. Die Gegenwart des Einen im Vielen läßt somit Verbindung und Verwandtschaft unter den vielen 'Teilen' entstehen – also Kausalität.

Demnach ist Kausalität oder Karma das natürliche Ergebnis des von innen nach außen führenden Schöpfungsprozesses. Sie ist ein Ausdruck der Tatsache, daß das Eine weiterhin im Vielen präsent ist. Verbindung und Beziehung ist ein Ausdruck Seiner Präsenz in der Schöpfung.

ABER – und dies ist ein sehr großes 'Aber' – die Natur dieser Beziehungen wird zunehmend dichter, holistischer, holographischer oder integrierter, je weiter man sich im vertikalen Energiespektrum nach innen bewegt. Die Physik widmet sich ungeteilt dem horizontalen Charakter von Ursache und Wirkung und ist infolgedessen ratlos angesichts scheinbarer 'nicht-lokaler' Beziehungen, die sie dann als Folge von 'Quantenunbestimmtheit' bezeichnet.

Schematisch läßt sich dies wie in Abbildung 1-4 darstellen. Wenn wir nur den Blickpunkt 1 einnehmen können, würden wir zwischen B und C keine Kausalbeziehung erkennen. Können wir unsere Beobachtung jedoch von Punkt 2 aus vornehmen, dann wird uns die Beziehung zwischen B und C klar. Standpunkt 1 ist unser normaler menschlicher, geistig-sinnlicher Wahrnehmungsmechanismus. Standpunkt 2 ist ein mystischer Erfahrungsstandort des Bewußtseins, eine ganz andere Art von Erfahrung.

Schrödingers Wellenwahrscheinlichkeitsfunktion, um einen Ausdruck der Physik zu benutzen, kommt eigentlich überhaupt nicht vom Fleck. Sie

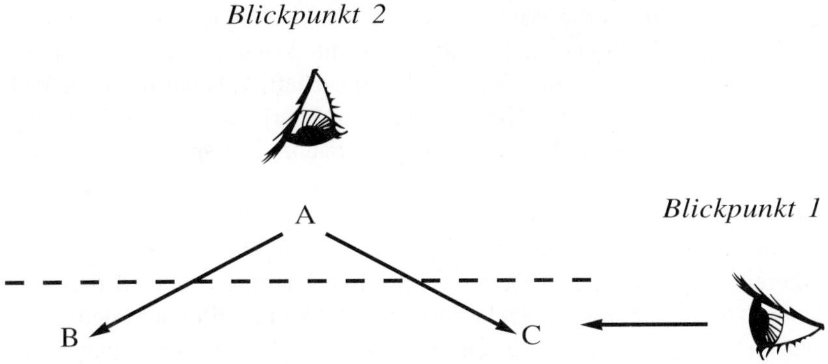

Blickpunkt 2

A

Blickpunkt 1

B

C

Abb. 1-4. Allgemeine Anschauung von verborgenen Beziehungen

wird durch das erweiterte Gesetz der inneren Kausalität an jedem Punkt zum 'Zusammenbruch' gebracht. Doch dazu in späteren Kapiteln mehr.

Wir sollten uns ganz klar darüber sein, daß absoluter Determinismus ein Grundprinzip der wahrhaft mystischen Auffassung vom 'Leben, dem All und überhaupt allem' ist. Er wird von allen Mystikern erfahren und zum Ausdruck gebracht. Christus sagt: „Bei euch aber sind sogar die Haare auf dem Kopf alle gezählt." Der indische Mystiker Nanak schrieb: „Kein Blatt bewegt sich, es sei denn auf Seinen Befehl." Jedes Elementarteilchen schwingt nur gemäß dem Gesetz des inneren All-Willens. Wir alle sind ein Teil des bloß einen 'großen, gewaltigen' Vorgangs. Wenn wir mit unserem Geist das Eine als Vielfalt wahrnehmen, interpretieren wir das Einssein des Einen unwissentlich als unsere gewohnte Kausalität. Können wir keine kausale Verbindung feststellen, so wenden wir uns einem statistischen Umgang mit den Daten zu, doch bedeutet das nicht, daß das Universum auch nach den Maßstäben der Wahrscheinlichkeit betrieben wird. Denn die statistischen wie auch die offensichtlicheren deterministischen Beschreibungen der physikalischen Wirklichkeit basieren auf der Beobachtung von Ordnung und Kontinuität. Ohne diese könnte es kein 'Gesetz' des Zufalls geben. Wenn wir nicht erkennen, wie solche Gesetze – probabilistisch oder deterministisch – zustande kommen, bedeutet das nur, daß unser menschlicher Verstand in seiner Wahrnehmung beschränkt ist, das ist alles. Und niemand würde dem wirklich widersprechen.

Also ist unsere Wissenschaft nichts weiter als das Studium lediglich einiger dieser Energiemuster und -beziehungen. Je tiefer die Untersuchung geht, desto tiefer ist die Wissenschaft. Je oberflächlicher das Studium betrieben wird, desto oberflächlicher bleibt die Wissenschaft. Ja, je tiefer der Mensch ist, desto tiefer ist seine Wissenschaft. Was wir in dieser Welt betreiben, ist einfach ein Umstellen dieser Energiemuster. Was machen wir nur für einen Wirbel um eine so kleine Sache! Wir spielen uns auf wie der größte König, dabei buddeln wir nur im kosmischem Sand. Wir „spielen uns groß auf und verpulvern unsere Zeit auf der Bühne".

Lassen Sie mich eine sehr schöne Passage von Dr. Peter Guy Manners zitieren, einem hochgeschätzten englischen Naturarzt, der all dies sehr knapp zusammenfaßt. Viele Jahre lang hat Manners Pionierarbeit geleistet für die Anwendung von fein abgestimmten Klangschwingungen und von Resonanz als Mittel zur Reharmonisierung und zur Verstärkung der Energiemuster, aus denen unsere physischen Körper und unser Geist, unsere Gefühle und unsere feinstofflichen Energiefelder bestehen. In einem lyrischen Artikel mit dem Titel *The Rhythm of Living Form* (Der Rhythmus der lebendigen Form) schreibt er:

> Das offensichtlichste an der Energie ist, daß es nichts anderes gibt. Ihre Rhythmen sind nicht bloß in uns und um uns herum, sondern sie sind wir, vom oszillierenden Teilchen, aus dem sich jedes Atom unserer Knochen und unserer Augenwimpern zusammensetzt, bis hin zu den Rhythmen, die sich in unserem Geist wie Ebbe und Flut abwechseln. Energie verläuft in Zyklen oder in Wellenbewegungen: Sie ist niemals im Ruhezustand, und sie ist immer überall zugleich und zeigt sich dabei in zahllosen hierarchischen Erscheinungsformen – so wie auf einer Meereswoge die kleineren Wellen, auf diesen Wellen Kräuselungen und auf diesem Kräuseln noch feinere Modulationen jeweils Teil eines organischen Fließens sind, allerdings in unterschiedlichen Tonarten angeschlagen. Der Unterschied von Blau und Orange, von Fis-Dur und e-moll und selbst von einem Kreis und einem Quadrat besteht nur im Unterschied der Wellenbewegung.
>
> Schwingung führt uns zu den unterschiedlichen Ausdrucksformen von Energie in unserer unmittelbaren Umgebung, zur Musik von Kristallen, Pflanzen und Menschen, zu den Verknüpfungen zwischen Vibration und Form, zur Resonanz, die Bäume durchwebt, zur Bewegung des Wassers, zu Farbe und Klang, die die Sonne in die symphonische Hülle der Erde einstrahlt. Wir untersuchen die Punkte, an denen die 'subtile Umwelt' von den neuen Wissenschaftlern des Unsichtbaren angeritzt wird. Wir sehen, wie mit Sand bestreute Scheiben bei bestimmten Schwingungsfrequenzen 'Mandalas' erzeugen, die heiligen Formen, die tief im Herzen der Natur und der menschlichen Gottesverehrung liegen. Wir sehen, daß Pflanzen 'ätherische' Nervensysteme besitzen, die auf

Musik und menschliche Gedanken reagieren, und daß die Aura fotografiert werden kann, um Farbe und Stimmung der Psyche zu zeigen. Sogar die Rhythmen, die man im menschlichen Geist mitverfolgen kann, zeigen, daß die Bilder des Bewußtseins selbst mit dieser Schwingung verwoben sind.

Unsere Körper und das Bewußtsein, das sie enthalten, lassen sich als bloße Kraftfelder auffassen – Refrains im harmonischen Fließen der Energie wie alles Existierende. Wahre Medizin ist lediglich ein Wiedereinstimmen unseres Schwingungsgefüges auf die übergeordnete Energie, aus der wir herstammen. Krankheit, 'Un-Wohlsein' im Körper oder im Glauben verschwindet mit einer Neujustierung auf das, was zwar bereits vorhanden, aber für uns unsichtbar ist. Die wachsende Akzeptanz von New-Age-Heilverfahren läßt sich als Barometer für eine Verschiebung der kulturellen Bewußtheit werten, die sich von der Auffassung, Menschen und Universum seien deterministische Maschinen, zu einer Sichtweise hinbewegt, die sie in den Kontext eines Gewebes aus zusammenhängen Kräften stellt. Wie die elektromagnetischen Körper von Sonne oder Erde ist der Körper des Menschen mit unserem heutigen Wissen über seine physischen Beschränkungen hinausgewachsen und läßt die subtilen Möglichkeiten des Menschen jenseits der fünf Sinne erkennen: Die Auren des 'Äther'-körpers und seine Organe, die 'Chakras' der religiösen Überlieferung, die Ströme aus 'Ch'i'-Energie, denen der Akupunkteur nachspürt – sie alle sind Parallelausstrahlungen, und sie verschmelzen mit den Energierhythmen auf unserem Planeten und jenseits davon.

Die Fortschritte der modernen Physik

Ich habe den deutlichen Eindruck, daß die moderne Physik große Schritte nach vorn tun wird, wenn sie sich der Schlußfolgerungen aus drei Faktoren, durch die sie sich derzeit noch verwirrt zeigt, bewußt wird und sie voll akzeptiert.

Erstens: Der Vakuumzustand ist eine reale, energetische Schwingungsmatrix – ein realer, formbildender Zustand der Materie.

Zweitens: Den statistischen Beschreibungen der Quantentheorie liegt eine zwar deterministische, aber eher subtile Ordnung zugrunde, eine Ordnung, der die Gesetze von Kausalität und Polarität ebenfalls wesensmäßig innewohnen. Wie bereits ausgeführt, ist tatsächlich *jede* Beschreibung von Ordnung, ob eher offensichtlich deterministisch oder statistisch, *eine Beobachtung von Ordnung*, nicht von Willkür oder Zufall. Wenn Zufall wirklich Zufall wäre, könnte es sicher keine Gesetze geben, die seine Funktionsweise beschreiben. Die 'Gesetze' selbst wären willkürlichem Wandel unterworfen!

Drittens: Die Annahme der Quantentheorie, daß der Beobachter in den Prozeß der Manifestierung eingebunden ist, ist tatsächlich die grundlegende Realität. Die mystische Sicht ist die, daß die scheinbar objektive Substanz tatsächlich ein Teil unseres Bewußtseins selbst ist. Oder einfacher gefaßt: Gott ist überall und in allem. Und doch ist Er auch 'getrennt'.

Das Problem ist, daß wir die Welt, die wir mit unseren Sinnen wahrnehmen, so zu beschreiben versuchen, als wären wir irgendwie von ihr getrennt. Doch sollte uns schon der Wahrnehmungsakt selbst eines Besseren belehren. Aus der Tatsache, daß wir unsere Sicht der 'äußeren' Realität mit Hilfe von Meditation durch einen langsamen, ganz allmählichen Richtungswechsel unserer Aufmerksamkeit von außen nach innen verändern können, läßt sich eine integrale Verbundenheit des Äußeren mit dem Inneren erkennen. Denn dadurch, daß wir unseren Mentalzustand durch Meditation ändern, daß wir unser Bewußtsein erweitern, daß wir unsere Aufmerksamkeit nach innen konzentrieren, ändern wir unser Verständnis vom Wesen jener 'Realität', die wir durch unsere Sinne wahrnehmen.

Die semantischen und dualistischen Aspekte dieser Schwierigkeit werden noch deutlicher, wenn wir unsere Aufmerksamkeit auf unseren eigenen Körper und besonders auf das Gehirn richten. Denn nachdem wir nun zu dem Schluß gekommen sind, daß die äußere materielle Substanz eine Spiegelung des Inneren und in unserem Geist enthalten ist, sehen wir uns mit den Problemen der Schnittstelle Gehirn-Geist konfrontiert. Problematisch ist auch der Versuch, den Beobachtungsprozeß – sowohl in der Tätigkeit der Sinne als auch im Gehirn – zu beobachten, *indem wir dabei genau die Sinne und das Gehirn benutzen, über die wir doch gerade etwas herausfinden möchten.*

Daher fehlen uns die Worte – die den Gedanken entstammen –, denn wir versuchen, den ganzen Gegenstand zu beschreiben, indem wir nur einen kleinen Teil (unseren Verstand und unsere Sinne) des Gesamtgegenstandes benutzen. Es ist so, als erwarte man von einem Ziegelstein, daß er ein Haus beschreibe, oder als bitte man ein Atom, die Grundlagen der Chemie zu erklären. Letzten Endes würde ihre Auskunft lauten: 'Aber ich *bin* doch das Haus', oder: 'Ich *bin* die Chemie'. Und das ist das Problem, das die Quantentheorie als wesentlich anerkannt hat, nämlich, daß das Beobachtete vollkommen mit dem Beobachter verbunden ist. Beide lassen sich nicht trennen. Um also wirklich verstehen zu können, was vor sich geht, müssen wir *zur ganzen Sache werden*, und das bedeutet mystische Erfahrung.

Um sprechen, etwas aussagen zu können, müssen wir daher diese Beschränkungen, denen alle Worte und Erklärungen unterliegen, voraussetzen und verstehen und uns von dort aus vorarbeiten. Wir sprechen und schreiben, als wären die Dinge von uns getrennt, während wir in Wirklichkeit wissen, daß sie es nicht sind. Daher der buddhistische Spruch: „Wer spricht, weiß nicht. Wer weiß, spricht nicht." Oder die Methode des Zen, den Verstand aus seiner dualistischen Besessenheit herauszukatapultieren, indem Fragen gestellt werden wie: „Wie ist das Geräusch einer klatschenden Hand?" Doch mystische Erleuchtung erfolgt nicht als ein blitzartiger intuitiver Einblick in die Bedeutung solcher Aussagen. Sie ist eine viel tiefere Erfahrung, zu der wir uns in einem stetig wachsenden Maße hinbewegen können.

Alle Erklärungen und Beschreibungen, seien sie wissenschaftlich, mystisch oder eine Mischung aus beidem, sind also nur Teilwahrheiten. Das vertikale Energiespektrum, der Mensch als ein den Makrokosmos reflektierender Mikrokosmos, das Gehirn als Vakuumcomputer, die Schnittstelle zur subtilen Energie, Quantentheorie und Relativitätstheorie, mystische Beschreibungen des Universums und so weiter sind nur Verweise auf eine Wirklichkeit, die innerlich erfahren werden muß, um ganz verstanden zu werden. Für den Ziegelstein ist das der einzige Weg, das Haus zu verstehen, für einen Tropfen die einzige Möglichkeit, den Ozean zu begreifen. Und das liegt vollkommen jenseits des Bereichs der Wissenschaft.

Die menschliche Verfassung

Um den Rahmen dessen zu vervollständigen, was in den nächsten Kapiteln folgt, muß ich in groben Umrissen darstellen, was in der mystischen Beschreibung ein menschliches Wesen ausmacht. Für weitergehende Einzelheiten möge der Leser *Strahlungsfeld* und *The Web of Life* oder ein anderes gutes Buch über diese Thematik konsultieren.

Seele, Geist und Körper

Ein Mensch setzt sich aus Seele oder Bewußtsein zusammen – einem Tropfen des göttlichen Ozeans –, dem ein Geist und ein physischer Körper zugeordnet sind. Der Geist selbst ist komplex strukturiert[1], doch auf unserer menschlichen Ebene offenbart sich Geist als unsere Gedanken und als verstandesmäßige Vorgänge (wie Gedächtnis, Intellekt, Willenskraft und so weiter), von denen wir instinktiv wissen, daß sie in unserem Kopf angesiedelt sind. Tatsächlich liegt unser Denkzentrum hinter unserer Stirn. Wenn wir uns konzentrieren möchten, führen wir unsere Hand automatisch zur Stirn. Wir schlagen uns nicht auf die Knie oder berühren irgendeinen anderen Teil unseres Körpers!

Unsere Gedanken sind Schwingungen innerhalb eines realen Energiefeldes, ein Teil des im vorigen Kapitel beschriebenen vertikalen Energiespektrums. Unsere menschliche Natur besteht also aus einer inneren Seele. Dies ist die wirkliche Lebenskraft in uns. Sie ist jedoch mit den Energien unseres menschlichen Geistes im Denkzentrum hinter der Stirn verknüpft.

Von diesem Punkt an sind wir uns normalerweise des Manifestierungsprozesses nicht bewußt, bis wir dann erst wieder das Endergebnis durch unsere fünf Sinne bemerken. Diese fungieren als das Medium, dessen Vorgehensweise seinerseits in dasselbe vertikale Energiespektrum eingebunden ist, so daß wir uns an dieser Stelle unseres sensorischen Inputs und unseres motorischen Outputs bewußt sein können. Folglich sind wir

---

[1] Für diejenigen, die über solche Dinge bereits etwas gelesen oder sie gar schon erfahren haben, umfaßt dies auch *Astral*- und *Kausal*geist und -körper, die über (oder tiefer in) der Ebene von menschlichem Denken und Mentalfunktion existieren.

in der Lage, beispielsweise einen Finger zu krümmen, ohne uns dabei der inneren Mechanismen bewußt zu sein, durch die das bewerkstelligt wird.

Die Rangfolge der Energie läßt sich in einfacher, bildhafter Form ausdrücken wie in Abbildung 2-1.

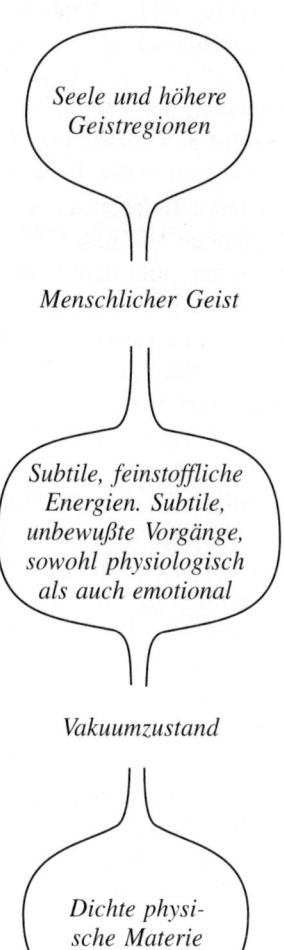

Diese bleiben nach dem Tod des physischen Körpers erhalten. Die Seele ist ewig und unzerstörbar. Verglichen mit dem physischen Universum besitzt sie eine ungeheure Ausdehnung.

Seele und höhere Geistregionen

Geistenergien, ein Kontrollpunkt. Beinhaltet die Gedankenenergie. Die Wirkung der menschlichen geistig-emotional-physischen Aktivität bleibt nach dem Tod des physischen Körpers ebenfalls erhalten.

Menschlicher Geist

Subtile Energien. Diese umfassen Gefühle, Instinkt und feinstofflichen Körper, auch Äther-körper genannt – den Bauplan des physischen Körpers, den Kreuzungs-punkt der Energien von innen nach außen und von außen nach innen.

Subtile, feinstoffliche Energien. Subtile, unbewußte Vorgänge, sowohl physiologisch als auch emotional

Vakuum ist das verborgene Tor zwischen grob- und feinstofflicher Materie. Die Wissenschaft beginnt gerade erst, sich diesem Energiefeld zu nähern.

Vakuumzustand

Dichte physische Materie – der Bereich der heutigen Physik. Umfaßt den physischen Körper.

Dichte physische Materie

Abb. 2-1. Das physische Universum und die menschliche Verfassung. Die Proportionen der Skizze haben keine Bedeutung.

Es gibt folglich zwischen Geist, Gefühl und Körper eine direkte Verbindung, und sie liefert uns einen Eindruck davon, auf welchen Energiebahnen psychosomatische Phänomene stattfinden und wie Geist, Gefühl und Körper wirklich so völlig ineinander verschlungen sind, daß sie ein einheitliches Ganzes bilden. Denn wie sonst könnten sich Gedanken, Emotionen und Persönlichkeit physisch als Gesichtsausdruck, in der Körperhaltung und im Gesundheits- oder Krankheitszustand vermitteln als über eine direkte Energiebahn, die sowohl von innen nach außen als auch von außen nach innen führt und somit einen Kreis beschreibt?

Es erscheint in der Tat wahrscheinlich, daß Bewegung und Dasein jedes subatomaren Teilchens in unserem Körper von innen durch die Natur unserer Gedanken und unserer Persönlichkeit, bewußt oder unbewußt, beeinflußt werden, und damit sowohl auf der Vakuumebene als auch auf der subatomaren Ebene einen eindeutigen Fingerabdruck darstellen.

Bei den meisten von uns beherrschen die Gefühle die Vernunft, und wir verbringen einen großen Teil unseres Lebens sozusagen im Streit zwischen unserem höheren und unserem niedrigeren Selbst, oder wir werden von den Schwingen unseres unaufhörlich aktiven Geistes erfaßt. Unsere Gefühle sind aufs engste mit unseren Körperfunktionen verknüpft, wie wir dies von den krankmachenden Auswirkungen des Streß auf unsere Gesundheit her kennen, und genauso von den offensichtlicheren Resultaten der Dinge, die wir unter dem Einfluß unserer Emotionen tun oder sagen.

Tatsächlich bedeutet das Wort 'Emotion' 'Auswärtsbewegung'. Und genau die findet statt. Der Geist bewegt sich aus dem Bewußtseinszentrum hinter der Stirn heraus. Indem er weitgehend unbewußt wird, spielt er gegen die subtilen Energien unserer inneren Verfassung an, die zwischen der Ebene der Gedanken und dem Tor des Vakuums liegen. Deshalb erfahren wir Emotion im physischen Körper. Aus den Augen rollen Tränen, der Hals ist zugeschnürt, das Herz schlägt schneller, wir haben einen Knoten im Magen oder Schmetterlinge im Bauch und so weiter. Die subtileren Energien kontrollieren die Vakuummatrix unmittelbar dabei, wie sie die subatomaren Teilchen manifestiert, die unseren physischen Körper darstellen.

Menschliche Emotion

Viele Menschen stellen sich unter Emotionen Wut, Angst, Kummer, Schwärmerei und so weiter vor. Manche Leute, besonders solche mit einem intellektuellen Gebaren, halten sich selbst für unbeeinflußt von solchen Gefühlen, aber das ist normalerweise falsch. Der Geist steht automatisch unter dem Einfluß der Emotion, wenn er von seinem Mittelpunkt entfernt ist. Das bedeutet jenes Wort. Wir sind dem Brennpunkt aufgrund von Emotionen fern, und die hauptsächlichen Emotionen sind: Bindung an physische Dinge, sexuelle Begierde, Wut, Habgier oder gefühlsmäßiger Hang zum Raffen, und am Brennpunkt, aus dem all diese Dinge entstehen: Egoismus, Hochmut oder eine unausgewogene Auffassung von unserer eigenen menschlichen Individualität.

All diese Qualitäten sind natürlich ein wesentlicher Teil des Menschseins, aber in den meisten von uns sind sie nicht unter Kontrolle. Daher wird die praktische Notwendigkeit, bestimmte physische Dinge wie Nahrung, Kleidung und Obdach zu besitzen, dann zu einer emotionalen Bindung an diese Dinge, wenn sie aus dem Gleichgewicht gerät. Ähnlich wird Zeugungsdrang zu zügelloser Lust, enttäuschte Triebkraft führt zu Ärger, die Fähigkeit und das Bedürfnis, lebenswichtige Güter zusammenzutragen, werden zu Gier, wobei all dies vom Egoismus herrührt – dem trügerischen Gefühl der persönlichen Identifikation sowohl mit den uns umgebenden Dingen als auch mit den emotionalen und geistigen Energien unserer inneren Natur. Ein Gefühl für seine Rolle oder seine Position im Gefüge des Lebens ist dem Menschsein zutiefst eigen, und dies ist das Ego in natürlichem Gleichgewicht. Das Einbauen dieses Gefühls in eine Identifikation mit einem falschen geistigen Bild von unserer Position erzeugt das Ungleichgewicht, das wir Egoismus nennen. Zweifellos ist es diese Selbstempfindung, die den übrigen emotionalen Unausgewogenheiten oder den menschlichen Schwächen zugrunde liegt. Man entferne das übersteigerte Selbstgefühl, und die natürlichen menschlichen Veranlagungen zu Besitz, Fortpflanzung, Tatendrang und Versorgung kehren in einen ausgeglichenen Zustand zurück.

Zusammengefaßt sind die grundsätzlichen menschlichen Emotionen:

Ausgewogene Veranlagung	*Menschliche Schwäche*
Besitz	Bindung an Besitz
Fortpflanzung	Wollust
Antrieb	Ärger
Versorgung	Gier
Identität	Egoismus

Dies mag zu stark vereinfacht erscheinen, aber da sie sich den jeweiligen Umständen entsprechend zu unzähligen Möglichkeiten mischen lassen, sind es tatsächlich diese fünf Zustände, die unser Unterbewußtsein dazu bringen, sich als unsere Persönlichkeit Ausdruck zu verschaffen. Diese subtilen Energien bilden das Basisfundament unserer gesamten Psychologie. Also wird sich sogar eine scheinbar leidenschaftslose, rationale Person, ob sie es selbst glaubt oder nicht, in der Gewalt dieser Emotionen befinden, weil der Einfluß dieser Emotionen auf das, was wir für unsere rationalen Gedanken und Entscheidungen halten, weitgehend unterbewußt ist. Außerdem wird unser Gefühlsleben eine Mischung aus diesen fünf Grundzuständen sein.

Aus ihren Beimischungen entstehen beispielsweise Angst, Gram und Neid. Neid entsteht aus einer Bindung an das, was ich für mein Eigentum oder mein potentielles Eigentum halte, und wenn er das andere Geschlecht betrifft, werden seine Ursprünge auch Elemente von vereitelter sexueller Begierde enthalten. Er mag sich durchaus als selbstgerechter Wutausbruch oder als eiskalte Zurückweisung äußern. Seine Entstehung mag die Folge einer ungestillten Gier sein, etwas zu besitzen, was ein anderer bekommen hat, während all dem eine unausgewogene Auffassung vom Platz des Individuums im Muster des Lebens zugrunde liegt. Die Person fühlt, daß etwas passiert ist, was so nicht hätte vorkommen sollen. Darüber hinaus bilden Geist und emotionale Energien feste Muster, wie jede Energie. Wir haben nicht heute die eine Persönlichkeit und morgen eine andere. Wir sind Geschöpfe der Gewohnheit, des Musters. Wir reagieren innerlich und äußerlich auf vorhersagbare Weise. Das ist zweifellos wichtig, um uns eine Art inneres Vertrauen und innere Stabilität zu geben, aber es ist eine Konditionierung, die uns daran hindert, auf andere Ideen zu kommen und alternative soziale und emotionale Antworten bereitzuhaben. Fügen Sie dann all diesem unterbewußten Durcheinander von Emotionen noch die Erfahrungen – sowohl geistige als auch emotionale – eines oder mehrerer Leben hinzu, und wir haben unsere einmalige Persönlichkeit und Individualität.

Nun ist dies nur eine knappe Übersicht über die Basis einer psychologischen Wissenschaft, die auf einem Verständnis von Energiemustern aufbaut, und natürlich bedarf das Thema weitergehender Aufklärung. Doch hier liegt ihre Bedeutung darin, daß die gesamte Wissenschaft von Individuen erschaffen wird, in denen diese emotionalen Gewohnheiten und Muster äußerst rege sind. Und der Kenntnis- oder Bewußtseinsstand der

einzelnen Wissenschaftler hinsichtlich ihrer unterbewußten Emotions-
muster variiert in demselben Maße wie bei allen andern Menschen.

So ist die Wissenschaft demnach *nicht* das Ergebnis rein rationalen
Denkens, sondern sie ist hochgradig vom Gefühlsleben der Wissenschaftler selbst gefärbt. Die Ablehnung einer neuen Idee zum Beispiel ist die
natürliche, vorhersagbare Folge, wenn ein konditioniertes Energiefeld, das
zur Gewohnheit geworden und in eingefahrene Bahnen geraten ist, mit
einem neuen Energiefeld konfrontiert wird. Dann füge man diesem geistig-emotionalen Gemisch noch folgendes hinzu: Eifersüchteleien im Be-
rufsleben, Sehnsucht nach persönlichem Ruhm und Reichtum, Furcht
davor, unrecht zu haben, Sorgen über Karriereaussichten, Rente und Familie plus einer Unmenge ähnlicher Gefühle, und man kann leicht sehen,
wie persönliche Wechselwirkungen bei Wissenschaftlern zur Ablehnung
guter Gedanken zugunsten einer Bewahrung des Status quo führen.

Es ist ziemlich ähnlich wie bei der Frau, die mit ihrem Mann einen
Einkaufsbummel macht, um sich ein neues Kleid auszusuchen. „Es paßt
nicht zu dir, Liebling", sagt er und ist sich dabei seiner Unaufrichtigkeit
kaum bewußt. Denn in Wirklichkeit zeigt ihm sein verstohlener Blick auf
das Preisschild, was ihm nicht paßt!

Also vergessen Sie all dies nicht, wenn Sie einer scheinbar rationalen
Feststellung der 'Wissenschaft' begegnen. Denn nicht die Wissenschaft ist
es, was wirklich existiert, sondern das gute alte Wirrwarr in den Menschen-
wesen und unsere Vorstellungen von den Dingen. Und auf dieses Thema
werden wir im Verlauf dieses Buches von Zeit zu Zeit zurückkommen.

Flachweltler und die Dimension des inneren Lebens

Ein Großteil unserer Schwierigkeit, das Leben und die physische Realität
zu verstehen, in der wir uns befinden, besteht darin, daß wir nur materielle Formen sehen, wenn wir die Welt und die lebendigen Dinge mit unseren normalen Sinnen und durch die gefärbten Brillen unserer unbewußten
Emotionen betrachten. Wir sehen weder das Innenleben unser Mitmenschen noch das von anderen Arten. Wir können bis zu einem gewissen
Grad unserer eigenen Gedanken, Emotionen und unseres Bewußtseins
gewahr werden, doch die meisten von uns sind nicht fähig, diese wesentlichen Aspekte in anderen *direkt* wahrzunehmen, nicht einmal in denen,
die uns nahestehen. Daher sagen die Leute: „Der und der versteht mich
nicht", oder: „Ich verstehe den und den nicht."

Das können wir leicht akzeptieren. Aber deswegen anzunehmen, daß das, was wir in anderen – menschlichen oder sonstigen – Geschöpfen wahrnehmen, bereits alles ist, was von ihnen existiert, und ein ganzes 'wissenschaftliches' Gebäude auf dieser völlig mechanistischen Prämisse zu errichten, ist recht oberflächlich und als Mittel, letzte oder auch nur nüchterne, pragmatische Antworten zu liefern, vollkommen irreführend.

Was wir mit unseren fünf physischen Sinnen wahrnehmen, ist nur die äußere Dimension der Existenz – die Haut, die Oberfläche oder die Form. Es ist wie das Beispiel, das Physikstudenten häufig vorgeführt wird und ihnen helfen soll, die Vorstellung von zusätzlichen Raumdimensionen zu begreifen. Die Geschichte, die man ihnen erzählt, geht folgendermaßen:

Es gibt eine Welt, deren Bewohner nur zwei Dimensionen wahrnehmen. Sie heißt Flachwelt, und ihre Bevölkerung sind die Flachweltler. Werfen Sie einen zweidimensionalen Blick auf irgendein Objekt – das ist alles, was die Flachweltbewohner sehen können.

Eines Tages durchquert eine Orange die Flachwelt. Die Bewohner können zunächst nur einen Punkt erkennen. Dieser Punkt wird zu einem sich ausdehnenden Kreis, der dann wieder zu einem Punkt schrumpft und schließlich ganz verschwindet.

Seitenansicht in der 3-D-Welt

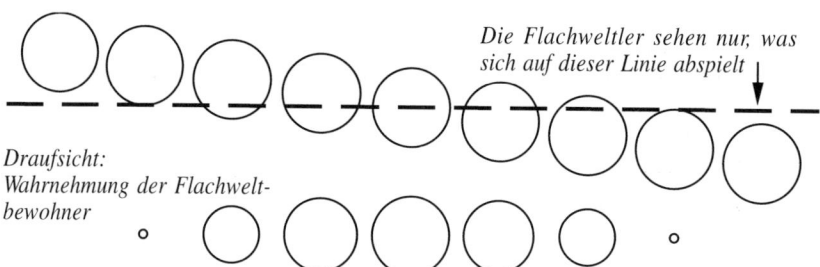

Die Flachweltler sehen nur, was sich auf dieser Linie abspielt

Draufsicht:
Wahrnehmung der Flachwelt-
bewohner

Abb. 2-2. *So nehmen die Flachweltler eine Orange wahr, die ihre Welt durchquert.*

Wenn wir nur mit unseren physischen Sinnen wahrnehmen, ist alles, was wir sehen, äußere Form – Flachwelt. Die innere Dimension des Lebens ist für uns verloren. Diese innere Dimension jedoch ist die Realität, die der äußeren Form die Erscheinung der Existenz gibt. Genauso wie die Orange die Realität darstellt und wie die Flachweltbewohner sie nur teilweise wahrnehmen, nehmen unsere Sinne die feinen inneren, subtilen Muster der

Lebensenergie in allen Geschöpfen nur indirekt als die Musteranordnung ihrer physischen Form wahr. Daher gelingt es uns nicht, im Leben dieser Geschöpfe die innerlichen, subtilen Dimensionen wahrzunehmen.

Und ebenso, wie die Flachweltler über das Wesen sich ausdehnender und wieder zusammenziehender Orangenringe streiten und diskutieren mögen, hat auch unsere Wissenschaft eine mechanistische Philosophie ersonnen, der es im wesentlichen an der Wahrnehmung der innerlichen Dimension mangelt.

Doch sobald dadurch, daß man die Aufmerksamkeit der eigenen persönlichen Innerlichkeit erweitert, die Existenz dieser innerlichen Dimension erst einmal einsichtig wird, taucht ein ganz neues Bild auf, und die Dinge fügen sich so zusammen, wie wir es zuvor nicht für möglich gehalten hätten. Aber dies ist etwas, das in unseren konventionellen Schulen nicht gelehrt werden kann.

Also haben die mechanistischen Theorien von Ursprung und Evolution der Arten im Stile Darwins so viel Bedeutung wie die Beschreibungen der Flachlandbewohner von einer Orange, weil die wesentliche Eigenschaft des Lebens – das innerliche Bewußtsein – und alles weitere subtile Zubehör ganz übersehen wird. Und die Bedeutung des Lebens liegt innen.

Ähnlich verhält es sich mit unserem wissenschaftlichen Verständnis von 'fundamentalen' Teilchen und Kräften. Unsere Annahme, sie müßten aus dem Nichts entstanden sein, ist so liebenswert naiv. Sie sind es nicht, und wir auch nicht, selbst wenn wir uns normalerweise nicht an unsere früheren Leben erinnern.

Erinnerung an das Vergangene

1987 wurde in der BBC eine Fernsehdokumentation gezeigt, in der ein hochintelligenter und musikalisch begabter Mann interviewt und gefilmt wurde. Dieser Mann hatte das Unglück, sich eine seltene Virusinfektion des Gehirns zugezogen zu haben, wodurch er die Funktionsfähigkeit seiner Schläfen- und Vorderlappen teilweise eingebüßt hatte. Dadurch hatte er sein Gedächtnis und seine Fähigkeit verloren, sich an Ereignisse zu erinnern, die länger als ein paar Minuten zurücklagen. Doch sonderbarerweise ist seine Fähigkeit zu sprechen und sich auszudrücken ganz unbeeinträchtigt geblieben, und darüber hinaus kann er immer noch Noten lesen, Klavier spielen und einen Chor dirigieren, dessen professioneller Leiter er einst war.

Wenn man ihn aber nach diesen Fähigkeiten fragt, erinnert er sich nicht, daß er über sie verfügt. Er konnte sich auch nicht daran erinnern, seinen alten Chor einige Stunden zuvor am selben Tag dirigiert zu haben (er hatte sich zu diesem Zweck eingefunden). Als ihm am Nachmittag ein Video von seinem Spiel und seinem Gesang vorgeführt wurde, das am Vormittag aufgezeichnet worden war, lachte er und konnte sich weder erinnern, so etwas jemals gemacht zu haben, noch überhaupt solche Begabungen zu besitzen.

Also fühlt er sich fortwährend so, als wäre er gerade aus einem Zustand erwacht, in dem keiner seiner fünf Sinne in Betrieb ist. „Bis gerade eben war ich blind und taub," ist einer seiner häufigsten Kommentare.

Durch einen natürlichen Schutzmechanismus sind wir alle in einem ähnlichen Zustand. Wenn wir geboren werden, verlieren wir die Erinnerung an unsere vergangenen Leben, obwohl wir deren Eindrücke oder *Sanskaras* in unser jetziges Leben mitgenommen haben. Dorther rühren all unsere Begabungen und Interessen, und dies erklärt alle Fälle von Wunderkindern – Mozart, der im Alter von vier Jahren Klavier spielte, ein Kind von fünf oder sechs Jahren, das turniermäßige Tennisschläge zustande bringt, und so weiter. Tatsächlich wies der indische Sitarspieler Ravi Shankar darauf hin, daß es länger als ein Leben dauert, bis man gelernt hat, die Sitar zu spielen. Wir bringen die bereits eingeübten Mentalmuster aus den vergangenen Leben mit und manifestieren sie dann instinktiv in unseren zukünftigen Leben, obwohl wir den Blick dafür verloren haben, wie wir ursprünglich zu ihnen gekommen sind.

Sporttrainer erkennen die Wichtigkeit des Mentalmusters als Konstruktionsplan für die Ausführung, wenn sie ihren Spielern beibringen, ihre schwächsten Schläge *mental* auszuführen, und zwar mit größtmöglicher Raffinesse und Geschicklichkeit. Daher läßt sich die physische Ausführung viel einfacher realisieren, wenn alle Hindernisse aus dem Geist geräumt sind und der Spieler wirklich daran glaubt, daß er seine Aktion ausgezeichnet durchführt. Es ist unwahrscheinlich, daß ein Spiel oder eine Sportart exzellent von einer wankelmütigen Person betrieben werden kann, die kein Vertrauen in ihren Geist hat. So ist es mit allem im Leben. Doch wir schweifen ab.

Also erinnern wir uns bewußt höchstens an die vagen Umrisse unseres jetzigen Lebens. Die Einzelheiten dessen, was erst vor ein paar Minuten oder Stunden passiert ist, gehen uns schnell verloren, und wenn wir über die Jahre zurückblicken, stechen nur gewisse größere Orientierungspunkte hervor. Begabungen und Fähigkeiten bleiben uns jedoch erhalten, auch wenn sie vielleicht ein bißchen einrosten. Oder wir erinnern uns zum Beispiel vielleicht daran, wie wir unseren Weg durch eine Stadt finden, die wir jahrelang nicht besucht haben – aber erst, wenn wir dort ankommen. Vorher hätten wir keinen Plan von der Gegend zeichnen können.

So werden wir erneut zu der Erkenntnis getrieben, daß das Leben aus mehr als dem Offensichtlichen besteht und daß die Suche nach der Innerlichkeit in unserem eigenen Leben sich in Reichweite eines jeden von uns befindet. Tatsächlich ist dies der Zweck des Lebens.

Die Lebenskraft

Die physikalische Materie, die in die unglaubliche Komplexität eingewoben ist, aus der die Körper lebendiger Organismen bestehen, ist in ihrer strukturellen Organisation ungemein viel stärker detailliert als diejenige, die man in inerter Masse findet. Außerdem gibt es keinen Zwischenzustand. Entweder eine Substanz ist tot beziehungsweise inert, oder sie ist Teil des Körpers eines lebenden Organismus. Selbst die einfachsten einzelligen Geschöpfe und Bakterien weisen in ihrer Biochemie und ihrer Physiologie unendlich komplexe Musterstrukturen auf. Es gibt keine *halbtoten Geschöpfe*! Wenn das Leben weicht, beginnt der Körper sofort, sich zu zersetzen. Die vielfältigen, komplizierten Vorgänge hören unverzüglich auf, und die Reduktion zu einem einfacheren und vergleichsweise stabilen Zustand beginnt unmittelbar.

Dies ist also die Macht der Seele oder der inneren Lebenskraft. Diese Lebenskraft ist der Kern unseres Seins und die grundlegende Organisationskraft, die, vom Inhalt unseres Geistes und unserer Emotionen abgewandelt, auf die Vakuummatrix einwirkt und das Muster unseres physischen Körpers bildet und ihn erhält.

Üblicherweise wird die Lebenskraft in der modernen Physik übersehen, weil es für sie im konventionellen Vorstellungsrahmen, im Paradigma der heutigen Wissenschaft, keinen Platz gibt.

Ein Verständnis von der Manifestierung des Vakuumzustands, vom vertikalen Energiespektrum und von der Tatsache, daß das Bewußtsein der Materie vorausgeht und nicht deren Folge ist, vermittelt uns eine klare Vorstellung von der Bedeutung dieser höchsten Kraft und davon, wie sie mit den aktuellen wissenschaftlichen Bedingungen zu verbinden wäre.

In einem sehr realen Sinn *muß die Lebenskraft von der Wissenschaft genauso 'entdeckt' werden, wie Newton die Schwerkraft 'entdeckte'!*

Tatsächlich sind die 'Gesetze' der Energieumwandlung und der Wechselbeziehungen der Energie (ihre Verhaltensweisen) in der physischen Substanz, die durch die Lebenskraft in einen lebendigen Körper eingeprägt sind, komplexer und dichter verwoben als in reaktionsträger, inerter Materie. Diese Tatsache muß von der Hauptströmung der Wissenschaft anerkannt werden.

Die Voraussetzung eines Mechanismus, durch den sowohl in träger Materie als auch in den Körpern lebender Wesen Energie von innen heraus geschaffen wird, ermöglicht es uns also, viele bisher unklare Erfahrungen und Phänomene mit ganz rationalen Begriffen zu beschreiben.

Die übrigen Kapitel dieses Buches liefern Ausgangspunkte für eine ganze Reihe dieser Untersuchungen.

Der Barbier von Qazwin

Leser haben gelegentlich vorgeschlagen, ich solle einiges von dem Stoff, der eher materiell eingestellte Denker und Wissenschaftler aufregen könnte – also alle mystischen Aspekte –, besser beiseite lassen, damit ich auch diese Gruppe erreiche. Doch in der als *Neue Wissenschaft* bezeichneten Welt gibt es eine Reihe exzellenter Autoren und Forscher, die sich den Dingen von diesem Blickwinkel her nähern, weil dies der für ihr Gefühl zweifellos angemessenste und angenehmste Weg ist. Dieser Ansatz ist also bereits vollzogen, und ohne Zweifel werden auch noch viele weitere Wissenschaftler hervortreten, um sich ebenfalls an der Neubelebung des wissenschaftlichen Denkens zu beteiligen. Wissenschaft ist lediglich eine Reflexion der Gedanken des Menschen. Wenn die Menschen innerlich wachsen, dann wächst auch ihre Wissenschaft.

Doch mein Gefühl für das Bewahren eines vollständigen Bildes wird in der nun folgenden Kurzgeschichte des persischen Mystikers Jalalu'ddin Rumi höchst prägnant zusammengefaßt.

Wie der Mann aus Qazwin eine Löwenfigur in Blau auf seine Schultern tätowieren ließ und es dann wegen der (Schmerzen durch die) Nadelstiche bereute.

Hört vom Erzähler diese Geschichte über die Sitten und Gebräuche der Leute von Qazwin.

Sie tätowieren sich in blauer Farbe mit einer Nadelspitze auf Körper, Händen und Schultern, auf daß sie keine Verletzungen erleiden.

Ein gewisser Mann aus Qazwin ging zum Barbier und sagte: „Tätowiert mich, (und) macht es wundervoll (künstlerisch).

„Oh, tapferer Herr", entgegnete jener, „welche Figur soll ich tätowieren?" Dieser antwortete: „Stecht die Figur eines wilden Löwen ein. Löwe ist mein Aszendent. Tätowiert die Gestalt eines Löwen. Strengt Euch an, stecht viel von der blauen Farbe hinein."

„An welcher Stelle soll ich Euch tätowieren?" fragte jener.

Er sagte: „Stecht das Abbild der Schönheit in mein Schulterblatt."

Sobald der Barbier die Nadel einzustechen begann, machte sich durch sie sogleich ein Schmerz in der Schulter breit.

Und der Held erhob ein Wehklagen: „Oh, Erlauchter, Ihr bringt mich ja um, welche Figur tätowiert Ihr?"

„Wieso", antwortete jener, „ihr batet mich, einen Löwen zu machen." „Mit welchem Teil (des Löwen) habt Ihr begonnen?" fragte der andere.

„Ich habe mit dem Schwanz angefangen", sagte er. „Oh, mein lieber Freund", rief er, „laßt den Schwanz weg!

Der Schwanz des Löwen und sein Hinterteil nehmen mir den Atem. Sein Gesäß hat mir die Luftröhre fest verschlossen (zugewürgt).

Laßt den Löwen ohne Schwanz bleiben, oh Löwenmacher, denn mein Herz ist geschwächt von den Angriffen Eures Stichels (der Tätowiernadel)."

Jener begann, (das Blau) an einer anderen Stelle (auf der Schulter des Mannes) einzustechen, ohne Furcht, ohne Wohlwollen, ohne Gnade.

Dieser schrie auf: „Welches Glied ist denn nun dieses?" „Dies ist sein Ohr, mein guter Mann", antwortete der Barbier.

„Oh Doktor", sagte er, „er soll keine Ohren haben, laßt die Ohren weg und schneidet die Kutte kurz."

Der Barbier setzte (seine Nadel) woanders an: Und wieder hob der Mann aus Qazwin zu jammern an und rief: „Welche Gliedmaßen stecht Ihr nun an dieser dritten Stelle?" Er entgegnete: „Dies ist der Bauch des Löwen, werter Herr."

„Gebt dem Löwen keinen Bauch", sagte der. „Welchen Sinn macht ein Bauch bei einem Bild, das (bereits) übersättigt ist?"

Der Barbier war nun besorgt und verharrte in großer Verwirrung: Lange Zeit stand er mit den Fingern zwischen seinen Zähnen da;

Dann warf der Meister seine Nadel zu Boden und sagte: „Ist dergleichen schon jemandem auf der Welt widerfahren?

Wer hat (schon jemals) einen Löwen ohne Schwanz und Kopf und Bauch gesehen? Gott selbst hat einen Löwen so nicht erschaffen."

Rumi erzählt diese Geschichte natürlich, um folgendes zu illustrieren:

Wenn du deinen Pir (spirituellen Meister) erwählt hast, dann sei nicht kleinmütig, sei nicht weich wie Wasser und krümelig wie Erde.

Wenn du von jedem Windstoß aufgebracht wirst, wie willst du dann ein glänzender, polierter Spiegel werden?

Oh Bruder, ertrage den Schmerz der Lanzette (die Schwierigkeit in der Meditation, den Geist zu kontrollieren), auf daß du dem Gift deines abscheulichen Selbst entfliehst.

Sonne und Wolke folgen den Befehlen eines jeden, in dessen Leib das abscheuliche Selbst abgestorben ist.

Der Stachel wird ganz und gar schön wie die Rose, angesichts des Besonderen (der Seele), das sich zum Universellen hin bewegt.

Du hast mit deinen beiden Händen 'Ich' und 'Wir' fest umklammert (bist entschlossen, nicht aufzugeben): All dieser (geistige) Verfall entsteht aus dem Dualismus.

In dem eingeschränkteren Sinne, in dem ich in meiner Vorbemerkung begann, kann man dies auch so auffassen, daß sich die vollständige Realität nicht begreifen läßt, indem man etwas Wesentliches wegläßt, nur weil die Zielperson ein wenig schreit!

Die tieferen Hintergründe von Biologie und Heilung

Gedanken im Vakuum – Das Gehirn als Vakuumcomputer

Eine der grundlegenden unbeantworteten Fragen zu lebendigen Organismen im allgemeinen und dem Menschen im besonderen lautet: Wie ist das Gehirn mit dem Geist und dem Bewußtsein verbunden? Das Thema wird in gebührender Länge in *The Web of Life* behandelt, doch im Grunde brauchen wir unsere Überlegungen nur mit unseren tagtäglichen Beobachtungen und Erfahrungen zu beginnen, den persönlichen wie den medizinisch-wissenschaftlichen.

Es ist klar, daß die elektro-biochemische Natur der Gehirntätigkeit eng mit der geistigen Aktivität verbunden ist, und doch ist es ebenso offenkundig, daß Gedächtnis, Wissen, Philosophie, Ethik und die meisten Aspekte der Geistestätigkeit nicht speziell mit irgendeinem bestimmten Teil des physischen Gehirns verknüpft sind. Und die Beziehungen von glückseliger Erleuchtung und Erkenntnis durch mystische Erfahrung zur Gehirntätigkeit sind recht unklar, wenn man sie wissenschaftlich angeht.

Die zentrale Verbindung zu Geist und Bewußtsein scheint sich im Mittelhirnbereich lokalisieren zu lassen, denn große Abschnitte der äußeren Hirnrinde können ohne Lebensgefahr beschädigt oder entfernt werden, während eine einzige Gewehrkugel in der Gehirnmitte zum sofortigen Tod führt. Die äußere Hirnrinde scheint an der Einbindung und Eingliederung des physischen Lebens – Bewegung, Sprechen, Schreiben, Sinneswahrnehmung und so weiter – in das Bewußtsein beteiligt zu sein, und zwar durch die Vermittlung des Geistes.

Das Gehirn selbst besteht aus über 10^{11} oder 10^{12} Nervenzellen[1],von denen jede über bis zu 100 000 Einzelverbindungen zu anderen Nervenzellen verfügen kann. Es gibt ein komplexes, kaum verstandenes System

---

[1] 10^{11} sind 100 000 000 000 oder einhunderttausend Millionen

der biochemischen, elektrischen und elektromagnetischen Signal-
übermittlung zwischen diesen Zellen, und da der Vakuumzustand Teil der
Energiebahn zwischen Geistenergien und Molekülen ist, scheint die Vermutung angebracht, daß dieses komplexe Gehirn-Netzwerk tatsächlich Bestandteil des Vakuum-Input-Output- und Informationsverarbeitungssystems
sein muß.

Man kann sich das Gehirn daher als einen *Vakuumcomputer* vorstellen.
Wenn unser zentrales Nerven- und Zerebralsystem nur als ausgedehnte
Haushaltsverkabelung gedacht war, warum sind wir dann nicht mit direkten Kabelverbindungen (oder ihrem biologischen Äquivalent) ausgestattet? Unsere begrenzte, lineare, konzeptionelle Geistestätigkeit denkt in
Begriffen von linearen, aneinandergereihten, kausalen Verbindungen und
Bahnen. Die Natur ist eher holographisch strukturiert, wobei die Gesetze
der Energiebeziehung die Harmonie und die vollkommene Einbindung in
das Ganze widerspiegeln.

Unbewußte und instinktive Vorgänge bestehen damit aus Mustern und
einem komplexen Schwingungsnetzwerk innerhalb des Vakuums und subtileren Energien unserer Konstitution.

Geistesstörungen

Darüber hinaus wird es, wie bereits angesprochen, nicht nur möglich, psychosomatische Phänomene zu verstehen, sondern es läßt sich auch nachvollziehen, wie eine endlose Vielfalt sowohl neurotischer als auch
psychotischer Zustände auftreten kann. Dieses Spüren des Selbst, der Persönlichkeit, Identität und Aufmerksamkeitsausrichtung, des Gedächtnisses
und all solcher Fähigkeiten des Geistes sind in den höheren Harmonikalen
der Energie angesiedelt, jenseits des Bereichs biochemischer und physiolo-
gischer Aktivität – jenseits der subatomaren wie auch der Vakuum-Energie-
sphären. Allerdings wirkt die eine auf die andere ein, und daher können
psychotische Zustände, die man als energetische Störungen und Disharmonien in diesen subtilen Feldern ansehen kann, sowohl die Biochemie und
die elektrische Aktivität auf der physischen Ebene betreffen, als auch ihrerseits von biochemischen und bioelektrischen Veränderungen betroffen sein.
Auf diese Weise können Drogen auf den Geist einwirken und den Bewußt-
seinszustand verändern – sei die Droge nun Alkohol, LSD, Dopamin oder
sonst irgendeine natürliche oder anderweitige Substanz. Tatsächlich wirkt
bereits das Essen (oder Nicht-Essen) von Nahrung auf den geistigen und

emotionalen Zustand eines Menschen ein. Gleichfalls ist es diese geistig-physische Schnittstelle, die uns irgend etwas zu tun ermöglicht, und sei es nur, einen Finger zu krümmen.

Damit ist die uralte Debatte entschieden, ob Schizophrenie (zum Beispiel) biochemischen oder psychischen Ursprungs ist. Die Antwort lautet: beides, weil sowohl die Biochemie als auch die psychischen oder geistigen und emotionalen Energiefelder wesentliche Bestandteile eines zusammenhängenden Energiekomplexes sind und einander zwangsläufig wechselseitig beeinflussen.

Sobald man das Prinzip des vertikalen oder schöpferischen Energiespektrums erfassen kann, ebenso wie das offensichtlichere horizontale Energiespektrum, werden alle Facetten menschlichen Verhaltens und menschlicher Äußerung und Erfahrung verständlich.

Das Molekül, ein subatomarer Energietanz aus dem Vakuumgewebe

Ebenso wie sich die Experimentalphysiker anscheinend auf die Erforschung des Teilchenverhaltens unter erstaunlich synthetischen Hochenergiebedingungen eingeschossen haben, hat sich die Ärzteschaft auf das Studium der linearen Wechselwirkung von Molekülen als vorrangige Methode für ein Verständnis vom Körper konzentriert.

Aber ein Molekül ist aus Atomen aufgebaut, und die Atome bestehen aus subatomaren Teilchen. Damit wird ganz deutlich, daß ein Molekül eine Schwingung ist, die aus dem komplex organisierten Gefüge des Vakuumzustands gesponnen ist und aus diesem ins Dasein hineintanzt. Das Studium der Biochemie und der Lebensvorgänge sollte deshalb die Erforschung des subatomaren Energietanzes und der darin liegenden Bewegung und Harmonie umfassen, die grundlegend für unsere Kenntnis von Gesundheit und Wohlergehen sind. Wir müssen auch unser Vorstellungsbild von molekularen Vorgängen überprüfen und diese im Lichte unseres Wissens um den pulsierenden Energietanz neu bewerten, aus dem sie und damit unser gesamter Körper bestehen.

Die Lebenskraft bewahrt in den Lebewesen ein Höchstmaß von in sich verschlungener Ordnung und Struktur, und tatsächlich haben einige Wissenschaftler gezeigt, daß sich selbst das Wasser in unseren Körperzellen in einem Zustand 'maximaler Ordnung' befindet. Das bedeutet, jedes subatomare Teilchen und folglich jedes Atom und jedes Molekül innerhalb eines fast unendlich komplexen, sich schnell bewegenden Meeres aus Energieumwandlungen wird *deterministisch* gesteuert. Das Grundmuster liegt im Vakuum, in den subtileren Bereichen, und es erscheint uns in Form unserer Körperzellen einschließlich ihrer hochgradig und intelligent organisierten Aktivität. Ein umfassendes medizinisches Wissen und eine entsprechende Behandlung sollten sich daher auch umfassend um diese Ebenen kümmern.

Gesundheit, Heilung und Krankheit

Angesichts einer Rahmenvorstellung, in der sich alle Aspekte unseres Daseins in Begriffen von Energie auffassen lassen, wird der Gleichgewichtszustand, die harmonische Wechselwirkung innerhalb jeder einzelnen und zwischen allen Energieebenen unseres Wesens automatisch zur Definition von Gesundheit. Blockaden im Energiefluß und Disharmonien, gleich welcher Art und Herkunft, führen zu einem Zustand von Miß-Gestimmtheit und Miß-Behagen mit dem Ergebnis, daß wir uns nicht besonders wohl fühlen und vielleicht auch Schmerz erfahren – körperlich, gefühlsmäßig und geistig.

Damit wird Heilung zu einem Prozeß, der die Harmonie zwischen diesen Energiemustern wiederherstellt. Und es ist klar, daß mentale und emotionale Mitarbeit und Einbindung des Patienten entscheidend dafür sind, daß körperliche Heilung stattfinden kann. Tatsächlich hat jede Disharmonie, jedes Un-Wohlsein auf körperlicher Ebene seine Wurzeln in den mentalen, emotionalen und subtileren Energielevels innerhalb einer Person.

An jedem Heilungsprozeß sind genau genommen nur drei wichtige Faktoren beteiligt:

1. Der Patient, seine Einstellung, sein Glaubenssystem und die Muster, mit denen er geboren wurde und die sich im Laufe seines Lebens verändern.
2. Der Therapeut oder Arzt, seine Einstellung, seine Glaubenssysteme und die Muster, mit denen er geboren wurde und die sich im Laufe seines Lebens verändern.
3. Die Therapie selbst.

Die beste Behandlungsweise wird offensichtlich die positive Einbindung aller drei Punkte umfassen, doch lassen sich erstaunliche, echte Heilerfolge bereits erzielen, wenn nur eine Bedingung erfüllt ist, vor allem wenn allein der Patient aktiv wird. Der Schlüssel liegt immer beim Patienten, und alle behandelnden Ärzte und Krankenschwestern können bestätigen, daß die Erfolgsaussichten jeder Form von Behandlung unendlich viel höher sind, wenn der Patient wirklich gesund werden *möchte*.

Demnach ist der Placebo-Effekt ein reales *energetisches* Phänomen, wobei die mentalen und emotionalen Energien des Patienten durch Glauben und Wünschen dahingehend mobilisiert werden, Heilung zu bringen.

Folglich ist es von großem Wert, wenn man es fertigbringt, die psychischen Kräfte des Patienten zu dessen eigenem Vorteil anzuregen. Denn andernfalls würde alles, was wir auf körperlicher Ebene zu unternehmen versuchen, durch die tiefer innen liegenden, psychischen Energiemuster des Patienten sogleich wieder umgeordnet werden. Wenn wir umgekehrt das Gefühl haben, die Hauptquelle des körperlichen Leidens liege im Geist des Patienten, so muß der gewählte Heilungsansatz dies ganz deutlich mitberücksichtigen. Eine Diagnose, die *bloß psychisch* lautet, sollte kein Ausdruck von Abwertung des Falles sein, sondern statt dessen eine Identifikation mit dem Bereich fördern, in dem energetische Disharmonien vorherrschen und wo die Behandlung folglich anzusetzen hat. Diese Anzeichen zu ignorieren oder, schlimmer noch, eine negative oder kritische Einschätzung sowohl dieser Anzeichen als auch des Patienten abzugeben, würde einfach die Verwandlung von Psychologie in Pathologie beschleunigen.

Es sollte auch klar sein, daß das Ergebnis um so besser ist, je mehr ein Arzt und seine Behandlungsmethode mit der umfassenden, ganzen Energie des Patienten übereinstimmen. Die Vorteile solcher Therapien wie Akupunktur und Radionik, die auf der feinstofflichen Ebene arbeiten, liegen darin, daß sie sich auf den Energiebauplan der physiologischen Erscheinung auswirken. Doch zugleich erhält die energetische Qualität des Therapeuten vorrangige Bedeutung, weil es zwischen Patient und Therapeut zu einem Austausch auf feinstofflicher Ebene kommt. Besonders der Therapeut muß sich darauf verstehen, die richtige geistige Haltung einzunehmen, wenn er vermeiden möchte, den Zustand des Patienten durch Schwingungsübermittlung zu übernehmen. Und es gibt auch besondere physische Vorsichtsmaßnahmen, die ein Therapeut oder ein Arzt ergreifen kann.

Am anderen Ende des Spektrums wird das Hinzufügen einer Energieschwingung auf biochemischer Ebene in Form eines Moleküls oder einer Droge sich sehr wahrscheinlich auf einer reinen Symptomebene abspielen, was andere schädliche 'Neben'-Wirkungen auslöst. Indem es die Krankheitssymptome unterdrückt, kann dies auch die energetische Disharmonie tiefer ins System hineintreiben, wo sie zu größeren und stärker zersetzenden Schäden führen kann. In der Praxis gibt es passende Zeiträume und Anwendungsgebiete für die meisten Behandlungsformen – physische, feinstoffliche oder psychologische.

Für jede vom Menschen geschaffene Maschine gibt es jemanden, der den Gedankengang nachvollziehen kann, der die Maschine entstehen ließ. Und so einen Techniker rufen wir, wenn die Maschine nicht richtig funktioniert. Der energetische Aufbau eines Menschen ist uns allerdings nicht so klar, und folglich sind unsere Heilungsbemühungen höchst unvollkommen.

Das Geheimnis einer guten Therapie liegt also in einem richtigen Verständnis vom menschlichen Energiezustand und davon, wie die subtileren Gesichtspunkte unseres Wesens sich durch das Medium Vakuum als physisch beobachtbare Symptome manifestieren. Daher müssen wir lernen, wie wir mit den *unbekannten, zusammenhängenden Prozessen der Natur* umzugehen haben, damit sie ihre eigene heilende Magie ausüben.

Dieses Verständnis ist so getrübt durch unsere gesellschaftliche Konditionierung, durch unsere philosophische Einstellung, unsere Ausbildung, durch unser Maß an Wahrnehmung, Auffassung und Bewußtsein und durch die ganze Bandbreite menschlicher Emotion – all das wirkt zumeist unterbewußt auf uns ein –, daß es uns schwerfällt, die energetische Natur dessen zu begreifen, was uns am nächsten liegt – unser eigenes Wesen. Und dieser Verständnismangel spiegelt sich in unserer Einstellung gegenüber den Heilkünsten, tatsächlich gegenüber der Gesamtheit unseres Lebens wider.

Der feinstoffliche Körper

Zustandsformen der Materie – die Elemente oder Tattwas

Die alten Traditionen vieler Kulturen sprachen von den fünf Zuständen der Materie oder von den *Elementen*, den Grundoktaven, in denen der materielle Stoff in Erscheinung tritt. Die Griechen kannten sie, den indischen Yogis sind sie noch immer als *Tattwas* bekannt, und wir selbst erleben sie täglich.

Auch die Wissenschaft erkennt sie in ihrer grobstofflichen Form unwissentlich an. Diese äußerlich erfahrbaren Zustände sind: Erde oder fester Zustand, Wasser oder flüssiger Zustand, Feuer – der Zustand der Ausdehnung, erfahrbar als Wärme, Licht und Plasmazustand –, Luft oder der Gaszustand sowie der Äther, den die indischen Mystiker als *Akasha*[1] kennen – im dichten, physischen Universum ist dieses dem Vakuumzustand zugeordnet, über den wir schon sprachen. Diese fünf Zustandsformen decken alle uns vertrauten Phänomene der Materie ab.

Auf der anderen Seite des Vorhangs oder der Wand des Vakuums liegt das, was wir recht frei als subtile Energien bezeichnet haben. Diese subtilen Energien erscheinen in fünf Hauptzuständen – Erd-, Wasser-, Feuer-, Luft- und einem weiteren, dem formbildenden Vakuumzustand. Es ist dieses subtile Vakuum, das mit unserem menschlichen Bewußtsein verknüpft ist. Der Vakuumzustand formiert die übrigen vier subtilen Zustände, die ihrerseits die Baupläne für die grobstofflichen Zustände darstellen. Dies verleiht uns die Fähigkeit, uns mittels des rationalen Denkens und des Unterscheidungsvermögens mit dem Universum zu befassen – eine Möglichkeit, die den niedrigeren Arten verwehrt ist.

Es ist also dieses innere Vakuum, das die meisten von uns daran hindert, den physischen Körper während unseres Lebens zu verlassen und

---

[1] *Akasha* ist ein Begriff aus dem Sanskrit und bedeutet soviel wie Raum, Äther, Himmel, Leere.

höhere Regionen zu bereisen. Es bildet die innere Gefängnismauer, ebenso wie das uns vertraute äußere Vakuum die Mauer bildet, die uns den Einblick ins Reich der subtilen Energien verwehrt. Es ist das Ventil, das der Energie ohne weiteres erlaubt, abwärts und auswärts zu fließen, das es ihr hingegen erschwert, aufwärts zu steigen.

Eigentlich wäre es korrekter zu sagen, daß diese fünf Tattwas sich nicht so sehr in sowohl grob- als auch feinstofflicher Form manifestieren, sondern daß wir jedes Tattwa sowohl in fein- als auch in grobstofflicher Form *erfahren*. Unser *Erleben* erzeugt den scheinbaren Unterschied.

Tatsächlich sind die Klassen der Lebewesen, die unseren Planeten bevölkern, durch die Anzahl dieser subtilen Elemente bestimmt, die mit dem Aufbau und dem Bewußtsein der Geschöpfe verknüpft sind. Pflanzen zum Beispiel haben nur ein aktives Element in sich – das des Wassers. Wasser ist das Element beziehungsweise das Tattwa, das mit der Zeugungsfähigkeit assoziiert ist, und tatsächlich sind Pflanzen hauptsächlich damit beschäftigt, sich zu vermehren. Dadurch, daß ihnen das aktive Feuer fehlt, ist ihnen die Fortbewegung verwehrt. Sie stehen wirklich angewurzelt an ihrem Fleck.

Insekten haben zwei aktive Tattwas – Feuer und Erde oder Feuer und Luft, und im Verhältnis zur Größe sind die Insekten die sich am schnellsten vorwärts bewegenden Lebewesen der Erde, da Bewegung und Expansion die Haupteigenschaften des Feuers sind. Vögel besitzen drei Tattwas – Luft, Feuer und Wasser –, Säugetiere hingegen haben vier – Luft, Feuer, Wasser und Erde. Allein der Mensch besitzt alle fünf, was ihn zum 'höchsten' Geschöpf auf dem Planeten macht. Und dadurch, daß das subtile Vakuum mit unserer geistigen Veranlagung verknüpft ist und zugleich die formgebende Matrix darstellt, aus der die übrigen Elemente manifestiert werden, erhalten wir die scheinbare Fähigkeit, zu wählen und *freien Willen* auszuüben, um unser Leben um uns herum zu *formen*.

Ich bin mir natürlich bewußt, daß dies in so knapper Darstellung alles etwas oberflächlich klingen mag. Das ist es allerdings nicht, wenn man es richtig versteht. In *The Web of Life* wird dieses Thema weit eingehender behandelt. Wenn wir schließlich akzeptieren, daß das Bewußtsein der Materie *vorausgeht*, daß das Leben Form erschafft und daß Gehirn und Biochemie den weiter innen angesiedelten Strukturen von Geist und Instinkt untergeordnet sind, warum können dann andere Arten einen geringeren Intelligenzgrad besitzen? Wir können nicht sagen, dies liege daran, daß sie einen einfacheren Gehirnaufbau haben, weil wir wissen, daß physische Materie und damit das Gehirn nicht elementar ist oder von sich aus existiert. Der Unterschied muß also im tiefer inwärtigen, subtilen Schnittmuster für den physischen Körper liegen.

Warum gibt es außerdem fehlende Verbindungsstücke zwischen allen Unterteilungen der Natur, nicht nur zwischen dem Menschen und anderen Säugern? Es gibt keine Geschöpfe, die halb Pflanze und halb Insekt oder halb Vogel und halb Säugetier sind, weder lebend noch als fossiles Zeugnis. Wie bereits erörtert, gibt es auch keine halb-lebendig/halb-toten Geschöpfe. Das liegt daran, daß die Substanz der Materie, sowohl die der fein- als auch die der grobstofflichen, nicht homogen ist, sondern in die fünf Oktaven oder Tattwas unterteilt ist, aus denen die physische Körper aller Lebewesen hergestellt sind. Das Thema bedarf allerdings einer eingehenderen Erörterung.

Ich muß auch darauf hinweisen, daß die Unterteilung der physischen Materie oder Energie in diese fünf Grundzustände einer der Aspekte ist, die in der heutigen Wissenschaft am geflissentlichsten übersehenen werden. Als den Wissenschaftlern der Umgang mit den Atomen der chemischen Elemente möglich wurde, waren sie darüber so froh, daß die Erwähnung dieser fünf Materiezustände wie ein Rückfall in die als antiquiert angesehene griechische Naturphilosophie klingt. „Wir haben Fortschritte gemacht", wird häufig gesagt. „Wir wissen jetzt, daß es mehr als einhundert Elemente gibt, nicht nur fünf." Aber ein chemisches Element unterscheidet sich beträchtlich von einem Zustand der materiellen Substanz.

Es gibt selbstverständlich über einhundert chemische Elemente, und doch kann sich jedes dieser chemischen Elemente in festem, flüssigem, gasförmigem und plasmatischem Zustand präsentieren. Und alle entstehen aus dem Akasha oder dem Raumgefüge des Vakuums. Das Wort 'Element' wird mit zwei unterschiedlichen Bedeutungen benutzt. Deswegen ziehe ich es vor, diese fünf mit ihrem Sanskritnamen 'Tattwa' zu bezeichnen, weil dieser Begriff eine subtile Essenz oder ein reales Energieprinzip impliziert, das sich im Bewußten und im Unbewußten auf vielfältige Weise erfahren läßt, nicht nur als die im Äußeren offensichtlichen Materiezustände.

Die Wissenschaftler haben die erstaunliche Tatsache oder den 'Zufall' weitgehend ignoriert, daß die Energien des uns bekannten Universums sich nur in diesen *fünf* Zustandsformen manifestieren. Warum nicht in zweien oder dreien? Oder sechs oder sieben? Man weiß um bestimmte

Mechanismen auf den molekularen und atomaren Ebenen, die unserer physischen Erfahrung von diesen *plötzlichen* Zustandsänderungen zugrunde liegen. Doch unterhalb dieser Ebene gibt es einen subatomaren Bereich, von dem die Physiker freimütig bekennen, sie seien unfähig, ihn adäquat nachzubilden oder zu erklären. Demnach hat die Wissenschaft für keinen physikalischen Vorgang und keine physische Substanz eine Erklärung, einschließlich der Frage nach dem Warum dieser einzelnen materiellen Seinszustände. Von ihnen wissen wir ebensoviel wie von der Gravitation, vom Licht und von Raum und Zeit. Und wie wir sehen werden, ist das wirklich nicht allzu viel, trotz all des Aufhebens, das wir darum gemacht haben!

Eigentlich ist es ein amüsanter Gedankengang, versucht man sich vorzustellen, wie der Planet und das Universum konstruiert wären, wenn es diese scharfen Grenzen zwischen festem, flüssigem und gasförmigem Zustand nicht gäbe. Erde, Wasser und Luft wären dann homogen – eine Art Palette aus zu- und abnehmender Klebrigkeit! Es gäbe keine Erdoberfläche, keinen wohldefinierten Luftraum und keine Flüsse, Meere oder Küsten – nur einen unendlichen kosmischen Brei, eine gräßliche, klebrige Masse – oder Schlimmeres! Auch unsere Körper würden zu einer Art einförmigem Mus! Die unterschiedlichen Tonarten sind es, die dem System Klang und Ausdruck verleihen.

Wenn man sich nun Gedanken über die Abgetrenntheit des Vakuums oder des Raumes macht und darüber nachdenkt, was mit ihm geschähe, wenn er mit den anderen Tattwas homogen würde, dann würde – sobald die Sperre zu den subtilen Bereichen beseitigt und etwas Sonderbares mit den Raumdimensionen vor sich gegangen wäre – die gesamte Schöpfung, die innere wie die äußere, zu nichts weiter als einer homogenen Suppe veränderlicher Viskosität werden. Und vielleicht noch nicht einmal veränderlich! Um es zu vervollständigen, füge man seinem geistigen Bild noch hinzu, was geschähe, wenn auch das Feuer (Bewegung, Licht, Sonne, Wärme usw.) gleichförmig verteilt würde… Der ganze Gedanke ist natürlich geradezu absurd.

Die bemerkenswerte Fähigkeit der Materie, sich in diese urelementaren oder tattvischen Zustandsformen aufzuteilen, ist faktisch ein wesentlicher, unerläßlicher Bestandteil des Getriebes, durch das die Schöpfung in Gang gehalten wird. Und wie wir sehen konnten, scheint dies sowohl auf den feinstofflichen als auch auf den grobstofflichen Ebenen zu gelten.

Instinkt

Die niedrigeren Arten sind Geschöpfe des *Instinkts*. Und die Kodierung aller derartigen formbildenden Muster erfolgt ursprünglich im Bereich der subtilen Elemente. Und je weniger ein Lebewesen mit Bewußtsein oder Auffassungsgabe ausgestattet ist, desto mehr muß es sich auf sein Instinktmuster verlassen. Hier in diesen subtilen Energiefeldern befindet sich der Bauplan, der eine Kuh wie eine Kuh aussehen läßt, der sie selbst dann muhen läßt, wenn sie vom Menschen aufgezogen wird; der ihr alle Merkmale verleiht, die sie als Kuh erkennbar machen; der ein Insekt, einen Vogel oder ein anderes Tier wissen läßt, welche Nahrung es essen und wie es mit seinem Leben umgehen soll; der einem Vogel die Fähigkeit verleiht, sein Nest zu bauen oder auf einem Wanderzug, den er noch nie zuvor durchgeführt hat, nach Süden oder Norden zu fliegen. Dieser subtile Bauplan ist über den Vakuumzustand auch in jeder unserer Körperzellen als DNS kodiert – ein aus dem Vakuumgefüge gesponnener komplexer, schwingender Energietanz.

Also ist die DNS *nicht* der ursprüngliche, für die Musterbildung der Lebensformen zuständige Energiekomplex, sondern bloß ein Teil der Ausprägung der in den subtilen Energiefeldern tiefer innen liegenden Schwingungen und Muster, und sie ist als eine Art holographischer Zellintelligenz in jeder Zelle unseres Körpers vorhanden.

Jedes Lebewesen, wir selbst eingeschlossen, besitzt eine Bauanleitung in den subtilen Energiefeldern, die es zu dem machen, was es ist. Diese Felder sind mit dem Bewußtsein des Lebewesens verknüpft und liefern damit nicht nur die morphogenetische Matrix, aus der seine Biochemie, seine Physiologie und seine Anatomie gebildet werden, sondern auch das Verhaltensmuster oder die Hülle, durch die sich die innere Lebenskraft in der physischen Welt manifestiert. Je komplexer und vollkommener diese Hülle ist, desto mehr Intelligenz und ein desto höheres Maß scheinbarer Wahlfreiheit oder freien Willens bekundet sich in der Spezies.

Instinkt ist also der Teil der feinstofflichen Kodierung, der mit dem Bewußtseinsaspekt der Lebenskraft verknüpft ist. Die Flugfähigkeit eines Vogels oder die Fähigkeit eines Menschen zu gehen sind Aspekte des Instinktes, ebenso wie das, was eine junge Schwalbe auf ihrem Flug nach Süden leitet.

Prana

In allen Geschöpfen wird die innere Lebenskraft der Seele oder des Bewußtseins in ihrer Schwingung verringert, sobald sie in den physischen Rahmen eintritt. An diesem Punkt wird sie durch die mentalen und feinstofflichen Substrukturen des Lebewesens abgeändert und in dieser Zustandsform *Prana* genannt. Prana ist die Leben spendende, organisierende Energie, die zunächst die Muster der subtilen Elemente und durch sie die Biochemie, die Physiologie sowie die anatomische Form und Funktion des Lebewesens strukturiert.

Das Bewußtsein reicht nur herab bis zum Denkzentrum. Unterhalb davon setzt es seine Reise fort und wirkt in Form der unbewußten Pranas.

Das ist so wie Wellen im Wasser, die das Wasser zu einer vielfältigen Musterbildung anregen. Wenn jedoch die Seele den Körper verläßt, 'verdunsten' die Pranas, und die materielle Substanz wird verhältnismäßig ruhig, wobei ihre weit einfacheren atomaren und molekularen Muster nur noch durch ein diffuses Echo der grundlegenden Lebenskraft aufrechterhalten werden.

Chakras

Wenn die Pranas die fünf Materiezustände durchlaufen, bilden sie innerhalb der subtilen Elemente schwingungsmäßige Organisations- und Steuerungspunkte. Diese Brennpunkte sind als *Chakras* bekannt. Fünf von ihnen sind vom Hals bis herab zum Steißbein angeordnet, und ein weiteres, das Gedanken- oder *Augenzentrum*, liegt im Stirnbereich hinter und zwischen den beiden Augen. Das ergibt insgesamt sechs. Es gibt weitere Zentren, die ihren Sitz in höheren mentalen und spirituellen Regionen haben, doch obwohl sie von großer Wichtigkeit sind, sollen sie hier nicht unser Thema sein. Manche Autoren erwähnen diese höheren Zentren oder Chakras als siebentes Chakra – das Kronenchakra. In Wirklichkeit kann man es eher als Verbindung zu den höheren Zentren auffassen. Es ist kein subtiles physisches Zentrum wie die anderen sechs Chakras.

Die Chakras und die Pranas sind innerhalb der subtilen Energien unseres Seins angesiedelt, und sie lassen sich demzufolge genauso wenig durch Sezieren oder unter dem Mikroskop ausfindig machen wie ein Gedanke durch eine Gehirnuntersuchung.

Jedoch läßt sich eine Verkörperung, eine tiefer schwingende Harmonikale oder Spiegelung ihrer steuernden Rolle in Form der sechs größeren endokrinen Zentren des Körpers finden. Die Funktion jeder dieser endokrinen Drüsen kann man eindeutig als ein Spiegelbild der Aufgabe des zugehörigen Elements und Chakras ansehen. Dies wird vertieft dargestellt in *The Web of Life*. Das allgemeine Schema ist in Abbildung 4-1 zusammengefaßt.

Die Naturgesetze und die Lebenskraft

Was wir für die wissenschaftlich entdeckten 'Naturgesetze' halten, die aus einer Analyse der Dinge in der Welt der *trägen* Materie hergeleitet werden, ist weitaus verschlungener und besitzt viel mehr Kraft, wenn man die innere Lebenskraft direkt in die Formwerdung lebendiger Körper einbezieht. Von einem äußeren, physischen Standort aus erscheint dies auch als eine viel weitergehende Einbindung von Energiebeziehungen in die holographisch strukturierten 'Ganzheiten', die wir Körper nennen, obwohl sich das gesamte Universum in Wirklichkeit in einem Zustand vollkommener Ordnung und Ausgeglichenheit befindet – sowohl im inerten als auch im belebten Stadium.

Doch unter dem musterbildenden Einfluß dieser Lebenskraft lassen sich die Energien viel bereitwilliger ineinander umformen, sogar von feinstofflich zu grobstofflich und umgekehrt. Der französische Biologe Kervran hat gezeigt, daß in Pflanzen und möglicherweise auch in allen anderen lebenden Organismen chemische Elemente auf alltägliche Weise umgewandelt werden. Die subatomare Struktur kann ganz klar auf einfache Art durch die Lebenskraft manipuliert werden.

Tatsächlich bilden Bodenbakterien, die Elemente umwandeln können, einen wesentlichen Teil der Vorgänge in der Natur, und sie werden bei dem dringend erforderlichen ökologischen Großreinemachen auf unserem Planeten von Nutzen sein. Dies ist einer der relativ unbekannten Aspekte, die zum Erfolg der organischen Landwirtschaft und Gärtnerei beigetragen haben. Der Boden ist voll von Bakterien, die für die gesunden Funktionen der Pflanzen so grundlegend wichtig sind. Mit der modernen klinischen und chemischen Agrartechnologie zerstört man sie jedoch. Eine ausgiebige Diskussion dieses Themas würde jedoch den Rahmen dieses Buches sprengen.

Entsprechend zeigt die materielle Substanz, die von der inneren Lebenskraft und durch das Medium einer subtilen Energiematrix in die Kör-

Die Quelle *von allem, den verschiedenen Kulturen unter vielen Namen bekannt.*

Der Shabd *oder das* Wort *ist der zentrale schöpferische Strom oder die Macht des Lebens, die ursprüngliche* Lebenskraft, *die von Gott ausgeht und die Schöpfung trägt. Sie ist die anfängliche Schwingung, die in der mystischen Überlieferung als Klang erlebt wird. Und aus diesem Lebensstrom oder -klang kommt auch das Licht.*

Hierin sind die rein spirituellen Regionen enthalten, wie auch der kausale Bereich des Universellen GEISTES *und die* Astralregion.

Der menschliche Geist besteht aus den Antashkarans. *Dies ist das 'Organ des Denkens' oder das Energiefeld, in dem die Gedanken existieren. Das Muster des* Schicksals *ist ebenfalls in diesem Zentrum untergebracht.*

Im Wachzustand sind Seele und Geist im Augenzentrum *verknotet, doch sie werden durch unsere Sinne und unsere motorischen Reaktionen in die tattvischen Felder des Körpers und der trägen Materie gezogen. Der das Augenzentrum und die Antashkarans umfassende Bereich ist auch bekannt als 'Himmel' des Körpers.*

Die Pranas *fließen als* Ida, Pingala *und* Sushumna *aus dem Himmel des Körpers heraus. Sie stehen für die drei Urzustände der pranischen Schwingung (positiv, neutral, negativ) in der Mittelachse der Wirbelsäule.*

Die Pranas *tragen die zusammenhaltende und musterbildende Kraft des Shabd, der Lebenskraft, in den Bereich der fünf subtilen und der fünf groben* Tattwas *hinein.*

Dadurch, daß in ihm die von oben kommende Intelligenz pulsiert, wirkt das Prana musterbildend auf die fünf subtilen Tattwas ein und formt durch seine Bewegung die sechs Chakras und die unzähligen Nadis. *Dieses subtile tattvische Gefüge kennt man hier und da als den* Ätherkörper.

Die subtilen Tattwas, deren Muster vom Prana geformt wurden, werden zum unmittelbaren Bauplan des grobstofflich sichtbaren physischen Körpers. Die fünf subtilen Tattwas tanzen, kondensieren und schlagen sich nieder in der beobachtbaren physischen Existenz, und zwar durch das Medium des Grob-Akasha- oder Vakuumzustands.

Daraus werden die komplexen Muster der subatomaren, grundlegenden Naturkräfte aufgebaut, die die Moleküle und das zusammenhängende biochemische und bioelektrische Gefüge bilden.

Im Gegensatz zur modernen Wissenschaftsauffassung ist das Leben nicht das Ergebnis einer sich selbst organisierenden molekularen Komplexität. Tatsächlich wird die Musterbildung der physiologischen und biochemischen Vorgänge durch die Lebenskraft von innen heraus aufrechterhalten.

Abb. 4-1. Schematische Darstellung des feinstofflichen Aufbaus des Menschen.

per der Lebewesen eingewoben wird, Eigenschaften von Supraleitfähigkeit. Diese werden für gewöhnlich entweder mit ganz besonderen Materialien oder mit Temperaturen in Verbindung gebracht, die nahe am absoluten Nullpunkt (−273,15°C) liegen. Außerdem bewahrt sie einen Status maximaler Ordnung auf der molekularen (und damit auf der subatomaren) Ebene, wobei bestimmte russische Forschungen zeigen, daß intrazelluläres Wasser eine Kristallstruktur besitzt, die sich in einer Sekunde mehrmals von flüssig zu fest zu flüssig wandelt, was eine exakte Kontrolle der Körpertemperatur begünstigt und möglicherweise noch vieles mehr.

Es gibt auch ein fein abgestimmtes Netzwerk interzellulärer (zwischen den Zellen) und intrazellulärer (innerhalb der Zellen) Kommunikation über fortwährende elektromagnetische Abstrahlung und Absorption (besonders im Mikrowellen-, Infrarot- und Ultraviolettbereich) recht weit unten auf der molekularen Ebene.

All dies wird durch die Aufrechterhaltung eines subtilen Energiekörpers ermöglicht, der in allen Lebewesen vorhanden ist und eine auf die tattvische Zusammensetzung des Wesens bezogene Komplexität und Vollständigkeit besitzt. Am komplexesten und vollständigsten ist der Mensch. Übersinnlich veranlagte Personen konnten dieses Energiedoppel beobachten und haben es als *Ätherkörper* oder als *feinstofflichen* Körper bezeichnet. Er versorgt und strukturiert jede komplexe Molekülstruktur, jede bioelektrische Aktivität und jede körperliche Kommunikation und hält sie alle zusammen. Der gesamte Plan und das vollständige Muster der körperlichen Existenz vom subatomaren Bereich bis hin zu seiner Gesamtform, einschließlich aller Organe und Körpersysteme – die, von denen wir etwas wissen, und die, die wir noch entdecken müssen –, sie alle beziehen ihre Gestalt, ihre Steuerung und ihre Aktivität aus diesem feinstofflichen Körper.

Er stellt einen vollständigen Bauplan dar, den 'Geist' in der Maschine, der es dem Geist und dem Bewußtsein erlaubt, in dieser Welt durch einen Körper aus physischem, materiellen Stoff zu funktionieren. Er ist die entscheidende Schnittstelle zwischen Geist und Lebenskraft auf der einen und der Grobstofflichkeit auf der andern Seite. Zusätzlich hat er seine eigenen 'Gesetze' für Energiebeziehungen, die enger untereinander verwoben sind als die 'Gesetze', die wir in der trägen Materie wahrzunehmen meinen.

Das Hologramm liefert in der uns bekannten Welt der Wissenschaft die beste moderne Parallele, um diese Beziehungen verständlich zu machen.

Ein Hologramm ist ein Mittel zur Bildspeicherung, wie ein Kleinbild-Dia. Man kann es daher zur Projektion eines Abbildes vom Original verwenden. Doch das einzigartige am Hologramm ist, daß man jeden Teil des Bildes benutzen kann, um ein Abbild des Ganzen zu projizieren.

In einer eher mystischen Ausdrucksweise wird gesagt, der Mensch sei ein Mikrokosmos, der den Makrokosmos enthalte. Die inneren Zentren, an denen sich das Bewußtsein bündeln läßt, ermöglichen den Zugang zum gesamten Universum. Daher stammen Aussagen wie Shakespeares „Dies kleine Königreich, der Mensch." Die Chakras und die anderen höheren Zentren kennt man auch als mikrokosmische Zentren. Sie sind Sammelpunkte, durch die hindurch man einen flüchtigen Blick auf die wahre Natur des makrokosmischen Universums werfen kann.

Ähnlich reflektiert in der lebendigen, schwingenden Energiestruktur eines lebendigen Körpers jeder Teil in ihm ein Abbild des Ganzen. Jede Zelle enthält zum Beispiel die gleiche DNS. Die DNS ist ein dynamisches Energiemuster, die in sich ein Muster für den gesamten physischen Körper enthält. Sie ist ein Hinweis auf den 'Geist', auf den subtilen Organisationsfokus in jeder Zelle, einen Teil des holographischen Mechanismus, der den Körper mit dem einen Ganzen zusammenschließt. Sie spiegelt die holographische Natur der Energiebeziehungen innerhalb des feinstofflichen Körpers und auch innerhalb des Vakuumzustands.

Man versteht die exakte Natur dieser Energiestrukturierung momentan noch nicht, doch zur Zeit arbeiten weltweit viele kluge Köpfe daran, und ihre ersten Ansätze werden in den kommenden Jahren und wahrscheinlich über das kommende Jahrhundert hinweg veröffentlicht werden. Sind erst einmal einige der wesentlichen Prinzipien angelegt, wird es für die Wissenschaftler reichlich Spielraum geben, die Rezepte zur Aufklärung der vielen Lebensaspekte zu befolgen, die nicht nur die 'Wissenschaftler', sondern uns alle verwirren.

Doch für weitere Einzelheiten zum gegenwärtigen Stand dieser Kunst muß ich Sie auf *The Web of Life* und auf *Am Anfang ist der Geist* verweisen, das diese Reihe fortsetzt.

Übersinnliche Phänomene

Alle übersinnlichen Phänomene sind Manifestationen der Aktivität im Vakuum und in subtileren Zuständen der Materie bis hin zu und einschließlich der Aktivität unseres menschlichen Geistes und unserer Gedanken.

Wir bezeichnen diejenigen unserer Erfahrungen als übersinnlich, bei denen der Hauptfokus der Aufmerksamkeit in diesen subtilen Feldern liegt. Dadurch wird recht deutlich, wie die Konzentration unserer geistigen Aufmerksamkeit auf die physische Substanz zu scheinbaren Wundern führen kann, denn wir haben die Energiebahn zwischen beiden bereits beschrieben. Wenn dem Individuum diese normalerweise unbewußten Bahnen durch besondere yogische oder meditative Übungen zu Bewußtsein gebracht werden, wird die Art und Weise, in der die Elemente und Kräfte der Natur zur grobphysischen Manifestierung gelangen, im konzentrierten Geist des Praktizierenden offenbart, und sie läßt sich somit nach Belieben mental beeinflussen. Dann kann der Praktizierende übers Wasser gehen, durch die Lüfte fliegen, die Sprache der Vögel und aller Tiere verstehen, telepathisch kommunizieren, Kranke heilen, die Zukunft vorhersagen (eine direkte Beobachtung der Entwicklung von Mustern) und so weiter.

Diese Fähigkeiten sollte man jedoch nicht benutzen, denn sie führen zum Verlust der spirituellen Kraft, die für den höheren innerlicheren mystischen Aufstieg verwendet werden sollte. Oft dient der Gebrauch übersinnlicher Fähigkeiten hauptsächlich der Zurschaustellung. So verwendet, blähen sie das Ego auf und erzeugen eine 'glamouröse' Aura. Wer übersinnliche Fähigkeiten geltend macht und sie ständig 'vorführt', ist für gewöhnlich unzuverlässig in seinen Erkenntnissen, da solche 'Kräfte' in einer egozentrischen Persönlichkeit verkörpert sind. Das bedeutet allerdings nicht, daß es spirituell entwickelten Menschen an Bewußtsein für solche Dinge mangelt, sie führen nur nicht etwas nach außen hin vor, das so natürlich ist wie das Atmen. Es ist allgemeine Regel, den Naturgesetzen auf der Ebene zu gehorchen, auf der man arbeitet. Und dies beinhaltet, harmonisch im sozialen Kontext der Zeit zu leben, sofern die gesellschaftlichen Gesetze sich in Harmonie mit dem Naturgesetz befinden oder wenigstens nicht gegen sie verstoßen.

Der Geist selbst ist eine vielfach facettierte Struktur, und all die seltsamen Ereignisse, von denen man hört, lassen sich in Begriffen ihrer Verbundenheit mit verschiedenen Teilen unserer normalerweise unbewußten Vorgänge oder mit der sogenannten äußeren Welt der reaktionsträgen Energie erklären. Einige davon werden genauer in *Strahlungsfeld* und *The Web of Life* besprochen.

Geist, Materie, Heilung und die Lebenskraft

Ich habe behauptet, das Vakuum-Energiefeld werde von innen durch den Geist geprägt. Doch gibt es irgendeinen äußeren Beweis, der diese Auffassung erhärtet? Ja, den gibt es allerdings. Denn dies ist der Mechanismus, durch den ein konzentrierter Geist fähig ist, die physische Materie zu kontrollieren und die Naturgesetze zu beeinflussen. Auf diese Weise werden die den Yogis und Heiligen zugeschriebenen Wunder vollbracht. Es ist auch das Mittel, durch das paranormale Phänomene zustande kommen.

Alle spirituellen Übungen, ob Gebet, Meditation, Beten des Rosenkranzes oder andere Techniken, erfordern die Konzentration des Geistes. Meistens ist unser Geist durch die Ausrichtung unserer Aufmerksamkeit auf die Sinne und auf die unzähligen uns umgebenden Formen in die Welt zerstreut. Der Geist hat sich also von seinem natürlichen Zentrum hinter den Augen nach außen verlagert, und er ist seiner selbst und seiner Kräfte unbewußt geworden, während er unterhalb der Augen durch den Körper streift. Wir leben also emotional. E-Motion heißt Auswärtsbewegung, und dies bedeutet die Bewegung des Geistes heraus aus seinem Aufmerksamkeitszentrum hinter den Augen. Und da das Bewußtsein natürlicherweise nicht unter dieses Augenzentrum herabsteigt, wird unser Leben von unserer unterbewußten Emotion kontrolliert. Damit verlieren wir den Blick für die wahren Fähigkeiten unseres Geistes und für die ständige Rolle, die er in unserem physischen Leben spielt. Dieses Thema wird umfassend in *The Web of Life* und in anderer mystischer Literatur beschrieben und erörtert.

Ist der Geist also konzentriert, dann ist er fähig, die tieferen Schwingungen der Materie zu kontrollieren, mit denen er ja schon verbunden ist. In bestimmten Yogaformen werden diese wunderbaren Kräfte sorgfältig eingeprägt und sogar benutzt. In unserer westlichen Gesellschaft haben wir den Kult des Feuerlaufens in Kalifornien verfolgen können, ein Import von den Philippinen. Dabei werden die angehenden Feuerläufer wenigstens einen Tag lang geschult (nur!). Ihr Geist wird zur Vorbereitung darauf, über eine Schicht heißer Kohlen zu gehen, gestaltet, geformt und konzentriert. Einige Leute verbrennen sich dabei die Füße, die meisten jedoch nicht. Das ist eine Tatsache, es gibt keinen Zweifel, daß diese Feuerläufe stattfinden und daß der vorbereitete, konzentrierte Geist der Teilnehmer den nötigen Schutz gegen verbrannte Füße vermittelt. Im Fernsehen und in anderen Medien sowie in zahlreichen Büchern ist darüber berichtet worden.

Ich habe mit Menschen gesprochen, die über diese glühenden Kohlen gegangen sind, und üblicherweise lautete ihre Aussage, nur wer mitten im Lauf in Panik gerate, verbrenne sich die Füße. Panik bedeutet einen Verlust der geistigen Konzentration. Die Geisteskraft, die die Musterbildung der Füße in einem unverbrannten Zustand hält, geht dann verloren, und die normalen natürlichen Prozesse folgen automatisch nach. Häufig steht das Ausmaß der Verbrennungen in Beziehung zum Grad der Panik oder des Verlustes des geistigen Fokus. Die meisten Leute, die den Lauf wagen, erreichen die andere Seite jedoch unversehrt. Nicht jeder, der die Vorbereitungen mitmacht, entschließt sich zu laufen!

Es gibt viele solcher Phänomene, und ich habe dieses spezielle ausgiebiger beschrieben, weil die Berichterstattung in den Medien die Aufmerksamkeit der meisten Menschen darauf gelenkt hat. Doch im Osten sind die wunderbaren Kräfte der Yogis seit Jahrhunderten, ja seit Jahrtausenden als lebendige Tatsache anerkannt.

Levitieren, die Kraft, übers Wasser zu gehen oder durch die Luft zu fliegen, auf glühenden Kohlen zu sitzen, nackt im Schnee des Himalaja zu leben, Dinge zu materialisieren – all das wird also möglich, wenn man den Geist bewußt darauf ausrichtet, die Art und Weise zu beeinflussen, durch die der physische Stoff entsteht. Die Kraft der Levitation führt augenblicklich vor, daß der Geist die Schwerkraft beeinflussen kann, indem er einen gravitationsfreien Körper erschafft.

Ähnlich ist es mit allen materiellen Phänomenen. Wird die normale mentale Verbindung des Geistes zu materiellen Energiemustern bewußt gemacht, dann sind, selbst wenn dies nur teilweise geschieht, seinen Kräften kaum noch Grenzen gesetzt.

Zum Glück ist eine solche Konzentration normalerweise mit einer Erhöhung der geistigen Reinheit und des spirituellen Bewußtseins verbunden. Denn menschliche Schwächen und Emotionen zerstreuen den Geist und hindern uns daran, solcher Möglichkeiten gewahr zu werden. Aber es wird auch schwarze Magie betrieben, obwohl die Unreinheit von Geist und Beweggründen des Praktizierenden automatisch und dankenswerterweise seine 'Kräfte' einschränkt. Schwarze Magie kann keine Macht über jemanden mit einem angemessen reinen und konzentrierten Geist ausüben.

Tatsächlich wird in allen höheren mystischen Übungen vor der Anwendung dieser wunderbaren Kräfte, zum Guten oder zum Bösen, eindringlich gewarnt, weil dafür ein abwärts gerichtetes Fließen der Mentalenergie erforderlich ist, die dazu benutzt werden sollte, spirituell höher zu steigen.

Also spricht man über die Kräfte der Yogis wie über Kabinettstückchen, und es ist ratsam, auf dem Teppich zu bleiben, anstatt Mentalenergie zu vergeuden, um sein eigenes Ego zu vergrößern und ein bißchen Geld dadurch zu sparen, daß man übers Wasser läuft oder sich leicht durch die Lüfte bewegt.

Diese Erörterung beleuchtet einen anderen Aspekt der Naturgesetze. Er besteht darin, daß die Energiemuster, die das erzeugen, was wir als träge Materie erleben, weitaus weniger komplex sind als die, die an der Manifestierung eines lebenden Organismus beteiligt sind. Die Gesetze der Natur, der Energiebeziehungen, sind in der Materie (Energie), die vom Netz aus Geist und Bewußtsein besonders getragen wird, viel verschlungener und komplexer als in einer Materie, die nicht in das verflochtene Gefüge eines Körpers eingefaßt ist.

Diese Tatsache muß weitaus vollständiger verstanden werden, als dies heute der Fall ist. Denn die Macht von Geist und Bewußtsein, materiellen Stoff zu einem Körper zu formen, offenbart sich in jeder Hand- oder Fußbewegung, in jedem Herzschlag und in jedem ausgeklügelten biochemischen und physiologischen Vorgang im Körper. Geist und Körper von Lebewesen wirken als eine ganze, zusammenhängende Einheit – als Teil eines größeren Ganzen –, und hier zeigt sich der generelle musterbildende Charakter des Geistes und der Lebenskraft.

Wenn ein Körper als Ganzes agiert, wobei alle subatomaren Teilchen und Grundkräfte unter der höchst geordneten Kontrolle der inneren Lebenskraft stehen, sagt uns dies, daß diese Lebenskraft eine verflochtene Struktur aus Energiebeziehungen auf feinstofflicher Ebene verwendet. Dabei handelt es sich um die in diesem Kapitel schon erwähnte feinstoffliche Matrix, auf die in *The Web of Life* näher eingegangen wird. Sobald das Leben schwindet, verliert sich dieser hohe Organisationsgrad, und die molekulare, bioelektrische, biochemische, zelluläre und die Gesamtstruktur beginnt rasch zu zerfallen und ihre zentrale Ganzheit und ihren Zusammenhalt zu verlieren.

Die Materie kehrt dann wieder zurück in den inerten Zustand, bis sie erneut in die Körper lebender Organismen eingebunden wird. Tatsächlich wird dieser Aufspaltungsprozeß auch mit Hilfe einer Unzahl von Organismen geleistet – die von einer Lebenskraft geflochtene Komplexität ist für andere in der eindrucksvollen Naturökonomie von großem Nutzen. Deshalb ernähren sich mit Ausnahme der Pflanzen alle Geschöpfe von den Körpern anderer Lebewesen statt von Sand, Mineralien oder Wasser. Aber auch die Pflanzen sind nicht unabhängig.

In der trägen Materie kommt die einfachere Musterstruktur unmittelbar zum Vorschein. Die Vielschichtigkeit der molekularen und biophysischen Aktivitäten kommt dort einfach nicht vor.

Die moderne Physik erforscht im großen und ganzen nur die träge Materie. Sie nimmt zumindest an, daß die Materie, aus der sich die Körper der lebenden Organismen zusammensetzen, sich genauso verhält wie die träge Materie. Doch das ist nicht so. Träge Materie wird von einer diffusen Form des universell schöpferischen Shabd, der Ur-Lebenskraft, strukturiert und zusammengehalten, und sie erhält ihre Musteranordnung durch unseren Geist unter Einfluß unseres Pralabdh Karma, des Schicksals. Doch der materielle Stoff, der sich im Einflußbereich eines Lebewesens behauptet, wird von einer gebündelten Lebenskraft strukturiert, indem er sich physisch durch eine subtile Geiststruktur hindurch manifestiert. Er ist in seiner Struktur unendlich komplexer.

Man kann verstehen, wie schwierig es für die moderne Physik ist, sich der Materie in lebenden Körpern zu nähern, denn sobald man mit hohen Energien an so einem Körper zu experimentieren beginnt, um seine hochkomplizierten Mechanismen zu untersuchen, entschwindet die Lebenskraft und läßt nur die Muster der trägen Energie zurück. Doch die Fähigkeit lebender Körper, Elemente umzubilden, zwischen Zellen und Molekülen mit Hilfe kodierter elektromagnetischer Signale zu kommunizieren, die exakte Temperatur in den Zellen zu bewahren, Supraleitfähigkeit zu erzeugen und das ganze faszinierende subatomare Mosaik zusammenzuhalten, gibt uns klar und deutlich zu verstehen, daß der subatomare Bereich Botschaften von der Lebenskraft bekommt, die in der trägen Materie gänzlich fehlen. Diese komplizierten Vorgänge hören sofort auf, wenn ein Körper tot ist. Es ist also schwierig, sie aufzuspüren, solange sie im Gange sind, zumal die meisten Experimente einen Eingriff erfordern und damit lebenszerstörend wirken.

In der Tat können wir auf biochemischer und bioelektrischer Ebene nur die *Wirkungen* der Lebenskraft sehen und nicht die Lebenskraft selbst. Wirkungen sind tatsächlich alles, was wir jemals von irgend etwas auf der physischen Ebene sehen können. Wir sehen die Schwerkraft oder den Magnetismus nicht. Wir beobachten nur eine Wirkung, die wir analysieren, messen und entsprechend anwenden. Doch der Urgrund aller physischen Manifestation ist für unsere normale Wahrnehmung nicht erreichbar.

Selbst medizinisch-physikalische Apparate (CAT-Scanner usw.) bauen weitgehend auf dem Verständnis des Verhaltens der trägen, nicht etwa der

belebten Materie auf. Um wirklich in der Lage zu sein, die feinen Körper-
aktivitäten auf subatomarer und Vakuumebene zu überwachen, müssen
extrem empfindliche Geräte entwickelt werden. Wir müssen begreifen,
daß wir Energiemuster betrachten, die durch eine ungleich kompliziertere
Reihe von Regeln und Beziehungen organisiert sind, als sie sich im Physik-
labor zeigen.

An der fehlenden Anerkennung dieses Wissens liegt es, daß wir nicht
verstehen, wie ein Körper funktioniert. Dies ist die logische Grundlage
für einen naturgemäßen Ansatz in der Medizin und den Heilkünsten. Wenn
unser Auto nicht läuft, bringen wir es zu einem Fachmann in die Werkstatt
und sind davon überzeugt, daß er in der Lage ist, das genaue Problem
herauszufinden und es zu beheben.

In der Medizin steht uns solch ein Mechaniker jedoch nicht zur Verfügung. Vollständig kann niemand den detaillierten Mechanismus begreifen, durch den unser Geist mit unserem Körper zusammengefügt ist. Wir
erkennen viele Einzelwege, das vollständige Wechselspiel können wir allerdings nicht deutlich und vollständig überblicken. Darum gibt es im
Bereich des Heilens so viele Denkschulen.

Wenn ich meinen Wagen in die Werkstatt bringe, gibt es keine wirkliche Diskussion darüber, wie seine Mängel zu behandeln sind. Es gibt kein
Angebot verschiedener Werkstatt-Therapien, unter denen man wählen
kann. Autos kann man begreifen, und ihre Probleme lassen vollständige
Diagnose und Abhilfe zu. Ausgehend von einer teilweisen Analyse des
Materieverhaltens auf der physischen Ebene war es der Mensch selbst,
der das Auto konstruiert hat.

Anders verhält es sich mit dem Körper eines Lebewesens. Trotz all unserer Fortschritte kennt unsere Wissenschaft die Grundlagen noch immer nicht.
In der Physik haben wir es mit theoretischen Modellen zu tun. Obwohl man
weiß, daß sie unzulänglich und unvollständig sind, helfen sie uns dabei,
unsere technischen Erzeugnisse herzustellen und zu reparieren. Doch denkt
man darüber nach, so stellt man fest, daß die Hauptströmung der Medizin
überhaupt kein theoretisches Modell von irgendeinem Lebewesen besitzt.
Es gibt bloß eine endlose Reihe von isolierten Bruchstücken. Das ist so wie
ein riesiges Puzzlespiel, bei dem es uns nur hier und da gelungen ist, ein
paar passende Teile aneinanderzusetzen. Ich behaupte nicht, diese Verbindungen hätten sich für uns nicht als sehr wertvoll erwiesen, doch haben wir
immer noch keinerlei Begriff davon, wie das Gesamtbild aussieht. Nicht
einmal unser Wissen vom feinstofflichen Körper ist wirklich detailliert ge-

nug ausformuliert, um sich in die beobachtbare Biochemie und dergleichen einzufügen. Ein theoretisches Modell, das geistige, emotionale, feinstoffliche, pranische und tattvische Energien und Muster umfaßte, das das Vakuum, den subatomaren Bereich, die Formbildung sowohl auf molekularer und elektromagnetischer als auch auf Zellebene sowie die Bildung der Organe, Systeme und Formen in Betracht zöge, aus denen der Gesamtkörper besteht – das wäre ein theoretisches Modell, doch bislang gibt es kein derart detailliertes Konzept.

Aus diesem Grund wählt der eher demütige Heiler den natürlichen Ansatz. Er sagt: „Ich kenne die Kompliziertheit dieser wunderbaren Körpermaschine nicht. Aber ich weiß, daß in ihr enorm differenzierte Organisation und Systematik herrschen. Die Natur *weiß*, was sie tut. Daher muß mein Ansatz darin bestehen zu lernen, wie ich *mit* der Natur arbeiten kann, wie ich diesen natürlichen Prozessen helfen kann, ihre magischen Funktionen auszuüben."

Doch wenn der Heiler oder Arzt sich aus seiner Ignoranz heraus einbildet, er wisse viel, dann beginnen die Schwierigkeiten – sowohl für den Arzt als auch für den Patienten! Wenn der Heiler die Situation als Gelegenheit ansieht, richtig Profit zu machen, wird die Sache nur noch schlimmer. Und das ist heutzutage leider in weiten Bereichen der Medizin der Fall. Die Pharmaindustrie könnte sehr viel mehr tun, wenn sie ihre Motive wieder an der Gesundung des Menschen ausrichten würde statt am Profit. Die Ärzte mögen den hippokratischen Eid leisten, um der Menschheit zu dienen und einen ethischen Kodex zu befolgen, nicht so jedoch die Hersteller von Arzneimitteln und medizinischer Ausrüstung.

Ihre Motivation und Struktur sind auf neue Produkte und den Profit ausgerichtet, nicht auf die Genesung des Menschen. Stellen Sie sich den Fortschritt vor, der hätte erzielt werden können, wenn die Mittel der Pharma-Gesellschaften für die Erforschung der Naturmedizin verwendet worden wären – mit dem Ziel, *mit* der Natur *zusammen* zu arbeiten und ihre wundervoll verwobenen Muster und Beziehungen zu verstehen, anstelle des etablierten plumpen, barbarischen Vorgehens.

Woraus um alles in der Welt entstand diese sonderbare Idee, wir wüßten genug, um die herrlichen Mechanismen ignorieren zu können, die einen lebenden Organismus durchdringen, und ihn im Rahmen der vorherrschenden Heilverfahren mit Fremdmolekülen (synthetischen Drogen) zu füttern? Wenn Sie die Medizinwissenschaften analysieren, werden Sie tatsächlich bemerken, daß die wirksamsten Behandlungen diejenigen sind, die mit der

Natur arbeiten und ihr erlauben, eine Magie zu betreiben, die wir nicht verstehen. Die Immunforschung und die Ausrottung einiger Infektionskrankheiten sind gute Beispiele dafür, daß der Mensch gerade erst gelernt hat, das natürliche Gleichgewicht zu regulieren und die kaum verstandenen natürlichen Mechanismen zu stimulieren, die an der Körperabwehr von Krankheiten und vom Angriff durch andere lebende Organismen beteiligt sind. Es ist keine Schande, sein Unwissen einzugestehen und zu begreifen, daß wir mit der Natur und mit Kräften, die wir nicht verstehen, zusammenarbeiten müssen. Das ist unsere menschliche Situation.

Man überlege, wie viel effektiver unsere klinischen Einrichtungen wären, würden sie von Verwaltungsbehörden für Krankheiten in Orte der Heilung verwandelt. Ein Krankenhausbesuch sollte eine bereichernde, stärkende Erfahrung sein, doch nur sehr wenige Kliniken sind darauf ausgerichtet. Aber es gibt Anzeichen dafür, daß Veränderungen im Gange sind, da sich ein höheres Bewußtsein in die Köpfe der medizinischen Berufe einschleicht.

Ich schweife jedoch ab und werde dieses Thema hier verlassen, denn es gibt viele Standpunkte und Praxisanwendungen, die für eine umfassende Würdigung des Themas angesprochen werden müßten. Und das sprengt den Rahmens dieses Buches.

Schwingung und Atmosphäre

Shabd – die ursprüngliche Schwingung, Energie und Lebenskraft

In den Kapiteln zwei, drei und vier haben wir unsere Aufmerksamkeit fast vollkommen auf die komplex geordnete Struktur von Lebewesen und vor allem die des Menschen konzentriert. In diesem Kapitel betrachten wir die Schwingungsaspekte der trägen Materie, die uns umgibt.

Verglichen mit der Organisation des Stoffes innerhalb physischer Körper von Lebewesen ist die inerte Materie einfach, wenn auch alles andere als zufällig strukturiert, wie Physiker ohne weiteres bestätigen werden. Sie 'gehorcht' strengen Gesetzen und folgt wiederkehrenden Mustern. Ihre molekulare, atomare und subatomare Struktur ist auf einfache Weise und doch hochgradig organisiert. In jedem Teilchen erschaffener Materie gibt es einen fernen Widerhall der formativen und schöpferischen Kraft der Urenergie des Lebens.

Im christlichen Teil der Bibel (dem Neuen Testament) wird diese Kraft, die Ur-Lebenskraft, als das *Wort* oder der *Logos* bezeichnet. Auch *Schöpfungswort* ist sie genannt worden. Sowohl die alten als auch die modernen indischen Mystiker haben sie *Shabd* genannt, was *Klang* bedeutet, oder *Nam*, was für den *Namen* Gottes steht. Sie haben sie auch als *Ajapa Japa* (nicht äußerbare Äußerung) bezeichnet, während sie in den Veden *Nad* (Klang) oder *Akash Bani* (Himmelslied) genannt wird. Tatsächlich wird in Übertragungen der Bibel in die Hindi-Sprache „Wort" für gewöhnlich mit Shabd übersetzt, wie zu Beginn des Johannes-Evangeliums: „Am Anfang war der Shabd." Die amerikanischen Hopi-Indianer nannten es das *Schöpfungslied*.

Wenn alles eins ist, dann kann es keine Namen geben. Ein Name erfordert Dualität, also einen, dem durch einen anderen ein Name gegeben wird und der für das Erkennen nötig ist. Daher wird diese Schöpfungskraft, die das erste Ausfließen, die erste Differenzierung oder

Bewegung innerhalb des Einen ist, als Sein Wort, Sein Schöpfungsklang, Sein Name oder Sein Wille bezeichnet. In der Bibel kennt man sie auch als den Heiligen Geist, und „wider den Heiligen Geist zu sündigen" oder „den Namen Gottes zu mißbrauchen" bedeutet, sich innerlich von der eigenen inneren Lebenskraft oder der Seele abzuwenden. Dieses ist die wahre „Blasphemie", derer wir alle uns täglich mehr oder weniger stark schuldig machen. Das ist unser Normalzustand, solange wir der mystischen Quelle fern sind. Und dafür werden wir mit dem „Tode bestraft", dadurch, daß wir immer wieder in diesem physischen Universum wiedergeboren werden – das endlose Rad von Geburt und Tod. Der einzige Weg zurück führt über die höchste Art der Meditation, das innere Erfahren dieses schöpferischen Lebensstroms. Und um diese zu erlernen, bedarf es wie in allen anderen Dingen eines geeigneten Lehrers.

Auch islamische Mystiker haben diese Kraft erfahren, und sie nannten sie *Ism-i-Azam* (der Höchste Name) oder *Kalam-i-Ilahi* (das Wort Allahs). In der Kabbala, der mystischen Tradition im Judentum, kennt man sie als *Yod-He-Vau-He*, den heiligen Namen Gottes. Sie ist allen Traditionen und Kulturen vertraut, weil sie als unser Ursprungsort oder als Quelle des Seins und des Bewußtseins in jedem von uns ist. Sie existiert naturgemäß in allen Kreaturen und in der gesamten Schöpfung. Mystiker jeden Ranges und jeder Glaubensrichtung haben sie erfahren und sie als die wahre Quelle alles Lebendigen und Unbelebten bezeichnet.

Demnach ist das Universelle in Wirklichkeit in jedem Teilchen der Schöpfung vorhanden. Die Struktur der Schöpfung gleicht der eines riesigen Hologramms mit inneren und horizontalen Dimensionen. Oder in religiöser Terminologie: Gott ist überall und in allem. Und der menschliche Körper ist der wahre Tempel, die wahre Kirche, Moschee, Gurdwara oder Synagoge, in der durch Meditation Er verehrt wird.

Der Mensch ist der Mikrokosmos, der Teil dieses Makrokosmos, durch den sich alle Teile des Ganzen erreichen und erleben lassen. Das wirkliche Gebet an Ihn erfolgt mithin durch Meditation, durch das Erfahren dieser ursprünglichen Lebenskraft, und nicht dadurch, daß wir Ihm unseren Einkaufszettel überreichen, wie wohlmeinend unsere Wünsche auch immer erscheinen mögen. In einem sehr wirklichen Sinn unterstellt das Beten, wie es herkömmlicherweise verstanden wird, daß Gott gerade dabei ist, einen Fehler zu machen, und daß es unsere Pflicht ist, ihm das mitzuteilen. Wahres Beten ist eine innere Gemeinschaft der Seele mit dem Herrn, des Tropfens mit dem Ozean. Worte sind nicht nötig.

Schwingungserfahrung

Doch wir schweifen ab. Viele Menschen kennen die Erfahrung, daß Orten, Räumen, Häusern und so weiter eine Atmosphäre, eine Schwingung eigen ist. Diese kann mit der Person oder den Geschöpfen, die dort leben oder zuvor dort gelebt haben, in Verbindung stehen, oder sie kann auch dem Ort selbst innewohnen – wie beispielsweise die kraftvolle Schwingung der Berge oder der Wälder.

Mitgeführt wird diese Schwingung innerhalb der Substruktur des Vakuums und der subtileren Zustände, die die materiellen Formen selbst hervorbringen. Vielleicht ist sie auch in der Harmonie oder Disharmonie von Bewegung und Dasein im subatomaren Bereich verschlüsselt, als Teilchenspin im oder gegen den Uhrzeigersinn – zentripetal und zusammenhaltend oder zentrifugal und sich ausdehnend – oder als Wellenformen oder sogar als wissenschaftlich aufspürbare Schwingung oder Oszillation.

Wie wir gesehen haben, beeinflußt der Geist die Materie. In Wirklichkeit ist der Geist tatsächlich nur eine weiter verfeinerte Schwingung oder eine höhere Harmonikale der Materie. Also tragen wir, wo immer wir hingehen, unsere Schwingung ganz natürlicherweise bei uns, und in Form unserer Aura und unserer Aufmerksamkeit strahlt sie von uns aus, wenn wir wahrnehmen oder handeln. Und dies prägt sich auf ganz natürliche Weise den von uns bewohnten Orten ein und schafft dabei eine Schwingung oder Atmosphäre, in der wir uns behaglich und zuhause fühlen.

Und entwickeln wir erst ein Gespür für diese Atmosphären, so stellen wir fest, daß wir automatisch nach Orten mit guter Schwingung für tiefe, innere Erbauung Ausschau halten.

Auch für Ästhetik und Schönheit, für Form, Farbe und Gestalt werden wir empfänglich, denn diese Attribute der materiellen Substanz tragen ihrerseits eine besondere Schwingung, die harmonisierend, aber auch störend wirken kann.

Aus diesem Grunde besitzt zum Beispiel die Pyramidenform ihre typischen Eigenarten, und auch Bögen und einige weitere Formen sind deshalb *wohltuender* als andere. Dabei ist *Wohlgefühl* ein Zustand von Geist und Emotion und somit ein Energiezustand auf den feinstofflichen Ebenen.

Gute und wahrhaft künstlerische Designer, Architekten, Innenausstatter, Maler, Bildhauer und so weiter haben alle ein mehr oder weniger tiefes intuitives Gespür für den Einfluß von Struktur auf die Atmosphäre. Musiker sind in Wahrheit Bildhauer, die wechselnde Formen und Muster in die

Ätherwellen meißeln, und zweifellos lassen sich durch Musik die feinsinnigsten Atmosphären und Stimmungen schaffen. Es gibt eine Reihe von Therapien, die Klang und musikalische Schwingungen mit beachtlichem Erfolg für Heilungszwecke nutzen. Ebenfalls wird Musik verwendet, um Pflanzenwachstum zu fördern. Jüngere Experimente haben auch gezeigt, daß die mechanischen Klangschwingungen Moleküle dazu anregen können, elektromagnetische Strahlung zu emittieren, sogar solche mit Wellenlängen im sichtbaren Bereich (d.h. im Lichtbereich). Dies bildet sehr wahrscheinlich einen natürlichen Teil der biologischen Vorgänge und der Kommunikation unter Tieren.

In China steht die hohe Schule der Gestaltung und Formgebung schon seit Jahrhunderten im Rang einer Kunst und Wissenschaft. Sie scheint Bestandteil der Umwelt dieses Landes geworden zu sein. Selbst chinesische Bäume zeigen eine unverwechselbare Gestalt und Struktur. Die Wissenschaft heißt *Feng Shui*, und sie umfaßt alle Gesichtspunkte der Beeinflussung und Anordnung von Energie, von der Innenraumgestaltung über die Lage und Anordnung von Wohnhäusern bis hin zur Landschaftsformung und natürlich auch den Energien des Geldes, der Finanzen und Geschäfte. Das verliert man im Osten niemals aus den Augen!

Die Chinesen bezeichnen Energie als *Ch'i*, und während *Akupunktur* die Kunst darstellt, die Körperenergien zu lenken und zu harmonisieren, handelt es sich beim Feng Shui um die Kunst, in der Umwelt gutes Ch'i zu schaffen. Es lohnt sich, diese Kunst zu studieren und beherrschen zu lernen. Unsere Architekten, Baumeister und Stadtplaner hätten uns eine weit schönere und energetisch viel erbaulichere Umwelt schaffen können, wenn sie sich mehr Gedanken um die von ihnen erzeugte Lebensqualität gemacht hätten. Es hätte sich auf lange Sicht auch finanziell ausgezahlt. Denn gute Energie bringt gutes Geld und Wohlwollen mit sich. Tatsächlich achtet man in vielen europäischen Ländern stärker auf die Qualität der Architektur als wir auf den Britischen Inseln. Und die Resultate sind dort sichtbar.

Am meisten von allen Umweltfaktoren jedoch versorgt uns der Umstand mit guter Schwingung, daß es eine *Vielfalt* von Lebensformen gibt, die unter natürlichen Bedingungen existieren. Es muß nur Vielfalt herrschen. Ein Londoner Park, der hauptsächlich aus Bäumen und Rasen mit vergleichsweise wenigen anderen Arten besteht, ist nicht annähernd so schön und erbaulich für unser inneres Wesen wie ein mannigfaltiges, natürlich entstandenes und artenreiches Ökosystem. Es heißt, die tropischen

Regenwälder, die jetzt nur noch sieben Prozent der Erdoberfläche bedecken, beherbergen mehr als die Hälfte aller bekannten Arten. Gärten, Parks, Flüsse, Wälder, Forste und Wildlandschaften gehören zu den schützenswertesten Vermächtnissen der Länder und des Planeten. Ohne diese nährenden Quellen kann das Leben dürr und steril werden, und obwohl dies kein Buch über Umweltfragen ist, muß man klar begreifen, daß wir uns selbst unweigerlich vernichten werden, wenn wir es wagen, unseren Planeten und unsere Biosphäre zu zerstören. Wir sollten unseren Planeten und seine Lebewesen – einschließlich der Menschen – hegen und pflegen, als wäre er unser eigener innig geliebter Garten, denn das ist er fürwahr.

Umweltverschmutzung

Genauso kann im Vakuum und in den subtileren Zuständen die *Schwingung* von Verunreinigung mitgeführt werden, die sich in der Umgebung und tatsächlich über den ganzen Planeten hinweg ausbreitet. Selbst wenn Chemikalien dicht verschlossen und tief unter Tage vergraben werden, kann ihre Schwingung sich auf ihre direkte Umgebung auswirken und sich weiter ausbreiten. Unsere Stromquellen – die Produktionszentren für nukleare oder konventionelle Energie – können auf ähnliche Weise zu Zentren schwingungsmäßiger Disharmonie werden. Das erklärt, warum sie häufig im Schwerpunkt von Leukämie- oder Krebsfallhäufungen liegen, ganz abgesehen von den offensichtlicheren physikalischen Ursachen aufgrund der Strahlung radioaktiven Materials. Und es erklärt auch, warum es Gebiete gibt, in denen plötzlich und auf natürliche Weise gesundheitliche Schäden auftreten, ohne daß es offensichtliche physische Gründe dafür gibt. Denn die Struktur des Gesteins, der Mineralien und Wasseradern im Boden, besonders kristalline oder piezo-elektrische Formationen wie der verbreitet vorkommende Quarz können Zentren von atomaren und molekularen Spannungen sein, die disharmonische Wellenkräuselungen im Schwingungs- oder Vakuumzustand erzeugen. Entsprechend trägt eine durch diese Quellen erzeugte harmonische Schwingung zur friedlichen Atmosphäre solcher Orte bei.

Elektromagnetische Umweltverschmutzung – Radio- und Fernsehsender, Mikrowellenradar und dergleichen, ganz zu schweigen von radioaktivem Zerfall und den äußerst starken elektrischen Feldern, die die Hochspannungs-Freileitungen umgeben – bildet ebenfalls schwingungsmäßige Störquellen für den Vakuumzustand. Aus ihm heraus nämlich erfolgt die Bildung der elektromagnetischen Energien, und so wirken diese Störquellen nicht nur auf unsere Biochemie ein, sondern auch auf unsere Stimmungen und Gedanken. Tatsächlich benutzt die Psychotronik-Waffenforschung elektromagnetische Schwingungen als Mittel zur Stimmungs-, Geistes- und Gefühlskontrolle. Kein sehr angenehmer Gedanke!

Umweltverschmutzung bedeutet also, eine Umwelt durch die Disharmonisierung der energetischen Grundlagen, die sie ausmachen, zu zerstören. Die Ausrottung ganzer Arten, die Zerstörung ökologischer Nischen, das Besprühen riesiger landwirtschaftlicher Flächen mit Chemikalien, die dazu entwickelt wurden, eine einzige Pflanzenart zu begünstigen, während sie zahllose andere Arten vernichten, einschließlich der Bakterien, die dem Boden Leben und Nahrung liefern, die Waldrodung, die Wiederaufforstung mit Baumarten, die nur wenig anderes Leben fördern, die Vergiftung unserer Nahrung, unseres Wassers, unserer Luft und unseres Planeten durch unüberlegte Einleitung von Industrieabfällen – all das steht für menschliche Dummheit der übelsten Sorte. Wir tauschen kurzfristigen Gewinn (für einige wenige) gegen langfristiges Unheil (für uns alle) ein.

Epidemien, die sich über den ganzen Globus ausbreiten, haben wir bereits, und die Zahl derer, die vor Hunger sterben, geht in die Millionen. Das ist die heftige Reaktion auf die Ausbeutung der Natur um des egozentrischen Vorteils willen. Die Natur bewahrt ihre eigene Balance.

Wir müssen uns des zarten Gleichgewichts bewußt werden, der Kräfte und Muster, die im Gange sind, und der ausgleichenden Energien, die automatisch ins Spiel kommen, wenn eine Spezies außer Kontrolle gerät.

Der Mensch ist ein Mikrokosmos. In ihm spiegelt sich das ganze Universum. Und entsprechend wirkt das Universum auf ihn ein. Was ein Teil unserer menschlichen Familie tut, das betrifft uns alle. Das müssen wir begreifen. Es ist wahr, daß das spirituelle Ziel im Inneren liegt, jenseits des Bereichs äußerer Kämpfe und Mühen, doch erfolgt spirituelle Entwicklung auch dadurch, daß wir lernen, auf die richtige Weise zu leben, solange wir auf eine menschliche Existenz beschränkt sind. Was wir tun und wie wir es tun, betrifft unser spirituelles Leben gleichermaßen.

Gedächtnis und Akasha-Chronik

Ich bin mir nicht sicher, woher der Begriff *Akasha-Chronik* stammt. Im Sanskrit gibt es ihn möglicherweise in den yogischen Texten, doch sicherlich ist es ein Begriff, den die Theosophen in der englischen Sprache geprägt haben und der seitdem die Phantasie okkultistisch eingestellter Menschen gefesselt hat. Wir wollen sehen, ob wir ein wenig Licht in die Angelegenheit bringen können.

Es heißt, Akasha sei der Vakuumzustand – auf der dichten physischen Ebene. Doch generell trifft man diesen Akasha-Zustand in gesteigerter Subtilität als energetische Pforte oder als Schwelle zwischen allen inneren Regionen an. In jedem Fall bildet er eine energetische Trennwand zwischen zwei aufeinanderfolgenden Bereichen auf der vertikalen inneren Energieskala. In manchen Schriften wird Akasha auch als *Gagan* bezeichnet, was 'Himmel' bedeutet. Doch dies ist kein Himmel, wie er sich von der Erde aus gesehen über uns wölbt, sondern ein Himmel, den man sich als eine Art Sperre im Aufstieg der Seele vorstellen muß, ein Grenzpunkt, an dem man ein enormes Maß innerer Konzentration und Reinheit benötigt, um den Schleier zu zerreißen und in den nächsthöheren Zustand einzutreten.

Diese Pforten sind demnach Punkte oder Ebenen des kreativen Potentials. Sie werden als Realität der nächsttieferen Ebene von innen nach außen manifestiert und durch die Ereignisse auf dieser tieferen Ebene ebenfalls von 'außen' her geprägt. Beides sind wirklich wesentliche Bestandteile desselben Schöpfungsvorgangs.

Für das grobphysische Vakuum bedeutet dies, daß jedes stattfindende Ereignis zusammen mit jedem Gedanken und jeder Stimmung im Geist der Beobachter diesem Vakuumzustand eingeprägt wird und anschließend dort verbleibt. Abhängig vom Ausmaß der – emotionalen oder physischen – Aktivität wird die Intensität dieser Prägung variieren.

Dies ist es, was sensible Menschen, von denen es eine Menge gibt, als *Atmosphäre* eines Ortes registrieren. Es ist die allgemeine Tendenz in den Gedanken unzähliger Andächtiger, die einer Kirche, einer Moschee, einer Synagoge oder einem Tempel die charakteristische Atmosphäre von Verehrung und Gebet verleiht. Es ist ein Energie-Aspekt von Vereinigung, jedoch weitaus mehr als etwas 'bloß Psychisches'. Atmosphäre ist der Geist und die Lebensweise, die sich einem Zuhause einprägt und der betrachtenden Seele sehr vieles von dem berichtet, was dort geschieht.

In der Atmosphäre spiegelt sich die Liebe wider, mit der ein Künstler oder ein Handwerker seine Kreation durchtränkt, und sie entsteht aus der Schwingung, die ein liebevoller (oder ein liebloser) Koch unbewußt in sein Essen einfließen läßt, dessen Geschmack ebenso wie die Stimmung derjenigen, die es zu sich nehmen, dadurch mitbestimmt wird. Sie erzeugt die Schwingungsunterschiede zwischen Töpferwaren, die wir direkt vom Handwerker kaufen, und der Massenware, die wir im Kaufhaus finden. Wir sagen, sie besitzen mehr Charakter, obwohl wir uns schwertun würden, wenn wir erklären sollten, warum das so ist.

Diese Schwingungschronik rührt wie jede Manifestation vom inneren Mechanismus her, durch den der Geist den Vakuum- oder Akasha-Zustand im Prozeß der Erzeugung physischer Realität von innen her zu Mustern anordnet. Sie ist es auch, die die subatomaren Fingerabdrücke anlegt.

Ähnlich liegt in unserer menschlichen physischen Struktur ein subtileres inneres Akasha, das Mystiker als den Himmel unseres Körpers bezeichnen. Hier wird die *Erinnerung* unseres gesamten Lebens eingraviert – alle Gedanken und Gefühle, alle Worte und Taten. In eben diesem 'Flugschreiber' werden die Energiemuster für zukünftige Inkarnationen aufbewahrt. Von ihren bruchstückhaften Inhalten machen wir bei unserer normalerweise ziemlich lückenhaften Erinnerung an Ereignisse Gebrauch. Wir behalten von den Einzelsituationen unseres Tagesablaufs nur sehr wenig in Erinnerung. Dagegen ist es dieses subtile Muster, welches das Muster des gröberen Vakuumzustands formt, dem die Erschaffung der physischen Welt folgt, die wir als 'harte' Realität so sehr ernst nehmen.

Dieses schöpferische Prinzip wird umso universeller, je mehr wir innerlich fortschreiten, und das Akasha der Astral- und Kausalzonen wird in diesen dann einen Abdruck von all dem aufbewahren, was in den tiefer gelegenen Welten geschehen ist und noch geschehen wird. Dies ist ein Teil des Schöpfungsmechanismus. Zweifellos handelt es sich um diese Akashahimmel, auf die als Akasha-Chronik Bezug genommen wird. Bei allen in diesem Vakuumzustand verschlüsselten Atmosphären und Schwingungen, bei unserer eigenen Erinnerung genauso wie bei den weiter innen liegenden Himmeln, handelt es sich also um voneinander wesentlich unterschiedene Ebenen oder Spiegelungen dieser Akasha-Chronik.

Homöopathie, Radionik und der Vakuumzustand

Das Verständnis, dem zufolge die Musterbildung des Vakuumzustands sowohl von innen durch unseren Geist als auch von außen durch die Aktivität der subatomaren Teilchen, Atome und Moleküle erfolgt, liegt vielen bislang unerklärlichen und doch vorhandenen Phänomenen zugrunde.

Im allgemeinen sehen wir dies in allen Aspekten der Geist-Körper-Funktionen. Die geistigen Ströme und die Pranas dirigieren das Vakuum bei der Musterbildung der subatomaren Teilchen, aus denen die physische Substanz unseres Körpers besteht. Diese Mittel bewirken, daß unser Herz schlägt oder daß wir einen Finger und sonst noch so einiges bewegen können.

Umgekehrt können wir unseren Geist dadurch beeinflussen, daß wir ihm verschiedene molekulare Substanzen zuführen. Eine Mahlzeit zu uns zu nehmen kann unsere Stimmung verändern, während die Zufuhr von Alkohol, Kaffee und anderen auf den Geist wirkenden Drogen offensichtlich bis in die feinstofflichen Bereiche unseres mentalen Seins hinein wirkt. Und diesen dynamischen, in beide Richtungen ablaufenden Prozeß nutzen sowohl die Homöopathie als auch die Radionik.

In der Homöopathie verdünnt man eine chemische Substanz immer weiter mit destilliertem Wasser, bis in den höheren Potenzen keinerlei Moleküle der Substanz mehr vorhanden sind.

Nach der konventionellen Wissenschaft entbehrt dieses Phänomen jeder physikalische Grundlage – und doch bestätigen Millionen Menschen die Wirksamkeit der Homöopathie, selbst die britische Königsfamilie.

Auch aus der Welt der konventionellen Wissenschaften kamen Bestätigungen dieser Wirkung. Im Juni 1988 veröffentlichte die britische Zeitschrift *Nature* die Erkenntnisse von Dr. Jacques Benveniste, einem hochgeachteten und bekannten Wissenschaftler von untadeliger Reputation am Labor des Medizinischen Forschungsrates von Frankreich an der Universität Paris-Sud. Er zeigte, daß Antikörper, die zum körpereigenen Immunabwehrsystem gegen allergene und mikrobische Eindringlinge gehören, ihre Wirksamkeit selbst dann noch behielten, wenn sie in destilliertem Wasser fortlaufend bis über einen Punkt hinaus verdünnt worden waren, bei dem noch Moleküle der Antikörper hätten vorhanden sein können. Dies ist die Vorgehensweise, wie sie in der Herstellung homöopathischer Medikamente zur Anwendung kommt, ein medizinisches System, das in Frankreich weiter verbreitet ist als in England oder Amerika.

Jacques Benveniste hat damit demonstriert, daß *die Wirkungen des Antikörpers selbst dann noch vorhanden und biologisch aktiv sind, wenn sich tatsächlich keinerlei Moleküle des Antikörpers mehr in der Lösung befinden.* Aus einem Verständnis der Manifestationen des Vakuumzustands heraus sollte klar sein, was passiert.

Moleküle sind Ansammlungen beziehungsweise besondere Anordnungen von höchst aktiven Atomen und subatomaren Teilchen. Sie sind Muster, die auf der Vakuumoberfläche herumwirbeln. Doch ihre äußere Manifestierung als das, was wir Moleküle nennen, ist nur ein Oberflächenphänomen. Wie bei einem Eisberg ist das, was an der Oberfläche erscheint, nur ein Bruchteil von dem, was darunter vor sich geht. Aber anders als bei einem Eisberg scheinen die Schwingungsmuster, die sich weiterhin unter der Oberfläche bilden, fortzubestehen, wenn man das Oberflächenphänomen beseitigt.

Und weil Bioorganismen ihre Form und ihre Funktion aus dem Vakuum und den subtileren Energiefeldern beziehen, wirken sich diese Schwingungen weiterhin auf lebende Systeme aus. Das Vakuum verfügt wirklich über ein inneres Gedächtnis seiner äußerlich manifestierten Formen.

Benveniste konnte sogar Kollegen in Israel, Italien, Kanada und Paris davon überzeugen, die Experimente in Doppelblindversuchen zu wiederholen, und die Ergebnisse scheinen ziemlich eindeutig zu sein. *Nature* veröffentlichte seine Abhandlung zusammen mit einem beispiellosen Kommentar der Redaktion, in dem die Leser dazu aufgefordert wurden, sich an ihrer „Skepsis" zu beteiligen, und in dem betont wurde, daß „es keine physikalische Grundlage für das Phänomen gibt." Ohne Aufgeschlossenheit gegenüber der physischen Substanz als einem fortwährend aus dem Vakuum- oder Raumzustand erzeugten Tanz mußte ihre Schlußfolgerung notwendigerweise so lauten.

Hier ist denn also die lang ersehnte Bestätigung durch die konservative Wissenschaftsgemeinde, daß Homöopathie tatsächlich funktioniert – etwas, das Millionen Patienten und Praktizierende schon lange wußten!

Doch wie überall lauern Hintergedanken auch in den Köpfen der Wissenschaftler, und es dauerte nicht lange, bis das Konkurrenzblatt *New Scientist* darauf hinwies, daß die Veröffentlichung eines solchen Artikels durch *Nature* (normalerweise eine höchst konservative Zeitschrift) sehr wohl Teil eines vorausgeplanten Werbetricks gewesen sein könnte, der die Verkaufszahlen hochtreiben sollte. Denn es wurde über den *Nature*-Artikel nicht nur in der nationalen und anderweitigen Wissenschaftspresse berichtet, was *Nature* eine gehörige Portion kostenloser Publicity bescherte, sondern kurze Zeit später – ein deutlicher Hinweis darauf, daß der ganze Plan vorher ausgeheckt worden war – schickte *Nature* ein aus drei 'Experten' bestehendes Team los (von denen kein einziger Experte auf Benvenistes Gebiet war). Das Trio bestand aus ihrem Redakteur (John Maddox), dem Zauberer James Randi – ein Mann, der sich ganz der Beweisführung verschrieben hat, daß alles, was er oder die 'bekannten' Gesetze der Wissenschaft nicht erklären können, Schwindel sein muß – und Walter Stewart, zielstrebiger Ermittler in Sachen Wissenschaftsbetrug aus Amerika. Kein Team von objektiven Wissenschaftlern, doch Männer mit einer Mission.

Tatsächlich gibt Maddox selbst zu, daß die Untersuchung als eine beispiellose Vorbedingung für die Veröffentlichung geplant und von Benveniste akzeptiert worden war. Benveniste jedoch hatte zum Zeitpunkt der ursprünglichen Abmachung keine Ahnung, wer Maddox als 'Prüfer' vorschwebte. Als Benveniste das herausfand, rief er Maddox sofort an und beschwerte sich, doch für ein Ausweichmanöver war es bereits zu spät. Benveniste war verschaukelt worden.

Auch drängt sich die Frage auf, warum die 'Untersuchung' nicht *vor* der Veröffentlichung durchgeführt worden war. *Nature* hatte anscheinend die Veröffentlichung der Abhandlung *zwei Jahre* lang verweigert, also hatte es an Zeit und Gelegenheit nicht gefehlt. Sie wollten eindeutig einen Streitfall daraus machen. Es bescherte ihnen mit Sicherheit Publizität.

Diese drei 'Ermittler' jedoch erzeugten in Benvenistes Labor (wo sie sich als geladene Gäste aufhielten) anscheinend eine unangenehme, inquisitorische Atmosphäre und gaben schließlich nach nur fünftägiger 'Überprüfung' von fünf Jahren Forschung und Überlegung bekannt, Benvenistes Resultate seien das Ergebnis einer „unterbewußten Selektion von Daten". In Anbetracht der Tatsache, daß man nur mit Mühe ein voreingenommeneres 'Expertenteam' und einseitigere Prüfungsbedingungen hätte aussuchen können, waren ihre 'Schlüsse' bereits von dem Moment an vorherzusehen, als sie von zuhause aufbrachen. Ihre eigene Geisteshaltung spielte ihnen genau denselben Streich, dessen sie Benveniste später beschuldigten – ein klarer Fall von psychologischer Projektion, wie ihn jeder Kindergartenpsychologe beobachten kann.

Es gibt noch eine andere psychologische Seite bei solchen Situationen. Da geistige Energien so mächtig sind, bleiben sie – so subtil, wie sie sind – dennoch unentdeckt unterhalb der Bewußtseinsschwelle, und die negativen geistigen Schwingungen solcher feindlichen, 'unabhängigen' Inquisitoren machen die subtilen, sensiblen Schwingungen übersinnlich begabter Personen oder die subtilen Phänomene, die sie 'überprüfen', mausetot.

Das Unterbewußte und folglich die Schwingungen oder die Aura solcher 'Prüfer' schmort in Unsicherheit darüber, jemand könne ihrem trügerischen Ichgefühl oder ihrer falschen Identität 'auf die Schliche kommen'. Dies zeigt sich nach außen hin als Intoleranz, Kritik, Wut,

Angst, Verdächtigung, ja sogar als Gewalttätigkeit. Es äußert sich auch darin, den anderen dadurch nicht zu Worte kommen zu lassen, daß man ihn niederzuschreien versucht, in endloser Wiederholung konditionierter Glaubenssätze, als wären sie selbstverständliche Wahrheiten, in der Weigerung, die Erfahrungen und die Gefühle anderer als authentisch zu respektieren, während man mit aller Kraft den eigenen Standpunkt vertritt, in der Rechtfertigung eines solchen Verhaltens durch die Behauptung, daß „die Wahrheit, wie sie jeder kennt, vor 'Scharlatanen' geschützt werden muß" – und so weiter.

In Gesellschaften, in denen die Demokratie nicht gesetzlich geschützt ist, kann das zur Verhaftung oder sogar zur Hinrichtung als 'Staatsfeind' führen. Sokrates, Christus und viele andere erlitten dieses Schicksal. Doch es entsteht immer aus einer Herausforderung an die unbewußte Gewöhnung an tief eingewurzelte Gedankenmuster und die unterbewußte *Identifikation* einer Person mit diesen Mustern. Das Gefühl für das Sein und der Identitätssinn werden dadurch unbewußt bedroht. Es ist die automatische Reaktion eines ins Unterbewußtsein zerstreuten Geistes, der sich von seinem wahren inneren Kern und dem Verständnis seiner wirklichen Identität weit entfernt hat.

Zum Beispiel wundert es niemanden außer dem Mann, der den Tod im Herzen und das Gewehr über der Schulter trägt, daß die wilden Tiere seine Gegenwart meiden! Aber der Jäger, der überall, wo er hingeht, die geistigen Schwingungen des Tötens verbreitet, mag selbst vielleicht nie dahin kommen, dies zu verstehen. Negative und destruktive Gedankenmuster bilden die wirksamste Abschirmung und Absicherung gegen die Welt des Subtilen, und genauso dagegen, das Leben und das Bewußtsein selbst wirklich wahrzunehmen.

Es überrascht daher nicht, wenn Benveniste später schrieb, wie die Atmosphäre im Labor während des Besuchs des Trios beschaffen war:

> Ein Tornado aus intensiver Verdächtigung, Angst und psychologischem sowie intellektuellem Druck, ungeeignet für wissenschaftliches Arbeiten.

Nie wieder, erklärte er, werde er so eine Untersuchung zulassen, bei der er – in einer Gesinnung großer Offenheit und Förderung menschlichen Wissens – all seine Forschungsunterlagen einem Team zur Verfügung gestellt hatte, das aus unsensiblen, arroganten und rechthaberischen Tyrannen bestanden zu haben schien. Kein Wunder, daß so viele Mitglieder der Wissenschaftsgemeinde, ganz gleich, wie sie gegenüber der Forschung selbst eingestellt waren, peinlich davon berührt waren, mit einem solchen Benehmen in Verbindung gebracht zu werden. Aber hoffen wir, daß das Endergebnis in einem erweiterten Verständnis der Homöopathie und Benvenistes Arbeit bestehen wird. Warum schließlich wollen diese 'Wissenschaftler' so verzweifelt die Homöopathie niedermachen, die Menschen wirklich Hilfe bringt?

Hinsichtlich ihres Benehmens gab Maddox sogar zu: „Sicherlich waren wir grob..., unhöflich. Wir waren nicht respektvoll, wie es die meisten Akademiker gewesen wären." Besonders der amerikanische Fälschungsjäger Walter Stewart erzeugte erhebliche Probleme. „Stewart hat keine Manieren", kommentierte Maddox, „er ist ein Zelot." Als die emotionale Temperatur anstieg, ging auch Stewarts Stimme nach oben. Maddox sagte: „Er hat eine schrille Stimmlage, und wenn er sich anspannt, klingt seine Stimme wie ein Dalek[1]. Wir mußten ihm sagen, er solle natürlich sprechen." Tonlage und Stimmqualität zeigen deutlich die unbewußten Emotionen einer Person an.

Die Bedeutung dieser Art negativer Atmosphäre im Fall Benvenistes war folgende: Die meisten praktizierenden Homöopathen werden wissen, daß die Qualität der Medizin auch direkt mit der Qualität der Einstellung, der Motive und des Verstehens der Person verbunden ist, die sie zubereitet. Sorge und Verständnis für das, was man tut, sind sämtlich im Vakuumzustand verschlüsselt – eine physische Akasha-Chronik. Dies gilt tatsächlich für alle Lebensbereiche.

Ein wichtiger Gesichtspunkt des Homöopathie-Prinzips ist also, daß der Geist seinerseits dazu fähig ist, im Vakuum-Energiefeld genau dieselbe Wirkung zu schaffen wie der homöopathische Potenzierungsprozeß.

Außerdem wird Homöopathen auffallen, daß viele ihrer Heilmittel mit *psychischen* Symptomen in Verbindung stehen – und das ist angesichts der Einbindung des individuellen Geistes in die Musterbildung des Vakuumzustands das, was man prophezeien würde. Je subtiler das Energiefeld ist, in dem das Medikament aktiv wird, desto subtiler (und folglich um so stärker mental-emotional) wird seine Wirkung sein.

Dieses ist wieder dasselbe Phänomen wie bei der Köchin, die ihre Schwingung ins Essen einbringt, oder wie bei der schwingungsmäßigen Motivations-

---

[1]Daleks sind kegelförmige, roboterartige Aliens aus der BBC-Science-fiction-Serie *Dr. Who*, tückische Wesen, die mit einer hohen, quiekenden Stimme ständig die Parole „Auslöschen!" von sich geben. Anm. d. Ü.

Kodierung durch all die Personen, die mit den in unseren modernen Läden und Supermärkten angebotenen Lebensmitteln und Medikamenten zu tun hatten. Daran liegt es, daß solche Produkte einen derart geringen schwingungsmäßigen, feinstofflichen Vakuumzustands-Nährwert haben. In dieser Weise sind wir alle auf mentaler Ebene verbunden. Dies bildet einen Bestandteil des zusammenhängenden Mechanismus für das Herausarbeiten unserer aller Karmas. Die 'homöopathische' Schwingung ist in all unserer Nahrung, Kleidung und in unserer gesamten Umgebung vorhanden – einfach in allem.

In der Radionik werden homöopathische Mittel sogar gänzlich innerhalb des Vakuumzustands hergestellt. Ein Radionikgerät wird häufig benutzt, doch ich habe stark das Gefühl, daß die Verwendung eines solchen Apparates nicht mehr als ein (wichtiges) 'Ritual' ist, das es dem Anwender ermöglicht, seinen Geist zu konzentrieren beziehungsweise zu 'formen' und dadurch die erwünschte Schwingungsprägung auf das Medikament zu erzeugen.

Die Beobachtungen von Dr. Edward Bach, ebenfalls Homöopath und Entdecker der subtilen Blütenessenzen, verstärken diese Annahme. Diese Mittel fangen die Schwingungsqualitäten von Blumen ein und können eine extrem wirksame Art von Behandlung darstellen. Doch Bach betonte auch, man könne, wenn man das Wesen dieser Schwingung mental verstehe, dieselbe Wirkung in Geist *und* Körper einfach dadurch erzeugen, daß man an das Mittel *denkt*, indem man seine Qualitäten und seine Schwingungsnatur im Sinn behält. Das allein ordnet das Muster der Körperfunktion neu und reharmonisiert sie.

Und natürlich besteht darin der Kern aller psychosomatischen Phänomene. Sie sind real, doch wie ich bereits angemerkt habe, ist unsere gesamte physische Existenz psychosomatisch – eine Kombination aus Geist und Körper.

Interessanterweise hat Benveniste selbst die Beobachtung gemacht, daß seine Ergebnisse durch 'unbekannte' Faktoren beeinflußt zu werden schienen. An manchen Tagen gelangen Versuche, an anderen nicht. Oder sie funktionierten nur im Anschluß an Prozeduren, die anscheinend in keinerlei Zusammenhang mit den Ergebnissen standen – Aufbewahrung in Kälte über Nacht, heftiges Verschütteln und so weiter. Wenn man weiß, daß dabei subtile und mentale Faktoren beteiligt sind, verhält es sich exakt so, wie man es erwarten würde. Denn jede Aktivität, egal welche mechanische Wirkung sie hat, ruft die geistige Fokussierung der beteiligten Personen hervor – wie ein Ritual und ungeachtet der Natur der vorhandenen Aktivität. Das gilt besonders für das heftige Schütteln, das in homöopathischen Zubereitungsverfahren typisch ist.

In der Tat würde meine Prognose lauten, daß die unterschiedlichen Ergebnisse davon abhängen, *wer* das Experiment durchgeführt hat, das heißt, wessen Geist unmittelbar daran beteiligt war. Dieses Phänomen beim hochempfindlichen Experimentieren ist wohlbekannt, und es hat mit mehr als nur mit Fingerfertigkeit zu tun. Es kommt speziell in allen biologischen Experimenten zum Vorschein, besonders in der Welt der Humanheilung und -medizin, aber genauso in der Forschung, die sich mit anderen Lebewesen beschäftigt, von Pflanzen bis hin zu Schimpansen. Der Mentalgehalt und die Atmosphäre oder die Aura des Experimentators, Arztes oder Therapeuten ist ebenfalls von beachtlicher Wichtigkeit.

Dies wird durch die Tatsache bekräftigt, daß während des Besuchs der drei Inquisitoren sieben zusätzliche Versuche ihretwegen durchgeführt wurden. Die ersten vier davon waren durchweg erfolgreich, was das Team von *Nature* natürlich in Verlegenheit brachte, da sie auf ziemlich kindischen, zusätzlichen, 'fälschungssicheren' Kontrollverfahren bestanden hatten. „Sie waren bleich vor Schreck", erinnerte sich Benveniste. „Immer wieder sagten sie: 'außergewöhnlich, verblüffend, unmöglich'."

Doch zu dieser Zeit waren Benveniste und sein Team infolge von Schlafmangel und emotioneller Überanstrengung erschöpft. Die emotionale Atmosphäre war überladen. So überrascht es nicht, daß die übrigen drei Tests scheiterten. Erschöpfung, die eine alles andere als perfekte Versuchsdurchführung zur Folge hatte, die bange Sehnsucht nach Erfolg trotz der verlorengegangenen geistigen Übereinstimmung mit ihrer Tätigkeit und dann noch die allgemein gestörte, negative geistige Schwingung, dies alles mußte solch subtile Versuche selbstverständlich beeinflussen.

Tatsächlich äußerte sich das Team von *Nature* (wenn auch kritisch!) zur Hingabe und zum Teamgeist der Labormannschaft. Sie sagten, diese führten zu einem Verlust an Objektivität. Vielleicht hätten sie dieselbe Beschwerde gegen hingebungsvolle, fürsorgliche Ärzte und Pfleger vorgebracht. Atmosphäre und mentale Qualität wirken sich auf jede Aufgabe aus, und in allen Bereichen des Lebens sind sie von allergrößter Bedeutung, um gute Ergebnisse zu erzielen. Um wieviel wichtiger sind sie dort, wo man versucht, die subtile Schwingung der Atmosphäre selbst zu messen.

Es überrascht also nicht, wenn James Randi, Magier und Erforscher des Übersinnlichen, feststellen muß, daß die Welt des Subtilen sich verflüchtigt, sobald er auftaucht. Doch es ist – wenigstens in authentischen Fällen – seine eigene subtile, geistige Atmosphäre, die dafür verantwortlich ist, nicht etwa ein betrügerischer Übersinnlicher! An der Welt des Geistes ist *jeder* Geist beteiligt. So etwas wie Objektivität existiert nicht.

Captain James T. Kirks Biolokalisator

Jede Kreatur sendet Schwingungen auf vielen Ebenen aus – wir nennen das ihre Aura. Schwingungen oder Oszillationen auf der Ebene des Vakuumzustands bilden keine Ausnahme, und es ist gut vorstellbar, daß ein rein mechanisches Gerät entwickelt werden könnte, das in der Lage ist, solche Vakuumwellen zu registrieren, vielleicht sogar die Art von Wesen zu identifizieren, von dem diese Wellen ausgehen, und festzustellen, ob es freundlich gesinnt oder in guter Stimmung ist. Der Biolokalisator von Captain Kirk und seiner Star-Trek-Mannschaft kann schließlich einmal zur realisierbaren Tatsache werden!

Morphogenetische Felder

Man sagt, jedes Atom in unserem Körper werde in einem Zeitraum von fünf bis sieben Jahren durch neue Atome ersetzt. Das bedeutet, daß beispielsweise unsere Nase und unser Gehirn aus einem anderen Material bestehen als vor sieben Jahren. Unser Gesicht, unsere Hände, unsere Leber, all unsere Organe, sogar unsere DNS, sie alle enthalten im Laufe der Jahre andere Moleküle. Doch die *Form* bleibt dieselbe – dieselbe Nase, dasselbe Gesicht, derselbe Körperbau, dieselben Organe und dieselbe DNS. Selbst vernarbtes Gewebe kann erhalten bleiben. Gebrochene Knochen wachsen zusammen. Regelmäßig erneuert sich das Gewebe, und bei manchen Arten können sich sogar Organe regenerieren. Kann man daher sagen, Form sei grundlegender als Substanz?

Die Welt der formativen Baupläne befindet sich im Vakuumzustand und in den subtileren inneren Energiefeldern. Wie gesagt, der Vakuumzustand besitzt ein Gedächtnis. Dies ist die Atmosphäre und die Schwingung in allen Orten und Dingen, die sogar in Abwesenheit der Lebewesen fortlebt, die für die ursprüngliche Prägung gesorgt haben. Und Atmosphäre ist etwas, das wir in unserem Geist erfahren.

Rupert Sheldrake und vor ihm andere, die sich speziell dem Phänomen des Embryonalwachstums gewidmet haben, haben die Existenz solcher natürlichen Baupläne postuliert, doch für gewöhnlich haben sie danach in der materiellen Substanz und Energie der dichten materiellen Welt gesucht. Die besten Kandidaten, die für konventionelle Kreise dafür bislang in Frage kamen, sind die DNS – die nur einen Brechungspunkt bildet, jedoch kein allgemeines morphogenetisches Feld – und elektromagnetische Energiemuster. Doch da Biologen normalerweise keine Biophysiker sind, wird die Offensichtlichkeit dieser letzteren Möglichkeit weitgehend ignoriert.

Es scheint jedoch naheliegend, daß es ein elektromagnetisches System der Informationsverschlüsselung gibt. Und die DNS steht gewiß in Verbindung zur äußeren Form und ebenso zur Proteinsynthese. Doch da weder Moleküle noch elektromagnetische Energie fundamental sind, sondern nur Blasen auf dem Ozean der Vakuumenergie darstellen, muß der wirkliche Ort der Existenz von morphogenetischen Mustern innerhalb des Vakuums und der subtileren Zustände liegen und nicht in unserer Welt der physikalischen Wirkungen.

Dadurch lassen sich viele der Phänomene erklären, die Sheldrake und andere hervorgehoben haben. Zum Beispiel führte William McDougall schon 1920 an der Harvard University eine Versuchsreihe durch, um zu erforschen, wieviel Zeit Ratten dafür brauchen, aus einem mit Wasser gefüllten Labyrinth zu entkommen. Zu seiner Überraschung entdeckte er, daß nachfolgende Generationen den Fluchtweg schneller lernten.

War dies ein Beispiel Lamarckscher Evolution, bei der Eltern ihre erworbenen Merkmale an die Nachkommen weitergeben? Oder lag es einfach daran, daß die Ratten Duftmarken im Labyrinth hinterließen, das zwischen den Experimenten niemals gründlich gereinigt wurde? Auf beide Fragen lautet die Antwort: Nein. Denn als andere Forschungsgruppen in Schottland und Australien sich daran machten, McDougalls Experiment zu wiederholen, wobei sie vollkommen isolierte Rattenstämme verwendeten, stellten sie fest, daß ihre Ratten tatsächlich mit demselben Wissenstand zu lernen *anfingen*, den McDougalls *letzte* Generation erreicht hatte. Irgendwie hatte deren Geschicklichkeit materielle Barrieren überwunden, wie durch ein kollektives Unbewußtes oder in Form eines allgemeinen Energiefeldes oder einer Energieschwingung aller Ratten.

Sheldrake führte den Gedanken in seinem Buch *Das schöpferische Universum* weiter, und in meinen eigenen Schriften habe ich darauf hingewiesen, daß dieses Bauanleitungssystem aus Energien, die auf einer vertikalen Skala angeordnet sind, der eigentliche Mechanismus der Schöpfung selbst ist.

Das Interessante daran ist, daß die Natur, belebt oder unbelebt, gemäß erworbener Gewohnheiten vorzugehen scheint – wie unser Geist –, als ein Aspekt tieferliegender und wesentlicherer Gesetze. Und bestimmte Gewohnheiten können einzelnen Arten eigen sein und sogar im Mineralreich herrschen.

Es scheint also für bestimmte Formen, Muster oder Felder eine gemeinsame Basis der morphischen Schwingung zu geben, und zwar – so würde ich vorschlagen – im Vakuumzustand und in den subtileren Ebenen. Die individuellen Formen in der physischen Welt werden also aus diesen subtileren Energiefeldern übernommen und durch einen Resonanz- oder Wechselwirkungsprozeß auf einer unbewußten Ebene automatisch mit allen anderen ähnlichen Formen verbunden.

Daher bleibt die Natur ein zusammenhängendes Ganzes, und sie umfaßt alle Anpassungen in den Gezeitenströmungen des Wandels. Zweifellos ist es dies, was einer Zeitstimmung zugrunde liegt, auf der jeder 'individuelle' Geist aufgereiht ist wie Perlen auf einer Kette. Die Stimmungen der zwanziger, der sechziger, der siebziger, der achtziger Jahre – die gleichmäßige und typische Musterbildung und Musterumbildung der sich wandelnden Geister und Umstände – wir können sie so gut erkennen, vor allem im Rückblick. Doch dazu haben wir in einem späteren Kapitel mehr zu sagen und vor allem im nächsten Buch in dieser Reihe, *Am Anfang war der Geist*. Denn letztendlich sind alle Muster das Ergebnis der Aktivität des universellen oder höheren Geistes, des wahren Architekten von Form und Natur, einem kosmischen, *formativen* Geist, von dem unser individueller Geist nur einen Aspekt darstellt. Und dieser größere Geist ist derjenige, der das Netz aus Muster und Form, Zeit und Raum über das Antlitz der Einen Quelle allen Seins spinnt.

In Betrachtung beispielsweise des Mineralreichs bemerkt Sheldrake, wie sogar bestimmte organische Verbindungen und andere Substanzen, die nie zuvor Kristalle gebildet hatten, im Anschluß an ein erstmaliges Kristallisieren ihren Zauber anderen Forschern weltweit bereitwilliger vorführten, so als wäre ihnen plötzlich ein Weg geebnet worden. Selbst in versiegelten Behältern mit Stoffen, die man zuvor in kristalliner Form nicht kannte und in die Kristallisationskerne keinesfalls hätten ungebeten eindringen können, bildeten sich plötzlich und auf unerklärliche Weise Kristalle. Laborarbeiter waren sich dieses sonderbaren Phänomens so sehr bewußt, daß sie sogar die Behauptung aufstellten, winzige Kristallisationskerne hätten im Haar oder in der

Kleidung von Besuchern aus anderen Labors um den Erdball gereist sein müssen.

Diese Zeitströmung, -stimmung und -atmosphäre und dieser Zeithabitus kommen auch als Synchronizität oder Übereinstimmung zum Ausdruck. Sie sind Bestandteil der Verbundenheit allen Geistes auf der formativen Ebene, des Vorgangs, in dem – durch den Zusammenschluß unserer Karmas, die in unserem Geist gespeichert werden – die physische Welt tatsächlich manifestiert wird. Durch diese Verbundenheit im Geiste kommt natürlich auch die Telepathie zustande. Doch wir nehmen diesen Vorgangs meistens nicht wahr, weil unser Geist sich seiner inneren Aktivität, Struktur und Einflüsse nicht bewußt ist.

Sheldrake faszinieren auch die Gewohnheiten von Blaumeisen, die, nachdem sie – viele Jahre nach der Einführung von Milchflaschenkappen aus Metallfolie – in einem Teil des Landes entdeckt hatten, wie man die Kappen von den Flaschen entfernt, in anderen Gegenden plötzlich ebenfalls auf diese Technik kamen. Aus Beringungsstudien weiß man, daß Blaumeisen Vögelchen mit ziemlich engem Aktionsradius sind, die in ihrem kurzen Leben nur selten weit reisen. Obwohl also die Methode in einigen Gegenden auf natürliche Weise dadurch weitergegeben wurde, daß ein Vogel die Technik von einem anderen lernte, ist dort, wo das Lernen über eine *Distanz* hinweg stattfand, eindeutig ein anderer Prozeß wirksam.

Diese Auffassung erhält zusätzlich Nahrung durch die Beobachtung, daß die Blaumeisen während der Kriegsjahre, als die Flaschen mit den Metalldeckeln durch Milchtüten ersetzt wurden, ihrem neu entdeckten Vergnügen nicht mehr nachgehen konnten. Nach dem Krieg jedoch, als die alte Deckelmode wieder zurückkehrte, und lange nachdem selbst die langlebigsten Blaumeisen hätten überlebt haben können, wurde die alte Gewohnheit *sofort* wieder aufgenommen.

Es ist natürlich auch möglich, ja wahrscheinlich, daß viele der Nachkriegsblaumeisen Reinkarnationen ihrer Ahnen von vor dem Kriege waren, nachdem sie zwischendurch mehrfach zur Welt gekommen waren und auf diese Weise ihre früheren Eindrücke in Keimform von Geburt zu Geburt bei sich getragen haben, genau wie wir selbst es tun – obwohl wir uns jetzt nicht daran erinnern können, woher wir unsere Neigungen, unsere Fähigkeiten und unsere Persönlichkeit erhalten haben.

Doch als ein Mechanismus in der Natur scheint die Verbundenheit aller Geschöpfe auf einer fundamentaleren Ebene als derjenigen, die der grobphysischen Beobachtung zugänglich ist, ein wesentlicher Gestaltungsfaktor zu sein, der automatisch Übereinstimmung und Zusammenhalt schafft. Holismus ist ein Teil der impliziten Ordnung. Wie schon oft gesagt, ist die Natur keine bunt gescheckte Zusammenwürfelung von horizontal angeordneten kausalen Beziehungen. Das ist nur die Analyse eines reduktionistischen Geistes, das vorherrschende Paradigma der Wissenschaft des zwanzigsten Jahrhunderts, die sich gegenwärtig im Abstieg befindet, obwohl sie ein heftiges Rückzugsgefecht führt.

Als Mittel zur Anpassung an eine sich verändernde Umwelt schiene es von äußerstem Nutzen zu sein, wenn Kenntnisse und Eigenschaften automatisch an entfernte Artgenossen übertragen würden.

Doch dies ist wirklich bloß eine reduktionistische Lagebeurteilung. Eigentlich gibt es individuelle 'Fähigkeiten und Eigenschaften' genauso wenig, wie Blüten ohne eine Blume entstehen können. Es gibt nur das Gesamtmuster der Manifestation, das wir in unserem Geist vielleicht als etwas Geteiltes sehen. Diese Unterteilungen jedoch liegen in *unserem* Geist, nicht in der Natur als ein funktionierendes Ganzes.

Wir haben dort nur einen vielstufigen, vielfach facettierten Tanz von Schöpfung und Manifestation, der alle Ebenen miteinander verbindet und durchdringt. Mit unseren physischen Augen sehen wir nur die Oberfläche, nur die Haut. Daher unsere Verwirrung und unsere Ignoranz. Wenn wir innerhalb unserer selbst aufsteigen, sehen wir das Leben auf eine andere Weise, wobei alles ein Ausdruck des Höchsten Einen in allem ist. Dann gibt es kein Geheimnis – nur Ehrfurcht, Staunen, Liebe und Glückseligkeit.

Geschichten aus dem alten Persien

Vielleicht ist es, wie man in Indien sagt, Zeit für eine Geschichte. Im Osten gibt es eine Tradition des Geschichtenerzählens. Seine Literatur ist voller Geschichten jeder erdenklichen Art. Auch östliche Mystiker haben solche Geschichten und Parabeln benutzt, um ihre Botschaft zu vermitteln, denn sie drücken sich stets in der Mundart und der Sprache der Menschen aus, mit denen sie zu tun haben.

Während der Renaissance, deren Beginn üblicherweise im vierzehnten Jahrhundert angesetzt wird, scheint im Ausland eine Aufbruchstimmung geherrscht zu haben, ein Wandel im Denken, eine Verschiebung des Akzents. In eben dieser Zeit blühten die Künste und die Literatur immens auf. Shakespeare war ein Teil dieser laufenden Verschiebung im sechzehnten und frühen siebzehnten Jahrhundert. In Europa lebten während dieser Ära die Heilige Theresa von Avila (1515-82), der Heilige Johannes vom Kreuz (1542-91), Ramón Lull (?1235-1315), Meister Eckhart (?1260-1327) und viele andere[1].

Ebenfalls in Europa lebte die spirituelle Gemeinschaft der Albigenser, vor Ort bekannt als *Les bon hommes*, die guten Männer, die in Südfrankreich vom elften bis zum dreizehnten Jahrhundert ihre Blütezeit erlebten, bis sie von den Soldaten der Inquisition vernichtet wurden.

Auch in Indien gab es eine vergleichbare Epoche großer Mystiker, die eine beachtliche Fülle von Literatur und spirituellem Verständnis hinterließen. Die indischen Historiker bezeichnen sie als die *Bhakti-Bewegung*. Bhakti bedeutet Hingabe, denn stets sind die Mystiker von Gottesliebe erfüllt, und sie sprechen von ihrer inneren Erfahrung der höchsten Realität in den liebevollsten Tönen. Sheikh Farid (1181-1365), Kabir (?1398-1518), Guru Nanak (1469-1539) und die Linie von neun Mystikern, die ihm bis 1708 folgte, Ravi Das (?1414-?1527), Mirabai (1498-1547), Tukaram (1598-1650) – sie alle und viele weitere gehörten dieser Zeit an.

---

[1]Siehe die *Mystic Experiences of Medieval Mystics* (Die mystischen Erfahrungen mittelalterlicher Mystiker) von Ponlain.

Ich glaube, heutzutage würden wir wohl sagen, es war ein globaler Paradigmenwechsel, eine Verschiebung der Wahrnehmung und des Bewußtseins, der in jener Epoche stattgefunden hat.

Im mittleren Osten haben uns die großen persischen Mystiker ebenfalls ein Vermächtnis großer Literatur hinterlassen, das die immer noch grundlegenden Lehrbücher für das Studium der persischen Sprache beinhaltet. Hafiz (1320-1389) und Faridu'ddin Attar findet man immer noch in den Regalen der Universitätsbuchhandlungen hier in Cambridge.

Unter diesen persischen Mystikern gab es einen, der im mittleren Osten einen Platz in den Herzen einnimmt, der mit dem von Shakespeare in der englischsprachigen Welt vergleichbar ist. Sein Name war Jalalu'ddin Rumi oder Maulana Rum, der Weise von Rum.

Rumi (1207-1277) war Akademiker, ein Gelehrter, der in einem der persischen Lehrzentren wirkte. Es gibt die einigermaßen apokryphe Geschichte, nach der er eines Tages am Ufer eines Teichs in den Universitätsgärten saß und ein wertvolles Manuskript durchlas, als ein zerlumpter Derwisch[1] die Szene betrat.

„Was liest du?" fragte er den jungen Rumi.

„Es ist ein Buch mit seltenem und kostbarem Wissen", entgegnete Rumi. „Ich glaube nicht, daß du solche Dinge verstehen würdest."

Der Derwisch nahm dem Studierenden das Buch aus der Hand und schleuderte es achtlos in den Teich. „Du törichter Mann", rief Rumi aus. „Du hast keinen Begriff von diesem wertvollen, unersetzlichen Wissen, das du gerade zerstört hast. Warum hast du das getan?"

Der Derwisch erwiderte nichts, sondern kniete sich nur nieder, holte das Buch aus dem Wasser und drückte es Rumi in einem tadellosen, trokkenen Zustand wieder in die Hände. „Dieses Wissen ist wenig wert", sagte er und sah Rumi mit einem äußerst durchdringenden Blick tief in die Augen. Doch bevor Rumi antworten konnte, so heißt es jedenfalls in der Geschichte, war der Derwisch fort und ließ ihn mit der Frage nach jenem höheren Wissen zurück, das ein kleineres Wunder so gering achtete.

Später fand er den Derwisch wieder und wurde sein ergebener Initiand oder Schüler. Er war natürlich bereits geläutert, und so wurde Rumi zu einem eigenständigen Mystiker und verfaßte viele Bücher, einschließlich einer wunderbaren Reihe von sechs Bänden mit dem Titel *Masnavi*, die er seinem spirituellen Lehrer widmete.

---

[1]Ein heiliger Mann auf Wanderschaft

Tatsächlich erweist er auf der allerersten Seite dieses zutiefst spirituellen Werkes seinem eigenen Meister, dem Derwisch Shamas-i-Tabriz, der Sonne von Täbris, und allen anderen Mystikern der Geschichte seine Reverenz. Er preist sie als die

> göttlichen, spirituellen, himmlischen, überhimmlischen Erleuchteten, die den mystischen Einblick besitzen, die Schweigsamen, die sehen, die Fernen, die gegenwärtig sind, die Könige im schäbigen Gewand, die Edlen der Nationen, die Eigentümer der Vortrefflichkeit, die Himmelsleuchten, die die göttlichen Beweise offenbaren. ... Die Aufsicht, die Gott seinen Geschöpfen beigegeben hat, Seine Auslese aus Seiner Schöpfung, der Schlüssel zur Schatzkammer des Empyreums, der Verwalter der in der Erde lagernden Reichtümer (der Körper), der Junayd (König der Mystiker) der Epoche, der vollkommen wahrheitsliebende Sohn eines gänzlich wahrheitsliebenden Vorfahren und Vorvorfahren.

Hier verweist er auf das Naturgesetz, aufgrund dessen jeder wahre Mystiker einen Meister hat, um uns egozentrischen Menschen zu zeigen, daß auch wir einen Lehrer brauchen, wenn wir die tiefste mystische Realität unseres eigenen Lebens und Bewußtseins zu erfahren wünschen. Er schrieb:

> Das Seine ist ein Geschlecht, über welches die Sonne ihren Mantel gebreitet hat, und ein Ansehen an Herkunft, vor dem die Sterne ihre Strahlen verblassen ließen. Ihr Hofstaat war immer schon der Anziehungspunkt des Glücks.

So spricht Maulana Rum über seinen spirituellen Lehrer, und so haben alle Mystiker über ihren mystischen, eingeweihten Meister gesprochen, der ihnen das Licht gab. Wer würde nicht so edle Empfindungen gegenüber jemandem hegen, der ihn aus dem tiefen Schlummer des Unbewußten erweckt hat? Fühlen wir uns nicht dankbar gegenüber jenen wenigen, doch besonderen Lehrern, die unser Interesse sogar an den Dingen dieser Welt geweckt und genährt haben?

Rumis Masnavi ist in der östlichen Tradition als Gedicht in Reimpaaren verfaßt, und es besteht aus Geschichten und eingeschobenen spirituellen Gesprächen, so daß er stellenweise Geschichten, Gespräche und kraftvolle Betrachtungen des Lebens ineinander verschachtelt hat, manche sehr tief! Das Ganze ist jedoch schön organisiert, und regelmäßige erläuternde Überschriften erleichtern die Orientierung.

Es gibt darin, wie Rumi sagt, für jeden etwas. In dieser Hinsicht ist es wie bei Shakespeare. Wenn Sie eine gute, vielleicht sogar stellenweise freche Geschichte wollen, können Sie sie auf diesem Level lesen. Für den

Philosophen steht viel Anregendes und Interessantes darin. Für den, der das menschliche Leben betrachten möchte, besitzt sie viel Weisheit und eine hervorragende Beurteilung der Psychologie der menschlichen Natur. Der Poet und der Literaturliebhaber findet eine exquisite Formulierung und Ausdrucksweise. Konventionell religiösen Menschen bietet sie viele ausgezeichnete Empfehlungen zur Moral und Ethik. Für den mystisch Veranlagten enthält sie die gesamte spirituelle Geschichte, wenngleich häufig in Metaphern und Gleichnissen versteckt.

In jenen Tagen war es Mystikern nicht möglich, in ihren Lehren ganz deutlich zu werden, besonders in dem, was der breiten Öffentlichkeit zugänglich gemacht wurde. Das lag daran, daß sie leicht ihren Kopf hätten verlieren können, noch bevor sie ihr Lebenswerk begonnen hatten. Christus war nicht der einzige Mystiker, der schlimm malträtiert wurde. Mansur, Kabir, Paltu, Guru Amar Das und viele andere wurden auf Betreiben der jeweils bestimmenden Priester- oder Gelehrtenschaft, die die universellen Lehren der Mystiker stets als Bedrohung ihrer Traditionen, ihrer Macht und ihres Lebensunterhaltes ansehen, getötet oder gefoltert.

Also lehrte Rumi durch Geschichten und Allegorien, und ich werde hier nur zwei der kürzesten Geschichten aus dieser Dichtung wiedergeben, die beinah so viele Verse umfaßt wie *Ilias* und *Odyssee* zusammengenommen und ungefähr doppelt so viele wie Dantes *Divina Commedia*. Dadurch, daß diese 25 700 Verse erheblich länger sind als der europäische *Hexameter* und Spencers *Terza Rima*, wird das *Masnavi* tatsächlich sogar länger als Spencers *Faerie Queen*, die aus 33 500 Versen besteht.

Rumi, Sie erinnern sich, war ein Gelehrter, und er erzählt die Geschichte vom Grammatiker und dem Fährmann folgendermaßen:

Die Geschichte vom Grammatiker und dem Fährmann

Ein gewisser Grammatiker bestieg ein Boot. Die dünkelhafte Person wandte sich dem Fährmann zu.

Der Grammatiker sagte: „Hast du jemals die Grammatik studiert?" „Nein", erwiderte der. Der andere sagte: „Dein halbes Leben ist umsonst gewesen."

Dem Fährmann brach das Herz vor Gram, doch zu diesem Zeitpunkt unterließ er es zu antworten.

Der Wind trieb das Boot in einen Strudel: Der Fährmann sprach laut (rief) zum Grammatiker:

„Sagt mir, wißt ihr, wie man schwimmt?" „Nein", sagte der, „oh, freundlicher, wohlgestalteter Mann!"

„Oh Grammatiker", sagte er, „euer ganzes Leben ist umsonst gewesen, denn das Boot versinkt in diesen Strudeln."

Der Weise von Rum fährt nun damit fort darzulegen, daß man *Mahw* (Zurückhaltung) und nicht *Nahw* (Grammatik) braucht. Über die unterschiedlichen Arten von Wissen sagt er, am „Tage des Todes ist die beste Ausstattung und Verpflegung für den Weg" ein Wissen um die mystische Realität. Und hinsichtlich des Stolzes auf intellektuelles Wissen fährt er fort:

> Oh du, der du die Menschen Esel nanntest, diesmal bleibst du strampelnd wie ein Esel auf dem Eis zurück.
> Und bist du auch der Zeit Gelehrtester, so sieh entschwinden diese Welt und diese Zeit.

In Bezug auf unser intellektuelles Wissen nicht nur um diese Welt, sondern auch um die mystischen Dinge fährt er fort:

> Wir tragen Krüge voll Wasser zum Tigris. Wenn wir nicht wissen, daß wir Esel sind, dann sind wir Esel.

Hier verweist er auf eine andere seiner Geschichten, in der ein armer Beduine aus der Wüste das, was er für ungemein wertvoll hält, nämlich einen Krug voller Wasser, zum Kalifen von Bagdad trägt, um es ihm als Geschenk darzubringen. Doch der arme Beduine hat nicht bemerkt, daß die Hauptstadt am Tigris liegt und daß der Kalif keinen Mangel an Wasser leidet. An diejenigen gerichtet, die nur gelehrt von mystischer Erfahrung reden, sich jedoch nicht die Mühe machen, wirklich zu ihr zu gelangen, sagt er dann:

> Immerhin war der Beduine entschuldbar, denn er kannte den Tigris und den (großen) Strom nicht.
> Hätte er wie wir den Tigris gekannt, dann hätte er den Krug nicht von Ort zu Ort getragen.
> Nein, hätte um den Tigris er gewußt, so hätte er den Krug an einem Stein zerschmettert.

All unser intellektuelles Wissen hat relativ denselben Wert wie ein Krug voll Wasser in Bagdad, vergleicht man ihn mit dem Wissen, zu dem man durch mystische Erfahrung gelangt. An dieser Stelle hätte ich vielleicht aufhören sollen, dieses Buch zu schreiben, doch möglicherweise kann dergleichen einigen Menschen als Sprungbrett zu einem höheren Verstehen nützlich sein.

Es gibt noch eine Geschichte aus dem großen *Masnavi* von Maulana Rum, die ich gerne wiedergeben möchte und die recht gut zu unserem Thema paßt. Sie lautet wie folgt:

Wie die Maus das Seil zog, das an des Kamels Nasenring befestigt war, und dadurch überheblich wurde

Eine kleine Maus bekam mit ihren Vorderpfoten das Gängelband eines Kamels zu fassen und zog eifrig (an ihm).

Aufgrund der Bereitwilligkeit, mit der das Kamel ihr folgte, erlag die Maus dem Irrtum, sich selbst für einen Helden zu halten.

Der Strahl ihrer Gedanken traf das Kamel. Es (das Kamel) sagte (für sich): „Ich werde es dir (sofort) zeigen! Vergnüge dich nur!"

(Alles ging gut) bis sie (die Maus) an das Ufer eines großen Flusses kam, angesichts dessen jeden Löwen und jeden Wolf der Mut verlassen hätte.

Da hielt die Maus an und blieb wie gelähmt stehen. Das Kamel sagte: „Oh, mein Gefährte durch Berg und Tal.

Wozu (ist) dieses Anhalten (gut)? Warum bist du erschrocken? Schreite (voran) wie ein Mann! Geh in den Fluß hinein!

Du bist mein Lenker und Anführer; halte nicht auf halbem Wege an, und sei nicht sprachlos!" Sie (die Maus) sagte: „Das ist ein breiter und tiefer Fluß: Ich habe Angst zu ertrinken, oh Kamerad."

Da sagte das Kamel: „Laß mich nach der Grenze (Tiefe) des Wassers sehen", und es stellte rasch einen Fuß hinein.

„Das Wasser", sagte es, „geht (nur) bis zum Knie. Oh blinde Maus, warum ließest du dich in Schrecken versetzen und verlorst deinen Verstand?"

Sie (die Maus) erwiderte: „Für dich ist es wie eine Ameise, aber für mich ist es wie ein Drachen, denn es gibt Unterschiede zwischen einem Knie und einem anderen.

Wenn es dir (nur) bis zum Knie geht, oh Unübertrefflicher, so ist es hundert Ellen höher als der Scheitel meines Kopfes."

Es (das Kamel) sagte: „Das nächste Mal führe dich nicht (so) dreist auf, sonst werden dein Körper und deine Seele von diesem Übermut vernichtet.

Gib dich mit Mäusen wie dir selbst zufrieden; eine Maus hat einem Kamel nichts zu sagen."

Sie (die Maus) sagte: „Ich bereue. Um Gottes Willen, bring mich über dieses tödliche Wasser!"

Das Kamel erbarmte sich. „Horch", sagte es, „spring auf und setz dich auf meinen Höcker.

Mir wird diese Überquerung gewährt: Und ich würde Hunderttausende wie dich hinüberbringen."

Rumi leitet viele spirituelle Bedeutungen aus dieser Geschichte her. Es ist unsere Gewohnheit, so sagt er, im Leben immer der Anführer zu sein, das Gefühl zu haben, wir wüßten alles, zu meinen, wir seien der Fachmann. Das Wissen blendet uns, weil es uns das Gefühl gibt, daß wir eine Menge wüßten, während wir in Wirklichkeit eigentlich ganz verloren und unwissend sind.

Wir sagen, so meint Rumi:

„Gibt es einen anderen Anführer, der mir überlegen ist, so daß er von jemandem wie mir verehrt werden sollte?"

Wir möchten nicht akzeptieren, daß jemand ein größeres Wissen als wir besitzt, vor allem eine mystische Art Wissen, von dem wir keine Ahnung oder Erfahrung haben. Wir ziehen es vor zu denken, die Mystiker seien hinterlistig oder sie schrieben nur symbolisch über eine intellektuelle Philosophie. Rumi setzt die negativen Tendenzen unseres menschlichen Verstandes auch mit 'Führerschaft' gleich, denn wir werden wohl oder übel durch wenig – wenn wir es merken – oder ganz ohne echte Kontrolle von unserem Geist geleitet. Unser negativer Verstand ist unser Führer, ohne daß wir es wissen. Wissen wir zum Beispiel, woher unsere Gedanken kommen? Können wir ihr Kommen und Gehen steuern? Und doch sind wir den ganzen Tag lang mit ihnen beschäftigt.

Führerschaft (deines Verstandes) ist Gift, außer für die Seele (die der wirkliche Anführer sein sollte), die von Anbeginn an (in sich selbst) eine Überfülle des Gegengiftes besitzt.

Wenn der Berg voller Schlangen ist, hab keine Angst, denn in ihm ist eine Mine mit dem Gegengift.

Wenn Führerschaft der Busenfreund deines Hirns geworden ist, wird dir jeder, der dich bricht (schlägt), (wie) ein uralter Widersacher.

Wenn jemand deiner Veranlagung (geistigen Gewohnheit) widerspricht, steigen viele Haßgefühle in dir auf.

„Er reißt mich (sagst du) aus meiner (eingewurzelten) Veranlagung, er macht mich zum Schüler und Anhänger (von sich)."
Wie sollte, ohne daß die üble Veranlagung fest eingepflanzt worden ist, der Feuertempel (der Leidenschaft) durch Widerspruch entflammen?
Er mag dem Widersacher vorgetäuschte Höflichkeit zeigen, er mag für sich in dessen Herz einen Platz bereiten.
(Aber in Wirklichkeit haßt er ihn), weil die böse Veranlagung stark gewachsen ist; die Ameise der (weltlichen) Begierde ist durch Gewohnheit zur Schlange geworden.
Töte die Schlange der Begierde zu Beginn: sonst, siehst du, ist deine Schlange zum Drachen geworden.
Doch jeder betrachtet seine Schlange (seinen Verstand, seine menschliche Schwäche) als Ameise: Erbitte du (dann) die Erklärung deiner selbst (deinen wirklichen Zustand) von ihm, der des Herzens Herr ist (der Mystiker).
Bis das Kupfer zu Gold wird, weiß es nicht von sich, daß es Kupfer ist: Bis das Herz zum König wird, weiß es von sich nicht, daß es ein Schuldner ist.
Erweise dem Elixier (der Läuterung) deinen Dienst wie das Kupfer: Erdulde die Bedrängnis (nimm die mystische Unterweisung an), oh Herz, von ihm, der das Herz zu eigen hat.
Wer ist es, der das Herz zu eigen hat? Wisse wohl, es sind des Herzens Herren (die Mystiker), die wie Tag und Nacht vor der Welt zurückweichen.
Tadle nicht den Diener Gottes (den Mystiker): Verdächtige nicht den König, ein Dieb zu sein.

König bezieht sich in diesem Fall auf die Mystiker, die wir wegen unserer menschlichen Natur verdächtigen, Motive zu haben, die den unseren ähnlich sind, wir „verdächtigen den König, ein Dieb zu sein." Um einen heutigen Ausdruck zu benutzen, wir erkennen einfach nicht, wo die Mystik herkommt. Wirkliches mystisches Wissen ist jeder Art wissenschaftlichem oder philosophischem, intellektuellen 'Wissen' weit überlegen. Es ist unmittelbare Wahrnehmung und Erfahrung. Die egozentrische Natur unseres menschlichen Verstandes und Intellekts ist es, die uns von einem Verstehen der mystischen Seite des Lebens abhält.
Diese Welt ist ein Supermarkt von Ideen, von Menschen, die Dinge äußern. Ein Ende von Büchern und Philosophie ist nicht abzusehen. Was wir brauchen, ist unsere eigene, persönliche, einwärts gerichtete mystische Verzückung im Inneren. Und dann müssen wir selbst die noch zu einer größeren Bewußtheit und Erfahrung steigern, und wir dürfen sie nicht dadurch aufzehren, daß wir nebenbei 'Guru' spielen, während wir weiterhin das Opfer menschlicher Ignoranz und Schwäche sind.

Doch überlassen wir Rumi das letzte Wort:

Der Verstand ist suspekt, nicht die erhabene Ursache (innere Bewußtheit):
Die Sinne sind suspekt, nicht das subtile Licht.
Der Verstand ist ein Sophist: Schlage ihn beharrlich (kontrolliere ihn durch
Meditation), denn Schlagen (Meditation) tut ihm gut, nicht Streit mit ihm.
Hüte dich, mich geschwätzig zu nennen: Ich sage nur eins von hundert (Worten, die gesagt werden könnten), und das eine ist so dünn wie ein Haar.

TEIL II

Die Entschleierung des Tanzes

Geist, Freie Energie und das schöpferische Vakuum

Es gibt eine zunehmende Fülle von Meinungen, die die Existenz ungeheu-rer Mengen von Energie im Vakuum anerkennen, einer Energie, die uns Hoffnung gibt, daß wir diese Ressource eines Tages in menschengemachten Maschinen einfangen und das erreichen können, was mit dem Traum von der beständigen Bewegung gleichzusetzen ist. Die vorliegende Abhand-lung[1] behandelt diese Frage im Lichte der unterstützenden experimentel-len Beweise und kommt zu dem Schluß, daß das, wovon wir heute noch träumen, ohne jeden Zweifel die Gewißheit von morgen ist. Tatsächlich ist der Durchbruch bereits geschafft. Nur ist es uns nicht gelungen, das, was so klar vor uns ausgebreitet liegt, in seinem richtigen Kontext zu sehen.

Dr. Harold Aspden
Universität Southampton, 1988

---

[1]*Ghost Mass and the Unseen Energy World as Revealed by the Anomalies of the Gyroscope* (Geistermasse und die unsichtbare Welt der Energie, aufgedeckt durch die gyroskopischen Anomalien), Tothmattian Review, 1988.

Nehmen wir an, eine Ätherspannung entspricht einer elektrischen Ladung, Ätherverschiebung einem elektrischen Strom, Ätherwirbel den Atomen; führen wir diese Annahmen fort, so kommen wir zu dem, was möglicherweise eine der großartigsten Allgemeingültigkeiten der modernen Wissenschaft ist, daß nämlich alle Phänomene des physischen Universums nur unterschiedliche Manifestierungen der verschiedenen Bewegungsweisen einer alles durchdringenden Substanz, des Äthers, sind. Der Tag scheint nicht mehr fern, an dem sich konvergente Linien aus vielen scheinbar entlegenen Denkregionen auf einer gemeinsamen Ebene treffen werden. Die Natur des Atoms und die bei seiner chemischen Bindung ins Spiel kommenden Kräfte, die Wechselwirkungen zwischen diesen Atomen und dem undifferenzierten Äther, wie sie in den Phänomenen des Lichts und der Elektrizität zum Vorschein kommen, die Molekülstruktur, die Erklärung von Kohäsion, Elastizität und Gravitation, all das wird dann in einem einzigen kompakten, konsistenten wissenschaftlichen Verständniskomplex zusammengefaßt werden.

A. A. Michelson, Vortrag 1899
Nobelpreis für Physik 1907

Wissenschaft, Geist und Natur

Die Wissenschaft und der Vakuumzustand

Während eine Reihe von Physikern, darunter Harold Aspden, Paul Dirac, Shiuji Inomata, Thomas Bearden und viele andere die Existenz des Vakuums als ein reales Energiefeld als gegeben voraussetzen, herrscht weiterhin die konventionelle Ansicht, das Vakuum sei in Wirklichkeit nichts – allerdings mit räumlichen Dimensionen. Die Überlegung, es könne tatsächlich etwas sein, zieht zuviele Folgen nach sich, darunter die nicht gerade unbedeutende einer Rückkehr zur Äthervorstellung – ein Thema, das unser materialistischer Durchschnittswissenschaftler für vorsintflutlich, wenn nicht für geradezu ketzerisch hält. In keinem der Wissenschaftskurse, die ich an der Schule oder der Universität belegt hatte, wurde der Äther auch nur erwähnt.

Wie dem auch sei, die neue Physik befindet sich im Umbruch. Eine noch nicht lange zurückliegende Entdeckung beispielsweise, derzufolge die Lichtgeschwindigkeit in einem Vakuum *veränderlich* ist, kann man als eine mögliche Bestätigung dafür auffassen, daß das Vakuum eine Struktur besitzt.

Es war lange, speziell seit Einstein, eine heilige Kuh der Wissenschaft, daß die Lichtgeschwindigkeit im Vakuum konstant sei. Schließlich kann das Vakuum, wenn es wirklich nichts ist, keine Möglichkeit haben, die Geschwindigkeit des Lichts zu beeinflussen. Wenn das Vakuum jedoch eine Substruktur besitzt und das Licht (oder elektromagnetische Strahlung) eine Musteranordnung auf seiner Oberfläche ist, dann ist es wahrscheinlich, daß seine Übertragungsgeschwindigkeit durch die Struktur des Vakuums oder des Raumes selbst bestimmt wird. Vielleicht weist die Vakuummatrix Analogien zur Dichte auf – je dichter sie ist, desto langsamer bewegt sich das Licht. Simsalabim – im Vakuum ist die Lichtgeschwindigkeit eine Variable.

Am weitesten haben sich Quantentheoretiker einer Vorstellung vom Vakuum als einer realen Größe vielleicht mit der *Quantenfeld-* und der *S-Matrix*-Theorie angenähert. Es gibt keinen Zweifel – Physiker halten das

Vakuum für bedeutsam und wichtig, eine brodelnde Masse aus *virtuellen* Teilchen, Partikeln, die mit Ultrahochgeschwindigkeit entstehen und verschwinden. Diese beeindruckende Thematik bleibt nicht unbeachtet.

Konkret schätzen Physiker, Mathematiker und die meisten Wissenschaftler Einfachheit und Eleganz bei der Formulierung von Naturgesetzen als äußerst wichtig ein. Und während sich die Gesetze der Schwerkraft, des Lichts, des Elektromagnetismus und so weiter jedes für sich genommen mathematisch in einfachen Begriffen ausdrücken lassen, solange wir sie äußerlich betrachten, gerät man in ernste Schwierigkeiten, wenn man davon ausgeht, daß man es ausschließlich mit subatomaren Teilchen zu tun hat (was immer das auch sein mag), daß das Vakuum nichts ist, und schließlich all diese Gesetze in einem einzigen Satz von Gleichungen zusammenzufassen versucht.

Solche Vereinheitlichungsversuche führen zu horrend komplizierten mathematischen Berechnungen und ebenfalls zu einer Reihe von Unsinnigkeiten, die man dazu braucht, die unendlichen Ausdrücke wieder loszuwerden, die allenthalben aus dem Gebälk hervorschießen. Und dennoch veröffentlichte Harold Aspden 1980 sein Buch *Physics Unified* (Vereinheitlichte Physik), das die Prämisse einer Raummatrix beziehungsweise eines Gitters aus energetischen Sammelpunkten oder Quanten (Teilchen) formuliert, woraus er dann alle bekannten mathematischen Gesetze der Physik ableitet, einschließlich Einsteins $e = mc^2$.

Warum also werden seine und die Arbeiten anderer, ähnlich eingestellter Physiker von den 'konventionellen' Wissenschaftlern zumeist ignoriert? Die Antwort liegt in der menschlichen Trägheit und im akademischen Institutionalismus. Man hielt Kopernikus für einen Häretiker, als er behauptete, nicht die Erde sei das Zentrum des Universums, sondern sie kreise um die Sonne. Es war feststehender Glaube, daß die Erde der Mittelpunkt des gesamten Universums sei. Das gesamte philosophische Gebäude der Gelehrtenschaft jener Zeit war um die Idee eines geozentrischen Weltalls herum errichtet. Daß ein Emporkömmling einen völlig kontroversen Standpunkt vortrug, bedeutete einen Angriff auf das Selbstbewußtsein und die Selbstsicherheit all dieser intelligenten Leute. Die Menschen, die nach Ablauf ihres halben Lebens oder noch später einzusehen bereit sind, daß einige ihrer Grundannahmen und Glaubenssätze falsch waren, sind dünn gesät. Selbst, wenn sie uns nur *beigebracht* wurden und wir sie nicht für uns selbst ausgearbeitet haben, werden diese Glaubenssätze als Teil von uns selbst akzeptiert.

Ähnliches geschah im neunzehnten Jahrhundert, als man glaubte, Ernährung könne keine Auswirkung auf die Gesundheit haben. Das glauben viele Menschen, einschließlich etablierter Wissenschaftler und Mediziner, tatsächlich immer noch, trotz aller gegenteiligen Beweise. Die Qualität der Krankenhausernährung bestätigt dies. Der Marinearzt James Lind demonstrierte damals experimentell, daß man mit Saft von Zitronen und Orangen Skorbut sowohl vorbeugen als auch heilen kann, doch dann dauerte es noch fünfzig Jahre (und forderte Hunderttausende Menschenleben), bis die Admiralität ihm glaubte. Einfach deshalb, weil sie der Glaubensformel ihrer Zeit folgte, die da lautete: „Ernährung hat keinen Einfluß auf die Gesundheit. Daher *können* Zitronen und Orangen keine Medizin gegen Skorbut sein. Also *muß* Lind unrecht haben." Vielleicht dachten sie, er sei ein Scharlatan, er suche Ruhm um jeden Preis oder er habe es auf eine schnelle Guinee abgesehen. Oder er sei bloß ein Fanatiker oder vielleicht ein Vollidiot. Nur eines dachten sie nicht, nämlich: „Ja, das ergibt einen Sinn. Wir sollten es als Arbeitshypothese zumindest überprüfen."

Das bedeutet, es kann eine ganze Generation lang dauern, bis auch nur damit begonnen wird, die Möglichkeit einer neuen Idee zu *lehren*. Dann kann es wiederum dauern, bis beide Möglichkeiten (die alte und die neue) der nächsten, noch jungen Generation, deren Ideen und Begriffsmuster noch nicht erstarrt sind, zur Auswahl vorgelegt werden.

Ich erinnere mich, wie ich vor noch nicht allzu langer Zeit, als ich an der Universität von Cambridge arbeitete, einem dortigen Kollegen gegenüber bemerkte: „Ich frage mich, ob es irgendwelche Energiefelder gibt, die noch nicht entdeckt wurden?" Mein Freund, der Physiker, lächelte nachsichtig. „Oh nein", sagte er, „das glaube ich nicht. Ich denke, wir müßten sie nunmehr alle gefunden haben." Was meint er wohl, frage ich mich, sind seine Gedanken…

Die Physik ist also im Begriff, gründlich umgemodelt zu werden, und sie muß den Vakuumzustand als reales Energiefeld ernsthaft in Betracht ziehen. Doch es heißt, die Ergebnisse von Avantgarde-Physikingenieuren stellen bereits ein Eindringen in dieses Wissensgebiet dar, denn ein Verständnis der Vakuumzustands-Manifestation führt zum Entwurf effizienterer Energiemaschinen, die nicht mit Kernspaltung oder Kernfusion arbeiten.

Der Gedankengang verläuft etwa folgendermaßen: Elektromagnetische und gravitative Kräfte werden aus der Vakuumoberfläche herausgesponnen. Innerhalb des Vakuumzustands sind sie zusammengeschlossen, verbunden oder in Einheit. Daher können Schwerkraft, Masse und elektromagnetische Energie alle gegeneinander ausgetauscht oder durch das Medium Vakuumzustand von der einen Form in jede andere umgewandelt werden. Der Trick liegt darin zu wissen, wie man auf sichere Weise von dieser Verbindung Gebrauch macht.

Man kann sich das sehr vereinfacht so vorstellen (siehe Abb. 6-1):

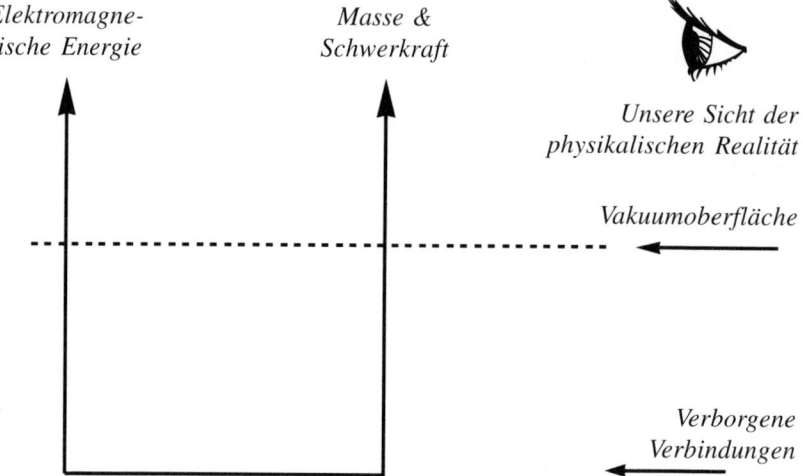

Abb. 6-1. Die verborgenen Verbindungen zwischen Schwerkraft und Elektromagnetismus.

Wir nehmen nur wahr, was sich *über* der Linie befindet, und erblicken darin getrennte Wesenheiten, obwohl wir intuitiv erkennen, daß sie verbunden sein müssen. Daher rührt die Suche nach den großen Einheitlichen Theorien. Wenn wir jedoch hinter die Oberfläche blicken könnten, würden wir die Verbindung erkennen.

Um also aus Masse (zum Beispiel) elektromagnetische Energie zu machen, müssen wir die Masse in den Vakuumzustand zurückdrängen und sie dann als elektromagnetische Energie wieder herauskommen lassen – in ungeheurer Menge, gemäß Einsteins berühmter Formel e = mc^2, wobei, 'e' die Energie, 'm' die Masse und 'c' die Lichtgeschwindigkeit ist. Diese Formel verknüpft bereits Masse mit elektromagnetischer Energie, obwohl ihre ganze Bedeutung nicht voll erkannt wird.

Kernspaltung setzt nutzbare Energie dadurch frei, daß man sozusagen eines mit dem anderen *über* der Linie zusammenprallen läßt und die entstehende Energie einfängt. Und das ist eine reichlich gefährliche Art, mit der Sache umzugehen. Und natürlich erzeugt das auch einige heftige Störungen unterhalb der Linie, da sowohl 'oben' als auch 'unten' wesentlicher Bestandteil derselben Sache sind.

Der Erfinder Joseph Newman behauptet nun, er habe genau solch eine Energiemaschine entwickelt, die in seinem Buch *The Energy Machine of Joseph Newman* (Joseph Newmans Energiemaschine) beschrieben wird. Aber er kann kein Patent darauf erhalten, aus denselben Gründen wie: „Ernährung wirkt sich nicht auf die Gesundheit aus." oder: „Jeder weiß, daß die Erde der Mittelpunkt des Universums ist." Newman hat seine Maschine jedoch bei verschiedenen Gelegenheiten vorgeführt, er besitzt von bekannten Wissenschaftlern unterzeichnete eidesstattliche Erklärungen, und er hat so eine Energiequelle in ein Auto eingebaut, das nur eine Reihe von Batterien mit geringeren Voltzahlen als äußere Kraftquelle benötigt, und von dem berichtet wird, es funktioniere sehr effizient. Sein Motorfahrzeug und sein Energiegenerator werden in Kapitel 9 besprochen. Das schöne an der Maschine ist, daß man für sein Geld eine enorme Menge Energie bekommt! Und das ist für die Energieerzeugungsunternehmen nicht so gut. Allerdings ist es sehr gut für die Menschheit.

Entsprechendes gibt es in den heilenden Berufen. Dr. George Yao hat eine Reihe von Geräten hergestellt, Pulsoren genannt, die auf Mikrokristallen basieren und Harmonie auf subatomarer Ebene erzeugen, wodurch sie sowohl auf den Vakuumzustand und die feinstofflichen Zustände als auch auf die Harmonie der biochemischen und bioelektrischen Aktivität im Körper einwirken. Von diesen Geräten wird häufig berichtet, sie erzeugten einen Zustand tiefer Entspannung, wie ihn der Patient vielleicht schon lange nicht mehr, wenn überhaupt schon einmal, erlebt hat. Das war auch meine persönliche Erfahrung mit ihnen.

Und weiter zur Welt der Computer. Vor kurzem las ich, daß am University College in London eine Gruppe gebildet wurde, die Gehirnfunktionen analysieren soll, um auf dieser Grundlage neue Modelle und Leitlinien zur Erschaffung einer neuen Computergeneration zu entwikkeln, die der Gehirn-Geist-Funktionsweise nachempfunden sind. Dabei wird vorausgesetzt, wir verstünden, wie die Verbindung Gehirn-Geist funktioniert, was jedoch nicht der Fall ist. Das bevorzugte Konzept sind allerdings molekulare Computer – das An- und Abschalten von Molekülen zwischen zwei Zuständen. Mein eigener Vorschlag jedoch wäre, Möglichkeiten ausfindig zu machen, um den Vakuumzustand als Gedächtnisbank und Rechenquelle zu deuten, abzubilden und zu beeinflussen. Organisierte subatomare Strukturen wären erforderlich, um eine determinierbare Matrix auf der Vakuumebene zu garantieren. Dafür ließen sich möglicherweise ultrareine Kristalle verwenden, deren Stärke in ihrer geordneten atomaren und somit auch subatomaren Struktur liegt, und folglich, so ist anzunehmen, ebenfalls in ihrer Vakuumsubstruktur.

So wie ich das Gehirn als Vakuumcomputer beschrieben habe, könnte man auch elektronisch, unter Verwendung von Kristallen, die Möglichkeit eines Vakuumcomputers untersuchen, indem man die Vakuummatrix von Kristallen als Datenspeichermedium benutzt.

Da jedoch das Gehirn selbst bereits auf dieser Ebene arbeitet, ist es denkbar, daß ein solches Gerät Vakuumzustandswellen abstrahlt, die Gehirn- und Körperfunktionen stören könnten. Alle Forscher sollten sich also vorsehen und sicherstellen, daß Wege gefunden werden, solche Geräte angemessen abzuschirmen. Einige Materialien, die den von George Yao bei den Pulsoren verwendeten Prinzipien folgen, könnten die richtigen Eigenschaften besitzen, um nach Art eines Gyroskopes schädliche Schwingungen aufzuheben.

Auch die Kommunikationswissenschaften werden ein neues Gesicht durch die Erkenntnis bekommen, daß man die Vakuummatrix benutzen kann, um verschlüsselte Botschaften schneller als mit Lichtgeschwindigkeit zu übertragen. Es ist wahrscheinlich, daß die Verwendung von Kabeln und Drähten so überflüssig werden wird, wie sie es schon jetzt bei der Radio- und Fernsehübetragung ist.

Endlos sind die Möglichkeiten für Pflanzenzucht und Landwirtschaft, da die Erzeugung von lebenspendenden Vakuumzustandswellen und ihren Harmonikalen das Wachstum fördern könnte, ohne daß noch Chemikalien benötigt werden. Zur Schädlingsbekämpfung könnte man zielgerichtete Schwingungssender entwickeln, die keine Rückstände hinterlassen und keine anderen Arten töten. Denn jede Art hat ihre eigenen einzigartigen Schwingungsmuster, die spezifisch gestört oder gefördert werden können.

Zweifellos reagieren Pflanzen auf manche Menschen stärker als auf andere. Die Schwingung bezeichnen wir als grünen Daumen, vor allem wenn sie mit einem praktischen Wissen um Pflanzenpflege einhergeht. Pflanzen reagieren auch auf musikalische Schwingungen, und sie gedeihen bei harmonischer Musik besser als bei dissonanter. Auf der atomaren und molekularen Ebene erscheint Musik einfach als komplexes Schwingungsmuster, und natürlicherweise wirkt jede Bewegung auf dieser Ebene auch auf den Vakuumzustand ein. Man kann Meeresschaum nicht in Vibration versetzen, ohne den Ozean zum Schwingen zu bringen. Und das formative Energiefeld aller Lebewesen liegt im Vakuumzustand und in den subtileren Zuständen. Also wird natürlich jede Schwingung auf der grobphysischen Ebene in den subtileren Zuständen reflektiert.

Die Möglichkeiten sind zahllos, doch die lohnendsten eröffnen sich in den Heilberufen. Denn aus diesem Wissen um die Vakuum- und die subtileren Zustände ergibt sich, was wir für einen weiteren Fortschritt der Wissenschaft brauchen – einen grundlegenden Begriffsrahmen oder ein Musterbeispiel, in dem sich die Funktionsabläufe des Menschen verstehen lassen.

Im Lichte der molekularen Manifestation aus dem Vakuumzustand bedarf die komplette Biochemie einer Neubewertung. Zum ersten Mal kann der Gehirnspezialist mit dem Psychiater und dem Psychologen reden, und jeder versteht, womit er es zu tun hat, und begreift die Rolle des anderen.

Die Erkenntnis, daß spezielle 'Krankheiten' ein schwingungsmäßiges Gegenstück haben, das sich daher mit Schwingungsmitteln bekämpfen läßt, erschließt einen Bereich neuer Technologien auf dem Feld der Immunologie und der Infektionskrankheiten. Hierbei kann man die praktizierenden Homöopathen und Radioniker zu Rate ziehen. Tatsächlich experimentieren bereits viele der neueren Denker in diesen Berufen mit solchen technischen Geräten, die ihre Therapieerfolge verbessern.

Das Verständnis von Placebo-Effekten, von der Wechselwirkung zwischen Patienten, Therapeuten und Therapie, bietet ein noch viel weiteres Feld für die Erweiterung von Heilungs- und Energieharmonisierungstechniken.

Die Genetiker werden sich der Erkenntnis beugen müssen, daß die DNS *nicht* der grundlegende energetische Kodierer, sondern nur ein Teil des gesamtmorphogenen Prozesses der Erschaffung aus dem subtilen Bauplan ist.

Faktisch wird die Gesamtperspektive der Wissenschaft eine neue Dimension erhalten, wenn wir erst begriffen haben, daß Materie und Leben, Energie und Bewußtsein von innen heraus erschaffen werden. Dann beginnen wir zu erkennen, wie der Mensch nicht mehr in Angst vor den Naturkräften, sondern in wirklicher Harmonie mit der Natur wirken kann.

Die Verknüpfung von Geist und Materie

Das *Unschärfeprinzip* von Werner Heisenberg, der die Quantenmechanik in den zwanziger Jahren mitbegründet hat, ist grundbestimmend für die gesamte Quantentheorie. Es konstatiert mit Geltung für alle Eigenschaften, die den subatomaren Teilchen zugeordnet sind, wie zum Beispiel Position und Bewegung (eigentlich Drehmoment), daß es uns, wenn wir eine dieser Eigenschaften messen, automatisch versagt bleiben muß, die andere *präzise* zu bestimmen. Das ist schlicht ein praktisches Problem. Es bedeutet, daß uns der bloße Akt der Positionsbestimmung beispielsweise eines Elektrons daran hindert, uns jemals seines Impulses gewiß sein zu können – und umgekehrt. Doch nicht nur das, selbst die logische Struktur der Theorie – die mathematischen Gleichungen – ist so beschaffen, daß wenn ein Aspekt definiert ist, der andere zu einer Frage von Wahrscheinlichkeit wird.

Etwas instrumentell zu messen erfordert eine *Wechselwirkung* mit der gemessenen Sache, und dadurch verändert sie sich. Wir können daher immer nur hoffen, eine *Beziehung* oder eine *Wechselwirkung* zu messen, da wir *selbst mit eingeschlossen sind*. So etwas wie eine *absolute* Position oder ein *absolutes* Moment eines Elektrons gibt es nicht. Und wenn wir versuchen, eine Eigenschaft absolut zu bestimmen, so entzieht sich die andere unserem Zugriff.

Wissenschaftler und andere haben viele Interpretationen dieses scheinbaren Rätsels geliefert, doch in einfachen Begriffen bedeutet es, daß der Beobachter untrennbar in den Prozeß der Beobachtung eingebunden ist. Dem möchten wir voll zustimmen.

Was all diese Erklärungen, Prinzipien und dergleichen, vielleicht unbewußt, klar zu machen versuchen, ist, daß unser Geist untrennbar mit dem verknüpft ist, was wir törichterweise für eine objektive Substanz hielten – und zwar auf wesentliche, eingewurzelte Weise verknüpft, nicht „nur, weil wir darüber nachdenken". Wir sind *Teilnehmer*, wie der Physiker John Wheeler betont. So etwas wie passive Beobachtung gibt es nicht. Der Erfahrende ist dynamisch mit der Erfahrung verknüpft.

Es ist ein fast unbewußtes Erfassen der Wirklichkeit, daß unser äußeres Leben aus unserem Inneren heraus durch das Medium unseres Geistes erschaffen wird. Dies ist eine Ausdrucksform, mit der viele Psychologen einverstanden wären. Und es befindet sich ebenfalls in Übereinstimmung mit der östlichen Mystik.

Der interessante Punkt ist, daß das Prinzip eine mathematische Form und eine experimentell bestätigte Grundlage erhalten hat.

Darüber hinaus gibt es eine Anzahl wiederholbarer Teilchenexperimente, die einen zu dem Schluß verleiten könnten, daß subatomare Partikel über die Fähigkeit zu verfügen scheinen, die 'Gedanken' des Experimentatoren zu 'lesen'! Wie man feststellt, folgt beispielsweise der gemessene Elektronenspin stets den Vorgaben, die der Experimentator für die Messung gewählt hat. Und dies gilt selbst dann noch, wenn er zwei Messungen direkt nacheinander vornimmt, bevor sich (anscheinend) physikalisch etwas verändert hat, das zum Wechsel der Spinrichtung geführt hätte. Das Elektron scheint ihm immer einen Schritt voraus zu sein!

Entsprechend gibt es Experimente, die zeigen, daß das Licht und tatsächlich alle subatomaren Teilchen *sowohl* Wellen- *als auch* Teilcheneigenschaften besitzen. Der Versuch, diese Phänomene zu verstehen, führt Physiker zu der bizarren Schlußfolgerung, nach der Teilchen das Potential besitzen, überall auf einmal zu sein, oder nach der Elektronen sich gleichzeitig in *alle* Richtungen drehen.

In diesen Paradoxa mag es wohl einige wahre Aspekte in bezug auf die physische Realität geben, doch eines ist gewiß wahr, daß nämlich all diese Widersprüche entstehen, wenn wir von der Annahme ausgehen, wir, die Beobachter, seien von unserer Beobachtung *getrennt*. All unsere Vorstellungen vom Spin, von Welle oder Teilchen sind eben genau dies – Vorstellungen in unserem Geist. In einem sehr realen Sinn weiß die Natur nichts von diesen Dingen. Sie ist, was sie ist, und unsere verstandesmäßige Analyse ist etwas anderes als die Realität. Durch die Analyse bleibt es uns für immer verschlossen, wirklich zu verstehen, was vor sich geht. Der *all diesem scheinbaren Durcheinander zugrunde liegende* Mechanismus besteht in der Tatsache, daß der Vakuumzustand, auf dem alle subatomaren Teilchen als Energiemuster erscheinen, mit unserer subtilen und mentalen energetischen Struktur verknüpft ist. Dies ist der Mechanismus der Manifestierung. Aus diesem Grunde haben die indischen Mystiker häufig gesagt, die physischen, astralen und kausalen Bereiche seien allesamt die Schöpfung des *Universellen* Geistes.

Der Universelle Geist ist wie ein riesiger, holographisch strukturierter Megacomputer, bei dem die Ursprungskraft beziehungsweise die undifferenzierte Bewußtseinsenergie in Muster, Schwingung und Form eingehüllt ist, wodurch die Gesetze von Polarität und Kausalität hervorgerufen werden. Er ist der Baumeister der kosmischen Gerechtigkeit, ein Mechanismus, der niemals versagt, denn seine Kraft kommt aus dem Höchsten Bewußtsein, von Gott. Vermutlich ist es diese kosmische Kraft oder Macht, die in der jüdischen, christlichen und islamischen Terminologie als der 'Teufel' oder als Satan bekannt – und mißverstanden worden – ist. Sie wurde auch als die negative Kraft bezeichnet. Und es heißt, ihrer Herrschaft unterliegen die endlos weiten himmlischen, astralen und kausalen Regionen, ebenso wie die niederastralen, höllenartigen Zonen.

Entsprechend der Natur und den Inhalten unseres individuellen *menschlichen Geistes* (ein Strahl oder ein Funken des Universellen GEISTES) zieht es uns sowohl während unseres Lebens als auch nach dem Tode automatisch zu den 'Orten', zu denen wir am besten passen. Wir werden auf der physischen Ebene wiedergeboren, oder wir finden vorübergehend einen Platz in den tiefer innen liegenden Regionen. Und man beachte, daß nach der religiösen Terminologie Gott selbst den 'Teufel' erschuf. Der 'Teufel' ist der leitende Gefängnisdirektor, doch seine Macht erhält er vom Präsidenten. Unsere Kämpfe mit unserem inneren Wesen, die Aktivitäten des 'Teufels', bekommen damit einen göttlichen Sinn.

Der springende Punkt besteht aber darin, daß der größere oder kosmische GEIST[1] der ursprüngliche Architekt der Ursache-Wirkungs-Beziehungen ist (wie die Wissenschaft sie wahrnimmt). Genauso spüren wir, daß die höchste Form menschlichen Denkens *rational* ist – vor allem dann, wenn dieses Denken von der tiefer innen liegenden Intuition belebt wird. Was wir Natur nennen, ist also nur ein Aspekt oder Ausdruck dieser tieferen Ebene der Wirkungsweise des GEISTES.

Somit ist es das Verdienst moderner Wissenschaftler, solch einen wesentlichen Aspekt der Dose der Pandora enträtselt zu haben. Doch die vollständige Bedeutung muß erst noch erfaßt werden, da die philosophischen Gesichtspunkte so tiefgründig sind und auf einen kompletten Wandel in unserer konventionellen westlichen Weltsicht hindeuten.

Gestatten Sie mir, es noch einmal ganz einfach auszudrücken. All unsere sinnlichen Wahrnehmungen der Dinge dieser Welt sind subjektiv – in uns selbst. Sie sind nichts weiter als Energiemuster auf der Vakuumoberfläche, die innerlich mit der Struktur unseres menschlichen Geistes

---

[1]Obwohl es oftmals schwierig ist, zwischen beiden zu unterscheiden, habe ich dort, wo es um unseren individuellen menschlichen Geist geht, die gewöhnliche Schreibweise 'Geist' verwendet und dort, wo ich mich auf den größeren, kosmischen oder formativen Geist beziehe, das Wort 'GEIST' in Kapitälchen dargestellt.

verknüpft sind. Wir alle sind Mitschöpfer und gleichberechtigte Teilhaber des Universums. Gemeinsam haben wir unsere Umstände durch das Medium unseres individuellen Geistes und unter der Leitung des Universellen GEISTES erschaffen.

Und das Schauspiel ist so geschickt angelegt, daß wir nicht bemerken, wie wir die Unwirklichkeit für die Wirklichkeit halten. Wir sind in der Welt unserer fünf Sinne versunken und kennen keine andere Wirklichkeit. Wir werden völlig von unserem Verstand und unseren Sinnen beherrscht und nehmen nur einen schlitzartigen Ausschnitt des kosmischen Dramas wahr. Wir widerstehen sogar allen Erleuchtungsversuchen. Wir haben den höchsten Zaubertrick geschafft – wir haben uns selbst in die Irre geführt. So sehr, daß wir nicht mehr wissen, wie der Trick funktioniert. *Das* ist *Maya*, Illusion, der Tanz des Zauberers.

In Wirklichkeit also *gibt es kein 'da draußen'*. Der indische Mystiker Kabir sagte: „Das Innere und das Äußere sind wie ein Himmel geworden." Mein eigener spiritueller Lehrer bemerkte einmal: „Eigentlich existiert das, was wir sehen, nicht. Was wir nicht sehen, das existiert wirklich." Oder wie es Juan Mascaro in seiner Einleitung zur Bhagavad Gita ausdrückt: „Genauso wie der Verstand sehen kann, daß alle Materie Energie ist, kann die Seele sehen, daß alle Energie Liebe ist."

Mystiker sagen, das, von dem wir glauben, es sei 'dort draußen', ist nur Maya, ein Trugbild. Es befindet sich eigentlich in uns selbst und überträgt sich als unsere Erfahrung durch das Medium unseres Geistes. Wir alle sind Mit-Entwerfer, Mitschöpfer unserer gemeinsamen Illusion. Wie die Bilder, die sich aus lauter auf Zelluloidfilmstreifen gebannten Einzelbildern zusammensetzen und auf eine Leinwand projiziert werden, wird das Los unseres Lebens aus unserem Inneren projiziert. Doch wir halten das Bild auf der Leinwand für wirklich und nehmen die innere Quelle nicht wahr. Die Wirklichkeit liegt im Inneren, nicht im Äußeren. Auch ihre Quelle liegt im Inneren und nicht im Äußeren. Es *gibt* kein Außen. „Das Innere und das Äußere sind wie ein Himmel geworden." „Was wir sehen, existiert nicht. Was wir nicht sehen, das existiert wirklich."

Die 'äußeren' grobstofflichen Tattwas werden demnach durch innere feinstoffliche Tattwas reflektiert und scheinen sich nur aufgrund der Auswärtsausrichtung unserer Aufmerksamkeit draußen zu befinden. Als die Wahrnehmenden sind wir unser Geist, und wir nehmen *in unserem Geist* wahr. Es gibt keine objektive Welt, nur die subjektive. Nur aus Bequemlichkeit sprechen wir von ihr, als wäre sie 'dort draußen'. Das Aussäen unseres Schicksalskarmas wird auf der Leinwand unseres inneren tattvischen Bildschirms gespielt, und wir nehmen das Spiel als grobstoffliche Wirklichkeit wahr. Gleichwohl bedeutet dies nicht, daß die Dinge nur dann existieren, wenn wir sie persönlich wahrnehmen, denn das Gewebe der Illusion ist feinsinniger angelegt.

Anders formuliert könnte eine Antwort hierauf auch lauten, daß der Vakuum- oder Akasha-Zustand in einer unmanifestierten Gesamtheit von Potentialität versammelt bleiben würde, gäbe es nicht Geist und Karma der Seelen, die diese Welt bevölkern. Wir alle sind Teilhaber, Mitschöpfer der von uns bewohnten Welt. Wir Lebewesen haben alle zusammen und miteinander den Akasha-Zustand dazu angeregt, unser Karma für uns zu manifestieren. Entfernt man die Seelen, so zieht sich alles in den Akasha-Zustand zurück. Dies ist ein Teil der Auflösung, des *Pralaya*. Unser Geist, der mit jedem Geist durch karmische Bindungen verknüpft ist, hat gemeinsam mit all diesen anderen all das erschaffen, was wir wahrnehmen oder erfahren, denn Karma ist in Wirklichkeit als Potential innerhalb unserer eigenen Geistesstrukturen gespeichert.

Ich fühle mich außerstande, vollständig in Worte zu kleiden, wie die mystische Wahrnehmung en detail mit dem in Verbindung steht, was die Physik eines Tages zum Ausdruck bringen sollte und wird. Die Antwort liegt eindeutig in der Natur des Vakuumzustandes, in der energetischen Struktur des Geistes, in der Beziehung des Geistes zur manifestierten Substanz und in der fundamentalen Kluft zwischen der Vorstellung von einer Sache und der Sache selbst. Und darauf werde ich in späteren Kapiteln näher eingehen.

Aber denken Sie einmal über ein Zitat des Physikers und Nobelpreisträgers Max Planck nach, das in diesem Abschnitt als abschließender Kommentar dienen soll. Es stammt aus einer Rede, die er in der geschichtsträchtigen italienischen Stadt Florenz hielt.

> Als ein Mensch, der sein ganzes Leben der am klarsten denkenden Wissenschaft gewidmet hat, der Erforschung der Materie, kann ich Ihnen über das Ergebnis meiner Forschung zu den Atomen soviel mitteilen:
> *Es gibt keine Materie an sich!*
> Jede Materie entsteht und existiert nur vermöge einer Kraft, welche die Teilchen eines Atoms in Schwingung versetzt und dieses äußerst fragile Sonnensystem des Atoms zusammenhält. ...Wir müssen hinter dieser Kraft die Existenz eines bewußten und intelligenten Geistes annehmen. Dieser Geist ist die Matrix aller Materie.

Mystiker aller Zeitalter haben diese Welt stets als den Herrschaftsbereich von Geist und Materie aufgefaßt. Der Allererste Ursprung, das Universelle Bewußtsein ist Eins. Wie schon gesagt, ist es der größere GEIST, der das Netz aus integrierten Mustern schafft und von dem unser menschlicher Geist nur einen Aspekt darstellt. Doch diese Integration, diese scheinbare Verwobenheit, Kausalität oder dieses Verwandschaftsgefühl entsteht nur, weil die darunterliegende Wirklichkeit in sich selbst eins ist. Die Beziehungen, die Energiemuster, die wir entweder außen oder in unserem Geist wahrnehmen, sind nur 'Oberflächenphänomene' wie Kräuselungen und Bläschen auf einem stillen Teich (obwohl es eine 'Oberfläche' mit vielen Ebenen und Facetten ist). Und sie werden durch die Aktivitäten des größeren GEISTES ins Sein heraufbeschworen. Wir erblicken wie zuvor ein Licht durch einen gemusterten und vielfarbigen Schirm hindurch, doch in diesem Fall wird der Schirm selbst aus dem Licht heraus projiziert. Das Licht erschafft sein eigenes Verhüllungsnetz, und diese gesamte Schöpfung ist im höchsten Maße dynamisch, vital und lebendig, wobei jeder Bestandteil die Kennzeichen intelligenter und gleichbleibend aktiver Ordnung aufweist.

Subatomare Teilchen als Energiechamäleons – Teil eines holographisch strukturierten Universums

Ein anderer Ansatz, das Reich des Subatomaren zu begreifen, eröffnet sich, wenn wir auf unsere Auffassung zurückkommen, nach der subatomare Teilchen eigentlich keinen Spin, keinen Impuls und nicht einmal eine Position besitzen. Dies sind nur unsere makroskopischen Analogien. Tatsächlich sind es schlüpfrige Schwaden, die quirlen und drillen. Im Hinblick auf eine eingehende Analyse besitzt das, was 'sie' sind und was 'sie' tun, nur wenig Bezug zu Dingen in unserer makroskopischen Welt.

Wenn wir also versuchen, ihren 'Spin' oder ihre 'Geschwindigkeit' konkret zu messen, drängen wir ihnen unseren Standpunkt auf. Es ist, als würde man sich ein Experiment ausdenken, um festzustellen, ob rotes Licht weiß ist (wir wissen heute, daß weißes Licht alle Farben des Spektrums *enthält*, einschließlich Rot). Wenn wir aber die Wellenlänge ausfindig machten, die unserer Erfahrung von der Farbe Rot entspricht, wären wir nicht zu der Schlußfolgerung berechtigt, daß weißes Licht *nur* rot ist. Es könnte auch noch weitere Eigenschaften und Anteile haben, wie es ja tatsächlich der Fall ist.

Entsprechend messen wir in unseren Experimenten nur einen kleinen Teil dessen, was subatomare Teilchen wirklich sind, selbst auf der Ebene ihrer äußeren, grobphysischen 'Erscheinung', ohne jemals Überlegungen über ihre tiefer innen liegende Struktur anzustellen. Wenn wir begreifen, daß diese Teilchen und Kräfte auch eine innere, strukturierte Dimensionalität besitzen, dann können wir verstehen, daß solches Experimentieren eigentlich nur bedeutet, bescheidene Aspekte einer komplexen Blase zu messen, während wir den erschaffenden Ozean darunter beziehungsweise darin insgesamt ignorieren.

Obgleich unsere Theorie in der Lage sein mag, das erstaunliche Gefüge der Energiebeziehungen auf der subatomaren Ebene in geringem Grad zu erfassen, verfügen wir, wenn wir sie experimentell überprüfen wollen, nicht über die Ausrüstung, mit der wir eine solche Anderweltlichkeit auch nur ansatzweise untersuchen könnten. Faktisch basieren unsere Ausrüstung und unsere Experimente fast vollständig auf den Modellen der *klassischen* Physik, noch nicht einmal auf denen der modernen Physik.

Wenn wir also nach Teilchen suchen, dann finden wir Teilchen. Suchen wir nach Wellen, so finden wir Wellen. Wenn wir uns etwas anderes ausdenken könnten, wonach wir suchen sollten, würden wir wahrscheinlich auch das finden. Denn es ist die subatomare Welt, aus der die makroskopischen Gegenstände aufgebaut sind. Daher kann man sich vorstellen, daß all die wesentlichen Eigenschaften der makroskopischen Welt, und daneben noch eine ganz Menge mehr, im Reich des Subatomaren gegenwärtig sein müssen, vielleicht in jedem einzelnen subatomaren Teilchen.

Als Folge dieser Denkweise fragen sich einige Physiker, ob die Versuchsanordnung, die für die 'Beobachtung' eines Elektrons als Teilchen erforderlich ist, das Elektron (den schlüpfrigen Schwaden) nicht tatsächlich dazu *veranlaßt*, sich wie ein Teilchen zu verhalten. J. J. Thompson richtete beispielsweise einen Elektronenstrahl auf ein Schaufelrad, und das Rad drehte sich. Das ist ein Experiment, das viele von uns an der Schule wiederholt haben. Also ist es eine berechtigte Annahme, wenn man sagt, ein Elektron sei ein Teilchen mit Masse, Ort und Drehmoment.

Doch läßt nicht die Apparatur selbst das Elektron sich wie ein Teilchen verhalten? Berücksichtigt sie nicht ausschließlich die Teilchenaspekte des Elektrons und ignoriert dabei seine wellenartigen und sonstigen Merkmale? Oder ist das Elektron wie ein phantastisches Energie-Chamäleon dazu imstande, mit Leib und Seele Teilchen zu *sein*, wenn man bestimmte physikalische Parameter auf es anwendet, und sich dann, sobald man es bittet, wellenartige Eigenschaften zu zeigen, sofort und bereitwillig zu einer Welle umzubilden? Darin läge nichts offenkundig Magisches. Es würde auch nicht bedeuten, das Elektron könne Gedanken lesen. Es wäre einfach die Wirkung der experimentellen Parameter.

Interessanterweise könnte diese chamäleonartige Natur subatomarer Teilchen auch eine alternative Erklärung zu Everetts 'Viele-Welten'-Interpretation der Quantentheorie bieten. Denn statt vieler Welten hätten wir 'viele Beziehungen' oder 'viele Potentialitäten', doch wegen der Beschränkungen, die dem System durch unseren eigenen unbewußten Geist, gleichbedeutend mit unserem Karma oder Schicksal, auferlegt werden, gibt es nur eine Welt – nicht deren viele.

Seinem Wesen nach ist das Elektron, das Photon oder jedes beliebige subatomare Teilchen, was es ist, und nicht das, wofür wir es halten! Ist es also auch ein Mikrokosmos, ein Teil eines Energiehologramms, das in sich eine Möglichkeitswelt trägt, die ihm erlaubt, all das zu sein, was seine Grundkonfiguration von Masse, elektrischer Ladung etc. zuläßt? Wir haben hier eine Welt von Beziehungen betreten, bei denen der Teil einen Abdruck des Ganzen in sich trägt.

Trägt jedes subatomare Teilchen in sich das Potential für eine energetische Beziehung zum Ganzen und zu jedem anderen Teilchen, genauso wie die DNS in jeder Zelle eine Abbildung des Ganzen in sich trägt und das Ganze dennoch nicht konkret in ihr manifestiert ist?

Der britische Physiker Richard Prosser hat tatsächlich ein gültiges mathematisches Modell subatomarer Teilchen ausgearbeitet, das auf dem Gedanken aufbaut, daß jedes Teilchen in Wirklichkeit ein Wellenmuster ist, das den gesamten Raum ausfüllt und sich über das ganze Universum verteilt. Doch außer an den winzigen Entstehungspunkten, die wir als Teilchen bezeichnen, heben sich diese Wellen gegenseitig auf oder addieren sich zu Null. In diesem Sinne ist daher alles überall gleichzeitig, doch es offenbart sich uns nur an einem bestimmten Ort. Denn wir haben gezeigt, daß die Addition von Wirkungen zu Null nicht bedeutet, daß sie nicht mehr existieren – wir nehmen nur die Substruktur nicht mehr direkt wahr.

„Wie oben, so unten." Dieser Schöpfungsmechanismus beginnt mit dem Einen Ursprung und spiegelt sich in allen Teilen wider. Jeder Teil trägt einen Abdruck des Ganzen in sich. Warum sollte dieser Mechanismus nicht in *aller* manifestierten Substanz vorhanden sein? Sicherlich würde man genau das erwarten, sogar in subatomaren 'Teilchen'.

Das Reich des Subatomaren ist seltsam, und kein konventioneller oder sonstiger Physiker bestreitet das. Erwin Schrödinger bemerkte dazu: „Es gefällt mir nicht, und ich bedaure, etwas damit zu tun gehabt zu haben." Niels Bohr sagte: „Jeder, der von der Quantentheorie nicht schockiert ist, hat sie nicht verstanden."

Ist die Natur eines einzigen Atoms daher eine komplexe Welt sich verlagernder Energiemuster und -beziehungen sowohl in ihm selbst als auch zu allem sonstigen im Universum? Es könnte gewiß so scheinen. Erinnern Sie sich an die bekannten Zeilen von William Blake?

> Eine Welt zu sehn in einem Körnchen Sand
> Und einen Himmel in einer wilden Blüte,
> Halt die Unendlichkeit in deiner Hand
> Und die Ewigkeit in einer Minute.

Werden wir sie auch in jedem einzelnen subatomaren schlüpfrigen Schwaden finden?

Kein Wunder, daß die Quantenphysiker und Relativitätstheoretiker sich in Verwunderung darüber am Kopf kratzen, was diese kleinen Kerle veranstalten! Es überrascht nicht, daß sie Wahrscheinlichkeits-'Gesetze' bemühen, um in makroskopischen Begriffen Erklärungsversuche über das abzugeben, was da wirklich vor sich geht.

Aber das Geheimnis der subatomaren Welt muß in der mystischen Konstruktionsweise der Schöpfung von innen nach außen liegen, einem holographisch geknüpften Gefüge aus Polarität, Muster und Beziehung, das sich in der Natur seiner inneren Struktur und Dimensionalität widerspiegelt.

Beschließen wir diesen Gedankengang mit einer leicht philosophischen Anmerkung. Der Mensch denkt oft, er verfüge über freien Willen und volle Kontrolle über sein Schicksal. Doch wie kann er total freien Willen besitzen, wenn er aus schlüpfrigen Schwaden besteht, die durch einen Vorgang des Quirlens und Drillens zusammengebracht werden, von dem er kaum eine Vorstellung hat? Denn wenn der Mensch keine Kontrolle über seine schlüpfrigen Schwaden hat, wer dann? Sie sind eindeutig durch irgend etwas organisiert!

Chamäleons in der Chemie

Die Vorstellung von einem Elektron oder einem beliebigen subatomaren 'Teilchen', das fähig ist, sich selbst den Umständen entsprechend zu rekonfigurieren, umfaßt eigentlich nicht mehr als das, was von den Vorgängen auf atomarer und molekularer Ebene bereits bekannt ist. Diese Energien ordnen sich selbst zu den Mustern, Beziehungen und Umständen um, in denen man sie antrifft. Atome und Moleküle transformieren sich in Milliardstel Sekunden zu einer Vielfalt von Formen mit einer erstaunlichen Bandbreite von Eigenschaften. Tatsächlich gibt es nur einen fortwährenden Energietanz. Wir, die wir unsere willkürlichen Start- und Zielmarken aufstellen, wir sind es, die dann von einer 'Teilchenumwandlung' reden, die nur eine Milliardstel Sekunde dauert.

Alle Elemente des Periodensystems, vom Wasserstoff bis zum Uran, vom Sauerstoff bis zum Eisen, sollen nur aus Elektronen, Protonen uns Neutronen bestehen. Die chemischen Eigenschaften dieser Anordnungen beruhen vollständig auf dem Gesamtbetrag dieser subatomaren Teilchen und der Beständigkeit des jeweiligen Gemischs. Das gilt für jedes Atom und jedes Molekül, gleich welcher Größe.

Es gab eine Zeit, in der man das Atom für unteilbar hielt. Dann erfolgte die experimentelle Entdeckung der Elektronen, Protonen und Neutronen. Doch bis heute verfügen wir über kein zufriedenstellendes theoretisches Modell davon, wie auch nur das einfachste Wasserstoffatom zusammengehalten wird. Wir besitzen noch nicht einmal ein vollständiges Modell vom Elektron.

Viele Jahre lang hielt man diese subatomaren Teilchen für unteilbar, doch dann entstand die Theorie von den Quarks, die erforderlich wurde, um die Versuchsbeobachtungen zu erklären, die man mit Teilchenbeschleunigern gemacht hatte und bei denen sich eine Vielzahl kleinerer Teilchen aus dem Zerfall eines größeren erzeugen lassen. Man stellt sich die Quarks als Teile oder Aspekte der Struktur subatomarer Teilchen vor, doch niemand hat jemals eines in isolierter Form nachweisen können.

Neuere Theoretiker bemerken, daß es niemals etwas geben kann, das sich als letztendlicher, unteilbarer Fleck aus 'etwas' bezeichnen ließe. Dieses 'etwas' wird stets eine Energiestruktur mit innerer Dimensionalität und Musteranordnung sein. Was wir bestenfalls tun können, ist die Beziehungen zwischen diesen Energiemustern zu verstehen. Und das wird sowohl die Physik als auch die Medizin des 21. Jahrhunderts beschäftigen.

Die Gesetze der Natur

Uns allen hat man im Physikunterricht etwas über die *Naturgesetze* beigebracht – Newtons Gravitationsgesetz, Maxwells Gesetze des Elektromagnetismus, Einsteins Relativitätstheorie und so weiter. Doch die Frage drängt sich auf: „Was *sind* diese Gesetze?" Verfolgt man den mystischen Ansatz, so läßt sich die Antwort finden, indem man von oben nach unten, von innen nach außen blickt.

Die Universelle Kraft, der Herr, das Höchste Wesen oder das BEWUSST-SEIN ist *Eins*. In Ihm gibt es keine Differenzierung. Und sein Attribut ist die Liebe. Innerhalb der höchsten Wirklichkeit gibt es daher als einziges Gesetz die Liebe, denn nur die Liebe existiert.

Wenn diese Kraft jedoch schöpferisch tätig ist, heißt es, es werde eine Differenzierung – Dualität – aus Seinem inneren Selbst heraus projiziert, und beide Seiten dieser Dualität beginnen den Manifestierungstanz. Dieser ist zunächst äußerst subtil, kaum wahrnehmbar, doch er wird schrittweise dichter und komplexer, bis er die Stufe erreicht, die wir als unsere physische Realität wahrnehmen und erleben. Hier wird die grundlegende Dualität so vielschichtig, daß sie leicht unbemerkt bleiben kann.

An einem bestimmten Punkt dieses absteigenden Verlaufs kristallisiert sich die Dualität ausdrücklich in der Formbildung des Universellen GEISTES. Dieser steht weit höher oder tiefer innen als die Denkvorgänge, aus denen unser menschlicher Geist besteht. Und eben dieser Universelle GEIST ist der erste Baumeister der Dualität oder Polarität. Überdies besteht das wesentliche Gesetz der Regionen, in denen der Geist sein Regiment ausübt, im Wechselspiel der Gegensätze, die diese Polarität bilden, des *Yin* und des *Yang,* als die sie die chinesische Terminologie bezeichnet, oder der *Gunas* der indischen Mystik. Wir nehmen diese Wechselwirkung als Kausalität wahr, die die indischen Mystiker Karma nennen.

Somit ist im Herrn das einzige Gesetz die Liebe, das Verschmelzen, das Einssein. Doch in der Illusion seiner Projektion beziehungsweise seiner Schöpfung ist das Gesetz Ursache und Wirkung, Determiniertheit, Kausalität, Beziehung und Verbundenheit. Die Kausalität repräsentiert das eingeborne Einssein und die Verbundenheit, die selbst dann noch offenbar werden, wenn das Eine zur Vielfalt wird. Kausalität ist das, was automatisch passiert, wenn wir das Eine als Vielfalt erleben. Wenn wir Verbundenheit und Kausalität in der Welt erkennen, nehmen wir unwissentlich das Einssein der inneren Quelle wahr, allerdings wie durch eine getönte Scheibe. Das haben wir zuvor schon erörtert, doch es ist eine schöne und wichtige Einsicht, die es festzuhalten gilt und die es verträgt, wiederholt zu werden.

All unseren 'bekannten' wissenschaftlichen Naturgesetzen liegt dieses eine Gesetz zugrunde. Alle Gleichungen müssen auf korrekte Weise aufgehen. Die Wirkung muß gleich der Ursache sein. Man kann nicht etwas gratis bekommen. Die Art und Weise, wie sich Energie zu Energie verhält, variiert jedoch in Abhängigkeit von der Ebene, von der aus man ihre Aktivitäten betrachtet. In der äußeren, grobphysischen Welt sehen wir nur örtliche und offensichtlich lineare Beziehungen. Sind wir aber erst in den Vakuumzustand oder in subtilere Zustände vorgedrungen, nehmen wir die viel stärker verknüpften Beziehungen wahr, die uns äußerlich vielleicht als nicht-linear und nicht-lokal erscheinen. Dies sind die 'Gesetze', die beispielsweise dem zeitlichen Zusammentreffen und der Synchronizität zugrunde liegen, aber ebenso den spezielleren, 'wissenschaftlichen' Phänomenen.

Dasselbe karmische Muster liegt der Art und Weise zugrunde, in der Ereignisse, die einem Einzelwesen widerfahren, psychologisch haargenau zu dieser Person zu 'passen' scheinen. Ein Teil dieses Mechanismus scheint offensichtlich zu sein – wir besitzen vertraute Gedankenmuster oder -gewohnheiten, die automatisch analoge Umstände um uns herum schaffen. Aber es gibt auch jene Ereignisse, in denen wir keinen erkennbaren Ablauf sehen, für den wir persönlich verantwortlich sein könnten. Hier vollziehen sich die verborgenen 'Gesetze' von GEIST und Materie, ein kausales Wechselspiel innerhalb der Energiefelder von GEIST und 'äußerer' Substanz.

So werden unsere Wissenschaftsgesetze ständig weiterentwickelt oder geändert, denn sie *wohnen nicht der Natur selbst inne*, sondern sie bilden nur einen Teil der unvollständigen Beobachtung und der Teilnahme des Menschen am ganz einfachen Gesetz von Kausalität, Dualität, Differenzierung, gegenseitiger Verbundenheit und Integration.

Unsere mathematischen Formelbildungen sind folglich nur Abstraktionen in unserem eigenen Geist, Teilbeobachtungen oder Modelle der Muster, die in den illusorischen Welten der Dualität gebildet werden. Das einzige wirkliche Gesetz ist das von Liebe und Einssein, doch wenn es in den Bereichen von Dualität und Geteiltheit zum Ausdruck kommt, wird dieses Einssein zum Grundgesetz dieser Bereiche – Kausalität und Beziehung.

Das wirkliche 'einheitliche Feld', nach dem die Physiker so eifrig fahnden, ist tatsächlich das Feld der Liebe, wo es nur Einheit und Zusammenhalt gibt, nicht jedoch Differenzierung oder Dualität, und das sich keinesfalls 'dort draußen', sondern als tiefer Wesenskern in uns befindet. Und nicht über die Physik oder selbst über den menschlichen Verstand kommen wir ihm näher, sondern nur über das Bewußtsein oder über die Seele. Was Physiker tatsächlich unter dem einheitlichen Feld verstehen, ist der Energiezustand, in dem sich alle Grundkräfte, die ihnen wissenschaftlich geläufig sind, als verbunden oder integriert auffassen lassen – und dieser liegt im Vakuumzustand. Dieser Vakuumzustand ist jedoch kein Zustand von Einssein, sondern lediglich ein Punkt, an dem die gegenseitige Verbundenheit der Dinge sichtbar wird. Und wir wissen intuitiv, daß sie so verbunden sein müssen.

Dies anzuerkennen bedeutet jedoch tatsächlich die Rückkehr zur Äthervorstellung, einer Idee, die um die Jahrhundertwende fallengelassen wurde. Dies war ein Schritt, der von den konventionellen Wissenschaftlern nur widerstrebend akzeptiert wurde, und es heißt, selbst Einstein habe den Äthergedanken nie wirklich verworfen. Die *neue Äthervorstellung* jedoch wird – aus technischem und mathematischem Blickwinkel – weitaus komplexer sein als ihre Pendants des neunzehnten Jahrhunderts und früherer Epochen, weil wir heute über viele neue Daten darüber verfügen, was aus dem Äther, dem Vakuum- oder dem Akasha-Zustand hervorgeht. Es gibt also jede Menge Stoff, der sich den Physikern zur geistigen und experimentellen Auseinandersetzung und den Ingenieuren zur Bearbeitung anbietet. Und selbstverständlich trifft es historisch auch auf Ideen zu, abwechselnd in Mode zu kommen und als überholt zu gelten, so daß es keinen Verstoß gegen eine Präzedenztradition darstellt, über eine neue Auffassung zu einer alten Idee zurückzukehren. Man könnte dies sogar als einen notwendigen Bestandteil im Evolutionsprozeß des menschlichen Verstehens ansehen.

Wissenschaftliche 'Erklärungen'

Die Wahrnehmungsweise vieler Wissenschaftler vom Universum wird durch Aussagen hervorgehoben, wie sie in allen Lehrbüchern und allgemeinverständlichen Darstellungen zu finden sind, wie zum Beispiel: „Unpaarige Elektronen *gehorchen* den Gesetzen der Fermi-Dirac-Statistik" oder: „Äpfel *gehorchen* dem Gesetz der Schwerkraft." Eigentlich zeigen Äpfel und Elektronen überhaupt keine derartige Ehrerbietung.

Entsprechend heißt es: „Das Verhalten unpaariger Elektronen wird durch die Gesetze der Fermi-Dirac-Statistik *erklärt*", oder: „Das Fallen eines Apfels wird durch das Gravitationsgesetz *erklärt*." Doch das Wesen von Elektronen (ob paarig oder unpaarig) oder die Art und Weise, auf die Äpfel fallen, wird nicht durch irgendeinen Satz mathematischer Gleichungen *erklärt*, die der Mensch gefunden hat. Wir haben eine Nahbeobachtung gemacht und unsere Feststellungen oder Beschreibungen in einer wissenschaftlichen Sprache zum Ausdruck gebracht. Das ist alles.

Ob in Worten oder mathematisch formuliert – solche 'Gesetze' der Natur sind Vorstellungen oder Modelle in unserem Geist. Wir verändern diese Vorstellungen sogar ständig oder reduzieren die Bedingungen, unter denen sie gültig oder ungültig sind, wie zum Beispiel Newtons klassisches 'Gesetz' der Schwerkraft.

In einem sehr realen Sinn weiß die Natur nichts von diesen Modellen, die sich im Geist von Männern und Frauen befinden. Elektronen *gehorchen* einer mathematischen Vorstellung genausowenig, wie Äpfel Newtons Gravitationsgesetz *gehorchen*. Der Mensch *beschreibt* zu seiner eigenen Befriedigung einen Teil des Verhaltens von Elektronen und Äpfeln mit Hilfe dieser mathematischen Konstruktionen. Ihr Verhalten wird teilweise *nachgebildet* – doch es wird gewiß genausowenig *erklärt*, wie die Natur der gehorsame Diener einer ganzen Bibliothek von mathematischen Gleichungen ist. Das alles sind die Vorstellungen, die sich der Mensch von den Dingen macht, doch es ist nicht die Natur selbst.

Die theoretische Wissenschaft des Menschen ist eigentlich nur fähig, die Beschaffenheit von *Kausalbeziehungen* auszudrücken oder nachzubilden, nicht aber das innere Wesen der Dinge. Selbst statistische oder probabilistische Modelle gibt es nur, weil es eine ihnen zugrunde liegende Kausalbeziehung gibt.

Mein Lieblingsbeispiel hierzu besteht darin, die Zahl der Menschen in Cambridge an einem Dienstagnachmittag im November zu schätzen. Aufgrund der Daten aus den Vorjahren mag man eine statistische Aussage treffen, die recht genau sein kann. Aber fragen Sie mal irgendeinen der Menschen, wie es dazu kam, daß er dort war. Er wird einen vollkommen deterministischen Grund angeben. Könnten wir ein 'Elektron' in den Brennpunkt unseres inneren Bewußtseins bringen, dann würden wir entsprechend feststellen, daß sein Dasein perfekt geordnete und deterministische Ursachen hat.

Die Wissenschaft lädt uns nicht dazu ein, die Natur wirklich als bewußte Teilnehmer und Mitarbeiter zu begreifen, obwohl sie, wie die Quantentheorie, intellektuell darauf hinweisen mag, daß wir untrennbar in den Prozeß eingebunden sind. Um diese Beobachtung mitgeteilt zu bekommen, brauchen wir die Wissenschaft allerdings nicht. Sie steht uns dauernd deutlich vor Augen!

Das mag sich nun alles wie intellektuelle Wortklauberei anhören, doch in Wirklichkeit ist es das nicht. Denn diejenigen Wissenschaftler, die effektiv ihre Deutungen oder Modelle mit der Natur selbst verwechseln, meinen wirklich, das Universum vollkommen *erklärt* und verstanden zu haben, wenn sie nur einen Satz zusammenpassender Gleichungen und Vorstellungen finden, mit denen sich alle Phänomene zuverlässig *beschreiben* lassen. Und sie werben auch bei anderen Menschen für ihr Evangelium und steigern dadurch ihren Irrtum.

Doch es ist eigentlich eine Selbsttäuschung. Wir wissen weiterhin nicht, was die Sonne jeden Morgen aufgehen läßt oder warum wir zwei Augen haben oder was unser Leben und unser Bewußtsein überhaupt bedeuten sollen. Tatsächlich würde ein ungebildeter Mensch, der in den Ausläufern des Himalaja lebt, dessen Gesicht vom strahlenden Glanz mystischer Erregung und innerer Weisheit erhellt ist und dessen Seele sich zu den inneren Regionen erhebt, einen derartigen Wissenschaftler zu Recht als Ignoranten bezeichnen. Auch solche Menschen habe ich kennengelernt, und ich würde voller Freude all mein intellektuelles 'Wissen' um diese Welt gegen deren weit tiefere Wahrheit und mystische *Erfahrung* eintauschen.

Was wir 'Naturgesetze' nennen, sind also nur unvollständige Beobachtungen. Unbewußt schätzt unser individueller Geist, der Teil des größeren GEISTES ist, den Modus richtig ein, in dem die Schöpfung aufgebaut ist. Der 'kleine' menschliche Geist betrachtet also Aspekte oder Beziehungen innerhalb des größeren GEISTES, da beide von demselben Wesen abstammen. Und es sind diese Beziehungen, die wir 'Naturgesetze' nennen.

Niemals werden wir irgend etwas vollkommen verstehen, indem wir seine Erscheinung von außen analysieren. Solche Theorien sind bloß Beschreibungen der Beobachtung und der Mitwirkung. *Sie funktionieren nur deswegen, weil sie so entwickelt wurden, daß sie funktionieren* – sie beschreiben einfach die Dinge so knapp und so universell wie möglich. Das Grundproblem jedoch bleibt: „Wie entsteht das Universum?" und: „Wie gelangen *wir* in die Existenz?" Die Antwort des Intellekts darauf lautet: dadurch, daß das Eine durch den größeren, formativen GEIST aufgespalten wird. Doch die wirkliche Antwort kommt aus der direkten inneren Erfahrung, durch die tiefere Erfahrung innerhalb des eigenen Geistes und des eigenen Bewußtseins.

Wenn wir nicht wissen, *wie* das entsteht, was wir als Naturgesetze bezeichnen, wird auch klar, daß wir nicht in der Position sind, eine Erklärung abzugeben, nach der diese 'Gesetze' (unsere Beschreibungen) niemals 'verletzt' werden können. Wenn wir das dennoch tun, zeigt dies, daß wir den Blick dafür verloren haben, was solche Gesetze in Wirklichkeit sind. Sie dann stur und gedankenlos gegen jedermann zu verteidigen gibt eher Auskunft über die menschliche Psyche als über die Funktionsweise der Natur.

Zuerst beobachten wir die Natur. Dann beschreiben wir einige Funktionen mathematisch. Dann bestehen wir darauf, daß die Natur dieser Beschreibung *immer* folgen müsse. Wir spannen den Karren eindeutig vor das Pferd.

Aus einer anderen Perspektive betrachtet, stellt sich das Problem folgendermaßen dar: Wenn wir zu denken gezwungen sind, daß Geist und Bewußtsein aus Substanz – Natur – entstehen, wird immer das Problem übrigbleiben, woher die Natur und all ihre 'Gesetze' stammen. Und diese Fragestellung findet kein Ende. Es ist ein infiniter Regreß.

Solche Schwierigkeiten lösen sich jedoch auf, wenn die Natur, veranlaßt durch die GEIST-Aktivität, als Teil einer Formhervorbringung auf der Außenfläche des ursprünglichen Bewußtseins bzw. Seins entsteht. Denn dann erkennen wir, daß alles – sowohl äußere Substanz als auch unser eigenes, unbestreitbares, inneres Leben, unser Geist und unser Bewußtsein – aus dem einen Ozean des Seins stammt und integraler Bestandteil dieses Ozeans bleibt. Sie waren niemals voneinander getrennt. 'Wir' und 'sie' sind wesentlicher Bestandteil derselben Sache.

Man kann die Natur folglich als ein Netz aus Mustern ansehen, die aus dem Inneren desselben großen Seinsmeeres heraus reflektiert und projiziert werden, aus dem auch wir unser Leben und unser Bewußtsein erhalten. Beide sind untrennbar miteinander verbunden. Die Naturwissenschaft läßt sich daher als Erforschung dieser Muster und Beziehungen durch unseren menschlichen Geist verstehen – der selbst wiederum nur ein anderer Aspekt dieses hierarchischen Tanzes aus Energiemustern ist, den wir Schöpfung nennen.

Wenn wir dies erst einmal erkannt haben, werden wir niemals mehr annehmen, die Naturwissenschaft oder der menschliche Verstand könnten in der Lage sein, die letzten Geheimnisse der Schöpfung zu begreifen. Wissenschaft und Intellekt haben ihren Platz. Doch um das 'Sein' zu verstehen, muß man 'sein' – in vollstem Umfang. Und das bedeutet Erfahrung – mystische Erfahrung.

Naturgesetz

Wenn wir daher im Gegensatz zum Gesetz, das der Mensch aufgestellt hat, vom Gesetz der Natur sprechen, meinen wir damit, in Harmonie mit dem Gesetz der Dualität, der Kausalität zu leben. Es bedeutet, sich zum Wesen des Einsseins, der Liebe, in allen Angelegenheiten hinzubewegen.

Der ursprüngliche Architekt der Teilung ist der GEIST, und in unserem Fall unser menschlicher Geist. Er vermag uns zu blenden, wenn wir uns vom Bewußtsein wegbewegen, und zu einem Freund unserer Seele, unseres Bewußtseins, unserer wahren Lebensessenz zu werden, wenn wir uns nach innen bewegen. Der 'Feind' der Harmonie sowohl in uns selbst als auch in weltlichen Dingen ist also der Geist des Menschen selbst, und all die vom Menschen gemachten Gesetze dienen nur dazu, uns vor den Aktivitäten zu schützen, die von unserem eigenen unkontrollierten Geist und dem unserer Mitmenschen projiziert werden.

Spiritueller Fortschritt und spirituelles Verstehen sind daher gleichbedeutend mit Beherrschung des Geistes. Darin besteht das oberste Ziel jeder Meditation und jeder Yoga-Übung. Je mehr Kontrolle wir über unseren Geist ausüben und je mehr wir unsere Aufmerksamkeit nach innen bündeln, desto stärker manifestiert sich die Liebe in uns und in allem, was wir tun. Dann werden wir uns der beunruhigenden Schwingungen, die in unserem Geist erschaffen werden, automatisch bewußt, sofern wir einmal die Gesetze der natürlichen Harmonie und Liebe verletzt haben – in Gedanken, Worten oder Taten. Dann korrigieren wir uns automatisch. Das bedeutet, im natürlichen Gesetz zu leben. Wie Maharaj Sawan Singh Ji, einer der größten indischen Mystiker der jüngeren Zeit, zu sagen pflegte: „Wo Liebe ist, bedarf es keines Gesetzes."

Alles ist im Geist

Kehren wir zur Erörterung der Frage zurück, ob sich die physische Welt außen oder innen befindet, und gehen wir das Problem aus noch einem anderen Blickwinkel an. Man kann sich fragen, *wo* die Zeit ist. Ist sie außen in der physischen Welt? Wenn sie außen ist, *wo* ist sie dann? Nirgendwo können wir ein *Stück* Zeit ausfindig machen. Ist sie dann innen in uns? Aber was verstehen wir unter *innen*? Und wen meinen wir mit *uns*? Was sind *wir*? Und wenn wir nicht wissen, was *wir* sind, wie können wir uns dann so sicher darüber sein, was *außen* und was *innen* ist?

Was glauben wir von der Zeit zu wissen? Ich denke, wir können uns darauf einigen, daß Zeit eine Erfahrung ist – eine subjektive Erfahrung. Aber dennoch verstreicht die Zeit, wenn ich schlafe oder wenn ich bewußtlos bin. Eindeutig *bedarf* sie nicht der Gegenwart meiner Person, um zu 'fließen' – was immer das auch bedeuten mag. Doch wodurch weiß ich, wenn ich aufwache, daß Zeit vergangen ist? Weil ich feststelle, daß sich bestimmte Dinge verändert haben – die Stellung der Sonne am Himmel, die Zeiger der Uhr, die Zahlen auf der Digitaluhr, ich bin nicht mehr müde – und so fort. Ich beziehe mich auf meine Erfahrung von räumlichen Ereignissen und Wahrnehmungen und nenne die Veränderung *Zeit*. Tatsächlich tue ich mehr, als es nur Zeit zu *nennen*, ich *erlebe* es als Zeit, *in meinem Geist*. Nun gut, dann befindet sich die Zeit also in meinem Geist. Die Zeit gibt es aufgrund meines Gefühls, von der physischen Welt getrennt zu sein, und sie ist mein geistiges Maß für die Veränderungen in jener Welt.

So weit, so gut. Was ist dann die 'physische Welt'? Es sieht so aus, als wäre sie 'dort draußen'. Aber kann ich mir dessen sicher sein? Nun, wir sind schon ein wenig im Zweifel über 'dort draußen' und 'hier drinnen', weil beides davon abhängt, was *wir* sind, und wir kennen die Antwort auf diese Frage nicht. Wir haben vielleicht ein paar *Ideen* davon, was wir sind, doch die unterscheiden sich eindeutig davon, was wir *tatsächlich* sind. Das ist dasselbe wie der Unterschied zwischen dem Wort 'Orange' und der Erfahrung von einer Orange.

Was also ist die physische Welt, und wo ist sie? 'Dort draußen' oder 'hier drinnen'? Packen wir das von ganz unten her an. Das 'dort draußen' hat drei räumliche Dimensionen. Das gilt für all unsere fünf Sinneswahrnehmungen, ob wir nun sehen, hören, riechen, schmecken oder fühlen. Raum ist demnach eine Grundeigenschaft des 'dort draußen'. Was nun *ist* Raum? Eine Antwort darauf wäre sehr aufschlußreich, befindet sich doch alles, was wir mit unseren fünf Sinnen wahrnehmen, im Raum. Es sind Veränderungen des Raumes, Energiemuster im Raum. Doch wo nehmen wir die Veränderungen wahr, die wir Raum nennen? In unserem *Geist*. Tatsächlich werden alle Wahrnehmungen letztendlich in unserem Gehirn

registriert und in unserem Geist erlebt. Sie sind 'hier drinnen'. Doch wir
erfahren diese Veränderungen auch als 'Zeit'. Jetzt scheinen sich die Grenzen zwischen Zeit und Raum zu verwischen...

Was ist mit den individuellen Erfahrungen von dieser Welt, der Farbe
Rot, dem Geschmack einer Orange, dem Klang von Musik zum Beispiel?
Wo sind sie? 'Da draußen'? Ich glaube nicht. Denn dies sind allesamt
Erfahrungen, und Erfahrung ist immer in unserem Geist, und unser Geist
ist innen. Er steht in Verbindung mit dem Gehirn (jedenfalls bei den meisten Menschen). Also scheint sich die gesamte Welt in unserem Geist zu
befinden. Warum sehen Sie und ich dann dieselbe Welt, wenn all das eine
individuelle, subjektive Erfahrung ist?

Wie kamen wir nun ursprünglich dazu, 'hier' zu sein? Auch darauf
wissen wir keine Antwort. Wenn wir die Frage beantworten könnten, wie
es dazu kommen konnte, daß wir alle gemeinsam hier sind, ein jeder mit
seinem eigenen subjektiven geistigen Erleben der Welt, könnten wir daher auch die Frage beantworten, wieso wir alle *ähnliche* Erfahrungen
machen, während wir in dieser Welt sind. Beide scheinen miteinander
verbunden zu sein.

Wir alle machen also Erfahrungen von den räumlichen und zeitlichen
Bedingungen der physischen Welt, und diese Erfahrungen befinden sich
in unserem Geist. Und wir sind alle auf geheimnisvolle Weise miteinander verbunden, denn wir alle haben ähnliche Erfahrungen.

Nun analysieren wir auch die Erfahrungen, die 'dort draußen' zu sein
scheinen, sich aber in Wirklichkeit 'hier drinnen' befinden. Wenn wir
Gesetze der Logik und der Vernunft anwenden, nennen wir das *Wissenschaft*. Diese Analyse, dieses Denken findet eindeutig in unserem Geist
statt. Die Wissenschaft befindet sich also ganz im Geist. Das 'dort draußen' ist 'hier drinnen', und wir benutzen dann das 'hier drinnen', um das
'hier drinnen' weiter zu analysieren.

Newtons Gravitations- und Bewegungs-'Gesetze', Einsteins Verständ-
nis der relativen Beziehungen zwischen unseren zeitlichen und räum-
lichen Wahrnehmungen, die 'Gesetze' des Elektromagnetismus, die
Auffassungen von Elektronen, Photonen, Teilchenverhalten, Atomen,
Molekülen, Chemie, Biochemie und Medizin – sie alle sind in unserem
Geist, und zwar sowohl ihre Erfahrung als auch ihre Analyse. Der ganze
Kram findet in uns statt. Und unsere 'Wissenschaft' ist offensichtlich
ein geistiger Überzug über der direkten Wahrnehmung und Erfahrung.
Wenn wir also unsere Denkvorgänge anhalten könnten, würden wir die

Welt unweigerlich auf ganz andere Weise wahrnehmen. *Mit anderen Worten, der Charakter unseres Geistes und unserer Denkvorgänge bestimmt die Art und Weise, wie wir die Welt wahrnehmen und erleben.*

Dies ist auch das Ziel, der Zweck und das Ergebnis des Meditierens, nämlich den Geist zu beherrschen, den Charakter des Geistes zu ändern, um zu einer neuen und mystischen Wahrnehmung unseres inneren Lebens und unserer physischen Erfahrung zu gelangen. Aufgrund der Zielrichtung unserer *Aufmerksamkeit* meinen wir, die Welt befinde sich außerhalb von uns. Aufmerksamkeit ist eine Verschmelzung von Geist und Bewußtsein, von Geist und Leben. Der Zweck der Meditation liegt darin, diese Verknüpfung von Verstand und Bewußtsein, von Geist und Seele zu lösen, den Geist zu beruhigen und dadurch das Bewußtsein sich erweitern zu lassen. Dadurch, daß sich all unsere Gedanken, Ideen und Gefühle mit dem beschäftigen, was wir uns als außen vorstellen, wird unsere Seele momentan in einem kleinen Behältnis arg eingeengt. Durch die *Eingaben* unserer Sinneswahrnehmungen und unsere anschließenden motorischen Reaktionen beziehungsweise *Ausgaben*, durch das, was wir tun und sagen, bleibt unser Geist auf seine Auswärtsausrichtung festgelegt. Diese Handlungen entspringen dem Geist und hinterlassen dort ihre Spuren. Entsprechend ist es mit allen Sinnes-*Ein-drücken*. Und auch unsere mentalen und emotionalen Reaktionen drücken dem Geist, in dem sie entstehen, ihren Stempel auf.

Der Geist ist ein subtiles Energiefeld, das wie der Flugschreiber in einem Flugzeug alles aufzeichnet, was passiert. Doch anders als der Flugschreiber verursacht er auch alles, was passiert – all unsere Erfahrungen in der Zeit und im Raum dieser physischen Welt. Gegenwärtig ist die physische Welt alles, was wir von Raum und Zeit erfahren. Mystiker sprechen jedoch davon, daß es höhere, tiefer innen liegende Welten gibt, in denen auch Zeit und Raum noch existieren. Dies sind die astralen und kausalen Welten, wo die *Veränderung weniger intensiv ist.* Wie erleben das als *gedehnte* Zeit und als sich *erweiternder* Raum. Eine gewisse Vorstellung davon bekommen wir durch unsere Alltagserfahrung von Zeit. Zum Beispiel braucht ein Wasserkessel anscheinend viel länger, bis er kocht, wenn man ihm dabei zuschaut. Subjektiv ist das Vergehen der Zeit mit unserem Geisteszustand verbunden.

Also ist der Geist sowohl der Verursacher als auch der Chronist von Veränderung. Die letztere dieser Eigenschaften nennen wir *Gedächtnis*. Die Yogis haben es als *Chit* und als *Manas* oder *Geiststoff* bezeichnet, als

Energiefelder, in denen die Eindrücke zunächst geformt und dann gespeichert werden und von denen aus unser Schicksal voranschreitet.

Schicksal? Ja. Unser Geist ist (bestenfalls) *rational* und *intuitiv*. *Intuition* bedeutet, von innen angeleitet zu werden. Unser Geist ist also fähig, Eindrücke von innen zu erhalten. Mystiker nennen dies den höheren Geist – die astralen und kausalen Muster geistiger Energie tiefer innen in unserem Wesen. Die *rationale* Veranlagung unseres Geistes geht von Ordnung, Ursache und Wirkung aus. Doch woher erhalten wir dieses Gefühl, daß das Grundgesetz des Universums aus Kausalität und Beziehung besteht? Es kommt aus unserem Geist. Und was ist unser Geist? Ohne mystische Erfahrung wissen wir es nicht. Noch einmal: Die innere Natur unserer eigenen Wissenschaft, unseres eigenen Geistes und des physischen Universums, in dem wir leben, kennen wir nicht. Doch wir erkennen intuitiv – und aus der Erfahrung – ein inneres Wirken der Kausalbeziehung. Doch das ist deutlich ein Gesetz des *Geistes*, da alles, was wir erfahren, in unserem Geist ist.

Die Mystiker sagen, Kausalität oder Karma sei das einzige anfänglich vorhandene Naturgesetz. Ich habe dies schon zuvor erwähnt. Alle Eindrücke, die unserem Geist eingeprägt werden, während wir in dieser Welt leben, reagieren also nach dem Tod des physischen Körpers miteinander und erzeugen ein neues Drama, ein neues Schicksal in dieser Welt, das wir dann neuerlich durchlaufen.

Mit anderen Worten, wir reinkarnieren unter dem Kausaleinfluß unseres eigenen Geistes. Und da wir alle durch diese Eindrücke auf unseren Geist verbunden sind – wir haben alle miteinander zu tun –, werden wir in der Umgebung und bei genau den Personen wiedergeboren, von denen wir so angezogen und fasziniert waren. Wir können sogar als unser eigener Urenkel wiederkehren. Wir können uns in sehr engen Kreisen bewegen. Und wir setzen dann diese Beziehungen und Bindungen fort, erzeugen neue Geleise, Gewohnheiten und Eindrücke in unserem Geist, und wieder kehren wir zurück, nachdem unser physischer Körper gestorben ist. Beim Tod stirbt also der Körper – die Struktur der Geistenergie und das lebenspendende Bewußtsein entweichen, und die physischen Atome und Moleküle hören auf, einheitlich zu funktionieren. Der Geist hat die Maschine verlassen.

Der Mechanismus der Manifestierung erfolgt also unter einem kosmischen Gesetz von Ursache und Wirkung aus dem Inneren unseres Geistes heraus. Doch wie schon gesagt ist es ein erweitertes Gesetz. Und es ist noch viel mehr dran an unserem Geist, als wir gegenwärtig beobachten können. Die Beziehungen innerhalb der Energiemuster sind offensichtlich non-linear und holistisch – das System wirkt als ein Ganzes. Es bringt uns alle in eine zusammenhängende Konstellation, um unsere kausal bestimmten (karmischen) Beziehungen gemeinsam herauszuarbeiten. Doch kausal ist es mit großer Sicherheit. Es beruht nicht auf Zufall oder Wahrscheinlichkeit.

Ich habe das Gefühl, das Dilemma Determinismus/Probabilismus ließe sich auflösen, wenn man in der Quantentheorie die Vorstellung von 'Wahrscheinlichkeit' durch 'Potentialität' ersetzte. Doch das mögen die Physiker ausarbeiten.

Es ist das Akasha, die vollständige Potentialität, das Vakuum, der Raum, das durch die nicht-linearen, holistischen und dennoch kausalen Muster in unserem Geist dergestalt angeordnet wird, daß es eine physische Welt bildet. Deshalb konnte ich sagen, daß wir alle in dieser Welt Mitschöpfer und Teilhaber sind. Es ist nicht wirklich ich, der das sagt, sondern es sind die wahren Mystiker aller Zeiten. Sie alle sagen: „Ich habe Zeit und Raum überschritten." Überschreiten, Transzendieren ist eine innere, persönliche, mystische Erfahrung. Es ist kein intellektueller Einblick in das trügerische Wesen von Zeit und Raum. Das ist nur eine Stufe, ein Punkt auf der Reiseroute, und eigentlich ein Punkt ganz am Anfang der Reise. Es ist ein Teil dessen, das eine intellektuelle Person zu der Reise *aufbrechen* läßt.

Doch da so wenige Menschen jemals diesen Startpunkt erreichen, haben viele das Gefühl, sich schon kurz vor dem Ziel zu befinden, sobald sich bei ihnen intellektuelle und intuitive Empfindungen einstellen, die die mystische Realität betreffen. Tatsächlich sind derlei Empfindungen einfach die ersten Erweckungen aus einem tiefen Schlummer unseres physischen Begrabenseins, dem Schlaf der Bewußtlosigkeit aus vielen Millionen vergangenen Leben.

Geist, Ethik und mystische Lehren

Das Wesen unseres Geistes als ein System zur Energiemusterung, das einem intrinsischen Gesetz der holistischen Kausalität folgt, steckt hinter allen moralischen Verboten. Fast alle Weltreligionen sind auf den Lehren eines Mystikers errichtet. Ganz allmählich verzerrt der Mensch diese Lehren, indem er sie in seinem eigenen Geist interpretiert. Manche erleiden schlimmere Schicksale als andere. Hat ein Mystiker etwas niedergeschrieben, sind wir nur Irrtümern und vorsätzlichen Verfälschungen ausgesetzt, die während der Abschriften des Manuskripts eingebracht wurden, und im weiteren dann den Interpretationen durch Übersetzer, Kommentatoren, Priester und so weiter.

Wenn aber, wie im Falle Christi, die Lehren erst viele Jahrzehnte nach seinem Tod niedergeschrieben wurden, dann wird die Botschaft sehr leicht mißverstanden, falsch gedeutet und übersetzt und insgesamt verstümmelt. Wenn die damit befaßten Menschen meinen, ihre Interpretationen seien von Gott geleitet, fördert das die Verwirrung nur noch. Der Geist ist das Werkzeug der Illusion. Es ist nur einer seiner Tricks, von sich selbst zu glauben, er unterstehe göttlicher Führung!

Wenn Sie sich heute einen Vortrag anhören und morgen aufzuschreiben versuchen, was gesagt wurde, wird nur ein Gerippe übrigbleiben, nämlich das, von dem sie glauben, es sei gesagt worden. Wenn Sie dann einem Freund davon erzählen, und der versucht, es aufzuschreiben, mögen vielleicht noch fünf oder zehn Prozent des ursprünglichen Gehalts übrig sein. Wird es dann noch nacheinander in verschiedene Sprachen übersetzt und dabei mit den Interpretationen der Übersetzer und Schreiber verändert, kann man sich vorstellen, wie wenig vom ursprünglichen Vortrag übrigbleibt. Und dies war das Los der Lehren Christi, Buddhas und vieler weiterer Mystiker.

Die Sekten und Spaltungen innerhalb einer Religion entstehen aufgrund von Meinungsverschiedenheiten darüber, was der Mystiker sagen wollte, doch sie entstehen erst, nachdem der Mystiker gestorben ist. Das passiert sogar, wenn Originalschriften des Mystikers erhalten sind. Also kann man sich vorstellen, welches Los die Lehren ereilt hat, die über eine oder zwei Generationen hinweg von Mund zu Mund weitergegeben wurden, ehe man sie aufschrieb.

Nun möchten die Menschen die Religionen der Zeit anpassen, doch dies rührt daher, daß die Religion eher zu einer Sozial- oder Moralphilosophie geworden ist. Die wesentliche und universelle mystische Botschaft ist schon lange vergessen. Kein Heiliger oder Mystiker kam, um irgendeine Religion zu gründen oder um soziale Veränderungen durchzusetzen. Wir sind es, die, nachdem der Mystiker gestorben ist, auf seinen Lehren Organisationen und Religionsphilosophien aufbauen. Dann diskutieren und streiten wir und verwandeln das, was er gelehrt hat, in eine formalisierte Religion mit vorgegebenen Gebeten und Ritualen, weil die meditative Übung verlorenging, die der Kern der Botschaft des Mystikers war, und wir nicht die leiseste Ahnung von der inneren Erfahrung haben, von der der Mystiker wirklich spricht. Dann übernimmt der gespaltene menschliche Geist die Herrschaft und überlagert mit seinen Abweichungen und Vorurteilen die Lehren, die er nicht versteht, und er begreift nicht, daß sie die Beschreibung einer Existenz von Wirklichkeit darstellen, die keine Veränderung duldet.

Als Konsequenz haben wir 'religiöse' Kriege und Fehden unter den verschiedenen beteiligten menschlichen Fraktionen. Doch was würde der Mystiker von all dem halten? Und was würde wohl Gott mit den wetteifernden Parteien anfangen, die alle zu Ihm beten, auf daß Er ihnen helfe, die gegnerische Gruppe und ihren Glauben auszulöschen? Wir mögen denken, daß es die Religionen sind, die einander bekämpfen. Aber in Wirklichkeit sind es die Menschen, die die Religionen ausüben. Sie tragen die Kämpfe aus.

Gott, jenes innere Wesen des Lebens, ist in uns allen. Es gibt nur einen Gott, aber unsere geistigen Vorstellungen von Ihm sind so vielfältig wie unsere Meinungen. Wir kämpfen und streiten um die *Vorstellungen*, die wir uns von Ihm machen. Wir haben ganz den Blick dafür verloren, was Er wirklich ist. Es ist nur das Schauspiel unseres Geistes, und es hat mit Gott überhaupt nichts zu tun!

Wir müssen also eine umfassendere Anschauung entwickeln. Diese Welt ist nur eine Bewußtseinsschicht, eine Wahrnehmungsebene, die vom Geist erschaffen und von der Seele belebt wird. Wir alle treiben unter dem Einfluß des Geistes umher wie Figuren in einem Traum. Nichts, wie vergänglich oder unbewußt es auch sein mag, geschieht ohne Beteiligung unseres Geistes.

Wahre Mystiker sind die Leitern zur höheren Wirklichkeit. Sie sind die Punkte, an denen in der Dunkelheit der Illusion Licht scheint. Sie kommen, sie bringen ihre Lehren dar und helfen den Seelen, die zu ihnen hingezogen werden, ihre persönliche Rettung zu finden – und dann verlassen sie diese Welt. Der Mensch, der unbewußt die Wahrheit in ihrer Botschaft erkennt, klammert sich dann an das zurückgelassene Gehäuse, an die Philosophie, und macht daraus eine Religion oder einen Kult. Doch zu dieser Zeit ist bereits woanders ein weiterer Mystiker zur Welt gekommen und erfüllt seine uralte Aufgabe, indem er die Seelen, die bereit sind, aus dem klebrigen Netz dieser physischen Ebene herausführt. Für diejenigen, die bereit sind, gibt es zu jeder Zeit irgendwo in dieser Welt einen vollkommenen Mystiker.

Allerdings ist dies kein Buch über das Schicksal einer mystischen Lehre oder über die Arbeit, die Mystiker auf dieser Ebene verrichten. Statt dessen geht es darum, daß es die Gebote der Moral sind, die all diese Verwirrung besser überstehen als alles übrige. Alle Religionen stimmen in den spirituellen Grundlagen überein, wie sehr auch die Lehren der Mystiker entstellt wurden. Kein Mystiker hat jemals eine Religion oder irgendein religiöses Dogma oder einen Ritus begründet. Der Mensch errichtet die Religionen, sobald die Mystiker die Erde verlassen.

Doch die moralischen Gebote haben ihre ganz praktische Grundlage im Kausalitätsgesetz. Um das wahre *Nirwana, Samadhi,* die wirkliche Rettung und Befreiung der Seele – wie immer man es nennt – zu erlangen, ist es nötig, den Geist zu beherrschen, dem Gesetz von Ursache und Wirkung zu entfliehen, der festen Umklammerung unseres eigenen Geistes zu entkommen. Und das bedeutet, 'gut' zu sein und nicht 'schlecht' – in Gedanken, Worten und Taten, weil diese eine Prägung in der Geistenergie hinterlassen und zu unserer Rückkehr in den physischen Bereich führen. 'Gut' ist, was uns zu einer inneren Erkenntnis des Ursprungs verhilft, 'schlecht' ist, was uns davon wegführt.

Wir müssen uns die mentale Haltung einschärfen, die die geringsten Schwingungsrückstände in unserem Geist hinterläßt. Das bedeutet, in jeder möglichen Bedeutung harmonisch zu leben und unseren Geist im Zaum zu halten. Dies ist wahrhaftig die höchste persönliche Physik, die *Meta-Physik.* Auch wissenschaftlich ist dies das höchste Experiment – den eigenen Geist durch Meditationstechnik zu beherrschen.

Wenn alles in unserem Geist ist, ist es dann nicht sinnvoll, das Wesen des Geistes selbst zu studieren, statt die Natur von allem und jedem zu erforschen? Und danach die Seele oder das Bewußtsein, das den Geist in Schwung hält, ihm Bewegung und Leben gibt? Demnach ist die Meditation – unter richtiger Anleitung, wie bei jedem Experiment, das man zum ersten Mal durchführt – die elementare Wissenschaft, das höchste Studium. Es ist die Erforschung des Wissenden, nicht des Gewußten. Und indem wir den Wissenden zu verstehen lernen, kommen wir von allein dorthin, das zu wissen, was man wissen kann. Dann kennen wir das Wesen und die Grenzen der Wissenschaft und verwenden sie auf ganz praktische und harmonische Weise. Wir wissen, was wir tun und was wir nicht tun können, und wir wissen, ob derlei Dinge zu tun überhaupt der Mühe wert ist.

Vorstellungen, Ideen und menschliche Beziehungen

Unser Geist macht sich Vorstellungen von der 'Wirklichkeit', während die Wirklichkeit einfach weitermacht und ihre eigenen Sachen erledigt. Die 'Wirklichkeit' unterscheidet sich von den Vorstellungen, die wir von ihr in unserem Geist tragen! Und doch gibt es zwischen beiden eine Beziehung, weil unser menschlicher Geist ein Teil der Gesamtheit des GEISTES ist, das heißt ein Teil der Natur, ein Teil dessen, was wir als die physische 'Wirklichkeit' betrachten. Damit sind unsere wissenschaftlichen Vorstellungen von der Natur nicht vollkommen falsch – es gibt manche Übereinstimmung. Aber unser Blick ist ziemlich beschränkt. Und weil wir in unseren menschlichen Beziehungen zueinander leiden, könnte eine Erläuterung von Wert sein, wie eben dieser Geistmechanismus im Bereich der menschlichen Emotion wirkt. Ich werde diese Abschweifung kurz halten, obwohl es tatsächlich ein Thema für eingehendere Überlegungen ist.

Viele Beziehungen folgen einem Muster, in dem zwei Personen, die den geistigen Gehalt des jeweils anderen nicht wahrnehmen oder verstehen können (das ist unsere menschliche Situation), in ihrem eigenen Geist ein Bild oder eine Vorstellung davon haben, wie ihr Gegenüber ist und sein sollte. Doch dieses Bild gründet sich auf die geistigen Muster und die ichbezogenen Bedürfnisse des Individuums, sowohl die emotionalen als auch die körperlichen, die durch in der Kindheit und in früheren Leben eingewurzelte Gewohnheiten bedingt sind. Das Ergebnis ist, daß der Partner nicht in dieses Bild paßt, weil es nicht darauf aufgebaut ist, wie der andere tatsächlich ist.

Wir können dann einen von zwei Wegen einschlagen. Entweder können wir unser Bild abändern, da unsere Wahrnehmung vom anderen uns zeigt, daß er oder sie nicht unserem Bild entspricht. Oder wir können fortwährend frustriert sein, wenn die Person es nicht fertigbringt, unseren Erwartungen zu entsprechen. Für gewöhnlich tun wir von beidem etwas.

Wenn wir erkennen, daß unsere Wahrnehmung unvollkommen ist und mit unserem eigenen mentalen/emotionalen Hintergrund und unseren Persönlichkeitsmustern in Beziehung steht, haben wir eine Gelegenheit, uns des unterbewußten Meeres, in dem wir leben, etwas bewußter zu werden. Dann streben wir in unseren Beziehungen einen höheren Bewußtseinspunkt an. Doch wenn wir unbewußt darauf beharren, daß unser Partner unsere Erwartungen in Szene setzt und mit unserem geistigen Bild übereinstimmt, dann sind wir zum Scheitern und zum Leiden verurteilt.

Wir liefern uns natürlich selbst gute Gründe, warum die andere Person auf eine bestimmte Weise denken und sich verhalten soll. „Es ist ihre Pflicht." „Das macht man in unserer Gesellschaft so", und so weiter. Doch all das ist Selbsttäuschung. Das einzige *wirkliche* Gesetz, durch das die Dinge miteinander verbunden sind, ist das der Liebe – wahre, spirituelle Liebe, die vereinigt, nicht unsere menschliche Leidenschaft, die wir Liebe nennen, die jedoch ein hohes Maß an Selbstsucht und Zügellosigkeit enthält. Wenn sie durch den Geist ausgedrückt wird, wird die Einmütigkeit der Liebe zur Kausalität von Beziehungen – menschlichen und anderweitigen.

Somit gibt es eine Vielzahl von möglichen äußeren sozialen Zusammenhängen und Umgebungskontexten, die alle zulässige Ausdrucksmöglichkeiten für innere Harmonie und Liebe sind. Dadurch, daß wir unterbewußt an unserem Bild und unseren Erwartungen kleben, wie eine andere Person zu sein hat, verhelfen wir uns selbst zum Unheil. Letztendlich werden wir so frustriert, daß wir von unserem Partner ein negatives geistiges Bild entwickeln, das eine heftig verzerrte Sichtweise der Wirklichkeit darstellt. Und *dieses Bild* ist es dann, mit dem wir kämpfen und hadern und gegen das wir sogar vor Gericht ziehen – gar nicht die Person selbst.

Unter solchen Umständen ist es wahrscheinlich, daß wir unseren Partner in eine ähnliche Denkweise und Emotionalität hineindrängen. Das Ergebnis ist eine hoffnungslos unglückliche Beziehung. In unserer gegenwärtigen Weltsituation, in der alle so vielen Glaubenssystemen ausgesetzt sind, führt das menschliche Panorama möglicher sozialer Umstände zu vielen potentiellen Bildern davon, wie ein Partner sein sollte und sich zu verhalten hat; und angesichts der durch all diese Möglichkeiten hervorgerufenen Unsicherheitsgefühle zerbrechen immer mehr Beziehungen. Das wird in unserer westlichen Zivilisation und Kultur ganz offensichtlich.

Aber noch einmal, dies ist ein breites Thema, und es gibt eine wachsende Zahl moderner psychotherapeutischer Schulen, die im Sinne einer Verbesserung der zwischenmenschlichen Beziehungen mit dem Wissen von den Emotionen als Energiekonfigurationen arbeiten.

Wie grundlegend sind wissenschaftliche Grundlagen?

Wissenschaftliches Streben

Im Gegensatz zur populären Meinung ist die Wissenschaft kein festes System aus unanfechtbaren Fakten, das die Grenzen des Wissens vorantreibt, bis durch sorgfältigen Eifer schließlich für alles die Antwort gefunden ist. Sie erinnert eigentlich mehr an eine Abendgesellschaft, bei der jemand naiv fragt: „Was, meinen Sie, ist der Sinn und Zweck des Lebens, was ist sein Ziel und wie kann man es erklären?" und sich dann zurücklehnt, um sich über das zu amüsieren, was folgt. Alle reden gleichzeitig, kaum einer hört dem anderen richtig zu, und jeder verteidigt seinen eigenen Standpunkt.

Das daraus hervorgehende Sammelsurium von Ideen spiegelt die jeweiligen geistigen Inhalte der Anwesenden wider, die stark von kultureller und sozialer Konditionierung durchtränkt sind.

Das Leben selbst stellt uns diese Frage, und entsprechend der Zeitstimmung wandern wir im Versuch, die Antworten zu finden, ziellos umher. Doch es *gibt* eine ewige Philosophie, in der die innere mystische Erfahrung so beschrieben wird, daß sie die Lösungen für all unsere Irritation liefert. Doch wenn wir die Existenz einer solchen Erfahrung nicht intuitiv erkennen, werden wir unbewußt dahin gebracht, unsere Gedanken- und Sinnesvorgänge dazu zu benutzen, den Sinn aus unserer Welt abzuleiten. Und wir werden verwirrt, ohne es zu wissen.

In der heutigen Zeit dominiert der Jargon der sogenannten rationalen Wissenschaft. Die Philosophie dahinter kennen wir als *Reduktionismus*. Sie geht von der Annahme aus, das Ganze lasse sich durch die Analyse seiner Teile verstehen. Doch selbst dieses Gebäude des reduktionistischen Wissens ist nicht schrittweise in einem organisierten, weltweiten Prozeß errichtet worden, sondern es entstand eher so wie die beinahe zufällig ausgetauschten Ideen bei einem Bankett.

Sehr wenige Wissenschaftler sind wirklich kreativ oder legen jemals Wert darauf, die Fundamente anzuzweifeln, auf die sich ihre tägliche Arbeit gründet. Tatsächlich sind es für gewöhnlich die jungen, frischen Köpfe – sie sind noch nicht mit jahrelangen unkreativen, schwerfälligen Bemühungen und ausführlichen Untersuchungen innerhalb eines etablierten Rahmens und eines vorgegebenen Paradigmas zugestopft –, die die kreativsten Zugänge zur Welt der wissenschaftlichen Erkenntnisse und Theorien finden.

Doch selbst Einstein hatte ernsthafte Zweifel. In einem Brief an seinen Freund Maurice Solovine, der ihm zu seinem siebzigsten Geburtstag gratuliert hatte, schrieb er 1949:

> Nun glaubst Du, daß ich mit stiller Genugtuung mein Lebenswerk betrachte. Doch bei näherem Hinsehen ist es ganz anders. Es gibt nicht eine einzige Konzeption, von der ich überzeugt bin, daß sie feststeht, und ich bin mir nicht sicher, ob ich überhaupt auf dem richtigen Weg war[1].

Was die Grundvorstellungen angeht, so ist die Wissenschaft auf den Schultern einiger weniger Individualisten vorwärtsgetaumelt, die zur für sie richtigen Zeit Gehör fanden. Freilich wurde ihre Arbeit zum Zeitpunkt ihres Entwurfs in vielen Fällen unter dem Druck der vorherrschenden Meinungen und Ansichten abgelehnt und stieß erst bei einer späteren Generation, die nach einer neuen Richtung suchte, auf Anerkennung.

Gleichwohl werden die Grundvorstellungen einer Wissenschaft selten in Frage gestellt, wenn sie erst einmal etabliert sind. Für alle braven Seelen ist es schwer, dem Druck der Kollegen die Stirn zu bieten. Das ist mehr, als ihre Jobs wert sind. In Amerika sagt man manchmal, man könne sich niemanden vorstellen, der sich vor Kontroversen mehr fürchte als ein staatlicher Wissenschaftler, es sei denn zwei davon! Und diejenigen, die wie ich nicht aus der akademischen Welt kommen, werden von den wissenschaftlichen Institutionen weitgehend ignoriert. Wen man nicht ignoriert, der wird geächtet und attackiert wie ein Käfer, der in einen Bienenstock eindringt. Der Mehrheit, die die Parteilinie absteckt, ist die Gegenwart solcher 'Außenseiter' gefühlsmäßig unangenehm.

Aber die Natur selbst nimmt solche Unterscheidungen nicht vor. Alle Menschen sind gleich, sowohl in den Augen Gottes als auch vor der Natur! Weder Wissen und Erfahrung noch Religion und Zugang zu Gott kann

---

[1]*Aus meinen späten Jahren*, Deutsche Verlagsanstalt, 1979

von einem Teil der Menschheit als reserviertes Terrain beansprucht werden, durch das alle anderen auf ihrem Weg zum 'inneren Heiligtum' hindurch müssen. All das befindet sich in einem jeden Mann und einer jeden Frau. Dies ist ein Teil der Struktur der Schöpfung, und keine noch so starke Überzeugung, Voreingenommenheit, Bigotterie oder Eifersucht kann daran etwas ändern. Wie läßt sich eine Idee oder Wissen besitzen oder gar der Himmel oder das Land? Setzt man die eingewurzelte unterbewußte Schwäche des menschlichen Geistes voraus, würde Gott dann wirklich den Zugang zu Seinen Geheimnissen in die Hände eines begrenzten Teils der menschlichen Gemeinschaft legen, wie die Priester und Anhänger fast jeder Religion behaupten? Ist selbst das Wenige, was die Wissenschaft weiß, nur in den Universitätssälen oder in den Forschungslabors der großen Industriekonzerne zu finden? Solche Gedanken liegen in unserem eigenen Geist. Sie sind nicht von Natur aus so.

Die erste Reaktion, die Rupert Sheldrakes Buch *Das schöpferische Universum* auslöste, ist ein vorzügliches Beispiel für ein unterbewußtes, zur Gewohnheit gewordenes wissenschaftliches Vorurteil, das als 'Rezension aus rationalem Blickwinkel' firmiert. Die britische Zeitschrift *Nature* rezensierte es anonym und geißelte es als „ein Buch zum Verbrennen." „In der Little Essex Street schlagen sie wieder zu", schrieb ein schadenfroher Redakteur des Konkurrenzblattes *New Scientist*, voller Eifer, auf geistreiche Weise mit Steinen nach einem Konkurrenten zu werfen. Doch ist man denn beim *New Scientist* offener gegenüber neuen Ideen? Leider nicht! Schließlich hat man dort eine kommerzielle Zeitschrift zu führen und muß der konventionellen Mehrheit etwas bieten. Also wird das System zu einer geschlossenen Endlosschleife.

Und so ist die menschliche Natur in all ihren Manifestierungen. Unser Geist wird fest im Griff gehalten. Er wirkt nur in der engen Sphäre, die unser Karma zuläßt, und wehrt sich gegen alle Erleuchtungsversuche.

Genauso wie eine Person, die man plötzlich aus dem Schlaf zu wecken versucht, als erste Reaktion ärgerlich darüber sein könnte, daß sie geweckt wird, neigen wir auch dazu, ohne nachzudenken alle Ideen abzulehnen, die einen gedanklichen Weg vermuten lassen, den wir noch nie zuvor eingeschlagen haben. Und wir bringen auch scheinbar gute und vernünftige Gründe für die Ablehnung vor – doch die unbewußten, emotionalen Motivationen sind dennoch aktiv.

In diesem Licht kann man den Pfad betrachten, den die gesamte moderne Wissenschaft ausgetreten hat. Die Fortschritte in der Physik und insbesondere in der mathematischen und theoretischen Nachbildung von Ereignissen und Phänomenen bilden keine Ausnahme.

Die Grundvorstellungen sind in vielen Fällen angezweifelt, aber nur selten, wenn überhaupt, modifiziert worden, selbst wenn eingesehen wird, daß die Modelle unangemessen und unvollkommen sind. Darum geht die Forschung weiter. Und doch ist auf den Grundkonzepten ein turmhohes Gebäude errichtet worden, das nunmehr den Fortbestand unserer gegenwärtigen menschlichen Zivilisation bedroht. Es hat bereits zur Vernichtung von unzähligen anderen lebenden Organismen einschließlich kompletter Arten geführt. Und wenn die Aktivität des Menschen zu so viel Zerstörung und Disharmonie führt, so können wir sicher annehmen, daß wir uns grundsätzlich auf der falschen Bahn befinden.

Nicht in rationaler, sondern in historischer Hinsicht hat die Physik Fortschritte gemacht, und sie ist durch die Pionierleistungen einiger weniger krasser Individualisten auf ihren Kurs gebracht worden. Diese wenigen sind nun zu Helden, zur Religion und zum Dogma geworden. Die institutionalisierte Triebkraft des Systems bildet, unterstützt durch die am Absatz orientierten Motive der Industriekonzerne und die machthungrigen Begierden der Politiker, ein eindrucksvolles, glattpoliertes Gebäude, das der einzelne nur schwer, wenn nicht unmöglich erklimmen kann.

Stets gab es jedoch auch die Abenteurer, und sie werden immer unter uns sein. Später werde ich die Arbeiten von einigen dieser Menschen besprechen.

Der Zustand der Wissenschaft

Die Wissenschaft ist also zu einem Haus geworden, an das nach und nach so viele Teile angebaut wurden, daß das dadurch entstandene Gebäude keinen wirklichen Zusammenhalt und keine Ausrichtung mehr hat. Die staatlich finanzierte Forschung versorgt Hunderttausende von 'Wissenschaftlern' mit einem Arbeitsplatz, der für sie nichts weiter als ein Broterwerb ist. Doch die Forschung, die dabei herauskommt, wirkt oft eher, als wäre eine unkoordinierte Armee von Bauarbeitern eifrig damit beschäftigt, Zimmer, Dächer und sogar Fundamente an eine monströse Struktur anzubauen, ohne daß irgend jemand die grundlegende logische Erklärung für deren Existenz wirklich in Frage stellt. Die meisten Wissenschaftler halten sich an Rezepte, die auf den in wissenschaftlichen Standardkochbüchern vorgeschriebenen Prinzipien aufbauen.

Gewiß gibt es keine allgemeine Auffassung davon, was Wissenschaft ist oder was physische Substanz, Energie, Leben und Bewußtsein tatsächlich *sind*. Die eigentliche Suche ist unwissentlich eingestellt worden, als die beteiligten Menschen mehr und mehr in die hektische Aktivität verstrickt wurden. Doch soweit die Geschichte auch zurückreicht, immer schon war die Situation im Leben so.

Ich behaupte nicht, die Wissenschaft habe je eine solche Ausrichtung gehabt. Doch diejenigen, die in den frühen Tagen der Wissenschaft einer wissenschaftlichen Neigung folgten, waren Einzelpersonen, die sich zu irgendeinem Aspekt der physischen Manifestierung hingezogen fühlten. Man bezeichnete sie als Naturphilosophen. Sie wurden von der bemerkenswerten Natur der Dinge angezogen und angespornt und wollten ein paar Antworten finden. Selbst Newton glaubte nie, er habe die wesentliche *Natur* der Gravitation entdeckt. Man möge mir den Ausdruck verzeihen, aber heute findet man kaum einen Wissenschaftler, der sich wirklich darüber im klaren ist, daß er lebt. Der endlose Universitätstrott aus Vorlesungen, Seminaren, Prüfungen und Tutorien, dazu Ehefrau und Kinder, ein Haus nebst Hypotheken, all das läßt wenig Raum für das Feuer echten Forscherdrangs, für den Funken des wirklichen Lebens und für kreative, hingebungsvolle Gedanken, Wahrnehmungen und Einsichten.

Die großen Belohnungen und Motivationen bestehen in Nobelpreisen und beruflicher Anerkennung. Das damit einhergehende Anwachsen von Ego und Stolz dämpft das weitere kreative Denken, weil es die geistige Energie und die Aufmerksamkeit weg von der inneren Konzentration und hin zur schnöden Außenwelt lenkt. So geht die Inspirationsquelle rasch verloren, selbst wenn jemand vorübergehend geglaubt hatte, sie gefunden zu haben. Darum werden so viele 'Fortschritte' von jungen Leuten erzielt, die einen frischen Geist mitbringen. Vielleicht sind sie dabei idealistisch. Aber sie sind nicht mit Dingen vollgestopft, die die Älteren begriffen zu haben glauben und an denen diese mit einer Strenge und einer Treue festhalten, die jedem Anhänger eines religiösen Dogmas zur Ehre gereichten.

Wissenschaft, Emotion und menschliche Schwäche

Es ist eine bedauerliche Tatsache, daß Menschen vor allem gern recht behalten. Sie wollen die ersten sein. Sie wollen etwas Neues vollbringen. Sie lieben Lob und Ruhm. Sie wollen nicht einsehen, daß sie nur ein Glied in einer Kette sind. Das ist unser menschliches Wesen, und es kennzeichnet die Wissenschaft ebenso wie das Familien- oder Stammesleben[1]. Die menschlichen Emotionen sind identisch.

Man möchte glauben, wir wären uns des Zustandes unserer Ignoranz bewußt und wären froh zu sehen, wie unsere Mitmenschen die Grenzen unserer kollektiven Unwissenheit erweitern. Doch nichts dergleichen. Dieses egozentrische Verhaltensmuster, dieses Konkurrenzdenken, diese mental-emotionale Energiekonfiguration, sie verhelfen uns dazu, in Unwissenheit zu verharren! Nur unsere unbewußte tiefe Verstrickung in diese menschlichen Gefühle hält uns in der Unkenntnis der mystischen Realität zurück. Als Menschen sagen wir selbstverständlich, wir begreifen die Dinge in unserem Geist, so daß das Ausmaß und die Stärke der weitgehend unterbewußten menschlichen Emotion jede Wahrnehmung und jedes Begreifen unwillkürlich beeinflußt – gleichgültig, ob es um wissenschaftliche, soziale, politische oder spirituelle Dinge geht. Dieser unterbewußte Zwang reicht allein schon aus, um uns jeglichen wirklich freien Willens zu berauben und jede Wellenwahrscheinlichkeitsfunktion vollständig zusammenbrechen zu lassen.

Wissenschaftler verhalten sich in vieler Hinsicht wie Priester, wenn sie mit neuen Ideen konfrontiert werden, selbst wenn diese von ihren eigenen Kollegen stammen, und besonders, wenn so ein Kollege weniger bekannt ist! Es gibt häufig Streitgespräche darüber, wer was als erster entdeckt hat oder wer auf einen bestimmten Gedanken zuerst gekommen ist. Diese Diskussionen können sehr erbittert geführt werden. Diese emotionale Vernebelung unseres Geistes hindert uns an einer Rückkehr zum Meer, aus dem alle Ideen und Eingebungen stammen.

Wir besitzen nichts, und noch am wenigsten eine Idee oder eine Wahrnehmung von den Mechanismen der Natur. Statt dessen sollten wir uns unserer äußersten Ignoranz gegenüber den Vorgängen der Natur schämen und dadurch demütig werden. In einer guten Familie arbeiten alle im Sin-

---

[1]Ich erinnere mich an einen Dokumentarfilm, der das Leben einer westafrikanischen Gemeinschaft von Waldbewohnern zeigte. Ein Mann, der in seiner geschickt konstruierten und aus natürlichen und einfach zu findenden Materialien erbauten Hütte saß, bereitete ein Nervengift zu, wozu eine Reihe verschiedener, hauptsächlich chemischer Prozesse erforderlich war. Besorgt sah seine Frau zu, wie er mit der fertigen Mischung eine Pfeilspitze bestrich. Der Film war mit Untertiteln versehen. „Liebling, sei vorsichtig", sagte sie, „es ist sehr giftig." Ihr Mann antwortete: „Es ist schon gut – ich weiß was ich tue." Die menschlichen Gefühle sind überall gleich!

ne des Gemeinwohls zusammen. Es ist nicht relevant, wer was entdeckt hat. Zumindest war dies der natürliche Lauf der Dinge. Wie die Maus, die dachte, sie würde das Kamel führen, diese Rolle doch nur zufällig spielte, steht es auch uns kaum zu, den Ruhm dafür einzustreichen, daß wir uns in dem Moment auf dem Kamm der Welle befinden, in dem sie sich bricht!

Ich habe allerdings Kollegen erlebt, die bestimmte wissenschaftliche Abhandlungen oder Bücher absichtlich vor anderen zurückgehalten haben, nur weil sie eifersüchtig darüber wachten, daß ihre Stellung als 'Autorität' auf ihrem Gebiet nicht untergraben würde. Oder ihre Kritik an einer 'neuen' Idee war unterbewußt durch Eifersucht motiviert und erfolgte nicht aufgrund von rationaler Wissenschaft oder einer sachlichen Meinungsverschiedenheit. Doch es gibt auch Menschen, die großzügig und selbstlos geben. Letztere sind natürlich die glücklicheren und friedvolleren Menschen, und sie verfügen häufig über einen tieferen intuitiven Einblick in die Naturvorgänge.

Dann gibt es jene, die mehr zu wissen vorgeben, als tatsächlich der Fall ist. Sie weigern sich, ihre 'Geheimnisse' preiszugeben, weil die Information 'Eigentum' ist oder – sogar noch besser(!) – weil „Sie es doch nicht verstehen würden."

Bewußtseinserweiterung durch Meditation bringt tatsächlich die Beherrschung all dieser versteckten, doch ganz simplen menschlichen emotionalen Schwächen mit sich, die uns kontrollieren. Dadurch entwickeln wir eine größere Fähigkeit für Toleranz, Aufgeschlossenheit, Vielseitigkeit und Klarheit – für Ganzheit. Und durch eine größere Ganzheit und persönliche geistig-emotionale Integration in uns nehmen wir automatisch eine größere Ganzheit und Integration in der 'äußeren' Welt wahr.

Wissenschaft ist also nicht wahrhaft rational – sie ist die Folge der geistig-emotionalen Aktivität des Menschen. Das demokratische Verfahren der Diskussion und des Experimentierens hilft einigermaßen dabei, ihre rauhen und inkonsequenten Kanten abzuschleifen. Doch die wissenschaftlichen 'Schlußfolgerungen' werden stets nur innerhalb der Beschränkungen liegen, die durch das allgemeine Bewußtseinsniveau der beteiligten Mehrheit festgelegt sind. Wenn sich die Ebene des Bewußtseins verschiebt, wie wir es gegenwärtig erleben, dann bewegt sich plötzlich auch unsere 'Wissenschaft' und beeilt sich, zum höheren Allgemeinverständnis aufzuschließen, das wir dann von unserem physischen Bereich haben.

Wissenschaft, Holismus und die Verschiebung im Bewußtsein

Je mehr Beschreibungen des Universums von Wissenschaftlern, Philosophen und Mystikern man liest, desto deutlicher stellt man fest, daß die jeweils dargelegte Theorie vom Universum genau den Inhalt und die Struktur des Theoretikergeistes widerspiegelt – und nicht das Universum selbst. Mit anderen Worten: Setzt man voraus, daß die innere Verfassung des Menschen energetischer Natur ist, dann geschieht es *automatisch*, daß der Geist eines jeden einzelnen von uns sich so mitteilt, wie er es eben tut. Dies ist ein 'Gesetz' der Natur, Teil der Karmas, durch die wir uns dort befinden, wo wir sind – sowohl körperlich als auch emotional und mental.

Wenn wir uns im Bewußtsein individuell entwickeln, ändert sich unser Blickwinkel automatisch. Zu Anfang schwelgen wir vielleicht sogar in den 'neuen' Ideen, die wir 'haben'. Wir schreiben Bücher und Artikel, halten Vorträge auf Konferenzen und so fort. Später stellen wir dann fest, daß Ideen uns genauso wenig 'gehören' wie das Glitzern der Sonnenstrahlen im morgendlichen Frühtau. Zur Zeit findet zweifellos eine globale Aufwärtsverschiebung im Bewußtsein vieler einzelner Menschen statt, wenn nicht gar in großen Teilen der Bevölkerung, und eine Verschiebung in der Wahrnehmung ist für den einzelnen sehr anregend. Sie führt zu einem zunehmend ganzheitlichen, universellen inneren Zustand, der aber noch einen weiten Weg vor sich hat. Das Resultat besteht darin, daß die Theorien vom Universum, die solchen Menschen zuteil werden, dessen Ganzheit reflektieren.

Daher findet die holistische Vorstellung, die eine zeitlang im außerwissenschaftlichen Bereich einen Kultstatus erreicht hatte, nun Eingang in das konventionelle, institutionalisierte Gedankengebäude. Als Auffassung von der Struktur des Universums ist der Holismus so alt wie der Mensch, auch wenn der Begriff vergleichsweise neu sein mag. Wie weit man die Spuren der menschlichen Wahrnehmung in der Geschichte auch zurückverfolgt, immer haben Mystiker das fundamentale Einssein und die wechselseitige Verbundenheit unter allen Dingen zum Ausdruck gebracht.

Heute zeigt sich selbst unsere reduktionistische, analytisch-wissenschaftliche Vorgehensweise unfähig, mit der Unmenge von Einzelheiten zurechtzukommen, auf die sie stößt. Denn die Wissenschaftler stellen zunehmend fest, daß die Kenntnis lokaler Kausalitäten und Verbindungen uns nicht erklärt, wie das Ganze funktioniert. Und das gilt gleichermaßen für subatomare Partikel, Atome und Moleküle, für eine einzelne Zelle, für den menschlichen Körper oder die menschliche Psyche wie für das gesamte bekannte und unbekannte Universum. Der Gedanke wird in genau dem Wort zusammengefaßt, das wir zur Bezeichnung dessen benutzen, was die Gesamtheit des uns Bekannten darstellt – das *Uni*-versum, eine Welt, eine Wendung, ein vollständiges, selbsterhaltendes System. Es wäre wohltuend, wenn auch unsere Uni-versitäten sich an diesen Leitlinien orientierten!

Nunmehr gibt es sogar Leute wie Paul Davies, Professor für theoretische Physik an der Universität von Newcastle upon Tyne, der sich mit beachtlichem Scharfblick zu seiner eigenen Disziplin, der Physik, geäußert hat, die man seit langem als die grundlegendste aller Wissenschaften ansieht. Davies erkennt, daß eine solche 'Grundsätzlichkeit' nur in Bezug auf jene reduktionistischen Denkvorgänge gültig ist, für die die Physik die weitestgehende Analyse der 'Bestandteile' der Natur liefert.

Doch das schöne ist, daß wir, wenn wir erst einmal auf dieser 'grundlegenden' Ebene angelangt sind, folgendes feststellen: Sie führt uns zu einem Beziehungsgewebe in den Energiemustern zurück, bei dem alles in einem Ganzen miteinander verbunden ist. So hat uns die reduktionistische Logik sogar zum Holismus zurückgebracht. Doch daß das Ausmaß dieses Holismus so weit geht, daß er auch unseren eigenen Geist und unser Bewußtsein umfaßt, wird immer noch nicht völlig begriffen, noch nicht einmal von vielen Physikern, die sich die holistische Vorstellung zu eigen machen. Die Gewohnheit der klassischen, reduktionistischen Denkweise sitzt sehr tief, und die innere Eingebung oder gar Vision eines Holismus, eines sowohl inneren als auch äußeren einen Universums, das ist etwas, das sich nicht lehren läßt.

Der analytische Reduktionismus, das Zerlegen der Welt in Fragmente durch unseren entzweienden Geist, ist eine Ebene oder ein Zustand des Bewußtseins. Es macht kaum etwas aus, ob sich dies sozial, emotional, persönlich, politisch oder wissenschaftlich ausdrückt. Der geteilte Geist wird ein geteiltes Universum wahrnehmen. Der zusammenhängende, ganzheitliche Geist wird ein ganzheitliches Universum sehen. Während wir innerlich von der geteilten hin zur ganzheitlichen Wahrnehmung wachsen, ändert sich unsere Ausdrucksweise also selbsttätig.

Wir mögen uns zunächst nicht darüber im Klaren sein, daß es wirklich dies ist, was passiert. Wenn wir anfangen aufzuwachen, mögen wir eine beträchtliche Zeit in einem Dämmerzustand, in einem Halbbewußtsein verbringen. Beim Menschen findet dieser Prozeß ständig statt. Wir sind in einem System befangen, in dem wir entweder langsam erwachen oder in den Schlaf eines tieferen Unbewußten zurückfallen. Wir stehen niemals still. Täglich bewegen wir uns auf und ab. Dabei gelangen wir langsam dahin zu verstehen, wie wenig die intellektuelle Analyse des inneren Wesens uns Auskunft darüber gibt, wie wir sind und wie wir das Universum wahrnehmen. An diesem Punkt in ihrem Denken kommen Menschen wie Paul Davies dann zu Aussagen wie der folgenden: „Ich sehe keinen Grund, warum die erstere (die Teilchenphysik), nicht aber die letztere (die holistische Organisation von Netzen oder Prozessen) die Bezeichnung fundamental verdient."

Mit anderen Worten, die Mechanismen der holistischen Geschlossenheit in der Natur werden heute für grundlegender gehalten als die subatomaren Teilchen. Das bedeutet, das Ganze ist grundsätzlicher als die Analyse seiner kleinsten 'Teile'. Jetzt könnte man Hurra schreien! Doch aufgepaßt, denn der Wandlungsprozeß geht nur langsam vonstatten, und es gibt im Verständnis vom Grundsatzcharakter des Holismus Abstufungen – abhängig von der Mentalität der Person, die diesem Verständnis Ausdruck verleiht oder es anwendet. 'Selbstorganisation in chaotischen Systemen' wurde zu einem der Schlagworte moderner Wissenschaftler. Ilya Prigogine erhielt für seine Arbeit auf diesem Gebiet vor einigen Jahren den Nobelpreis, und seine Ideen dringen allmählich über die Schranken des Bereichs thermodynamischer Systeme hinaus, für die er sie zunächst formuliert hatte.

Den Wissenschaftlern ist aufgefallen, daß Materie und Energie die Fähigkeit zur 'Selbstorganisation' zu haben scheinen. Doch für gewöhnlich fragt man nicht, wo diese Fähigkeit entsteht. Man sagt, die Selbstorganisation sei intrinsisch. Doch das wäre dasselbe, als behaupte man, ein Elementarteilchen könne in Form einer kleinen, festen Kugel aus irgend etwas existieren, das Wesen dieses Etwas bräuchten wir jedoch nicht zu kennen. Solche Behauptungen stimmen offensichtlich nicht.

Jetzt sind die Wissenschaftler hin- und hergerissen zwischen der klassischen Sichtweise, nach der die Natur ständig an Unordnung und Entropie zunimmt, und der neueren Vermutung, sie könne sich selbst hin zu immer größerer Komplexität organisieren. Das ist mittlerweile die elegante Lösung der mechanistischen, neodarwinistischen Theorien geworden, die die Entstehung des Lebens aus unbelebter Materie zum Thema haben. Sie besagen, Evolution sei einfach ein Beispiel für die Fähigkeit von Materie oder Energie, sich selbst zu organisieren. Doch vom wahrhaft holistischen oder mystischen Standpunkt aus strebt das gesamte Universum weder dem Chaos zu, noch ist es selbstorganisierend. Es befindet sich stets – innerhalb seines kompletten Selbst – vollkommen im Gleichgewicht.

Zwangsläufig ist dies eine Funktion des Einen, das sich als Vielfalt zum Ausdruck bringt. Das Einssein, das endgültige Gleichgewicht, es wird immer vorhanden sein. Auf diese Weise werden die Dinge zusammengehalten. Doch damit jemand dies begreift, muß sein Holismus mystischer Art sein, denn das Einssein befindet sich im Inneren. In keinem Etwas, das sich ausschließlich unseren Sinnen offenbart, läßt es sich aufspüren. Ein solches Begreifen erfolgt allein von einem innerlichen Punkt des Bewußtseins aus.

Das bringt uns nun wieder zurück zum Gleichgewicht von Yin und Yang in allen manifestierten Dingen, oder richtiger zur Äußerung als die drei Gunas – positiv, null und negativ. Denn die Null bildet den Punkt der innerlichen Schöpfung, aus dem das Plus und das Minus, also die Gegensatzpaare hervorgehen. Mystiker werden sich selten, wenn überhaupt, auf eine Kontroverse einlassen, weil sie wissen, daß dies die Natur des menschlichen Verstehens ist und daß dies auch genau so gedacht ist. Denn Kontroversen sind Ausdruck eines verwirrten Geistes, der mit sich selbst und daher auch mit anderen uneins ist. Mit den Mitteln des Intellekts kann man andere Menschen nicht von etwas überzeugen, das wie der Rahm auf der Milch ausschließlich als Resultat von Bewußtseinserweiterung entsteht. Ideen, Wissenschaft, Ausdruck – alles sind Sekundärreflektionen des Bewußtseinsgrades eines Individuums.

Damit sich der äußere Ausdruck ändern kann, muß sich zuerst das innere Bewußtsein ändern. Der Versuch, den Ausdruck zu ändern, ohne über Methoden für einen Ebenenwechsel im inneren Bewußtsein zu verfügen, ist zum Scheitern verurteilt. Das ist so, als würde man stets saubere Kleidung anziehen, aber niemals ein Bad nehmen. Daran liegt es, daß sich, als Beispiel aus dem sozialen Bereich, die Handlungsweise von Missetätern nicht einfach durch Einsperren ändern läßt. Notwendig ist eine innere Wahrnehmungsveränderung, die keinem Menschen aufgezwungen werden kann, wie intelligent er auch sein mag.

Mystiker bewahren also für gewöhnlich Stillschweigen, was strittige Fragen angeht, besonders dort, wo ihr Standpunkt eine Auseinandersetzung auslösen könnte. Im Privaten sind ihre Bemerkungen zu den Verästelungen des menschlichen Wesens erheiternd aufschlußreich, das kann ich jedenfalls aus eigener Erfahrung hinzufügen, doch selbst dabei wird man mit einem warmen, liebevollen Verständnis für die Natur unserer menschlichen Launen bedacht. Aber darüber, wo wir stehen, wird niemand im Zweifel gelassen.

In vielerlei Hinsicht betrachten Mystiker unser menschliches Theoretisieren über die Dinge als Kindergeplapper. Es führt zu nichts, ein Kind dazu erziehen zu wollen, sein kindliches Verhalten abzulegen. Das würde es nur in seiner natürlichen Entwicklung behindern. Es ist wie bei guten Eltern, die auf kindliches Verhalten ja auch nicht strafend, sondern mit Zuneigung reagieren. Sie wissen, daß das Kind unter solcher Fürsorge nur wachsen kann. Sie kennen den Vorgang, und sie haben das schon vorher geschehen sehen.

Wissenschaftliche Vorstellungen

Wie schon gesagt, baut in der Wissenschaft vieles auf Vorstellungen auf, deren Bedeutung – in Begriffen der wirklichen menschlichen Erfahrung – unklar ist oder ganz fehlt. Die Basis der modernen Mathematik war die Euklidische Geometrie. Der Geometriker beschäftigte sich mit so abstrakten Vorstellungen wie 'Punkten', 'Linien', 'Ebenen' und so weiter – *ohne bei all dem die Masse zu berücksichtigen.* Das ist eindeutig eine theoretische Wissenschaft. Mit der Einführung von Descartes' grundlegendem algebraischen Werk im siebzehnten Jahrhundert, dem die unabhängig voneinander erfolgte Erfindung der Differentialrechnung durch Leibniz und Newton folgte, erhielten Physik und Mathematik ungeheure Impulse, denn dadurch wurde ihre methodische Kraft erweitert.

Dadurch, daß dieser konzeptionelle Ansatz auf die Newtonsche Mechanik angewandt wurde, geriet die Physik auf die uns heute so wohlbekannte Bahn. Doch war das der richtige Weg, über den sich die grundlegende Wirklichkeit begreifen ließ? Kann man die theoretischen Vorstellungen der Geometrie (wie sie allgemein aufgefaßt wird) beispielsweise auf Schwerkraft und Masse übertragen und daraus ein Grundverständnis ableiten, was Schwerkraft und Masse tatsächlich *sind*? Die Antwort lautet nein. Durch diese Methode haben wir immer noch keine Ahnung davon, was *irgend etwas* tatsächlich *ist*!

Newton hat die Schwerkraft nicht wirklich 'entdeckt'. Er hat nicht einmal behauptet, ihr Wesen erfaßt zu haben. Er fand einfach eine mathematische Formel, mit der sich ein Teil ihrer Wirkung beschreiben läßt. Dasselbe gilt für seine Arbeiten über Masse, Mechanik und Optik. Die Antwort auf die Grundfrage, was diese Erfahrungen unserer physischen Welt tatsächlich *sind*, bleibt die Physik schuldig, da der *Erlebende* als Bestandteil des Erlebnisses außer acht gelassen wird. Der *Beobachter* wird aus der Untersuchung der Beobachtung ausgeklammert. In einigen quantentheoretischen Deutungen glimmt davon ein schwacher Funke auf, doch Geist, Gewahrsein und Bewußtsein des Beobachters sind nicht integrale Bestandteile dieser Theorien, wie sie auf herkömmliche Weise formuliert werden.

Und so schritt die Geschichte der wissenschaftlichen 'Entdeckung' fort. Man übertrug die Elektrizität und den Magnetismus auf den Bereich der mathematischen Theorien. Das Werk von Maxwell, der den Zusammenhang zwischen Elektrizität und Magnetismus nachwies, führte die Vorstellung von *Kraftfeldern* ein. Doch heute erzeugt dieses Kraftfeldkonzept so etwas wie Ratlosigkeit, denn die Teilchenphysiker können keine *Kraftfelder* ausfindig machen. Sie finden lediglich teilchenartige und wellenartige Gebilde.

Die Schwerkraft wird (in der Theorie) also auf das Zusammenwirken von *Gravitonen* reduziert (obgleich niemand jemals eines gesehen hat), und der Elektromagnetismus wird zur Funktion aus *Photonen* und *elektrischer Ladung*.

Bei der elektrischen Ladung handelt es sich um eine weitere Vorstellung, die ausschließlich als mathematischer und logischer Ausdruck Bedeutung hat und außerordentlich nützlich ist, um den quantitativen Charakter der *Wirkungen* in der Elektronik und Elektrotechnik zu bestimmen, und doch kann man von ihr nicht sagen, sie sei eine grundlegende Erklärung der Elektrophänomene. Niemand weiß, was Ladung tatsächlich *ist*. Selbst wenn sie durch die Quantentheorie als ein 'Fluß virtueller Teilchen' beschrieben wird, bleibt das Verständnis von ihr lückenhaft. Man fragt sich, woraus denn wohl virtuelle Teilchen bestehen mögen – eine Frage, der wir uns in einem späteren Kapitel widmen.

Einstein arbeitete sehr erfolgreich daran, die Vorstellungen von Raum, Zeit und Schwerkraft zusammenzuführen, doch läßt sich seine Theorie nicht einfach mit den statistisch mathematischen Aussagen zur Welt der subatomaren Teilchen kombinieren. Man benutzt seine Theorie, um mit ihrer Hilfe zu beschreiben, was bei den hohen Geschwindigkeiten passiert, mit denen sich subatomare Partikel bewegen. Ironischerweise hat

Einstein selbst einen großen Teil dieser Basisarbeit geleistet, die dazu geführt hat, daß für die Beschreibung des Teilchenverhaltens die Statistik zu Hilfe genommen wird. Aber niemals hielt er es für möglich, daß man einem statistischen, probabilistischen Modell als Beschreibung der physikalischen Wirklichkeit so viel Glauben schenken würde. Er hatte immer das Gefühl, irgendwo darunter müsse ein deterministisches, geordnetes und kausales Muster liegen.

Es ist also alles reichlich vertrackt geworden. Es ist wie eine Villa, die nicht in einem Stück erbaut wurde und sich nicht besonders gut zusammenfügt. Und es gibt so viele Anomalien – Erkenntnisse und Experimente, die sich im Rahmen der aktuellen theoretischen Modelle nicht erklären lassen –, sowohl innerhalb des Gebietes wissenschaftlicher Entdeckungen als auch außerhalb davon.

Was fehlt, ist ein grundsätzlicher Standpunkt, der sich auf die innere, mystische *Erkenntnis* des Individuums gründet. Unsere grobphysische Wissenschaft hat keinen Platz für die besondere Sache, die wir alle mehr als jedes Wissen schätzen – unser Innenleben und das Bewußtsein selbst, und sogar dessen physischen Fortbestand in unserem gegenwärtigen Körper.

Das ist völlig klar. Denn würde die Universitätsbibliothek oder eine der Fakultätsbibliotheken hier in Cambridge anfangen zu brennen, dann würde richtigerweise mehr Wert darauf gelegt werden, Leben zu retten – und nicht das Wissen. Die Akademiker würden ins Freie laufen und das gesammelte naturwissenschaftliche 'Wissen' zurücklassen!

Über den zutiefst inneren Funken des Bewußtseins haben die Wissenschaften der Physik und der Biologie absolut nichts auszusagen. Wir halten uns also selbst zum Narren, wenn wir glauben, das Wissen der Naturwissenschaften sei für uns von größerer Wichtigkeit und Bedeutung als unser eigenes Innenleben. Die Wissenschaft besteht aus einer Ansammlung von Vorstellungen, die nur schwerlich miteinander in Beziehung zu bringen sind. Sie bemüht sich so gut sie kann, einen logischen Rahmen abzugeben, innerhalb dessen Erkenntnisse nachgebildet und allgemeine Prinzipien begründet werden, doch sie erreicht dieses Ideal bei weitem nicht. Die Medizinwissenschaft verfügt über gar kein wirkliches Modell des menschlichen Körpers oder auch nur einer einzelnen Zelle. Die reduktionistische Analyse der Teile gemäß bestimmter Vorurteile erzeugt kein Modell. Und der Grund dafür besteht darin, daß das Leben und das Bewußtsein ignoriert und die dem Verstand eigenen Beschränkungen nicht akzeptiert werden.

Am wichtigsten aber ist, daß – worauf der Rest dieses Buches eingeht – diese Vorstellungen geändert und überwunden werden können. Genauso wie es eine korrektere Wiedergabe der Wirklichkeit zu sein scheint, wenn man feststellt, daß die Erde rund ist (nicht flach) und sich um die Sonne herum bewegt (nicht stillsteht), ist es auch richtiger zu sagen, daß alle manifestierten Objekte, die wir mit unseren Sinnen oder mit deren instrumentellen Erweiterungen wahrnehmen können, tatsächlich Muster auf der Vakuumoberfläche sind, die innerlich mit der Struktur unseres Geistes verknüpft ist. Wir möchten vor allem wissen, wie dieses Ursprungsmuster geordnet ist. Versteht man dies erst einmal, dann werden viele der experimentell beobachteten Anomalien in den Naturwissenschaften erklärbar. Ein derartiges Verständnis hat bereits Technologien entstehen lassen, die tatsächlich funktionieren und die in der jüngeren Vergangenheit und gegenwärtig zumeist privat von Einzelpersonen entwickelt wurden und werden. Leider wirkt die Geschichte, wie diese Einzelpersonen von der offiziellen Wissenschaft verkannt oder sogar verfolgt wurden, recht ernüchternd.

Tom Bearden, Protagonist der Theorie elektromagnetischer Skalarwellen und kreativer Wissenschaftler, der die Bedeutung des Geistes und des Bewußtseins für die Wissenschaftstheorie erfaßt, weist mit Vorliebe darauf hin, daß selbst die Grundkonzepte der Physik nur dürftig definiert sind. Die meisten Wissenschaftler gehen davon aus, daß Vorstellungen wie 'Masse', 'Zeit', 'Feld', 'Kraft', 'Ladung' usw. eindeutig definiert seien. Das Gebäude ihrer naturwissenschaftlichen Ausbildung ruht auf diesen Vorstellungen. Doch wie wir aufgezeigt haben, geht die Bedeutung dieser Vorstellungen eher auf die historische Entwicklung zurück als auf irgendwelche absoluten oder einheitlichen Definitionen.

Burniston-Brown schrieb in einem Artikel über *Gravitations- und Trägheitsmasse* im *American Journal of Physics* (Vol. 28, S. 475, 1960): „Eines der erstaunlichsten historischen Merkmale der Physik ist die Verwirrung, die die Definition des Schlüsselbegriffs in der Dynamik umgibt – die Masse." Dies gilt ausnahmslos für alle grundlegenden naturwissenschaftlichen Vorstellungen. Nicht einer dieser allgegenwärtigen, geläufigen Grundbegriffe läßt sich unzweideutig verstehen.

Darin spiegelt sich natürlich die Grundverwirrung des Menschen über sein Dasein wider, und dies wird noch von der Tatsache überlagert, daß der Geist des Menschen ständig im Fluß ist. Wir sind wieder beim Abendgesellschaftssyndrom. Und wie wir gezeigt haben, ist die Vorstellung von einem Gegenstand oder der Gedanke daran etwas ganz anderes als der Gegenstand selbst. Die 'Dinghaftigkeit' der Dinge läßt sich niemals durch verstandesmäßige Vorstellungen erfassen. Statt dessen wird die Vorstellungsbildung zu einer Sperre gegen die höhere Erfahrung, welche die 'Dinghaftigkeit' direkt wahrnimmt.

Tatsächlich sind viele naturwissenschaftliche Vorstellungen verstandesmäßig so schwer zu begreifen, daß ein Student, wenn er die Idee und ihre Bedeutung geistig aufgenommen hat, einen Seufzer der Erleichterung ausstößt (vielleicht unbewußt) und die Wahrheit oder die Unbedingtheit dieser Vorstellung nie mehr anzweifelt. Es wird zu einem Gegenstand von intellektuellem Stolz – Wissen erzeugt oft ein Überlegenheitsgefühl –, daß er sich solche Gedankengänge merken und mit dem, was er für ihre Bedeutung hält, intelligent umgehen kann.

Sich einmal hinzusetzen und in Ruhe all das zu hinterfragen, was einem beigebracht wurde, kann zur Entdeckung der eigenen grundlegenden Unwissenheit und Einsamkeit führen – ein guter Ausgangspunkt für den mystischen Aufstieg und eine gute Annäherung an die Wissenschaft und auch an das Leben schlechthin. Doch das ist nicht ganz leicht zu bewerkstelligen.

Im Hinblick auf weiteres wissenschaftliches Fortschreiten ist es allerdings notwendig, alle Grundkonzepte in Frage zu stellen. Denn wenn wir einen Punkt erreicht haben, wo wir uns in die Luft jagen und das ökologische Gleichgewicht unseres Planeten zerstören können, während andere Arten Tag für Tag gleich massenweise ausgerottet werden, deutet dies dann nicht darauf hin, daß unser Grundverständnis vom Leben verkehrt ist? Irgendwo lassen wir eindeutig irgend etwas außer acht. Und dieses Etwas ist selbstverständlich die spirituelle Dimension des inneren Lebens und Bewußtseins.

Die grundlegende Dualität, die allen geistigen Bereichen eigen ist, steht für das Grunddilemma der gesamten Wissenschaft und Aktivität des Menschen. Wie eingehend man das 'Es' auch analysieren wird, das Problem 'Ich' und 'Es' wird stets bestehen bleiben. Was immer das 'Es' sein mag, solange 'es' vom 'Ich' getrennt bleibt, kann man das wirkliche Wesen des 'Es' nicht erkennen. Solange der Beobachter und das Beobachtete als getrennt erlebt werden – selbst wenn wir intuitiv erkennen, daß sie eins sind –, können wir immer nach dem 'Es' fragen. „Was ist es?" Und die Frage läßt sich niemals ganz beantworten. Tatsächlich führt jede Frage stets zu weiteren Fragen. „Was sind die 'Es', aus dem 'es' besteht?" und so fort.

Doch wenn das 'Ich' mit dem 'Es' in einer erweiterten Bewußtheit verschmilzt, ist das Problem der wahren Natur des 'Es' nicht gelöst, vielmehr *löst es sich auf.* In einem höheren Sinn verliert es jede Bedeutung. Wir können immer noch nach dem 'Es' fragen, während 'es' auf der physischen Ebene funktioniert, doch wir wissen dann um die relative Natur sowohl der Fragen als auch der Antworten. Auf diese Weise erwarten wir nicht, grundsätzliche Antworten zu erhalten.

Nikola Tesla und die Frühzeit der Elektrizität[1]

Wenden wir uns nun besonderen *experimentellen* Wissenschaftsbemühungen der letzten hundert Jahre zu – Bemühungen, die sich aus einer Neubewertung naturwissenschaftlicher Basiskonzepte und einer zusätzlichen Bereitschaft ergeben haben, beobachtete Unregelmäßigkeiten anzupacken, die sich nicht in die herrschenden Theorien und Vorstellungsmuster einfügen, und sie nicht unter den Teppich zu kehren. Diese Geschichte muß mit Nikola Tesla beginnen.

Über Teslas Werk habe ich schon in *Strahlungsfeld* geschrieben, doch sein Einfluß ist derart weitreichend, daß kein Bericht über das Entstehen moderner Technologie vollständig wäre, erwähnte man ihn darin nicht. Tesla, zweifellos der Vater der Wechselstromtechnologie, der Art von elektrischem Strom, mit dem Motoren, Heizung und Beleuchtung unserer modernen Häuser und unserer Industrien betrieben werden, ist weitgehend vergessen worden, oder er wird, so behaupten manche, vorsätzlich verschwiegen. Dennoch schätzen viele Pioniere im Bereich elektrotechnischer Erfindungen dieses Jahrhunderts seine Arbeit bis zum heutigen Tage als gewaltige Inspiration für ihr Leben.

Tesla war ein Einzelgänger, der keine dauerhaften Firmen- oder Forschungsverbindungen einging. Vielleicht führte dies zu seiner schließlichen Isolation. Doch in seiner gesamten Arbeit bemerkt man die Unterströmung eines Mannes, der mehr entdeckt und verstanden hatte, als gut für ihn war. So jedenfalls dachten seine Zeitgenossen. Möglicherweise wurden sie durch seine visionären Ideen beunruhigt, von denen seitdem viele verwirklicht wurden, und sie fühlten sich zweifellos verunsichert – da sie nicht wußten, ob sie dem Mann glauben konnten oder nicht.

---

[1] Meine biographische Hauptquelle zu Tesla ist Margaret Cheneys Buch *Nikola Tesla – Erfinder, Magier, Prophet.*

Er wurde 1856 in Jugoslawien geboren. Im Alter von 26 Jahren ging er nach Paris. In Budapest hatte er eine Zeitlang an frühen Telegraphie-systemen gearbeitet, und in Paris war er bei Edisons Elektrogesellschaft beschäftigt, wo er binnen kurzem der Störungsbeseitiger vom Dienst für Edisons französische und deutsche Kraftwerke wurde.

Im Alter von 28 Jahren ging Tesla 1884 nach New York, wo er bei Edi-sons Gesellschaft angestellt blieb. Edisons Stromsystem – seine Motoren, Beleuchtung usw. – arbeitete mit Gleichstrom, und obwohl Tesla Edison in vielen wichtigen Dingen half, hatte er schon in Paris gedanklich das kom-plette, auf Wechselstrom basierende Mehrphasenstromsystem entwickelt. Nach einem Streit über Prämien, die Edison Tesla für Entwürfe zur Verbes-serung seiner primitiven Gleichstromdynamos in Aussicht gestellt hatte, sie jedoch nie auszahlte, gründete Tesla 1887 schließlich seine eigene Gesell-schaft und machte sich an die Konstruktion seines Wechselstromsystems, das aus Transformatoren, Motoren, Generatoren und den entscheidenden Steuerungssystemen bestand. In den nächsten vier bis fünf Jahren meldete er viele Patente an, insgesamt vierzig wurden ihm erteilt.

Doch Tesla war nicht der einzige, der an Wechselstromsystemen arbei-tete. Der Unternehmer George Westinghouse, selbst Erfinder (z.B. der Eisenbahn-Luftdruckbremse) hatte die Patente von Gaulard und Gibbs zur Wechselstromverteilung erworben. Seinen Chefingenieur William Stan-ley beauftragte er mit der Entwicklung eines Transformatorensystems, das 1886 erfolgreich getestet wurde, und gegen Ende desselben Jahres be-trieb Westinghouse das erste kommerzielle Wechselstromsystem in ganz Amerika. Ende 1887 hatte er dreißig Wechselstromkraftwerke errichtet.

Allerdings verfügte Westinghouse immer noch über keinen zufrieden-stellenden Wechselstrommotor, und man kann sich seine Aufregung über das vorstellen, was er zu Gesicht bekam, als er sich 1891 mit Tesla in Verbindung setzte und ihn in dessen Labor besuchte.

Westinghouse kaufte Teslas Patente für ungefähr 60 000 Dollar – da-von 5000 Dollar in bar und der Rest in Westinghouse-Aktien. Tesla sollte darüber hinaus Lizenzgebühren in Höhe von 2,50 Dollar pro Pferdestärke verkaufter Elektrizität erhalten. Innerhalb von vier Jahren sollten sich diese Gebühren zu einem schwindelerregenden Betrag addieren. Tesla verzich-tete auf seinen Anspruch auf diese Summe, um seinen Freund vor einer finanziellen Katastrophe zu bewahren.

Tesla begann nun, für 2000 Dollar im Monat als Berater für West-inghouse zu arbeiten – in jenen Tagen ein fürstliches Gehalt. Westinghouse wollte eindeutig nicht riskieren, daß dem unglaublich kreativen und erfinderischen Genius Tesla irgendwo anders eine lukrativere Arbeit angeboten würde! Das vorhandene System, das Westinghouse zu jener Zeit verwendete, arbeitete mit 133 Hertz. Teslas System lief mit 60 Hertz, und nachdem die Zusammenarbeit mit den Ingenieuren bei Westinghouse zunächst erfolglos blieb, vergingen weitere Monate in dem Versuch, Teslas System mit 133 Hertz zu betreiben. Schließlich wurde Teslas System in seiner Originalkonzeption übernommen, und die Wechselstromfrequenz von 60 Hertz ist bis heute Standard in den Vereinigten Staaten.

Edisons Reaktion bestand darin, seine mächtige Propagandamaschinerie anzukurbeln, und er erklärte den Wechselstrom für gefährlich – ähnlich war er schon mit seinen Rivalen in der Gasindustrie verfahren. Dafür nutzte er Flugblätter, Zeitungen und Mundpropaganda. Es standen nicht nur Edisons finanzielle Investitionen in den Gleichstrom auf dem Spiel, sondern es bedeutete eine Herausforderung für das egozentrische Genie, er könne Unrecht haben.

Edison äußerte seine wissenschaftliche 'Meinung', ein Wechselstromsystem könne nicht funktionieren. Vielleicht waren seine Motive für diese Erklärung ebenfalls kommerzieller Art, und er erzeugte nur eine pseudowissenschaftliche Nebelwand, um sein lukratives Energiegeschäft vor Konkurrenz zu schützen. Hinter solchen Motiven müßte man einen sehr niedrigen Bewußtseinsgrad vermuten. Edison wird wahrscheinlich geglaubt haben, seine Gedankenprozesse seien ganz wissenschaftlich. Das ist nur zu häufig die wahre Natur wissenschaftlicher Kritik. Unter der dünnen Tünche der Vernunft liegt häufig eine Masse aus ganz gewöhnlicher, unterbewußter, menschlicher Emotion.

Es ist überliefert, daß Menschen, die in West Orange, New Jersey, in der Nähe von Edisons ausgedehntem Laborkomplex wohnten, feststellen mußten, daß ihre Katzen und Hunde verschwanden. Wie sie später herausfanden, belohnte Edison örtliche Schuljungen mit einen Vierteldollar für jedes gefangene Haustier. Diese Tiere ließ er dann mit Wechselstromschlägen töten. Bei öffentlichen Vorführungen richtete ein unechter 'Professor' auf der Bühne Kälber und große Hunde elektrisch hin. Mit all dem beabsichtigte Edison, die Bevölkerung davon abzuschrecken, Wechselstrominstallationen zu benutzen. Der Handel mit Energie schickte sich an, zu dem Riesengeschäft zu werden, wie wir es heute kennen, und die Gier ist eine mächtige Triebfeder.

Gleichzeitig verteilte Edison einschüchternde Flugblätter, auf denen oben in roten Lettern das Wort WARNUNG! prangte. Der Kern dieser Botschaft lautete: Wenn die Öffentlichkeit nicht aufpaßt, wird sie vielleicht am Ende 'westinghoused' werden. Das war eine Wortschöpfung, die er mit außerordentlich negativen Konnotationen in die Sprache einzuführen gedachte. Er prophezeite auch, daß innerhalb von sechs Monaten, nachdem ein Abnehmer sich ein beliebig großes System von Westinghouse hatte einrichten lassen, jemand durch den Wechselstrom getötet werden würde.

Edison setzte seine boshafte Propaganda fort, und Westinghouse mußte widerstrebend mit einer zutreffenderen Version der Situation antworten, indem er die echten Fakten und Zahlen bekanntgab, um die Ängste der Öffentlichkeit zu beschwichtigen. Das ganze Land befand sich nach einer Rezessionsphase in einer Stimmung des Aufschwungs. Das Wechselstromsystem von Westinghouse erhielt schließlich den Vorzug, und das selbst gegen die Anstrengungen des machthungrigen J. P. Morgan und des mit ihm verbündeten Industriellenkonglomerates, die ihn aus dem Geschäft drängen wollten. Zu dieser Zeit hatte J. P. Morgan die Kontrolle über Edisons Firma erlangt und verschmolz sie mit einer seiner früheren Erwerbungen im Elektrizitätsbereich, der Thomson-Houston Company, zur noch heute bekannten General Electric Company. Anläßlich dieses Zusammenschlusses verzichtete Tesla gegenüber Westinghouse so generös auf die Rechte an seinen Lizenzgebühren. Ohne diese Geste wäre Westinghouse in den Konkurs getrieben worden, oder er wäre von Morgan übernommen worden. Bei der Gelegenheit fusionierte Westinghouse mit mehreren kleineren Elektrizitätsgesellschaften und rettete die Vereinigten Staaten vor einem totalen Monopol von Morgan.

Die zu diesem Zeitpunkt aufgelaufenen Lizenzgebühren beliefen sich Gerüchten zufolge auf etwa zwölf Millionen Dollar. Hätte er sie erhalten, dann wäre Tesla einer der reichsten Männer der Welt gewesen. Doch wie stets war er tief in seine Forschung versunken, und bereitwillig entband er Westinghouse von seinen Verpflichtungen, weil er die Notlage eines Freundes erkannte, der an ihn geglaubt hatte. Der Jahresbericht der Westinghouse Company von 1897 zeigt, daß Tesla lediglich 216 000 Dollar als pauschale Abfindung für alle Forderungen erhielt. Für das folgende Jahrzehnt hatte er genügend Mittel, doch seine Finanzquellen versiegten immer mehr, und einer der bedeutendsten Erfinder der ganzen Welt sah sich mit beschränkten Mitteln auf einem einsamen Pfad wandeln. Seine Erfindungen stellten eine zu weitreichende und 'gefährliche' Herausforderung an die bereits existierenden Technologien und die darauf basierenden Unternehmen dar, um von Köpfen akzeptiert zu werden, die von egozentrischem Ruhm, persönlicher Macht und hoher Rendite gefesselt waren.

Während der Schlammschlacht um die Kontrolle der Stromindustrie hatte Charles Coffin, Präsident der neuen Firma General Electric, der glaubte, sie stünden im Begriff, die Westinghouse-Gesellschaft zu übernehmen, leichtsinnigerweise damit geprahlt, sie würden „drastisch die Preise senken", um andere Elektrofirmen „auszubooten". Er empfahl Westinghouse, dasselbe zu tun. Mit Nachdruck betonte er, es sei das wichtigste, erst einmal *irgendein* Stromsystem einzurichten, weil ein späterer Systemwechsel dadurch unerschwinglich werde. Die Verbraucher wären somit darauf festgenagelt, elektrischen Strom und die passenden Elektrogeräte ausschließlich von ihnen zu kaufen.

Coffin riet Westinghouse auch in vollem Ernst dazu, er solle den Preis seiner Straßenleuchten von sechs auf acht Dollar erhöhen, so daß man zwei Dollar Schmiergeld an die Ratsherren und andere Politiker zahlen könne, ohne einen Cent Profit zu verlieren. Doch das lehnte Westinghouse vernünftigerweise ab.

Diese Art kommerziellen Denkens und eine solche Habsucht sind auch heutzutage noch üblich. Doch wenn man sie unvoreingenommen betrachtet, erkennt man, daß es eine reichlich schäbige Umgangsform mit seinen Mitmenschen ist, die Mitglieder der eigenen Menschenfamilie so zu manipulieren und unter Druck zu setzen. Leider überwiegt diese Haltung in der gegenwärtigen Phase der Menschheitsangelegenheiten auf diesem Planeten.

Westinghouse allerdings glaubte, ein besseres System werde ein bereits vorhandenes, unterlegenes verdrängen. Er hatte das bessere System, das war sicher, und seine Konkurrenten wußten es. Gleichwohl entstand das kommerzielle Begehren, die Energie des Universums an seine Mitmenschen zu verkaufen und sie dadurch zu manipulieren, genau in dieser Zeit, und es dauert bis zum heutigen Tage an. Alle Versuche, billige Energie verfügbar zu machen, sind mit Entschlossenheit unterdrückt worden. Doch ich glaube, jetzt, angesichts des Zustandes unserer Umwelt, wendet sich das Blatt.

Eines der Ziele, derentwegen ich die Geschichte wiedergebe, besteht darin, auf die Heftigkeit des Kampfes um die Kontrolle der Stromindustrie in ihrem Anfangsstadium Ende des neunzehnten Jahrhunderts hinzuweisen. Die Beweggründe dafür waren Habsucht und Selbstgefälligkeit – niemals die Verbesserung der Lage des Menschen. Die Fortführung dieser industriellen Mentalität hat unseren Planeten an den gegenwärtigen Punkt der ökologischen Krise gebracht. Sie erklärt auch, warum billigere und saubere Alternativen ignoriert oder unterdrückt wurden.

Nun, die Geschichte geht weiter, und sie liest sich spannend. Tesla führte seine Experimente mit einer Reihe weiterer Erfindungen fort, die uns heutzutage recht vertraut sind. Schon im Jahre 1893 hatte er zum ersten Mal die Übertragung von Radiowellen öffentlich vorgeführt, wobei er sein Experiment in allen Details beschrieb. Doch bevor er seine Arbeit so weit bringen konnte, Sprachsignale zu übertragen, mußte er seine Forschungen vorübergehend aufschieben, um Westinghouse in seinen Vorbereitungen für die Weltausstellung 1893 in Chicago zu unterstützen. Westinghouse hatte den Zuschlag für Lieferung und Einrichtung sämtlicher Strom- und Beleuchtungsanlagen erhalten.

Im Jahre 1895 kam dann ein junger Italiener, Marchese Guglielmo Marconi, mit einem Funkgerät in London an, das dem ein Jahr zuvor vom britischen Erfinder Sir Oliver Lodge vorgeführten ähnelte. Es wies jedoch Merkmale auf, die Teslas früheren Geräten glichen. Ob Marconi von Teslas Arbeiten wußte, die weithin veröffentlicht waren, oder ob es sich um eine dieser Koinzidenzen in der Wissenschaft handelte, ist nicht bekannt. Gewiß bestritt Marconi, jemals von Teslas System gehört zu haben. In den Annalen der Wissenschaft gibt es viele Beispiele für gleichzeitige und doch unabhängige Erfindungen. Man nennt dies Synchronizität. Wenn sich eine Welle bricht, tut sie dies an vielen *scheinbar* unzusammenhängenden Stellen. Sieht man die verbindende Welle nicht, so mögen einem die Ereignisse wie ein zufälliges Zusammentreffen vorkommen.

Auch mit vielen anderen Erfindungen befand sich Tesla auf dem Wellenkamm. Er war es, der in einem Artikel für das *Century Magazine* im Juni 1900 als erster über die Möglichkeiten des Radars nachdachte. Im August 1917 dann, nur kurz nachdem deutsche U-Boote fast eine Million alliierter Schiffstonnage in einem Monat versenkt und die ersten Bombenabwürfe auf Paris und London stattgefunden hatten, beschrieb er die Haupteigenschaften des modernen Militärradars in einem Artikel, der in *The Electrical Experimenter* veröffentlicht wurde. Das Radar wurde allerdings erst kurz vor dem Zweiten Weltkrieg entwickelt, also knapp zwanzig Jahre später.

Tesla entwarf und baute auch die erste Leuchtstoffröhre und die schaufellose Turbine. Und er präsentierte die ersten überzeugend vorgetragenen

Beispiele für Roboter, Computertechnologie und Feststoff- und Flüssigkeitsraketenantriebe.

All diese für die Anwendung der elektromagnetischen Energie höchst nützliche Forschung von Tesla und anderen trieb das wissenschaftliche Denken jener Tage dazu an, Überlegungen über das *Wesen* des Elektromagnetismus anzustellen. Die gesamte Grundlagenarbeit über Röntgenstrahlen, die Entdeckung des Elektrons, die Atomspaltung und so weiter fielen in diese Zeit. Während dieser Phase höchst konzentrierten Nachdenkens entwickelte Einstein seine Relativitätstheorie, und auch die Grundprinzipien der Quantentheorie wurden nun erstmals formuliert.

Dennoch konnten die führenden Wissenschaftler jener Tage die Zukunft ihrer Entdeckungen nicht voraussehen. Lord Rutherford, der im Jahre 1909 den Atomkern entdeckt hatte, konnte noch 1933 sagen: „Die Energie, die durch die Spaltung des Atoms erzeugt wird, ist eine armselige Angelegenheit. Jeder, der von der Umwandlung dieser Atome eine Energiequelle erwartet, redet Unsinn." Ähnlich hatte sich Dr. Robert A. Millikan 1928 geäußert: „Es ist unwahrscheinlich, daß die Menschheit die Energie des Atoms jemals anzapfen kann. Die leichtfertige Annahme, wir könnten Atomkraft nutzen, wenn Kohle und Öl versiegen, ist ein völlig unwissenschaftlicher, utopischer Traum." Und was für eine Utopie!

Tesla jedoch blieb bei seinem Glauben an den Äther als Ursprung allen Stoffs. Dies, so dachte er, sei die grundsätzliche, vereinheitlichende Theorie der physischen Dinge. Und aus diesem Verständnis heraus war es ihm möglich, sich in diesem Äther Wellen vorzustellen, die über weite Entfernungen Energie übertragen, ohne daß dazu noch Kabel nötig wären. Er errichtete zwei der außergewöhnlichsten elektrotechnischen Versuchsstationen, die jemals gebaut wurden, die erste in Colorado Springs und später dann seinen berühmten Wardenclyffe Tower auf Long Island, New York. Hier schleuderte Tesla mit Blitzstrahlen von mehreren Millionen Volt um sich, experimentierte mit einem Radiosender, der auf der ganzen Erde zu empfangen sein sollte, und – einige seiner Finanziers wußten davon nichts – mit seinen Ideen zur drahtlosen Energieübertragung. Unter diesen Finanziers befand sich auch J. P. Morgan, der stets auf eine Ausdehnung seines Imperiums erpicht war.

Teslas Pläne sahen vor, die Erde in eine Art „Resonanzkreis" einzuschließen. Von diesem Zeitpunkt an unterschied sich Teslas Zielrichtung von der seiner bodenständigeren Zeitgenossen, und er sah sich immer stärkerer wissenschaftlicher Isolation ausgesetzt. Er war gänzlich unfähig,

Einsteins Relativitätstheorie und den gekrümmten Raum anzuerkennen. Er blieb unerbittlich dabei, daß es „keine andere Energie in der Materie als diejenige [gibt], die sie von ihrer Umgebung erhält". In dieser Hinsicht irrte er sich, doch seine Festlegung auf die Existenz eines Äthers führte ihn in Richtungen, die erst in den letzten Jahren wieder denkbar geworden sind. Zum Beispiel nahm er es als wahrscheinlich an, daß subatomare Teilchen Ladungsbruchteile tragen könnten, ein Thema, über das Physiker sich immer noch uneins sind.

Er behauptete auch, Geräte entwickelt zu haben, mit denen er extrem gebündelte Strahlen in den Weltraum richten könne, was einen an die neuzeitlichen Teilchenstrahlwaffen (Star Wars) erinnert. Ebenfalls behauptete er, er wisse, wie man Signale zu anderen Planeten übermitteln könne, heutzutage eine Routineangelegenheit für die interplanetarischen Explorer-Sonden der NASA.

Keines von diesen eher esoterischen Geräten wurde jemals vorgeführt oder patentiert, also werden wir es nie wissen. Vielleicht konnte er in seinem intuitiven Geist erkennen, wie diese Dinge funktionieren könnten, aber die Richtung, die die Atomtheorie eingeschlagen hatte, war seinem Denken fremd, und so stand er allein da. Seine visionären Vorstellungen waren jedoch eine ständige Inspirationsquelle für jene, die um seine Arbeit wissen, und das Interesse an seiner Person besteht zum Teil darin, in der Praxis nachzuweisen, daß er durch die Verfolgung eines alternativen gedanklichen Ansatzes in der Lage war, Dinge zu visualisieren und zu bauen, die jenseits der wissenschaftlichen Vorstellungskraft anderer Menschen liegen.

Freie Energie

Wir ändern den Kurs und begeben uns wieder in die Jetztzeit. Es gibt zwei Verfahren, in denen die Technologie des Vakuumzustands zum Vorschein kommt:

1. Die direkte Transformation der Vakuum-Nullpunkt-Energie in nutzbare Energie als Elektrizität beziehungsweise Elektromagnetismus. Diese wird dann verwendet für Fortbewegung, Heizung, Beleuchtung, Antrieb von Elektromotoren und so weiter.
2. Die Verknüpfung von Schwerkraft und Elektrizität, aus der sich ein Elektrogravitationsgerät ergibt, in dem die Schwerkraft mit Hilfe elektrischer Ladung kontrolliert wird. Das erzeugt einen Anti-

gravitationsschub und liefert damit ein Mittel zur Fortbewegung sowohl in der Atmosphäre als auch im Weltraum, sofern das Gerät auch anti-inertial wirkt[1]. Das Medium, in dem sich solch ein Fahrzeug bewegt, ist daher weitgehend immateriell.

Beide Systeme zur direkten Nutzung der Vakuumenergie gibt es anscheinend schon. Allerdings kann man noch keine Geräte erwerben. Darüber hinaus sind beide Systeme von Natur aus höchst leistungsfähig, und eines der Hauptprobleme stellt die Leistungskontrolle dar. Wenn dem Vakuum mehr Energie entnommen wird, als man nutzen kann, dann liegt die Gesamtleistung des Gerätes bei mehr als 100 Prozent (in konventioneller Terminologie), und aus der Überschußenergie ergeben sich in der Praxis einige Schwierigkeiten für die Speicherung oder die Ableitung.

Ein solcher *Super-Wirkungsgrad* wirft auch ganz andere Probleme für die Industrie auf. Denn die gesamte Öl-, Strom- und Gasindustrie wird zusammen mit all den Apparaten, für deren Betrieb sie die Energie liefert – Motorfahrzeuge, Flugzeuge, Heizungen, Beleuchtung, Elektrogeräte usw. –, insgesamt entweder direkt überflüssig werden, oder die Kraftquellen der Apparate werden theoretisch durch ein einfaches Gerät ersetzt werden, das in jedem Haushalt oder im Apparat selbst angebracht wird, um alle bestehenden Gerätschaften mit Energie zu versorgen. Abrakadabra – keine Strom- oder Benzinrechnungen mehr, man muß nur noch die Anschaffung eines Vakuumenergiekonverters bezahlen.

Man kann sich die Wirkung solcher Aussichten auf die große internationale Industrie ausmalen. Die meisten ihrer Aktivitäten wären überholt, die dort Beschäftigten würden überflüssig. Die daraus resultierenden wirtschaftlichen, politischen und beschäftigungspolitischen Probleme würden (und werden) immense Ausmaße annehmen. Es ist jedoch anzunehmen, daß die Energie sauber ist, obwohl die Probleme der als 'Nebenprodukte' anfallenden Skalarwellen (Vakuumwellen) bedacht sein wollen. Doch die massiven Umweltprobleme, mit denen unser Planet gegenwärtig konfrontiert ist, würden dafür beträchtlich gemildert.

[1]*Inertia* oder Trägheit ist die Tendenz eines Gegenstandes, selbst in Abwesenheit eines Gravitationsfeldes an Ort und Stelle zu verharren. Zum Beispiel müssen sogar im Weltraum die Astronauten einen Gegenstand anschubsen, um ihn in Bewegung zu versetzen! Ein reines Anti-Schwerkraftgerät wäre für Schuberzeugung kaum von Nutzen, sobald man der gravitativen Anziehung eines massereichen Objekts entkommen ist und sich im Zustand von Schwerelosigkeit, nicht aber von Trägheitslosigkeit befindet.

Es heißt, die Natur sorge selbst für ihr Gleichgewicht, und wenn der Mensch in eine Technik einsteigen sollte, durch die solche Geräte verfügbar werden, dann werden sich die Sozialstrukturen auf die eine oder andere Weise automatisch neu regeln. Vielleicht wird dies beträchtliche weltweite Unruhen zur Folge haben, wodurch die 'alte Ordnung' abgeschafft wird, wie es weitgehend auch während der Phase der beiden Weltkriege geschah. Damit einhergehend bereitet eine Aufwärts- oder Einwärtsverschiebung des Bewußtseins, wie wir sie schon stattfinden sehen, uns menschliche Wesen auf einen Werte- und Akzentwandel vor.

Die derzeitige weltweite Geld-, Macht-, Arbeits-, Überlebens- und Betriebsamkeits-Besessenheit wird eher als die Illusion erkannt werden, die sie in Wirklichkeit ist. Und vielleicht wird der Mensch ein grundlegenderes, universelleres Verständnis für die wesentlichen spirituellen und menschlichen Werte entwickeln und danach trachten, ihnen in seinem Leben Ausdruck zu verleihen. Die Interessen, die uns dazu bringen, unseren Planeten zu vergiften, unsere menschlichen und nicht-menschlichen Mitlebewesen auszubeuten und das zu verwüsten, was für uns andernfalls eine wunderschöne Lebensumwelt sein könnte, werden dann besser kontrolliert werden, und die Erde wird zu einem schöneren Ort. Hoffen wir, daß dies nicht bloß ein utopischer Traum bleibt.

Es ist anzunehmen, daß der blanke Wahnsinn, der sich in (fast) allen größeren Städten der Welt behauptet – Verkehrsstauungen, Verschmutzung, Vergeudung von Rohstoffen, soziale Unruhen –, nicht fortbestehen wird. Es muß sich ändern. Etwas muß nachgeben. Glauben wir wirklich, daß London, Los Angeles oder Tokyo in fünfzig oder hundert Jahren noch genauso sein werden wie heute? Die Geschichte zeigt uns, daß sich alles verändert, und heutzutage besonders schnell. Können wir wirklich erwarten, daß in fünfzig Jahren eine riesige Zahl von Menschen täglich stundenlang in Verkehrsstaus eingezwängt sein wird? Daß der Streß unseres modernen Lebensstils immer noch als eine Art und Weise akzeptiert werden wird, unser Leben zu leben? Ich glaube nicht.

Die Menschen wehrten sich gegen die viktorianischen Armenhäuser und setzten die nötigen sozialen Änderungen durch. Das Aufkommen des elektrischen Stroms ließ die Menschen um ihre Arbeitsplätze bangen, doch das konnte nicht verhindern, daß sein Netz sich bis in jeden Winkel unseres Lebens hinein ausbreitete. Meinen wir denn, der elektrische Strom sei unsere letzte große Erfindung? Nochmals: Die Geschichte läßt darauf nicht schließen.

Die Schwerpunkte werden sich sowohl im sozialen als auch im technologischen Sektor verlagern. Der Boden dafür ist schon bereitet. Wir können die Entwicklung beschleunigen oder uns gegen sie wehren. Wir können leiden oder genießen. Aber kommen wird sie, und ich glaube, ziemlich schnell.

Elektrogravitation und die Schwerkraft-'Konstante'

Für das nun Folgende bin ich den Nachforschungen von Rolf Schaffranke zu großem Dank verpflichtet, die in ausführlicher Form in seinem faszinierenden, überzeugenden Buch *Ether Technology* und in einigen seiner anderen Schriften zu finden sind. Schaffranke (in der deutschen Ausgabe des Buches, das den Titel *Forschung in Fesseln* trägt, trat er unter dem Pseudonym Rho Sigma auf; d. Ü.), er verstarb im April 1994, war einer der jüngsten Mitarbeiter des berühmten Raketenexperten Wernher von Braun bei der NASA in Huntsville, Alabama. Später war er bei Boeing angestellt, bis er sich zur Ruhe setzte. Er hat viel unschätzbare Detektivarbeit geleistet und den Wissensstand in Sachen Geräte und Theorien zur Schwerkraftbeeinflussung dokumentiert. Wenn Sie daran interessiert sind, einiges von seiner Arbeit nachzuvollziehen, bildet das erwähnte Buch dafür einen hervorragenden Einstieg.

In der makroskopischen Welt der Ingenieurwissenschaften wird die Vorstellung einer Perpetualbewegung als unmöglich angesehen, weil stets Energie benötigt wird, um ein beliebiges System in Bewegung zu halten. Dies wird nicht bestritten. Der subatomare Bereich der Teilchenphysik allerdings akzeptiert unwidersprochen, daß die Partikel *perpetuell*, also unaufhörlich rotieren und auf Umlaufbahnen kreisen. Wie bereits ausgeführt, sind die Bezeichnungen Spin und Orbit eigentlich falsch, da die Bewegung nur wenig Ähnlichkeit mit Entsprechungen in unserer makroskopischen Welt zeigt. Doch Bewegung ist ein Teil der subatomaren Manifestierung, und ohne sie würden die Teilchen nicht existieren. Und so heißt es, diese Bewegung besteht seit Milliarden von Jahren und wird noch weitere Millionen Jahre andauern.

Damit ist die Vorstellung einer Perpetualbewegung auf subatomarer Ebene bereits anerkannte Realität, obwohl niemand (in wissenschaftlichen Begriffen) versteht, woher die Energie stammt, die sie bestehen läßt.

Diese Themen sind natürlich Diskussionsgegenstand selbst in konventionellen Wissenschaftskreisen, obwohl wir wahrscheinlich nicht ganz falsch mit der Annahme liegen, daß viele experimentelle Aspekte dieser Forschung, die unter militärischen Zielsetzungen betrieben wird, als geheim eingestuft sind.

Im Juni 1972 wurde jedoch von einer Gruppe aus achtundzwanzig Wissenschaftlern des U.S.-Luftwaffenkommandos Edwards in Kalifornien ein offener technischer Bericht vorbereitet, der die Bezeichnung AFRPL-TR-31 trug. Der Bericht mit dem Titel PROJECT OUTGROWTH, *Fortschrittliche Antriebskonzepte*, unternimmt den Versuch, mögliche Entwicklungen der nahen Zukunft im Bereich von Antriebsmitteln vorherzusagen. Er wurde angelegt, heißt es dort, „um begabte und interessierte Wissenschaftler und Ingenieure noch einmal dazu zu ermutigen und zu motivieren, nach 'fortschrittlichen Antriebskonzepten' zu suchen." Unter der Kategorie *Feldantriebe* waren unter anderem aufgeführt:

Elektrostatische Effekte
Alfven-Wellen-Antrieb[1]
Elektromagnetischer Antrieb für Raumfahrzeuge
Supraleitender Teilchenbeschleuniger
Antigravitations-Antrieb

Feldantriebe umfassen Methoden, die eine Verwendung von Elektro-, Magnet- und Gravitationskräften beinhalten und ein fortgeschrittenes Wissen und Verständnis dieser Grundkräfte voraussetzen, also etwas, über das wir noch nicht verfügen.

Der Bericht fährt fort:

Bevor der Versuch unternommen wird, die Schwerkraft zu steuern, ist es nötig, genau zu wissen, was Schwerkraft verursacht. Viele verdienstvolle Wissenschaftler, darunter Michael Faraday, Max Born und Albert Einstein, haben versucht, dieses Phänomen zu erklären, indem sie elektromagnetische und Gravitationskräfte zueinander in Beziehung setzten. Andere Wissenschaftler sind überzeugt, daß es für ein umfassendes Verständnis der Schwerkraft einer *völlig neuen Entdeckung in der Grundlagenphysik* bedarf. Physiker gehen allgemein von einer Beziehung zwischen Elektromagnetismus und Schwerkraft aus, weil beide dem Gesetz des umgekehrten Quadrats unterliegen, was besagt, daß bei beiden Feldarten die Stärke mit der Entfernung in demselben mathematischen Verhältnis abnimmt.

---

[1] *Alfven-Wellen* bilden sich bei hohen Temperaturen in ionisierten Gasen in Anwesenheit eines Magnetfeldes. Es läßt sich elektrischer Strom erzeugen, wenn man die dabei freigesetzten Elektronen auffängt.

Es gibt jedoch zwischen beiden Kräften einige interessante Unterschiede, da der Elektromagnetismus aus zwei identifizierbaren Komponenten besteht – einem elektrischen Feld und einem magnetischen Feld –, während die Schwerkraft nur eine Komponente zu haben scheint. Des weiteren können sich elektrische Ladungen abstoßen und anziehen, während die Schwerkraft immer anziehend wirkt.

Tatsächlich deuten jüngere Experimentalforschungen[1] bei Schwerkraftmessungen in Bergwerken tief unter der Erde darauf hin, daß die Gravitation sich aus zwei Kräften zusammensetzen könnte – einer anziehenden und einer abstoßenden. Über all die Jahre haben wir die Summe aus diesen beiden als Gravitationsanziehung beschrieben. Dadurch wird sie mit dem Elektromagnetismus und den anderen Naturkräften in Übereinstimmung gebracht, die die grundsätzliche Dualität oder Polarität aller erschaffenen Energiemuster an den Tag legen. Das ist das Yin und Yang des Universums.

Es unterstreicht auch, was zuvor gesagt wurde, nämlich daß es sich bei Kräften um Wirkungen handelt und nicht um Anfangswirklichkeiten. Die Wissenschaft beobachtet die Summe dieser Wirkungen, aber sie befindet sich im Irrtum, wenn sie sie für ursächlich vorhanden hält. Da wir glauben, alle physikalischen Phänomene seien in Wirklichkeit solche Wirkungen, ist das, was wir wirklich verstehen möchten, das Wesen und die Anordnung der diesen Wirkungen zugrunde liegenden Substruktur.

Ebenfalls über die Schwerkraft schrieb der französische mathematische Physiker Borel:

Es gab jedoch etwas ziemlich Merkwürdiges bei diesem Phänomen Schwerkraft, etwas, das sie von anderen physikalischen Phänomenen unterschied. Das war ihre äußerste Unveränderlichkeit und ihre absolute Unabhängigkeit von allen externen Vorgängen. Das Licht wird von opaken Körpern eingefangen, durch Prismen und Linsen umgelenkt; elektrische und magnetische Vorgänge werden durch die Nachbarschaft bestimmter Körper verändert; allein die Schwerkraft bleibt immer gleich...

Also versteht man das Wesen der Schwerkraft keineswegs, noch nicht einmal auf wissenschaftliche Weise. Wir haben gewisse Theorien, aber sie passen nicht alle zusammen. Es gibt nicht einen mathematischen Aus-

---

[1] Frank Stacey et al., Universität von Queensland, Australien, *Physical Review D*, Bd. 36, S.2374.

druck der ganzen energetischen Wechselwirkung, der ein Verständnis aller materiellen Kräfte zuließe. In Anbetracht dessen, daß wir nur lückenhafte theoretische Vorstellungen haben, überrascht es daher nicht, daß empirisches Experimentieren beständig Anomalien zutage gefördert hat, die sich nicht in unsere bestehenden physikalischen Modelle einfügen.

Aus zahlreichen Quellen gibt es zum Beispiel unanfechtbare Beweise, daß weder die Gravitations-'Konstante' noch das Licht in einem Vakuum überhaupt konstant sind. Da Einsteins Relativitätstheorie auf diesen beiden Annahmen beruht, wird seine Theorie als noch relativer angesehen werden, als er gedacht hat, wenn nur eine dieser Grundannahmen sich als unrichtig herausstellt! Kurz, *als ein Grundmodell* wäre sie schlicht falsch, obwohl sie, wie Newtons Beobachtungen, weiterhin ihre Bedeutung und ihren Nutzen behielte.

Konventionelle Wissenschaftler bestreiten das nicht, denn sonst würden sie sich nicht bemühen, nach noch grundlegenderen Modellen als der Relativitäts- und Quantentheorie zu suchen. Einstein nimmt in der Wissenschaftswelt (und auch außerhalb davon) allerdings den Rang eines Halbgottes ein, und es fällt den Physikern sowohl psychisch als auch in der Wirklichkeit schwer, sein Werk in Frage zu stellen.

Es wird Sie vielleicht interessieren, etwas von seiner Forschung zur Gravitationskonstanten zu erfahren, und ich werde hier ein wenig davon erwähnen. In der Ausgabe vom 11. Juni 1964 des britischen Fachmagazins *Nature* veröffentlichte Dr. Erwin Saxl, ein ehemaliger Schüler von Einstein, die Ergebnisse einiger äußerst überzeugender Experimente. Er erklärte dazu folgendes:

> Als ich als Doktorats-Student mit Einstein zusammenarbeitete, diskutierten wir die Möglichkeit der *Wechselbeziehungen zwischen Elektrizität, Massenträgheit und Schwerkraft.* Diese Ergebnisse lassen mich nun die Frage aufwerfen, ob sie in diesem Sinne interpretiert werden können.

Saxls Experimente waren in seinem eigenen Privatlabor über eine Dauer von zehn Jahren durchgeführt worden, wozu er eine extrem empfindliche, höchst anspruchsvolle elektronische Ausrüstung verwendete, von der er vieles mit eigenen Mitteln selbst gebaut hatte. Das kostete ihn etwa 40 000 Dollar. Er bekundete auch Prof. Hans Thirring seinen Dank dafür, daß jener die Originalveröffentlichung seiner Ergebnisse der Österreichischen Akademie der Wissenschaften präsentiert hatte. Da sie jedoch von außerhalb der offiziellen Wissenschaften stammt, wurde seine Arbeit von der Mehrheit schlicht ignoriert. Mit dem Werk eines anderen läßt sich schließlich weder Ruhm noch Reichtum erlangen. Die Zeitung *Boston Sunday Globe* berichtete über Saxls Entdeckungen am 14. Juni 1964 unter folgendem Titel: *Schwerkraft nicht konstant, Einsteinschüler macht Entdeckung.*

Ein ehemaliger Schüler von Albert Einstein erbrachte einen experimentellen Beweis, der einen der am besten fundierten Begriffe der modernen Physik auf den Kopf stellt. ... Er entdeckte, daß die sogenannte 'Gravitations-Konstante' – eine Zahl, die bisher als unveränderlich galt – *unter dynamischen Bedingungen veränderlich erscheint.*

Gleichzeitig damit erhielt er den Beweis, daß zwischen Schwerkraft und Elektrizität *wechselseitige Beziehungen bestehen*, obwohl man bisher angenommen hatte, sie seien völlig unabhängig voneinander. Wenn diese Experimente bestätigt werden, so würde das bedeuten, daß die Lehrbücher von A bis Z umgeschrieben werden müssen. In toto, es wird sich um eine der wichtigsten wissenschaftlichen Entdeckungen handeln, vergleichbar mit Newtons Gesetzen der Schwerkraft und Einsteins Relativitätstheorie, und diesen beiden Universalbegriffen würde eine neue Dimension hinzugefügt werden. Zum ersten Mal sind damit Schwerkraft und Elektrizität experimentell zusammengeführt worden, und wenn die Aussagen bestätigt werden könnten, wäre die wissenschaftliche Bedeutung überwältigend.

Solche Gedanken sind jedoch nicht einzigartig. Der große Forscher Michael Faraday, der um 1830 den Zusammenhang zwischen elektrischen und magnetischen Feldern nachwies, indem er die elektromagnetische Induktion entdeckte, die zur Erfindung des ersten Elektromotors führte, erklärte in einem Vortrag am 28. November 1850 vor der Royal Academy: „Hier enden meine Versuche derzeit. Die Ergebnisse sind negativ. Sie erschüttern meinen starken Eindruck von der Existenz einer Beziehung zwischen Schwerkraft und Elektrizität nicht, obwohl sie nicht den Beweis dafür liefern, daß eine solche Beziehung besteht."

Obwohl diese Erklärung vor mehr als 145 Jahren abgegeben wurde, müssen wir uns vergegenwärtigen, daß es das Werk Faradays und, nicht viel später, die Arbeiten Maxwells aus dem Jahre 1865 sind, die für sehr vieles unserer elektromagnetischen Technik des 20. Jahrhunderts die Grundlage geliefert haben. Historisch gesehen stehen wir also gerade vor einem neuen technischen und theoretischen Paradigmenwechsel.

Auch viele andere Wissenschaftler haben über die Tatsache nachgegrübelt, daß sich so schwer verstehen läßt, warum die enormen Massen der Galaxien keinen Kollaps des Universums verursachen oder warum die Teilchen im Atomkern nicht ineinanderstürzen, wenn die Schwerkraftgesetze so stimmen, wie wir sie gegenwärtig verstehen.

Durch das Verständnis einer dynamischen Wechselwirkung zwischen Elektrizität und Gravitation kann man die Situation in einem ganz anderen Licht betrachten. Schließlich ist es dies, wonach all die theoretischen Physiker in den Vereinheitlichten Feldtheorien suchen.

Das Einzigartige an Saxls Arbeit war, daß er die Schwerkraft-'Konstante' in einem *sich bewegenden* System untersuchte. Er verwendete ein rotierendes Keramikpendel, und mit einem Lichtstrahl als Bezugspunkt konnte er die Geschwindigkeit seines Pendels (*Winkelgeschwindigkeit*) bis auf eine Genauigkeit von *1/10 000 000* messen. Aufgrund der herkömmlichen Theorie sollte die Tatsache, daß das Pendel rotiert, den Wert der Gravitationskraft, die seine Pendelbewegung beeinflußt, nicht verändern. Tatsächlich entdeckte Saxl, daß sie dies doch tat. Als er das Pendel dann noch elektrisch auflud, brach schließlich nach seinen eigenen Worten „die Hölle los". Im besonderen fand er heraus, daß *das Pendel bei positiver Aufladung längere Zeit benötigt, um durch einen bestimmten Kreisbogen zu schwingen, als bei negativer Aufladung.*

Eingehende weitere Experimente und Überprüfungen ließen ihn erkennen, daß es eine direkte Verbindung zwischen Gravitation und Elektrizität gibt. Ich denke, wir können davon ausgehen, daß Saxl sowohl die magnetischen und elektrostatischen Felder, die die Erde umgeben, als auch die Ionisation aus der Atmosphäre als Einflußfaktoren für seine Experimente mitberücksichtigt hat. Das entspräche der normalen Labortechnik.

„Wir wissen, daß es im Raum Milliarden von Elektronenvolt gibt, und wir haben es mit Massen in phantastischen Größenordnungen zu tun", äußerte Saxl. „Wenn mein kleines Pendel, das sich über so winzige Strecken bewegt und so geringfügig geladen ist, einen deutlichen elektrogravitativen Effekt zeigt, welche Kräfte mögen dann im intergalaktischen Raum wirken, wo die Parameter sowohl der Ladung als auch der Masse unendliche Vielfache davon betragen?"

Ähnlich mag die anscheinend enorme konzentrierte Masse in einem Atomkern tatsächlich viel geringer sein, als es die aktuellen Berechnungen nahelegen, wenn elektrogravitative Kräfte in der Atomstruktur eine

Rolle spielen, und dies könnte zufriedenstellend erklären, warum Atome nicht kollabieren.

Darüber hinaus würde die Existenz von Elektrogravitationskräften, die das Universum durchdringen, wahrscheinlich die Lichtgeschwindigkeit beeinflussen. Der vorrangige Beweis für ein expandierendes Universum ist die 'Rotverschiebung' – eine scheinbare Verschiebung der Wellenlänge infolge der Geschwindigkeit eines Objekts (z.B. eines Sterns) relativ zum Beobachter[1]. Doch Saxl weist darauf hin, daß diese Rotverschiebung auch auf die Wechselwirkung zwischen elektrischen und Gravitations-Feldern zurückgehen *könnte*. Das Universum könnte sich demnach vielleicht doch nicht ausdehnen. Und solch eine Möglichkeit würde auch der Idee eines Urknalls ein Ende setzen, in dem alles aus dem Nichts entstand und sich, so schnell es nur konnte, auszudehnen begann.

Daher läßt sich erkennen, warum der Nachweis genau der Sache, nach der die Wissenschaft sucht, angemessen ignoriert wird, während den konventionelleren Denkweisen so viel Beachtung geschenkt wird.

Saxls Arbeit wurde allerdings fortgesetzt, und die Daten wurden automatisch in ein leistungsfähiges Computersystem eingegeben. Mit den langfristigen Versuchen, die dadurch möglich wurden, hat Saxl periodische Veränderungen der Gravitationskonstante entdeckt, die in Beziehung zu den Stellungen von Sonne und Mond stehen. Und wie wir in den folgenden Kapiteln sehen werden, ist dies nicht das erste Mal, daß diese Veränderungen bemerkt wurden.

Die Lichtgeschwindigkeit

Nachdem nun festgestellt wurde, daß die Gravitation keine Konstante ist, sondern mit anderen Energien in Wechselwirkung steht, wie alles andere auch, wie verhält es sich dann mit einem anderen grundsätzlichen Dogma der modernen Naturwissenschaft, demzufolge die Lichtgeschwindigkeit (elektromagnetische Energie) im Vakuum konstant ist? Einsteins spezielle Relativitätstheorie nimmt sie als unveränderlich an. Dieselbe Theorie verlangt, daß nichts schneller als die Lichtgeschwindigkeit sein könne,

---

[1] Aus dem gleichen Grund verändert die Sirene eines Krankenwagens, der an uns vorbeifährt, ihre Tonhöhe (Frequenz/Wellenlänge). Die ausgesandten Wellen werden 'gedehnt', während sich das Fahrzeug entfernt, und 'komprimiert', wenn es sich einem nähert.

daß sie die äußerste Geschwindigkeitsgrenze sei. An jener Grenze werde die Masse unendlich.

Nun, Mathematiker beginnen stets, ihren Berechnungen zu mißtrauen, wenn Unendlichkeiten aus dem Gebälk hervorspringen. Dergleichen weist darauf hin, daß mit ihrem Modell etwas nicht stimmt, daß es verbesserungsbedürftig ist. Doch gibt es irgendwelche experimentellen Beweise für eine Veränderlichkeit der Lichtgeschwindigkeit? Ja, die gibt es.

Und mehr als das, denn wie sich 1932 bei der Fortsetzung der Michelsonschen Versuche in Pasadena, Kalifornien, mit Hilfe von Röhren von etwa einer Meile Gesamtlänge herausstellte, gibt es Veränderungen von neunzehn Stundenkilometern und mehr. Die Veränderungen variieren je nach Jahreszeit und in kürzeren, etwa zweiwöchentlichen Zyklen. Am Ende errechneten die Forscher einen Mittelwert aus allen Meßwerten, der 1934 mit 299 793 Kilometer pro Sekunde angegeben wurde.

Jüngere Untersuchungen von Physikern an der Universität von Alabama, die Atomuhren, rotierende Scheiben und Gammastrahlen verwendeten, haben ebenfalls gezeigt, daß diese Konstante sich mit einer Frequenz verändert, die von der Winkelgeschwindigkeit der Scheibe abhängig ist. Doch sie haben beachtliche Schwierigkeiten, ihre Arbeit veröffentlicht zu bekommen, weil „jedermann weiß, daß die Lichtgeschwindigkeit im Vakuum konstant ist". Diese Versuchsergebnisse sind jedoch quantitativ bestimmbar und herleitbar aus ihrem Modell des physikalischen Vakuums als eines Gewebes aus Energiebrennpunkten, extrem winzigen 'Teilchen' oder Raumquanten.

Während das Licht wenig Neigung zu zeigen scheint, in seinen Aktivitäten unseren 'Gesetzen' vollkommen zu 'gehorchen', haben Wissenschaftler, die andere Systeme studieren, festgestellt, daß elektrische Signale sich gelegentlich schneller fortzubewegen scheinen als mit Lichtgeschwindigkeit. Alexis Guy Obolensky hat solche Experimente seit 1977 durchgeführt und über eine ausführliche Versuchsreihe berichtet, die 1988 an den Technithion-Bromion-Laboratories in Sloatsburg, New York, durchgeführt wurde[1]. Die Ergebnisse wurden einer strengen numerischen Analyse unterzogen.

In seiner Vorrichtung wurden zwei elektrische Signale simultan und beinahe unverzüglich empfangen, nachdem sie von derselben Quelle aus – mit über einhundertfacher Lichtgeschwindigkeit – zwei getrennte, un-

---

[1] *Electronics and Wireless World*, Dezember 1988.

terschiedliche (bis 32 Meter lange) Bahnen durchlaufen hatten. Die Signale wurden auf einem Ultrahochgeschwindigkeits-Oszilloskop angezeigt.

Es gab auch ein weiteres Signal geringer Energie, das sich mit zweifacher Lichtgeschwindigkeit fortzupflanzen schien. Darüber hinaus wurden noch andere Lichtgeschwindigkeitssignale entdeckt, die abhängig von der Himmelsrichtung, der Tageszeit und der Polarität des Stromes variierten. Sie flossen wie die elektromagnetischen Signale durch eine Antenne, doch die Periodizität läßt sich nicht ohne weiteres erklären.

Obolensky bietet keine Erklärung für diese Ergebnisse an, sondern er weist nur darauf hin, daß sie sich durch Maxwells Gesetz des Elektromagnetismus nicht erklären lassen. Andere Wissenschaftler sind skeptisch, wie natürlich abzusehen war (manche 'Naturgesetze' sind vollkommen vorhersehbar!), und weitere Experimente sind erforderlich, um exakt aufzuklären, was da geschieht.

Schließlich müssen wir Alain Aspects berühmtes und bestätigtes quantenphysikalisches Experiment mit Photonen (1982) erwähnen, das schlüssig nachweist, daß Wechselwirkungen mit Geschwindigkeiten weit jenseits von derjenigen des Lichts auftreten können und damit die Bedingungen von Einsteins Feldtheorie verletzen.

Alles in allem ist somit bekannt, daß die Schwerkraft und die Lichtgeschwindigkeit durch all unsere bestehenden 'Gesetze' nur unvollkommen beschrieben werden. Sie verändern sich auch zyklisch und mit den Jahreszeiten. Es ist alles sehr aufregend...

Guter Rat von einem Wilden

Eine Vorbedingung für die Auflösung unseres selbstgemachten planetarischen Schlamassels ist eine Weltsicht, die einige Verwandtschaft zur höchsten spirituellen Wirklichkeit aufweisen muß. Ohne sie gibt es keine Bemessungsgrundlage für unsere Handlungen, kein intuitives Verstehen des natürlichen Gesetzes und keine Richtlinie für selbstloses Verhalten.

Den folgenden Brief, geschrieben im Jahre 1855, hatte Häuptling Sealth (heute Seattle) des Duwamish-Stammes im Staate Washington als Antwort auf die Aufforderung, das Land seines Volkes zu verkaufen, an Präsident Franklin Pierce gesandt. Er ist in Washington aufbewahrt worden und stellt eine der treffendsten Aussagen zum Platz des Menschen auf diesem Planeten dar, die ich je gelesen habe.

Ich gebe ihn hier wieder, weil ein Buch wie dieses in der Sprache und der Begriffswelt unserer gegenwärtigen Kultur zu dieser Zeit in der Geschichte des Menschen geschrieben wurde, um ihm beim Erkennen seines Platzes und seiner Rolle in der Natur zu helfen. Häuptling Sealth war sich seines Platzes in seinem Kontext eindeutig bewußt.

> Der Große Häuptling in Washington schickt die Botschaft, daß er unser Land zu kaufen wünscht. Der Große Häuptling schickt auch Worte der Freundschaft und des guten Willens. Das ist nett von ihm, denn wir wissen, daß er der Erwiderung durch unsere Freundschaft kaum bedarf. Aber wir werden Euer Angebot überdenken, denn wir wissen, wenn wir nicht darauf eingehen, so wird der weiße Mann mit Gewehren kommen und unser Land übernehmen. Was Häuptling Seattle sagt, darauf kann der Große Häuptling in Washington sich so sicher verlassen, wie sich unsere weißen Brüder auf die Rückkehr der Jahreszeiten verlassen können. Meine Worte sind wie die Sterne – sie gehen nicht unter.
>
> Wie könnt Ihr den Himmel kaufen oder verkaufen – die Wärme des Landes? Der Gedanke ist uns fremd. Besitzen wir doch die Frische der Luft oder das Glitzern des Wasser nicht. Wie könntet Ihr sie uns abkaufen? Wir werden es in unserer Zeit entscheiden. Jeder Teil dieser Erde ist meinem Volk heilig. Jede

glänzende Kiefernnadel, jedes sandige Ufer, jeder Nebel in den dunklen Wäldern, jede Lichtung und jedes summende Insekt ist im Gedächtnis und im Erleben meines Volkes heilig.

Wir wissen, daß der weiße Mann unsere Bräuche nicht versteht. Ein Stück Land ist ihm wie das andere, denn er ist ein Fremder, der in der Nacht kommt und sich vom Land alles nimmt, was er braucht. Die Erde ist ihm nicht Bruder, sondern Feind, und wenn er sie erobert hat, zieht er weiter. Er läßt seiner Väter Gräber hinter sich und kümmert sich nicht mehr darum. Er entführt das Land seinen Kindern. Es kümmert ihn nicht. Seiner Väter Gräber und seiner Kinder Geburtsrecht sind vergessen. Seine Begierde wird die Erde verschlingen und nur eine Wüste zurücklassen. Der Anblick Eurer Städte schmerzt die Augen des roten Mannes. Aber vielleicht kommt es daher, daß der rote Mann ein Wilder ist und nicht versteht. ...

Es gibt in den Städten des weißen Mannes keinen stillen Ort. Keinen Platz, um das Frühlingslaub zu hören, oder das Flattern der Insektenflügel. Doch vielleicht nur, weil ich ein Wilder bin und nicht verstehe, scheint der Krach die Ohren zu beleidigen. Und wozu ist das Leben gut, wenn der Mensch nicht dem lieblichen Ruf des Ziegenmelkers oder der Unterhaltung der Frösche an einem nächtlichen Teich lauschen kann? Der Indianer zieht das sanfte Geräusch des Windes vor, der über das Antlitz des Teiches huscht, und den Wind selbst, der vom Mittagsregen reingewaschen ist oder den Duft der Pinien heranträgt. Die Luft ist dem roten Mann kostbar. Denn alle Dinge haben teil am selben Atem – das Wild, die Bäume, der Mensch. Der weiße Mann scheint die Luft, die er atmet, nicht zu bemerken. Wie der Mann, der viele Tage lang stirbt, nimmt er den eigenen Gestank nicht wahr.

Wenn ich einzuwilligen beschließe, werde ich eine Bedingung stellen. Der weiße Mann muß die Tiere dieses Landes als seine Brüder behandeln. Ich bin ein Wilder und kenne es nicht anders. Ich habe in der Prärie Tausende von verwesenden Büffeln gesehen, die weiße Männer dort zurückließen, nachdem sie sie von einem vorbeifahrenden Zug aus erschossen hatten.

Ich bin ein Wilder und verstehe nicht, wie ein rauchendes Eisenpferd wichtiger sein kann als der Büffel, den wir nur töten, um zu leben. Was ist der Mensch ohne die Tiere? Wenn alle Tiere verschwunden wären, würde der Mensch aus großer Einsamkeit des Geistes heraus sterben, denn was immer den Tieren widerfährt, das widerfährt auch dem Menschen. Alle Dinge sind verbunden. Was immer der Erde zustößt, stößt dem Sohn der Erde zu.

Unsere Kinder haben die Demütigung ihrer Väter in der Niederlage mitangesehen. Unsere Krieger haben Schmach empfunden. Und nach der Niederlage verbringen sie ihre Tage mit Müßiggang und vergiften ihre Körper mit süßem Essen und starkem Getränk. Es kommt kaum darauf an, wo wir den Rest unserer Tage verbringen – es sind nicht viele. Ein paar Stunden noch, nur noch wenige Winter, und keines der Kinder der großen Stämme, die einst auf dieser Erde lebten oder in kleinen Scharen durch die Wälder streiften, wird mehr übrig sein, um an den Gräbern eines Volkes zu trauern, das einst so mächtig und hoffnungsvoll wie das Eure war.

Eines wissen wir, das der weiße Mann eines Tages entdecken wird. Unser Gott ist derselbe Gott. Ihr mögt jetzt denken, daß Ihr ihn besitzt, wie Ihr unser Land besitzen wollt. Aber das könnt Ihr nicht. Er ist der Gott des Menschen. Und sein Mitgefühl ist für den roten und den weißen Mann gleich. Diese Erde ist ihm kostbar, und die Erde zu verletzen bedeutet, Schande auf ihren Schöpfer zu laden.

Auch die Weißen werden gehen – vielleicht früher als andere Stämme. Fahrt fort, Euer Bett zu vergiften, und Ihr werdet eines Nachts in Eurem eigenen Abfall ersticken.

Wenn alle Büffel abgeschlachtet, alle Wildpferde gezähmt, die verschwiegenen Winkel des Waldes schwer vom Geruch vieler Menschen sind und der Ausblick von den blühenden Hügeln von sprechenden Drähten verunstaltet ist, wo ist dann das Dickicht? Verschwunden. Wo ist der Adler? Verschwunden. Und was bedeutet es, sich von der Pirsch und der Jagd zu verabschieden, das Ende des Lebens und den Beginn des Überlebens?

Wir könnten vielleicht verstehen, wüßten wir nur, was es ist, das der weiße Mann träumt, von welchen Hoffnungen er seinen Kindern in langen Winternächten erzählt, welche Visionen er in ihren Geist einbrennt, so daß sie sich das Morgen herbeisehnen. Doch wir sind Wilde. Die Träume des weißen Mannes sind uns verborgen. Und weil sie verborgen sind, werden wir unseren eigenen Weg gehen. Wenn wir zustimmen, so deshalb, um das Reservat sicherzustellen, das ihr versprochen habt. Vielleicht können wir dort unsere wenigen Tage so verleben, wie wir es wünschen. Wenn der letzte rote Mann von der Erde verschwunden sein wird und die Erinnerung nur noch der Schatten einer Wolke sein wird, die über die Prärie hinwegzieht, werden dieses Land und diese Wälder weiterhin den Geist meines Volkes bewahren, denn es liebt die Erde, wie das Neugeborene den Herzschlag seiner Mutter liebt.

Wenn wir Euch unser Land verkaufen, liebt es, wie wir es geliebt haben. Sorgt für es, wie wir für es gesorgt haben. Behaltet das Andenken an dieses Land so im Gedächtnis, wie es ist, wenn Ihr es in Besitz nehmt. Und mit all Eurer Kraft, all Eurer Macht und all Eurem Herzen – bewahrt es für Eure Kinder und liebt es, wie Gott uns alle liebt. Eines wissen wir – unser Gott ist derselbe Gott. Diese Erde ist ihm kostbar. Nicht einmal der weiße Mann kann vom allgemeinen Schicksal ausgenommen sein.

Freie Energie und das wahre Raumzeitalter

Thomas Townsend Brown und der Gravitor[1]

Während feststeht, daß die statischen Kräfte der elektrischen Ladung und des Magnetismus als Elektromagnetismus zusammenwirken, haben wir – in konventionellen Kreisen – bislang weder das Verbindungsglied zwischen Schwerkraft und Elektrizität noch jenes zwischen Schwerkraft und Magnetismus identifiziert. Diese Kräfte lassen sich als Dreieck darstellen:

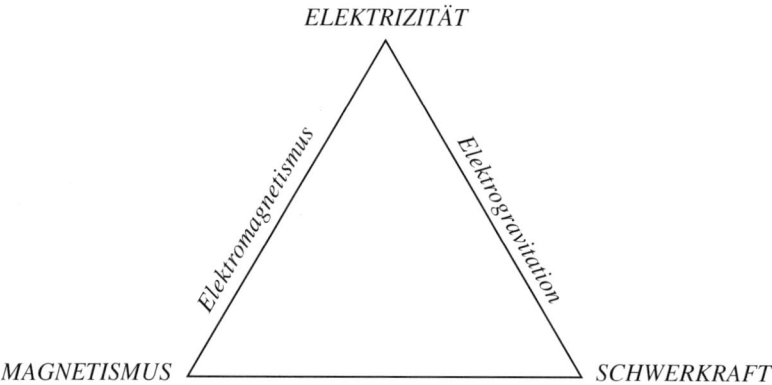

Während der größte Teil unserer modernen Technik auf die Ausnutzung der elektromagnetischen Seite dieses Dreiecks zurückgeht, ist die elektrogravitative Seite arg vernachlässigt worden.

Ich beziehe mich noch einmal auf Schaffrankes hervorragendes Buch, in dem die faszinierende Geschichte der Arbeit von Thomas Townsend Brown erzählt wird.

[1]Meine hauptsächliche Informationsquelle zu Thomas Townsend Browns Forschungen ist Rolf Schaffrankes *Ether Technology* (die deutschsprachige Version, Rho Sigmas *Forschung in Fesseln,* weicht inhaltlich etwas ab).

Townsend Browns Arbeit ergab sich als Folge gewisser Vorschläge, die ihm Professor Biefield von der Denison University 1923 unterbreitet hatte. Die anschließenden Versuche führten zur Entdeckung einer Verbindung zwischen elektrischer Ladung und Schwerkraft, dem *Biefield-Brown-Effekt*.

Townsend Browns erste Experimente wurden mit frei aufgehängten, unter Spannung gesetzten Kondensatoren durchgeführt, wobei sich die erstaunliche Beobachtung ergab, daß der Kondensator *eine Vorwärtsbewegung in Richtung seines positiven Pols zeigte*, wenn er unter Spannung gesetzt wurde:

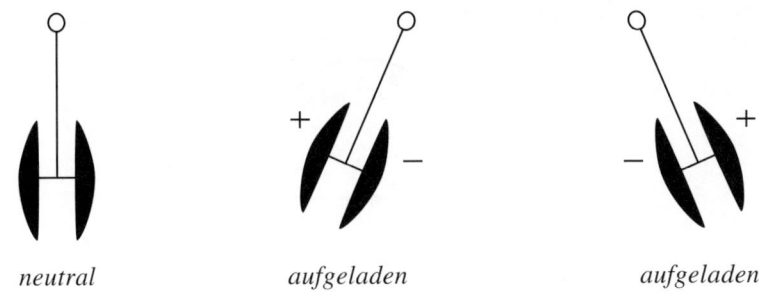

neutral   *aufgeladen*   *aufgeladen*

Entsprechend ließ sich ein 'Antigravitations-Effekt' beobachten, wenn der Kondensator senkrecht an einer Balkenwaage montiert war:

neutral   *aufgeladen*   *aufgeladen*

Dies demonstriert den Biefield-Brown-Effekt, und er könnte bereits den Kern der Gravitationskontrolle durch den Menschen beinhalten. Brown erkannte, daß ein Teil dieses Effekts auf einen 'Ionenwind' zurückzuführen war, bei dem die bestehende Aufladung der Platten Luftbewegungen erzeugte, was zu ihrer Lageveränderung führte. Deshalb führte er die Experimente in einem hohen Vakuum durch und stellte fest, daß ein bedeutender Prozentsatz des Effekts weiterhin vorhanden war. Dieser Effekt ist bewiesen und wiederholbar. Er ist eine der wissenschaftlichen Anomalien, die durch die konventionelle wissenschaftliche Weisheit nicht erklärbar sind, obwohl die theoretische Arbeit von Inomata, die im nächsten Kapitel besprochen wird, nicht nur exakt diesen Effekt voraussagt, sondern auch genau angibt, wie groß er sein muß. Er hat das Experiment in seinem Labor ebenfalls erfolgreich durchgeführt.

Brown arbeitete an Methoden, diesen Effekt für den Antrieb eines Fahrzeugs nutzbar zu machen, und diese Forschung ließ ihn eine Form entwickeln, die für die Erzeugung elektrogravitativen Auftriebs höchst effektiv war. Sie sah etwa so aus:

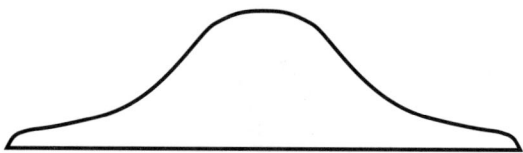

Die Gestalt gleicht einer Scheibe oder einer Untertasse. Und man bedenke, das geschah im Jahr 1926, lange bevor die Begriffe 'UFO' und 'Fliegende Untertasse' geprägt wurden und auch weit vor dem ersten Bericht über das elektrostatische Glühen, das häufig um Fliegende Untertassen herum bemerkt wird.

Brown kam zu dem Schluß, es müsse dadurch, daß er die Scheibe oder Untertasse in Segmente unterteilte, die wahlweise und bestimmbar aufgeladen werden konnten, möglich sein, die Bewegung eines solchen Fahrzeugs zu steuern.

Brown entwickelte tatsächlich eine Methode für einen elektrostatischen Antrieb und ließ sie sich mit Erfolg patentieren (Pat.-Nr. 2.949.550). Er führte diesen Antrieb an einem Modell vor, das sich um einen feststehenden Mast herumbewegte. Wenn dieses Modell in einem Vakuum betrieben wurde, schien es keine Beschränkungen für seine mögliche Geschwindigkeit zu geben, und es mußte abgeschaltet werden, bevor es genug Energie entwickeln konnte, um auseinanderzufliegen.

Einer der interessantesten Faktoren bei UFO-Berichten ist es, daß man erwarten würde, das gesamte Gerät, sowohl Fahrzeug als auch Besatzung, müßten unerträglichen Belastungen ausgesetzt sein, die aufgrund der plötzlichen Beschleunigungen und Richtungsänderungen auftreten müssen.

Doch Brown wies darauf hin, daß das Fahrzeug und dessen Insassen gleichermaßen auf die Verzerrung des örtlichen Gravitationsfeldes reagieren würden, so daß keine derartigen Belastungen spürbar würden. Das entspräche dem, was geschieht, wenn sich ein Fahrstuhl *abwärts* bewegt. Da Fahrstuhl und Fahrgäste denselben gravitativen Tendenzen unterliegen, gibt es keine Bewegungsdifferenz zwischen ihnen. Und wenn die Beschleunigung nur sanft genug erfolgt, dann ist die Bewegung kaum wahrzunehmen.

Browns Arbeit wurde schließlich niedergeschrieben, und sein erster Artikel wurde 1929 in der Zeitschrift *Science and Invention* unter dem Titel *How I Control Gravitation* (Wie ich die Schwerkraft kontrolliere) veröffentlicht. Er schrieb:

> Seit den ersten Tests wurden Gerät und Methoden stark verbessert und vereinfacht. Molekulare Gravitoren aus festen Blöcken massiven, nichtleitenden Materials haben größere Wirksamkeit erbracht. Rotoren und Pendel, die sich in Öl bewegen, unterliegen minimierten atmosphärischen Druck-, Temperatur- und Feuchtigkeitsbedingungen. Störende Effekte wie Ionisierung, Elektronenabstrahlung und reine Elektrostatik wurden ebenfalls sorgfältig untersucht und eliminiert. Nach Jahren der Methodenverfeinerung brachten wir es soweit, Schwerkraftveränderungen, die durch Sonne und Mond erzeugt wurden, sowie die viel geringeren Veränderungen, die durch die verschiedenen Planeten erzeugt wurden, zu beobachten. Eine merkwürdige Tatsache besteht darin, daß die Effekte am deutlichsten sind, wenn der auslösende Körper sich in einer Linie mit den unterschiedlich geladenen Elementen befindet, und am wenigsten ausgeprägt, wenn er im rechten Winkel zu ihnen steht!
>
> Großer Verdienst bei dieser Forschung gebührt dem Direktor des Swasey-Observatoriums Dr. Paul Alfred Biefield. Der Verfasser (Brown) ist ihm für seine Mithilfe und für viele wertvolle und rechtzeitige Vorschläge zu großem Dank verpflichtet.

Als Abschluß seiner Abhandlung schrieb er:

> Der Gravitor ist wirklich ein sehr wirksamer Motor. Anders als andere Arten von Motoren hat er überhaupt nichts mit den Prinzipien des Elektromagnetismus zu tun, sondern verwendet stattdessen die Prinzipien der *Elektrogravitation*. Ein einfacher Gravitor hat keine beweglichen Teile, sondern er ist anscheinend fähig, *sich selbst von innen heraus zu bewegen*. Höchst effizient ist er deswegen, weil er keinerlei Getriebe, Wellen, Propeller oder Räder benötigt, um seine Bewegungskraft zu entwickeln. Er weist keinen inneren mechani-

schen Widerstand und keine feststellbare Temperaturerhöhung auf. Entgegen dem verbreiteten Glauben, nach dem Gravitationsmotoren notwendigerweise in vertikaler Richtung wirksam sein müssen, stellt sich heraus, daß er in jeder erdenklichen Richtung gleich gut läuft.

Während der Gravitor gegenwärtig vornehmlich als wissenschaftliches Instrument dient – vielleicht sogar als ein astronomisches Instrument –, wächst sein Rang daneben rasch zu wirtschaftlicher Bedeutung heran. ... Vielzweck-Gravitoren, die Hunderte von Tonnen schwer sind, könnten die Ozeandampfer der Zukunft antreiben. Kleinere, kompaktere Exemplare könnten Automobile und sogar Flugzeuge antreiben. Vielleicht werden schließlich sogar die phantastischen 'Weltraum-Autos' und der verheißene Besuch des Mars aus ihm resultieren. Wer kann es sagen?

Brown schloß diese Arbeit vor dem Zweiten Weltkrieg ab. Im Krieg stieg er rasch in den Rang eines Korvettenkapitäns auf und wurde Befehlshaber der U.S.-Marine-Radarschule in Norfolk, Virginia. Doch er überanstrengte sich zu sehr und erlitt schließlich einen Kollaps. Nachdem er sich davon erholt und die Marine verlassen hatte, nahm er eine Stellung bei Lockheed-Vega an.

Nach dem Krieg wurde seine Forschungsarbeit von einer Gruppe von Marinestudenten in Pearl Harbour wiederholt und in Gegenwart von U.S.-Admiral Radford vorgeführt, der Brown zu seiner Entdeckung gratulierte. Die Marine weigerte sich jedoch aufgrund von negativen Einschätzungen durch andere Wissenschaftler, weitere Forschungen zu finanzieren.

Browns Arbeit blieb also weitgehend unbeachtet. Seine Freunde veranlaßten Vorführungen vor Geschäftsleuten und Regierungsbeamten, doch man hielt diese zwar für interessant, schätzte sie jedoch als unbedeutend ein. Als er es ablehnte, an so einer Vorführung teilzunehmen, soll Nobelpreisträger Millikan geäußert haben: „So eine Sache ist unmöglich und kommt nicht in Frage."

In England und Frankreich wurde seine Arbeit in Luft- und Raumfahrtzeitschriften beschrieben, doch die erhoffte Anerkennung kam nie zustande. Es wurde eine kleine Firma gegründet, um mangels staatlicher Finanzhilfen weitere Forschung voranzutreiben, und in zwölf Industrieländern wurden mehr als fünfundsiebzig Patente beantragt. Das System wurde bis zu einem Punkt weiterentwickelt, bei dem ein bestimmtes Gerät vom Boden abhob, wenn man eine Spannung anlegte.

1956 beging Brown jedoch den Fehler, ein Interesse an UFOs zu entwickeln, und er gründete sogar eine Forschungsgesellschaft, die NICAP,

mit Sitz in Washington. Damit wollte die konventionelle Wissenschaftsgemeinde nichts zu tun haben, und ihm entzog sich die Möglichkeit, Veröffentlichungen in amerikanischen Wissenschaftsmedien unterzubringen.
Der wahrscheinlich letzte zu Browns Entdeckung erschienene Artikel
befindet sich in einer Ausgabe der international verbreiteten schweizerischen Zeitschrift *Interavia* vom Frühjahr 1956. Er trug den Titel: *„Dem
schwerelosen Flug entgegen..."* Der Artikel, verfaßt von einem angese-
henen Journalisten, den die Zeitschrift überprüft hatte, stellte fest:

Die Elektrogravitationsforschung, die nach dem Ursprung der Schwerkraft
und ihrer Kontrollierbarkeit sucht, hat ein Stadium erreicht, in dem sich grundlegende Auswirkungen für die gesamte Menschheit ankündigen. Die vielleicht
erstaunlichsten und direktesten Einflüsse betreffen Flugzeuge, Fernlenkwaffen,
Luft- und Raumfahrzeuge aller Art. ... Und mit dem Ziel des langfristigen
Fortschritts der Menschheit und der menschlichen Zivilisation ist ein vollkommen neues elektrophysikalisches Konzept herausgemeißelt und in das Licht
des menschlichen Wissens gestellt worden.

Auf Details von Townsend Browns Arbeit eingehend, fährt der Artikel
fort:

Ein örtliches Gravitationsfeld für Vortriebszwecke wurde bereits im Labor
erzeugt. Scheibenartige Flugkörper mit einem Durchmesser von sechzig Zentimetern, die zu einer Variante des einfachen Zwei-Platten-Kondensators ausgebildet, bis fünfzig Kilovolt (kV) aufgeladen und mit einer konstanten Energie von fünfzig Watt versorgt wurden, erreichten auf einer kreisförmigen Bahn
von sechs Metern Durchmesser eine Geschwindigkeit von 5,2 m/sec. ... Kürzlich vergrößerte man den Scheibendurchmesser auf neunzig Zentimeter und
ließ die Scheiben bei einer Ladung von 150 Kilovolt auf einer atmosphärischen Kreisbahn von fünfzehn Metern Durchmesser zirkulieren, wobei so ein-
drucksvolle Ergebnisse erzielt wurden, daß sie unter höchste Geheimhaltung
gestellt wurden. Abgeänderte Versuche in einem Vakuum haben noch viel größere Wirksamkeiten gezeigt, die man nur als verblüffend bezeichnen kann.
Zur Zeit wird an der Entwicklung eines Stichflammen-Generators gearbeitet,
um bis zu fünfzehn Millionen Volt zu erzeugen.
Der bislang erfolgversprechendste Weg der Elektrogravitationsforschung wird
von Thomas Townsend Brown weiterverfolgt, einem Amerikaner, der die
Schwerkraft seit über dreißig Jahren erforscht. Er führt gegenwärtig Forschungs-
projekte in den Vereinigten Staaten und in Europa durch. Er postuliert, es gebe
eine Verbindung zwischen Elektrizität und Schwerkraft, die derjenigen ent-

spricht und/oder ähnelt, die zwischen Elektrizität und Magnetismus besteht. Und wie es im Falle des Elektromagnetismus die *Spule* ist, die man als Bindeglied verwendet, ist es bei der Elektrogravitation der Kondensator.

Jahre erfolgreicher empirischer Arbeit haben dieser Hypothese sehr viel Glaubwürdigkeit verliehen. Die genauen Auswirkungen der Bezwingung der Schwerkraft durch den Menschen lassen sich nicht aufzählen. Bei Automobilen, Schiffen und Flugzeugen würden die Probleme der Kraftübertragung vom Motor auf die Räder oder Propeller einfach aufhören zu bestehen. Der Bau von Brücken und großen Gebäuden ließe sich durch den zeitweisen Einsatz von Schwerelosigkeit enorm vereinfachen usw.

Von der möglichen Verbindung zu UFOs fasziniert, spekuliert der Autor schließlich:

> Natürlich besteht stets die Möglichkeit, daß es sich bei den nicht erklärbaren drei Prozent der UFOs – 'Unidentifizierte Flugobjekte', wie die U.S.-Luftwaffe die Fliegenden Untertassen nennt – tatsächlich um Fahrzeuge handelt, die auf diese Weise angetrieben werden und die bereits entwickelt wurden und Leistungstests unterzogen werden. ... Doch von wem? Von den Vereinigten Staaten, von Großbritannien oder Rußland? Sollte dies der Fall sein, ist es allerdings das bestgehütete Geheimnis seit dem Manhattan-Projekt, denn ihr Berichterstatter hat mehr als zwei Jahre darauf verwendet, der Arbeit an der Gravitationsforschung nachzujagen, und er hat bei regierungsamtlichen Forschern und Militärexperten auf der ganzen Welt lediglich äußerst verständnislose Blicke geerntet. So ist es bei allen Erforschungen des Unbekannten.

Später im gleichen Jahr veröffentlichte Lucien A. A. Gérardin, Leiter der kernphysikalischen Abteilung der Compagnie Française Thomson-Houston, einen Artikel, in dem er seine Gedanken zu den theoretischen Grundlagen von Browns Arbeit vorstellte, der jedoch zu technisch formuliert ist, um ihn hier zu zitieren.

Im Anschluß an Browns früheren Europabesuch hatte das *Journal of the British Interplanetary Society* eine eingehende Beurteilung der Elektrogravitation abgedruckt, die von A. V. Cleaver stammte, dem stellvertretenden Chefingenieur der Abteilung für Flugmotoren bei Rolls Royce.

Beide Artikel sind für diejenigen lesenswert, die sich näher mit dem Thema beschäftigen möchten (siehe Bibliographie).

Schließlich gelang es Schaffranke 1973 herauszufinden, wo Townsend Brown abgeblieben war. Er machte ihn auf den Bahamas ausfindig, wo er im Alter von 68 Jahren im Ruhestand lebte.

Als Antwort auf einen Brief Schaffrankes schrieb er:

Die Versuche im Vakuum wurden 1955-56 an der Soc. Nat. Construc., Aeronaut in Paris durchgeführt, 1957-58 an den Bahnson-Labors in Winston-Salem, North Carolina, und 1959 am General Electric Space Center in King of Prussia, Penna. Es wurden Laboraufzeichnungen angefertigt, doch sie wurden *nie veröffentlicht*, und sie stehen mir nicht zur Verfügung.

Die Ergebnisse fielen abhängig vom Ziel des Experiments unterschiedlich aus. Wir waren uns bewußt, daß der Schub der Elektrodenstrukturen zum großen Teil von der Übertragung der Ionenimpulse aus der Umgebung herrührte, wenn die Versuche in der Luft durchgeführt wurden. Viele Tests dienten daher der Erforschung dieser Komponente am Gesamtschub.

Im Falle des Versuchs bei General Electric wurden Cäsium-Ionen in die Umgebung gebracht und der daraus resultierende zusätzliche Schub beobachtet. Im Pariser Test wurden kleine untertassenförmige Tragflächen in einem Vakuum betrieben, das höher war als 10 mm Hg.

Plötzliche Schubkrafterhöhungen (in positiver Richtung) ließen sich jedesmal beobachten, wenn in der großen Glasglocke eine Vakuumentladung auftrat. Diese Vakuumentladungen entsprachen kurzen Ionisierungen hauptsächlich der Metall-Ionen im Elektrodenmaterial. Die verwendeten Gleichstromspannungen lagen zwischen 70 kV und 220 kV.

Unterschiedliche Kondensatortypen, isolierende Leerräume und Bariumtitanat wurden auf einem drehbaren Stativ angeordnet, um die elektrostatische Wirkung der Kammerwände auszuschalten, und die Rotationsgeschwindigkeit wurde überwacht.

Während der Vakuumentladung ließ sich stets eine intensive Beschleunigung beobachten (die nebenbei das gesamte Innere der Vakuumkammer erhellte). Dielektrika aus Bariumtitanat führten zu größerem Gesamtschub als Nichtleiter aus Luft. Die vom Standpunkt des Biefield-Brown-Effektes her bedeutendsten Ergebnisse bestanden darin, daß die Schubkraft selbst dann erhalten blieb, *wenn keine Vakuumentladung stattfand*, was den Rotor dazu brachte, sich in negativer oder positiver Richtung bis zu einem Punkt zu beschleunigen, bei dem die Spannung vermindert oder der Versuch abgebrochen werden mußte, weil der Rotor auseinanderzufliegen drohte.

Kurz, es scheint deutliche Beweise dafür zu geben, daß der Biefield-Brown-Effekt in positiver wie negativer Richtung innerhalb eines Vakuums von mindestens 10 Torr existiert. Die Restschubkraft ist um mehrere Größenordnungen stärker, als es sich aus der verbleibenden Umgebungsionisierung ableiten ließe.

... Der Kondensator-'Gravitor', wie er in meinem britischen Patent beschrieben ist, zeigte nur dann einen Gewichtsverlust, wenn er vertikal ausgerichtet

war, so daß seine Schubkraft von negativ nach positiv aufwärts zeigte. Mit anderen Worten, der Schub neigt dazu, den Gravitor 'emporzuheben'. Der 1928 festgestellte Maximalschub eines Gravitors, der ungefähr 10 Kilogramm wog, betrug 100 Kilodyn[1] bei einem Gleichstrom von 150 kV. Diese Gravitoren waren sehr schwer. Viele von ihnen bestanden aus einem gegossenen Dielektrikum aus Bleioxid und Bienenwachs, das in Bakelit eingeschlossen war. Keines dieser Exemplare 'schwebte' jemals in der Luft.

Es gab zwei Testanordnungen, entweder als Pendel, bei dem der Anstiegswinkel gegen die Schwerkraft gemessen und graphisch gegen die aufgewandte Spannung eingetragen wurde, oder als Rotor mit 1,20 Meter Durchmesser, an dessen Außenrand vier 'Gravitoren' angebracht waren. Mit diesem Rad von 1,20 Meter Durchmesser wurden Versuche in Luft und unter Transformatorenöl angestellt. Der Gesamtschub bzw. das Gesamtmoment war in beiden Fällen praktisch gleich, was zu beweisen schien, daß für den beobachtbaren Schub nicht allein die Luftionisation verantwortlich war.

Die Spannung der im Ölbad durchgeführten Experimente ließ sich auf ungefähr 300 kV Gleichstrom erhöhen, und die Schubkraft schien linear mit der Spannung anzusteigen.

In den folgenden Jahren, von 1930 bis 1955, wurden anspruchsvolle Überprüfungsversuche hinsichtlich der Drehmomente der Rotoren durchgeführt, die aus vielen Segmenten von bei hohen Temperaturen dielektrischen Stoffen bestanden, und zwar an folgenden Instituten: dem Marine-Versuchslabor in Washington D.C., dem Randall-Morgan-Labor für Physik an der Universität von Penna, Philadelphia, an einer Außenstation in Zanesville, Ohio, und zwei Außenstationen in Südkalifornien. Das Drehmoment wurde über viele Jahre hinweg permanent Tag und Nacht gemessen. Durchweg wurden starke Intensitätsveränderungen unter sorgfältig kontrollierten Spannungs- und Temperaturbedingungen beobachtet, im Ölbad, in magnetischen und elektrostatischen Abschirmungen und nicht nur unterirdisch, sondern auch in verschiedenen Höhen.

Diese automatisch auf Band aufgezeichneten Veränderungen wurden statistisch ausgewertet, wobei verschiedene bedeutsame Fakten zutage traten. *Es gab deutliche Korrelationen zur allgemeinen Sonnenzeit, zur siderischen Zeit und zum Mondstundenwinkel. Dies schien zweifelsfrei zu beweisen, daß die 'Schubkraft' der Gravitoren zeitlichen Schwankungen auf eine Weise unterworfen war, die mit den Sonnen- und Mondgezeiten und einer siderischen Beziehung unbekannten Ursprungs in Verbindung stand.* Diese automatischen Aufzeichnungen, die an so vielen Orten über eine derart lange Zeitspanne hin-

---

[1]Dyn ist eine physikalische Einheit der Kraft. 1 Dyn entspricht der Kraft, die der Masse eines Gramms die Beschleunigung 1 cm/sec2 gibt; d. Ü.

weg gesammelt wurden, scheinen anzuzeigen, daß *die elektrogravitative Kopplung einem außerirdischen Faktor unterliegt, der möglicherweise in Beziehung zum universellen Gravitationspotential oder zu einer anderen, (noch) nicht entdeckten kosmischen Variablen steht.*

In einem zweiten Brief an Rolf Schaffranke, in dem er weitere Fragen beantwortete, schrieb er:

Das Gerät, das sich emporhob und in der Luft schwebte und das von Mr. Kitselman beschrieben wurde, war kein massiver Isolator, wie er im englischen Patent beschrieben ist.

Mr. Kitselman war Zeuge eines Versuchs, bei dem eine runde, kuppelförmige Aluminiumelektrode von 38 cm Durchmesser verwendet wurde, die wie in beiliegender Skizze (siehe Abbildung 8-1) angeschlossen und mit Energie versorgt wurde. Wenn hohe Spannung angelegt wurde, erhob sich dieses Gerät in die Luft, obwohl es an den Kabeln der Hochspannungsvorrichtung befestigt war, wobei es nicht nur sein eigenes Gewicht, sondern auch noch ein kleines Ausgleichsgewicht hochhob, das an seiner Unterseite angebracht war. *Es stimmt, daß diese Apparatur eine Kraft erzeugte, die mehr als 110% seines Gewichtes entsprach.*

Bei dem erwähnten Experiment handelt es sich um eine Verbesserung des 1955 und 1956 in Paris durchgeführten Versuchs mit scheibenförmigen Tragflächen. Die Pariser Versuche entsprachen denen, die Admiral Radford 1950 in Pearl Harbour vorgeführt wurden.

Die Wissenschaftlergemeinde erklärte diese Versuche ausschließlich als Wirkung von 'Ionenimpuls-Übertragung' bzw. 'elektrischem Wind'. Kategorisch war von vielen 'Möchtegern'-Autoritäten vorhergesagt worden, ein derartiger Apparat könne nicht in einem Vakuum funktionieren. Aus diesem Grunde wies die Marine den Forschungsantrag (für weitere Untersuchungen) ab. Die einige Jahre später in Paris durchgeführten Experimente bewiesen, daß der Ionenwind nicht vollständig für die beobachtete Bewegung verantwortlich war, und sie *bewiesen ganz schlüssig, daß der Apparat sehr wohl in einem hohen Vakuum funktioniert.*

Später wurden diese Effekte in einem Labor in Winston-Salem, North Carolina, bestätigt, das extra für diesen Zweck errichtet worden war. Wieder konnte man ununterbrochen eine Kraft messen, wenn die Ionisation im Medium, das das Gerät umgab, praktisch gleich Null war.

Ich habe meinen Brief noch einmal durchgesehen und dabei bemerkt, daß ich in den beigefügten Zeichnungen die Stromversorgung mit 50 kV angegeben hatte. Tatsächlich hätte ich darauf hinweisen sollen, daß der Gleichstrom 50 bis 250 kV betrug, weil die Versuche innerhalb dieser Grenzen durchgeführt wurden

Abb. 8-1. Skizze, die dem Brief
von Thomas Townsend Brown
an Rolf Schaffranke beilag.

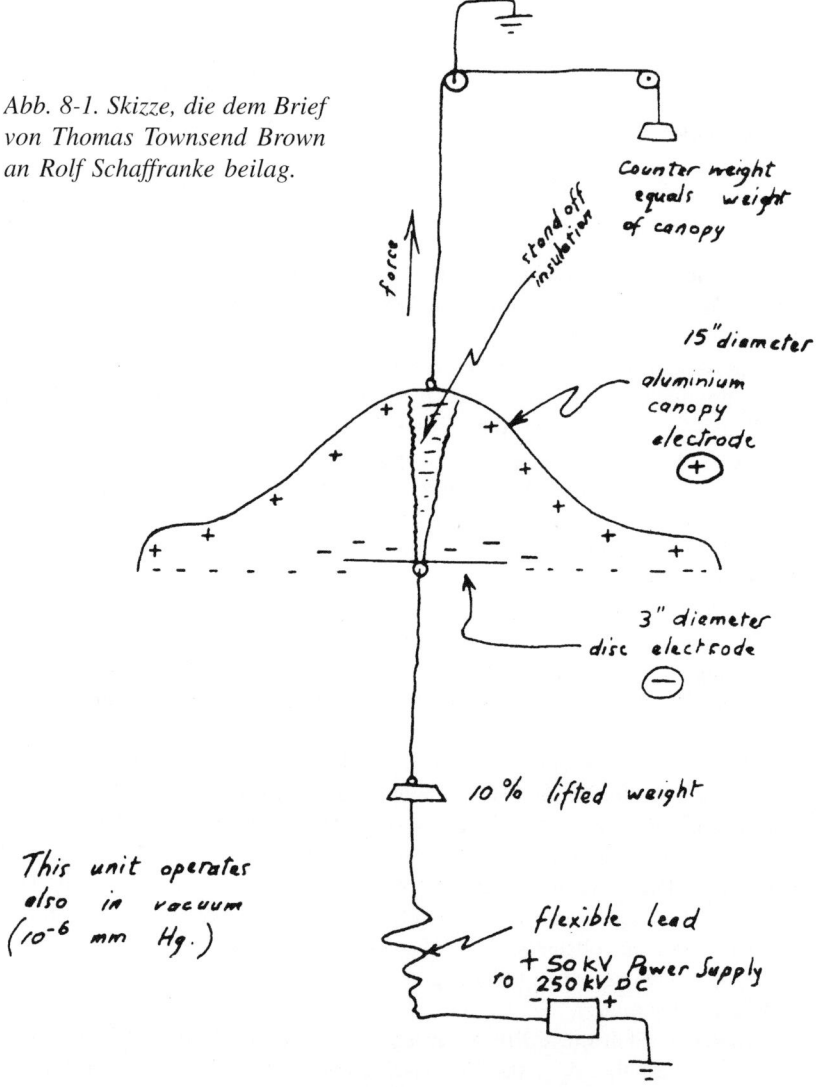

force

stand off insulation

Counter weight
equals weight
of canopy

15" diameter
aluminium
canopy
electrode
(+)

3" diameter
disc electrode
(−)

10 % lifted weight

This unit operates
also in vacuum
(10⁻⁶ mm Hg.)

flexible lead

+ 50 kV Power Supply
to 250 kV DC
− +

(siehe Abbildung 8-1). Je höher die Spannung, desto größer war die beobachtete Kraft. In diesen groben Tests schien es, daß die Erhöhung der Kraft in etwa linear proportional zur Spannung war. Im Vakuum wurde derselbe Test mit einer Kuppel-Elektrode durchgeführt, die einen Durchmesser von ungefähr 15 cm hatte, mit einer beträchtlichen Gleichstromzufuhr, deren Spannung mit 150 kV angezeigt wurde. Ich besitze einen kurzen Filmstreifen, der diese Bewegung in der Vakuumkammer zeigt, sobald die Spannung angelegt wird.

Aufgrund des Vorangegangenen scheint es keinen Zweifel daran zu geben, daß Townsend Brown tatsächlich eine elektrogravitative Verbindung entdeckt hat, obwohl bedeutend mehr Forschungsarbeit erforderlich gewesen wäre, um den Effekt zu einem praxistauglichen Gerät weiterzuentwickeln. Aber so verhält es sich mit allen Erforschungen des Neuen.

Der Mensch und seine Hilfsmittel

Lassen Sie uns für den Augenblick einen kurzen Ausflug in die Natur der Hilfsmittel des Menschen unternehmen.

Der Mensch verfügt nur über fünf Formen sinnlicher Wahrnehmung und fünf Formen aktiver Reaktion. Diese Wahrnehmungs- und Handlungsformen besitzen jeweils ein mentales Gegenstück (in der yogischen Terminologie *indriya*), die die äußerlichen Organe energetisieren und mit ihnen in Wechselwirkung stehen[1]. Und da wir sonst über keine weiteren geistigen Sichtweisen oder Funktionen verfügen, gelingt es uns nicht, uns irgendein anderes mögliches Instrumentarium vorzustellen. Man kann unsere Instrumente und Geräte daher so betrachten, daß ihnen nur zehn mögliche Hauptmöglichkeiten offenstehen – fünf rezeptive oder yin und fünf aktive oder yang. Schauen Sie sich eine Weile die Tabelle in Abbildung 8-2 an, und Sie werden sehen, was gemeint ist.

Sinneswahrnehmung	Beispiele für Instrumente und Geräte	Reaktive Handlung	Beispiele für Instrumente und Geräte
Augen/Sehen/Form & Farbe	Kameras, Linsen, Fernsehen, Instrumententafeln	Fähigkeit & Wunsch, sich umherzubewegen, besonders unter Verwendung der Beine	Alle Arten von Fahrzeugen, Transport
Ohren/Hören/Klang	Mikrophone	Rachen und Mund/Sprache	Lautsprecher, Tonbandgeräte, Audiogeräte, Musikinstrumente
Haut/Tasten/Fühlen	Verschiedene taktile Organe	Hände/Finger/Berühren	Roboter, Steuerung, Kontrolle
Zunge/Schmecken/Geschmack	Chemische Untersuchung von flüssigen und festen Stoffen	Sexuelle Aktivität	Sexuelle Stimulationsinstrumente
Nase/Geruch/Duft	Chemische Untersuchung von Gasen	Ausscheidung	Klistier- und Kolon-Instrumente

Abb. 8-2. Tabelle, die die Beziehungen zwischen den fünf Sinneswahrnehmungsmechanismen, den fünf motorischen Reaktionsmechanismen und den instrumentellen Hilfsmitteln des Menschen darstellt.

[1]Eingehend erörtert wird dies in meinem Buch *The Web of Life*.

Tatsächlich wird angesichts dieser fünf Yin- und Yang-Modi deutlich, daß die Mehrzahl unserer alltäglichen Hilfsmittel vornehmlich dazu dient, die Funktionen der drei ersten nachzuahmen. Auf der Sinnesseite (Yin) sind dies unser Sehen (Augen), Hören (Ohren) und Fühlen (Haut). Die entsprechenden motorischen Reaktionen (Yang) sind: Sich umherbewegen und Ortswechsel (meist unter Benutzung der Beine), Erzeugung kommunikativer Geräusche (Mund und Rachen) und das physische Eingreifen in unsere Umgebung (meist durch Verwendung von Händen und Armen).

Viele menschliche Tätigkeiten und Hilfsmittel stellen natürlich Kombinationen aus diesen Yin- und Yang-Zuständen dar, doch ich glaube, daß es keine physischen Tätigkeiten oder Wahrnehmungen gibt, die sich nicht in diese fünf einfachen Kategorien einordnen lassen.

Essen zum Beispiel ist ein Komplex, der praktisch alle oben genannten Punkte einschließt, während Bücher infolge unserer Fähigkeit zu sehen und unseres geistigen Vermögens zu sprechen existieren. Darüber hinaus bedürfen sie der Hände zum Greifen, damit die Seiten umgeblättert werden können. Manchmal können auch Ohren, Mund und Rachen gefordert sein, wenn es darum geht, ein Buch laut vorzulesen und diesem Vorgang zu lauschen.

Die Handlungen des Menschen mögen kompliziert erscheinen, doch eigentlich ist er nur damit beschäftigt, die Fähigkeiten auszuweiten, mit denen ihn die Natur bereits ausgestattet hat. Dies ist Ausdruck unserer tattvischen Veranlagung, wie es in Kapitel 4 besprochen wurde und beträchtlich umfassender in *The Web of Life* ausgeführt wird. Grundsätzlich ist jedes Sinnesorgan und jede motorische Handlung die Folge einer Wechselwirkung zwischen dem Geist und den fünf Tattwas in ihrer subtilen Form sowie in ihren Yin- und Yang-Aspekten.

So sind unsere Instrumente und unsere Geräte immer nur Vereinfachungen individueller Begabungen oder Funktionen, über die wir selbst bereits bis zu einem gewissen Grad verfügen. Nur ein *lebendes* menschliches Wesen kann sie alle ausüben. Nur der Mensch oder ein *lebendes* Wesen hat ein inneres Bewußtsein. Nur im Bewußtsein können wir so vieler Faktoren in unserer Umgebung gleichzeitig gewahr werden. Bewußtsein ist der inwärtige Punkt der Ganzheit und Integration, der all unsere motorischen und Sinnesfunktionen zu einem durchgängigen Erleben zusammenfügt. Unser Geist vermittelt uns ein geteiltes Universum, eine Stätte aus Stücken und Teilen. Das Bewußtsein teilt uns durch die Intuition in unserem Geist mit, daß die Teile verbunden und als ein Ganzes zusammengeschlossen sind, daß sie alle Schöpfungen des einen Ganzen sind. Bewußtsein ist das innere Wesen unseres Lebens und unseres Seins. Es ist, was wir wirklich sind. Und unser individuelles Bewußtsein, wie sehr es auch in Geist und Materie eingetaucht ist, ist ein Tropfen des Universalbewußtseins, des Höchsten Wesens oder Gottes.

Eindeutig fehlt dieser innere Lebensfunke unseren Instrumenten. Daher rühren ihre Beschränktheiten. Selbst die feinsinnigsten Geräte und Roboter verhalten sich wie Idioten und können nur ein begrenztes Repertoire von Funktionen ausüben, für die sie vom Menschen programmiert und vorherbestimmt wurden. Ein computergesteuertes Gerät besitzt als einzige Anpassungsfähigkeit an die Umstände das, was seine menschlichen Schöpfer vorhergesehen und in seinen Entwurf hineinprogrammiert haben. Es gibt eine enorme Kluft zwischen dem Bewußtsein und unbelebten Geräten.

Das Bewußtsein oder die Lebenskraft ist die einzige Kraft, die das ungeheuer komplexe biologische, biochemische und physiologische Funktionieren lebender Körper steuern kann. Es strukturiert, organisiert und verwaltet es. Wir werden uns des Vorgangs infolge der verstreuten Aktivitäten unseres Geistes nicht bewußt. Es ist allerdings sehr wohl bekannt, daß wir Körperfunktionen, die normalerweise außerhalb der Reichweite unsere Bewußtseins liegen, durch konzentrierte Aufmerksamkeit kontrollieren können. Biofeedback-Versuche[1] haben das recht schlüssig nachgewiesen. Und interessanterweise sind es jene Menschen, die meditieren – sie sind bereits mit den inneren Vorgängen der Steuerung und Sammlung des Geistes vertraut –, die damit am erfolgreichsten umgehen können.

Doch wenn die Seele oder das Bewußtsein dahinscheidet, vermag keine Ansammlung von noch so gescheiten Menschen den nunmehr toten Körper dazu zu bringen, irgendeine der Funktionen auszuführen, die er vielleicht vor nur wenigen Sekunden noch besaß.

---

[1]Biofeedback ist eine zielorientierte Technik, bei der eine Person versucht, zum Beispiel ihren Blutdruck oder ihren Puls – Funktionen, von denen man normalerweise glaubt, sie lägen außerhalb der Kontrolle durch den Willen – mental zu kontrollieren. Eine Bestätigung darüber, wie gut sie es macht, erhält die Person für gewöhnlich durch visuelle oder akustische Signale – Anzeigeinstrumente, Blinklichter, sich verändernde Töne usw. Es führt einem deutlich die Verknüpfung von geistiger Energie zur Biochemie und Physiologie vor Augen, obwohl das tatsächlich auch bereits durch das Krümmen eines Fingers oder durch einen beliebigen, normalen Willensakt geschehen sollte. Dieselbe Verknüpfung liegt dem Placebo-Effekt und allen psychosomatischen Phänomenen zugrunde. Eigentlich wird das gesamte physische Leben fortwährend durch das Vorhandensein dieses Mechanismus bestimmt.

Wir hätten dann einen beinahe vollkommenen Körper vor uns (nicht ganz vollkommen, da die Person oder das Lebewesen tot ist!), der zuvor Leben auszudrücken imstande war, doch wir können ihn nicht dazu bewegen, *irgendeine* überzeugende Funktion auszuüben. Und doch bemerken wir vielleicht nicht, daß die innere Lebenskraft etwas völlig anderes ist als der grobphysische Körper, der alles ist, was nach dem Tod übrigbleibt. Doch dieses innere Leben ist unsere alltägliche *Erfahrung*. Es ist nicht möglich, *auch nur eine* dieser *Erfahrungen* irgendwo physisch zu entdecken oder wirklich wahrzunehmen. Niemand sonst kann herausfinden, was es bedeutet, die Farbe Rot zu erleben, noch könnten wir selbst diese Erfahrung adäquat beschreiben. Wir mögen uns auf ein Geräusch oder ein Wort geeinigt haben, mit dem wir dieser Erfahrung Ausdruck verleihen und sie vermitteln können. Doch die Erfahrung bleibt im Inneren, und wir verfügen über keine Möglichkeit zu wissen, ob das, was Sie als Rot erleben, dasselbe ist, was ich erfahre, oder ob so ein Vergleich überhaupt irgendeine Bedeutung hat.

All unsere Sinneswahrnehmungen befinden sich in uns, werden in unserem Geist erlebt, und keiner Sezierung der Welt wird es je gelingen, auch *nur eine* dieser täglichen (oder nächtlichen) Erfahrungen ausfindig zu machen. Jegliche *Lebens-Erfahrung* liegt im Inneren und übersteigt die Fähigkeiten von Instrumenten, diese zu imitieren oder zu kontrollieren.

Aus diesem Zusammenhang heraus also sollten wir die Beschränkungen unserer Geräte und Hilfsmittel begreifen. Sie sollten der Verbesserung des Menschen, unserer Annehmlichkeit und unserem Wohlgefühl dienen, um das Leben in dieser Welt erträglicher zu machen.

Die Bereitschaft, unsere Mitmenschen um des Geldes Willen auszunutzen und herauszufordern, das Spielen mit den Schwächen der Menschen aus persönlichen Macht- und Profitmotiven heraus – das sind unwürdige, falsche Verhaltensweisen in den zwischenmenschlichen Beziehungen. Das heißt nicht, die Einführung staatlicher Kontrolle zu fordern – diese stellt nur eine andere Form kurzsichtiger Manipulation im Sinne von persönlichen, ich-zentrierten Motiven dar. Es bedeutet ein universelles Verständnis relativer Werte.

Dies kann allerdings nur eintreten, wenn wir Menschen unsere eigene innere, eingeborene Spiritualität erkennen – wenn wir anfangen, dem natürlichen Gesetz zu folgen, das Liebenswürdigkeit und Toleranz einschließt sowie ein sich erweiterndes Bewußtsein, ein Gespür für die subtilen atmosphärischen Schwingungen, Zufriedenheit, Kontrolle über alle Leidenschaften, Bescheidenheit, Aufrichtigkeit und all die anderen Tugenden, die uns innerlich glücklich und zufrieden machen. Letztendlich sind sie alle Ausdruck großer innerer Liebe – Liebe als fundamentale Bewußtseins- und Lebensqualität, nicht als emotionales Gefühl, wenngleich letzteres eine Spiegelung des ersten ist.

Doch diese Welt war noch nie ein solcher Himmel, und vielleicht wird sie das auch in absehbarer Zukunft nicht werden. Doch das entschuldigt nicht, daß wir uns nicht darum bemühen, unseren eigenen inneren Zustand zu verbessern. Dadurch, daß wir selbst uns ändern, können Änderungen in gesellschaftlichen Wechselwirkungen und Strukturen tatsächlich stattfinden. Wir verändern die Welt nicht zum Besseren, wenn wir uns darauf stürzen, dies zu tun, sondern dadurch, daß wir unser Hauptaugenmerk auf unsere eigene Verfeinerung konzentrieren – auf Meditation und Bewußtseinserweiterung. Dann tun wir das, was naturgemäß von innen kommt, und die Welt, mit der wir verbunden sind, ändert sich automatisch. Auf diese Weise vermeiden wir das Anwachsen des Egos, das automatisch weiteren spirituellen Fortschritt blockiert, wenn wir denken, wir seien in dieser Welt von großem persönlichem Wert. Dies ist das Ego des 'professionellen' Philanthropen. Doch zweifellos braucht die Welt solche Menschen.

Dann werden wir uns wenigstens über unser bislang verhängnisvolles Wagnis Technik klarwerden, das uns als die drohende Zerstörungsgefahr für einen Großteil des Lebens auf diesem Planeten erkennbar würde. Wir haben bereits eine Vielzahl von Arten ausgerottet, ohne uns groß darum zu kümmern oder viel darüber nachzudenken. Dieses menschliche Ego und diese Habgier müssen unter Kontrolle gebracht werden. Wir alle müssen unser wahres Wertegefühl aufrichtig prüfen und dann den Mut aufbringen, im Kontext unserer eigenen Lebenssphäre entsprechend zu handeln. Und Sie werden staunen, wie viel Unterstützung Sie sowohl von innen als auch von Ihren Mitmenschen erhalten werden, sobald Sie sich entschlossen darum bemühen.

John Searls Äther-Vortex-Turbine[1]

Die Geschichte des Werkes von John R. R. Searl beginnt in den frühen 50er Jahren. 1949 war der siebzehnjährige Searl noch beim Midlands Electricity Board in Birmingham als Elektroingenieur angestellt. Außer

---

[1]Diese Beschreibung ist weitgehend einem Forschungsbericht von Searls Geschäftspartner P. L. Barrett, Bakkalaureus der Naturwissenschaften, entlehnt, der in Rolf Schaffrankes Buch *Ether Technology* veröffentlicht wurde.

Lehrgängen bei seinem Arbeitgeber hatte er keine offizielle Ausbildung für diese Aufgabe absolviert, aber die Elektrizität faszinierte ihn ungemein, und er hatte sich dazu fast alles selbst beigebracht. Das kann seine Vorteile haben, da man dann nicht so leicht von den gerade aktuellen, vorgefertigten Gedanken indoktriniert werden kann. Tatsächlich war auch der große Michael Faraday ohne offizielle Wissenschaftsausbildung, und selbst Einstein arbeitete in einem Patentbüro und nicht als Physiker, als er seine erste Abhandlung zur Relativität veröffentlichte.

Eigentlich sollte jedem Kurs, der menschliches 'Wissen' und Wissenschaft vermitteln soll, eine Einschränkung vorangestellt werden, die deutlich macht, daß wir Menschen wirklich nicht viel wissen, sondern daß dies nur die Art und Weise ist, wie etwas uns gegenwärtig erscheint, und daß alle Verbesserungen höchst willkommen sind!

Jedenfalls fiel Searl beim Herumexperimentieren mit Elektromotoren und Generatoren auf, daß eine schwache elektromotorische Kraft (EMK) in rotierenden Metallteilen erzeugt wurde. Die negative Ladung befand sich an der Peripherie, und die Mittelachse war positiv geladen. Er schloß daraus, daß freie Elektronen (die negative Ladung besitzen) durch die Zentrifugalkraft an den Rand der von ihm benutzten rotierenden Kollektorringe geschleudert wurden (siehe Abb. 8-3).

Er beschloß, am besten ein Material zu wählen, das ein guter elektrischer Leiter ist, also eine Menge freier Elektronen enthält, um damit einen Generator zu konstruieren, der auf jenem Prinzip aufbaute. Er baute eine Scheibe von neunzig Zentimetern Durchmesser, die ihren Startimpuls von einem zentralen Motor herkömmlicher Bauart erhielt. Zusätzlich war die Rotationsscheibe segmentiert, und um den Rand herum waren Elektromagnete angeordnet, an denen sich die Segmente beim Rotieren vorbei-

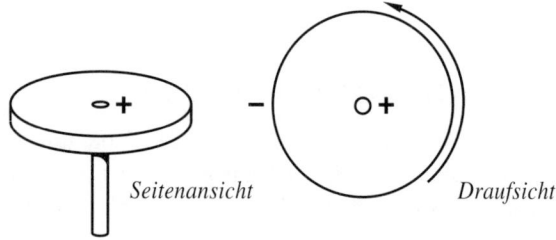

Seitenansicht   *Draufsicht*

Abb. 8-3. Von einem rotierenden Metallring wird eine elektromotorische Kraft erzeugt.

bewegen mußten. Diese Elektromagnete wurden tatsächlich durch die von der rotierenden Scheibe erzeugte EMK angetrieben und sollten diese noch weiter verstärken.

Der anfängliche und fortlaufende Antriebsimpuls kam jedoch vom zentralen Anlassermotor. So weit, so gut – das ist ein recht konventioneller Gedanke und eine ganz nette Idee, um Elektrizität aus freien Elektronen zu erzeugen[1].

Diese Arbeit ist nur von historischem Interesse, sagt jedoch etwas über Searls Denkweise aus, denn sein Durchbruch, wenn es denn einer war, scheint aus seiner Arbeit mit Magneten in einem ähnlichen Rotationsgerät hervorgegangen zu sein.

Searl entdeckte ein ungewöhnliches magnetisches Phänomen, allerdings eines, das sich noch innerhalb der Grenzen herkömmlicher Magnettheorien befindet (obwohl die Theorie uns nicht sagt, wie Magnetismus *entsteht*, sondern nur, wie er sich meistens *verhält*).

Er stellte zwei Stabmagnete her, deren Pole an der Ober- und der Unterseite lagen statt an den Enden (siehe Abb. 8-4). Diese wurden übereinander gelegt. Dann wurden zwei stummelartige, kurze zylindrische Magnete entlang der Stabmagneten plaziert, wie abgebildet. Da der Nordpol vom Südpol angezogen wird und umgekehrt, haften die beiden Magneten infolge normaler Magnetanziehung an den Kanten der Stabmagneten.

Magnet A erhält dann, wie abgebildet, einen Schubs. Er rollt an der Kante der Stäbe entlang, erreicht die rechtwinkligen Ecken am Ende des Stabes und rollt um sie herum. Während Magnet A kontinuierlich an der gegenüberliegenden Kante in Richtung seiner Anfangsposition weiterrollt, bewegt sich auch Magnet B um das andere Ende herum.

Die beiden Magnete oszillieren nun rasch mit ungefähr zehn Zyklen pro Sekunde an den beiden Kanten auf und ab, bis sie schließlich nach zwei bis drei Minuten an den Seitenmitten, auf der ihrer Startposition gegenüberliegenden Seite, zum Stillstand kommen. Den Startimpuls und ihre Bewegungsenergie erhalten sie von Hand, und die magnetische Anziehung und Abstoßung verändert den Kurs des ursprünglichen Anstoßes.

Obwohl man diesen Effekt nun mit normalen Ferrit-Permanentmagneten demonstrieren kann, verwendete Searl eine ungewöhnliche Zusammen-

---

[1] Searls Erklärung für Zentrifugalkraft und freie Elektronen mag in der Tat falsch sein. Das Phänomen existiert, doch es könnte auch auf einen induzierten elektrischen Strom zurückzuführen sein, der dadurch entsteht, daß der Leiter im Erdmagnetfeld rotiert. Dies wird durch die herkömmliche elektromagnetische Theorie beschrieben.

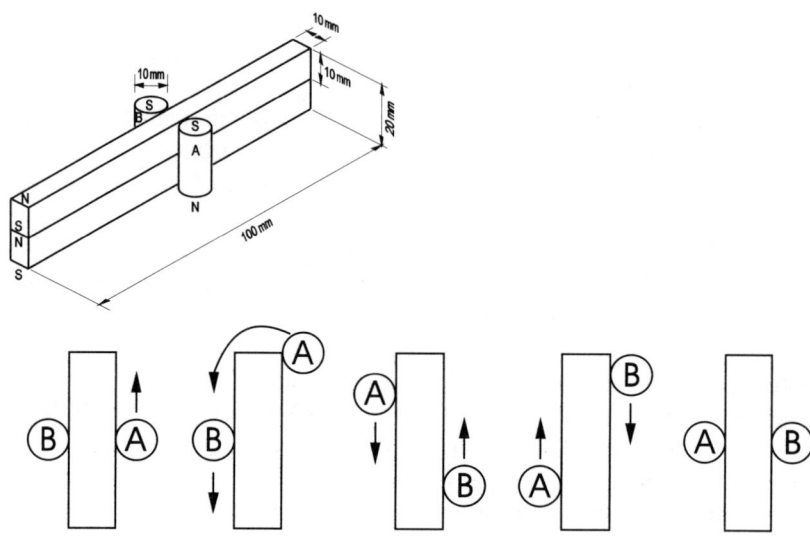

Abb. 8-4. John Searls Magnetexperiment. Zwei zylindrische Magnete rollen um zwei Stabmagnete herum, die übereinander gelegt sind. Sie erhalten ihre Anfangsbewegung von Hand.

setzung für seine Magnete, und sie wurden während ihrer Herstellung zusätzlich einer besonderen Behandlung unterzogen.

Um zu verstehen, was da geschieht, müssen wir uns ein wenig näher mit der Natur des Magnetismus vertraut machen. Die Magnetwirkung läßt sich auf den Spin unpaariger elektrisch geladener Elektronen in den Atomen magnetischer Materialien zurückführen. Die Magnetisierung besteht im Prozeß der gleichmäßigen Ausrichtung dieser Atome. Dadurch entsteht der makroskopisch beobachtbare Effekt, den wir als Magnetismus bezeichnen. Man nimmt an, daß die Spezialbehandlung, der Searl diese Magneten unterzog, die Ausrichtung bzw. Anordnung vielleicht noch anderer Aspekte der Elektronen-Drehbewegung verstärkte.

Gewöhnliche Magnete zum Beispiel absorbieren Mikrowellenstrahlung, und man nimmt an, daß die derart absorbierte Energie entweder in kinetische Winkelbewegung in den Elektronen umgewandelt wird oder daß diese dadurch dazu angeregt werden, neue Energiezustände anzunehmen. Leider wurde die genaue Behandlungsweise nicht preisgegeben, doch höchstwahrscheinlich erfolgte sie nach diesem Prinzip.

Dann wandelte Searl seinen Originalversuch ab, wobei er weiterhin diese speziellen Magnete benutzte. Er hatte schnell heraus, daß sich die Reibung, durch die in seinem ersten Experiment die Rollen bald zum Stillstand kamen, weil viel Energie durch den Reibungswiderstand und durch die Richtungsänderung an den rechtwinkligen Ecken verbraucht wird, dadurch deutlich verringern lassen müßte, daß er die Stabmagnete durch einen Anulus (Ring) ersetzte (siehe Abb. 8-5a).

Das gelang weitaus besser, als er erwartet hatte, denn er entdeckte, so gibt er an, daß die Rollenmagneten *unbegrenzt* weiterrotieren, wenn ihre Anzahl ein bestimmtes Minimum überschreitet (siehe Abb. 8-5b). Und mehr noch – ein elektrostatisches Potential entsteht zwischen den Rollen und dem Anulus.

Weder die fortlaufende Kreisbewegung noch die elektrostatische Spannung läßt sich durch die herkömmliche Magnettheorie beschreiben. Doch

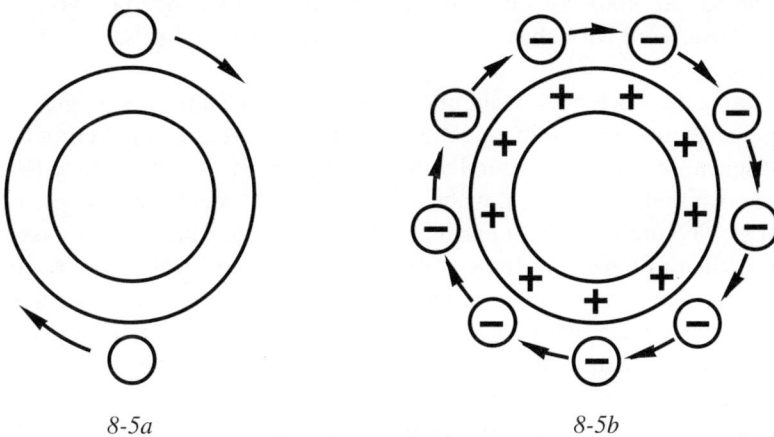

8-5a   8-5b

Abb. 8-5. Searls Anordnung für eine kontinuierliche Rotation zylindrischer Magnete um einen magnetischen Anulus. Eine hohe elektrostatische Ladung soll sich zwischen den Rollen und dem Ring aufbauen. Die Ausführungsweise der Rollenbahn ermöglicht es, sie vermittels der Zentrifugalkraft auf Abstand zum Anulus zu halten, wodurch eine Entladung des elektrostatischen Potentials verhindert wird. Bei den hohen Potentialen, die erreicht werden, würde man jedoch einen Überschlag wie bei einem Blitz erwarten, wodurch die Ladungen ausgeglichen würden. Dies ist eine weitere ungewöhnliche Eigenschaft.

es gab noch einen dritten, sogar noch faszinierenderen Anomalieeffekt. Von einem bestimmten Grenzwert der Rotationsgeschwindigkeit und des elektrostatischen Differentialunterschieds an, so behauptet Searl, *nimmt das effektive Gewicht des ganzen Gerätes ab*. Das bedeutet, es interagiert mit dem Gravitationsfeld.

Searl baute daher ein ringförmiges Gerät, dessen Anfangsdrehbewegung von einem zentralen Motor erzeugt wurde. Zusätzlich verwendete er drei konzentrische Sätze von Magnetringen und -rollen, die an drei ineinandergeschachtelte Kugellager erinnerten.

1952 war die erste Maschine fertig, und Searl probierte den Generator mit einem Freund zusammen im Freien aus. Sie waren allerdings nicht auf das gefaßt, was als nächstes passierte. Die Rotationsscheibe wurde angeworfen, und das erwartete elektrostatische Gefälle stellte sich ein, allerdings als ein unvorhergesehen hohes Potential im Bereich von 10^5 Volt. In der Nähe befindliche Gegenstände zeigten Effekte statischer Aufladung, während der Rotor knisterte und einen typischen Ozongeruch von sich gab. Ozon wird bei hohen elektrischen Potentialen aus Luftsauerstoff gebildet.

Das war jedoch noch nicht alles. Während er noch beschleunigte, fing der Generator von allein zu schweben an und zerbrach die Verbindung zwischen sich und dem zentralen Antriebsmotor. Er stieg bis in eine Höhe von etwa fünfzehn Metern, wobei der Generator weiter beschleunigte und um sich herum einen rosa leuchtenden Strahlenkranz bildete. Dies ist typisch für Luftionisation bei einem stark reduzierten Luftdruck von etwa 10^{-3} mm Quecksilbersäule. In der Nachbarschaft schalteten sich Radiogeräte selbsttätig ein, vermutlich infolge eines Stroms, der durch die intensive statische Elektrizität in ihren Schaltkreisen erzeugt wurde (d.h. Luftionisierung, eine Fülle von elektrisch geladenen Luftmolekülen), oder wegen eines elektrischen Stroms, der durch die intensive EMK hervorgerufen wurde.

Schließlich beschleunigte der gesamte Generator so heftig und erzeugte so viel Auftrieb, daß er mit einer phantastischen Geschwindigkeit außer Sicht geriet und wahrscheinlich in den Weltraum entschwand!

Seitdem haben Searl und andere mehr als zehn solcher Fluggeräte gebaut, die alle auf ähnliche Weise abhanden kamen. Es wurden auch größere Maschinen von vier Metern Durchmesser und zwei von zehn Metern Durchmesser gebaut. Wenn man sich das Nettogewicht der Magneten vor Augen hält, müssen diese Geräte reichlich schwer gewesen sein, und Searl behauptet, je mehr Masse sie hätten, desto größer sei der Levitationseffekt. Masse wird irgendwie dazu gebracht, Anti-Massenwirkungen vorzuführen – und je mehr von ihr vorhanden ist, desto größer ist der Effekt!

Man fragt sich sofort, warum Searls Arbeit nicht weltweit bekannt ist. Die Antwort lautet, daß man in Regierungskreisen sehr wohl von ihm weiß und auch einige Wissenschaftler ihn kennen. Sein Levitationsgerät verstößt jedoch gegen die Beschreibungen der Naturvorgänge, wie sie die konventionelle Physik liefert. Folglich üben sich Universitäts- und Regierungswissenschaftler in Zurückhaltung, um ihre Arbeitsplätze und ihre Reputation nicht deswegen an den Nagel hängen zu müssen, weil sie Interesse für etwas zeigen, das im wesentlichen eine Fliegende Untertasse ist!

Es mögen sehr wohl weitere Unterdrückungszwänge ausgeübt worden sein, über die wir nur spekulieren können, ist die Maschine doch eindeutig von militärischer Bedeutung. Ebenso vermag sie die riesigen internationalen Energie- und Transportindustrien in Aufruhr zu versetzen. Vielleicht Grund genug für mächtige Personen, solche Informationen und Technologien zu unterdrücken, obwohl in Wirklichkeit die größten 'Unterdrücker' von allen die pure geistige Trägheit und die Gewohnheit sind. Ein jeder ist so sehr mit den eigenen Lebensvorgängen beschäftigt, daß selbst welterschütternde Entdeckungen nahezu unbewußt ignoriert werden. Vielleicht kommen sie einem zu Ohren und ernten sogar vorübergehend öffentlichen Beifall, doch wenn es ihnen nicht gelingt, sich in irgendeiner Weise materiell auf den Lebensweg einer Person auszuwirken, werden sie bald vergessen.

Vielleicht sollte ich Ihnen hier von einer wahren Geschichte erzählen, die einen äußerst vertrauenswürdigen und aufrichtigen Freund von mir betrifft. Einer seiner Freunde, ein homöopathischer Arzt, bereiste Südamerika – ein Subkontinent mit einer besonders artenreichen Flora – und kehrte mit einem Heilkraut zurück, das eine Frau, die es einnimmt, für die Dauer eines Jahres vor Schwangerschaft schützt. Sie werden zustimmen, daß das ein zweckmäßiges Heilkraut ist. Ich kenne seine biochemische Zusammensetzung nicht, aber es ist bekannt, daß eine Reihe von Kräutern Steroide enthalten, die in ihrer Struktur stark dem weiblichen Geschlechtshormon Östrogen ähneln. Vermutlich besitzt dieses Kraut entsprechende Eigenschaften.

Nachdem er sich eine Bezugsquelle für das Kraut geschaffen hatte, engagierte er sich für die notwendigen Forschungen und Erprobungen, um es auf den Markt zu bringen, als eines Tages ein graugekleideter Herr in sein Behandlungszimmer eintrat. „Ich repräsentiere XXXX[1]", sagte der Herr. „Uns ist zu Ohren gekommen, daß sie beabsichtigen, ein wirkungsvolles antikonzeptives Naturheilmittel zu vermarkten. Wir geben Ihnen 10 000 Dollar, wenn sie das unterlassen. Machen Sie weiter, werden Sie getötet." Der gute Homöopath nahm weder die Zahlung noch das Mordangebot an – er gab seine Pläne auf, da er ein ruhiges Leben vorzog. Verschwiegenheit geht über Tapferkeit, und die Geschichte zeigt, wie weit einflußreiche Kreise gehen, um ihre Aktivitäten vor finanzieller Untergrabung zu schützen.

Wir kehren von dieser Moralgeschichte zu der von John Searl zurück. Sein Gerät zeigt folgende Eigentümlichkeiten:

1. Antigravitation oder Levitation.
2. Extrem hohe elektrostatische Gradienten.
3. Zusätzlich zum elektrostatischen Effekt eine sonderbare magnetische Wirkung, die elektrische Ströme in geschlossenen Leiterkreisen induziert, selbst wenn keine relative Bewegung vorhanden ist. Dies bedeutet die Erzeugung einer Energie aus einer 'unbekannten' und anscheinend unerschöpflichen Quelle. Man kann sich vorstellen, daß diese Quelle von der in den Vakuumzustand eingebundenen Energie gebildet wird.
4. Von einem bestimmten Schwellenwert an übersteigt die Ausgangsleistung die Eingangskraft. Die Maschine legt also eine *Perpetualbewegung* an den Tag. Wieder rührt die Energie vermutlich vom Vakuumozean her, so daß die Gesetze der Energieerhaltung nicht verletzt werden. Man bekommt also nichts 'umsonst'. Der Einflußbereich dieser Gesetze bedarf jedoch einer Neubewertung und einer Erweiterung. Die geschätzte Ausgangsleistung liegt im Bereich von 10^{13} bis 10^{15} Watt. Das ist etwa eine Million mal eine Million mal soviel Leistung, wie eine Einhundert-Watt-Glühbirne verbraucht.
5. Noch einmal, jenseits dieses Schwellenwertes scheint der Generator keine *Trägheit* zu besitzen. Das bringt uns zu unseren verschiedenen Aussagen zur Natur der *Masse* zurück, eine weitere dieser grundle-

---

[1]Leider könnte ich zum Ziel einer Verleumdungsklage werden, wenn ich den Namen dieser großen internationalen Geschäftsorganisation mit Beteiligungen in der Verhütungsmittelindustrie nennen würde, da (wenngleich wahr) der Beweis 'nur anekdotisch' ist.

genden und merkwürdigen Materieeigenschaften. Bedenken Sie, daß *Masse*, der Widerstand eines Körpers dagegen, in Bewegung gesetzt zu werden, beziehungsweise seine Trägheit sich von seinem *Gewicht unterscheidet*. Gewicht ist die Anziehung eines Körpers durch einen anderen aufgrund der *Schwerkraft*. Das ist es, was uns daran hindert, in den offenen Weltraum hinauszuschnellen, wenn wir in die Luft springen. Im allgemeinen Sprachgebrauch meint man, Gewicht und Masse besäßen denselben Wert. Doch wird zum Beispiel im Weltraum deutlich, daß sie sich unterscheiden. Denn während Astronauten und ihre Ausrüstung zwar *schwerelos* sind (keine merkliche Gravitationsanziehung), sind sie doch nicht *masselos*. Es bedarf immer noch einer Anstrengung, um etwas anzustoßen und es in Bewegung zu versetzen. Das ist dessen Trägheit. Da Schwerkraft eine Anziehung zwischen Massen ist, wird umgekehrt ein Gegenstand, der *masselos* ist, keine gravitative Anziehung erfahren. Das bedeutet, er muß auch schwerelos sein.

Die faszinierende Bedeutung von Searls Gerät liegt darin, daß es irgendwie die Trägheit oder Masse relativ zur Umgebung aufhebt. Denn der dann noch notwendige Aufwand für eine Beschleunigung des Fahrzeugs läge fast bei Null – das einzige Hemmnis bestünde im Reibungswiderstand der Luft oder des Mediums, in oder auf dem es sich fortbewegt. Im Weltraum oder im Vakuum, wo keinerlei Reibung oder Widerstand auftritt, würden unendliche Beschleunigungen möglich.

Können wir diesen Gesichtspunkt an Searls Maschine akzeptieren? Wissen wir denn tatsächlich, was Masse und Schwerkraft wirklich sind? Wir wissen es nicht. Über eine mathematische Formel oder Gleichung zu verfügen, mit der sich eine Sache oder ihre Beziehungen darstellen lassen, erzeugt, wie wir dargelegt haben, kein Wissen darum, was die Sache *ist*, keine Kenntnis *der Sache selbst*.

6. Das ganze Gerät läßt sich dadurch lenken, daß man die Verteilung des elektrischen Potentials auf der Oberfläche des Fahrzeugs steuert. Der Generator richtet sich selbst automatisch im rechten Winkel zum Gravitationsfeld des Planeten aus. Daher tendiert er dazu, direkt in den Weltraum hinauszuschießen. Wenn das Fluggerät durch die Kontrolle über das elektrostatische Potential dazu gebracht wird, in horizontaler Richtung zu fliegen, nimmt es eine Lage ein, die an ein Gleichgewicht zwischen seinem eigenen, selbsterzeugten Feld

und dem irdischen Schwerefeld denken läßt. Das deutet darauf hin, daß das Fahrzeug möglicherweise sein eigenes Schwere- und/oder Trägheitsfeld erzeugt.

7. Die das Gerät umgebende Luft wird infolge der elektrostatischen Aufladung stark ionisiert. Daran ist nichts ungewöhnlich. Tatsächlich ist die Ladung so intensiv, daß die Luft abgestoßen wird (wie Ladungen oder auch Magnetpole einander abstoßen), wodurch um den Generator herum ein Beinahe-Vakuum erzeugt wird. Das bildet einen zusätzlichen Vorteil, da hierdurch die Luftreibung und die damit einhergehenden Überhitzungsprobleme abgeschwächt werden.

8. Searl fiel ebenfalls auf, daß isolierende Stoffe, wie zum Beispiel sein eigenes Körpergewebe, eine *dauerhafte elektrische Polarität* entwickelten, nachdem er lange in der Nähe seines Fluggerätes oder seiner Generatoren gearbeitet hatte. Das entspricht dem festen Nord- und Südpol eines Permanentmagneten. Vor kurzem wurden einige Forschungen zur Anwendung permanent geladener dielektrischer Stoffe durchgeführt. Man versteht das Phänomen einigermaßen gut, auch auf konventionelle Weise. Doch es bedeutet, daß Searls Gerät in der Lage ist, den Zustand und die Bewegung subatomarer Teilchen in benachbarten Materialien dauerhaft zu beeinflussen.

9. Wenn das Fluggerät sich am Boden im Stillstand befindet und plötzlich eingeschaltet wird, reißt es beim Emporsteigen eine gleichmäßige, runde Schicht des Bodens unter ihm mit sich und hinterläßt somit ein typisches Zeichen. Entsprechend berichtete Barrett, daß der Boden durch in ihm induzierte Ströme verbrannt wird, wenn das Fluggerät zu lange an einer Stelle schwebt. Es erzeugt Wärme aus elektrischem Widerstand (ein weiteres interessantes Phänomen, wenn man es aus dem Blickwinkel der Vakuum-Manifestation heraus betrachtet). Auch das Nervensystem von Lebewesen wird gestört, wie man sich leicht vorstellen kann.

Searl entwickelte natürlich eine recht starke Besessenheit für seine Forschungen, was schließlich 1982-83 zum Zerbrechen seiner Ehe führte. Er ist ein Mensch mit einem enormen Enthusiasmus, und obwohl fast alle Leute, die sich mit ihm unterhalten haben, von seiner Aufrichtigkeit überzeugt sind, besitzt er kein detailliertes theoretisches Wissen darüber, wie seine Geräte funktionieren. Das geht uns mit all unseren elektrischen Geräten bis heute nicht anders. Wenn keine vollständige Vorstellung davon vorhanden ist, was ein Elektron ist oder wie die Natur selbst entsteht, dann nutzen wir die Naturkräfte blindlings.

Wie viele Erfinder vor ihm arbeitete Searl also im wesentlichen von einer intuitiv inspirierten Empirik aus. Die Theoretiker treten für gewöhnlich später auf den Plan, um ein Modell des Phänomens zu entwerfen und den Boden für weitere Versuche zu bereiten. Daher war die Vernichtung seiner Aufzeichnungen eine Katastrophe für ihn, denn er konnte sein Werk nicht auf Grundprinzipien aufbauend rekonstruieren.

Searls Beschreibungen sind weitgehend allgemein und nicht technisch gehalten, was manche Leute dazu verleitet, sie nicht ernst zu nehmen. Anderen jedoch, die ihn besucht haben, fielen seine Aufrichtigkeit und sein großzügiger Charakter auf sowie sein Verantwortungsbewußtsein sowohl für diejenigen, die für ihn arbeiten, als auch für alle Völker auf unserem Planeten.

Intuition, der höhere Geist und die Quelle der Einsicht

Searl hat häufig betont, daß ihm viele seiner Eingebungen dafür, wie er weitermachen solle, im Traum erscheinen. Viele von uns kennen die Erfahrung, daß unser unbewußter Geist sogar dann eindeutig mit einem Problem beschäftigt ist, wenn wir es gar nicht bemerken. Wir wachen vielleicht gelegentlich morgens auf und haben deutlich die Lösung eines Problems vor Augen, mit dem wir uns tags zuvor noch herumgequält haben. In der vertrauten Redewendung „Ich muß darüber schlafen" kommt diese Erfahrung zum Ausdruck.

Auf ähnliche Weise geschieht es oft, daß sich uns eine Antwort erst erschließt, wenn der Geist entspannt ist und vorübergehend vom grüblerischen, eingehenden, logischen und intellektuellen Streben nach einer Lösung losgelassen hat. Wir rufen (vielleicht) „Heureka!", wenn wir gerade in halbschlafähnlicher Erschlaffung in einer heißen, dampfenden Badewanne liegen.

Wie schon gesagt, wird diese Welt in Wirklichkeit durch den Formativen GEIST strukturiert und geformt. Auch bildet der Geist viele Stufen zwischen unserem menschlichen Geist und dem Universellen GEIST. So kennt der Geist in uns alle Antworten, wenn auch nicht in verstandesmäßiger Form. Dies ist tatsächlich eher ein unbekanntes Terrain unseres Überbewußtseins, als daß es unterbewußt wäre. Und diese Struktur des *höheren Geistes* formt unsere Intuition.

Aus einem egozentrischen, intellektuellen und unbewußt emotionalen geistigen Druck heraus schneiden wir uns selbst von einer Erhellung vieler Aspekte unseres täglichen Lebens genauso ab wie von den Antworten auf vielerlei wissenschaftliche und philosophische Rätsel.

So können wir es tatsächlich als eine Technik erlernen, unserem inneren oder höheren Geist bewußt Fragen zu stellen, damit er uns deutlich den Weg weise, dem wir folgen müssen – sogar in Angelegenheiten an der vordersten Front menschlich-wissenschaftlichen Bemühens. Von dort her jedenfalls stammen wissenschaftliche Einsichten, und um zu weiterführender Erkenntnis zu gelangen, müssen wir uns diesem Ozean wieder zuwenden. Wir können daher unseren höheren Geist einfach um Antworten bitten und dann abwarten, bis die Reaktion zu uns durchdringt. Das erfolgt häufig dann, wenn wir am wenigsten darauf gefaßt sind. Wir müssen uns natürlich die Unterscheidungsfähigkeit und die Auffassung dafür bewahren, daß unser Geist uns auch in die Irre leiten kann. Wir wissen nicht, wo unsere Gedanken herkommen, und einfach irgendeinen alten Plunder, der uns in den Sinn kommt, für die Wahrheit (oder sogar für 'göttliche' Eingebung, 'gechannelt' oder 'von der anderen Seite' stammend!) zu halten, ist ein sicheres Rezept für Unheil. Das hieße, sich selbst und andere zum Narren zu halten – oder schlicht Selbstbetrug. Ich behaupte nicht, niemand würde je von bewußten Kräften aus seinem Inneren heraus geleitet. Ganz im Gegenteil. Das bedeutet allerdings nicht, daß wir unseren eingebildeten Marotten jegliche Verantwortung und allen gesunden Menschenverstand opfern sollten. Wir müssen unsere Unterscheidungsfähigkeit entwickeln.

Der Schlüssel ist Bescheidenheit und die Zurücknahme des Ego – sich wie ein kleines Kind vor den Geheimnissen der Natur niederzulassen und demütig um Aufklärung zu bitten. Wenn ich hinten oder ganz vorn in meinem Geist den egozentrischen Wunsch hege, ich würde mir all das schon allein erarbeiten, es der gesamten Menschheit zeigen (und vielleicht dafür sogar den Nobelpreis erhalten), verschließe ich damit die Türen zur wahren Inspirationsquelle. Dann können die Muster des höheren GEISTES den hochgespannten menschlichen Geist nicht mehr durchdringen.

Es ist also nichts Ungewöhnliches daran, wenn Searl seine Einsichten im Traum erhielt. Unser innerer menschlicher Geist enthält ausgedehnte Regionen, die wir nicht intellektuell begreifen können. Für unseren Geist sind Träume nur eine der Möglichkeiten, um Zugang zu unserem fest versiegelten menschlichen Zustand von Beschränktheit zu erlangen, und sie hinterlassen flüchtige Anwandlungen von Erkenntnis, blitzartige Einsichten, die unsere tägliche und andauernde Erfahrung bilden könnten, wenn wir nur wüßten, wie.

Auf der Suche nach der Elektrogravitations-Schwelle

Zweifellos wird dem Leser aufgefallen sein, daß sowohl Searls als auch Townsend Browns Arbeit mit extrem hohen elektrostatischen Potentialen zu tun hatte. Doch während Browns Gravitoren einen Effekt zeigten, aus dem nie ein benutzbares Fahrzeug wurde, gab Searls Entdeckung der Beziehung zwischen seinen Spezialmagneten und der Entwicklung eines hohen elektrostatischen Potentials seinem Generator die Fähigkeit, jene Schwelle zu erreichen, ab welcher aus dem Vakuum genügend Energie extrahiert oder umgewandelt wurde, wodurch sein Generator zu etwas wurde, das mehr als nur selbstantreibend oder selbsterhaltend ist. Die praktischen Probleme liegen jedoch in der Steuerung und der Verfeinerung.

Man beachte weiterhin, wie Searls Antigravitationseffekt auch durch eine Differenzierung in der elektrostatischen Ladung erzeugt wird. Es erscheint also wahrscheinlich, daß ein Teil der Wirkung wie bei Townsend Browns Arbeit dem elektrostatischen Schub und der Luftionisation zu verdanken ist. Doch das ist freilich nicht alles. Dieses hohe elektrostatische Potential scheint eine charakteristische Bedingung bei diesen Elektrogravitationsgeräten zu sein. Und das ist verständlich, ist es doch die Aufteilung der Polarität, die in jedem Energiesystem das Energiepotential oder die Spannung erzeugt.

Die Spannung baut sich also auf, bis sie von bestimmten Schwellenwerten an einer Zustandsänderung bzw. einer energetischen Aktivität Platz macht, und zwar so, wie Stoffe *plötzlich* fest, flüssig oder gasförmig werden, wenn ihre Temperatur allmählich ansteigt oder fällt und die Atome oder die Moleküle rasch eine andere Stellung zueinander einnehmen. Sie verwandeln sich nicht allmählich in eine Bandbreite halb gasförmiger, halbflüssiger oder halbfester Zustände. Statt dessen schlagen der Zustand bzw. die inneren Energieverhältnisse abrupt in einen anderen Zustand um, wenn die Spannung (in diesem Fall die Temperatur, das heißt die atomare und molekulare Schwingung) einen bestimmten Grenzwert erreicht (der auch durch weitere Faktoren wie den mechanischen Druck, dem der Stoff ausgesetzt ist, bestimmt wird).

Typisch für Naturvorgänge ist es, allgemein ausgedrückt, daß sie, wenn einem beliebigen Energiesystem einer oder mehrere Faktoren bzw. Zwänge hinzugefügt oder auferlegt werden, versuchen, diese neuen Faktoren in das bestehende Gleichgewicht einzubinden. Wenn jedoch die neuen Faktoren oder Eingangsenergien das System über den Punkt hinausbringen, an dem das alte Gleichgewicht nicht mehr aufrechterhalten werden kann, dann formt oder organisiert sich die Natur selbst zu einem anderen Gleichgewichtszustand um. Es wird nicht etwa chaotisch. Die Natur hat eine eingebaute Tendenz, Ordnung und Gleichgewicht zu bevorzugen. Alles ist darauf hin ausgerichtet.

In den zurückliegenden Jahren ist dieses Prinzip von Ilya Prigogine in seinen Arbeiten zur Thermodynamik von chaotischen bzw. Nichtgleichgewichtssystemen beobachtet und analysiert worden. Dafür erhielt er 1977 den Nobelpreis.

Es gibt jedoch ein tiefer innen liegendes Muster, und dem, was wir in der Natur als diese Neigung zum Gleichgewicht ausmachen, liegt die erweiterte Kausalität des Einen in der Vielfalt zugrunde. Es ist Teil des Vorgangs, in dem sich die Polarität der Gegensätze oder die Welt der Dualität manifestiert.

Da alles Energie ist, gilt dies für *jedes* System in der Natur. Und das umfaßt soziologische Gegebenheiten, psychische Zustände, das Gleichgewicht unseres planetarischen Ökosystems und das Zusammenspiel zwischen Verstand und Geist in menschlichen Angelegenheiten genauso wie die Wechselbeziehungen zwischen Atomen, Molekülen und Wärmeanregung im festen, flüssigen und gasförmigen Aggregatzustand.

Es erscheint ähnlich wahrscheinlich, daß die grundlegende Beziehung zwischen elektrischer Ladung, Schwerkraft und Magnetismus, die normalerweise in der Vakuummatrix verborgen ist, als ein äußerlich beobachtbares Phänomen zutage tritt, wenn bestimmte Kriterien für die Ladung und die Bewegung erreicht werden. Ab einer bestimmten Schwelle klappt das System in ein neues Gleichgewicht um, in dem die Beziehung zwischen Schwerkraft und Elektromagnetismus sich äußerlich manifestiert, während sie bis dahin nur im Verborgenen existierte.

Man beachte auch, daß, obwohl Searls Originalversuche Rotation oder Bewegung benötigten, um diese wichtige Differenzierung in der elektrischen Ladung zu erzeugen, die Kreisbewegung der Rollenmagneten eine wesentliche Rolle bei der Entstehung dieses Effekts zu spielen scheint. Searl stolperte also nahezu unabsichtlich über diesen Effekt.

Tatsächlich weisen Searls Geräte in mancher Hinsicht Ähnlichkeiten zum elektrischen Aufbau eines Atoms auf. Auch anderen ist diese Eigenschaft aufgefallen, und das Thema wird bei neueren Arbeiten mit levitierenden Gyroskopen aufgegriffen, die in Kapitel 10 besprochen werden. Werden wir dabei Zeugen eines wachsenden, makroskopischen Effekts geordneter Teilchenausrichtung, in der Art, wie sich die Magnetfelder, die die einzelnen Elektronen umgeben, zum Magnetfeld eines Magneten summieren?

Sie werden sich auch daran erinnern, daß diese Bewegung ein grundlegender Aspekt der Gravitationseffekte war, die Erwin Saxl bei seinen Originalversuchen mit einem in Bewegung befindlichen Pendel entdeckte, ohne daß dabei Spannung im Spiel gewesen wäre. Als er dann eine elektrostatische Ladung hinzufügte, wurden die Wirkungen noch betont.

John Searls Generator bezieht daher die Schwerkrafteffekte mit ein, die Townsend Brown aufgrund der Veränderungen in der elektrostatischen Aufladung nachgewiesen hat, und ebenfalls die Gravitationsveränderung infolge von Bewegung, wie Saxl sie beschrieben hatte. Außerdem demonstriert er den Schwellenwert beziehungsweise den Zustandswechsel, den auch schon Townsend Brown festgestellt hatte. Vielleicht können wir Searl Glauben schenken, wenn er darauf beharrt, alle Fluggeräte, die er jemals gebaut hat, seien in den Weltraum entschwunden!

Der Bericht von P. L. Barrett, wie er in Rolf Schaffrankes Buch abgedruckt ist, befaßt sich auch ein wenig mit der Theorie, mit deren Hilfe sie Searls Effekt zu erklären versuchten. Auch an der Erwähnung von Spielchen, die Searl mit ahnungslosen Kraftfahrern und mit Überlandstromleitungen getrieben hat, ergötzt sich Barrett. Anscheinend war Barrett Beamter und gehörte zu Searls Team. Searl traute ihm jedoch nicht ganz, weil er das Gefühl hatte, Barrett wolle ihm seine Geheimnisse stehlen. Tatsächlich zog dieser später in die Vereinigten Staaten, wo er zumindest ein Patent anmeldete, das auf Searls Arbeit basierte. Allerdings scheint daraus nichts Praxistaugliches geworden zu sein.

Weiterhin deutet Barrett an, daß Searls Scheibe nicht den Raum *durch*quert, sondern „ihren eigenen Raum mit sich führt". Er sagt, sie reise am Raum *entlang*. Selbstverständlich müssen mit solchen Geräten noch mehr Versuche angestellt werden, um Vorstellungen und mathematische Modelle zu entwickeln, die uns die Energiestruktur des Vakuums begreifen helfen.

Barretts Theorie dreht sich um den Ätherfluß, und auch er deutet an, daß im Raum- oder Vakuumgefüge eine Schwelle erreicht wird, wenn es

durch hohe elektrische oder magnetische Potentiale gespannt oder beansprucht wird, so daß der Generator seine eigenen Gravitations- und
Trägheitsfeldeffekte entwickelt. Wenn sie auf solche Weise in Spannung
versetzt wird, befreit sich die Vakuummatrix von dieser Beanspruchung,
indem sie ihre Energie als zusätzliche elektrische Ladung freigibt. In Searls
Generator wird diese Energie in sich selbst zurückgespeist, wodurch sie
die Spannung so lange verstärkt, bis die kritische Schwelle erreicht ist, an
der sich die Schwerkraft- und Trägkeitsfeldeffekte einstellen.

Dies ähnelt der kritischen Schwelle, die erreicht werden muß, um eine
atomare Kettenreaktion zustande zu bringen, die eine Atomexplosion mit
einer gewaltigen Energiefreisetzung zur Folge hat. Man erinnere sich, daß
Rutherford und andere bedeutende Naturwissenschaftler noch im Jahre
1930 geschrieben hatten, es sei unmöglich, Energie aus dem Atomkern zu
gewinnen, weil man mehr Energie hineinstecken müsse (um die Spaltung
zu erreichen), als man jemals herausholen könne – und dies sogar angesichts Einsteins berühmter Formel e = mc², nach der die Energie (e) in der
Masse (m) jener Masse mal dem Quadrat der Lichtgeschwindigkeit (c)
entspricht.

Noch kurz vor der ersten Explosion einer Atombombe über Hiroshima
hatte der Stabschef des U.S.-Präsidenten, Admiral William D. Lacey, noch
seiner Meinung Ausdruck verliehen, es sei „die größte Narretei, die wir je
unternommen haben. Die Bombe wird niemals hochgehen, und ich sage
das als Experte in Explosivstoffen" (nach den *Memoiren von Truman*).

Natürlich formt sich in uns allen angesichts neuer Ideen und Vorstellungen vor unserem inneren Auge zunächst einmal ein großes Fragezeichen,
und das ist auch ganz in Ordnung. Aber nur so lange, wie es Bestandteil
ernsthafter Nachforschung ist und nicht Ausdruck von Vorurteilen, die den
unbewußten Wunsch widerspiegeln, sich an gewohnte Denkmuster zu klam-
mern. Aber die Zeit wird kommen, in der genau diese Gedanken Allge-
meingut werden, das man bereits Schulkindern beibringt, bis diese Ideen
wiederum durch andere, 'neue' Gedanken ersetzt werden.

Ein letztes Detail bedarf noch der Klärung. Wo befindet sich Searl heute, und was ist aus seinen Forschungen geworden? Nun, er lebt, und zwar
recht rege! Searl setzte bei sich zu Hause in Mortimer, Berkshire, seine
Privatforschungen fort. Es heiß, er habe seine Levitationsscheiben während der frühen 70er Jahre zum Fliegen gebracht. Das britische Sonntags-
blatt *Sunday Mirror* druckte am 28. November 1971 sogar ein Foto und
einen kurzen Bericht ab. Ich besitze mehrere Negative, die Searls Scheibe

im Flug zeigen, doch leider sind weder deren Echtheit noch das Gegenteil belegt.

Angesichts der Fotos, die in seiner heimischen Werkstatt gemacht wurden, kann es keinen Zweifel geben, daß zumindest einige seiner Flugscheiben beachtliche Abmessungen hatten, und es überrascht keineswegs, daß Probleme mit der Strombehörde 1982 darin gipfelten, daß seine Ehe zerbrach und die Familie auseinanderfiel. Dadurch muß das Faß zum Überlaufen gebracht worden sein – derart besessene Erfinder gehören wahrscheinlich nicht zu den Menschen, mit denen es sich leicht aushalten läßt.

Searl mußte aus seinem Haus in Mortimer ausziehen. Bis vor kurzem verfügte er nicht über geeignete Möglichkeiten, seine Forschungen fortzusetzen. Darüber hinaus war er kein professionell ausgebildeter Wissenschaftler und führte über seine Arbeit zu keiner Zeit ausreichend Buch. Für andere ist es also schwierig zu wiederholen, was er tat. Er selbst arbeitete empirisch und intuitiv, und er verstand niemals richtig, wie seine Geräte funktionierten. Das soll kein Vorwurf sein, denn all unsere moderne elektrische und elektronische Technologie wurde ohne ein klares Verständnis der wahren Natur eines Elektrons erschaffen. Oder –allgemeiner ausgedrückt – wir können mit den Energiemustern unseres Universums herumspielen, ohne jemals zu einem Verständnis zu kommen, wie sie am Leben erhalten werden oder wie sie jemals ursprünglich entstanden sind.

Aber im Gefühlschaos seiner Familienprobleme wurde von seinen Aufzeichnungen und seiner Ausrüstung vieles aus dem Haus geworfen oder verbrannt. Somit ist von seinen Experimenten wenig übriggeblieben, mit Ausnahme dessen, was er im Gedächtnis trägt – *und* zwanzig oder fünfundzwanzig seiner Spezialmagnete, die er mit größter Sorgfalt hütet!

Und doch, die letzten Meldungen sind ermutigend. Ende der achtziger Jahre wurde Searls Arbeit von der kalifornischen Gesellschaft Hydro-Stack eingehend untersucht. Deren Präsident Devon Tassen bewilligte 1988 eine Viertelmillion Dollar für die Herstellung eines auf Searls Arbeit basierenden Prototypen für eine Energieanlage, die einen Haushalt versorgen kann. Man hatte dort eine Magnetpresse eingerichtet und außerdem die Elektronik, die für die spezielle Fertigungsbehandlung nötig ist. Seitdem scheint die Angelegenheit jedoch in der Versenkung verschwunden zu sein.

In Ontario, Kanada, behauptet David Hamel – er hat seit 1970 an einem Energiesystem gearbeitet, das Ähnlichkeiten zu Searls 'levity discs' aufweist –, Antigravitations-Effekte erzeugt zu haben, wobei zwei Versuchsmodelle in die Luft aufstiegen und nicht mehr zu kontrollieren waren. 1990 begann der Elektroniktechniker Pierre Sinclaire aus British Columbia bei Hamel zu arbeiten. Er schrieb später zusammen mit der Neue-Energie-Forscherin, Autorin und Journalistin Jeane Manning das Buch The *Granite Man and the Butterfly* (Der Granitmann und der Schmetterling) über Hamels Arbeit.

In Großbritannien wurde Searls Arbeit in den späten achtziger Jahren an der Universität von Sussex informell untersucht, wobei einige der ungewöhnlichen Eigenschaften seiner Magnete bestätigt wurden. Zur Zeit ist Searl – er hat inzwischen die Sechzig überschritten – wohlauf, und man kann ihn weltweit auf seinen eigenständigen Seminar- und Vortragsreisen und auf Konferenzen zur Neuen Energie erleben. Anläßlich eines im Juni 1996 in London abgehaltenen Seminars gab er bekannt, daß sein neuer Searl-Effekt-Generator sich seit April 1996 in Großbritannien unter Federführung seiner Gesellschaft D.I.S.C. (Direct International Science Consortium) in der Entwicklung befindet. Er beabsichtigt, die Produktion konkreter Technik 1997 zu starten, so daß er im Jahr 2001 über genügend Geräte verfügen wird, sie weithin zur Anwendung zu bringen. Die Geschichte ist noch nicht zu Ende.

Freie Energie im Überfluß

Weitere Freie-Energie-Geräte

Die Arbeiten von Nikola Tesla, Thomas Townsend Brown und John Searl haben wir in einiger Ausführlichkeit besprochen. Doch diese drei sind nicht die einzigen, die Geräte zum Laufen gebracht haben. Überschlage ich einmal rasch alle Arbeiten, die mir bekannt sind, so müssen in den letzten Jahrzehnten tatsächlich mehr als dreißig verschiedene Freie-Energie-Geräte gebaut worden sein, die das Phänomen der Vakuumenergie-Übertragung zeigen und sich vieler unterschiedlicher Verfahrensweisen bedienen. Und viele weitere Forscher arbeiten momentan daran, wenn sie sich auch in unterschiedlichen Phasen der Entwicklung befinden.

Seit über einem Jahrzehnt werden in den Vereinigten Staaten, Indien, Japan, Rußland und anderen Ländern internationale Konferenzen abgehalten, bei denen es ausschließlich um Technologien für die Neue Energie geht, häufig mit einer starken Ausrichtung auf die Grundlagen und die Praxis der Entnahme von Energie aus dem Vakuum. Im April 1996 wurde z. B. das Internationale Symposion zur Neuen Energie in Denver, Colorado, abgehalten. Es wurde von der International Association of New Science (Colorado) und der Planetary Association For Clean Energy P.A.C.E. (Ottawa, Kanada) gemeinsam organisiert. Dort wurden zahlreiche Aufsätze vorgestellt und eine Anzahl funktionsfähiger Geräte gezeigt und erklärt.

Wir werden uns nun also in die Welt einiger dieser Erfinder vorwagen und schauen, welche gemeinsamen Gesichtspunkte sich ergeben werden.

Dr. T. Henry Moray und sein Strahlungsenergie-Gerät

Henry T. Moray war ein amerikanischer Elektroingenieur und Erfinder, der von 1909 bis 1943 an der Entwicklung dessen arbeitete, was er als 'Strahlungsenergie' bezeichnete. Im Herzen seines Gerätes befand sich ein als Moray-Röhre bekanntes Bauteil, das aus einer komplexen Halbleiter-Grenzschicht aus hochreinem Germanium bestand. Dies war lange vor der Zeit des Transistors, bei dem die Halbleitereigenschaften des Germaniums ausgiebig genutzt wurden. In den 30er Jahren meldete Moray mehrere Patente an. Sie wurden jedoch mit der Begründung abgewiesen, eine kalte Halbleiterkathode könne nicht genügend Elektronen emittieren. Die Entwicklung des Transistors, die etwa zwei Jahrzehnte später erfolgte, zeigte, daß Morays Kernkomponente durchaus so funktionieren konnte, wie er es beschrieben hatte.

Zahlreichen Interessenten führte Moray während dieser Zeit sein Gerät vor, für dessen kommerzielle Entwicklung eine Gesellschaft gebildet wurde. Das rief beträchtliches Interesse hervor, worauf schließlich Schikanierungen und wiederholte Drohungen folgten. Tatsächlich wurde Moray 1940 in seinem Labor angeschossen und war mehrfach das Ziel von Drohungen, bis er sich 1943 von der aktiven Forschung zurückzog. Weitere Versuche, sich während der 50er und 60er Jahre staatliche Finanzunterstützung zu sichern, scheiterten vor allem deshalb, weil Moray auf Geheimhaltung bestand. Die Regierung war natürlich nicht bereit, Mittel zur Verfügung zu stellen, ohne angemessene Angaben zu deren Verwendung zu erhalten und ohne an den Ergebnissen beteiligt zu sein.

Moray verwendete ein mehrstufiges System, das die Versorgung mit einem Primärstrom benötigte, um Anfangsstromimpulse in der ersten Stufe des Schaltkreises zu erzeugen. Diese Schwingung wurde dann auf die Frequenz der 'Energien des Universums' abgestimmt. Die sich daraus ergebende Resonanz führte zu einem Amplitudenanstieg und damit zu mehr Energie. Die Spitzen dieser verstärkten Schwingung ließ man in die zweite Stufe 'überschwappen', wo derselbe Vorgang wiederholt wurde. Nun wurden so viele Stufen hinzugefügt, daß man nutzbaren Strom von angemessener Frequenz, Spannung und Stärke erhielt.

Von diesem Zeitpunkt an blieb das Gerät in einem sich selbst erhaltenden Zustand, solange es richtig synchronisiert war und sich in Resonanz mit den natürlichen Frequenzen von Morays *Energie-Ozean* oder Strahlungsenergiefeld befand und solange der nach außen hin erzeugte Strom richtig gehandhabt wurde.

Moray führte zahlreiche öffentliche Demonstrationen durch, doch niemandem gelang es jemals, irgendeinen Anhaltspunkt für einen Schwindel zu entdecken. Das Gerät, das er vorführte, war geräuschlos und besaß keine beweglichen Teile. Zwischen den Kontakten ließ sich eine Potentialdifferenz von 225 000 Volt erzeugen, und während des Betriebes entstand ein typischer Ozongeruch, was auf Spannungen von über 10 000 Volt hin-

wies. Lief das Gerät erst einmal, dann benötigte es keine weitere Strom-
zufuhr und funktionierte offenbar, ohne sich zu erwärmen, wobei ein Exemplar, das keine dreißig Kilo wog, Leistungen zwischen 10 000 und
50 000 Watt erzeugte.

Morays *Ozean aus Strahlungsenergie* ist zweifellos unser Vakuum-
Ozean der Nullpunktenergie, und es ist interessant, daß er meinte, das
physische Universum weise in diesem Meer konstante Schwingungs-
rhythmen auf, die für die Verstärkung von elektrischen Potentialen nutzbar gemacht werden könnten, wenn sie angemessen abgestimmt würden.
Selbstverständlich kann das noch nicht alles sein, denn die Umwandlung
jener Energie in nutzbare elektrische Polarität erfordert sicherlich etwas
mehr als bloße Feinabstimmung. Vielleicht war auch die Moray-Röhre
bzw. ein in einer Richtung wirkendes Gate erforderlich, um die Vakuumenergie als elektrisches Potential aufzufangen. Tatsächlich wurde nie ausreichend geklärt, ob es sich bei Morays Röhre 'einfach' um einen gewöhnlichen Verstärkungstransistor gehandelt hat, der allerdings seiner Zeit
um zwei Jahrzehnte voraus war, oder ob es etwas noch Ausgeklügelteres
war, womit sich Vakuumenergie in nutzbaren Strom umwandeln ließ.

Wie wir gesehen haben, hatte auch Tesla mit hohen Spannungen gearbeitet. Er plante, die gesamte Erde in Resonanz zu versetzen, so daß ein
jeder diese elektrische Schwingung als kostenlose Energiequelle überall
würde anzapfen können. Kein Wunder, daß J. P. Morgan, einer der größten machthungrigen, geldmotivierten Megaindustriellen der Jahrhundertwende, der finanziell tief in die Energieindustrie verstrickt war, Teslas
Projekt Wardenclyffe-Tower schließlich seine Unterstützung versagte.
Möglicherweise dachte er auch, Tesla sei bei jener Sache wirklich übers
Ziel hinaus geschossen. So oder so gab es für Morgan durch die weitere
Unterstützung Teslas nichts zu gewinnen, und da er ein Mann war, den
Profit und persönlicher Reichtum mehr interessierten, würden ihn weder
altruistische Gedanken noch pure wissenschaftliche Neugier dazu getrie-
ben haben, etwas dauerhaft zu unterstützen, das ihm ein zu riskantes Un-
ternehmen zu sein schien.

Und das hat vielleicht auch seine guten Seiten. Mich schaudert, wenn ich
an die gesundheitlichen Folgen einer solchen totalen Elektrifizierung der
Erde denke, die stattgefunden hätte, wäre Teslas Vorstellung wahr geworden. Ich bin auch so schon besorgt über das Gewimmel der Radio-, Fern-
seh- und Radarwellen in der gesamten Atmosphäre unseres Planeten, wie
sehr müßte ich es erst über eine globale Vakuumzustands-Resonanz sein!

Moray jedenfalls starb und nahm seine Geheimnisse mit ins Grab. Und obwohl sein Sohn weiterhin Wissenschaftler ermutigt, das Werk seines Vaters fortzuführen, hat es bis heute niemand geschafft, die Maschine nachzubauen. Das Hauptproblem scheint in der Rekonstruktion der Moray-Röhre zu bestehen.

Vielleicht waren, ähnlich wie bei John Keely, auf den ich in meinem Buch *Strahlungsfeld* eingehe, Morays eigene ausgeprägte, subtile Energiemuster ein wesentlicher Faktor in der Gleichung. Vielleicht bildete seine geistige Wirkungs- und Entschlußkraft irgendwie ein Eingangssignal für seinen eigenen Apparat.

Howard Johnsons Permanentmagnet-Motor

In der Frühjahrsausgabe der Zeitschrift *Science and Mechanics* von 1980 wurde über einen neuartigen Motor berichtet, der von Howard R. Johnson 1979 in den USA patentiert worden war. Zu jener Zeit war „ein 5000 Watt starker, durch Permanentmagnete betriebener Generator schon auf dem Weg, und Johnson hat von wenigstens vier Firmen feste Lizenzverpflichtungen." Howard Johnsons Motor existiert. Er funktioniert. Und er ist Gegenstand heftiger wissenschaftlicher Kontroversen.

Die Funktionsweise herkömmlicher Gleich- und Wechselstrom-Motoren besteht darin, daß Elektromagnete gegenseitig aufeinander einwirken, um nutzbare Leistung zu erzeugen. Auf ähnliche Weise lassen sich Dauermagnete nutzen, um ihren Magnetismus in entsprechenden Materialien (z.B. Eisen) in Bewegungskraft umzuformen und dadurch physikalische Arbeit zu verrichten. Die konventionelle Wissenschaftslehre erklärt jedoch, aus der Nutzung von Dauermagneten allein lasse sich keine Arbeitsenergie gewinnen. Über die Möglichkeit eines solchen Motors wurde allerdings schon lange Zeit nachgedacht. Das schöne an dieser Vorstellung ist, daß ein solcher Motor nicht durch die Verbindung zu einer Stromquelle, sondern allein durch Magnetkraft angetrieben würde. Johnsons Gerät ist das erste, das zu funktionieren scheint, obwohl einige theoretische Wissenschaftler ihm gegenüber skeptisch sind, da es die Gesetze der Energieerhaltung, wie sie gegenwärtig verstanden werden, zu verletzen scheint.

Dies stellt jedoch für diejenigen, die das Vakuum-Energiefeld verstehen, kein Problem dar. Bekanntermaßen wird der Magnetismus mit dem Spin unpaariger Elektronen assoziiert, der für magnetische Materialien charakteristisch ist. Eine Möglichkeit könnte darin bestehen, die Energie aus dieser kinetischen Rotationsenergie des Elektrons zu extrahieren. Als Johnson gefragt wurde, ob sich der Elektronenspin durch den Betrieb seines Motors verringern würde, antwortete er: „Ich habe den Elektronenspin nicht in Gang gesetzt und kenne auch keine Möglichkeit, ihn zu stoppen – Sie etwa?" Die 'Perpetualbewegung' scheint bereits ein Grundaspekt der Natur zu sein.

Hans Colers Permanentmagnet-Energiegenerator

Dauermagnet-Stromgeneratoren sind keineswegs neu. Bereits 1925 baute der deutsche Forscher Hans Coler ein Gerät, das 10 Watt Ausgangsleistung erzeugte. Professor Kloss von der Technischen Universität Berlin ersuchte die deutsche Regierung darum, es gründlich zu überprüfen, doch man verweigerte sowohl die Prüfung als auch eine Patenterteilung aufgrund der Tatsache, daß es sich dabei um ein „Perpetuum mobile" handele und daher „unmöglich" sei.

1933 baute Coler jedoch eine 70-Watt-Version und fand ausreichend finanzielle Unterstützung. Bis 1937 hatte er ein Modell mit 6000 Watt Ausgangsleistung zum Laufen gebracht, und er setzte seine Forschungen während der Kriegsjahre unter der Aufsicht des Oberkommandos der Deutschen Kriegsmarine fort.

1945 wurde Colers Apparat bei einem Bombenangriff auf Kolberg zerstört. Die Alliierten wußten jedoch um seine Arbeit, möglicherweise wegen seiner Verbindungen zur Admiralität. Daher suchte der Britische Geheimdienst Coler nach Kriegsende auf und unterzog ihn einem Verhör. Er kam ihnen sogar soweit entgegen, daß er ein kleines Arbeitsmodell für sie anfertigte, das lediglich aus Dauermagneten, Kupferspulen und Kondensatoren bestand.

Der daraus resultierende britische Geheimdienstbericht, auf dessen Zusammenfassung diese Information beruht, wurde 1946 verfaßt und 1962 deklassifiziert. Dieser Bericht wurde durch wertvolle und interessante technische Einzelheiten ergänzt, doch das Wesen von Colers theoretischen Erklärungen kam nicht deutlich zum Ausdruck. Tatsächlich räumt der Autor ein, er habe ihnen nicht folgen können. Es werden allerdings „Raumelektronen" erwähnt. Vielleicht gehörte also auch Coler zu jenen, die sich die Dinge in Form einer Raumenergie-Matrix vorstellten.

Dr. Shiuji Inomata und die Neue Wissenschaft in Japan

Es ist zu erwarten, daß das einundzwanzigste Jahrhundert ein Zeitalter neuer Wissenschaft wird, in dem die Entwicklung von vorausschauenden und telepathischen Kräften in der Menschheit durch die Energie von Bewußtsein und Schatten sehr wohl möglich werden kann.

So schreibt Dr. Shiuji Inomata in seinem Artikel über *Psychotronik*, der im Abschnitt „Neue Wissenschaften" des renommierten japanischen *Jahrbuchs der Hochtechnologie und -wissenschaft* von 1988 abgedruckt ist. Inomata war auch so freundlich, eines der beiden Vorworte zu diesem Buch beizusteuern. Die Japaner nehmen die Neue Wissenschaft sehr ernst. Das *Jahrbuch* ist wie folgt unterteilt:

1. Feinchemikalien
2. Neue Keramik
3. Supraleitung
4. Neue Generationen von Computern
5. Künstliche Intelligenz
6. **Neue Wissenschaft**
7. Medizin
8. Biotechnologie
9. Computerchemie
10. Biowissenschaften

Der Abschnitt 6 zur **Neuen Wissenschaft** umfaßt:

6.1 Bewußtsein und Materie (S. Sasaki)
6.2 Biofeedback-Methode (K. Shiga)
6.3 Elektromagnetische Felderregung (E. Fujita)
6.4 Qi-Gong (S. Nakazaki)
6.5 Stromerzeugung durch Magnetmotoren (K. Minato)
6.6 Fernwahrnehmung (T. Aoki)
6.7 Erdbebenvorhersage durch Messung elektrischer Potentiale in Pflanzen
6.8 Asakawa-Effekt und seine Anwendung (K. Suzuki)
6.9 Psychotronik (S. Inomata)

Im Jahre 1987 veröffentlichte Inomata sein Buch *Paradigm of New Science – Principia for the Twenty-First Century* (*Paradigma der Neuen Wissenschaft – Prinzipien für das 21. Jahrhundert*), das Ende der 80er Jahre ins Englische übersetzt wurde. Das Buch war so begehrt, daß die beiden ersten Auflagen innerhalb weniger Monate vergriffen waren. Dies zeigt die Bereitwilligkeit, mit der die Japaner die Vorstellung des Vakuumzustands akzeptieren und begreifen. Der Konzern Ciba-Geigy, der in Tokyo internationale Forschungslabors unterhält, nimmt Inomata sehr ernst und finanzierte ihm 1988 eine Reise, um an ihrem internationalen Hauptsitz in der Schweiz einen Vortrag zu halten. Von dort aus unternahm er einen kurzen Abstecher nach London. Ich hatte das Glück, mich dort mit ihm, seiner Gattin und ein paar Wissenschaftlern, die sich zu diesem Zweck zusammengefunden hatten, treffen zu dürfen. Anwesend waren Gunnar Sandberg von der Universität von Sussex, ebenso Arthur Ellison, Professor für Elektrotechnik an der City-University von London und Präsident der Britischen Vereinigung für Psychoforschung. Es war ein beeindruckender Tag.

Inomata war in vielen Forschungsbereichen tätig, unter anderem in Akustik, Sprachforschung, Bionik, Robotik und Psychotronik. Seit 1972 engagiert er sich dafür, die zeitgenössische Massen-Energie-Physik so umzugestalten, daß sie das einschließt, was er 'Bewußtseins'-Parameter nennt. Gegenwärtig ist er der ranghöchste Wissenschaftler am elektrotechnischen Labor des MITI und Präsident des Japanischen Psychotronik-Institutes (JPI), das im Herbst 1996 eine Konferenz zur Neuen Energie veranstaltete. Somit ist Inomata höchst qualifiziert. Er ist zur Zeit in der Forschung tätig, verfügt über eine scharfsinnige, lebendige Intelligenz und ist darüber hinaus ein freundlicher Mensch von bescheidener Wesensart.

Sein Modell des Vakuumzustands ist das eines echten Energiefeldes, das er auch *Schattenenergie, virtuelle Energie* oder *pan-psychistisches Bewußtsein* nennt. Er hält es auch für möglich, daß es sich dabei um dasselbe handelt wie das *Ch'i* der Chinesen oder die *Leere* des Buddhismus. Ich selbst verstehe es so, daß das Energiefeld des Vakuums nicht Bewußtsein an sich ist, obwohl es durch den Geist zu dem geprägt und gemustert wird, was wir wahrnehmen, sondern daß es nur ein Tor in der großartigen inneren Hierarchie dieser Schöpfung darstellt.

Doch auf die mathematischen und physikalischen Folgerungen aus Inomatas Theorie hat dieser Unterschied nur geringe Auswirkungen.

Inomata ist darangegangen, die Gleichungen des Elektromagnetismus und der Gravitation dahingehend umzuarbeiten, daß sie die Vakuumenergie umfassen, welche er als Q bezeichnet – das Substrat, aus dem sich alle anderen physisch manifestierten Energien ableiten. Das betrifft auch Einsteins berühmte Formel e = mc². Die Grundbeziehungen nach Inomata sind in Abbildung 9-1 dargestellt.

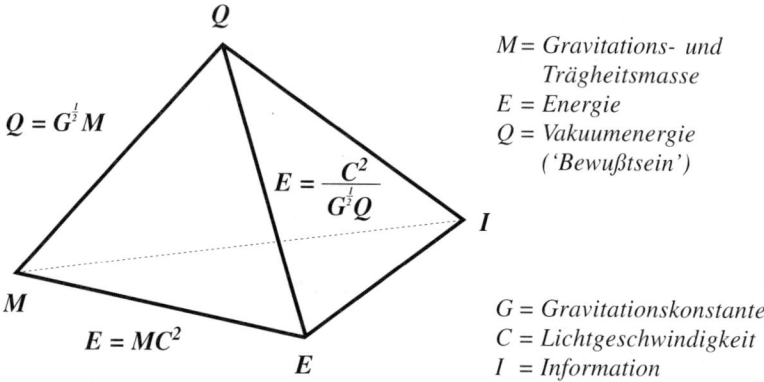

Q

$Q = G^{\frac{1}{2}}M$

$E = \dfrac{C^2}{G^{\frac{1}{2}}Q}$

I

M

$E = MC^2$

E

M = *Gravitations- und Trägheitsmasse*
E = *Energie*
Q = *Vakuumenergie*
 ('Bewußtsein')

G = *Gravitationskonstante*
C = *Lichtgeschwindigkeit*
I = *Information*

Abb. 9-1. Inomatas Dreieck aus Masse, Energie und Bewußtsein und seine Umwandlungsformeln. Man beachte, daß die Information (I) eine Ableitung darstellt, die mit allen drei Grundphänomenen in Verbindung steht.

Von der Grundlage dieses Beziehungsdreiecks kommt Inomata dahin, die verschiedenen Folgerungen, die sich daraus ergeben, in die Welt der elektromagnetischen und der Gravitationstheorie sowie in die Thermodynamik zu integrieren. Er bemüht sich auch nachzuweisen, daß sein Modell die Erklärung für Energieumwandlungen liefert, die notwendig sind, um einige paranormale Ereignisse zu erklären, besonders die Psychokinese sowie die Manifestierung und die Demanifestierung greifbarer Objekte. Darin bezieht er auch Uri Gellers Löffelbiegerei ein und die vielen Kinder, die, wie sich herausgestellt hat, ebenfalls paranormale Fähigkeiten besitzen.

In einem im britischen Magazin *Nature* abgedruckten Bericht wurde zum Beispiel erwähnt, unter dem Einfluß von Uri Gellers Geistenergie sei ein Teil eines Halbleitermaterials innerhalb einer versiegelten Kapsel verschwunden.

Inomatas Vakuumzustandstheorie versetzt uns in die Lage, exakt zu bestimmen, wieviel erhöhte Vakuumenergie dieses Verschwinden verursacht haben würde, denn die Energie von Masse und Substanz wurde nicht zerstört, sondern nur in den virtuellen Schatten- oder Vakuumzustand umgewandelt.

Etwas ähnliches wurde zu eben jener Zeit von der Masse eines Löffels berichtet, dessen Gewicht sich um drei Milligramm verringert hatte, nachdem er von einem Jungen mit paranormalen Kräften verbogen worden war. Auch dabei hat sich Masse in die Energie des Vakuums zurückgezogen. Mit der neuen Theorie des Vakuumzustands bereitet es überhaupt keine Probleme mehr, diese Vorgänge zu verstehen.

In einem seiner Aufsätze zu den Polaritäten innerhalb des Vakuumzustands schlußfolgert Inomata:

> Es ist überflüssig zu erwähnen, daß das Bild vom Vakuum als dem eines Meeres aus positiven und negativen Energien auch demjenigen der östlichen Philosophie gleicht, das besagt, Vakuum sei ein Meer aus Ch'i, das von den negativen und positiven Prinzipien von Yin und Yang regiert wird.

Das schöne an Inomatas Schilderung ist, daß sie von der Theorie bis zur Praxis und zum Experiment hindurch wirkt. Inomata ist ebenso Experimentator wie Theoretiker. Die Mathematik seiner Theorie sagt zum Beispiel nicht nur den Biefield-Brown-Effekt voraus (den er in seinem Buch bespricht), sondern sie bestimmt auch dessen Größenordnung. Eine umfassende experimentelle Untersuchung dieses Effektes vermag daher die quantitativen Aspekte von Inomatas Arbeit zu untermauern. Diese Experimentalforschungen harren noch ihrer Durchführung.

Er behandelt auch die Arbeit von Joseph Newman (siehe unten), die er sehr ernst nimmt, und er führt sogar eine der Newmanschen vom Konzept her ähnliche Spule an, die aus einer Viertelmillion Wicklungen aus nur 0,06 mm dünnem Kupferdraht besteht. Wenn sie mit einer Spannung von 300 Volt versorgt wird, zieht diese Spule nichtmagnetische Gegenstände wie zum Beispiel Holzstückchen an (Inomata hat dafür in ersten Versuchen Zahnstocher verwendet), und er merkt an, die Spule erzeuge aus der Vakuumenergie heraus ein Gravitationsfeld. Die Mathematik seiner Theorie sagt dies ebenfalls voraus, auch wenn er sogleich zugesteht, daß es schwierig ist, elektrostatische Wirkungen experimentell von Gravitationsfeld-Effekten zu unterscheiden. Aber die Bildung eines Gravitationsfeldes aufgrund elektromagnetischer Aktivität ist natürlich nach der Mathematik der konventionellen Physik nicht 'zulässig'. Auch hierbei steht die experimentelle Überprüfung noch aus.

Inomata interessiert sich auch stark für Permanentmagnet-Motoren, da sie nur durch die Vakuumzustands-Theorie vollständig zu verstehen sind. Er ist mit den Arbeiten von Howard Johnson, Joseph Newman, John

Searl und all den anderen vertraut. Doch die vielleicht erfolgreichste Arbeit, die den gewichtigsten Beweis für die Theorie vom Vakuumzustand bildet, kommt aus Japan selbst. Es handelt sich um den Permanentmagnet-Motor von Kohei Minato.

Kohei Minato betrachtet den Magnetismus als eine der großen Kräfte, die das Universum zusammenhalten. Er ist auch Musiker, und die Übersetzung seines poetischen Beitrags im *Japanese Handbook of High Technology and Science* von 1988 lautet:

> Das gesamte Universum, von den unermeßlich weit entfernten Nebeln bis hinunter zu den winzigsten Elementarteilchen, ist vom Magnetismus durchtränkt. Auch die Erde, auf der die Menschheit existiert, ist ein gigantischer Magnet. Magnetfelder gibt es im interstellaren Raum der Milchstraße genauso wie in den entfernteren Regionen des Universums. Die Nebel, die sich aus einer Vielfalt von kosmischem Staub oder Gasatomen zusammensetzen und denen es beschieden ist, sich zu Sternen zu entwickeln, auch sie besitzen Magnetfelder.
>
> Diese Gas- oder Staubnebel sind fortwährend den Wirkungen der Gravitationskräften unterworfen. Sie bewirken, daß die Nebel zu ihren eigenen Mittelpunkten hingezogen werden. Doch die magnetischen Kraftlinien werden gemeinsam mit dieser Materie ebenfalls zusammengezogen. Wäre da nicht die Tatsache, daß der Zustand des Systems durch dieses Magnetfeld bewahrt wird, das zusammen mit dem System als Ganzes rotiert, so würden die enormen Gravitationskräfte, die über lange Zeiträume hinweg wirken, das galaktische System zerquetschen, indem sie die Masse des Systems in ihrer Mitte konzentrieren. Dem sich daraus ergebenden gravitativen Kollaps würde eine gewaltige Explosion folgen.
>
> Daher bildet das Magnetfeld einen robusten Rahmen, der das galaktische System vor der zerstörerischen Wirkung der Schwerkraft schützt[1].
>
> Besäße darüber hinaus die Erde kein Magnetfeld, so wäre sie schon seit langem von kosmischer Strahlung verwüstet, in einen trostlosen Zustand verwandelt worden und für lebende Organismen unbewohnbar.
>
> Daher ist der Magnetismus eine unermeßliche Himmelskraft, die die Ordnung im physischen Universum bewahrt.

In der Auffassung vom Magnetismus als einer der hauptsächlichen kosmischen Kräfte entwarf Minato sein 'magnetodynamisches Rotationsgerät' als eine Kopie unseres Sonnensystems. Noch einmal soll aus seinem Artikel zitiert werden:

---

[1]Vom Standpunkt der modernen Astrophysik aus ist die Situation allerdings weitaus komplizierter, als hier dargestellt!

Der Teil, der der Sonne entspricht, ist eine Welle, die in Lagern gehalten wird, und in der den Planeten entsprechenden Position befindet sich eine Formation von Dauermagneten, die in festen Intervallen auf einer Kreisbahn angeordnet sind. Der Grundgedanke des gegenwärtigen Systems besteht in zwei identischen Koordinatensystemen dieser Art, beide mit derselben Funktion und derselben Anordnung, die miteinander wechselwirken und gemeinsam umlaufen.

Die Welt der 'Neuen Wissenschaft' ist eine Welle, die sich zur Zeit in vielen Teilen der Erde fast gleichzeitig bricht und zweifellos noch an Schwungkraft zunehmen wird, während wir uns dem Ende des Jahrtausends (nach dem christlichen Kalender) nähern. Innerhalb und außerhalb der akademischen und industriellen Institutionen wird die Neue Wissenschaft gegenwärtig jedoch durch individuell arbeitende Personen und kleine Zusammenschlüsse repräsentiert, so wie durch diese Wahrnehmungswelle jene Wissenschaft auch nur ein Ausdruck der inneren Verfassung der Menschen ist. Und der Leitgedanke bei unseren Tätigkeiten sollte das angeborene spirituelle Wesen des Menschen sein. Alles übrige sollte in diesem Zusammenhang gesehen werden.

Als neues Paradigma verbreitet sich dieses Verständnis schnell, doch immer noch braucht es Zeit, und ein großer Teil der Verantwortung für die Vernetzung und Verbreitung der Neuigkeiten wird von engagierten Personen auf individueller Basis getragen, die über die ganze Welt verstreut sind. Einer davon ist Mitsuo Nakada, dem wir unseren Dank für die Übersetzung dieser Passagen aus dem 1988er Jahrbuch schulden.

In einem Brief vom 1. März 1988 schrieb er mir zu Kohei Minatos Gerät:

> Es ist einige Jahre her, daß Herr K. Minato den Magnetmotor erfand, der im Fernsehen vorgeführt und in Zeitungen und Magazinen vorgestellt wurde.
>
> Als ich von der Neuigkeit erfuhr, suchte ich Herrn Minatos Büro auf, um Fragen zum Magnetmotor zu stellen. Er zeigte ihn mir bereitwillig, und ich sah tatsächlich, wie der Motor sich drehte. Von da an war ich überzeugt, daß der Grundsatz der Energieerhaltung, wie er zur Zeit verstanden wird, falsch ist, und daß Inomatas Theorie stimmt.
>
> Ich hörte, daß Zehntausende Menschen, die gesehen haben, wie der Magnetmotor rotiert, sehr überrascht waren und daß einige von ihnen nicht glauben konnten, was sie gesehen hatten.
>
> Dann versuchte ich, unsere Mitglieder der Abteilung für Technologieentwicklung am Japanischen Ministerium für Transport davon zu überzeugen,

daß sie damit beginnen sollten, am Magnetmotor zu arbeiten, doch sie konnten nicht glauben, was ich sagte. Danach habe ich persönlich geforscht, da ich dachte, der Magnetmotor würde alles drastisch verändern.

Die Detailinformation zum Magnetmotor ist vertraulich, und Herr Minato gibt sie nicht preis. Er erzählte mir, einige Gesichtspunkte des Entwurfs seien für ein Funktionieren des Motors entscheidend – die Winkel und die Abstände beispielsweise.

Ich weiß sowohl von Howard Johnsons Dauermagnetmotor als auch von Joseph Newmans Energiemaschine. Dem japanischen Psychotronik-Institut (JPI) gehört ein Amerikaner an, und er schrieb an Mr. Johnson, um von ihm Einzelheiten zur gegenwärtigen Situation seines Magnetmotors zu erfragen. Mr. Johnson antwortete, der Motor befinde sich noch nicht im praktischen Einsatz und er führe seine Forschungen am Magnetmotor in Virginia fort.

Das Problem bei Johnsons Motor besteht darin, daß er kein ausreichendes Drehmoment (Rotationskraft) erzeugt, um einen Dynamo zum Drehen zu bringen. Man hat behauptet, dies rühre daher, daß Johnsons Motor sich dadurch dreht, daß er den winzigen Unterschied zwischen abstoßender und anziehender Magnetkraft ausnutzt, während der Magnetmotor von Herrn Minato nur aufgrund der Nutzung der abstoßenden Kraft rotiert, die daher genügend Drehmoment erzeugt.

Dieses amerikanische JPI-Mitglied hat ferner bestätigt, daß Newmans Energiemaschine wirklich funktioniert. Und ein japanischer Mitarbeiter des JPI, der sich in den USA das Innere von Newmans Energiemaschine ansehen konnte, hielt auf einem der regelmäßigen Versammlungen des JPI im vergangenen Januar einen Vortrag darüber.

In seinem Brief an mich fuhr Mitsuo Nakada mit der Schilderung eines weiteren japanischen Magnetmotors fort, der in Inomatas Buch besprochen und beschrieben wird. Auch merkt er an, japanische Produktionsfirmen hätten Herrn Minato darum gebeten, mit ihnen zusammenzuarbeiten, doch außer einer seien sie alle abgewiesen worden. Auch Ciba-Geigy wollte mit ihm zusammenarbeiten, doch ob deren Bemühung erfolgreich war, wußte Herr Nakada nicht.

Schließlich macht er noch eine allgemeine Bemerkung, nach der die gegenwärtige Weltwirtschaftskrise, besonders die der USA mit ihren gewaltigen internationalen Verästelungen, letztendlich wahrscheinlich ein großes gesellschaftliches Chaos und Wirtschaftskrisen verursachen wird. Auf Umwälzungen wie diese hin wird dann das Entstehen einer neuen Gesellschaftsordnung möglich, in der die Neue Wissenschaft angenommen wird.

Schon jetzt lassen der Atomunfall in Tschernobyl und der Rückgang der Ozonschicht viele Menschen nach neuen Energiequellen abseits von Atomkraft, Öl und Kohle suchen. Ich glaube, dies wird dazu führen, daß Magnetmotoren und Geräte wie Newmans Energiemaschine wesentlich breitere Verwendung finden.

Erst seit kurzem haben die Menschen Interesse an übernatürlichen Phänomenen entwickelt. Selbst Regierungen entwickeln Interesse an diesem Gebiet. Unser Post- und Telegraphie-Ministerium zum Beispiel untersucht telepathische Kommunikation auf ihre Verwendbarkeit für zukünftig mögliche Massenkommunikation. Das Ministerium für Außenhandel und Industrie zeigt ebenfalls Interesse am Magnetmotor, während das Ministerium für Land- und Forstwirtschaft Mittel eingeplant hatte, um bei der Entwicklung des Magnetmotors zu helfen, der auf dem Gebiet der Landwirtschaft eingesetzt werden sollte. Doch diese Planung scheint nicht erfolgreich gewesen zu sein.

Als er dies im Jahre 1988 schrieb, ahnte Mitsuo Nakada offenbar ganz deutlich die folgende Entwicklung voraus, denn Japan bleibt weiterhin in der Entwicklung von Freier Energie führend, besonders im Bereich Magnetmotoren. Unter den jüngeren Entwicklungen befindet sich Teruhiko Kawais Magnetmaschine ebenso wie Yasunori Takahashis Permanentmagnet-Technik, der Self-Generating (selbsttreibende) Motor (SGM). Takahashi hat die stärksten Magneten produziert, die jemals hergestellt wurden. Unter Verwendung seines SGM hat er den Prototypen eines Motorrollers gebaut. Nachdem er zunächst mit Hilfe einer Batterie angelassen wird, scheint der Roller keine weitere Eingangskraft mehr zu benötigen. Vor gar nicht langer Zeit wurde dieser schnell beschleunigende Motorroller in London vorgeführt, wo er auf einer Autobahn 115 Stundenkilometer fuhr, die zulässige Höchstgeschwindigkeit auf Englands Autobahnen.

Aus dem Vorangegangenen wird ganz deutlich, daß trotz der Trägheit bei einigen Stellen, die aufgrund eingewurzelter, gewohnheitsmäßiger wissenschaftlicher Denkmuster abzusehen war, zumindest einige Japaner die Neue Wissenschaft generell und insbesondere die Erzeugung von Freier Energie sehr ernst nehmen. Hoffen wir, daß die westlichen Länder der Vorreiterschaft der Japaner in nächster Zukunft folgen werden. In der gegenwärtigen Weltlage ist das unbedingt erforderlich.

Freie Energie in Deutschland

In Deutschland wurde ein *Schwerkraftfeld*-Konverter gebaut und in einem elektrisch angetriebenen Motorroller untergebracht. Der Konverter lädt laufend die Batterie, die den Roller betreibt, der Betrieb erfolgt ohne Lärm, Treibstoff und Abgase. 1982 hatte der Motorroller bei einer Leistung von 2000 Watt 20 000 Kilometer zurückgelegt. Zu jener Zeit hieß es, man sei dabei, in Oldenburg eine Fabrik für die Produktion von Hausheizungsanlagen zu errichten, die mit demselben Generator betrieben werden. Und es sollen sich Entwürfe für Motorfahrzeuge im Forschungsstadium befunden haben. Einzelheiten des Projekts sind leider geschützt und nicht verfügbar, doch der deutsche Arzt und Wissenschaftler Dr. Hans A. Nieper, Gründer der Deutschen Vereinigung für Schwerkraft-Feld-Energie, teilte mir 1988 mit, die Entwicklung sei zum Stillstand gekommen, weil es Probleme beim Umgang mit der überschüssigen Ausgangsleistung gegeben hatte. Dieser Überschuß lasse sich nicht erfolgreich speichern oder abführen, was zu einem übermäßigen Aufheizen des Umwandlers führte. Tatsächlich ist die thermische Umweltverschmutzung eines der potentiellen Probleme, die mit der umfassenden weltweiten Verbreitung von Vakuumenergietechnik zusammenhängen. Leider verhält es sich nicht so, daß uns Allheilmittel über den Weg laufen, ohne ihre eigenen wesentlichen Probleme mit sich zu bringen.

Forschung und Entwicklung erfordern viel Zeit, Geld und Einfallsreichtum, und wenn man mit technischen Problemen konfrontiert wird, die auf keine offensichtliche Weise überwindbar sind, wird ein Projekt ganz schnell auf Sparflamme heruntergefahren. Allgemein ausgedrückt ist das erwähnte Schwerkraftfeld bzw. *Tachyonenfeld* dasselbe wie der Vakuumzustand, obgleich ich das Gefühl habe, daß sich die Vorstellung nur auf einen Aspekt der Vakuumstruktur bezieht. Aus Deutschland sind keine speziellen Details in Erfahrung zu bringen, weswegen es sehr schwierig ist, das genau zu beurteilen.

Gleichwohl ist die Forschung in Deutschland nicht stehengeblieben. Im September 1988 kündigte Ulrich H. Schumacher aus Bielefeld an, es stünde eine Reihe von Freie-Energie-Generatoren, die auf Dauermagneten-Technologie basieren, für den Vertrieb für Haus- und Industriebedarf zur Verfügung. Es hieß, fünf Modelle seien erhältlich, die Strom von 6 bis 76 Kilowatt erzeugen. Doch leider ging Schumacher das Geld aus, und aus dem Projekt wurde nichts. Ein derartiges Schicksal hat viele ereilt, die sich für dieses Gebiet begeistern und deren Visionen ihre Mittel überstiegen.

Bedeutsamer dagegen sind die Forschungen Adolf Zielinskis, eines Experimentalphysikers und Elektroingenieurs aus Eggenfelden in Bayern. Zielinski, Jahrgang 1935, hat in den vergangenen zwanzig Jahren mit seinem Team an etwas gearbeitet, das er magneto-voltaische Technik zum Anzapfen der Vakuum-Nullpunktenergie nennt. Wie bei vielen der anderen Systeme kommt dabei ein sehr starkes Magnetfeld zur Anwendung, das mit Hilfe von Supraleitung erzeugt wird und im weiteren mit äußerst hoher Wirksamkeit in elektrische Energie umgewandelt wird. Das besondere daran ist allerdings, daß diese Technik auf Festkörpern basiert.

In Zusammenarbeit mit dem Technosophic Institute of America in Wilmington, Delaware, werden gerade, wenn dieses Buch in Druck geht, die Planungen für die Vorführung funktionierender Gerätschaften abgeschlossen. Die Leiter der bedeutenderen nationalen Wissenschaftsinstitute einschließlich der NASA wurden zusammen mit führenden Fernsehanstalten, der Presse und anderen internationalen Organisationen wie der Weltbank für den Herbst 1996 zu Vorstellungen und Vorführungen nach Düsseldorf eingeladen. Eine große unabhängige internationale Kontrollgesellschaft ist ebenfalls eingeladen, um die Ausrüstung zu überprüfen und ihr Funktionieren zu beglaubigen.

Zielinskis theoretische Grundlage ist wiederum eine des Vakuums oder – wie er es zu nennen vorzieht – des Äthers. Er erklärt in der Einleitung eines Referates, das der internationalen Konferenz zu Neuen Ideen in den Naturwissenschaften im Juni 1996 in St. Petersburg zugesandt wurde:

Große Wissenschaftler wie Nikola Tesla, Paul Dirac und Werner Heisenberg haben die Einführung einer neuen Energiequelle vorhergesagt, die sie als „elektromagnetische Quantenenergie", „Nullpunktenergie" und auch als „Vakuumfeldenergie" bezeichneten – alles unterschiedliche Namen für die Ätherenergie.

Vor kurzem habe ich die Grundlagenforschung im Bereich der Ätherenergieumwandlung erfolgreich abgeschlossen, die zu einer neuen Technologie zur wirtschaftlichen und technisch machbaren Herstellung von Maschinen, Generatoren und Batterien geführt hat. Die sehr hohe Energiedichte des Äthers läßt eine derartige Flexibilität (in der Konstruktion) der Ätherabsorptions-/-umwandlungs-Einheiten zu, daß sie nicht nur in einen Siliziumchip integriert oder zur Versorgung des Schaltkreises einer Armbanduhr oder eines Computers verwendet werden können, sondern auch die Erfordernisse eines

4000-Megawatt-Kraftwerks erfüllen. Dies bedeutet, daß noch vor Beginn des nächsten Jahrhunderts eine neue Energiequelle zur Verfügung stehen wird, um Autos, Bahnen, Schiffe, Flugzeuge, Traktoren, Stromkraftwerke, Wohnhäuser, Industrien, tragbare Computer, Telefone usw. zu betreiben.

Die Äthertechnologie, mit der ich befaßt bin und die ich Magneto-Voltaik-Technologie nenne, ist sauber, umweltfreundlich und unbegrenzt. Ihr Einsatz ist durch keine Materialien oder Ressourcen eingeengt oder beschränkt.

Zielinskis Theorie geht davon aus, daß der Äther sich gleichmäßig und geradlinig auf jedes Gravitationszentrum – wie die Erde – zubewegt. Er fügt hinzu:

> Äther ist eine reine Form von subtiler, aktiver Energie, in die alle Naturkräfte übergehen. Äther ist das subtile Energiegewebe, aus dem die Materie entstand und immer noch entsteht und erhalten wird. Die subatomare Wechselwirkung von Äther und Materie erzeugt die Phänomene Trägheit, Masse, Schwerkraft, Kohäsion und alle Kräfte in der Natur.

Er fährt fort, indem er erklärt, wie diese einfache Beobachtung der Ätherbewegung für das Scheitern des Michelson-Morley-Experiments beim Nachweis des Äthers verantwortlich ist; warum die Lichtgeschwindigkeit keine Konstante ist, sondern eine Funktion der Ätherdichte; wie die Trägheit aus der subatomaren Wechselwirkung mit dem Äther entsteht; wie Masse aus der Konzentration und dem Fließen des Äthers entsteht und kein Grundphänomen darstellt, sondern nur eine Wirkung; wie Masse keine Funktion der Geschwindigkeit ist (wie es Einstein verkündete), sondern eine der Ätherkonzentration; wie die Schwerkraft in Wirklichkeit einer Art von 'Ätherschatten' zuzuschreiben ist, den Körper oder Teilchen auf einander werfen; wie vulkanische und tektonische Aktivität in der Erde auf Ätherverdichtungen zurückzuführen sein könnten – und vieles mehr. Er weist auch darauf hin, daß die scheinbare Expansion des Universums – die Grundbeobachtung, auf der die Urknalltheorie aufbaut – möglicherweise nur eine Täuschung ist, die durch die fortwährende Bewegung des Äthers zum Zentrum unserer Milchstraße hin hervorgerufen wird. Daneben erklärt er, wie der Mensch das Äthergefüge aufrippeln und das Universum oder zumindest seine eigene Galaxis zerstören könnte. Hoffen wir also, daß er nicht mit all seinen Behauptungen richtig liegt! Und dennoch behauptet er nicht nur, über eine Ausrüstung zu verfügen, die funktioniert, sondern er hat sie auch bis zu dem Punkt weiterentwickelt, wo sie zur praktischen Anwendung gelangen kann.

Im Jahr 1996 und auch schon vorher hat Zielinski in mehreren Ländern Gespräche mit führenden Personen aus Wissenschaft und Politik geführt, wobei eine seiner Hauptsorgen darin besteht, Alternativen für die große Zahl von Kernreaktoren in Osteuropa zu liefern. Auch ist er darauf bedacht, die umfassenden wirtschaftlichen Umwälzungen zu umgehen, die sich aus der wahllosen Einführung dieser neuen Technologie für unsere Erde ergeben könnten – mit negativen Rückwirkungen auf enorm viele Menschen. Daher besteht sein Plan darin, dabei mitzuhelfen, die Einführung dieser Technik in mehreren Phasen durchzuführen. Wie er mir gegenüber in einem Gespräch betonte, könne er jedenfalls nicht alles gleichzeitig tun, und die dringendste Notwendigkeit bestehe darin, jene Länder mit Energie zu versorgen, die gegenwärtig von unsicheren Kernkraftwerken abhängig sind.

Noch mehr Freie-Energie-Geräte

Auf der ganzen Erde gibt es viele andere Forscher, die über funktionierende Geräte verfügen oder Anlagen vorführen können, die mehr Energie abgeben als sie aufnehmen – in herkömmlichen Kategorien gemessen. In Frankreich entwickelte Raymond Kromrey einen Schwerkraftfeldgenerator, der Howard Johnsons Permanentmagnet-Generator ziemlich ähnlich zu sein scheint. Wie all die anderen spricht Kromrey von Elektrogravitation und betont die Notwendigkeit, alle aktuellen Dogmen in der Physik neuzubewerten. Auch hier übertrifft die Ausgangsleistung die scheinbare Eingangsleistung bei weitem, wobei ein Prototyp ungefähr 700 Watt bei Motordrehzahlen zwischen 600 und 1200 Umdrehungen pro Minute liefert. Offenbar erfolgte trotz der heftigen Opposition von französischen Industriekonzernen eine Reihe von Patentanmeldungen. Ihnen ist wahrscheinlich bekannt, daß Frankreich das Land in Europa ist, das sich am stärksten auf Atomstrom festgelegt und sich das ausdrückliche Ziel gesetzt hat, Hauptexporteur von Elektrizität an Nachbarländer zu werden. Von insgesamt etwas mehr als 140 Atomkraftwerken in Westeuropa werden etwa vierzig in Frankreich betrieben, und zwanzig weitere befinden sich im Bau[1].

---

[1]Mittlerweile sind in Frankreich nicht weniger als 57 AKWs mit 59 Kraftwerksblöcken am Netz, darunter auch noch umstrittenere Brutreaktoren. Mit einem Atomstromanteil von 77,7 % an der gesamten Stromproduktion liegt Frankreich damit (nach Litauen) an der Weltspitze.

In den Vereinigten Staaten hat John Bedini nach den Patentinformationen einen Kromrey-Konverter gebaut, wobei er in seinem Bericht von 1984 (*Experiments With a Kromrey and a Brandt-Tesla Converter*) anmerkt, daß die Details im Patent verändert wurden, was zu einem nicht funktionsfähigen Gerät führte.

Bedini fand heraus, welche Modifikationen nötig waren, und es gelang ihm, beim Test seines Schwerkraftfeld-Konverters eine Wirksamkeit von über hundert Prozent zu demonstrieren. Er hat auch genügend Einzelheiten freigegeben, damit andere seine Arbeit wiederholen können. Jim Watson hat dies bereits getan, wobei berichtet wird, er habe eine viel größere Version davon gebaut. John Bedini und Jim Watson waren Mitte der achtziger Jahre in der Freie-Energie-Szene sehr bekannt. Seither haben sie es jedoch vorgezogen, ihre Arbeit nicht mehr dem Blick der Öffentlichkeit auszusetzen. Es ist nichts darüber bekannt, ob ihre Arbeiten Fortschritte gemacht haben oder nicht.

In Indien hat unterdes Paramahansa Tewari, Autor des Buches *Beyond Matter* und Leiter der Qualitätssicherung bei der Atomkraft-Gesellschaft in Bombay, einige Jahre an einem 'Raumkraft-Generator' gearbeitet, der Energie direkt aus dem Vakuumzustand gewinnt. Verschiedene Exemplare sind in Betrieb, allerdings muß er noch die magische 'Over-Unity'-Ausgangsleistung erreichen, wodurch schlüssig bewiesen wäre, daß das Vakuum die Energiequelle bildet. Doch er ist sehr zuversichtlich!

In Großbritannien hat Dr. Harold Aspden, früher an der Universität von Southampton, der jetzt aber seinen aktiven, kreativen Ruhestand genießt, sein Leben dem Nachdenken über die Vakuumphysik gewidmet, wie sein jüngstes Buch *Aether Science Papers* (Aufsätze zur Ätherwissenschaft) von 1996 zeigt. Zu seinen Vorschlägen gehört die faszinierende Idee, nach der die subatomaren Teilchen vermöge des Vakuumenergie-Spins aus der Energie des Vakuums heraus erschaffen und dauernd erhalten werden. Als Teil des dynamischen Gleichgewichts, das zwischen der Vakuumenergie und seinen subatomaren Manifestationen, die wir Materie nennen, aufrecht erhalten wird, werden diese subatomaren Teilchen darüber hinaus in einem Tanz von extrem hoher Geschwindigkeit fortwährend resorbiert und remanifestiert.

Es ist, als wären die subatomaren Teilchen wirbelnde Pirouettentänzer in enger Formation, wobei ein jeder Tänzer eine wesentliche Rolle in der Existenz des Ganzen zu spielen hat. Jeder Tänzer tanzt nur eine allerkürzeste Zeit lang, ehe er von der Tanzfläche aufgesogen wird! Fast gleichzeitig taucht ein anderer, identischer Tänzer an derselben Stelle aus dem Boden hervor und führt den Tanz auf die gleiche Weise fort. Mehr noch, wenn er aufgesogen wird, verschwindet der Tänzer nicht bloß, sondern er tanzt in den verborgenen Tiefen des Vakuumenergiemeeres (der Tanzfläche!) zur selben Melodie weiter.

Die Frequenz dieser Absorption und Wiedermanifestierung mißt Millionen Male pro Sekunde, und dieser dynamische Zyklus, der das Energiegleichgewicht zwischen der Vakuumenergie und den subatomaren Teilchen gewährleistet, er ist es, der das Universum in seiner Existenz erhält. Das physische Universum wird Millionen Male in der Sekunde aufs neue wiedererschaffen!

Es ist ein unglaubliches und doch irgendwie befriedigendes Bild. Aber läßt sich die Idee auch in praktischer Form nutzen, um die Energie des Vakuums anzuzapfen? „Ja, das geht", sagt Aspden voller Gewißheit, denn auch er gehört zu denjenigen, die an einem Magnetmotor arbeiten, der mehr Energie abwirft, als hineingesteckt werden muß. „Die Aufgabe", so schrieb mir Aspden, „besteht darin, die Aktivität des Tanzes aufzufangen, indem man etwas von der Wirbelbewegung des Äthers (nach der Absorption) einfängt, noch ehe der Kreislauf durch die Wiedererschaffung von Materie in Form von Protonen und Elektronen geschlossen ist. An dieser Stelle tritt meine experimentelle Arbeit auf den Plan." Mit der Veröffentlichung seines neuen Buches hofft er, in wissenschaftlichen Kreisen in eine Art Wespennest zu stechen. Wenn es dann von der traditionsverhafteten Lobby pflichtgetreu in die Pfanne gehauen wird, möchte er einen einzigen, entschiedenen und unwiderlegbaren Schlag plazieren, indem er seinen Motor in Aktion vorführt – und damit zugleich die grundsätzliche Gültigkeit der Vakuumenergie-Physik, die in seinem Buch beschrieben wird.

In Ontario, Kanada, kündigte im April 1996 Dr. Paulo Correa, Forschungsdirektor am Labor für experimentelle und angewandte Plasmaphysik Labofex, zusammen mit seiner Frau und Forschungspartnerin Alexandra Correa ein Verfahren an, das „Kaltkathoden-Vakuumentladungsplasma-Reaktoren (Plasma ist ionisiertes Gas) benutzt, um selbsterregende Schwingungen in Form von gepulsten ungewöhnlichen Leuchtentladungen aufzubauen, die durch die spontanen Elektronenabstrahlungen von bestimmten Metallen im Vakuum ausgelöst werden"! Das ist eine arge Bandwurmdefinition. Einfach ausgedrückt jedoch geht es um die Erzeugung elektronischer Mikro-Explosionen im von uns Vakuum genannten Energiemeer, die in einem Gerät erzeugt und gesteuert werden, das an eine kleine Leuchtstoffröhre einer Straßenlaterne erinnert. Das Reinergebnis besteht darin, daß ein Tor zur Vakuumenergie geöffnet wird und sich diese als nutzbare elektrische Energie manifestiert. Auch bei diesem System wird elektrische Ausgangsenergie erzeugt, die die Eingangsenergie bei weitem übersteigt. Dieser einzigartige Ansatz wurde wie ein streng gehütetes Geheimnis behandelt. Drei US-Patente wurden erteilt, die das Verfahren schützen. Doch die Partner sind jetzt bereit, die notwendigen kommerziellen Verbindungen herzustellen, um die Technik zu einer allgemeinen Anwendung weiterentwickeln zu können.

Die röhrenförmigen Geräte, die ungefähr zwanzig Zentimeter lang sind und einen Durchmesser von etwa fünf Zentimetern aufweisen, sind aus unterschiedlichen Werkstoffen und in verschiedenen Größen angefertigt worden. Alexandra hat sogar einen Lehrgang in der Glasblasekunst absolviert, um ohne größere Umstände ihre eigenen Glasröhren für Versuchszwecke herstellen zu können. Untersuchungen deuten darauf hin, daß die Lebensdauer der Elektrode von der Anzahl der Pulse abhängt. Sie lassen auch darauf schließen, daß die Energieausbeute einer Röhre, die man in der Hand halten kann, etwa vierzig Megawattstunden beträgt. Diese Menge würde genügen, ein kleineres Familienauto ein paar Jahre lang zu betreiben – eine interessante Aussicht, wenn man bedenkt, daß der Preis für die Produktion der Röhren nicht viel höher liegt als für die Röhren von Straßenbeleuchtungen.

Man hat noch von vielen weiteren Forschern gehört. Die Welle bricht sich immer schneller, in immer mehr Ländern, und sie breitet sich über den ganzen Globus aus – von Sri Lanka über Argentinien bis nach Moldavien in der früheren Sowjetunion. In Österreich behauptet der Physiker Stefan Marinov, der für seine theoretischen und experimentellen Arbeiten auf diesem Gebiet bekannt ist, sein selbstbeschleunigender Siberian-Coliu-Generator erzeuge mehr Energie, als er verbraucht. Marinovs Arbeit basiert auf seiner Entdeckung neuer Gesichtspunkte der herkömmlichen und grundlegenden Beschreibung des Magnetismus.

Yu Baurov in Rußland behauptet, über einen funktionierenden Magnetmotor zu verfügen, der auf theoretische Überlegungen zurückgeht, die nicht nur in Rußland, sondern auch Anfang der neunziger Jahre in der westlichen akademischen Zeitschrift *Physics Letters* veröffentlicht wurde. Natürlich gibt es auch in den Vereinigten Staaten zahlreiche Erfinder, die ihren Anspruch auf verschiedene revolutionäre Durchbrüche bei Neue-Energie-Technologien geltend machen. In der Welt der Festkörper-Geräte steht der Deutsche Adolf Zielinski nicht allein da. Auch der inzwischen verstorbene Floyd Sweet aus Kalifornien konnte mit seinem System einen dramatischen 'Over-Unity'-Quotienten vorführen, während Wingate Lambertson aus Florida und Scott McKie aus dem Staate Washington noch dabei sind, ihre speziellen Geräte zu vervollkommnen.

Der Newcomer in der Welt der Neuen Energie, der in den letzten Jahren vielleicht das größte Maß an öffentlicher Aufmerksamkeit erregt hat, ist die arg verunglimpfte Kalte Fusion, die in Japan als Neue Wasserstoff-Energie bezeichnet wird. Sie wurde erstmals 1989 von Dr. Martin Fleischmann und Dr. Stanley Pons bekanntgegeben. Sie behaupteten, in elektrochemischen Zellen Nuklearreaktionen bei Raumtemperatur erzeugt zu haben. Trotz des gegenteiligen Bildes, das die Medien gelegentlich davon zeichnen, gedeiht die Arbeit an der Kalten Fusion, wobei in wiederholbaren Versuchen Over-Unity-Resultate nachgewiesen werden können. Dies hat zu einer neuen Klasse von Wissenschaftlern in Labors geführt, die über die ganze Erde verstreut sind. Von vielen werden sie immer noch für Häretiker gehalten, obwohl sie über einwandfreie Referenzen verfügen. Außerdem gibt es in den Ländern, in denen mächtige Interessen am Erdöl oder an der Kernkraft wirksam sind, für gewöhnlich wenig finanzielle Unterstützung für diese Art wissenschaftlicher Forschung. Dies hat zu dem wenig schmeichelhaften Eindruck geführt, Wissenschaftler glaubten immer nur das, wofür sie bezahlt werden!

Einige Fusionsverfahren verwenden gewöhnliches Wasser, anders als der Prozeß von Fleischmanns und Pons, bei dem schweres Wasser eingesetzt wird. Angehörige der Kalte-Fusions-Gemeinde behaupten auch von anderen Phänomen, sie gehörten in ihr Lager, darunter schmelzflüssige Salze, Plasmen, akustische Levitation und Sonolumineszenz. Der vielleicht bemerkenswerteste Erfolg auf diesem Gebiet ist die Patterson-Brennstoffzelle, eine patentierte, zehn Zentimeter lange Röhre, die metallbeschichtete Kügelchen und Wasser enthält. Die Brennstoffzelle, die von Dr. James Patterson erfunden wurde und zur Zeit von der Gesellschaft Clean Energy Technologies Inc. (CETI) in Texas weiterentwickelt wird, soll achtzig Mal mehr Energie abgeben, als sie für ihren Betrieb benötigt. Einige Zeugen haben sogar geschätzt, das Verhältnis liege bei tausend zu eins.

Mit dem Auftauchen der Kalten Fusion scheint auch der Alchimie neues Leben eingehaucht worden zu sein. Eine Reihe von Forschern wie Kervran und Dubrov haben in der Vergangenheit – auch aufgrund von Versuchsergebnissen – an die Fähigkeit lebender Systeme erinnert, bei normaler Körpertemperatur Elemente umzuwandeln. Jetzt zeigen einige Experimente mit der Kalten Fusion, daß Elemente auf elektromagnetischem Weg bei Raumtemperatur ohne die dazu bislang für unverzichtbar gehaltenen Millionen Hitzegrade umgewandelt werden können. Ron Kovacs, Tim Binder und Toby Grotz aus Colorado haben mit Erfolg ein Experiment wiederholt, das der verstorbene Walter Russell durchgeführt hatte und das genau dies zeigte.

Wenn jemand einen Industrie-Boiler braucht, dann wäre vielleicht die Anlage von James Griggs aus Georgia das richtige. In seiner Hydroschallpumpe setzt er Druckwellen ein und bekommt zehn bis dreißig Prozent mehr Energie heraus, als er hineinsteckt. In Rußland untersuchen Forscher ähnliche Erscheinungen – das plötzliche Kollabieren von Unterdruckzonen in Flüssigkeiten (bezeichnet als 'Cavitation'), was eine Ausgangsenergie erzeugt, die höher als die aufgewendete ist.

Raumenergie, Vakuumenergie, Äther- oder Nullpunktenergie, egal wie man sie nennt, ist dermaßen Teil der physischen Materie, daß es wahrscheinlich viele Wege gibt, damit technisch umzugehen, um Wirkungen zu erzeugen, die nach den herkömmlichen Beschreibungen von Materie völlig unerwartet sind. Es ist, als hätten wir das Wasser im Meer beschrieben, ohne jemals den Ozean entdeckt zu haben. Akzeptiert man aber erst einmal die Existenz des Ozeans, so verändert sich jede Einzelheit in unserem Gesamtbild. Nichts läßt sich dann jemals wieder auf die alte Weise betrachten.

Einige Erfinder aus der Welt der Freien Energie haben auch in anderen Bereichen Hervorragendes geleistet. Kenneth Shoulders aus Kalifornien genießt den Ruf, einer der Elektronikpioniere des Silicon Valley zu sein. Heute arbeitet er an Techniken für hohe Ladungsdichten – seinem US-Patent Nr. 5.018.180 vom 21. Mai 1991 zufolge winzige Elektronencluster, die von den Nullpunktfluktuationen des Vakuums in Gang gehalten zu werden scheinen. Es stellt einen Meilenstein dar, ein Patent auf eine Technik zu erhalten, die sich einer solchen Erklärung bedient.

Und so geht die Geschichte weiter. Immer mehr Akteure erscheinen auf der Bühne, und die notwendigen Durchbrüche sind schon erfolgt. Heute, wo das Internet, das World Wide Web und die Informationsautobahn schon weithin genutzt werden, sind die Mittel zur Informationsverbreitung dabei, sich radikal zu verändern. Im Netz werden Informationen zugänglich, ohne daß sie durch Fachbesprechungen oder durch den Konkurrenzkampf um Veröffentlichungen zwischen den wenigen Wissenschaftsmagazinen, die die wissenschaftliche Weltgemeinde beliefern, ausgesiebt werden. Natürlich bietet das auch Gelegenheit zur Veröffentlichung ungenügend erforschten oder sogar gefälschten Materials. Aber es ermöglicht auch, internationale Informationen in einem Ausmaß zu veröffentlichen und zu verbreiten, das man sich nie zuvor hätte träumen lassen.

Wahrscheinlich haben einige der erwähnten Experimentatoren nicht all das erreicht, was sie erreicht zu haben glauben. Die Basis des ihren Bemühungen zugrunde liegenden Verständnisses wird dadurch jedoch nicht abgewertet. Schließlich wurde auch das Atom nicht an einem Tag gespalten. Nutzbare Energie aus dem Vakuum 'herauszuziehen' ist eine noch schwierigere Aufgabe. Doch zunächst kommt die Idee und danach der experimentelle Beweis. In diesem Fall fehlen den meisten Experimentatoren die Forschungsmöglichkeiten größerer Institutionen. Man kann ihnen also dazu gratulieren, daß sie mit derart beschränkten Mitteln so weit vorangekommen sind.

Es stimmt, die Welt der Freie-Energie-Forschung (wie die meiste übrige Wissenschaft) ist voll von falschen Ansätzen und allzu begeisterten Behauptungen, doch man hat sich wenigstens getraut! Es ist so einfach, Kritik zu üben, zu spotten und den Zyniker zu spielen – unterbewußt ohne wirklich überlegte, bewußte Zustimmung zu reagieren. Wenn man weiß, daß Spötter den Wegesrand säumen werden, dann sind Überzeugung und innerer Mut nötig, diesen Weg zu beschreiten. Es sind gewiß unterstützenswerte Eigenschaften – zum Wohle der ganzen Menschheit.

Der Schweizer M-L-Konverter

In dem kleinen Städtchen Linden in der Nähe von Bern gibt es eine spirituelle Gemeinschaft, die Methernitha, bei der sich einst einer der exquisitesten Freie-Energie-Konverter in Betrieb befand, die jemals erfunden wurden. Unglücklicherweise erlangte der Generator eine solche Berühmtheit, daß man, wie mir ein Freund erzählte, der dort im Herbst 1995 zu Besuch war, sich entschied, den Generator aus der Gemeinschaft zu entfernen, damit die Ansässigen nicht mehr von Besuchern und anderen Störungen belästigt würden. Ihr Standpunkt ist verständlich.

Die Gemeinschaft, die sich durch den Verkauf von Gärtnereierzeugnissen und vielfältige Produktionstätigkeiten trägt, wurde bei wenigstens fünf verschiedenen Gelegenheiten von Mitgliedern der Deutschen Vereinigung für Schwerkraft-Feld-Energie besucht. Das Nachfolgende entstammt den

Berichten dieser Ingenieure. Der Schweizer Elektronikingenieur P. H. Matthey hatte das Zentrum zusammen mit einigen weiteren schweizerischen Ingenieuren am 20. Oktober 1984 besucht. Hans Nieper, Präsident der Deutschen Vereinigung für Schwerkraft-Feld-Energie, besuchte die Methernitha am 28. Oktober 1984.

Der vorgeführte Konverter und vielleicht ein, zwei weitere waren ab 1982 in Betrieb. Er sorgte dafür, einiges an elektrischem Strom für die Winterbeheizung eines 500 Quadratmeter großen Treibhauses beizusteuern, das in einer Höhe von 800 Metern über dem Meeresspiegel liegt. Seine Ausgangsleistung liegt im Bereich von 3 - 4 Kilowatt bei 230 Volt Gleichstrom.

Vielleicht sollte ich gleich darauf hinweisen, daß die Gemeinschaft es nicht wünscht, die Details ihrer Technologie vor aller Welt auszubreiten. Man fürchtet dort, vielleicht zu Recht, es brächte kaum mehr, als den räuberischen Appetit der Menschheit auf Zerstörung und Disharmonie anzustacheln, wenn man ihr solch eine unbeschränkte Energiequelle schenkte. Sie mögen tatsächlich recht haben, doch es scheint, dieses Geheimnis wurde bereits von so vielen anderen erschlossen, die daran arbeiteten, daß die Katze bereits wohlbehalten aus dem Sack ist, daß für die Menschheit die Zeit angebrochen ist, sich mit den Folgen der Tatsache auseinanderzusetzen, über dermaßen viel Energie zu verfügen. Tatsächlich ringt der Mensch ja schon mit den gesellschaftlichen, humanitären und ethischen Folgen der Elektrizität, der Kernkraft und aller anderen Kraftquellen.

Der M-L-Konverter besteht aus zwei Phasen. Zunächst gibt es da eine modernisierte, selbsttreibende Version des altmodischen elektrostatischen Wimshurst-Generators. Im wesentlichen werden zwei aus elektrostatisch wirkendem Acryl bestehende Scheiben, zwischen denen nur ein ganz geringer Abstand besteht, in gegenläufige Drehung versetzt. Das daraus notwendigerweise erzeugte elektrostatische Potential wird in seinen positiven und negativen Bestandteilen in zwei elektrischen Kondensatoren gespeichert. In diesem Fall benutzten die Konstrukteure Leydener Flaschen.

Das hohe elektrostatische Potential findet dann Verwendung in der zweiten, der Festkörperphase des Systems, welche die Ausgangsspannung und -frequenz im Hinblick auf die Verwendung für elektrische Standardanlagen regelt. Allerdings werden für diesen Wimshurst-artigen Generator Dauermagnete verwendet, die mit Spulen umwickelt sind und die eine deutlich erhöhte Ausgangsleistung ergeben, wenn man sie auf ihre 'natürliche Resonanzfrequenz' abstimmt. Hierbei handelt es sich um einen weiteren Aspekt der Festkörperphase des Konverters, und dies ist ein Teil des Vorgangs, durch den Energie aus dem Vakuumzustand abgezogen wird. Doch den vollständigen Vorgang, der dabei zur Anwendung kommt, verstehen weder die Personen ganz, die dort zu Besuch waren, noch diejenigen, die später Beurteilungen dazu abgegeben haben.

Don Kelly[1] weist in seiner Untersuchung darauf hin, die Wahl des Wimshurst-Elektrostatikgenerators sei keineswegs willkürlich erfolgt, sondern notwendig, weil es der einzige Generatorentyp sei, der eine Polaritätstrennung zwischen negativen und positiven Ladungen zuwege bringt. Wie wir gesehen haben, scheint eine hohe Potentialdifferenz nötig zu sein, um die Schwellenbedingungen zu erreichen, bei denen eine Vakuumenergieumwandlung stattfindet. Tatsächlich streift der Wimshurst-Generator Elektronen von den Luftmolekülen ab. Die übrigbleibenden positiven Luftionen werden in der einen Leydener Flasche gesammelt, während die Elektronen in der anderen eingefangen werden.

Bei den Methernitha-Besuchen handelte es sich für die teilnehmenden Ingenieure um recht außergewöhnliche Gelegenheiten. In einem Bericht von 'L. L.' in Niepers *Revolution in Technik, Medizin und Gesellschaft* liest man folgendes:

Ich versprach bestimmten Leuten, die an Tachyonenkonvertern interessiert sind und die gerne mit uns gekommen wären, ich würde einen Bericht schreiben. Leider kann man die Stimmung nur unvollkommen auf einer Schreibmaschine einfangen, sofern man nicht zur kleinen Zunft der Dichter gehört.

Der sogenannte 'Elektrostatische Generator' war funktionell konstruiert, vollkommen symmetrisch, etwa 110 cm breit, 45 cm tief und 60 cm hoch und wog 20 kg (ohne die Haube, die aus klarem Acrylkunststoff gefertigt war). Sein Rumpf bestand aus Acrylkunststoff, einem leichten Metallgitter, isolierten Kupferdrähten, einem mysteriösen Kristalldioden-Gleichrichter und vergoldeten Kontakten. Alles war von Hand in feinster Handwerkerkunst und mit einer eleganten Schönheit gearbeitet, die jeden von uns stark in Bann zog.

Das Funktionsprinzip ist seit langem bekannt. Die Luftmoleküle zwischen zwei Acrylscheiben (etwa 45 cm im Durchmesser), die eng aneinander, Seite an Seite, gegenläufig rotieren, werden durch Reibungselektrisierung aktiviert. Dies bringt die Scheiben dazu, sich kontinuierlich aufzuladen, bis ein Überschlag sie wieder ausgleicht. Um die elektrische Ladung auf ein gewünschtes

[1] *The Manual of Free Energie Devices* (*Handbuch der Freie-Energie-Geräte*) und andere Berichte, die in die Tiefe gehende technische Würdigungen fast aller Freie-Energie-Maschinen enthalten, die jemals gebaut wurden.

Maß zu beschränken, werden die positiv geladenen Teilchen (atmosphärische Ionen) auf einer der sich gegeneinander drehenden Scheiben und die negativ geladenen Teilchen (Elektronen) auf der anderen Scheibe jeweils mit Hilfe getrennt justierbarer Gitterelektroden abgeleitet und in eine Leydener Flasche eingespeist, die die Energie sammelt.

Am Außenrand der Drehscheiben werden die Elektronen mit einer anderen Gitterelektrode abgeleitet und, soweit wir es verstanden haben, für die Steuerung des Konverters verwendet. Die Geschwindigkeit der Scheiben, auf denen eine fächerartige Struktur von 50 Gitterelektroden aufgebracht ist, beträgt 60 Umdrehungen pro Minute. Diese Geschwindigkeit wird durch Magnetimpulse synchronisiert. Das Geheimnis liegt darin, wie diese beiden Scheiben aufgeladen werden, indem zwei Hufeisenmagnete verwendet werden, die Bestandteile von elektrischen Resonanzkreisen sind.

Es ist verständlich, daß die zur Verfügung gestellten technischen Angaben nicht ausreichend sein können, um als Grundlage für die Konstruktion eines solchen Konverters zu dienen. Dies deswegen, weil man findet, daß grenzenlose Energie einer Gesellschaft vorbehalten bleiben soll, die sich ihren Mitmenschen gegenüber in Liebe und Frieden übt und sich nicht an Ausbeutung und Krieg beteiligt.

Die Vorführung der folgenden Experimente war sehr eindrucksvoll. Einer der Experten startete mit seinen Fingerspitzen die Drehung der beiden Scheiben in entgegengesetzte Richtungen, bis der Konverter so weit aufgeladen war, daß er sich selbst synchronisierte und fortfuhr, sich sanft und geräuschlos ohne irgendeine Stromquelle zu drehen. Eine mittig angebrachte Scheibe von ungefähr 10 cm Durchmesser schimmerte in allen Farben des Regenbogens.

Nach nur wenigen Sekunden waren die Leydener Flaschen betriebsbereit, so daß ein Gleichstrom von 300 Volt und 10 Ampère an den Polen abgenommen werden konnte – und das könnte man ständig tun, stundenlang, jahrelang, ohne jeglichen Verschleiß!

Um die verfügbare Leistung zu demonstrieren, schlossen wir wechselweise mit einem Kabel entweder eine Hochleistungs-Glühlampe oder ein Heizelement an, die beide für einen 380-Volt-Betrieb ausgelegt waren. Das strahlende Lampenlicht blendete und erleuchtete die gesamte Halle bis in die entfernteste Ecke. Das Heizelement wurde nach wenigen Sekunden so heiß, daß man es nicht mehr anfassen konnte. Dieses Erlebnis war für uns alle sicherlich ein Blick in die Zukunft – in ein neues Zeitalter.

Jedem, der diesen Konverter in Betrieb gesehen hatte, wurde klar, daß die Lehrsätze der orthodoxen Wissenschaft einer kompletten Überprüfung unterzogen werden müssen, damit sie noch ernst genommen werden können. Heute gibt es schon Dutzende von bekannten Verletzungen der orthodoxen Energiegesetze.

Dieser Konverter erzeugt an jedem Tag der Woche über einen Wechselrichter und einen Akkumulator Strom für das betriebseigene Netz, in das auch zusätzlicher Strom aus zwei bis drei Windkonvertern (natürlich selbst gebaut) eingespeist wird. Das Pilotmodell dieses Konverters wurde schon vor langem gebaut, als dem Erfinder nur Abfallstoffe wie Schokoladenverpackungen, Plastikbehälter, Nägel, Kupferdraht und Werkstattreste zur Verfügung standen. Es lieferte genügend Strom für eine Glühbirne.

Dies ist also der Schweizer M-L-Konverter – eindeutig bewegende Poesie – mit ihren kombinierten Merkmalen der Energiegewinnung aus dem Vakuum und Handwerkskunst von hoher Qualität.

Die Energiemaschine von Joseph Newman

MENSCHENMENGE IM SUPERDOME FASZINIERT VON ENERGIEMASCHINE – *Metro News*, Michael Perlstein, Samstag, 12. April 1986.

NEWMAN BETREIBT ENERGIEAUTO – *Mobile Press Register*, June Heydt, 5. Februar 1987.

ERFINDER AUS LUCEDALE GEHT AUF DIE STRASSE. ERFOLG! NEWMANS 'GYRO-POWER'-AUTO FUNKTIONIERT – *The Clarion Ledger*, Valeri Oliver, 5. Februar 1987.

ES FUNKTIONIERT, ES LÄUFT, LÄUFT, LÄUFT – *George County Times*, Stellungnahme der Redaktion, 12. Februar 1987.

„Ja, es läuft wirklich. Joe Newmans Erfindung eines batteriegetriebenen Automobils widersetzt sich den (anerkannten) Gesetzen der Physik." So beginnt das Editorial der George County Times. Es fährt fort mit dem Hinweis, daß sich die Leute am US-Patentamt acht Jahre lang standhaft geweigert haben, Newman ein Patent für seinen Generator zu erteilen, mit der Begründung, „er könnte nicht funktionieren".

Mehr als jeder andere Erfinder hat sich Joseph Newman aus Mississippi, der seinen Magnetmotor weiter verfeinert, der Vorführung seines Gerätes vor den Medien und vor großem Publikum gewidmet. Selbst wenn die Darstellung darin nicht besonders deutlich ist, vermittelt sein Buch *The Energy Machine of Joseph Newman* (Joseph Newmans Energiemaschine) Einzelheiten der Theorie und des Entwurfs seines Gerätes. Dies

Abb. 9-2. Joseph Newmans Energieauto. Foto mit freundlicher Genehmigung des Mobile Press Register, *datiert vom 4. Februar 1987.*

ist ein angenehmer, altruistischer Zug, denn ein Gerät, das nur ein einziger Mensch zu bauen versteht, wäre wirklich ziemlich sinnlos! Wie gut auch immer es seinem Erfinder vorkommen mag, stirbt es mit ihm, dann ist es nicht mehr als eine Kuriosität, deren Glaubwürdigkeit danach für immer selbst von denjenigen angezweifelt werden wird, die begreifen, daß derlei Dinge existieren könnten.

Hinter jeder Geheimniskrämerei vermutet man irgendwelche Motive. Entweder sie verhüllt den Traum von einem Imperium, das Profit und Macht einbringt, oder sie bildet bloß den Schutzmantel für das Werk eines Scharlatans. Vielleicht verbirgt sich dahinter auch nur die Tatsache, daß der Erfinder nicht vollkommen versteht, wie seine Erfindung wirklich funktioniert. Darin liegt nichts Schändliches, da wir alle – wie ich zuvor angemerkt habe – die Elektrizität beinahe ein Jahrhundert lang ohne eine wirklich klare Vorstellung davon, was ein Elektron ist, recht unbekümmert benutzt haben.

Wenn ein Mensch sich nicht klar ausdrückt, können wir uns niemals sicher sein, was er vorhat. Manchmal mag sich dahinter bloß eine komplizierte, emotionale Persönlichkeit verbergen, deren Besitzer große persönliche, egozentrische Befriedigung daraus zieht, ein Geheimnis zu besitzen. Allerdings lassen sich solche fixen Ideen nur schwer aufgeben. Vielleicht werden sie im Rahmen des gesellschaftlichen Klimas und der sozialen Gewohnheiten sogar noch gefördert. So heißt es zum Beispiel, die große Fülle an Wissen im Bereich der Akupunktur sei mit dem Aussterben bestimmter chinesischer Familien verloschen. Sie nahmen ihre Geheimnisse über Heilverfahren mit sich ins Grab, statt sie weiterzugeben oder niederzuschreiben.

Mit knappen 44 Worten wurde Newmans erste Anmeldung vom Amt für Patente und Warenzeichen (PTO) abgewiesen, weil die Maschine „nach einem Perpetuum mobile riecht".

Ohne daß ich auf alle Einzelheiten eingehen möchte, die man ohne weiteres von Newman selbst bekommen kann, scheinen die höchst ungewöhnlichen und offenbar verfassungswidrigen Aktivitäten von Richter Jackson, der bei Newmans Klage gegen das PTO den Vorsitz führte, Newman tatsächlich in einen äußerst kostspieligen Rechtsstreit verwikkelt zu haben.

Im Jahre 1984 wies Jackson – der verständlicherweise fand, die Wissenschaft übersteige seinen Horizont – die Erkenntnisse des von ihm selbst berufenen Gerichtssachverständigen William E. Schayler ohne Begründung zurück. Schayler war damit beauftragt worden, eine eingehende wissenschaftliche Beurteilung von Newmans Arbeit vorzunehmen. In seinem Bericht hieß es:

Die dem PTO und diesem Gericht vorliegenden Beweise sprechen erdrückend dafür, daß Newman einen Prototyp eigener Erfindung gebaut und getestet hat, bei dem die Ausgangsleistung die von außen zugeführte Eingangsenergie übertrifft; es gibt keinen faktischen Gegenbeweis.

Entsprechend erklärte Schayler, daß das PTO

vorsätzlich die Formalitäten von Newmans Patentanmeldung oder der Patentfähigkeit von Newmans Ansprüchen nach 35 USC sec 102/103 nicht berücksichtigte.

Richter Jackson war eindeutig voreingenommen, denn seine geistigen Muster waren ganz unfähig, etwas zu akzeptieren, das seinem eigenen Glauben zuwiderlief. Vielleicht ist auch, ohne daß es bekannt geworden wäre, Druck auf ihn ausgeübt worden, obwohl viele derjenigen, die sich selbst in einem Kampf gegen 'das System' sehen, Opfer paranoider Gefühle von Schikanierung und Unterdrückung wurden, selbst wenn es kein wirkliches 'Komplott' zur Unterdrückung ihrer Arbeit gegeben hatte, sondern nur die unterbewußte Trägheit der 'etablierten Meinung'.

Newman behauptet auch, Gerald Messinghoff, der Leiter des PTO, habe zuvor dafür gesorgt, für den Zweck seiner Diskreditierung 100 000 Dollar aus Mitteln des Energiegesetzes zu erhalten (die für die Entwicklung neuer Energiesysteme gedacht waren). Messinghoff riskierte kaum, vom National Bureau of Standards (NBS) zur Rechenschaft gezogen zu werden, da der NBS-'Experte' Jacob Rabinow vor Gericht eine beeidete Aussage abgegeben hatte, derzufolge Newmans Gerät nicht funktionsfähig sei. Und das, ohne es je getestet zu haben.

Später wurde Richter Jackson von einem höheren Appellationsgericht streng dafür gerügt, daß er das National Bureau of Standards (NBS) angewiesen hatte, „höchst regelwidrige" Prüfverfahren zu befolgen, durch die Newman die „grundsätzliche Gerechtigkeit" versagt worden sei, die ihm durch das Gesetz garantiert ist. Diese Verfahren schlossen die Anweisung an Newman ein, seine Maschine dem NBS auszuhändigen, damit sie dort, wenn man es für angebracht hielt, demontiert oder zerstört würde, zweifellos, um sie auf eine versteckte Stromquelle hin zu untersuchen. Das NBS war nicht angewiesen worden, vorher ein Testprogramm vorzubereiten, das Newman hätte überprüfen können, und man hatte die Testphase nicht zeitlich limitiert. Auch wurde Newman nicht zugestanden, einen Sachverständigen eigener Wahl teilnehmen zu lassen. Und schließlich sollten die Ergebnisse solange unter Verschluß gehalten werden, „bis wir anordnen, daß sie der Öffentlichkeit zur Verfügung gestellt werden sollten".

Vielleicht sollte erwähnt werden, daß der Sinn einer solchen Patentanmeldung nicht bloß darin liegt, Newmans persönliche Rechte zu schützen, denn sein Buch gibt ja bereits Auskunft darüber, wie man seine Arbeit nachvollziehen kann. Der Schwerpunkt liegt darauf, daß es für ein dem Patentschutz unterliegendes Gerät viel wahrscheinlicher ist, von einer großen Industriefirma in Lizenz entwickelt zu werden, wenn dort bekannt ist, daß die Technologie keinem Konkurrenten zur Verfügung steht.

Über all die Jahre erhielt Newman enorme Unterstützung von zahlreichen Einzelpersonen, von dreißig Top-Wissenschaftlern, wie er sagt, darunter Dr. Roger Hastings, Grundlagenphysiker bei Sperry-Univac, und Eike Mueller, Koordinator der Vertretung der Europäischen Raumfahrtbehörde bei der NASA. Darüber hinaus haben wenigstens zwei Kongreßabgeordnete beim Kongreß beantragt, Newman über eine parlamentarische Klage sein Patent zu sichern, um dadurch seine langwierige, kostspielige Schlacht mit dem Patentamt zu beenden. Er verfügt über beeidete Erklärungen (rechtsgültige Aussagen) von diesen und anderen Leuten, die ihm attestieren, daß seine Maschinen funktionieren. Diese Dokumente sind in seinem Buch abgedruckt. Es gibt keine Spur irgendeiner Täuschung und erst recht keinen Grund für Betrügereien.

Soviel also zu den Hintergründen. Joseph Newman ist eindeutig ein Mensch mit beachtlichem Charisma und zugleich ein Erfindergenie, obwohl selbst seine Freunde sagen, er könne stur, arrogant und leicht zu erzürnen sein, wenn er einen Mangel an Sympathie für seine Ideen verspürt oder wenn seine Integrität in Frage gestellt wird – Charakterzüge, die vielen Pionieren in den Wissenschaften und anderen Bereichen eigen sind. In fester Entschlossenheit hat Newman Rechtskämpfe bis weit über einen Punkt hinaus durchgefochten, an dem andere in Groll und Verbitterung aufgegeben hätten oder ihnen einfach Geld und Motivation ausgegangen wären. Und wie viele andere Bahnbrecher vor ihm ist er ein Mensch mit einer komplizierten psychischen Veranlagung.

Worin besteht denn nun die Wissenschaft hinter Newmans Energiemaschine? Roger Hastings hörte erstmals 1981 von Newmans Arbeit. In den Folgejahren hat er, während Newmans Arbeit voranschritt, regelmäßige und genaue Tests durchgeführt.

Als er 1981 Newmans Modell C-1 untersuchte, stellte er fest, daß der Motor bei einer Versorgung mit 1,7 Watt – als Generator fungierend – 4,5 Watt lieferte. Im folgenden Jahr 1982 testete er einen Newmanschen Modell-B-Motor, an den eine Ölpumpe angeschlossen war. Ein konventioneller Gleichstrommotor zog einen Strom von zwei Ampère und erschöpfte dabei zwei 1,5-Volt Alkali-Batterien in etwa sechs Minuten. Newmans Motor dagegen, der sich mit nur 0,2 Ampère begnügte, lief zu Hastings Erstaunen immer noch munter weiter, bis er ihn sieben Stunden später abschaltete.

Seitdem hat Hastings, wie auch weitere Wissenschaftler, die ihn besuchten, noch viele ähnliche Tests durchgeführt. Alle zeigten sie dieselbe Effizienz, die offenbar mehr als 100 Prozent beträgt.

Das Vermögen von Newmans Maschinen, aus den Batterien, die seine Geräte antreiben, so wenig Strom zu ziehen und diese sogar wieder aufzuladen, ist selbstverständlich nicht unbemerkt geblieben! Die große Firma Rayovac hat ihm die Batterien zur Verfügung gestellt. Der Direktor der dortigen Produktentwicklung, Pat Spellmann, der die Batterien nach ihrer Benutzung in Newmans Versuchen untersucht hat, bemerkt:

> Irgend etwas Einzigartiges geht da unten in Lucedale vor. Uns ist keineswegs klar, wie die Batterien sich regenerieren, wenn sie einen Newman-Motor versorgen. Darüber hinaus möchte ich lieber nichts sagen.

1985 führte Newman einen sechzig Kilo schweren Motor vor, der mit Batteriespannungen von 1000 und 2000 Volt betrieben wurde und Ausgangsleistungen von 50 bzw. 200 Watt erbrachte. Bei Eingangsleistungen von nur 7 und 14 Watt wurden dabei Wirksamkeiten von 700 Prozent und 1400 Prozent demonstriert. 1986 führte er einen Motor vor, der einen Ventilatorflügel von 38 Zentimetern Durchmesser antrieb und nur 1,8 Milliampère bei einer Gesamteingangsleistung von 4,5 Watt zog. Ein ähnlicher Gebläsemotor konventioneller Art benötigt etwa 300 Watt bei einem wesentlich stärkeren Strom.

Newmans System kommt offensichtlich mit geringen Stromstärken bei hoher Spannung aus. Tatsächlich behauptet er, es funktioniere um so besser, je höher die Spannung und je geringer die Stromstärke sei. Das ist ein Hinweis darauf, daß es sich dabei um masselose Ladung handelt, das heißt um einen hohen elektrostatischen Potentialunterschied mit einem minimalen Elektronenfluß, wodurch eine Vakuum-'Spannung' erzeugt wird.

Am 4. Februar 1987 führte er ein 800 Kilo schweres Auto vor, das von seinem Generator angetrieben wurde und Strom aus 1810 Rayovac 9-Volt-Transistorbatterien bezog, die in Reihe geschaltet waren. Dieses Fahrzeug legte eine Strecke von einer halben Meile mit 6,5 Stundenkilometern zurück und konnte dabei auch leichte Steigungen überwinden. Das mag nicht viel scheinen, doch es verhalf dazu, ein neues Prinzip anschaulich zu demonstrieren, das weiterentwickelt werden muß.

Man erinnere sich, daß die Gebrüder Wilbur und Orville Wright im Jahre 1903 bei ihren ersten Flügen mit motorgetriebenen Fluggeräten, die schwerer als Luft waren, nur zwischen zwölf und neunundfünfzig Sekunden in der Luft blieben. Einige Tage zuvor hatten 'Fachleute' es natürlich für unmöglich erklärt, daß ein Fahrzeug, das schwerer als Luft ist, fliegen könne. Doch wie einfach ist die Erfindung der Auftrieb erzeugenden Tragflächenform, jedenfalls im Rückblick! Und wie weit sind wir seitdem damit gekommen.

Tatsächlich stand in der *New York Times* nur neun Tage zuvor ein Editorial, in dem prophezeit wurde, „der Mensch werde die nächsten tausend Jahre nicht fliegen." Darin beklagte man sich über die „törichten Träumereien" des amerikanischen Wissenschaftlers S. P. Langley, dessen Versuche mit bemannten Flügen man für eine Vergeudung von Staatsfinanzen hielt. Langley hatte die notwendigen aerodynamischen Grundlagen korrekt ausgearbeitet, doch er fand keine passenden Materialien für Flügel und Motor.

Selbst zwei Jahre nach dem ersten erfolgreichen Flug behauptete die Zeitschrift *Scientific American*, bei den Flügen habe es sich um Betrügereien gehandelt. „Durch Skeptizismus", sagte Dr. Robert Wood, als er Forschungs- und Entwicklungsdirektor bei McDonnell-Douglas war, „wird dem Fortschritt der Wissenschaft viel mehr Schaden zugefügt als durch Leichtgläubigkeit."

In Wirklichkeit berücksichtigt die Behauptung, der Mensch könne nicht fliegen, weil er schwerer als Luft ist, noch nicht einmal die Naturbeobachtung. Mein Garten ist voll von Vögeln und Insekten, die mit äußerster Leichtigkeit umherfliegen, obwohl sie schwerer als Luft sind. Der Mensch hat einige der Mechanismen entdeckt, die die Vögel seit Millionen von Jahren verwenden, ohne auch nur einen Augenblick darüber nachzudenken. Und doch wird die Gewandtheit des Vogel- und Insektenfluges, der vom Geist und der Lebenskraft in ihnen gesteuert wird, noch immer von keinem der Hilfsmittel erreicht, die der Mensch jemals hergestellt hat.

Schauen Sie nur ein paar Minuten lang einem Vogel oder einer Biene zu, und schon lüftet sich das Geheimnis. Die Lebenskraft und der geistige Plan statten sie mit etwas aus, das keine einfältige oder künstlich intelligente Maschine des Menschen jemals zuwege brächte. Aber der materialistische Naturwissenschaftler glaubt noch nicht einmal, Bewußtsein oder Leben könne etwas anderes als materieller Stoff sein, so daß er egozentrisch darin verharrt, die Grundlagen des Seins zu ignorieren.

Es gilt als allgemeine Erkenntnis, daß die berühmte Hummel den bekannten 'Gesetzen' der Physik zufolge nicht flugfähig sein kann. Doch dadurch läßt sie sich in ihrer Geschicklichkeit in der Luft kein bißchen behindern. Von vielen Erfindungen des Menschen hat sich später herausgestellt, daß sie in der Natur seit Jahrmillionen in Gebrauch sind, so daß man sich fragt, ob sich vielleicht einige unserer entfernten Vettern auf irgendeine schlaue Weise schon immer des Vakuum-An- und Auftriebes bedient haben. Warum auch nicht?

Tatsächlich wären die 1810 Transistorbatterien in der Lage, ein motor-getriebenes Fahrzeug für eine begrenzte Zeit auf herkömmliche Weise anzutreiben, so daß die Kritiker ruhig schlafen können, wenn sie lediglich über Newmans Auto nachdenken, denn der wirkliche Zweck der Vorführ-rung in Lucedale bestand darin, Publizität zu erzeugen.

Doch das Wesen von Newmans Arbeit findet sich in seinen weniger exotischen Vorführungen von Elektromotoren. Diese lassen sich nicht ohne einen Rückgriff auf das Verständnis vom Vakuum-Energiefeld begreifen. Newmans Maschine ist ein weiterer Dauermagnetmotor, mit einer Abwei-chung allerdings. Er besteht aus einer feststehenden Leitungsspule, einem rotierenden Permanentmagneten und einem Kommutator, der mit dem Ma-gneten umläuft und somit einen Stromfluß in einer Richtung garantiert. Die Spule ist allerdings ungewöhnlich lang. Für einige Exemplare wurden über 88 Kilometer Draht in Tausenden von Windungen verwendet. Energie aus dem durch die Batterien gelieferten Strom wird in diese Spule eingespeist, wodurch um die Spule herum ein Magnetfeld und ein Strom in ihr entsteht. Dieses Magnetfeld läßt dann den Magneten rotieren.

Dann wird der Eingangsstrom abgestellt, und die Energie innerhalb der Spule wird durch einen elektrischen Lastträger gespeist. Dadurch wird die Magnetfeldenergie in einen elektrischen Strom zurückverwandelt. Der verbliebene Anteil der Eingangsenergie, der in die Rotationsenergie des Magneten umgewandelt wurde, induziert in der Spule einen Strom und läßt ein gleichstarkes und entgegengesetztes Magnetfeld um die Spule herum entstehen. Dieses wirkt der Rotation des Magneten entgegen.

Die Sequenz wird dann wiederholt. Nach den konventionellen physi-kalischen Gesetzen sollte das System allmählich zum Stillstand kommen, nachdem die Eingangsenergie der das System versorgenden Batterien er-schöpft ist. „So ist es nicht", sagt Newman, denn zusätzliche Energie erhält man direkt aus der kinetischen Energie des Teilchenspins, die die magnetischen Kraftlinien bildet. Diese zusätzliche Energie wird inner-halb des Systems in elektrische Energie umgewandelt und steht somit dafür zu Verfügung, 'Arbeit' zu verrichten, also zum Beispiel einen Motor anzutreiben.

Die große Zahl von Wicklungen in der Spule führt zu einer außeror-dentlich hohen Induktanz – dem Widerstand gegen Stromfluß (Elektronen-fluß) aufgrund einer entgegengesetzten elektromotorischen Kraft. Tatsäch-lich ist der Draht so lang, daß die Elektronen nicht genügend Zeit haben, das andere Ende zu erreichen, bevor die Fließrichtung durch den Kommutator umgekehrt wird, wenn der Motor sich dreht. Und wieder sehen wir, wie die Vakuumenergie einer ungeheuren 'Spannung' ausgesetzt wird, wenn die Induktanz auf das steile elektrische Spannungsgefälle trifft. Vielleicht ist es diese Stelle, an der die Ausrichtung oder die Neuordnung der Elektronenbewegung erfolgt oder an der diese einen Schwellenwert erreicht, bei dem die Vakuumenergie als nutzbare Energie eingefangen wird.

Technisch ausgedrückt hat man die Energie, die das Elektron enthält, *gegated*. Elektronisch wirkt ein Gate wie eine Katzenklappe, die den Fluß in nur eine Richtung zuläßt, in diesem Falle das Fließen vom Vakuum in die 'manifestierte' Welt.

Wie gesagt sind Magnetfelder, elektrische Ladung, Elektronenspin und alle physikalischen Phänomene lediglich Wirkungen der Aktivität des Vakuumzustands. Diese Substruktur des Vakuums erhält dadurch eine entscheidende Bedeutung. Das läßt sich mit den zwei deutlich unterschiedlichen Situationen vergleichen, wenn zwei gleichartige, schwere Lkws ineinander rasen oder wenn sie sich mit abgestellten Motoren Stoßstange an Stoßstange gegenüberstehen. Das Nettoergebnis von 'Nullbewegung' ist dasselbe, doch in beiden Beispielen unterscheidet sich der Druck der potentiellen Energie erheblich.

Also wird wie bei Howard Johnsons Permanentmagnet-Motor die kinetische Energie des Elektronenspins, der bei der Bildung eines Magnetfeldes eine wesentliche Rolle spielt, in nutzbare Energie umgewandelt. Tatsächlich legt Newmans Theorie nahe, daß die subatomaren Teilchen sich wie winzige Kreisel verhalten.

Aber warum verlangsamen sich die Elektronen nicht oder kommen zum Stillstand, wenn ihre Energie in einem dieser Geräte umgeformt wird? Weil sie dann aufhören würden zu existieren. Die Frage ist eigentlich ganz bedeutungslos, weil, wie Puthoff es beschreibt, das Elektron ständig das Nullpunktmeer der Vakuumenergie in Anspruch nimmt, damit es überhaupt existieren kann. Seine Bewegung und seine übrigen Eigenschaften *sind* seine Existenz. Bearden beschreibt Elektronen als 'Sprühdüsen' – Punkte oder Wirbel, in denen die Vakuumenergie in die Manifestierung herabtransformiert wird, indem dort fortwährend Energie aus dem Vakuummeer abgezogen und in die manifestierte Welt hineingestrahlt wird.

Das Bild vom Elektron als einer 'Sprühdüse' ist interessant, denn es führt wiederum dazu, ein subatomares Teilchen nicht als 'Ding' zu begreifen, sondern als einen Punkt, an dem ein Energiefluß relativ zur Umgebung stattfindet, ebenso wie als tiefer innen liegendes Energiemuster.

Das subatomare Teilchen ist genausowenig ein statisches 'Ding' wie das Loch am Ende eines Schlauchs, durch den Wasser fließt. Wenn man den inneren kosmischen Motor abstellt, so würde das subatomare Energiegefüge verschwinden – und damit die gesamte physische Schöpfung –, genauso wie der Wasserstrom versiegt, wenn man den Hahn zudreht. Weder das Wasser, das aus einem Schlauch herausfließt, noch die subatomaren Teilchen, die die physische Welt bilden, können ohne eine verborgene Kraftquelle existieren.

Die Fragen, ob sich die immerwährende Bewegung eines Elektrons oder eines anderen subatomaren Teilchens stoppen oder die Bewegung des Lichts aufhalten läßt, werden somit etwa so bedeutsam, als dächte man darüber nach, die Manifestierung des gesamten physischen Universums anzuhalten. Dies liegt nicht im Machtbereich des Menschen!

Demnach entstammt die zusätzliche Energie, die Newmans Maschine liefert, dem in die Permanentmagnete eingeschlossenen Energiepotential. Und wenn wir davon ausgehen, daß ein geeigneter Magnet infolge der Einwirkungen aus der Umgebungstemperatur in hundert Jahren etwa fünf Prozent seiner Stärke verliert, können wir getrost voraussagen, daß es etwa 1300 Jahre dauern wird, bis Newmans Gerät die Hälfte seiner Kraft eingebüßt haben wird.

Man möge mir nachsehen, wenn ich anmerke, daß ich in meinem Buch *Strahlungsfeld*, das überwiegend im Herbst 1984 geschrieben wurde, auf eben diesen Vorgang hingewiesen habe – die kinetische Energie des Teilchenspins nutzbar zu machen, um damit aus der großen, praktisch unbegrenzten Quelle der erschaffenden kosmischen Energie zu schöpfen, da Bewegung und Manifestierung synonym sind. Zu jener Zeit war ich mir der Arbeiten Newmans, Johnsons und vieler anderer, die in diesem Buch erwähnt werden, noch gänzlich unbewußt.

Dies ist eine Welle, auf der viele von uns gemeinsam reiten und die sich gleichzeitig und scheinbar unabhängig in allen Teilen der Welt bricht. Die Zeit für diese Art von Energieumwandlung ist eindeutig zum Greifen nahe. Unser Planet bedarf einer Zeit der Offenheit und des Teilens anstelle von Selbstsucht. Und durch die vernetzten Bemühungen vieler Menschen, zu denen auch Bücher wie dieses gehören, wird die Arbeit auf eine klare und dringliche Weise mit solch offenkundigen Beweisen für ihre Realität zusammengefaßt, so daß sie nie wieder durch Voreingenommenheit und von maßgeblichen Kreisen unter den Teppich gekehrt werden kann.

Bewegung und Magnetismus

In einem konventionellen Motor wird Elektrizität dadurch erzeugt, daß sich ein Leiter und ein Magnetfeld relativ zueinander bewegen. Doch unter dem Datum vom 20. Dezember 1831 beschreibt Michael Faraday in seinen Laboraufzeichnungen eine Versuchsreihe, bei der er ein elektri-. sches Potential erzeugte, indem er Magnet und Leiter *zusammen* rotieren ließ. Er beobachtete die Ergebnisse ohne großes Staunen, denn zu jener Zeit, vor mehr als 160 Jahren, gab es noch keine 'Gesetze des Elektromagnetismus': Ihr Begründer, James Clerk Maxwell war gerade erst geboren worden.

Die amerikanischen Wissenschaftler Bruce DePalma und später Adam Trombly, die in die Fußstapfen der großen Männer traten, nahmen diese anerkannte 'Anomalie' als Grundlage für ihre Vakuumenergie-Forschung und entwickelten die *N-Maschine* und deren Verwandten, den *Homopolar-Generator*. Beide erzeugen Kraft, indem eine Leiterscheibe, die inmitten eines Stapels von Magneten fest eingezwängt ist, in Rotation versetzt wird. Dies ist auch die Grundlage von Paramahansa Tewaris Raumkraft-Generator.

DePalma entdeckte auch, daß Rotationsbewegung eine Auswirkung auf die Trägheit eines Gegenstandes zeigt. Stets hatte man angenommen, mechanische Systeme würden identisch funktionieren, egal ob sie feststehen oder sich drehen. Also hatte sich nie jemand die Mühe gemacht, das nachzuprüfen. DePalma tat dies und fand heraus, daß ein sich schnell drehendes Objekt ein *Trägheitsfeld* erzeugt. „Kräfte in einem rotierenden Objekt üben einen Effekt auf den Raum um das Objekt herum aus. Die Bewegung von Objekten in der Ebene eines herumwirbelnden Schwungrades läßt deren Trägheit abnehmen, und die Bewegung von Objekten auf der Drehachse läßt ihre Trägheit zunehmen." Das steht in totalem Widerspruch zur herkömmlichen Theorie, der zufolge die Trägheit konstant ist.

Fast zwei Jahrzehnte lang hat DePalma, der jetzt in Neuseeland lebt, seine Ergebnisse wieder und wieder überprüft. Identische Kugellager zum Beispiel, die in ein Vakuum geschleudert werden, folgen anderen Flugbahnen, wenn sie rotieren, als wenn sie nicht rotieren. Die Abweichung erfolgt aufgrund von Veränderungen der Trägheits- und Gravitationskräfte. Sein entscheidendes Experiment jedoch dreht sich um das Verhalten einer elektrischen Uhr, in der als Zeitgeber eine besondere Art von elektrisch in Schwingung versetzter Stimmgabel verwendet wird. Die natürliche Schwingungsfrequenz einer Stimmgabel wird mit ihrer Trägheit in direkte Beziehung gesetzt. DePalma fand heraus, daß die Uhr in nur siebzehn Minuten ganze neun Zehntelsekunden verlor, wenn sie über einem rotierenden Schwungrad betrieben wurde, während sie eine Viertelsekunde in vier Stunden gewann, wenn das Schwungrad stillstand.

DePalmas Forschungen gehen weiter, und seine N-Maschine basiert auf einer Kombination dieser Trägheitsfeld-Effekte bei rotierenden Objekten und Faradays ursprünglichen Beobachtungen. Im folgenden Kapitel erforschen wir daher einige der Geheimnisse von Wirbelbewegungen und Spiralen.

Fische, Vögel, Hummeln und das Levitations-Gyroskop

Viktor Schauberger, die Energiespirale und die Forellenturbine

Spin und Bewegung bilden das Wesen der Schöpfung. Das Universum befindet sich in einem ständigen Fluß. Ohne Bewegung würde es in sich selbst zusammenfallen. Also ist dies ein grundlegendes Phänomen, das eingehender Erforschung wert ist, und unsere Geschichte beginnt in den frühen Jahren dieses Jahrhunderts. Sie setzt mit der Arbeit des Österreichers Viktor Schauberger ein, der vom Förster zum Wissenschaftler wurde.

Schauberger war einer jener Menschen, die man als wahre Naturphilosophen und Natur-Wissenschaftler bezeichnen kann, ein Edelmann der Natur. Er war ein tiefblickender Beobachter der Natur. Naturvorgänge, so sagte er, beinhalten bereits alle Geheimnisse. Wenn wir etwas tun möchten, sollten wir die Natur beobachten und sie dann ganz einfach kopieren. Allein dadurch führte Schauberger, obwohl er ebenfalls ein sehr belesener und autodidaktischer Wissenschaftler und mit der wissenschaftlichen Vorgehensweise vertraut war, einige äußerst bemerkenswerte Dinge mit Luft und Wasser durch.

Da die Natur die äußerliche Projektion des größeren GEISTES darstellt, ist Schaubergers Prinzip auf festen Boden gegründet. Denn alle Muster und Vorgänge sind in ihrem Wesen bereits im natürlichen Schöpfungsprozeß angelegt und müssen daher in der Natur automatisch vorkommen. Der Mensch schafft niemals etwas wirklich neu. Er lernt lediglich, wie er bereits bestehende Naturvorgänge für seine eigenen Zwecke umgestalten und nutzen kann. Der Mensch ist ein integraler Bestandteil der Natur, und seine eigenen Aktivitäten spiegeln nur die Aktivitäten innerhalb des Ganzen wider.

Schauberger begann sein Arbeitsleben als Forstmeister und stieg bald zu Positionen auf, in denen er die schwierige Ingenieursarbeit plante und organisierte, schwere Baumstämme von hoch oben in den Bergen hinunter in die Täler zu bringen. Die von ihm verwendete Methode bestand in künstlichen 'Flüssen' – Kanälen oder Rinnen –, die die Stämme an zugänglichere Orte brachten, wo sie industriell verarbeitet oder weitertransportiert werden konnten. Die gewundenen Täler und Abhänge stellten keine leichte Ingenieursaufgabe dar, und einige dieser Baumschwemmanlagen überwanden Entfernungen von fünfzig Kilometern, eine enorme Distanz, wenn man es recht bedenkt.

Also begann Schauberger, indem er die Natur und besonders das Wasser beobachtete. Fasziniert sah er den Forellen und den Lachsen in den Gebirgsbächen zu, und ihm fiel auf, daß sie das kühlere, dichtere Wasser in der Nähe der Quelle aufsuchten. Wasser, so wußte er, besitzt die ungewöhnliche Eigenschaft, sich auszudehnen, wenn es gefriert. Bei +4° Celsius befindet es sich in seiner kompaktesten, dichtesten Zustandsform. Auch stellte er fest, daß das Wasser bei dieser Temperatur am lebendigsten zu sein scheint, während wärmeres Wasser schwerfälliger ist.

Er beobachtete die Forellen und die Lachse dabei, wie sie lange Zeit in der schnellen Strömung der Gebirgsbäche scheinbar bewegungslos und gleichsam schwebend zubrachten. Und doch konnten sie beinahe ohne einen Schlag ihrer Flossen stromaufwärts schießen und sofort und plötzlich wieder stehenbleiben. Er fragte sich, wie sie in derartig schneller Strömung so unbeweglich verharren konnten.

Als er im Mondlicht schweigsam am Ufer eines tiefen Waldsees saß, sah er voller Erstaunen, wie irgendeine sonderbare Strömung im Wasser bestimmte eiförmige Steine zur Oberfläche emporzuheben vermochte und sie dort schweben ließ. Aber er vermutete, dahinter müsse mehr stecken als die Kräfte eines Strudels oder eines Tornados, von dem man heute weiß, daß er Autos in Baumkronen verfrachten und auch Steine und Felsen in die höhere Atmosphäre hinaufsaugen kann, die andernorts wieder zur Erde fallen, wenn der Schrecken vorüber ist[1].

---

[1]Diese Beobachtung ist nicht so phantastisch wie sie scheinen mag. Stoffe schwimmen in Wasser aufgrund des Dichteunterschiedes. Die Dichte des Wassers steigt, wenn seine Temperatur gegen +4°C sinkt, wodurch es tragfähiger wird. Es scheint auch, daß das Wasser seine scheinbare Dichte erhöht oder daß es auf irgendeine Weise stärker konzentriert wird, wenn es sich in einer Wirbelbewegung wie in einem Strudel befindet. Jeder kann das folgende Experiment durchführen. Man nehme ein großes, etwa 30 Zentimeter langes Reagenzglas von 5 bis 7 Zentimeter Durchmesser, fülle es mit Wasser und gebe vorsichtig ein Ei hinein, das auf den Grund hinabsinkt. Dadurch, daß man auf eine geeignete Weise das Wasser mit einem Stab umrührt, wird das Ei an die Oberfläche steigen und dort bleiben, bis man aufhört zu rühren. Im Falle der schwebenden Steine befand sich das Wasser am Punkt seiner maximalen Konzentration von +4°C und in einer natürlichen Umgebung. Schauberger regt an, hinter diesen Phänomenen müsse mehr stecken als nur simple Aufwärtsströmungen und Sog.

Bei seinen Arbeiten mit den Holzschwemmen bemerkte er, daß die Windungen der Gebirgsbäche nicht zufällig bestanden. Sie waren von wesentlicher Bedeutung für das Wohlergehen des Lebensraumes Fluß. Die Wellenform der Flußufer erzeugt im Wasser Wirbel und Spiralströmungen, durch die Schlamm aus dem Flußbett emporgefördert und an den Ufern abgelagert wird. Das kräftigt Flora und Fauna, die die Ufer in festem, gesunden Zustand bewahren, ohne daß der Mensch kaum einmal helfend eingreifen müßte. Flüsse und Ströme zu begradigen, so stellte er fest, führt rasch zu ihrer Verschlammung, wodurch Ausbaggerung und Instandhaltung erforderlich werden, was wiederum zu einer Störung des Lebens an den Ufern führt und diese noch abhängiger vom Menschen machen.

Die Flüsse und Ströme, so spürte er, waren beinahe lebendig. Sie bewahrten ihren Zustand von selbst, indem sie Bahnen folgten, die kein phantasieloser Ingenieur jemals für sie ausgewählt hätte. Vielleicht ist dies ein Beispiel für James Lovelocks Gaia-Prinzip, die Beobachtung, daß das Spektrum der Lebensformen so wohlausgewogen ist, daß sie alle zusammen ihre Umwelt in einem für ihre gemeinsame Existenz optimalen Zustand bewahren.

Doch Schaubergers Baumrinnen folgten dem Beispiel dieser Gebirgsflüsse, sehr zum Gespött jener Wissenschaftler, die keinen Sinn für das wesentlichere Grundgefüge der Natur aus Druck und Spannung, Form und Bewegung hatten. Und doch funktionierten Schaubergers Rinnen. Dadurch, daß er sie sich an den Abhängen herabwinden und den Flußläufen folgen ließ, das Wasser dort abführte, wo es sich aufgewärmt hatte, und kühleres Wasser aus den vielen Bächen zuführte, wurde sein Vorgehen von Erfolg gekrönt, obwohl andere erklärt hatten, solche Projekte seien aufgrund der 'Gesetze der Wissenschaft' unmöglich.

Schauberger bemerkte, wie die Natur mit diesen Kurven- und Wellenformen umgeht. Später betrieb er zusammen mit anderen Wissenschaftlern in gut ausgerüsteten Laboratorien Forschungen zur Wasserströmung. Dort zeigte er, daß das Wasser bemerkenswerte Eigenschaften entwickelt, wenn es sich in Spiralformen bewegt, besonders in hyperbolischen Spiralen, den Zykloiden – einer Form, die in der Natur häufig zu finden ist, von der DNS bis hin zur Gestalt der Galaxien, in der Anordnung von Blättern und Blüten an Ästen und Blumen und auch in den Hörnern der Kudu-Antilopen.

An die Forellen und Lachse erinnerte ihn dann auch der Vogelflug, als er darüber ins Staunen geriet, wie die Luft um die so fein ausgebildeten Flügel und die einzelnen Federn strömt.

Er bemerkte, daß Fische mit geöffnetem Maul schwimmen. Eine Forelle, die wie ein Habicht in der starken Strömung schwebt, erlaubt dem Wasser, in ihr Maul einzudringen. Von dort aus fließt es zunächst über die Kiemen, die genauso zart geformt sind wie jede Feder, und dann wieder heraus. Die Kiemenspitzen, so stellte er fest, sind sehr zweckmäßig ausgebildet. Sie versetzen das eingedrungene Wasser in eine Spiralbewegung, sobald es durch die Kiemenschlitze wieder abfließt. Ebenfalls wies er darauf hin, daß auch bestimmte in den Kiemen eingebaute Spurenelemente auf die Beschaffenheit des Wassers einwirken.

Er spekulierte darüber, wie Spiralbewegung und Spurenelemente auf die Natur des Wassers einwirken und dadurch zunächst seine Eigenschaften verändern, bevor es dann an der stromlinienförmigen Außenseite des Fisches entlangfließt und dort mit dem normalen Flußwasser in Wechselwirkung tritt und einen Vorwärtsschub erzeugt. Wenn der Fisch sich fortbewegen will, verstellt er einfach die Kiemen, genauso wie ein Vogel es mit seinen Flügeln und Federn macht, und schießt fast wie durch ein Wunder vorwärts durch das Wasser wie ein Stückchen Eisen in einem anziehenden Magnetfeld.

Schauberger übertrug die Idee und die Beobachtung ins Labor und erfand einen Energieerzeuger, den er 'Forellenturbine' taufte. Die Maschine wurde von einem kleinen Elektromotor gestartet, und Wasser wurde durch besondere Querschnitte der Röhren in eine Spiralbewegung gezwungen. Dadurch entstand ein Energieüberschuß, den Schauberger dazu verwendete, Strom zu erzeugen. War er unwissentlich auf ein Verfahren gestoßen, mit dem er durch die Spiralbewegung Energie aus dem Vakuum abziehen konnte? Er zeigte auch, daß Wasser auf irgendeine Art Spannungen von bis zu 50 000 Volt entfalten kann, wenn es angemessen gehandhabt und unter geringem Druck durch feine Löcher hindurchgetrieben wird.

Zu dieser Zeit war Hitler in Deutschland an der Macht, und die Kriegsjahre rückten näher. Schauberger wurde zum Reichskanzler zitiert, und Hitler versprach ihm alle Mittel und jegliche Ausrüstung, die er benötigte, um eine Energiemaschine zu schaffen. Aus verschiedenen Gründen, unter anderem wegen des Gespötts und des Widerstands seitens eines wissenschaftlichen Beraters von Hitler, lehnte Schauberger ab. Doch als Hitler 1936 Österreich annektierte, wurde wieder nach Schauberger geschickt, und er erhielt sowohl Befehle (die er nicht verweigern konnte) als auch die notwendigen Forschungsmöglichkeiten. Schauberger machte ein paar kleine Fortschritte, wobei er diesmal an den Entwürfen eines Fahrzeugs

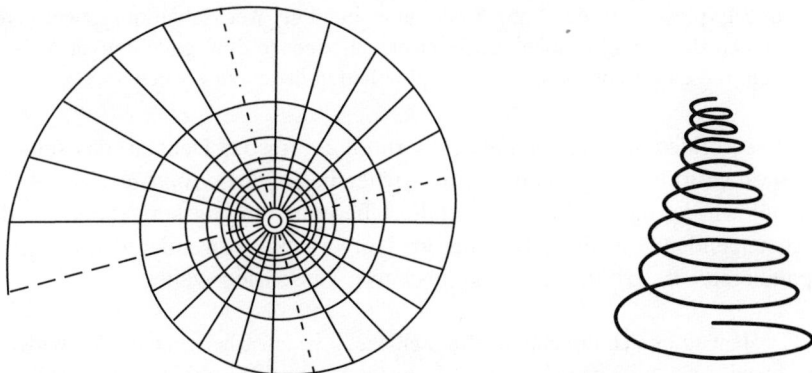

Abb. 10-1. Eine Zykloide zeichnet sich durch ihre sich stetig verändernde Krümmung aus, die nach innen zum Mittelpunkt hin enger wird.

arbeitete, das basierend auf den Grundlagen, die er früher entdeckt hatte, in der Luft fliegen sollte.

Seine Gedanken lassen sich anhand seiner eigenen Notizen beurteilen, wie sie in Olof Alexanderssons ausgezeichnetem Buch *Lebendes Wasser* zu finden sind, einer Studie zu Schauberger und seinem Werk.

Die Bewegungsform, die erschafft, entwickelt, veredelt und aufbaut, ist die zykloide Raumkurvenbewegung (eine Schraubenbahn um einen Kegel, siehe Abb. 10-1) … eine zentripetale Bewegung. Wir finden sie überall dort in der Natur, wo aufbauende Kräfte am Werk sind: in den Spiralnebeln draußen im Weltall, im Bewegungsbild unseres Planetensystems, in der Bewegung des natürlichen Wassers, des Blutes und der Säfte.

Die zersetzende, auflösende Bewegungsform dagegen ist zentrifugal. Sie zwingt das Bewegungsmedium von einem Zentrum hinaus in Richtung Peripherie. Es ist eine 'gerade' Bewegung. Die Teilchen im Medium werden förmlich aus dem Zentrum zur Peripherie hinausgeschleudert. Das Medium wird aufgelockert, aufgelöst und zerfällt. Diese Bewegung verwendet die Natur, um verbrauchte Komplexe aufzulösen (z.B. einen toten Organismus), um dann erneut aus den einzelnen Bruchstücken neue Formen, neue Ganzheiten durch die konzentrierende Bewegung zusammenzusetzen.

Die zentripetale, zykloide Spiralbewegung entspricht der fallenden Temperatur, der Kontraktion und der Konzentration. Die zentrifugale Bewegung ist gleichbedeutend mit steigender Temperatur, Wärme, Ausdehnung, Expansion und Explosion. In der Natur findet eine ständige Wechselwirkung zwischen beiden Bewegungsformen statt, aber die aufbauende Bewegung muß überwiegen, um eine Entwicklung überhaupt ablaufen lassen zu können.

Dies bildete die philosophische Grundlage für das Denken, das seiner 'Forellenturbine' zugrunde lag, die später in *Implosionsmaschine* umbenannt wurde, da sie die zentripetale, Übereinstimmung herstellende und lebenspendende positive Energie des Universums verwendet statt der expandierenden, *explosiven* Wirkungsweise. Er schrieb weiter:

> Handelt es sich um eine Kraftmaschine, so ist zur Überwindung des Widerstandes neunmal soviel an Energie in Form von Treibstoff hineinzustecken, als an Energie in Form von Elektrizität oder Arbeitsleistung herausgeholt wird. Nach diesem die Erde ausplündernden Prinzip, das den mörderischen Kampf um die Energiestoffe der Erde heraufbeschworen hat, arbeiten in überaus verschwenderischer Weise – zentrifugal – die Explosionsmotoren. Die Implosionsmotoren aber arbeiten zentripetal, die erzeugen sich ihren Kraftstoff selbst durch diamagnetische Aufbereitung von Wasser und Luft: Sie benötigen keinen weiteren Treibstoff, weder Kohle, Öl, Uran noch aus Atomspaltung gewonnene Atomenergie, denn sie können Energie (Atomkraft) in unbegrenzten Mengen auf biologischem Wege – nahezu kostenlos – erzeugen!
>
> Man hat also übersehen, daß auch Energie bipolar ist und es lediglich auf die Bewegungsart der Medien Erde, Wasser und Luft ankommt, welche Energieart auflebt.

Schauberger fährt fort, indem er darauf hinweist, daß auch Wasser ein bipolares Molekül ist, das aus den Grundelementen Wasserstoff und Sauerstoff besteht. Sie kommen auf explosive Weise zusammen, um Wasser zu bilden, und das stellt die Reaktion dar, die der Treibstoffverwendung in allen Motoren zugrunde liegt. Motoren basieren also auf dem Explosivprinzip – der zentrifugalen, zerstörerischen Kraft.

Interessanterweise betont er auch, daß diese Art 'zentrifugale', destruktive Verbindung von Wasserstoff und Sauerstoff bei den Körperfunktionen zu einem Wasser mit mangelhafter Vitalität führt. In dieser negativen 'Atmosphäre' können Krebs und andere pathologische Zustände – zum Beispiel schädliche Viren und Bakterien – aufblühen, da hier die Schwingung vorherrscht, auf die sie gestimmt sind.

Schauberger erschuf dann eine Maschine bzw. mehr als eine, die dieses Prinzip verwendete. Er schrieb:

Dreht man ... Wasser oder Luft in hochtourigen Schwingungsformen 'zykloid', so kommt es zu einem Energie- oder Qualitätsstoffaufbau, der mit ungeheurer Kraft levitiert. Er nimmt die Erzeugerform mit ins Schlepptau. Dieser Gedanke naturrichtig zu Ende gedacht, ergibt das ideale Flugzeug oder das ideale Unterseeboot ... und das fast alles betriebsstofflos.

1956 kommentierte er diese Forschung während der Kriegsjahre so:

Ich zog erstere Alternative (die Anwendung für Fluggeräte) vor, und ca. ein Jahr darauf ging unerwarteter Weise die erste 'Fliegende Untertasse' beim ersten Versuch hoch, prallte am Plafond der Werkstatt derart auf, daß sie z. T. zertrümmert wurde. Wenige Tage darauf erschien eine amerikanische Abteilung, die genau orientiert war und alles beschlagnahmte. – Und nach einer sehr eingehenden Untersuchung durch einen höheren amerikanischen Gerichtsoffizier wurde ich in Schutzhaft genommen und ca. neun Monate von sechs Gendarmen scharf bewacht. – Ein wichtiger Teil dieses Gerätes wurde von den Russen in meiner Wiener Wohnung gefunden.

In einem anderen Kontext sagte er über diesen Versuch:

Der Apparat funktionierte schon beim ersten Versuch ... und stieg in die Höhe, wobei er einen blaugrünen, später ins silbrige übergehenden Lichtglanz hinterließ.

Nach Beendigung des Krieges wurde Schaubergers Arbeit sowohl von den Amerikanern als auch von den Russen untersucht. Letztere nahmen seine Modelle und Aufzeichnungen mit und zerstörten seine Wohnung, nachdem sie sie verlassen hatten, für den Fall, daß noch irgend etwas dort zurückgeblieben wäre, das für andere hätte von Nutzen sein können.

Danach wurde er von den Amerikanern wegen seines Wissens fast ein Jahr lang eingesperrt und später unter der Bedingung freigelassen, daß er keine Atomforschung oder ähnliches mehr betreibe. Er beschränkte sich auf landwirtschaftliche Forschungen, bei denen er wiederum einige beeindruckende Entdeckungen machte, und starb schließlich 1958 im Alter von 73 Jahren. Lange wurde seine Forschung an der Pythagoras-Kepler-Schule, der Biotechnischen Akademie in Bad Ischl, von seinem 1994 verstorbenen Sohn Walter Schauberger fortgeführt.

Der Viktor Schauberger der Jetztzeit ist der Österreicher Johann Grander, und es gibt ein nützliches Buch über seine Arbeit mit dem Wasser – *Auf der Spur des Wasserrätsels – von Viktor Schauberger bis Johann Grander* von Hans Kronberger und Siegbert Lattacher. Auch William Baumgartner in New Mexico gehört zu den avancierten Forschern, die sich mit dem Entwurf von Techniken befassen, die auf Schaubergers Implosionsprinzipien aufbauen. Wie Schaubergers Maschinen arbeiten auch seine Geräte in Harmonie mit dem einwärtsdrehenden, neuschaffenden Spiralwirbelprinzip der Natur, statt die destruktive Expansionsbewegung von Explosion, Verbrennung und Zerfall auszunutzen.

Durch den Krieg und seine Folgen sind leider viele der Aufzeichnungen über Schaubergers Arbeiten verlorengegangen. Seine frühere Arbeit an der Flugmaschine während der Zeit des Krieges blieb jedoch keineswegs unbeachtet. Und von anderen deutschen Forschern berichtet man, sie hätten seine Arbeit erfolgreich zu Ende geführt. Hierzu geben wir den folgenden Bericht von Hellmut Hoffmann wieder.

Erst nach dem Kriege wurde bekannt, daß Luftfahrzeuge, die Schaubergers Prototyp ähnlich waren, in verschiedenen anderen Produktionsstätten weiterentwickelt worden waren. Die aufschlußreichste Angabe dazu ist zweifellos der Bericht von Hermann Klass, einem Ingenieur aus Mülheim an der Ruhr, der an den Plänen mitgewirkt hatte und zu jener Zeit in der Wuppertaler Zeitung *Bergische Wochenpost* einen detaillierten Bericht einschließlich Fotokopien von Skizzen und Originaldokumenten veröffentlicht hatte. Er schreibt: „Ich habe noch Zeichnungen einer Modell-'Flugscheibe', die ich 1941 gebaut habe. Diese Erfindung flog ganz wahrhaftig mit fast unglaublichem Erfolg, nachdem sie in Deutschland perfektioniert worden war. Sie hatte einen Durchmesser von 2,4 Metern mit einem kleinen, sehr schnell laufenden speziellen Elektromotor (zu dieser Zeit gab es keine Modelle mit Verbrennungsmotoren), die von der Luftwaffe 'zur Verfügung' gestellt worden waren. Sie stieg steil in die Luft, und zwar so plötzlich, daß sie unglücklicherweise an die Decke der Werkstatt prallte und in Einzelteilen zu Boden krachte.

Das Exemplar, das tatsächlich flog, ist auf den beiliegenden Bildern zu sehen (siehe Abb. 10-2), und auch jene Versionen gab es zuerst in Böhmen und später in Breslau (wo die Gruppe um Miethe arbeitete), die ein stärkeres Staustrahlrohr aufnahm (wie in der Flugbombe V-1). Die drei Modelle kommen dem Ballenzo-Schriever-Habermohl-Prototyp nahe, sogar was die Aufnahme der Strahldüsen angeht. Die Düsen mußten schwenkbar sein, um die 'Zykloid'-Wirkung zu erzielen, die es der 'Flugscheibe' ermöglichte, senkrecht aufzusteigen (Miethe baute später bessere Modelle). Das erste Modell und auch die anderen Exemplare hatten eine massive Außenkante (ohne Öffnungen), die aus hochwertigen Metallegierungen bestand.

Sobald die Scheibe an Höhe gewonnen oder die gewünschte Flughöhe erreicht hatte, so daß der Schub der hinteren Strahldüsen wirksam zu werden begann, ging die Scheibe vom senkrechten in den waagerechten Flug über. Natürlich war dieses Steuerungssystem nicht einfach. Erst bei späteren Entwürfen wurde der 'geschlitzte Rand' eingeführt, so daß die Düsen in alle Richtungen geschwenkt werden konnten. Diese Flugscheiben werden heute nicht nur im Westen, sondern auch in der UdSSR gebaut.

Es gab natürlich eine ganze Reihe weiterer Entwürfe, wenn auch leider keine ganz fertiggestellten Prototypen. Anfangs konnten weder Miethe noch Habermohl an ein einfaches Düsenrohr herankommen. Es ließ sich nur durch die Vermittlung eines Unteroffiziers der Luftwaffe 'organisieren'.

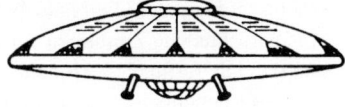

Die 'Schriever-Habermohl'-Flugscheibe, die zwischen 1943 und 1945 entwickelt wurde. 1944 erreichte sie bei senkrechtem Aufsteigen eine Höhe von 12 Kilometern in 3,12 Minuten und eine Horizontalfluggeschwindigkeit von 2000 Stundenkilometern.

Die 'Ballenzo-Schriever-Miethe'-Scheibe. Die einziehbaren Gestellbeine endeten in aufblasbaren Gummikissen. Sie trug eine dreiköpfige Besatzung.

Abb. 10-2. Zwei der im Zweiten Weltkrieg in Deutschland entwickelten Flugscheiben.

Die 'Fliegenden Untertassen' des Dritten Reichs

Jahre später, am 27. Juli 1956, veröffentlichte die Münchner Zeitschrift *Das Neue Zeitalter* einen Artikel unter dem Titel „Hitler baute Fliegende Untertassen". „... Der österreichische Förster Viktor Schauberger war der Erfinder und Entdecker dieser neuen Antriebskraft – Implosion, die nur durch die Verwendung von Luft und Wasser Licht, Wärme und Bewegung erzeugte. Im Implosionsmotor wurde ein Diamagnetismus entwickelt, der die Steigkraft ermöglichte. Mit Hilfe eines Sog-Flügelschraubenrades, das sich entlang einer zykloidischen räumlichen Spiralkurve von außen nach innen drehte, wird dieselbe Kraft hergestellt, die durch Sogkraft Wasserhosen, Taifune, Zyklone oder Hurricanes erzeugt.

Am 19. Februar 1945 fand in der Nähe von Prag der erste Versuch mit einer unbemannten 'Flugscheibe' statt. In drei Minuten stieg sie auf eine Höhe von 15 000 Metern und erreichte im Geradeausflug eine Geschwindigkeit von 2200

Stundenkilometern; sie konnte bewegungslos in der Luft schweben und genauso schnell rückwärts wie vorwärts fliegen. Diese 'Flugscheibe' hatte einen Durchmesser von fünfzig Metern."

In der Ausgabe Nr. 31 vom 14. August 1956 druckte die *Münchner Illustrierte* einen Artikel ab, in dem das Holzmodell des Ingenieurs René Couzinet abgebildet war, dessen äußere Erscheinung der von Schaubergers Entwurf ähnelte. Anscheinend war Couzinet jedoch noch weit davon entfernt, es bis zu einem funktionsfähigen Modell gebracht zu haben, denn Schauberger kommentierte den Artikel in einem Brief, der mit 11/8/56 datiert ist, folgendermaßen: „Ein Blick (auf das Modell) zeigt mir, daß der Mann noch meilenweit vom Erreichen der diamagnetischen Levitationskraft entfernt ist, denn Couzinet hat möglicherweise die Wirkung der direkten Saugkraft zur Anwendung gebracht, wohingegen die Natur indirekte, d.h. reaktive Saugkraft verwendet. ... Was verschiedene Zeitungen veröffentlicht haben, ist ebenfalls unrichtig, nämlich daß ich Taifune, Zyklone usw. kopiert hätte, die in Warmzonen auftreten."

Es soll nebenbei erwähnt werden, daß Justizkreise in Westdeutschland und im Ausland die Frage aufgeworfen haben, ob es Hitler möglich gewesen sein könnte, sich zum Kriegsende in einem solchen Flugzeug in Sicherheit zu bringen. Jedenfalls ist dies ein Vorschlag, der in Matterns Buch *UFO – die letzten Geheimwaffen des Zweiten Weltkriegs und ihre Weiterentwicklung* vorgebracht wird, das sich jetzt in seiner vierten Auflage befindet und 1962 beim Verlag J. F. Lehmann in München erschienen ist.

Darin widmet der Autor den 'Fliegenden Untertassen' des Dritten Reichs ein ganzes Kapitel, worin behauptet wird: „Die Entwicklung, die Millionen gekostet hatte, war gegen Kriegsende beinahe abgeschlossen. Ohne Zweifel wurden die existierenden Exemplare zerstört, obwohl das Werk in Breslau, wo Miethe arbeitete, in die Hände der Russen fiel, die sämtliches Material und technisches Personal nach Sibirien schafften, wo weitere, sehr erfolgreiche Arbeiten an diesen 'Fliegenden Untertassen' durchgeführt wurden. Schriever hatte es gerade noch rechtzeitig geschafft, aus Prag herauszukommen. Habermohl andererseits muß in der Sowjetunion sein. Der ehemalige deutsche Konstrukteur Miethe ist in den USA, und soweit es sich feststellen läßt, entwirft er dort 'Fliegende Untertassen' für A. V. Roe & Co.

Die Maschinen, die bisher beobachtet wurden, haben Durchmesser im Bereich von 16, 42, 45 und 75 Metern, und man nimmt an, daß sie Geschwindigkeiten von bis zu 7000 Kilometern pro Stunde entwickeln. Bereits 1952 wurden über Korea unbestreitbar 'Fliegende Untertassen' erkannt und laut Presseberichten auch im Laufe von NATO-Manövern im Elsaß im Frühling 1954 beobachtet und gemeldet."

Die Zeitschrift *Hobby* griff das Thema in ihrer 26. Folge wieder auf und spöttelte darüber in der Titelzeile „Als die Untertassen fliegen lernten", während eine Firmenzeitung auf „Geheimdienstfälle" anspielte. Zusätzlich liegen uns viele andere Publikationen zu diesem Thema vor, darunter einige hochinteressante, in denen kein Mangel an erstaunlichen Hinweisen auf Entwurfszeichnungen und Modelle herrscht, die vermutlich den Alliierten bei Kriegsende in die Hände gefallen sind.

Tatsächlich bräuchte man einen fleißigen und gewissenhaften Chronisten, um eine solche Fülle von Daten zu sichten. Doch wie das Sprichwort sagt: Kein Rauch ohne Feuer. Die von Walter Schauberger gelieferten Informationen, durch die uns viele urkundliche Belege verfügbar wurden, machen vieles vom oben Erwähnten klarer. Wir möchten jedoch eine gewisse Distanz zu Aussagen bewahren, die nur Einzelauffassungen darstellen. Jeder kann seine eigenen Schlüsse aus solchen Sichtweisen ziehen, wie sie hier zitiert werden.

Im Zusammenhang mit vielen solcher Überlegungen ist ein Brief sehr aufschlußreich, den Viktor Schauberger am 2. August 1958 an einen Freund gerichtet hat. Im Folgenden einige Auszüge daraus:

„Die 'Fliegende Untertasse', die am 19. Februar in der Nähe von Prag flugerprobt wurde und die in 3 Minuten eine Höhe von 15 000 Metern und eine Horizontalgeschwindigkeit von 2200 Stundenkilometern erreichte, war nach einem Modell konstruiert, das ich im Konzentrationslager Mauthausen in Zusammenarbeit mit den erstklassigen Ingenieuren und Statikern gebaut hatte, die mir aus den dort Inhaftierten zugeteilt worden waren. Erst nach Kriegsende kam mir durch einen der mir unterstellten tschechischen Arbeiter zu Ohren, daß weitere intensive Entwicklung im Gange sei. Dennoch erfolgte auf meine Anfrage keine Antwort.

Soweit ich weiß, wurde die Maschine kurz vor Kriegsende auf Keitels Befehl hin zerstört. Das ist das letzte, was ich über sie hörte. An dieser Angelegenheit waren auch mehrere Rüstungsfachleute beteiligt, die kurz vor meiner Rückkehr nach Wien in den Werken bei Prag erschienen und mich darum baten, ihnen die Grundlagen davon vorzuführen: die Erzeugung einer atomaren Unterdruckzone, die sich innerhalb von Sekunden entwickelt, wenn entweder Luft oder Wasser dazu gebracht wird, sich unter Bedingungen eines fallenden Temperaturgradienten radial und axial zu bewegen."

Aufgrund der vielen unweigerlich mit ihnen verbundenen verschrobenen Assoziationen neigt jede Erwähnung von Fliegenden Untertassen dazu, je nach Person mannigfaltige und unterschiedlich gefärbte Reaktionen auszulösen. Persönlich habe ich niemals irgendwelche anderen Flugscheiben als Frisbees gesehen – die ihrerseits einige interessante aerodynamische Eigenschaften besitzen –, doch aufgrund dieser und anderer Forschungsberichte scheint es wenig zweifelhaft, daß Schaubergers Arbeit an Flugscheiben erfolgreich war. Die deutsche Forschungsgruppe wurde allerdings aufgespalten, als der Krieg zu Ende ging, und die Ergebnisse gingen entweder verloren, weil sie keiner richtig verstand, oder sie versanken tief in den Geheimarchiven von Regierungen und Verteidigungsstäben.

Spin, Spiralen, Gestalt und Bewegung

Wie stellt man einen Zusammenhang her zwischen der Arbeit unabhängiger Forscher wie Schauberger und dem, was zur Zeit als 'akzeptierbare' Wissenschaft angesehen wird? Ist es insbesondere – in der Terminologie so einer Wissenschaft – möglich, seine Forellenturbine zu verstehen, oder die Übertragung einer Bewegungsform in eine andere oder sogar, bei diesem Vorgang Energie aus einem universelleren Energiefeld abzuziehen? Eine solche Bewegung oder Energie würde somit dafür verfügbar gemacht, auf eine Weise Arbeit zu verrichten, die wir als rein physikalisch ansehen.

Wenn wir die Dinge von den Ausgangsprinzipien her betrachten, müssen wir begreifen, daß Bewegung das Wesen der Manifestierung ist. Alles was wir wahrnehmen, ist ein Energietanz. Auf der physischen Ebene wird dieser subatomare Tanz aus der Energie des Raumes oder dem Energiefeld des Vakuumzustands herausgesponnen. Und der Bewegungscharakter dieser rotierenden, wirbelnden Energievortices, die wir subatomare Teilchen nennen, ist von allergrößter Bedeutung, denn er bildet ein Muster, das alle makroskopischen Formen hervorbringt, die wir mit unseren Sinnen und den ihnen verwandten Instrumenten wahrnehmen.

Dadurch, daß wir auf der Vakuumoberfläche mit diesen manifestierten Wirkungen arbeiten, die wir als unsere physische Realität begreifen, scheint es nun möglich zu sein, die Eigenschaften der Vakuum- oder Raumenergiematrix selbst zu verändern. Dies läßt einen Energiefluß aus dem Vakuum in die physische Manifestierung zu als eine Beziehung zwischen elektrischer Ladung, magnetischer Polarität, Masse, Gravitation – und – *Bewegung*.

Wie wir gesehen haben, scheint es klar zu sein, daß die Beziehung zwischen diesen Kräften und dem Energiezustand des Vakuums bestimmte Schwellen beinhaltet, an denen die physikalischen Gesetze, wie wir sie zur Zeit verstehen, eine Erweiterung erfahren. Und einen dieser Parameter bildet die Bewegung.

Gewiß war es Schauberger allein durch die Beobachtung der Natur möglich, auf die direkte Beeinflussung elektrischer und magnetischer

Kräfte und sogar auf eine besondere Aufmerksamkeit auf die Schwerkraft zu verzichten. Stattdessen gelang es ihm, Naturvorgänge ausschließlich mit Gestalt-, Form- und Bewegungskräften nachzubilden.

Vielleicht ist dies einer der Mechanismen, vermittels derer Vögel fliegen, Fische schwimmen und Hummeln sich in der Luft halten. Vielleicht bilden die komplizierten Strömungen und Bewegungen des Blutes in unseren Venen und Arterien ebenfalls solche Strudel und Wirbel. Das Schlagen unseres Herzens, der verzwickte Mechanismus seiner Klappen, das Fließen des Blutes in den Kapillargefäßen, die Flüssigkeiten in unseren Zellen, der molekulare Tanz der Energiemuster in der DNS und allen anderen Molekülen – kann all das einem verborgenen Bewegungsgesetz folgen, das wir Menschen mit unserem konkreten Verstand und unserem scharfkantigen Denken nicht begreifen können? Es scheint ganz so.

Nehmen wir an, diese sich ewig wiederholende hyperbolische Spirale ist ein Aspekt der Bewegungsform, dem die Vakuumenergie folgt, wenn sie sich als subatomare Teilchen, die unsere physische Welt bilden, in die Manifestierung hineinspinnt – oder hineinschraubt. Dies könnte zweierlei natürliche Folgen haben. Zum ersten würden die von uns in der physischen Welt gesehenen Naturformen, die innerlich aus dieser möglicherweise sowohl rechts- als auch linksdrehenden Bewegung bestehen, auf natürliche Weise jene Gestalten annehmen, die harmonikale oder sogar direkte Beziehungen zur elementaren Spirale bzw. zum Spin aufweisen. Zumindest würden sie derselben 'Formenfamilie' angehören, wenn auch eingeschränkt durch die Herausbildung der Polarität, die der Natur eigen ist, und durch die Musterbildungen in den subtileren, komplizierteren energetischen Bauplänen, die allen physischen Formen zugrunde liegen.

Würde zweitens, ein makroskopisches Objekt in eine Bewegung versetzt, die die Bewegung des subatomaren Bereichs widerspiegelt, dem es entstammt, so kann man sich vorstellen, daß seine Teilchen, Atome und Moleküle in eine Ausrichtung gebracht werden könnten, die mit ihrer tiefer innen liegenden, grundsätzlichen Bewegung auf den subatomaren und Vakuumebenen verbunden ist. Und wegen der Ausrichtung dieser inneren Energie könnte man insbesondere erwarten, daß die eher äußerlich zu beobachtenden Eigenschaften zum Beispiel von *Wasser*molekülen ungewöhnliche Merkmale aufweisen. Wenn der äußere den inneren Zustand widerspiegelt, wird vielleicht ein Resonanzeffekt erzeugt, der die externe Wirkung verstärkt, wobei die 'neue' Energie des Systems aus dem Vakuumzustand abgeleitet wird.

Das würde der Magnetisierung von Eisenfeilspänen oder von einem Stück Weicheisen entsprechen. Jedes Eisenatom besitzt ein Magnetfeld, doch normalerweise gleichen sich diese winzigen Felder gegenseitig aus. Die Netto-*Wirkung* besteht also im scheinbaren Nichtvorhandensein eines Magnetfeldes. Dadurch, daß man das Eisenstück magnetisiert, was ja nichts anderes bedeutet, als seine einzelnen Atome gleichmäßig *auszurichten*, kommt die magnetische Polarität des gesamten Materials in dem Eisenstück selbst zum Ausdruck. Das heißt, wir haben einen Magneten erzeugt. Und um das zu bewirken, haben wir nicht mehr getan, als eine besondere Art von Ordnung unter den *bereits magnetischen* Eisenatomen herzustellen.

Aber schon der Magnetismus selbst ist nichts weiter als eine Wirkung, die durch den rechts- oder linksdrehenden Spin der unpaarigen Elektronen in der *Peripherie* des Eisenatoms erzeugt wird. Die Magnetwirkung, die durch den Spin der anderen unpaarigen Elektronen im Atom erzeugt wird, ergibt die Summe Null, weil die Atome in diesen Paaren sich gegenseitig anziehen und jedes Elektron sich in die Richtung dreht, die der seines Partners entgegengesetzt ist. Man beachte jedoch, daß dies den ihnen eigenen Magneteffekt nicht *ausschaltet*, genausowenig wie die identische Stärke zweier Mannschaften beim Tauziehen bedeutet, daß in der Seilmitte keinerlei Kräfte wirken. Es bedeutet nur, daß die äußere Netto-*Wirkung* gleich null ist und wir sie nicht wahrnehmen.

Vielleicht widerfährt dem Wasser etwas ähnliches, wenn es sich in Schaubergers Spiralen bewegt. Wie beim Magnetisieren eines Materials richten wir Moleküle gleichmäßig aus. Und indem wir das tun, erzeugen wir äußere Wirkungen, die vorher nicht offensichtlich waren. Der Effekt könnte sich wohl offenbaren, wenn wir nur ein Wassermolekül für sich allein beobachten könnten. Doch wenn sich alle im gemeinsamen Verbund befinden, muß ihre unausgerichtete Nettowirkung jede äußere Manifestierung der Wirkung aufheben.

Tatsächlich ist das Wassermolekül selbst magnetisch und elektrisch polarisiert. Das ist eine Folge seines inneren subatomaren Aufbaus. Es ist sein eigener, besonderer Tanz aus dem Vakuummeer heraus, und unter den Wissenschaftlern gibt es viele Vorstellungen darüber, wie es sich sowohl in unbelebten Zustandsformen verhält als auch dort, wo es in den Körpern lebender Organismen durch die Lebenskraft strukturiert ist. Einige dieser Vorstellungen wurden in *The Web of Life* und *Strahlungsfeld* erörtert.

Professor Eric Laithwaite, Harold Aspden und das Gyroskop

Wie gesagt, besteht das elementare Gesetz aller differenzierten Formen in der Polarität oder Dualität. Es entsteht automatisch, wenn das Eine erstmals vom größeren formativen GEIST überlagert, von diesem Punkt aus vervielfältigt wird und sich in den unzähligen Formen, die uns vertraut sind, unendlich widerspiegelt. Und doch bleibt die zugrunde liegende, ursächliche Polarität in jeder Manifestierung eindeutig feststellbar, selbst innerhalb der Mannigfaltigkeit, in der wir uns gegenwärtig befinden.

Dasselbe gilt in unserer Physik, sei es in der konventionellen oder in der des Vakuumzustands. Alle Formen sind mit diesem Gesetz von Polarität und Kausalität verbunden und verknüpft. Elektrostatische Ladung, magnetische Polarität, gravitative Anziehung, sie alle erzeugen die *Bewegung*, die die Dinge in ihrer Existenz erhält, und sie sind zugleich Teil dieser Bewegung. Sie alle sind Aspekte der Musteranordnung in dem kaleidoskopartigen Bild, das wir als unsere physische Welt bezeichnen und von dem wir denken, es sei so real. *Und deshalb sind sie alle verbunden.* Das eine kann durch das andere zum Ausdruck gebracht werden. Wir müssen nur erkennen, wie das Bild projiziert wird und wie wir uns in das Projektionssystem einschalten können.

Bewegung, die als Gestalt und Rhythmus – als Differenzierung in Raum und Zeit – zum Ausdruck gebracht wird, ist uns also so vertraut, daß wir das Gefühl haben, sie könne keine Geheimnisse enthalten. Doch da Bewegung unsere Beobachtung von Mustern in Raum und Zeit ist – beides verzwickte physische Realitäten, die wir nicht wirklich verstehen –, kann man nicht behaupten, daß uns die wahre Natur der Bewegung bekannt wäre. Wenn also bestimmte Arten von Bewegung bestimmte unerwartete Ergebnisse erzeugen, ist das nicht mehr, als wir erwarten sollten, denn wir verstehen nicht, wie Zeit und Raum ursprünglich zu existieren angefangen haben.

Daher überrascht es nicht, daß Searl, Schauberger, Saxl und andere solche faszinierenden, unerwarteten Wirkungen und Beziehungen gefunden haben. Diese Phänomene sind auch nicht mehr auf die Arbeit unabhängiger Forscher beschränkt, denn in den vergangenen Jahren haben Projekte an unseren britischen Universitäten denselben Effekt demonstriert.

Vier der vorrangigen Protagonisten waren Professor Eric Laithwaite, Dr. Harold Aspden, Sandy Kidd und Scott Strachan. Eric Laithwaite vom

Imperial College der Londoner Universität hat sich viele Jahre lang mit der Untersuchung der magnetischen Levitation und mit Kreiselforschung beschäftigt.

Harold Aspden beschreibt ein einfaches, entscheidendes Experiment[1], das Professor Laithwaite für ihn durchführte.

Die experimentellen Tatsachen sind so bemerkenswert, daß sie jemandem unglaublich vorkommen müssen, der die Vorführung von Professor Laithwaite nicht aus nächster Nähe miterlebt hat.

Mit beiden Händen greift er eine Stange und hält sie in Kniehöhe in horizontaler Lage. Dann benutzt ein Assistent ein elektrisches Gerät, um ein mehr als zwanzig Kilogramm schweres Schwungrad, das an einem Ende der Stange angebracht ist, in Rotation zu versetzen, bis es sich mit mehreren Tausend Umdrehungen pro Minute dreht. Es nötigt einem Respekt für die damit verbundenen Gefahren ab, wenn jemand ein 22-Kilo-Schwungrad, das mit einer derartigen Geschwindigkeit rotiert, zwar von sich weghält, ihm aber dennoch notwendigerweise nahe ist. Das ist etwas, wovon man erwarten würde, daß sich nicht leicht damit umgehen läßt.

Man merkt jedoch, daß man seinen Griff nahe am Schwungrad loslassen und damit rechnen könnte, *das gesamte Gewicht des Systems allein mit der anderen Hand tragen zu können, ohne daß man manuell eine Hebelkraft mit dem Handgelenk ausüben müßte* (d. h. ohne sein Handgelenk anstrengen zu müssen, um die Stange mit dem 22 Kilo schweren Gewicht am anderen Ende waagerecht zu halten). Tatsächlich läge es außerhalb der menschlichen Kräfte, solch eine Hebelwirkung auf die Stabachse zuwege zu bringen.

Nun sollte das Rad eigentlich eine stetige Präzession[2] in einer waagerechten Ebene zeigen und die Person, die das Ende des Stabes fest im Griff hält, dazu bringen, sich mit der Apparatur mitzudrehen.

Tatsächlich jedoch läßt sich feststellen, daß die Wahrnehmung des Menschen für die Gegenkräfte am Stangenende das Gefühl vermittelt, man könne die Last vermindern, indem man ein wenig an der Stange zieht. Die Präzessionsbewegung des Rades erfolgt dann auf kontrollierte Weise. Überraschenderweise läßt sich das freie Stangenende mit einer Kraftanwendung anheben, die dem Gewicht des Rades von 22 Kilo keineswegs entspricht.

---

[1] *Ghost Mass and the Unseen Energy World as Revealed by the Anomalies of the Gyroscope* (Geistermasse und die unsichtbare Welt der Energie, aufgedeckt durch die gyroskopischen Anomalien), The Tothmattian Review 1988.

[2] Präzession bedeutet, daß die Stange – die Rotationsachse –, die an einem Ende durch das Handgelenk 'fixiert' wird und am anderen Ende das Schwungrad trägt, sich auf einer kegelförmigen Bahn bewegt bzw. auf einer Zykloiden.

Durch so einen Hebevorgang steigt das Rad hoch, wobei es einer Schraubenbahn folgt und die Stange weiterhin in ihrer waagerechten Lage bleibt. Die
noch größere Überraschung besteht darin, daß der Schrägungswinkel 32 Grad
beträgt, also das Maß, das auch der Schrägungswinkel der DNS vom Typ A
aufweist, nämlich 32,7 Grad.

Ist das nun wirklich eine der grundlegendsten Entdeckungen, die jemals
gemacht wurden? Die rotierende Masse, die nur so weit eingeschränkt ist, frei
um eine Achse zu präzessieren, gerät dahin, sich auf einer schraubenförmigen
Bahn zu bewegen, deren Mittelpunkt auf der Achse liegt. Sie tut das ohne
besondere Rücksicht auf die Potentialkräfte, die ihrer Bewegung entgegenwirken. *Wie es scheint, wird die Energie, die nötig ist, um diese Potentiale, wie
zum Beispiel die Schwerkraft, zu überwinden, aus der Drehenergie gewonnen. Nun kommt folgende Idee in Sicht: Wenn die Spin-Energie eines Atoms
durch Subquantenprozesse in Gang gehalten wird, die die Energie des Universums anzapfen, können wir diese Energie in 'Freie-Energie'- oder Anti-
gravitationsanwendungen nutzbar machen.*

Wir sprechen hier nicht von Theorie, sondern von der Realität. Professor
Laithwaites Vorführung geht weiter, indem er das Schwungrad mit einer Hand
mühelos anhebt, bis es eine Präzession von 360 Grad vollführt hat und sich
recht stabil über seinem Kopf befindet. Der Druck, der durch die Hand in Auf-
, Ab-, und Seitwärtsrichtung ausgeübt wird, dient dazu, die Position des
Schwungrades auf der Schraubenbahn zu steuern, die sich um den Professor
herumwindet. Mit einer Hand kann man das Rad mit seinem Schwerpunkt
nicht auf irgendeinem Punkt entlang der Schraubenbahn zur Ruhe bringen,
doch läßt es sich zwischen solchen Punkten hinauf- und hinunterbewegen,
ohne daß sich die Person, die das System trägt, anscheinend besonders anstrengen müßte. Ebensowenig spürt die Person die 22 Kilo des Rades, sobald
während seiner Präzession erst einmal die manuelle Empfindung bei der Ein-
handlagerung die Steuerung übernommen hat.

Bei der Vorführung handelt es sich nicht um einen Zaubertrick. Tatsächlich
gibt es besonders konstruierte Laborausrüstungsgegenstände, die diese Be-
funde ebenfalls stützen. Allerdings, und das ist in Wissenschaftskreisen nor-
mal, weigern sich diejenigen, die Zeuge dieser bemerkenswerten Ergebnisse
werden, zu glauben, daß das, was sie sehen, irgendeine grundlegende Bedeutung haben könne, die nicht von Newtons Lehren und deren Modifikationen
durch Einstein erfaßt würde. Eine kritische Bewertung, die die enorme technische Bedeutung dieser Entdeckung im Blick behält und sich bereit zeigt, Einsteins Theorie als umgestürzt zu betrachten, wenn sie dem technologischen
Fortschritt im Wege steht, kann nicht auf das Zugeständnis verzichten, daß
etwas ganz Fundamentales und Neuartiges vor uns aufgetaucht ist, das nicht
ignoriert werden kann.

Aspden fährt dann fort, indem er die Herkunft dieser Geisterenergie mathematisch beschreibt, und er folgert:

Daher wird folgendes zu bedenken gegeben: Laithwaites Kreiselversuche geben uns einen deutlichen Hinweis darauf, daß die Energie im Vakuum oder im Äther an der Präzessionsbewegung beteiligt ist. Darüber hinaus weist die Energieabweichung bei der Präzessionsbewegung auf das Vorhandensein einer gravitativen 'Geister'-Masse hin, die erzeugt wird, indem ein 'Vakuumzustand aus negativer Energie' durch Energieverlagerung im Vakuum selbst gebildet wird.

Dann erweitert Aspden seine Argumentation, um zu erklären, wie Freie-Energie-Geräte, die auf Dauermagneten basieren, sich durch die Ausrichtung der Elektronen begreifen lassen, die sich in synchroner Präzessionsbewegung befinden und in ihrer subatomaren Spinbewegung räumliche Ordnung aufweisen. Er schreibt:

Schließlich lassen sich die oben geäußerten Ansichten, daß das Vakuum seine Energie freigeben kann, besonders wenn es durch rotierende Körper vorgespannt ist, natürlich auf 'Freie'-Energie-Geräte ausdehnen, die ferromagnetische Kerne verwenden. Indem man in den (Elektronen)-Spins die für den Ferromagnetismus verantwortlichen Präzessionsbewegungen auslöst und darauf vertraut, daß diese Spins durch das Umgebungsgleichgewicht aufrechterhalten werden, sei es durch die Umgebungswärme oder durch etwas Elementareres, das die Quantenspinzustände bestimmt, kann man hoffen, die gesteuerte Freisetzung dieser Energie sicherzustellen. Hier wird sich der Forschung eine weites Feld eröffnen, sobald wir uns der Entdeckung von Professor Laithwaite stellen.

Zu Aspdens Bemerkung, die Temperatur könne möglicherweise die Spinzustände der Elektronen beeinflussen, ist zu erwähnen, daß die Temperatur ein Maß für die Erregbarkeit oder Bewegung der Atome und Moleküle in einer Substanz darstellt, das (zusammen mit dem Druck) die Energie liefert, die die ausgeprägten Änderungen des Aggregatzustände von fester, flüssiger, gasförmiger und plasmatischer Phase der Materie beeinflußt. Daher muß die Temperatur ein weiterer Parameter bei unserer Suche nach dem Schwellenwert sein, an dem die Vakuumenergie nach außen hin nutzbar gemacht werden kann.

Hier kommen wir noch einmal auf die Flugscheibenforschung von Viktor Schauberger (siehe Seite 275) zurück, der zur Erzeugung der entdeckten ungewöhnlichen Effekte selbst anmerkt: „...wenn entweder Luft oder Wasser dazu gebracht wird, sich unter Bedingungen eines fallenden Temperaturgradienten radial und axial zu bewegen" (d.h. präzessional oder in einer sich zusammenziehenden, hyperbolischen, zentripetalen Spirale).

Beachten Sie auch das Zitat auf Seite 269, in dem die Aufmerksamkeit auf die elementare Polarität des Universums gelenkt wird, wie sie sich in steigenden (expandierenden, zentrifugalen) und fallenden (kontrahierenden, zentripetalen) Temperaturgradienten ausdrückt.

Und denken Sie auch daran, daß Lachse und Forellen Wasser aufsuchen, das sich an seinem Anomaliepunkt der größten Dichte bei +4°C befindet. Dadurch, daß er flußaufwärts warmes Wasser einleitete, zeigte Schauberger darüber hinaus, daß es Fischen bei höheren Temperaturen als diesen +4°C schwerer fiel, in einer schnellen Strömung bewegungslos stehenzubleiben. Vielleicht könnten uns eingehendere Studien an Fischen, Vögeln und Fluginsekten Auskunft über die Geheimnisse geben, die wir enthüllen möchten.

In der folgenden Zusammenfassung sagt Aspden noch etwas über Freie-Energie-Geräte.

Jene, die mit Geringschätzung auf die Versuche herabschauen, Energie auf mysteriöse Weise aus mysteriösen Quellen zu gewinnen, sollten vorsichtiger sein. Es genügt nicht mehr, sich auf Newtons Gesetze oder auf Einsteins Philosophie zu verlassen. Sogar das Gesetz der Energieerhaltung muß einfach zugestehen, daß es selbst im Vakuum Energie geben kann, zumindest genug, um dem präzessionalen Energiedichtegehalt des Schwungrades zu entsprechen, und möglicherweise ungeheuer viel mehr.

Das bedeutet selbstverständlich nicht, daß alle Ideen zur 'Freien' Energie mit Achtung bedacht werden müssen. In diesem Feld wimmelt es von Vorschlägen, die einem genauen prüfenden Blick nicht standhalten, und viele sind selbst von einer oberflächlichen Perspektive aus betrachtet eindeutig nicht funktionsfähig. Es scheint allerdings, daß Professor Laithwaite den Schlüssel zu einem der möglichen Wege gefunden hat, auf denen wir neue technische Möglichkeiten in einem Bereich erforschen können, der uns dem Traum von der 'Freien' Energie oder der Antigravitation näherbringt.

Sandy Kidd, Scott Strachan und der Levitationskreisel

Verknüpfen wir die Fäden einmal miteinander, so hat es in unserer Zeit wenigstens zwei weitere Erfinder von Maschinen gegeben, die auf dem Kreisel basieren und von denen sich nachweisen läßt, *daß sie leichter werden, ohne irgendeine entgegengesetzte Kraft zu erzeugen*, wenn sie in Bewegung versetzt werden. Diese Maschinen *entwickeln eine Hebekraft, die kein gegenwirkendes Pendant hat*, wie es konventionell aufgrund von Newtons Gesetzen von Aktion und Reaktion 'erforderlich' ist, es sei denn, man nimmt an, es gebe einen vom Vakuum ausgeübten ausgleichenden Druck. Diese reproduzierbaren Versuchsergebnisse sind durch Newtons oder Einsteins Theorien nicht erklärbar.

Beide Erfinder sind Schotten – Sandy Kidd stammt aus Dundee und Scott Strachan aus Edinburgh. Sandy Kidd fand erstmals 1987 öffentlich Beachtung, als er ein Gerät vorführte, das über seiner Werkbank schwebte und von einem Gegengewicht, das fast ein halbes Pfund weniger als die Maschine wog, im Gleichgewicht gehalten wurde.

Professor Laithwaite war sehr beeindruckt, als ihm das Gyroskop vorgeführt wurde, und er erzählte dem Erfinder: „Sie haben da einen potentiellen Raumantrieb. Er hat alle richtigen Komponenten, um sich vorwärts zu bewegen, ohne wie konventionelle Antriebe an der Rückseite Stoff auszustoßen." Raketen werden im Weltraum dadurch angetrieben, daß sie – in Vorwärtsrichtung – all der Materie entgegenwirken, die sie hinten hinauspusten. Eine Bewegung, die keine Gegenkraft erfordert, nichts, von dem sie sich abstoßen müßte, braucht auch nichts, das sie hinten auswerfen müßte, und eine Menge Probleme bei Raumantrieben wäre augenblicklich gelöst, deren nicht geringstes im Gewicht des Treibstoffs besteht, der nur mitgeschleppt wird, um hinten herausgedrückt zu werden!

Kidd wurde von der Universität von Dundee als Berater aufgenommen, und man zahlte ihm ein Professorengehalt, damit er seine Forschungen weiterverfolgen konnte. Landesweit wurde er in der Presse und in einer Fernsehdokumentation vorgestellt, und er avancierte sogar zu einem örtlichen Volkshelden, über den ein Lied geschrieben wurde! Doch Skeptizismus und Hinterhältigkeiten von anderen Akademikern untergruben allmählich die Begeisterung an der Universität von Dundee, und schließlich entzog man Kidds Gyroskopforschung jegliche Unterstützung. Es fällt den Menschen schwer, ihre eingewurzelten Ideen abzuwandeln – seien sie gesellschaftlicher, religiöser, philosophischer oder wissenschaftlicher Art. Unsere Unwissenheit der wahren oder natürlichen Lage der Dinge bringt uns dazu, solche Ideen und Darstellungen mit der Wirklichkeit zu verwechseln.

Doch Rettung nahte in Gestalt des Millionärs und Chefs einer australischen Hochtechnologiefirma, Noel Carroll. Carroll überbot die Avancen einiger Handelsbanken und eines Geschäftskonsortiums, die eine Finanzierung Kidds erwogen, und entführte ihn im Anschluß an eine offizielle Verabschiedung durch die Bürgerschaft von Dundee nach Melbourne.

Nachdem er in Australien eingetroffen war, wurde eine dort ansässige Firma, Vipac Pty., damit beauftragt, Kidds Gyroskop zu untersuchen. Dabei bestätigten sich seine Forschungsergebnisse. Doch die Schwierigkeiten, aus einem funktionierenden Vorführmodell ein kommerzialisierbares Erzeugnis zu machen, sind beachtlich, besonders wenn, wie in diesem Fall, die Anwendungsmöglichkeiten beschränkt sind. Als Haupteinsatzbereiche kamen Antriebe für Raumschiffe und die Bergung gesunkener Unterseeboote in Frage. Außerdem hätte ein Gyroskop nicht die Kraft, ein Raumschiff in den Weltraum zu befördern. Es könnte dies erst antreiben, wenn es bereits dort ist. Und für U-Boote bestünde sein Nutzen nur darin, das Fahrzeug im Falle eines Versagens der Hauptmaschinen an die Meeresoberfläche zu hieven, statt es zum Schaden der Besatzung auf den Grund sinken lassen zu müssen! Spezialanwendungen, bei denen immer die Möglichkeit besteht, daß kostspielige Forschung sich schließlich als fruchtlos erweist, sind eher Gegenstand akademischer Forschung als kommerzieller Entwicklungen, gerade wenn es um das wesentliche Interesse am Phänomen selbst geht. Daher überrascht es nicht, daß Carroll schließlich seine Unterstützung zurückzog, woraufhin Kidd nach Schottland zurückkehrte.

Von Anfang an hatte sich Ron Thompson, Reporter und Moderator bei der Fernsehanstalt Grampian Television in Dundee, für Kidds Sache eingesetzt. So war Thompson denn auch der Ghostwriter für Kidds Buch *Beyond 2001* (Jenseits von 2001), das 1990 veröffentlicht wurde und die vollständige Geschichte wiedergibt. Thompson ging kurz nach Veröffentlichung des Buches in Ruhestand. Kidds Gyroskop bleibt eine eigenwillige Anomalie.

In Edinburgh experimentierte unterdessen Scott Strachan, Physiker und Leiter der Elektronik- und Technologiefirma Syrinx Innovations, mit seinen eigenen Gyroskopen, die denselben Hebeeffekt ohne Gegenkräfte zeigten. Anfangs zeigte British Aerospace Interesse, kam dann jedoch vermutlich zu denselben Schlußfolgerungen wie Noel Carroll. Doch zweifellos entwickelte Strachan seine eigene Variante dieser beeindruckenden Gyroskope. Wer am dritten internationalen Symposium zur Neuen Energietechnik teilnahm, das im Juni 1988 von der Planetary Association for Clean Energy (P.A.C.E.) in Ottawa, Kanada, abgehalten wurde, konnte Zeuge davon werden, wie dieses Gerät seine ungewöhnliche Hebewirkung vorführte. Harold Aspden war gebeten worden, bei der Vorführung zu helfen, und er kam dem Gerät bei dieser Gelegenheit daher sehr nahe.

Heute lebt Strachan weiterhin in Schottland, und obwohl er sich immer noch für diese Gyroskop-Anomalie interessiert, beschäftigt er sich am Zentrum für Technologietransfer an der Universität von Edinburgh hauptsächlich mit Laser- und Hologrammforschung.

Das passende Schlußwort zu diesen Gyroskopen stammt von Aspden. Er erinnert die Leser in der Ausgabe der Zeitschrift *Electronics and Wireless World* vom Dezember 1988 an ein Foto von Professor Laithwaite, „der ein schweres gyroskopisches Schwungrad, das sich in einer Präzessionsbewegung befindet, auf seinem kleinen Finger am teilweise ausgestreckten Arm trägt." Dieses Foto war als unterstützender Beweis in einem Beitrag von Alex Jones im Januar 1987 abgedruckt worden. „Gewiß", so sagt er, „würde Newton recht viele Kerzen dabei verbraucht haben, seine Gesetze zu überarbeiten, wäre er sich dieses Phänomens bewußt gewesen." Dasselbe, möchte man meinen, wäre wohl auch Einstein passiert.

Die ganze Geschichte
von den fünf Blinden
und einem Elefanten namens Raj

Es war einmal ein Maharadscha, der vor langer, langer Zeit in einem entlegenen Winkel von Rajasthan lebte. Der Maharadscha war ein demütiger und frommer Mann, und er tat sein Bestes, um gerecht und entschlossen zu regieren. Und er war beliebt.

Der Maharadscha besaß ein herrliches Landgut. Soweit das Auge von seinem Palast aus blicken konnte, erstreckten sich die Ländereien und Gärten in alle Richtungen: hinunter zu einem See, an dem wilde Tiere schnatterten, quakten und quiekten, entlang dahinrauschender Flüsse, herabstürzender Wasserfälle und plätschernder Bäche, zu prächtigen Blumengärten, zu einer Wildnis mit alten Bäumen, dickem dschungelartigen Unterholz und wilden Tieren – all dies breitete sich um seinen Hauptwohnsitz herum aus. Und der Maharadscha war zufrieden.

Zu seinem Haushalt gehörten viele Diener, ebenso unzählige Vettern, Brüder, Schwäger, festangestellte Höflinge und sogar ein paar Bürokraten. Es gab außerdem viele gezähmte Wildtiere. Er war mit einer bezaubernden Frau, der Maharani, verheiratet. Und sie waren alle mehr oder weniger zufrieden mit ihrem Leben.

Unter den Tieren war ein großer alter Elefant namens Raj, der Liebling des Maharadschas, der ihn und seinen Vater bei vielen zeremoniellen Prozessionen sowie bei häufigen Ausritten über seine weitläufigen Ländereien getragen hatte.

Der Elefant hatte wie sein Herr ein wachsames Auge und ein weiches Herz, und er genoß auch den Wirbel und den Pomp, der stets mit ihm veranstaltet wurde. Er lebte mit seinem Mahout in der Nähe des Hauptpalastes und hatte eine Reihe von jüngeren Elefanten zur Begleitung. Sie alle lebten zusammen in einer großen Koppel, während die Mahouts in einer hübschen Ansammlung kleiner indischer Hütten daneben wohnten. Und auch sie waren alle recht zufrieden.

Eines Tages kam eine Gruppe Inder aus dem offenen Flachland, um den Maharadscha zu besuchen. Unter ihnen waren fünf blinde Männer. Die Gruppe hatte viele Dinge mit dem Maharadscha zu besprechen, wie das bei Männern so ist, doch einer ihrer unschuldigsten Wünsche war der, daß der kleinen Zahl blinder Brüder erlaubt werden möge, den großen Elefanten Raj zu treffen. Denn sie waren in ihrem ganzen Leben noch keinem Elefanten begegnet.

Der Maharadscha war natürlich erfreut, seinen Gästen diesen kleinen Dienst erweisen zu können, und in der Kühle des späten Nachmittags führte er sie persönlich in die Koppel, in der die Elefanten lebten.

Raj wurde gehorsam von seinem Mahout herausgeführt und den fünf blinden Männern vorgeführt. Diese fünf traten vor, wobei jeder an einen anderen Teil des Elefanten geriet.

„Aha", sagte einer, der gegen die Flanke des Tieres stieß: „Ein Elefant ist groß und äußerst flach wie die Seite eines Zeltes."

Ein anderer, der Rajs Stoßzahn gepackt hatte, rief aus: „Aber nein, der Elefant ist lang, hart, gebogen und spitz. Eher wie ein krummer Zaunpfahl."

Doch der Dritte war über eines der Vorderbeine des großen Tieres gestolpert und verkündete, der Elefant sei „nichts weiter als ein dicker, großer Pfeiler – doch seltsamerweise zu selbstaktivierter Bewegung fähig." Dieser Mann war eindeutig ein Philosoph und Beobachter des Lebens.

Der Vierte, der den Schwanz zu fassen bekam, bestimmte, ein Elefant sei eine Art Schlange, während der Fünfte, der schelmisch von Rajs langem Rüssel geneckt wurde, fest der Ansicht war, ein Elefant sei eher so etwas wie ein lebendiges, aber intelligentes Seil – wahrscheinlich selbstorganisierend.

Als diese fünf um den Elefanten herumstanden, jeder mit seiner eigenen aufrichtigen, jedoch beschränkten Wahrnehmung und Erfahrung, begannen sie das Wesen des Tieres zu erörtern, während diejenigen, die Augen hatten, stillhielten und sowohl gerührt als auch mit einiger Belustigung zusahen.

Da sie für die sichtbare Natur der physischen Welt blind waren, waren die fünf Männer an Diskussionen über die Natur der Dinge gewöhnt, die zu sehen sie unfähig waren. Dies nahm sogar viel Zeit in ihrem Leben in Anspruch. Und so debattierten sie fröhlich über die wahre Natur des Elefanten, während Raj die ganze Zeit ruhig dabeistand, mit seinem Schwanz schlug, um die Fliegen zu vertreiben, den Mann, der im Bereich seines Rüssels stand, foppte und gelegentlich das Gewicht auf seinen Beinen ausglich.

Das informelle Parlament fuhr fort, und diese gemächliche Gruppe gelangte zu neuen Einsichten. Plötzlich, als Raj mit seinen Ohren schlug, streifte er den Scheitel des Mannes, der eines seiner Vorderbeine festhielt. (Er war ein sehr großer Mann, muß ich dazusagen). „Aha", sagte der Philosoph, „Ein Elefant ist nicht nur ein selbstaktivierender, beweglicher Pfeiler, sondern er hat außerdem wellige, schlappende Merkmale." Dies machte die Diskussion nur noch interessanter, wie Sie sich vorstellen können!

Nun, der Maharadscha und sein Hofstaat sahen ihnen amüsiert zu, während er, seine Höflinge und die übrigen Besucher eine Tasse Tee zu sich nahmen. Schließlich dachte er, es sei vielleicht gut, die fünf Männer wissen zu lassen, wo sie sich irrten. Deshalb bat er einen aus seinem Gefolge, sie freundlicherweise über die wahre Situation aufzuklären.

Doch das Ergebnis war nicht, wie er erwartet hatte. Denn während einer oder zwei aus der Gruppe zu argwöhnen begannen, ob ihre Wahrnehmungen vielleicht zwar alle richtig, aber vielleicht doch unvollständig waren, hatten die Restlichen sich inzwischen so auf ihre Position versteift und sich so sehr mit ihren eigenen Standpunkten identifiziert, daß sie den armen Höfling anfuhren und ihn einstimmig aufforderten zu gehen: „Schließlich", sagten sie, „habt Ihr den Elefanten nicht einmal berührt, und Ihr habt sicherlich nicht so lange über das Problem nachgedacht wie wir. Wie könnt Ihr also irgend etwas darüber wissen?"

Und so verließen der Maharadscha und seine Gesellschaft sowohl sie als auch Raj, der so lange leiden mußte, um sich für den Rest des Nachmittags und des Abends mit einer Art von Konversation zu vergnügen, die inzwischen zu einer formalen philosophischen Debatte geworden war, mit einer Vielzahl von möglichen, jedoch widerstreitenden Theorien.

Doch der Maharadscha und seine Gesellschaft hatten einen angenehmen Spaziergang, bei dem sie sowohl die Schönheiten der Natur als auch die gegenseitige Begleitung zutiefst genossen. Und soweit mir gesagt wurde, debattieren die fünf blinden Männer bis zum heutigen Tage noch immer lebhaft über die Natur von Elefanten, während diejenigen, die Augen haben zu sehen, recht zufrieden sind.

Die Natur des Nichts

Zurück zum Vakuum – Eine Zusammenfassung

Im Laufe der Zeit gab es viele Philosophen und Wissenschaftler, die der Meinung waren, es müsse eine Art Äther geben. Das gilt für östliche Philosophien, es gilt für die griechischen Philosophen wie Platon und Aristoteles, und es gilt für die vergangenen Jahrhunderte bis zum heutigen Tag. Ich habe Kapitel 6 mit der Diskussion über einige dieser Leute und ihre Ideen eingeleitet.

Aristoteles, der häufig als Vater der modernen reduktionistischen Wissenschaft bezeichnet wird, glaubte, der Äther erfülle die Himmel außerhalb der Erde. Frühe Physiker hielten den Äther für eine Substanz, die allen Raum erfüllt und in der sich das Licht in Form von Wellen fortpflanzt. Sie wußten nicht, daß auch der größte Teil unserer so schön 'festen' Materie fast gänzlich aus 'leerem' Raum besteht, was eine Erweiterung der Vorstellung von einer alles umhüllenden räumlichen Matrix erlaubt, in der Substanz sowohl als Schwingungen als auch als sich drehende Wirbel aus Energie wahrgenommen wird.

Maxwell beschrieb den Äther als „Eine materielle Substanz von einer subtileren Art als sichtbare Körper, welche man in den Teilen des Raumes vermutet, die anscheinend leer sind." Für Newton nahm der Äther jeglichen Raum ein, auch den zwischen den Atomen. Damals wußte er nichts vom weiten Raum *innerhalb* der Atome. Ähnlich haben viele moderne Wissenschaftler und Philosophen einschließlich Bertrand Russell, C. W. Richardson, Tydal, Carl Krafft, Sir Oliver Lodge und Sir Arthur Eddington ihren Glauben an die Existenz eines Äthers bekräftigt. Die Vorstellungen von der Natur dieses Äthers können jedoch falsch oder zumindest ungenau sein.

Die umstrittenen Experimente, die erstmals 1881 und 1887 von Michelson durchgeführt wurden, um zu bestimmen, ob der Äther existiert oder nicht, können durchaus auf falschen Annahmen von diesem Äther basiert haben. Wenn wir nicht genau wissen, ob ein Ding existiert, sind wir ziemlich sicher nicht in der Lage, seine Eigenschaften genau vorher-zusagen. Michelsons Experiment basiert auf der Annahme, der Äther sei 'bewegungslos' und *erfülle* sämtlichen Raum, wobei die Erde durch ihn hindurchwandere. Wenn also, so argumentierte er, ein Lichtstrahl in die Richtung projiziert wird, in die sich die Erde bewegt, breitet sich dieser schneller aus als ein Strahl, der gleichzeitig im rechten Winkel zur Erdbe-wegung projiziert wird. Die anschließende Rekombination dieser beiden Strahlen sollte deshalb demonstrieren, daß sie phasenverschoben sind, was als Interferenzmuster sichtbar wäre. In seinem Experiment wurden keine Interferenzmuster entdeckt, und so wurde die Theorie eines Äthers als widerlegt betrachtet. Genau gesagt wurde damit lediglich die Unzuläng-lichkeit dieser besonderen Theorie bezüglich der Natur des Äthers bewie-sen. Sie bewies nicht, daß der Äther per se nicht existiert[1].

Die modernere Theorie begreift jedoch, daß alle materielle Substanz bloß aus Mustern auf der ätherischen 'Oberfläche' besteht, daß der Äther selbst Raum *ist*, jedoch als eine reale formative Energie. Unter diesen Umständen ist es sicherlich schwierig, definitive Bestimmungen im Hin-blick darauf anzustellen, wie diese Muster sich relativ zueinander ver-halten werden. Wir können einfach mathematisch nicht spezifisch aus-drücken, wie sich ein 'Stück Raum' verhalten wird, wenn es sich 'durch' anderen Raum (z. B. Luft oder Wasser oder den Raum zwischen Plane-ten und Sternen) hindurchbewegt. *Was heißt es überhaupt, wenn Raum Raum durchdringt?* Wir können einige interessante Vermutungen und Schätzungen anstellen, doch wir besitzen bislang kein wirkliches Wis-sen darüber. Wir könnten sicherlich nicht vorhersagen, wie die Geschwin-digkeit der Muster, die wir als elektromagnetische Energie wahrneh-

---

[1]Michelsons ursprüngliches Experiment zielte darauf ab, die Bewegung der Erde durch den Raumäther zu ermitteln. Darin irrte er sich, obwohl dies, wie gesagt, vielleicht nur gezeigt hat, daß sein spezielles Ätherkonzept falsch war.

E. W. Silvertooth berichtete jedoch im Magazin *Nature* (1986), er habe das Experiment unter der Schirmherrschaft der U.S.-Airforce mit wesentlich feineren Instrumenten wiederholt. Er entdeckte eine Ätherströmung, die mit der kosmischen Erdbewegung von 378 Kilometern pro Sekunde durch den freien Raum in einer exakten Beziehung stand.

Daraufhin führte Stefan Marinov in Österreich (1987) dasselbe Experiment mit weniger an-spruchsvollen Instrumenten durch und bestätigte dennoch Silvertooths Erkenntnisse voll und ganz. Bei seinen Tests wurde die Erdgeschwindigkeit durch den Äther mit 386 (±38) Kilome-tern pro Sekunde angegeben.

Die Erkenntnisse von Silvertooth und Marinov demonstrieren deshalb noch einmal, daß Ein-steins Relativitätstheorie kein absolutes Naturgesetz ist, was den Weg für die technologische und theoretische Erforschung der Struktur und Eigenschaft des Raumes selbst freimacht.

men, durch die Bewegung ihrer Quelle beeinflußt würde. Das jedoch war es, was die Grundlage für Michelsons Experiment bildete.

Einstein selbst war sich der mathematischen Probleme bewußt, die mit der Überlegung verbunden waren, daß dreidimensionale (räumliche) Objekte sich durch anderen Raum bewegen (ihn durchdringen), egal ob es sich bei diesen Objekten um Planeten, Sterne und Orangen oder Elektronen und Photonen handelt. Seine auf Geometrie basierende Relativitätstheorie selbst widmete sich all diesen Problemen des Raumes, der relativen Bewegung, der Zeit, Masse, Gravitation und Geschwindigkeit und sagte einige faszinierende Beziehungen zwischen ihnen voraus. Dinge werden schwerer, je schneller sie sich bewegen, man kann sich nicht schneller als mit Lichtgeschwindigkeit bewegen, weil Masse unendlich wird, Licht wird durch Gravitationsanziehung gekrümmt, Zeit vergeht für zwei Beobachter je nach ihrer relativen Geschwindigkeit unterschiedlich und so weiter.

Einige dieser Vorhersagen haben sich als wahr erwiesen oder als nur unter bestimmten Umständen wahr. Andere sind vielleicht überhaupt nicht wahr, denn wie wir gezeigt haben, gab sogar Einstein selbst zu, daß sein Modell unvollständig war und deshalb ein unvollständiges Bild von dem abgab, was in der Natur vor sich geht. Er gab weder das Ätherkonzept wirklich auf, noch ist eigentlich bekannt, ob er seine 'Raum-Zeit' als ein theoretisches Konstrukt oder als ein wirklich existentes Etwas betrachtete.

Doch zusammen mit der Quantentheorie war es Einstein, der die Grundlagen für die gesamte heutige theoretische Arbeit zur Natur der räumlichen Matrix und ihrer manifestierten Substanz legte, in die wir selbst eingebettet sind. Ob wir diese Matrix Äther, Raum-Zeit, Raum, Hyperraum, Nullpunktenergie, physisches Vakuum, Gravitationsfeld, Tachyonenfeld, Fermi-Meer, elfdimensionale Superkraft oder sonstwie nennen, ist weitgehend irrelevant. Die Natur macht sich nichts aus unseren Vorstellungen und Begriffen, sondern besteht dessen ungeachtet weiter! Die Natur interessiert sich nicht dafür, wer den Nobelpreis für das derzeit beste Modell über ihre Arbeitsweise gewinnt, und um ehrlich zu sein, uns sollte es auch nicht interessieren!

Diese Begriffe spiegeln zweifellos verschiedene Ansätze oder ein unterschiedliches Verständnis dieser schöpferischen Struktur des Vakuums wider, aber eine Energiestruktur gibt es ziemlich sicher, und ich habe mich für den leichter verständlichen Ausdruck 'Vakuumzustand' entschieden.

In England gab Sir Oliver Lodge, einer der frühen Pioniere auf dem Gebiet der Elektrizität und des Radiofunks, seinen Glauben an den Äther niemals auf. Sein Buch *The Ether of Space* (Der Raumäther), das 1909 veröffentlicht wurde, enthält viele scharfsinnige Beobachtungen:

> Wir haben keine Mittel, dem Äther mechanisch beizukommen; wir können ihn nicht anfassen oder ihn auf gewöhnliche Weise bewegenn. *Wir können ihm nur auf elektrischem Wege beikommen.* Wir setzen den Äther einer Spannung aus, wenn wir einen Körper mit Elektrizität laden; er versucht sich zu entspannen, er hat die Kraft des Rückstoßes.

„Wir können ihm nur auf elektrischem Wege beikommen", sagt er, und das Thema wird fast achtzig Jahre später auch von dem modernen Physiker Schaffranke in seinem Buch aus dem Jahre 1986 aufgegriffen. Der Weg, diese Energie aus dem Äther oder dem Vakuum zu extrahieren, scheint über die Elektrizität zu führen und wahrscheinlich außerdem über relative Bewegung und Magnetismus, wie wir schon sahen. Sicherlich, diese Wissenschaftler, die entweder experimentelle Beiträge zu diesem Gebiet geliefert oder nützliche theoretische Konzepte vorgestellt haben, welche uns Ideen vermitteln, wie man experimentell vorgehen kann, sie alle haben elektrische, magnetische oder elektromagnetische Energie als entscheidendes Bindeglied einbezogen, um Gravitation, Masse und Elektromagnetismus experimentell miteinander zu verbinden. Tatsächlich bleibt keine andere Alternative übrig, da man elektromagnetische Energie neben der Gravitation für die einzige Kraft außerhalb des Atoms hält. Wir wissen, daß selbst innerhalb des Atoms Elektromagnetismus und die schwachen und starken Kräfte alle miteinander verbunden sind, weil es mathematische Modelle gibt, die dies beschreiben. Aber Gravitation bleibt die schwer faßbare und doch überall vorhandene Kraft, die wir noch nicht mit dem Elektromagnetismus verknüpft und in jene anderen Kräfte theoretisch eingebunden haben. Und dennoch wissen wir, daß sie verbunden sein müssen, da das Universum eine offenbar geschlossene Angelegenheit ist.

Der Grund muß der sein, daß die Verbindung subtiler ist als die zwischen Elektrizität und Magnetismus. Und es scheint deutlich so zu sein, daß diese Verbindung innerhalb des Vakuums oder des Ätherzustands liegen muß. Doch wenn in unseren wissenschaftlichen Paradigmen dieses Meer schöpferischer Energie nicht angemessen anerkannt wird, wird es uns sicherlich schwerfallen, darauf zu kommen, wie man experimentell bei dem Versuch vorgehen muß, um entweder die Gravitation auszunutzen oder Elektrizität aus diesem Nullpunkt der Vakuumenergie zu gewinnen.

Die Vorstellung eines Äthers, in dem Materie oder Substanz wie Gemüse in einem Eintopf umhertreibt, würde anscheinend zu viele Fragen unbeantwortet lassen. Denn wir würden immer noch nicht begreifen, was materielle Substanz und Kräfte ihrem inneren Wesen nach eigentlich *sind*. Wir stünden immer noch da mit letzten, grundlegenden Teilchen, wüßten aber nicht, was sie existieren läßt. „Ein winziges, herumwirbelndes, geladenes Klümpchen Etwas" würde als Erklärung nicht genügen. Wir müßten die Einzelheiten dieses Etwas kennen.

Der Äther oder das Vakuum läßt sich jedoch richtiger als die grundlegende grobphysische Energiematrix begreifen oder als ein Ozean, aus dessen Innerem heraus sich die subatomaren Teilchen und andere Kräfte manifestieren oder infolge von Aspekten der Bewegung und der Polarität in die Existenz tanzen. Diese Aktivität ist durch unsere unbewußten mentalen Prozesse und aufgrund der Wahrnehmungsmechanismen unserer fünf Sinne zusammen mit ihren eher inneren mentalen Gegenstükken mit unserem Bewußtsein verbunden. Von daher können wir verstehen, daß alles, was sich unseren Sinnen und unseren Meßgeräten zeigt, eigentlich nur Muster auf dieser Vakuumenergie sind, Blasen auf dem Ozean, die nur als immanenter Teil dieses Ozeans existieren. Und auf diese Weise beschreibt die östliche Philosophie Akasha. Es heißt, es sei der Raum, in dem und aus dem sich Dinge manifestieren. „Aus der Leere kommen tausend Dinge."

Es bleibt natürlich noch immer das Problem der näheren Natur dieses Vakuums oder Akashas, doch zumindest haben wir das einheitliche Feld der äußeren materiellen Erscheinung gefunden, das Energiefeld oder schöpferische Potential, in dem alle Energie untereinander verbunden ist. In diesem Gedankenprozeß haben wir auch erkannt, daß wir an jenem Punkt in ein vertikales Energiespektrum eintreten, das innerhalb unserer selbst liegt und unsere eigenen Geistesenergien einschließt, die insgesamt vom Bewußtsein belebt werden.

Damit haben wir den Mechanismus, durch den wir unser eigenes vorprogrammiertes Schicksal aus dem Inneren unseres eigenen Geistes heraus schaffen, und ein Gesamtkonzept, das ein Verständnis vieler bislang ignorierter oder wenig verstandener Phänomene des täglichen Lebens erlaubt, wie wir zuvor erörtert haben.

Wir haben auch einen Mechanismus der Manifestation von innen heraus beschrieben, der all die höheren Energieebenen in uns und in der Schöpfung erklären kann. Denn das Niedrigere wird aus dem Höheren geschaffen, und unsere überaus wichtige *Erfahrung* dieser Schichten oder Ebenen hängt gänzlich von der Ebene ab, zu der unser Bewußtsein vorgedrungen ist, von dem Punkt, auf den unsere Aufmerksamkeit gerichtet ist.

Das heißt, die höchste Ebene von Höchstem Sein oder Bewußtsein ist genau hier, genau jetzt. Weil aber unser Wahrnehmungs- oder Aufmerksamkeitspunkt sich ganz unten auf dieser Stufenleiter befindet, können wir nur die unteren Sprossen sehen. Wenn unser Aufmerksamkeits- oder Bewußtseinslevel höher oder bis zur Spitze angehoben wird, dann nehmen wir all die tieferen Ebenen als Erscheinungen innerhalb unseres eigenen Bewußtseins wahr und entdecken, daß sie sich alle in uns befinden, genau hier und jetzt. Einfach ausgedrückt ist Gott überall und in allem. Und Er ist auch die eine Quelle, der undifferenzierte Ozean schöpferischer Liebe, aus dem alles andere entspringt. Dies ist die immerwährende mystische Wahrnehmung.

Theorien über die Struktur des Vakuumzustandes

Es gibt also unzählige Theorien über die Natur des Vakuumzustandes. Einige sind uralt, andere stammen aus der Zeit um die Jahrhundertwende. Und bis zum heutigen Tag werden ständig neue Vorschläge gemacht. Dieses Theoretisieren hat überdauert, weil die Idee zu fundamental ist, um einfach über sie hinwegzugehen. Es gibt für die Wissenschaftler zu viele Widersprüche und unerklärte Laborphänomene, als daß sie wirklich glauben könnten, sie hätten die Sache erfolgreich zu Ende gebracht. Wenn sie ehrlich sind, wissen sie, daß dies nicht der Fall ist. Tatsächlich ist dies der Grund für all die Bemühungen, eine große einheitliche Theorie zu finden.

Selbst heute haben Wissenschaftler keine wirkliche Vorstellung davon, was die subatomare Welt in ständiger Bewegung hält und warum das Atom nicht in sich zusammenfällt, wenn die positiven Protonen die negativen Elektronen anziehen. Daß die ursprüngliche Energie im Universum vor langer, langer Zeit in einem Urknall aus dem Nichts kam, ist der Schöpfungsmythos der wissenschaftlichen Welt.

Aber *woher* kam diese Energie? Paul Davies (in seinem Buch *Superforce*) und andere versuchen wenig überzeugend, die ursprüngliche „Gratismahlzeit" wegzuerklären. Doch dies erklärt immer noch nicht, warum

Elektronen und Protonen, ganz zu schweigen von Quarks, Mesonen, Bosonen, Neutronen, Neutrinos und vielen mehr mit all ihren verschiedenen Flavours und Charms sich alle so munter und so konstant weiterbewegen. Warum werden sie nicht einfach langsamer und halten inne oder stürzen ineinander? Und in Teilchenbeschleunigern scheint die Vielzahl der subatomaren Teilchen endlos zu sein, die bei ausreichend hohen Energien erzeugt werden können, um jene Vakuumwirbel aufzubrechen, die die Teilchen konstituieren und Masse, Ladung und Bewegung selbst innerhalb der von uns wahrgenommenen Dimensionen in einem schier endlosen Variationsreichtum hervorbringen.

Bedenken Sie wiederum, wie wesentlich die Bewegung auf der subatomaren Ebene für die Existenz eines solchen Teilchens ist (sie ist Teil dessen, was das Teilchen ausmacht) und wie die zusammen mit dieser Bewegung manifestierten und polarisierten Eigenschaften wie elektrische Ladung, magnetische Polarität und Masse erzeugt werden. Wir sollten also umgekehrt nicht überrascht sein, wenn das Rotieren eines geladenen Objekts, wie es Saxl und Searl vornahmen, zu einer Veränderung von Masse und Gewicht führt. Es ist, allerdings auf makroskopischer Ebene, ganz analog zu dem, was bereits auf subatomarer Ebene geschieht, wo es einfach ein Energiewirbel ist, der uns als die Masse aus subatomaren Teilchen und von daher als zusammengesetzt erscheint – als die Masse eines Objektes. Wieder einmal hat der Mensch nur einen natürlichen Vorgang nachgeahmt. Die Natur hat das schon immer getan. Dies ist Teil des Manifestierungsvorgangs! Wir brauchen nur unsere Beobachtungen in der konventionellen Wissenschaft zusammenzuführen, allerdings auf eine andere Weise. Die Antwort muß in der Tat sehr einfach sein und direkt vor unseren Augen liegen.

Es ist vielleicht interessant, einige jener Theorien zu erwähnen, die noch nicht erörtert wurden. Die Bibliographie wird jedem interessierten Leser helfen, die Quellen eingehender weiterzuverfolgen.

Harold Puthoff vom Institute for Advanced Studies in Austin, Texas, zum Beispiel denkt in Begriffen eines Nullpunktes oder eines Hintergrundmeeres aus elektromagnetischer Energie, das den Vakuumzustand konstituiert. Es ist dieses Energielevel im Hintergrund, das, so nimmt er an, die Elektronen und Protonen daran hindert, im Atom ineinander zu stürzen. Physiker sagen, Elektronen besitzen eine Energie, die sie davon abhält, dies zu tun. Doch woher kommt diese Energie, und warum verstrahlt sie nicht einfach? Niemand weiß es.

Puthoff vermutet, die Energie von Elektronen befindet sich in einem dynamischen Zustand, bei dem ständig Energie aus dem Vakuum im Hintergrund 'absorbiert' und abgestrahlt wird. Er hat mathematisch gezeigt, daß dies so sein könnte (*Physical Review D.*, Band 35, S. 3266). Dies ähnelt Beardens Bild vom Elektron als einer Sprühdüse, wie wir es zuvor geschildert haben. Ich möchte hinzufügen, daß das Elektron ein Effekt ist, der von der instrumentellen Erweiterung unserer Sinne auf diesem Vakuummeer wahrgenommen wird. Es absorbiert und strahlt nicht so sehr, *ist* aber tatsächlich diese Energie in manifestierter Form. Doch vielleicht sind dies nur zwei Arten, dasselbe auszudrücken.

Eigentlich wurde die Vorstellung der Nullpunktenergie erstmals von Physikern in den 1930ern entwickelt, als sie die Notwendigkeit eines mathematischen Begriffs erkannten, die sich aus den Berechnungen der Quantentheorie ergab. Obwohl die Vorstellung eines Äthers zwar an Ansehen verloren hatte, verlangte die Mathematik weiterhin, das Vakuum müsse Energie besitzen. Zu dieser Zeit führten theoretische Berechnungen tatsächlich zu dem beunruhigenden Schluß, daß neunundneunzig Prozent der Masse/Energie des Universums 'fehlen'. Diese Energie wurde Nullpunktenergie genannt, weil sie selbst bei Temperaturen um den absoluten Nullpunkt weiterbesteht, wenn all die Schwingungen aufgehört haben, die wir als thermische Energie bezeichnen. 1962 berechnete J. A. Wheeler sogar, daß die Energiedichte des Vakuums ungeheure 1094 Gramm pro Kubikzentimeter beträgt. Paul Dirac zeigte theoretisch, wie daraus Elektron-Positron-Paare (Materie-Antimaterie) entstehen könnten, und ihre Rolle bei der Entstehung subatomarer Teilchen ist in den letzten Jahrzehnten Thema ständiger Spekulation und Theoriebildung gewesen. Die Vorstellung eines Äthers, bloß unter anderem Namen, hat also nie aufgehört.

Im jüngeren Denken hat der Ausdruck Nullpunkt eine zusätzliche Bedeutung als Punkt des Strukturgleichgewichts oder der Nullstruktur erlangt, wie ich zuvor beschrieben habe.

Jan P. Roos, Forscher auf dem Gebiet der Flüssigkeitsdynamik und Präsident der privaten Gesellschaft zur Förderung der Gravitationsforschung, auch aus Austin, Texas, merkt zu Barretts Bericht über den Searl-Generator an, daß dessen Theorie, die auf der Vorstellung eines Äthers basiert, ganz richtig ist. Er weist auch auf die selbststabilisierenden Gyroskopeffekte eines rotierenden Ringes hin, wie er in Searls Generator eingesetzt wurde. Dieser funktioniert wie ein Kreisel, der sich, solange er rotiert, um seine Achse dreht, aber umkippt, sobald er sich unter einen bestimmten kritischen Punkt verlangsamt. Wir werden also erneut mit den Beziehungen zwischen Bewegung, Stabilität, mit den Schwellen und der Veränderung eines Zustandes konfrontiert.

Wiederum hatte Dr. Arthur Cam, ein amerikanischer Raumfahrtwissenschaftler, folgendes zu sagen, nachdem er extra aus Kalifornien angereist war, um Searl und seine Arbeit kennenzulernen:

> Ich war in der Tat sehr skeptisch. Inzwischen habe ich mich überzeugen lassen, daß Searls Berechnungen richtig sind und daß er es schaffen wird. ... Searls Antriebssystem wird herkömmliche Antriebe so überflüssig machen wie einen Mühlstein.

Ähnlich hat in Japan Professor Shinichi Seike eine sorgfältig durchdachte Äthertheorie entwickelt, die bei der bestehenden Theorie der Lorentz-Kraft ansetzt, welche die Bewegung von Atomen in Anwesenheit äußerer elektrischer und magnetischer Felder umfaßt. Seike hat Theorien über die Möglichkeit aufgestellt, durch Anwendung eines geeigneten elektromagnetischen Schwingungsfeldes „negative Gravitationsenergien" zu erzeugen (d.h. Antigravitation), um eine Resonanz auf atomarer Ebene hervorzurufen.

Nukleare Magnetische Resonanz (NMR) ist ein Phänomen, das man genügend versteht, um es bei medizinischen Diagnosegeräten anzuwenden, mit denen man die Veränderungen im räumlichen Elektronenspin beobachtet, wenn ein hochfrequentes schwingendes Magnetfeld darauf einwirkt. Je nach Frequenz treten unterschiedliche Moleküle in Resonanz und absorbieren dabei die Energie auf dieser Frequenz. Da man berechnen kann, welche Moleküle bei welchen Frequenzen mitschwingen, ist es möglich, die Zusammensetzung der untersuchten Substanz zu analysieren. Bei der medizinischen Diagnose ist diese 'Substanz' der Körper selbst, obwohl es mir, glaube ich, nicht besonders gefiele, wenn jedes Molekül in meinem Körper davon betroffen würde!

Seike hat diese Idee jedoch noch weiterentwickelt. Polarspin, so behauptet er, hängt direkt mit dem Gravitationsfeld zusammen. Schließlich muß *etwas* auf der subatomaren Stufe der Materie das Gravitationsfeld des ganzen Körpers erzeugen. Man kann sagen, es ist der Gravitationseffekt auf der subatomaren Ebene der ganzen Erde, der die Gesamtanziehungskraft der Erde erzeugt.

Wenn man ein Gleichstrom-Magnetfeld mit einem rotierenden elektrischen Wechselstromfeld überlagert, ruft die Überlagerung eine Summierung der Kräfte hervor, die das Vakuum in Spannung versetzt. Seike behauptet, daß bei einer bestimmten Resonanzfrequenz die Schwelle erreicht wird, an der „negative Gravitationsenergien" auftreten. Dies bezeichnet er auf atomarer Ebene als *Nukleare Elektrische Resonanz*. Seikes Arbeit scheint selbst von einigen konventionellen Wissenschaftlern ernst genommen worden zu sein, denn Dr. Wernher von Braun bestand seinerzeit darauf, sie bei einem Besuch in Japan mit ihm persönlich zu erörtern. Unter Vakuumtheoretikern und Erfindern ist seine Arbeit hoch angesehen.

Und so geht die Geschichte weiter. Marcel J. J. Pages, Doktor der Kernphysik und der Medizin in Frankreich und Gründungsmitglied des C.I.R.G., eines internationalen Zentrums für Gravitationsforschung, das sich 1961 in Rom formierte, erhielt ein Patent (Nr. 1.231.902) für ein mit Antigravitation angetriebenes Raumfahrzeug. Er beschreibt und erklärt es in seinem Buch *Le Defi De L'Antigravitation* (Die Herausforderung durch die Antigravitation). Auch dies basiert wiederum auf einer Theorie des Äthers und dessen Energieeigenschaften und -aufbaus.

Auch in Pages Prinzip muß die elektrostatische Ladung, die um den Körper rotiert, 'entgravitiert' werden. Infolge dessen, sagt er, verliert der Körper Gewicht und Masse oder Trägheit. Ein anderer Franzose, der an dieser Forschung als Leiter des Nationalen Zentrums für Raumfahrtstudien, dem französischen Gegenstück zur NASA, beteiligt war, ist Professor Claude Poher.

Poher hat, wie verlautet, rund 35 000 UFO-Sichtungen mit Hilfe von Computeranalysen untersucht. Ein maßstäbliches Modell ihrer Antigravitations-Antriebseinheit soll etwa einen Quadratmeter groß sein und sowohl elektromagnetische als auch nukleare Energie benutzen, „um ungeheuren Schub zu liefern". Das sagt jedenfalls Dr. Jean-Pierre Petit, Plasmaphysiker bei der nationalen Organisation der französischen Regierung für wissenschaftliche Forschung.

Die Franzosen verfolgten in der Tat seit 1954 eine offizielle Politik, wie der französische Verteidigungsminister Robert Galley 1974 in einem Interview erklärte. Sie besteht darin, UFO-Sichtungen zu untersuchen und all diese Berichte französischen Wissenschaftlern zur Auswertung vorzulegen.

Und wiederum in Frankreich bezieht sich Marcel Pages auf ein altes französisches Manuskript aus der Zeit um 1800. Einer Übersetzung aus Schaffrankes Buch zufolge, dem ich viel zu verdanken habe, besagt es:

Wir sahen in Ducretets Haus auch einen alten Apparat, der lange Zeit vergessen worden war und der es verdient, wieder einen Ehrenplatz zu erhalten. Wie man sehen kann, handelt es sich um eine Glimmerscheibe, die sich um einen Punkt drehen läßt und eine sehr schnelle Rotationsbewegung erreicht, wenn sie einer sehr starken statischen Maschine wie der Wimshurst-Maschine ausgesetzt wird.

Die Rotation ist dann so energiereich, daß die Gravitation durch die Zentrifugalkraft aufgehoben zu werden scheint, obwohl letztere anscheinend nur die horizontalen Komponenten hervorruft, und die Scheibe hebt ab. ...

Unterdessen berichtete, nun wieder in den USA, wie zuvor schon erwähnt, der M.I.T.-Absolvent und ehemalige Dozent Bruce DePalma: „Wir haben entdeckt, daß das Herumwirbeln oder die Rotation von Objekten *ihre Massenträgheit verändert.*" Das bedeutet, das schnelle Rotieren eines Objektes verändert dessen scheinbare Masse. Schaffranke weist darauf hin, daß „die Analogie zwischen der Kinematik einer sich drehenden Kugel und der eines Elektrons im Gravitationsfeld vielleicht ein wenig Licht auf den Mechanismus von Searls Scheibe wirft." Dies untermauert meine früheren Anmerkungen und verweist direkt auf das Werk von Viktor Schauberger, auf die Kreiselforscher und den Versuch, Spezialmagnete zu erzeugen, die präzessiven Elektronenspin aufweisen.

Diese wenigen erwähnten Theoretiker und Forscher stehen hier nur stellvertretend für die Pioniere, die sich bei ihrer Suche nach grundlegenden physikalischen Realitäten den Risiken von Spott und Mißbilligung ausgesetzt haben. Ihre Arbeit geht bis zum heutigen Tag weiter. Bei den vielen, deren Werk in diesen Zeilen nicht erwähnt wurde, muß ich mich entschuldigen. Das soll keineswegs eine abwertende Einschätzung ihrer Forschungen sein. Die Gründe dafür liegen einfach im notwendigerweise beschränkten Umfang eines solchen Buches.

Reine Ladung und geladene Masse

Tom Bearden, Verfechter der Skalarwellen, weist darauf hin, daß in der konventionellen Elektrotechnik kein Unterschied zwischen einer elektrisch geladenen Masse (z.B. einem Elektron) und reiner, masseloser Ladung gemacht wird. Dies liegt daran, daß man die Vorstellung von Ladung immer mit einem Etwas (einer Masse wie einem Elektron oder Proton) verbindet, die diese Ladung trägt. Dies ist jedoch ein beschränkter Blickwinkel und

hält uns davon ab, jemals über die innere Natur masseloser Ladung nachzudenken. Denn man kann beide als getrennte Phänomene ansehen.

Nobelpreisträger Paul Dirac war in den letzten Jahren (1951) einer der
ersten, die die Ätherfrage wieder aufwarfen, indem er vorschlug, der Raum
selbst besitze vielleicht eine solche Ladung, allerdings eine, die so allge-
genwärtig ist, daß wir ihre Wirkungen normalerweise nicht bemerken können. Das ist wie bei einem Vogel, der auf einer elektrischen Hochspannungsleitung sitzt und keine nachteiligen Wirkungen spürt, weil er sich selbst
auf demselben hohen Potential befindet wie der Draht. Deshalb fließt tatsächlich kein Strom (z. B. Elektronen, geladene Masse) durch ihn hindurch.

Ähnlich befindet sich aller Raum, den wir einnehmen, auf demselben
hohen absoluten Potential. Wir erleben dies als Nullpotential, weil alles gleich
zu sein scheint. Deshalb arbeiten wir mit Elektrizität auf einer rein 'mechanischen' Ebene, indem wir geladene Massen (Elektronen) durch Drähte hin-
und herpumpen. Ladung verbunden mit Masse ist jedoch nur ein Aspekt
ihres Seins. In Beardens hübscher und bildhafter Ausdrucksweise

beschränkt uns die [konventionelle] elektromagnetische Theorie darauf, uns
an der Hochspannungsleitung entlang zu bewegen und eifrig kleine Batterien
und Aggregate umherzutragen, ohne die unbegrenzt brandende Energie genau
neben unseren Füßen zu bemerken.

In elektromagnetischer Hinsicht waren wir eher wie einer von den fünf Blinden, die einen Elefanten berührten. Wir haben nur einen kleinen Teil des 'Elefanten' Elektromagnetismus berührt, doch wir dachten, wir hätten das ganze
Tier begriffen.

Orthodoxe Wissenschaftler haben nie nach einem Weg gesucht, das Vakuum technisch zu nutzen, weil sie nicht erkannt haben, daß es aus reiner masseloser Ladung zusammengesetzt ist.

Dieses Meer aus hochgeladenem, hochenergetischem Potential kann technisch genutzt werden, wie wir beschrieben haben. Eine der ersten Bestätigungen dieser Theorie lag in ihrem Vermögen, einen Effekt zu erklären, der
erstmals 1948 von H. B. Casimir bemerkt wurde. Dieser Casimir-Effekt
läßt sich demonstrieren, wenn man zwei ungeladene Platten aus einem elektrisch leitenden Material parallel ausrichtet und ihre Oberflächen ganz dicht
an einander heran bringt. Die beiden Platten werden voneinander in einer
Weise angezogen, die sich überzeugend nicht anders erklären läßt, als dadurch, daß jede Platte einen wesentlichen Teil dieses Nullpunkt-Energie-
feldes von sich wegspiegelt, wodurch zwischen den Platten eine Zone ge-

schaffen wird, die weniger energiereich ist und deshalb weniger Druck ausübt. Das Ergebnis ist eine Anziehungskraft. Eine ähnliche Theorie liegt Hans
Niepers Abschirmeffekt der Schwerkraft-Feldenergie zugrunde.

Ähnliche Überlegungen führen auch zu einem besseren Verständnis von
Oberflächenphänomenen in der Chemie, einschließlich Oberflächenspan-
nung, Blasenbildung und Oberflächenadhäsion.

Ferner könnten solche Effekte, wie sie durch den Casimir-Effekt demonstriert werden, allen sonstigen Phänomenen von Nullpunkt- oder Vakuumenergie zugrunde liegen, die mit Form in Zusammenhang stehen, wie wir
sie in Pyramiden, Domen, Gewölben und in der subtilen Atmosphäre vor-
finden, die wir innerhalb oder außerhalb von verschiedenen Gebäuden wahrnehmen und die in Beziehung zu ihrer architektonischen Struktur steht.

Es führt uns auch zu einem Verständnis von Schönheit und Ästhetik als
einer Harmonie und Integration innerhalb der Energien, die das schöne
Objekt, die schöne Landschaft, das Gemälde, den Klang oder die Idee ausmachen. Die äußere Harmonie tritt in Resonanz mit unserem Geist, und wir
nehmen, was auch immer es ist, als schön wahr. Doch die eigentliche Erfahrung von Schönheit findet in uns statt, in unseren eigenen Köpfen. Andere
nehmen sie vielleicht nicht wahr. Wenn wir gefühlsmäßig erregt oder einfach nur müde sind, erkennen wir vielleicht sogar mit einem Teil unseres
Geistes, daß etwas schön ist, sind aber trotzdem unfähig, innerlich darauf
zu reagieren oder uns einzuschwingen. Wenn wir uns innerlich ständig in
Disharmonie befinden, sind wir kaum aufgeschlossen für die Schönheiten,
die uns umgeben. Wir erkennen vielleicht nicht einmal, was uns entgeht.
Auch das entspricht dem, was all die Mystiker im Hinblick auf die mystische Erfahrung gesagt haben – daß sie genau hier ist, in uns, unsere Aufmerksamkeit sich jedoch auf die falsche Richtung konzentriert.

Tatsächlich sind sich die Physiker sehr wohl bewußt, daß an ihren Berechnungen irgend etwas merkwürdig ist, denn wie oben erwähnt, scheint
eine riesige Menge an Energie verlorengegangen zu sein! Im Rahmen der
modernen Physik lautet die jüngste Antwort, diese Energie sei in Form einer kosmischen Wolke aus Neutrinos (Elektronen ohne Ladung) vorhanden. Dies ist eine recht vorsichtige Antwort, weil Neutrinos, da sie keine
Ladung besitzen, durch die meisten Substanzen direkt hindurchgehen, ohne
eine Spur zu hinterlassen. Nur gelegentlich stoßen sie mit einem Atomkern
zusammen, wobei sie ihre Anwesenheit nur dann zu erkennen geben, wenn
sich der Vorfall in der Nähe einer geeigneten Teilchendetektor-Anlage er-
eignet. Doch die theoretische Notwendigkeit für die Annahme eines sol-

chen Neutrinomeeres kann auch durch das Meer aus Nullpunkt-Vakuum-energie, oder wie auch immer man es nennen will, erfüllt werden.

Dies sind jedoch allesamt Vorstellungen im Geiste, die einen schwindeln und die einfache unmittelbare Erfahrung im Hier und Jetzt vergessen lassen können, wo all unsere sinnlichen Erfahrungen einfach als Muster auf der Raumstruktur erscheinen. Und auch diese Vorstellungen lassen sich, je nach ihrem Urheber oder Vertreter, auf unterschiedliche Weise begreifen. Obwohl man den Vakuumzustand selbst recht gut versteht, zeigt all dies, daß niemand viel Ahnung davon hat, wie er wirklich strukturiert ist.

Konzepte und Definitionen

Bloß um Ihnen eine Vorstellung davon zu vermitteln, daß Wissenschaft eine eng gestrickte, geschlossene Sprache wie jede andere auch ist, in der alles in Begriffen von allem anderen definiert wird und die keinen absoluten Anfangspunkt besitzt, versuchen Sie die folgenden Definitionen zu durchschauen, und Sie werden sehen, was ich meine. Jede einzelne wird durch Begriffe definiert, die ihrerseits weitere Definitionen erfordern.

Raum	Die unbegrenzte, dreidimensionale Ausdehnung, in der alle materiellen Objekte angesiedelt sind
Dimension	Ein Größenmaß in einer bestimmten Richtung
Ausdehnung	Eine nicht unterbrochene Oberfläche von etwas
Etwas	Ein nicht spezifiziertes oder unbekanntes Ding
Ding	Ein Objekt, eine bestimmte Art von etwas (!)
Objekt	Ein faßbares und sichtbares Ding
Materie	Substanz, die Raum beansprucht und Masse besitzt
Position/Ort	Die räumlichen Koordinaten von etwas
Bewegung	Positionswechsel von etwas
Masse	Die Materiemenge in einem Körper
Träge Masse	Der Widerstand eines Körpers gegenüber Geschwindigkeitsveränderungen
Gravitationsmasse	Die Kraft, die von einem Körper in einem Gravitationsfeld erfahren wird
	Nach Einsteins Relativitätstheorie sind träge Masse und Gravitationsmasse gleich.

Gravitation	Anziehungskraft zwischen Massen
Gewicht	Vertikale Kraft, der eine Masse aufgrund von Gravitation ausgesetzt ist
Körper	Ein Etwas mit drei Dimensionen und einer Masse, das von umgebenden Objekten unterscheidbar ist
Kraft	Masse eines Körpers multipliziert mit seiner Beschleunigung
Kraftfeld	Ein Raumbereich um einen Körper, in dem er eine Kraft auf einen anderen Körper ausüben kann, mit dem er nicht in Kontakt steht
Energie	Fähigkeit, Arbeit zu verrichten
Arbeit	Kraft multipliziert mit der zurückgelegten Entfernung
Beschleunigung	Rate der Geschwindigkeitsveränderung
Geschwindigkeit	Rate der Positionsveränderung relativ zur Zeit
Widerstand	Eine Kraft, die dazu neigt, Bewegung zu verzögern
Zeit	Eine Quantität, die Dauer mißt
Dauer	Die Zeitmenge, die etwas dauert
Punkt	Ein geometrisches Element, das keine Dimensionen hat
Skalar	Eine Quantität mit Größe, aber ohne Richtung (z. B. Temperatur)
Quantität	Eine spezifizierte Größe
Größe	Eine Zahl, die mit einer Quantität verbunden wird (z. B. so etwas wie Gewicht)
Richtung	Bewegung entlang räumlicher Koordinaten
Entfernung	Länge des Raumes zwischen zwei Punkten
Vektor	Eine variable Quantität, die Größe und Richtung hat
Vektorfeld	Ein Raumbereich unter dem Einfluß irgendeiner Quantität (z. B. Magnetfeldstärke), in dem jeder Punkt durch einen Vektor definiert werden kann
Feld	(a) Ein Raumbereich unter dem Einfluß irgendeiner Skalarquantität (z. B. Temperatur) (b) Ein Raumbereich, der in einem Vektorfeld liegt
Ladung	Eine Eigenschaft von Materie, die verantwortlich für alle elektrischen Phänomene ist

Dies sind einige der grundlegenden Begriffe, die in der Physik verwendet werden, mit weiteren Definitionen, die *Collins English Dictionary* entnommen sind. Jeder wird in einer eng miteinander verzahnten Reihe von Konzepten in Begriffen des anderen definiert. Dies ist in allen Sprachen gleich. Mein Lieblingsbegriffspaar ist: *Zeit* – „Eine Quantität, die Dauer mißt" und *Dauer* – „Die Zeitmenge, die etwas dauert"... In der gesamten Wissenschaft gibt es natürlich weit mehr als diese wenigen Definitionen. Aber schon der Versuch, sich im Verstand einen geordneten Überblick allein über diese Definitionen zu verschaffen, reicht aus, um einen von der Realität und dem, was *ist*, völlig loszulösen. Wir leben dann nur in unseren sich im Kreis drehenden Gedanken und verlieren den Blick für unsere Erfahrung vom Sein. Aus diesem Grund verwechselt die Wissenschaft das Konzept mit dem Ding selbst. Bedeutung unterscheidet sich von dem, was ist.

Aufgrund der Überprüfung des obigen kann man also sagen, daß Wissenschaft die Beziehungen in dem, was *ist*, untersucht und in Begriffe faßt. Hierbei geht es um relative Beziehungen, denn jeder Beobachtungspunkt ist ja bereits Bestandteil des Netzes. Im physischen Universum gibt es keinen Ort absoluter oder nicht mit anderen Punkten in Beziehung stehender Beobachtung.

Bitte entschuldigen Sie, wenn Sie all das verwirrt haben sollte. Bitte schauen Sie einfach aus dem Fenster, oder machen Sie einen Spaziergang, um zu erleben, daß die Natur absolut nichts von dem soeben gesagten weiß. Sie macht einfach ruhig weiter, und das sollten auch wir tun!

Wirkungen, Ursachen und der Vakuumzustand

Bearden zeigt, wie jede elektrische und mechanische Technik auf der Vorstellung von einer *Kraft* als einer realen Entität basiert – eher eine Ursache als eine Wirkung. Doch in wissenschaftlichen Begriffen ist eine Kraft als die Fähigkeit definiert, irgendeine *Masse* zu bewegen. Das heißt, Kraft wird eigentlich durch ihre *Wirkung* definiert, nicht durch das, was der Wirkung auf einer fundamentalen Ebene *zugrunde liegt*. All unsere heutige elektrische und mechanische Technik basiert deshalb logisch oder mathematisch auf der Wahrnehmung und Manipulation von *Wirkungen*, nicht von tieferen *Ursachen*.

Natürlich funktionieren unsere Geräte, doch es sind extrem grobe Werkzeuge, da sie nicht auf einem tiefen Verständnis physikalischer Grundlagen fußen. Sie stellen eine beschränkte Untermenge dar, welche die offensichtlichsten Methoden umfaßt, um mit den elektrischen und mechanischen Wirkungen oder Kräften umzugehen. Oder einfach ausgedrückt, wir können Elektronen dazu bringen, sich entlang von Drähten zu bewegen, und Nutzen aus dem daraus resultierenden *elektrischen Strom* ziehen, doch wir haben die grundlegende Natur eines Elektrons noch nicht verstanden und nicht begriffen, wodurch es mit seinen Eigenschaften (oder Wirkungen) von Ladung, Masse etc. in ständiger Bewegung erhalten wird. Wir haben immer noch nicht erfaßt, was es seinem Wesen nach wirklich *ist*. In unserer Technik haben wir selten versucht, ein grundlegenderes Verständnis von der Natur eines Elektrons oder vom komplexen Netz aus Energie-Wechselbeziehungen auf der subatomaren und der Vakuum-Ebene anzuwenden. Dies wurde zuvor aufgezeigt.

Ähnlich ist es mit allen Phänomenen der Wissenschaft – Magnetismus, Gravitation, Masse, elektrische Ladung, Kraft etc. Sie alle werden über ihre Wirkungen definiert – tatsächlich als die Wirkungen selbst –, außerdem jeweils über Definitionen durch die anderen Phänomene, und unsere Technik wendet ein Verständnis dieser Phänomene nur in einer streng klassischen und 'offensichtlichen' Weise an. Dies erzeugt ein dichtes System aus festgefügten mathematischen Gleichungen, verstellt aber unseren Blick für die darunter liegende Realität der Vakuum-Energiematrix, aus der heraus all diese Wirkungen entstehen. Tatsächlich *ist alles, was wir mit unseren Sinnen oder mit physikalisch-wissenschaftlichen Instrumenten wahrnehmen, keine primäre Ursache, sondern eine Wirkung.*

Deshalb machen unsere auf wissenschaftliche Weise geschaffenen Geräte und unsere gesamte Technologie nur von einer Untermenge der vorhandenen Möglichkeiten Gebrauch. Wir spielen mit den Blasen auf dem Ozean und haben uns noch nicht dem Ozean selbst zugewandt.

Anders ausgedrückt, impliziert eine Kraft die Anwesenheit einer Masse, da Kraft als die Fähigkeit definiert ist, eine Masse zu bewegen. Die Größe einer Kraft ist gleich der Masse des Körpers mal ihrer Beschleunigung. Das ist die Definition, die uns in der Schule beigebracht wird. In einer Vakuumkammer kann deshalb keine Kraft existieren, da das Vakuum als die Abwesenheit von Masse definiert wird.

Elektrische, magnetische und Gravitationskräfte, von denen gezeigt werden kann, daß sie in einer Vakuumkammer ohne die Anwesenheit irgendeiner Masse oder irgendeines Dinges zwischen den beiden Objekten *agieren*, sind daher nur *Wirkungen* und keine Ursachen.

Das bedeutet, die Wissenschaft hat trotz all unserer elektromagneti-schen Erfindungen noch immer keine wirkliche Ahnung, *wie* sie funktio-nieren. Dies zu verstehen erfordert ein tieferes Verständnis der fundamen-talen Grundlagen unseres physischen Universums.

Nachdem wir nun gezeigt haben, daß Kraft per se im Vakuum nicht existiert, bedeutet dies auch, daß elektromagnetische 'Wellen' ebenfalls nicht im Vakuum existieren, da eine elektromagnetische Welle als eine Wechselwirkung von elektrischen und magnetischen 'Kraftfeldern' defi-niert ist.

Deshalb sind also auch elektromagnetische Wellen Wirkungen und nichts Primäres. Vielleicht ist es in der Tat so, wie Tesla in den 1890ern aufzeigte und wovon er bis zu seinem Tod 1943 überzeugt blieb, nämlich daß elektromagnetische Wellen in Wirklichkeit longitudinale Druckwellen (wie Schallwellenausbreitung) im Vakuum-Energiefeld sind. Nur auf diese Weise werden sie durch das Vakuum übertragen. Was wir als Hertzsche Transversalwellen wahrzunehmen glauben (z. B. die Schwingungen einer Gitarrensaite), ist nur die Wahrnehmung eines Teiles vom Gesamtbild. Daher rühren die Probleme mit der elektromagnetischen Energie, die sich manchmal wie Teilchen (Photonen) und manchmal wie Hertzsche Wellen verhält. Physiker wie Bearden behaupten, sie sei nichts von beidem, son-dern bestehe aus Energievariationen innerhalb des Vakuumzustands, die als Transversal-Druckwellen übertragen werden. Nur einen Teil hiervon registrieren unsere Instrumente entweder als Hertzsche Wellen oder als Teilchen. Damit sind wir wieder bei der zweidimensionalen Wahrnehmung der Flachweltler von der dreidimensionalen Orange. Sie sehen sie nur als einen sich ausdehnenden und zusammenziehenden Kreis. In Beardens Ausdrucksweise haben wir nur einen kleinen Teil des Elefanten Elektro-magnetismus begriffen, doch wir dachten, wir hätten das ganze Tier er-faßt.

Diese Probleme sind Physikern natürlich nicht unbekannt, und es waren Überlegungen dieser Art, die Einstein dazu brachten, Gravitation vermittels des 'gekrümmten' Raums oder der Geometrie des Raums und seiner Wech-selwirkung mit Masse zu 'erklären'. Ähnlich hat in der Quantentheorie die Unmöglichkeit von Kräften, durch Nichts hindurch zu agieren, zu ihrer Vorstellung als Interaktionen zwischen virtuellen Teilchen geführt – Teil-chen, die in die Existenz treten, ihre Funktion, Energie zu übertragen, erfül-len (was wir als die 'Kraft' wahrnehmen) und so schnell wieder verschwin-den, wie ihre Quantenbeinchen sie tragen können und ehe irgend jemand sie dabei einfangen kann. Sie tatsächlich dabei einzufangen würde die 'Gesetze' der Energieerhaltung erschüttern.

Ähnlich werden die beobachtbaren Wellencharakteristika in elektromagnetischer Energie zum Beispiel von Photonen als Wahrscheinlichkeitswellen für den Erscheinungsort des 'Teilchens' 'erklärt'. Doch in der wirklichen Welt ist es nicht verwunderlich, daß sich Physiker nicht darauf einigen können, was solch eine Beschreibung eigentlich bedeutet.

In Begriffen des Vakuumverständnisses sind all dies Teilwahrheiten. Denn alles, was existiert, sind schwingende Energiemuster, die als 'Teilchen', 'Wellen', 'Kräfte' etc. in Erscheinung treten. Auf den subatomaren und Vakuumebenen sind sie nichts dergleichen, sondern ein untereinander verbundenes Netz oder Gewebe aus Energie, dessen Art von Verbundenheit wir nicht besonders gut verstehen. Es ist das Zusammenspiel der drei Gunas (-, 0, +), die das Gefüge der fünf Tattwas zusammenweben, unterlegt von der inneren schöpferischen Kraft des kosmischen Motors Shabd, dem Wort oder Klangstrom, der alles, was wir wahrnehmen und denken, und natürlich auch unser eigenes Bewußtsein hervorbringt.

Wie wir erörtert haben, kennt die Wissenschaft die Existenz von nur vier Kräften – Elektromagnetismus, Gravitation und die beiden inneratomaren Kräfte, die schwache und die starke. Doch diese 'Kräfte', selbst das inneratomare Paar, sind in Wirklichkeit mathematische *Beschreibungen* bestimmter Wirkungen. Ebenso wie Newton eine mathematische Formulierung für eine Kraft lieferte, die er Gravitation nannte, und so wie Einstein diese Formulierung erweiterte, ist ganz ähnlich die Definition der anderen 'Kräfte' bloß eine mathematische Beschreibung dessen, was sie tun (ihrer Wirkung), nicht dessen, was sie *sind*. Daher ist es nötig, die grundlegenden Kräfte als Interaktion von Teilchen zu beschreiben. Doch dies verlagert das Elend bloß, da wir noch immer kein auch nur halbwegs annehmbares Modell davon haben, was ein subatomares Teilchen eigentlich ist. Die Bilder in unserem Kopf mögen hilfreich sein, doch was wirklich vor sich geht, entspricht keiner dieser Veranschaulichungen. Und was auch immer es ist – wir sind ein integraler Teil davon und können es daher niemals adäquat als etwas von uns Getrenntes beschreiben.

In der Welt der klassischen, reduktionistischen Wissenschaft beobachten Wissenschaftler zunächst ein Phänomen. Dann versuchen sie es mathematisch zu beschreiben. Wenn sie eine nette Gleichung oder eine Reihe von Gleichungen gefunden haben, sagt man, das Phänomen sei 'entdeckt' worden. Aber Äpfel fallen auf unsere Köpfe, und Atome hängen zusammen, so wie sie es immer schon taten. Der große Sir Isaac Newton selbst gab freilich einen höchst denkwürdigen Kommentar hierzu ab:

> Man spricht von Gravitation manchmal als etwas der Materie Wesentliches und Inhärentes. Ich bete, daß man diese Vorstellung nicht mir zuschreibt; denn ich gebe nicht vor, die *Ursache* der Gravitation zu kennen, und brauchte deshalb mehr Zeit, darüber nachzudenken.

Diese klassische Art wissenschaftlicher Beschreibung ist jedoch immer noch so machtvoll und so praktisch, daß wir das letzte Jahrhundert damit zugebracht haben, Methoden zu entdecken, diese 'Kräfte' oder Wirkungen zu nutzen. Und diese aufregende Jagd nach wissenschaftlichem Ruhm und finanziellem Lohn hat unseren Blick für das Wissen getrübt, was diese Phänomene denn tatsächlich *sind*.

Ähnlich ist es mit der 'Suche' nach der Superkraft, dem vereinheitlichten Feld der Materiesubstanz. Die 'Suche' erfolgt auf mathematischem Wege, indem man versucht, einfach einen zusammenhängenden Satz von Gleichungen aufzustellen, in dem sich alle bekannten Phänomene beschreiben lassen. Und selbst, wenn dies erfolgt ist, werden wir nur eine Beschreibung der Erscheinung des Vakuumzustands auf einer physikalischen Stufe erreicht haben. Das Warum und Wozu der Schöpfung werden wir dadurch nicht verstehen. Dies wird ohne Zweifel zu einer faszinierenden Technologie führen, aber nicht zu letzten Antworten. Dazu ist die mystische Erfahrung nötig.

Letzten Endes müssen alle mathematischen Gleichungen richtig aufgehen. Das bedeutet das Wort 'Gleichung'. Sie basieren auf einem intuitiven Verständnis, nach dem die Ursache gleich der Wirkung ist, nach dem in der Natur irgendwie ein Gleichgewicht herrscht. Die ultimative Gleichung repräsentiert also nur diese Dualität, folglich ist:

$$+1 -1 = 0$$

Und während die Wissenschaft die +1 und die −1 analysiert, sucht der Mystiker nach innerer Erfahrung dessen, was jenseits der Gegensatzpaare liegt und wovon jeglicher Dualismus ausgeht. Dies ist der ultimative Nullpunkt, wo nichts manifestiert ist, wo es nichts als reines schöpferisches Potential und keinerlei Individualität gibt.

Die innere Dimension und die mystische Erfahrung

Ich habe das Gefühl, diese ultimative Gleichung würde richtiger dargestellt als:

$$0 => -1 +1$$

Wobei '=>' eher 'geht zu', 'wird' oder 'manifestiert sich als' bedeutet als 'gleich'. Denn eigentlich ist +1 −1 *keineswegs* 'gleich' 0. +1 −1 ist in seiner wesensmäßigen Realität verschieden von 0, wenn auch die Netto-*wirkung* von +1 −1 gleich 0 *sein mag*.

Wenden Sie dies zum Beispiel auf den Mechanismus der Manifestation des Vakuums an. Wenn das Vakuum als 0 beziehungsweise Nullpunkt angegeben wird, dann wird die materielle Substanz durch +1 und −1 repräsentiert. Dadurch nehmen wir alle in Erscheinung getretenen Gegensatzpaare wahr. Wenn wir die 0 oder den Nullpunkt, aus dem +1 und −1 hervorgehen, nicht wirklich wahrnehmen, dann werden wir glauben, daß +1 und −1 miteinander in Beziehung stehen, und zwar bloß aufgrund ihrer *Wirkungen*, nicht aufgrund irgendeines grundlegenden Verständnisses davon, was sie als Schwingungsenergien an sich sind oder wie sie in die physikalische Existenz getreten sind.

Dies läßt sich zum Beispiel durch unser Verständnis vom magnetischen Nord- und Südpol, von positiven und negativen elektrischen Ladungen, veranschaulichen. Wir verwenden und messen ihre *Wirkungen*, ohne je zu wissen, was sie *sind*.

Dies läßt sich graphisch folgendermaßen darstellen:

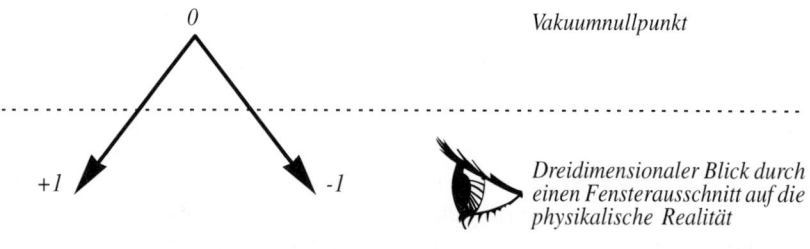

Vakuumnullpunkt

Dreidimensionaler Blick durch einen Fensterausschnitt auf die physikalische Realität

Wenden Sie auf ähnliche Weise diese Wahrnehmung von Wirkungen zum Beispiel auf Gravitation (G) und Elektromagnetismus (E) an:

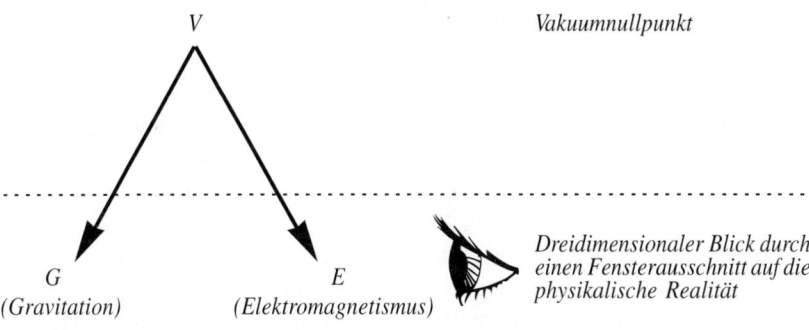

Vakuumnullpunkt

Dreidimensionaler Blick durch einen Fensterausschnitt auf die physikalische Realität

Wieder *beobachten* wir physikalisch keine Verbindung zwischen Gravitation und Elektromagnetismus, und zwar bloß aufgrund unserer dreidimensionalen, horizontalen und beschränkten Perspektive und Erfahrung. In unserem *Geist* jedoch wissen wir intuitiv, daß es eine Verbindung geben muß, aber diese ist unserer wirklichen Erfahrung verborgen. Und Physiker suchen sowohl praktisch als auch theoretisch nach ihr.

Es scheint deshalb so, als ob es tatsächlich *fünf* Dimensionen gäbe (oder sechs, wenn Sie die Zeit hinzunehmen) – die drei räumlichen Dimensionen, mit denen wir vertraut sind, plus eine *innere* und eine *äußere* Dimension. *Dies sind die musterbildenden Dimensionen des Seins, der Energie und des Geistes.* Könnten wir fünf Dimensionen wahrnehmen, würden wir die Dinge sowohl von einem vertikalen, schöpferischen oder formativen (Innen-Außen) als auch von einem horizontalen Blickpunkt aus sehen:

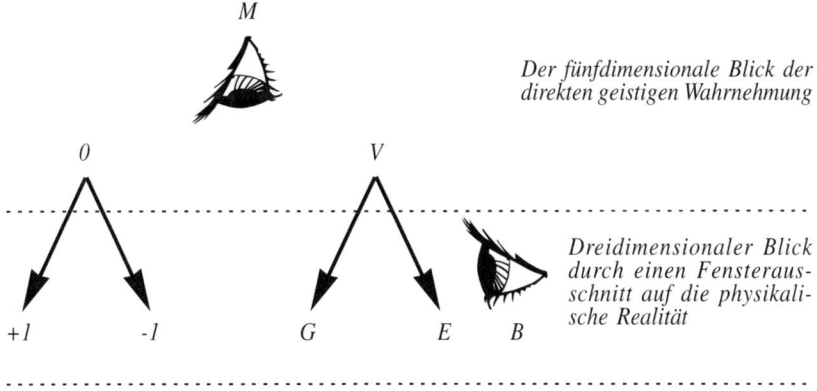

Der fünfdimensionale Blick der direkten geistigen Wahrnehmung

Dreidimensionaler Blick durch einen Fensterausschnitt auf die physikalische Realität

Tatsächlich würden wir mit unseren physischen *Augen* und Sinnen von Punkt B aus dreidimensional sehen, während wir mit der direkten Wahrnehmung unseres *Geistes* (der von Bewußtsein belebt ist) von Punkt M aus sehen würden. Die beiden Dimensionen Innen-Außen sind somit Dimensionen des Formativen GEISTES, des schöpferischen Prozesses, über den von den tiefer innen liegenden subtilen Bauplänen Muster gebildet werden. Diese Hierarchie stammt gänzlich und letztlich vom größeren GEIST.

In Wirklichkeit nehmen wir nie etwas ohne die Vermittlung durch unseren Geist wahr, durch das geistige Auge oder Indriya, das geistige Gegenstück jedes Sinnesorgans. Und wenn wir unseren Geist durch Meditation entwickeln, ist es tatsächlich möglich, mit einem feineren Wahrnehmungsbereich der mentalen Sinne die gesamte Struktur des physischen Universums unmittelbarer wahrzunehmen. Diese Erfahrung wurde häufig beschrieben. Sie können einige der Zitate dazu in meinem Buch *Strahlungsfeld* finden. Betrachten Sie zum Beispiel dieses Zitat von St. Ignatius:

> Und er ... saß an den Ufern des Gardenera, als sein Geist plötzlich von einer neuen und fremdartigen Erleuchtung erfüllt wurde, so daß ihm in einem Augenblick und ohne irgendein bewußtes Bild oder eine äußere Erscheinung bestimmte Dinge, die sich auf die Geheimnisse des Glaubens beziehen, zusammen mit anderen Wahrheiten der Naturwissenschaft offenbart wurden, und dies in so reichem Maße und so klar, daß er selbst sagte, es scheine ihm, daß wenn all das spirituelle Licht, das sein Geist seit der Zeit, als er älter als sechzig Jahre alt war, von Gott empfangen hatte, in eins gesammelt werden könnte, dieses Wissen nicht dem gleichkommen könne, was in diesem Augenblick seiner Seele vermittelt wurde.

Beachten Sie, es war sein *Geist*, der erfüllt war, „ohne irgendein bewußtes Bild oder eine äußere Erscheinung" – es war keine normale sinnliche Erfahrung.

Dann wiederum das Zitat von St. Francisco Javier:

> Nach diesem Gebet wurde ich plötzlich von einem intensiven Licht überflutet; es schien mir, daß vom Geist ein Schleier vor meinen Augen gelüftet wurde, und all die Wahrheiten der menschlichen Wissenschaften, selbst die, die ich nicht studiert hatte, wurden mir durch ein eingeflößtes Wissen offenbar. Dieser Zustand von Erkenntnis dauerte ungefähr vierundzwanzig Stunden, und dann, als ob der Schleier wieder gefallen wäre, war ich wieder so unwissend wie zuvor.

Wieder erlangt er diese Wahrnehmung, sogar die von materiellen Dingen, *in sich selbst.* Und diese Erfahrungen befinden sich nur an genau der Schwelle zum inneren mystischen Aufstieg in die inwendigeren Regionen, in die der Mensch und die Wissenschaft gottseidank niemals eindringen können.

Dieser Erfahrung, die – wie Sie bemerkt haben – einen Tag dauerte, fügt St. Francisco Javier hinzu:

> Zur selben Zeit sagte eine innere Stimme zu mir: 'Wozu ist also solcherart menschliches Wissen gut? Es ist das Ich, es ist Meine Liebe, die studiert werden muß.'

Ein heilsamer Gedanke für diejenigen unter uns, die mit dem Streben nach 'Wissen' beschäftigt sind.

Oder nehmen Sie diese Übersetzung von Tukaram, dem Mystiker des siebzehnten Jahrhunderts aus dem indischen Maharashtra (1598-1650):

> Schlaues Spiel mit Worten bringt dir nichts,
> Poetische Phantasie wird zu nichts führen.
>
> Gott ist mein ständiger Begleiter. ...
> Alle Kreaturen sind für mich göttlich geworden,
> Ich habe Zeit und Raum transzendiert,
> Und ich werde nie wieder geboren werden. ...
> Ich bin noch kleiner als das Atom,
> Doch ich habe mich bis zu den äußeren Grenzen des Raumes ausgedehnt. ...
> Von Tuka bleibt nur das zurück,
> Was für andere von Nutzen ist.

Energie

Kehren wir zu unserer Erörterung von Ursachen und Wirkungen zurück, so verhält es sich ähnlich mit der Vorstellung der Physiker von *Energie*, die gewöhnlich im 'Vermögen besteht, Arbeit zu verrichten, wenn und wann immer Arbeit künftig verrichtet werden soll'. Ein Ball beispielsweise, der in einer bestimmten Höhe über dem Meeresspiegel hochgehalten wird, enthält eine *potentielle Energie* relativ zur Anziehungskraft. Wenn wir ihn loslassen, wird die potentielle Energie in kinetische Energie (Bewegung) umgesetzt, und zusätzlich in ein wenig Wärmeenergie, die infolge der Reibung mit der Luft entsteht. Diese Bewegungsenergie wird zum

Beispiel genutzt, um in einem Wasserkraftwerk Strom zu erzeugen. Das Fallen des Wassers aufgrund der Schwerkraft wird teilweise in elektrisches Energiepotential hoher Spannung umgesetzt, das dann benutzt wird, um geladene Masse (Elektronen) durch Kabel hindurchzutreiben. Das nennen wir elektrischen Strom.

In der Tat trifft genau das auch auf all unsere wissenschaftlichen und technischen Erfindungen zu. Bei ihnen geht es um die Fähigkeit der Energie, Arbeit zu verrichten, und diese Arbeit kann in irgendeine andere Art von potentieller Energie umgewandelt oder übertragen werden, oder sie wird für die Arbeit eingesetzt, die gegen andere Kraft bzw. Kräfte aufgewandt wird – zum Beispiel das Fliegen gegen Windwiderstand, Gravitation und die Trägheit des Flugzeugs oder das Fahren eines Autos gegen die Reibung einer Straßenoberfläche und gegen Windwiderstand etc. Endlos jagen wir unserem Schwanz hinterher, indem wir Energie von einer Form in eine andere umwandeln.

Da Energie in Kategorien von Arbeit definiert wird und Arbeit den Begriff Kraft beinhaltet (Arbeit = Kraft x zurückgelegte Entfernung), erkennen wir jedoch, wenn wir ein wenig tiefer blicken, daß *Energie in Wirklichkeit als eine Wirkung definiert wird* – denn auch die Kraft ist eine Wirkung.

Energie, wie konventionelle Physiker sie verstehen, bezieht sich deshalb nicht auf das, was wirklich *ist*, sondern lediglich auf *Wirkungen*. In meinen Texten und in der allgemeinen Ausdrucksweise vieler heutiger Menschen bedeutet Energie zunehmend 'alles, was ist' – jede manifestierte Substanz, sei sie physisch, feinstofflich, astral oder kausal. Energie ist die der Dualität eigene Bewegung. Bewegung impliziert Dualität oder Polarität. Diese Auffassung geht auch in Einsteins berühmte Gleichungsbeziehung zwischen Masse und Energie ein ($e = mc^2$), doch sie läßt sich im Licht sowohl des konventionellen als auch des neueren Denkens interpretieren. In der mystischen Philosophie heißt es, die Schöpfung sei eine Bewegung innerhalb des Höchsten Wesens, innerhalb von Gott. Es ist Seine Projektion, eine Dualität, die sich zwischen der manifesten und der ewigen, aus sich selbst heraus existenten Realität abspielt.

Damit sind wir wieder am Ausgangspunkt der vorigen Abschnitte. Die konventionelle Wissenschaft besitzt keine Struktur, die ihr erlaubt, den Unterschied zwischen den Vorstellungen von den Dingen (in unserem Geist) und dem Sein der Dinge *an sich* wirklich zu erkennen. Im allgemeinen meint man, die Definition sei mit dem, was ein Ding ist, identisch.

Und auf diese Weise arbeitet die Wissenschaft nur mit Vorstellungen von Wirkungen, *nicht* mit dem Ding selbst, nicht mit Ursachen.

Doch noch einmal, wenn wir wieder alles in Beziehung zum Vakuum- oder Akashazustand setzen, finden wir zumindest eine gemeinsame Ursächlichkeit für alle manifestierten Dinge. „Aus der Leere kommen tausend Dinge", sagt Lao-Tse. Doch wir müssen immer noch herausfinden, was die Existenz des Vakuums verursacht, und außerdem, wie und wodurch es strukturiert ist.

Doch wir können einen intuitiveren Weg finden, dies zu begreifen, denn der Geist ist mit dem Vakuumzustand verzahnt. Dies ist die äußere Leinwand, auf der sich das Karma unseres Schicksals abspielt. Und der Geist selbst ist eine Energie, die von innen durch die Seele, das Bewußtsein oder die Lebenskraft belebt ist. Es paßt also alles zusammen und führt uns unwissentlich zunächst dahin, zu begreifen, daß der einzige Weg, all das wirklich zu verstehen, immer noch in dem endlosen Denken und Kreisen unseres Geistes besteht sowie darin, direkte mystische Erkenntnis von innen heraus zu entwickeln.

Die Verankerung und Versunkenheit im Energietanz

Ich habe mehrfach darauf hingewiesen, daß wir einfach nicht wissen, was Gravitation eigentlich ist. Dasselbe gilt für alle vier Grundkräfte. Wir beobachten, oder wir stellen vielmehr Theorien darüber auf, was im Atomkern vor sich geht, und erkennen, daß irgend etwas all das zusammenhalten muß. Das nennen wir dann starke Kernkraft. Ebenso sehen wir Äpfel fallen oder Planeten kreisen und bezeichnen dies als Gravitation. Daraufhin jedoch zu behaupten, Masse „gehorche dem Gesetz der Schwerkraft" oder die starke Kernkraft *halte* die Neutronen und Protonen *zusammen*, hieße wirklich die Dinge auf den Kopf stellen! Das 'Gesetz der Schwerkraft' ist nur der sprachliche Ausdruck, um unsere Erfahrung zu beschreiben, es ist nicht Wesensteil der Natur per se. Zu allererst beobachten wir eine Wirkung (Gravitation, starke Kernkraft etc.), dann beschreiben wir die Wirkung so, als wäre sie etwas Reales und Ursächliches. Dann sagen wir, es sei ein Grundgesetz, dem das physische Universum praktisch gehorche! Das ist fürwahr eine grundlegende Verwechslung. Ähnlich falsch ist es auch zu sagen, Kräfte seien 'Spannungen auf der Ätherstruktur'.

Es gibt nur einen vibrierenden Tanz von Energie – 'Teilchen', 'Wellen', 'Kräfte' sind bloß unterschiedliche Aspekte dieser einen Sache, verschiedene Wege dieses Tanzes, sich uns zu offenbaren. Es ist möglich, die Einheit in allen Dingen zu *erfahren*, aber Sprechen und Denken erfordern Teilung, so daß wir diese Einheit also aufspalten müssen, sobald wir sie *auszudrücken* versuchen. Meistens erlebt unser Geist nur die Abgetrenntheit, deshalb beschreiben wir die Welt mit zerteilenden Begriffen, ohne uns der wesentlichen Einheit in 'uns' und in 'ihr' bewußt zu sein. Aber selbst Mystiker müssen sich der Sprache bedienen, wenn sie mit uns auf menschliche Weise kommunizieren. Die Sprache, die sie verwenden, ist von natürlicher Schönheit. Sie hat einen Klang von Wahrheit in sich. Doch bei jedem Schritt benutzen sie die Sprache nur als einen Fingerzeig auf die höhere innere Realität und Erfahrung.

Viele Mathematiker glauben sogar, daß die Mathematik nicht nur eine hochverdichtete Sprache ist, sondern der Natur selbst innewohnt. Doch genau genommen ist es nicht so. Wie unser gesamtes Denken befindet sich auch die Mathematik in unserem eigenen Geist. Was abgetrennt ist, ist unser Geist, und daher betrachten wir die Welt als abgetrennt. Wenn wir das Eine in uns erkennen, sehen wir auch Ihn überall. Und doch gibt es eine Beziehung zwischen unserem menschlichen Geist, der Mathematik und der Natur, da unser individueller Geist dieselben Merkmale aufweist wie der größere GEIST, der wahre Architekt jeglicher Form. Daher stehen die angemesseneren Vorstellungen unseres menschlichen Geistes in einer Beziehung zur Konstruktionsweise des größeren Universums. Und doch sind sie nur Widerspiegelungen, nicht die Realität selbst.

Unser Geist ist also Energietanz, unsere sinnlichen Wahrnehmungen sind Energietanz, unsere Handlungen sind Energietanz, die physische Welt ist Energietanz. Wir sind mit unseren Interaktionen und Beziehungen vollkommen in diesen großen vielschichtigen Energietanz, den wir Schöpfung nennen, eingetaucht und eingebettet – und wir sind untrennbar Teil davon. Die Probleme entstehen, wenn wir das Gefühl haben (und wir haben das Gefühl), getrennt zu sein. Doch dies ist ebenfalls ein Aspekt des Energietanzes – jener Aspekt der Geistenergie, den wir *Ego* nennen und der in der Yoga-Terminologie als *Ahankar* bekannt ist.

Die menschliche Identität, das Ego also, weist uns, sofern sie in ausgeglichener Form zum Ausdruck kommt, auf unseren menschlichen Platz im Schema aller Dinge hin. Wie die Beine und die Knie oder irgendein anderer grob- oder feinstofflicher Aspekt unserer Konstruktion ist sie ein wesentlicher Teil des Menschseins. Ist sie jedoch unausgeglichen – wie in unserer normalen menschlichen Erfahrung – verzerrt sich unser Verständnis von unserem Platz im Netz der Energiemuster. Das macht sich als menschliches Ego bemerkbar – eine falsche oder illusorische Auffassung von unserem Platz in der Schöpfung.

Der menschliche Geist besitzt innerhalb unserer menschlichen Struktur einen realen Brennpunkt. Man kennt ihn als *Augenzentrum* hinter und ein wenig oberhalb unserer beiden physischen Augen. Möchten wir uns zum Beispiel konzentrieren, dann legen wir unsere Hände an die Stirn – wir fassen uns nicht ans Knie oder an irgendeinen anderen Körperteil. Instinktiv wissen wir, daß unser Denkzentrum in unserem Kopf liegt. Doch je mehr der Geist sich aus diesem Zentrum herausbewegt oder E-Motion zeigt, desto größer ist die Unausgewogenheit in unserer Wahrnehmung des physischen Universums, desto größer ist unser Grad unterbewußter e-motionaler Verstrickung. Unser ausgeglichener menschlicher Identitätssinn wird zu einem unausgeglichenen Ego, das nicht mehr weiß, wer oder was es eigentlich ist – es selbst oder das Universum.

Der Hochmut zum Beispiel, ein Aspekt des Egos, sagt einer Person, sie sei besser als jeder andere, und vermittelt dadurch eindeutig eine falsche Wahrnehmung davon, wie die Dinge wirklich sind. Ebenso verhält es sich mit falscher Bescheidenheit oder Minderwertigkeitskomplexen. Sie suggerieren, eine Person sei schlechter als jede andere. Die ganze egozentrische Vorstellung, ein Mensch könne besser oder schlechter als jeder andere sein, ist Ausdruck eines unausgeglichenen Egos oder Identitätssinnes. Sie ist eine Illusion, die mit der Realität unserer menschlichen Situation nichts zu tun hat.

Wir erfahren also diesen Energietanz der Schöpfung. Innerlich können wir seine Offenbarungsweise in Abhängigkeit von unserem geistigen Konzentrationspunkt und dem von uns eingenommenen Bewußtseinsgrad verstehen. Es ist wie in einem mehrgeschossigen Warenhaus. Vom Lift aus, unserem inneren Bewußtseinszentrum, können wir einen guten Überblick darüber bekommen, was vor sich geht. Je höher wir fahren, desto klarer und vollständiger schauen wir in die Natur der Dinge. Doch wenn wir unsere geistige Energie über unsere Sinne nach außen hin zerstreuen – sei es auf dieser physischen Ebene oder auf höheren Bewußtseinsebenen in den höheren Welten –, dann verlieren wir uns auf diesen Ebenen, auf diesen Etagen. Dann werden die ausgestellten Waren zu verführerisch für uns.

Wir verlieren dann also unseren Überblick und werden verwirrt. Und Verwirrung auf dem Untergeschoß, auf dem physischen Level, ist verheerend für uns, denn wir werden von den Waren so total in Anspruch genommen, daß wir vollkommen vergessen, überhaupt als bewußte, schwingende Wesen in uns lebendig zu sein. Wir vergessen sogar die Tatsache, daß es einen Lift und höhere Geschosse gibt. Wie in einem Traum vergessen wir ganz schnell, was vorher war und woher wir gekommen sind.

Und wenn jemand uns davon zu erzählen versucht, ärgern wir uns sogar über ihn und bezeichnen ihn als gefährlichen Mystiker oder fehlgeleiteten Enthusiasten! Auf Betreiben der Priester und 'Intellektuellen' wurden Mystikern in der Vergangenheit sogar die Köpfe abgeschlagen, sie wurden gekreuzigt oder Schlimmeres! Heute sind wir, zumindest in einigen Ländern, ein wenig demokratischer, doch es gilt immer noch das Prinzip, daß wir nicht gerne aus unserem sinnlichen und geistigen Dornröschenschlaf aufgeweckt werden. Unser unterbewußter, von Gewohnheiten getriebener Geist wird alles tun, um weiterhin so zu denken und zu arbeiten, wie er es immer getan hat.

Diese Situation ist entstanden, weil der Geist durch das Verlassen seines wahren Seinsfokus, dem Zentrum des bewußten Denkens hinter den Augen, unbewußt und unausgeglichen geworden ist.

Geist und Manifestation

Man kann das Vakuum gewissermaßen als relativ undifferenziertes Energiepotential betrachten – eingeschlossene Spannung in Erwartung der Manifestierung. Der Impuls für diese Schöpfung kommt praktisch aus unserem eigenen Geist. Jeder individuelle menschliche Geist enthält in sich den Samen unseres Pralabdh oder Schicksalskarmas. Das Schicksalskarma formt deshalb die fünf Essenzen oder Tattwas, und es findet Manifestation statt, allerdings *aus unserem eigenen Inneren heraus.* Nur durch unsere Sinne und aufgrund der Ausrichtung unserer Aufmerksamkeit nach außen nehmen wir es als äußerlich wahr, doch eigentlich geht unserer sinnliches Erkennen mental vor sich. Dies wurde zuvor beschrieben.

Doch da unser Bewußtseinslevel den eigentlichen Mechanismus, durch den selbst unser individueller Geist funktioniert, normalerweise nicht direkt wahrnimmt, können wir nicht sehen, wie dieser Prozeß vor sich geht. Er ist unbewußt. Wir bekommen Andeutungen mit, wenn wir mit Koinzidenzen, Verbindungen und sich wiederholenden Mustern konfrontiert werden, die unser inneres und äußeres Leben verbinden, doch wir

können diesen Mechanismus für gewöhnlich nicht in Aktion beobachten.
Darum verstehen wir nicht, warum Dinge so geschehen, wie sie es tun.
Wenn wir hingegen spirituelle oder mystische Fortschritte machen, be-
merken wir, daß die 'Stimmigkeit' der Dinge zu wachsen scheint. Kürz-
lich hörte ich eine wunderschöne Formulierung dafür: „Zufall ist Gottes
Art, anonym zu bleiben."

Die Eingebung, zur rechten Zeit am rechten Ort zu sein, intuitiv zu
erkennen, wie sich die Dinge entwickeln werden – dieser Aspekt unseres
Lebens scheint zu wachsen. Je mehr wir erkennen, wie wenig wir wirklich *wissen*, desto mehr breitet sich unser Bewußtsein in uns aus und umgekehrt. Beides gehört zusammen. Der Mensch denkt vielleicht, er habe
einen freien Willen, und doch wissen wir nicht, was mit uns in der nächsten Mikrosekunde oder gar in den nächsten fünf Minuten geschehen wird.
Wir wissen nicht, welche Gedanken und Gefühle uns im nächsten Augenblick kommen werden. Wo also ist die Möglichkeit des freien Willens?
Was ist wirklich das 'Ich', das glaubt, es habe einen freien Willen?

„Ich denke, also bin ich." Dieser Satz von Descartes wird häufig zitiert. Richtiger hätte er gesagt: „Ich bin, deshalb denke ich." Denn Bewußtsein, Sein oder Ich-heit ist zuerst da. Das ist die Lebenskraft in uns.
Geist – in Descartes' Ausspruch das Denken – wird von Bewußtsein belebt und entsteht durch Bewußtsein. Wir *sind* also, ehe wir *denken*. Das
wahre 'Ich' ist das der Seele oder des Bewußtseins, während das kleine
'Ich' des Egos oder Ahankar eine Gabe des menschlichen Geistes und in
den meisten von uns weitgehend unausgeglichen ist. In uns spricht das
kleine 'Ich' so laut, daß es das größere 'Ich' verdunkelt, das ihm Leben
gibt, wie Descartes uns mit seinem Ausdruck davon, wie er sich selbst
fühlte, wenn auch unwissentlich, so treffend demonstrierte[1].

Ähnlich verhält es sich mit unserem Ego, dem *Zustand* unseres Geistes, der uns davon abhält zu sehen, wie wir untereinander alle im Geist
als Mit-Schöpfer verbunden sind, als Mit-Materialisatoren des ansonsten
undifferenzierten Meeres aus Vakuum oder Akasha.

Anders ausgedrückt, nähme man die Seelen aller Geschöpfe aus dieser
physischen Sphäre heraus, dann wäre unser Geist nicht mehr präsent, um
sie im endlosen Spiel illusorischer Muster aufzuschäumen, die aus unserem Geist heraus ersonnen und anscheinend von unseren Sinnen wahrge-

---

[1]Eigentlich bevorzuge ich die ironische Variante von Schauspieler Nicholas Jones. Sie lautet:
„Ich denke – also habe ich das Wesentliche nicht begriffen!"

nommen, in Wirklichkeit jedoch innerhalb unseres eigenen Geistes erfahren werden. Man könnte auch sagen, ohne Leben und geistiges Erkennen gibt es keine physische Welt. Sie wäre dann vor allem ein stiller Akasha-Ozean.

Die Verknüpfung von Geist, Sinnen und physischer Erscheinung ist so klug gewebt, daß wir als inniger Teil dieses Dramas niemals nach draußen gelangen können, um es mit unserem eigenen Geist *objektiv* zu erfassen. Unser Geist ist ein Teil des Manifestationsprozesses. Zu versuchen, physische Realität oder GEIST *mit* dem menschlichen Geist zu verstehen, kommt einem Hund gleich, der seinem eigenen Schwanz nachjagt. Das Subjekt wird zum Objekt und umgekehrt. Der einzige Weg heraus ist der nach innen – um eine höhere Perspektive oder ein höheres Bewußtsein des ganzen Dramas zu bekommen.

Das Beste aus dem eigenen Potential machen

Ich frage mich, ob wir uns wirklich die Aufregung vorstellen können, die die Entdeckung des elektrischen Stroms am Ende des letzten und am Anfang des zwanzigsten Jahrhunderts erzeugt haben muß. Wenn wir uns in unserem Haus, unserem Büro und unserer Stadt umsehen und uns vorstellen, wie all das ohne elektrischen Strom funktionieren sollte, dann bekommen wir eine Ahnung von den Visionen und Träumen, die diese frühen Pioniere angetrieben haben müssen. Manche wurden von finanziellen Motiven getrieben, andere waren von dieser wunderbaren kosmischen Kraft fasziniert, die sie nutzbar zu machen lernten. Doch selbst diejenigen mit der blassesten Phantasie müssen erkannt haben, daß die Welt im Begriff stand, sich auf eine noch nie dagewesene Weise zu verändern. Und sie hatten recht.

Doch im Nachhinein muß man sich fragen, ob es die beste Richtung war, die bei diesen Bestrebungen eingeschlagen wurde. Das Elektron und später die innere atomare Struktur als Energiequelle nutzbar zu machen, die dem Willen des Menschen gehorcht, ist das Dauerthema unseres Jahrhunderts geblieben. Von Beleuchtung über elektrische Motoren bis hin zum Telefon, zum Funk und zu Fernsehübertragungen, Radioröhren, Transistoren, integrierten Computerschaltsystemen und Supraleitfähigkeit – unsere Wissenschaftler in der Elektronik und Elektrotechnik haben einen erstaunlichen Aspekt der natürlichen Triebmechanismen der Manifestation aufgedeckt und ausgenutzt. Wir haben das Atom gespalten und phänomenale Energiemengen entfesselt. Wir haben Menschen zum Mond geschickt und sie wieder nach Hause gebracht. Wir haben einen verstohlenen Blick auf die Rätsel der Nachbarplaneten geworfen und sind sogar in die Geheimnisse des Halleyschen Kometen eingedrungen. Alles mit der Kraft der Elektrizität. Ohne ein funktionierendes Wissen über den Elektromagnetismus und das Elektron wäre gar nichts passiert.

Und all dies erfolgte ohne ein Verständnis davon, was ein Elektron oder ein Photon ist oder was das Atom zusammenhält. Wir haben einfach ein Wissen über Wirkungen angewendet, ohne in der Lage zu sein, die tiefere Ebene zu erforschen.

Man könnte sagen, dem Menschen schwirren seit J. J. Thompsons folgenschwerem Experiment Grillen im Kopf herum, was das Elektron angeht. Vielleicht schwirrt sogar das Elektron selbst dort herum. Sicherlich hat der Mensch im Laufe des letzten Jahrhunderts sein wesentliches Augenmerk bei der technischen Entwicklung auf das Elektron gerichtet. Die technologische Erschließung des Elektrons ist extrem schnell vonstatten gegangen. Wird dasselbe auf unsere Nutzung des Vakuum-Energiefeldes zutreffen, das für so viel Aufregung sorgt, während wir uns auf das einundzwanzigste Jahrhundert zubewegen?

Man kann verstehen, wie der Auftrieb des frühen Erfolges der Elektrizität aller zukünftigen Forschung den Boden bereitete. Das Elektron nutzbar gemacht zu haben muß als eine der größten wissenschaftlichen Errungenschaften des Menschen betrachtet werden. Verglichen mit den mechanischen Energiequellen müssen selbst die frühesten elektrischen Erfindungen wie äußerst raffinierte Kunstgriffe gewirkt haben. Doch nach modernen Maßstäben wirkt das Röhrenradio von vor nur dreißig Jahren erstaunlich unbeholfen. Was also wird den Wissenschaftlern des einundzwanzigsten Jahrhunderts unsere heutige Technologie in einem ähnlichen Licht erscheinen lassen? Denn stattfinden werden diese Veränderungen zwangsläufig. Die Geschichte zeigt uns, daß der Mensch nie auf der Stelle tritt.

Seit den Tagen von Edison und Morgan dreht sich unsere Anwendung von Elektrizität um die kaum angezweifelte Idee, daß man, um elektrisches Potential oder Ladung zu nutzen, geladene Masse (Elektronen) durch zwei Leitungsdrähte treiben muß. Doch die Masse selbst ist für uns in den meisten Fällen nicht von Wert. Was normalerweise wichtig für uns ist, ist die elektrische Ladung. Es ist die Eigenschaft der Ladung, die uns befähigt, Motoren anzutreiben, Radiosignale zu erzeugen und so weiter. Die aufgewendete Energie, um diese geladene Masse durch die Gegend zu schieben, sie ist das, was den Strom verbraucht. Gibt es keine bessere Methode, mit diesen Dingen umzugehen? Ist es uns möglich, diesen Aspekt der Energieüberzeugung zu überdenken?

Kehren wir noch einmal zurück zu Teslas Arbeit. Sein intuitives Gefühl, daß es einen anderen Weg gab oder gibt, brachte ihn dazu, über den Einsatz von 'Stromkreisen' mit nur einem Draht nachzudenken, wobei potentielle und reine Ladung genutzt wird, ohne die Energie zu verbrauchen, die erforderlich ist, Masse anzutreiben. Genau damit experimentierte er bei seinen Projekten in Colorado Springs und Wardenclyffe. Doch Tesla wurde vom Ansturm der Ereignisse überrollt, und der Mensch geriet auf die uns heute so bekannten Abwege. Der Erfinder stand allein da, und innerhalb des Kontextes der Hauptstoßrichtung der elektrischen und elektronischen Entwicklung muß sein Werk zunehmend absonderlich gewirkt haben. Die neuen Paradigmen bezüglich der Elektrizität wurden eifrigen jungen Ingenieuren an den wenigen Universitäten beigebracht, an denen die neue Wissenschaft gelehrt wurde, und eine Armee von wissenschaftlichen Kochbuchanwendern stieß dazu, um das von den frühen Pionieren erschlossene Terrain zu erweitern.

Doch das bedeutete den Verlust vieler ursprünglicher und kreativer Einsichten. Alle neuen Entwicklungen haben sich im Rahmen dieser frühen Ideen entwickelt. Konventionelle Ingenieure haben seit diesen frühen Tagen fast keine Form der Äthervorstellung mehr berücksichtigt. Das Elektron wurde als grundlegendes Teilchen aufgefaßt, als ein kleiner Klecks eines geladenen Etwas, und es ist zweifellos recht erstaunlich, was wir mit ihm anstellen konnten. Doch es muß andere Methoden geben, mit Elektronen zu arbeiten.

Das Ergebnis war also, daß wir nur ein paar äußere Wirkungen von elektrischen Phänomenen studiert, die Ursache all dieser Wirkungen dabei jedoch ignoriert haben. Allein diese faszinierenden Wirkungen vermochten unsere Aufmerksamkeit fast ein Jahrhundert lang voll in Anspruch zu nehmen. Wir haben unentwegt einige wenige Aspekte eines brechenden Wellenkamms untersucht und die Welle und das Meer selbst außer acht gelassen.

Heute ist unser Denken so konditioniert, daß es uns schwerfällt, das Offensichtliche zu erkennen. Aus dem, was wir über die Natur des Atoms herausgefunden haben, geht recht deutlich hervor, daß das Universum aus Energie besteht. Selbst auf einer konventionellen subatomaren Stufe scheint es in ständiger Bewegung zu sein. Und doch weigern wir uns eisern, irgendein Gerät für möglich zu halten, das diese freie, kosmische Energiequelle anzapfen kann.

Wieder ist es Bearden, der erklärt, wie man dieses einfache Zauberstückchen zuwege bringen kann. Stellen Sie sich vor, sagt er, wir haben zwei geladene Kugeln, wobei die eine stärker als die andere geladen ist, etwa so:

Nach Bearden

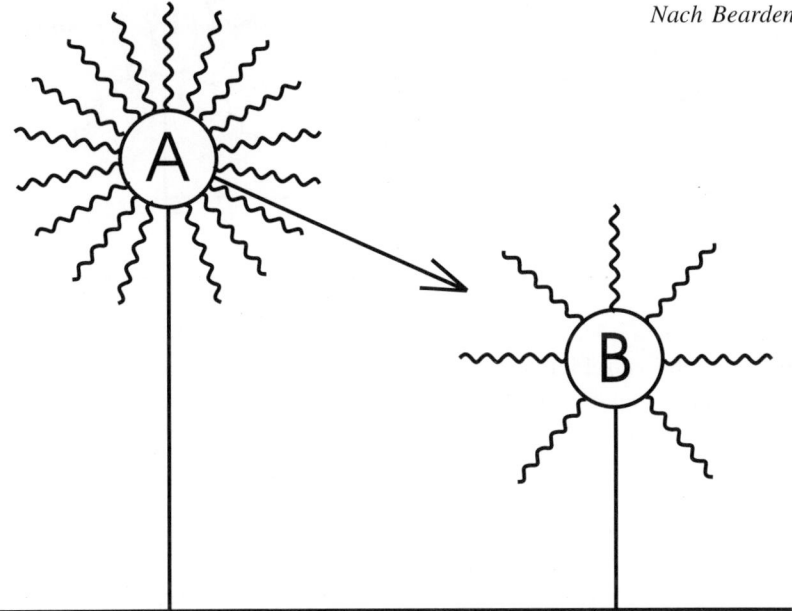

Wenn wir nun A mit B verbinden, dann wird unsere erhöhte Elektronenladung in A abwärts nach B fließen. Damit nutzen wir unsere reale Vakuumzustands-Energie (die Ladung), um Masse (das Elektron) durch einen Draht hindurchzuschicken. Mit anderen Worten, wir nutzen unsere Ladung, um Masse zu pumpen. Natürlich erfordert dies Arbeit. Für den Prozeß ist Energie nötig. Um das System aufrechtzuerhalten oder wiederaufzuladen, müssen wir daher Elektronen zurück nach A 'pumpen', so daß sie erneut den Abhang zu B hinabfallen können:

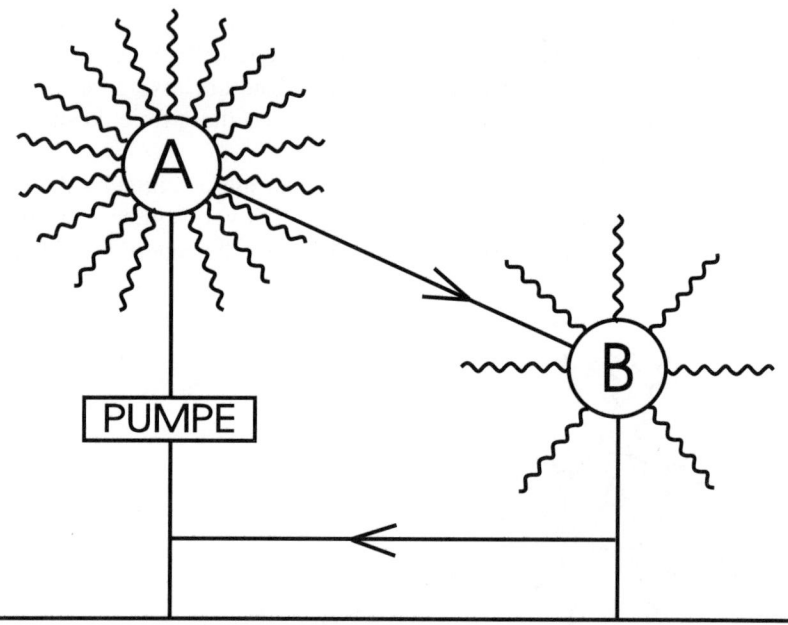

In der Tat werden wir wohl etwas von unserem Strom, der zwischen A und B fließt – ein Fluß aus geladener Masse, der für seinen Antrieb Energie benötigt –, dafür verwenden müssen, um unsere 'Pumpe' zu speisen. Wie auch immer wir dies tun, unser System benötigt eine äußere Kraftquelle – eine chemische Batterie, einen benzingetriebenen Generator, ein hydroelektrisches oder nukleares Kraftwerk. Wir müssen unsere Energie kaufen, wir müssen sie von anderswoher beziehen.

Wie also nutzen wir elektrische Ladung ohne Energieverlust, um das riesige Reservoir des überall vorhandenen Vakuums anzuzapfen? Zunächst einmal, sagen Bearden und andere, laden wir unsere beiden Kugeln auf. Wie man sehr wohl weiß, gibt es keinen Fluß von geladener Masse, keinen Elektronenfluß, keinen elektrischen Strom innerhalb dieser Kugeln und keinen Fluß zwischen ihnen, solange wir sie nicht miteinander verbinden. Zwischen beiden besteht allerdings ein *potentielles* Gefälle, ein virtuelles Vakuumzustandsgefälle, ein Skalarfeld.

Aber dieses Potential erzeugt *kein* reales Energiefeld auf der physikalisch *beobachtbaren* Ebene, denn was wir für ein elektrisches Feld halten, ist eigentlich eine Wirkung von Vakuum-'Spannung' aufgrund des

Potentialunterschiedes. Um beobachtbar 'real' zu sein, müßte es aus den sich bewegenden geladenen Elektronenmassen bestehen, und in einem System, in dem die beiden Kugeln nicht verbunden sind, haben wir keine mobilen Ladungsmassen.

In Freie-Energie-Geräten weigern wir uns strikt, unser wertvolles Energiepotential, unsere reine masselose Ladung, unsere Elektronen-Sprühdüsen, verpuffen zu lassen, wodurch wir im Gegenzug zwar ein wenig nutzbare Energie erhalten, jedoch mit beträchtlich weniger Effizienz als hundert Prozent.

Wenn wir einen Ball in der Hand halten, besitzt er (aufgrund der Gravitation) ein Potential, uns Energie zu liefern. Normalerweise nutzen wir diese Energie, indem wir den Ball fallen lassen und ihn im weiteren Verlauf etwas anderes anstoßen lassen. Mit Freie-Energie-Geräten unternehmen wir den Versuch, die im Potential vorhandene Energie als ebenso *real* anzuerkennen und sie anzuzapfen, *ohne* die Wirkung dieses Potentials dadurch auszunutzen, daß wir den Ball tatsächlich fallen lassen. Statt den grobschlächtigen, ungeschliffenen und offensichtlichen Ansatz zu wählen, versuchen wir subtiler vorzugehen.

Wie kommen wir nun mit so einem schlauen Trick weiter? Es ist leicht, sagt Bearden. Wir versetzen die Elektronen, die um die Atomkerne 'kreisen', in Schwingung, indem wir die das Atom umgebende Ladung in Schwingung versetzen. Wenn wir die Ladung erhöhen, wechselt das Elektron in einen angeregteren oder energiereicheren Zustand. Es springt auf eine weiter außen liegende Schale. So wird seine potentielle Energie erhöht. Dies entspricht der herkömmlichen elektrotechnischen Theorie und Erfahrung. Zum Beispiel:

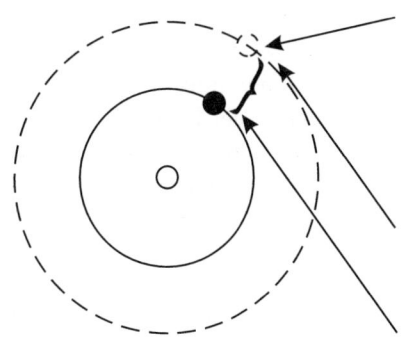

Ebene des angeregten Elektrons, das eine höhere potentielle Energie besitzt

Nettoveränderung des Energieniveaus wird als Photon emittiert

Normaler Zustand des Elektrons

Man kann sich das Elektron wie ein Gummiband vorstellen, das gespannt wird. Je größer die Spannung, desto größer die potentiell gespeicherte Energie. Doch während wir unserem Gummiband die Energie zuführen müssen, um es zu spannen, wobei die normalen Gesetze der Energieerhaltung gelten, wird unser Elektron in Wirklichkeit von innen durch die reale potentielle Energie des Vakuums gespeist. Wenn wir die Ladung verändern, wodurch das Elektron auf eine höhere Ebene der potentiellen Energie springt, bezieht das Elektron seine Energie aus dem Vakuumzustand. Lassen wir den Ladungszustand abbrechen, so springt das Elektron in seinen vorherigen Zustand zurück und setzt seine gespeicherte Energiedifferenz frei, und zwar *nicht zurück in den Vakuumzustand, sondern als ein Photon aus elektromagnetischer Energie,* ein höchst komprimierter, extrem schneller Vakuumenergie-Wirbel, der dann genutzt werden kann, um Hitze, Licht oder weitere elektrische Ladung zu erzeugen.

Mit anderen Worten, wir haben eine Einwegpumpe, ein Ventil oder eine Schleuse, die den Fluß nur in eine Richtung durchläßt, nämlich aus dem Vakuum oder dem Potentialzustand in die physikalisch beobachtbare Welt. Es ist die ultimative Katzenklappe, die die Mieze heraus, aber nicht wieder herein läßt. Und solange man den eigentlichen Fluß aus geladener Masse (Elektronen), zum Beispiel einen elektrischen Strom, im Mechanismus unterbindet, der die Schwingungen in der Ladung in Gang hält, solange verfügen wir über einen unerschöpflichen Vorrat an Energie.

Wie Bearden aufzeigt, sind Einsteins allgemeiner Relativitätstheorie zufolge die normalen Gesetze der Energieerhaltung, wie sie konventionell aufgefaßt werden, in einem Bereich 'gekrümmter Raum-Zeit' tatsächlich nicht gültig (Raum-Zeit *ist* das Vakuum). Und ein Gefälle im Ladungspotential ohne ein elektrisches Feld setzt automatisch eine Krümmung der Raum-Zeit voraus.

Bedenken Sie, Einsteins Theorie ist nur ein Modell oder ein Konzept, das versucht, die beobachtete *Wirkung* der Gravitation in den Griff zu bekommen, ohne daß tatsächlich irgend jemand in der Lage ist, ein Stück Etwas aufzuheben und zu sagen: „Aha, dies ist ein Stück Gravitation." Zu wissen, daß alle Kräfte (elektrische oder Gravitationskräfte etc.) Wirkungen der Vakuumaktivität sind, vermittelt uns einen besseren Überblick über das, womit wir es zu tun haben.

Jedenfalls wissen wir sogar aufgrund der konventionellen Theorie, daß in solchen Situationen, in denen wir ein Ladungspotential ohne Stromfluß vor uns haben, etwas Seltsames zu passieren scheint.

Ich bin nun kein professioneller, hauptberuflicher Physiker, und wenn Ihre Mathematik- und Physikkenntnisse Sie tiefer in dieses verzwickte Thema hineinführen können, als es meine eigenen Vorlieben und Ausführungen vermögen, dann möchte ich Ihnen als Ausgansgpunkt die Bibliographie am Ende des Buches und insbesondere Beardens Schriften empfehlen.

Sind Sie jedoch 'konventioneller' Physiker (gibt es solche Leute?) und möchten am liebsten aufschreien (vielleicht sogar laut), weil Sie meinen, dies sei alles falsch, dann machen Sie unter allen Umständen weiter. Dies hier soll eine freie Welt sein. Jeder von uns hat ebenso viel Recht wie alle anderen, die das Universum verstehen wollen, in dem wir leben. Aber vergessen Sie nicht, daß wissenschaftliche und philosophische Vorstellungen von Zeit zu Zeit radikale Veränderungen durchlaufen.

Wir sind nun in der Lage, genauer zu verstehen, worauf Tesla abzielte, was Henry Moray, Townsend Brown, John Searl und all die anderen im Schilde führten (und noch immer führen). Sie alle haben unwissentlich oder absichtlich Ventile geschaffen, die aus dem universellen Vakuum in die Welt der nutzbaren physikalischen Energie führen. Sie haben einfach verschiedene Methoden gefunden, sie überschwappen zu lassen oder sie zu 'gaten', wie der technische Ausdruck lautet.

Searl und Townsend Brown benutzten elektrische Hochspannung und Bewegung (von großen geladenen Massen), um eine Schwelle zu erreichen, bei der Vakuumenergie in die physikalische Manifestation hinüberflutete. Searls Maschinen lassen sich fast als riesige, sich drehende Elektronen beschreiben, nur auf einem makroskopischen Niveau. Tesla arbeitete auch mit enormen Hochspannungen, da die Welt des Subatomaren damals noch nicht so gut kartiert war wie heute.

Moray, Newman, Howard Johnson und andere haben dasselbe auf einer grundlegenderen Ebene getan, indem sie sich direkt mit der subatomaren statt mit der makroskopischen Welt befaßten. Dies ist ein subtilerer Ansatz, obwohl es wahrscheinlich ist, daß je nach der im einzelnen benötigten Wirkung der eine (oder andere) Ansatz angemessener sein mag. Wir sprechen hier von freiem elektrischen Strom, reinen Skalarwellengeräten für Kommunikationszwecke und für Energieübertragung und -gewinnung, von Antiträgheits- und Antigravitationsgeräten und vielem mehr.

Das hyperaktive Vakuum

Obwohl der Elektronenspin heute eine allgemein anerkannte Tatsache ist, hat in den frühen Tagen des Elektromagnetismus niemand mit ihm gerechnet. Der springende Indizienpunkt für das, was sich auf der subatomaren Ebene abspielt, wurde daher erst zu einem späteren Zeitpunkt eingefügt. Er wurde nie zu einem Grundaspekt der Theorie, wie dies zweifellos geschehen wäre, wäre er eher bekannt gewesen.

In der herkömmlichen Physik hält man dieses wirbelnde Elektron für eine bloße Masse mit einem ständigen Fluß virtueller Teilchen „in allen Richtungen in die Masse hinein und aus ihr heraus" (Bearden). 'Konventionelle' virtuelle Teilchen treten aus dem Nichts in die Existenz und verschwinden binnen eines Zeitbruchteils wieder. Dies ist im Vorstellungsrahmen der Quantentheorie 'zulässig', ja sogar erforderlich. Andererseits wird die Masse des Elektrons als eine 'Delle' oder Krümmung in der Einsteinschen Raum-Zeit betrachtet, wodurch sie in den dreidimensionalen Raum eingeschlossen wird. Doch wie wir wissen, vertragen sich die von der Quantentheorie und der Einsteinschen Relativität gelieferten Beschreibungen der physischen Realität nicht besonders gut. Man behandelt also alles wie ein Konzept oder eine Theorie, als eine Übereinkunft, damit die Gleichungen richtig aufgehen. Niemandem würde es jemals einfallen, sich an irgendeine konkrete Technik zu wagen, die sich auf ein Wissen um das Verhalten dieser 'konventionellen' virtuellen Teilchen stützt.

In Beardens Denken werden die virtuellen Teilchen jedoch definitiv als reale Entitäten betrachtet, die wie die Masse selbst aus dem Vakuumzustand entstehen. Es ist der Fluß virtueller Teilchen, der dem Elektron seine elektrische Ladung verleiht. Wie wir gesehen haben, stellt er das Elektron (oder irgendein geladenes Teilchen) graphisch als so etwas wie eine multidimensionale Sprühdüse dar. Das Spray ist dabei das unablässige Schwirren virtueller Teilchen aus dem Elektron heraus und wieder hinein. Und er setzt die Aktivität der virtuellen Teilchen mit der Energie des Vakuumzustands selbst gleich.

Das heißt, die unermüdliche Aktivität des Vakuums bringt die Masse des Elektrons nicht nur als eine wirbelnde Windung eingeschlossener Vakuumenergie oder als eine stehende Vakuumwelle, die von der Drehbewegung genau dieser Energie angezapft wird, in die Existenz, sondern sie liefert auch das, was wir als elektrische Ladung vermittels dieses virtuellen Teilchens oder als Vakuum-Energieaktivität (bzw. -Fluß) erfahren. Und all diese Energie wird aus dem unerschöpflichen Reservoir des Vakuumzustands gewonnen, sie ist also als eine Quelle freier Energie verfügbar, wenn wir sie anzapfen, transformieren oder übersetzen können. Die Sprühdüse sprüht einfach immer weiter! Oder einfacher ausgedrückt, keines der Geräte des Menschen *erzeugt* jemals irgend etwas. Wir ordnen nur die Energiemuster um. Dieses Verständnis vom Vakuumzustand ermöglicht uns also nichts geringeres als das Anzapfen einer tieferen, grundlegenderen Quelle.

Das Kommen und Gehen virtueller Teilchen

In der Quantentheorie *verlangen* abstrakte und mathematische Erwägungen praktisch, daß diese virtuellen Teilchen aus dem Nichts heraus als Materie und Antimaterie-Paare existent werden, solange sie sich im Bruchteil eines Zeitintervalls gegenseitig aufheben. Doch die Natur, der diese virtuellen Teilchen entstammen, wird weitestgehend ignoriert, da das Denken theoretischer Physiker meistens in *Konzepte* eingeschlossen und nicht auf Erfahrung oder direkte Wahrnehmung dessen gerichtet ist, was wirklich *ist*. Der Unterschied zwischen einem Ding und einer Beschreibung dieses Dinges wird, darauf habe ich hingewiesen, nicht ohne weiteres erkannt. Außerdem entstehen diese 'konventionellen' virtuellen Teilchen aus dem 'Nichts' heraus und heben sich gegenseitig auf, indem sie ins 'Nichts' zurückkehren. Es ist in Ordnung, diesen Trick mathematisch durchzuspielen, doch was bedeutet es eigentlich in realen Begriffen? In unserer Theorie vom Vakuumzustand ist das 'Nichts' tatsächlich ein reales, energiegeladenes Etwas.

Praktisch die gesamte moderne Physik ist von Fingerzeigen und Hinweisen auf die Existenz des Vakuumzustands als einer realen Entität durchsetzt, doch Vorurteile und konditioniertes, klassisches Gewohnheitsdenken wirken wie blind machende Nebelschleier. Genauso verhält es sich mit der Unfähigkeit zuzugeben, daß wir es einfach ganz falsch verstanden haben – oder nur teilweise richtig. Doch dies zuzugeben ist kein Zeichen von Schwäche, sondern von Größe. Denn die Wirklichkeit zu verkennen entspricht unserer normalen menschlichen Verfassung. Und dieses Verkennen bedeutet nicht Mangel an Wissen, sondern das, was vor unseren Augen liegt, zu ignorieren.

Viele moderne Physiker holen enorm weit aus, wenn es darum geht, Phänomene theoretisch zu erklären, ohne etwas bemühen zu müssen, das einem Äther auch nur im entferntesten ähnelt. Dies zu tun hieße zuzugeben, daß die Wissenschaft der Physik, der Elektrizität und des Elektromagnetismus sich etwa seit dem Jahr 1900 – fast ein Jahrhundert lang – auf einem reichlich oberflächlichen Weg befunden hat. Doch hundert Jahre sind in einem historischen Kontext so gut wie nichts, und eine neue Generation besser ausgebildeter Physiker und Elektrotechniker wird einer Reihe von überholten und beschränkten Vorstellungen bald ein Ende setzen. Die Jugend hat wenig Respekt vor Traditionen, besonders wenn deutlich wird, daß diese nur beschränkt gelten.

Eine der gut dokumentierten und klassischen Anomalien der experimentellen Physik, etwas, das nur durch die Vakuumtheorie zu erklären ist, ist das einfache Experiment des niederländischen Physikers Hendrick Casimir, das erstmals 1948 durchgeführt wurde. Wie wir zuvor beschrieben haben, ziehen sich zwei aus einem glänzenden, reflektierenden Material (z.B. Metall oder Glimmer) bestehenden Platten, wenn sie in einem Hochvakuum nahe aneinander gebracht werden, gegenseitig auf rätselhafte Weise an. Hier wirkt eindeutig irgendein Energieaspekt des Vakuums selbst, der normalerweise durch die Aktivität dieser virtuellen Teilchen 'erklärt' wird.

Doch da virtuelle Teilchen nur als theoretische Erfordernisse der Quantentheorie existieren und noch nie wirklich experimentell beobachtet wurden, stellt sich die Frage, ob sie tatsächlich existieren und was das Wesen ihrer Realität ist.

Sicherlich geht auf der Ebene des Vakuumzustands etwas zutiefst Bedeutsames vor sich, und über die Energiegeräte hinaus, die wir beschrieben haben, läßt sich die elektrostatische Polarisierbarkeit dieses virtuellen Teilchenflusses tatsächlich an der *Lamb-Abweichung* und an der *Delbrück-Streuung*, der Streuung von Photonen durch Photonen, demonstrieren und sogar messen.

Wie 'reale' subatomare Teilchen scheinen also auch virtuelle Teilchen Konfigurationen oder Muster in der Vakuumenergie zu sein, auch wenn sie weit vergänglicherer Natur sind.

Der Urknall: Etwas fehlt

Eines der Grundprobleme, von dem Physiker wissen, daß sie sich ihm widmen müssen, ist die Frage: „Wo ist all dies hergekommen?" „Wir wissen, daß man nicht etwas aus nichts bekommen kann", sagen sie, „Doch wenn es einst nicht existierte, und wenn das Nichts vorher existierte, dann muß es aus dem Nirgendwo gekommen sein … in einem Urknall vor langer, langer Zeit, als all die Energie, die heute existiert, für einen unendlich kleinen Sekundenbruchteil zu einem dimensionslosen Punkt zusammengepreßt war. Dann dehnte und breitete er sich aus, und nun haben wir das, was wir heute sehen." Oder was wir zu sehen *glauben*…

Doch selbst logisch ergibt dies wenig Sinn, denn wie kann *'Nichts existieren'*? Wenn es nichts ist, *existiert es nicht!* Nun, das mag ein Wortspiel sein, doch es ist ein weiterer dieser Fingerzeige, die uns unaufhörlich darauf aufmerksam machen, daß wir im herkömmlichen wissenschaftlichen Denken oder der Philosophie irgend etwas falsch verstanden haben.

Ähnlich spüren die Wissenschaftler, weil die Dinge so sind, wie sie sind, daß eine Menge Materie oder Energie *fehlt*. Die Gleichungen gehen nicht richtig auf. Deshalb haben sie Konzepte wie das von einem Hintergrundmeer aus fast nicht feststellbaren Neutrinos (Elektronen ohne elektrische Ladung) erfunden. Man wählte Neutrinos, weil sie praktisch nicht feststellbar sind. Sie sind sehr klein, und da sie keine elektrische Ladung besitzen, gehen sie durch die meisten Atome ohne Wechselwirkung oder Zusammenstoß mit dem Kern einfach hindurch. Wir hätten sie also leicht experimentell übersehen können. Die Räume zwischen dem Kern und den ihn umgebenden Elektronen entsprechen – im Verhältnis zur Größe eines Neutrinos – den Entfernungen zwischen Planeten, so daß die Chancen für ein Neutrino, tatsächlich mit irgend etwas zusammenzustoßen, ziemlich gering sind.

Diese Theorie hilft also, das Problem der fehlenden Masse (oder Energie) zu lösen. Und vielleicht ist die Theorie teilweise richtig. Aber trotzdem muß etwas diesem Meer aus ladungsfreien Neutrinos (wenn es sie gibt) seine Existenz verleihen. Ein Neutrino muß *etwas sein*, seine Energie muß permanent von irgendwoher kommen, damit es weiterhin existiert. Durch den konzeptionellen Kunstgriff Neutrino ist die Lösung für die Gleichung mit der fehlenden Masse nur verschoben worden. Immer noch bleibt das Problem: „Woher kommt all dies?" *Jetzt!* Nicht vor langer, langer Zeit!

Das Universum als Fluktuation des Vakuumzustandes

Eine Theorie in der Physik besagt, daß das ganze physische Universum eigentlich eine *Vakuum-Fluktuation* ist, das heißt, etwas ist einfach ganz zufällig aus dem Nichts herausgeplatzt und wird eines Tages wieder zurück ins Nichts verpuffen – eine Art riesiges virtuelles Teilchen. In der Zwischenzeit, sagt die Theorie, sollte sich jegliche Energie (Materie und Antimaterie) im Universum zu Null summieren. Doch das tut sie nicht.

Seltsamerweise kommt von allen Ideen wahrscheinlich diese der mystischen Vorstellung von der Akasha- oder Vakuum-Manifestation und der nachfolgenden Auflösung oder *Pralaya* am nächsten. Denn in der Sanskrit-Literatur der alten Hinduweisen wird gesagt, das Pralaya des physischen Universums finde alle 4 320 000 000 (4,32 Milliarden) Jahre statt. Dann herrscht wahrscheinlich eine 'Nacht', eine Periode kosmischer Wiederherstellung, bevor das physische Universum neu erschaffen wird. Es heißt, heute seien ungefähr zwei Milliarden Jahre des gegenwärtigen Zyklus vergangen, womit noch etwas mehr als weitere zwei Milliarden Jahre übrig bleiben, bis wir bei der nächsten Auflösung wieder vom Akasha absorbiert werden.

Diese Zyklen von Schöpfung und Auflösung stellen das Ein- und Ausatmen des Universellen Geistes dar. Denn die Gesamtmenge der Geistregionen – physische, astrale und kausale – wird zu diesen Zeiten ebenfalls aufgelöst und neu erschaffen. Der Universale Geist ist auch als Brahman bekannt, und diese rhythmischen Fluktuationen oder Zyklen werden ein *Tag von Brahman* und eine *Nacht von Brahman* genannt.

Der Unterschied zwischen der modernen Theorie der Vakuumfluktuation und der überlieferten Beschreibung der altindischen Yogis und Munis ist wirklich recht klein. Der Hauptunterschied besteht darin, daß der moderne Mensch glaubt, das Vakuum sei nichts, während der Mystiker darauf beharrt, daß seine persönliche innere Erfahrung davon diejenige eines realen Etwas ist, das *absichtlich* wie ein Nichts aussieht, bloß um uns in unserem Gefängnis mehr oder weniger bei Laune zu halten.

Interessanterweise kommen die in der Sanskrit-Literatur genannten Zeitspannen der Schöpfung nahe an die ständig wechselnden wissenschaftlichen Schätzungen heran. In den letzten Jahren hat sich das geschätzte Alter des Universums verdoppelt und vervierfacht, so daß es gegenwärtig bei rund fünfzehn Milliarden Jahren liegt. Niemand weiß, wie genau diese Schätzungen sind, jedenfalls liegt die Hindu-Vorstellung von zwei Milliarden Jahren ungefähr in derselben Größenordnung.

Man sollte sich vergegenwärtigen, daß diese Sanskrit-Schriften seit mehreren Tausend Jahren existieren und daß vor kaum einem Jahrhundert die vorherrschende westliche Theorie den Ursprung des Universums auf 4004 v. Chr. datierte, wobei die Intellektuellen jener Zeit darüber diskutierten, ob die Schöpfung im Frühjahr oder Herbst jenes Jahres stattfand...

Die indischen Mystiker verdienen also sicherlich ernst genommen zu werden. Während die vorherrschende westliche Schöpfungsgeschichte auf einer einem alten jüdischen Buch entnommenen Allegorie basiert, war die indische Vorstellung einer Schöpfung aus dem Akasha heraus schon vor mehreren Tausend Jahren recht zutreffend. Und das überrascht nicht, denn der fortgeschrittene Mystiker ist in der Lage, aus seinem Inneren heraus zu sehen, und die Gesamtstruktur der Schöpfung ist heute genauso, wie sie unter anderen kulturellen Umständen vor Jahrtausenden oder früher war.

Was hat es mit dem modernen westlichen Menschen auf sich? Wir haben unseren irdischen Garten praktisch zerstört; wir haben Waffen konstruiert, die weit schrecklicher sind als alles, was geschichtlich überliefert ist; wir haben ein *Leben* in gegenseitiger Unterstützung für eine Sozialstruktur aufgegeben, die auf gegenseitiger Aggression und auf dem Wetteifern ums *Überleben* beruht; alle menschlichen Schwächen sind in unseren heutigen Gesellschaften deutlich offenbar, und trotz alledem bestehen wir weiterhin darauf, wir hätten 'Fortschritte' gemacht und unsere Erkenntnis übertreffe die der Menschen früherer Zeitalter oder anderer Kulturen. Kein Wunder, daß wir glauben, wir kämen aus dem Nichts. Was kann man auch von einer dermaßen aus dem Gleichgewicht geratenen Gesellschaft anderes erwarten als solch eine verrückte, verworrene Idee!

Ganz abgesehen von der Tatsache, daß die Theorie den Ursprung und die Natur von Geist und Bewußtsein mehr oder weniger außer acht läßt, ist die Vorstellung, der zufolge das physische Universum vor langer, langer Zeit in einem Urknall aus dem Nichts herausplatzte, tatsächlich schon deshalb mangelhaft, weil niemand sagen kann, was es dazu veranlaßte! Und wenn es ein zufälliges Ereignis war (Zufälligkeit in einem Meer aus Nichts?!), was hält dann andere 'Universen' davon ab, in irgendeinem nahegelegenen interstellaren Raum ebenfalls zufällig aus dem Nichts heraus zu erscheinen? Warum haben wir nicht eine Vielzahl von Urknallen, die in Raum und Zeit zufällig stattfinden? Wenn wir zu verstehen glauben, was nach dem theoretischen Urknall geschah, ist das ganz in Ordnung – doch was verursachte ihn, und warum hat es seitdem keine weiteren gegeben? Sicherlich, eine solche Situation wäre chaotisch, doch das materialistische Paradigma erkennt nicht an, daß dem, was wir sehen, eine höhere oder grundlegende Ordnung zugrunde liegen könnte.

Natürlich haben die Physiker dieses Problem gelöst, indem sie auf theoretischer Grundlage behaupten, neue Universen könnten in unserem interstellaren Hinterhof nicht wie ein Feuerwerk in die Existenz hineinplatzen und sich in Windeseile ausbreiten, wenn es bereits eine 'Dehnung im Raum' gibt, wenn dort bereits etwas vorhanden ist. Eine tröstliche Versicherung, die jedoch nichts weiter leistet, als das Offensichtliche zu 'beweisen'! Aber die Theorie sagt uns immer noch nicht, woher das physische Universum, das wir täglich erfahren, wirklich kam (oder kommt).

Vom mystischen Standpunkt aus ist die Schöpfung eine höchst geordnete und strukturierte Angelegenheit, eine Projektion von Mustern von innen nach außen. Was also auch immer geschieht, sei es die Schöpfung von Universen oder die Bewegung eines Blattes an einem Baum – es ist ebenso *beabsichtigt* und *geordnet*, wie die Einzelheiten eines projizierten Bildes gänzlich von dem Projektionssystem und den projizierten Mustern abhängig sind.

Tatsächlich ist die Urknalltheorie gänzlich aus einer einzigen empirischen Beobachtung abgeleitet – der Rotverschiebung, einem augenscheinlichen Dopplereffekt des Lichts, das uns von entfernten Sternen erreicht. Ihre Wellenlängen scheinen 'gedehnt', was so gedeutet wird, daß sie sich von uns entfernen. Aus diesem einen Indiz allein ist die Idee entstanden, das Universum dehne sich ständig aus, und 'deshalb' muß es ursprünglich in einem Urknall vor langer, langer Zeit aus einem einzigen ultradichten Punkt (einer *Singularität*) hervorgetreten sein.

Es gibt jedoch eine Vielzahl anderer Theorien, die diese Rotverschiebung[1] erklären, und nicht alle studierten Astronomen und Astrophysiker, einschließlich des großen amerikanischen Astronomen Halton Arp, sind von der Erklärung des sich ausdehnenden Universums überzeugt. In der allgemeinen Vorstellung hat sich die Idee festgesetzt, und Wissenschaftler sehen es gern, wenn sich ihre Theorien gut verkaufen, so daß sie bei deren Billigung nicht zu Vorsicht mahnen. Doch die Idee ist alles andere als bewiesen.

Und wäre nur eine dieser alternativen Theorien richtig, dann gingen sowohl die Theorie vom sich ausdehnenden Universum als auch die Urknalltheorie sofort in Rauch auf. Die Theorie ist also nur dürftig fundiert.

---

[1]Siehe *New Ideas in Astronomy*, herausgegeben von B. F. Madore et al, Cambridge University Press, 1988

Mystisch betrachtet ist der Schöpfungsprozeß von innen nach außen Teil einer Aktivität innerhalb der Struktur des größeren Formativen GEI-STES. Die Urenergie des Universalen ist in Myriaden subtiler, schillernder Muster eingewoben. Jedes dieser Muster projiziert und reflektiert (in unserer physischen Sprache gibt es keine Worte, um diesen Prozeß wirklich zu beschreiben) noch tiefer innen liegende Muster in einer riesigen Hierarchie formativer Schöpfung. Man kann den Prozeß der Schöpfung nicht ohne ein Verständnis dieses inwendigen, kreativen, vertikalen Energiespektrums begreifen.

In unserer jetzigen Lage erscheint uns die physische Schöpfung als so fest, so dicht und so real, daß es uns schwerfällt, unser Verständnis dahingehend zu erweitern, daß sie in ihren Uranfängen ein subtiles, tanzendes Muster aus Klang und Licht war und tatsächlich noch immer nichts anderes ist, daß sie mit dem Ausatmen des Kosmischen GEISTES ins Sein trat und eines Tages wieder zurückgezogen – und erneut projiziert werden wird. Doch es demonstriert sehr deutlich, wie die menschliche Wahrnehmung des Universums gänzlich von seiner eigenen Geistes- und Bewußtseinsstufe abhängig ist. Das Selbstverständnis des Menschen ist zentral für sein Verständnis der Welt.

—— KAPITEL 12 ——

Hinter dem Schleier

Leben hinter dem Schleier

Ein Buch zu schreiben ruft verschiedene Reaktionen hervor, unter anderem natürlich die, daß Leute direkt mit einem kommunizieren. Es dauert also nicht lange, bis man einen Eindruck vom Meinungsspektrum des Personenkreises bekommt, der das Werk gelesen hat. Es gab Menschen, die über die mystischen Passagen meines Buches *Strahlungsfeld* sagten: „Es gefiel mir außerordentlich gut, doch warum hielten Sie es für nötig, die ersten beiden Abschnitte über mystische Philosophie aus dem Osten einzufügen?" Andere sagten umgekehrt: „Die wahre Essenz des Buches liegt in den ersten beiden Abschnitten. Ich hätte gerne im ganzen Buch mehr Verweise auf die mystischen Verbindungen gelesen." Viele andere haben es einfach als einen allgemeinen und universellen Überblick genossen, der viele Fäden zusammenknüpft, ohne daß sie das Bedürfnis hatten, diese Meinung zum Ausdruck zu bringen.

Ich erwähne dies, weil ich im Begriff stehe, einen Themenbereich aufzugreifen, der vielleicht genau diese Art Reaktion hervorruft, besonders unter den ausgesprochen materialistisch eingestellten Lesern (vorausgesetzt, daß solche Leute bis zu diesem Punkt vorgedrungen sind!). Unserem menschlichen Geist ist ein Mechanismus eingebaut, der ihn davor bewahrt, Ideen gutzuheißen, mit denen er nicht vertraut ist oder die in ihm nicht auf Widerhall treffen. Wir schauen einfach in eine andere Richtung oder reagieren negativ oder vorurteilsgeladen. Selten betrachten wir die Sache als eine Arbeitshypothese, die zwar durch unsere persönliche Erfahrung bestätigt werden muß, es aber dennoch wert ist, geprüft zu werden. Stets verspüren wir das Bedürfnis, Meinungen zu haben, selbst wenn wir über keine Erfahrung oder kein Wissen verfügen, auf das wir die Meinung gründen könnten. Meinung ist jedoch schlicht eine voraussagbare Reaktion unserer unbewußten Geistenergien, unserer individuellen, besonderen Geisteshaltung.

Mir hingegen gefällt die chinesische Glückskeks-Weisheit:

Versteif dich auf eine Meinung, und es wird immer die falsche sein!

Um stets daran erinnert zu werden, hat Dr. Lawrence Crapo, ein Medizinforscher an der Stanford Universität, folgenden Spruch an seine Bürotür geheftet, ein abgewandeltes Zitat aus Dantes Göttlicher Komödie: „Und alle, die Ihr hier eintretet, mit dem komischen sonderbaren Gebrechen, zu dem wir in akademischen Kreisen besonders neigen".

Wenn wir von einem Bus angefahren werden, aber nicht an Busse glauben, werden wir wahrscheinlich eher eine Vielzahl möglicher Alternativerklärungen vorbringen, als die Realität von Bussen zu akzeptieren.

Sollte Ihnen das Folgende also nicht passen, so ziehen Sie sich den Schuh keinesfalls an – aber lesen Sie es mit einem offenen Geist, und prüfen Sie seine Bedeutung. Nach einigen für den Geist vielleicht recht strapaziösen Kapiteln wird dieser Abschnitt für viele Leser eine kleine Abwechslung sein.

Es ist jedoch interessant festzustellen, daß vielen Wissenschaftlern und anderen Leuten die Auseinandersetzung mit Konzepten wie multiplen Universen und Urknallen aus dem Nichts gefällt, während alles, was nur im entferntesten nach Spiritualität, Bewußtsein oder auch nur nach Geist und Psychologie riecht, automatisch als Gedanken von Spinnern und Scharlatanen abgetan oder zumindest als schlicht irrelevant ignoriert wird.

Dies ist an sich natürlich eine interessante Reaktion des menschlichen Geistes auf alles, was die eigenen unbewußten Schleier zu entfernen wagt. Wie ich mehrfach angedeutet habe, wurde die gesamte Wissenschaft aus dem Geist des Menschen herausgesponnen. Um die Natur der Wissenschaft zu verstehen, ist es deshalb unbedingt erforderlich, die wahre Natur unseres eigenen Geistes und Bewußtseins von innen heraus zu verstehen. Wir stellen Fragen über das Universum, ohne die Natur des ʻIchsʼ zu verstehen, das die Frage stellt. Wenn wir *diese* untersuchten, so würden wir vielleicht feststellen, daß sich die Natur der Frage *und* des ʻUniversumsʼ radikal verändern würde. Keine Beobachtung des ʻEsʼ ist vollständig ohne eine Untersuchung des ʻIchsʼ, das die Beobachtung vorzunehmen glaubt.

Nirgendwo kommt die Verbundenheit von Geist und sogenannter ʻäußererʼ Realität deutlicher zum Ausdruck als in der Beschreibung innerer mystischer Erfahrungen. In unserer physischen Welt liegt das Bindeglied zwischen Geist und Manifestation im Verborgenen. Wir erhaschen vielleicht in bestimmten Äußerungen der Quantenphysik oder in den Eingebungen unseres Bewußtseins einen flüchtigen Blick auf die Wirklichkeit, doch die eigentlichen Mechanismen, durch die das Karma unseres Schicksals in unserem Geist gespeichert und zu einer augenscheinlichen äußeren Realität wird, sind mit dem bloßen Auge nicht direkt zu erkennen.

In den inneren Astral- und Kausalregionen jedoch wird die Situation weitaus klarer. Dort ist die Einheit von Beobachter und Beobachtetem in die Betrachtungsweise der Geschehnisse ausdrücklicher integriert. In der physischen Welt ist sie zwar implizit vorhanden, doch sie bleibt verborgen. Ohne mystische Erfahrung erfassen wir sie nur flüchtig durch Intuition, durch bestimmte logische Konstrukte, durch Koinzidenz, Eingebung, Synchronizität und so weiter.

In den inneren Welten tritt das Bindeglied zwischen Geist und manifestierten Energien leichter zutage, während in der physischen Welt, in der zwar dieselben Prinzipien am Werk sind, die Dinge aufgrund der dort herrschenden Schwingungsdichte länger brauchen, um sich äußerlich zu manifestieren. Oft wurde gesagt, wenn wir uns etwas wünschen – Gutes oder Schlechtes –, beginne dies, sich auf uns zuzubewegen. „Gedanken sind Dinge", lautet ein altes Sprichwort, und ähnlich: „Wir sollten unsere Gedanken weise wählen." Leichter gesagt als getan! Doch die direkte energetische Verbindung von Geist und Materie liegt definitiv sowohl der physischen als auch den astralen und kausalen Ebenen der Manifestation zugrunde. Es dauert nur ein bißchen länger, bis sich in unserer Welt der grobstofflichen Erscheinungen die Wirkungen zeigen, so daß uns in der Zwischenzeit vielleicht entfallen ist, wie und wann wir die Bitte formuliert haben.

In Michael Naimys *Buch des Mirdad* gibt es einen wunderschönen Absatz, der sehr treffend ist:

> Denke also so, als ob jeder deiner Gedanken mit Feuer an den Himmel geschrieben würde, auf daß alle und alles ihn sehen können. Denn so ist es in Wahrheit.
>
> Handle also so, als ob jede deiner Taten auf dein Haupt zurückfallen würde. Und so ist es in Wahrheit.

Die Geist-Materie-Verbindung liegt, wie gesagt, aufgrund der Ausrichtung unserer Aufmerksamkeit im Verborgenen. Wenn wir in der Meditation unsere Aufmerksamkeit von außen nach innen verlagern, verändern wir damit auch die Wahrnehmung der Natur der 'äußeren' Realität, und allmählich lassen die verborgenen Verbindungen ihre Schleier sinken.

Wenn unsere Aufmerksamkeit innen im Denk- oder Augenzentrum konzentriert bleibt, dann gebrauchen wir unsere Sinneswahrnehmungen und motorischen Funktionen weiterhin wie zuvor, operieren aber von innerhalb unserer selbst aus. Wir erleben dann diese Kontakte zur Welt innerhalb von uns selbst. Es ist die Querverbindung dieser sensorischen und motorischen Funktionen, die unsere Gefühle von Realität und Existenz der äußeren Welt verursacht. Wenn wir herausfinden, daß sich diese in unseren eigenen Köpfen befinden, stellen wir fest, daß auch die Welt, von der wir dachten, sie sei außerhalb, in unserem eigenen Geist existiert.

Tatsächlich umfaßt dies noch viel mehr, denn wir stellen fest, daß die äußere Welt auf höchst magische Weise eigentlich aus dem Inneren unseres eigenen Geistes ins Sein getreten ist, unterstützt und begünstigt durch all die anderen Seelen, mit denen wir unsere 'Realität' teilen. Das läßt sich mit dem Verstand nur schwer erfassen, doch es ist die Erfahrung aus langjähriger Meditation, und sie steht allen offen, die sie für sich selbst ausprobieren möchten. Für den, der sie erlebt, ist an der mystischen Erfahrung nichts geheimnisvoll. Eher hat er das Gefühl, allmählich normaler zu werden. Im trügerischen Spiel des Geistes und der Sinne verloren zu sein erscheint anormal. Der Meditierende spürt, daß er dabei ist zu erwachen, während andere noch immer schlafen. Und er versteht auch, warum andere solchen Erfahrungen keinen Glauben schenken. All das ist in die menschliche Geiststruktur eingebaut. Es liegt in der zweckmäßigen Natur des kosmischen Dramas.

Wie wir es auch immer betrachten, der Geist ist ganz gewiß tief in das Sekunde für Sekunde vor uns abspulende Panorama unseres Lebens verwickelt, und Beschreibungen der inneren Regionen demonstrieren die Subtilität dieses Prozesses. Nehmen wir zum Beispiel nur ein paar Auszüge aus dem Buch *Life Beyond the Veil* (Leben hinter dem Schleier) des Geistlichen Vale Owen, das seinem Geist von Seelen eingegeben wurde, die ihren physischen Körper verlassen hatten und anscheinend in Teilen der Astralebene wohnten. 'Eingegeben' oder 'übertragen' sind die richtigen Worte, denn er setzte sich einfach zum Schreiben hin, und die Worte erschienen vor seinem geistigen Auge. Es war ihm auch möglich, im Geiste Fragen zu stellen und Antworten zu erhalten und ganz allgemeine Gespräche mit diesen Seelen zu führen.

Das Manuskript selbst wurde in vier Bänden mit einer Einführung von Sir Arthur Conan Doyle veröffentlicht. Eine persönliche Würdigung von Lord Northcliffe zeigt außerdem, was für ein Mensch Vale Owen war:

> Ein Mann von aufrichtiger Gesinnung. Er wünschte sich so wenig Publicity wie möglich und lehnte all die großen Geldeinkünfte ab, die er aufgrund des enormen Interesses der Öffentlichkeit in der ganzen Welt leicht hätte haben können.

Denjenigen, die die Authentizität des Manuskriptes anzweifeln, präsentiert sich somit ein Mann ohne tiefere Beweggründe wie Ruhm oder finanzielle Vorteile. Ebenso unbegründet ist die einzig verbleibende Erklärung der 'Skeptiker', der Mann sei zwar aufrichtig gewesen, doch die Schriften seien das Phantasieprodukt der verborgenen, unbewußten Motive seines Unterbewußtseins. Wie alles übrige intellektuelle Wissen des Menschen sei es, ohne jede echte Vorstellung der eigentlichen Natur des Gedankens selbst, in Gedanken ersonnen worden. Ein wackliges Gebäude, gelinde ausgedrückt. Denn herkömmliches psychologisches Denken kann uns nichts über die wahre Natur des Geistes als Energiefeld sagen. Wie die Energie des Geistes organisiert ist, was Geist und Bewußtsein denn eigentlich sind, darüber kann die Psychologie uns wenig sagen. Es ist in Wirklichkeit der mystische Ansatz selbst, der uns die Dinge deutlich macht.

Doch werfen wir einen Blick auf einige Passagen aus diesem Manuskript. Die erste ist einer Sitzung von Mittwoch, dem 8. Oktober 1913 entnommen.

> Aufgrund bestimmter Umstände, die für diejenigen wichtig sind, die unsere Absicht aus ihrem inneren Sinn heraus verstehen, wollen wir heute nacht versuchen, dir ein wenig Unterweisung zuteil werden zu lassen, die dir helfen und dich leiten wird, wenn du dich mit den Bereichen beschäftigst, die unter der Oberfläche der Dinge liegen und die normalerweise vom gewöhnlichen Geist nicht berücksichtigt werden.
>
> Einer davon ist die Erscheinung, die die Gedanken haben, wenn sie aus eurer Sphäre in die unsere projiziert werden. Gute Gedanken erscheinen mit einem Leuchten, das denen fehlt, die von einer weniger heiligen Art sind. Dieses Leuchten scheint vom Wesen des Denkers auszugehen, und anhand seiner mannigfaltigen Strahlen aus einzelnen Farben sind wir in der Lage, einiges über seine spirituelle Verfassung zu erfahren, nicht nur darüber, ob er sich im Zustand der Dunkelheit oder des Lichtes befindet und auf welcher Stufe des

Lichtes, sondern auch über die Punkte, in denen er sich auszeichnet und in welchen er in irgendeiner Hinsicht fehlgeht. Doch Gedanken, die Effekt von Geisttätigkeit sind, werden in der Wirkung sichtbar, die sie ihrerseits *auf die Umgebung des Denkers ausüben*, und sie werden von uns nicht nur gesehen, sondern in einer genaueren und intensiveren Art als bei euch auch gefühlt oder gespürt.

Diesem Gedankengang folgend wirst du natürlich begreifen, daß unser Wille, wenn wir an irgend etwas sehr intensiv denken, in der Lage ist, eine äußere Manifestation hervorzubringen, die für diejenigen, die sie erblicken, wirklich objektiv ist. Auf diese Weise werden viele wunderschöne Effekte erzeugt. *Kannst du mir ein konkretes Beispiel zur Veranschaulichung geben?*

Hier hat Vale Owen eine Frage eingeschoben, die in seinem eigenen Geist gestellt und zusammen mit den Antworten aufgeschrieben wurde.

Ja, es wird dir helfen zu verstehen, was wir meinen.

Ein paar meiner Freunde und ich, die in diesem Wissen unterwiesen wurden, trafen sich, um zu sehen, inwieweit wir bereits Fortschritte gemacht hatten, und wir entschlossen uns zu diesem Zweck zu einem Experiment. Wir wählten eine Lichtung mitten in einem wunderschönen Wald, und zum Test beschlossen wir, unseren Willen alle auf ein bestimmtes Ding zu konzentrieren und zu sehen, ob wir Erfolg haben würden. Wir beschlossen, eine Erscheinung im freien Raum hervorzurufen, die so fest und dauerhaft sein sollte, daß wir sie anschließend untersuchen konnten. Und dies sollte eine Statue von einem Tier werden, etwa einem Elefant vergleichbar, jedoch recht anders; ein Tier, das es hier gibt, das aber nicht mehr auf eurer Erde wohnt[1].

Wir saßen alle in einem Kreis im Freien und konzentrierten uns auf das hervorzubringende Objekt. Sehr schnell erschien es und stand vor uns. Wir waren von der Schnelligkeit des Ergebnisses überrascht. Doch aus unserer Sicht gab es zwei Fehler. Es war viel zu groß, denn wir hatten vergessen, unseren vereinigten Willen auf eine angemessene Proportion einzustellen. Und es glich viel eher einem lebenden Tier als einer Statue, denn viele hatten im Geiste an das lebende Tier selbst und auch an seine Farbe gedacht, so daß das Ergebnis

---

[1] Ja, es gibt Pflanzen, Tiere und andere Geschöpfe in der inneren Welt! Wie kurz in Kapitel 4, in *The Web of Life* und in *Natural Creation* beschrieben, setzen sich alle Geschöpfe aus verschiedenen Anordnungen der fünf feinstofflichen Essenzen oder Tattwas zusammen. Diese Tattwas erscheinen zuerst auf der Kausalebene und werden sowohl auf den astralen als auch auf den physischen Ebenen reflektiert. Aus diesen Tattwas ist alle physische Substanz zusammengesetzt. Es mag Ihnen schwerfallen, dies zu begreifen oder zu akzeptieren, doch es wäre irgendeinem westlichen Menschen vor mehr als hundert Jahren mit der Vorstellung, daß die physische Materie größtenteils aus Vakuum besteht, nicht anders ergangen.

eine Mischung aus Stein und Fleisch war. Viele Stellen waren außerdem falsch proportioniert – der Kopf zu groß und der Körper zu klein und so weiter, was zeigte, daß auf manche Teile mehr Kraft konzentriert wurde als auf andere. Auf diese Weise lernen wir bei all unseren Studien aus unseren Fehlern und auch, wie wir sie beheben können. Wir führen ein Experiment durch, untersuchen dann das Ergebnis und versuchen es erneut. Das taten wir auch jetzt.

Als wir unsere Aufmerksamkeit von der so erzeugten Statue abwandten und uns unterhielten, verblaßte sie allmählich. Und dann gingen wir frisch und munter an unseren nächsten Versuch. Wir beschlossen, nicht dasselbe Modell wie zuvor zu wählen, da unser Geist wahrscheinlich mehr oder weniger in denselben Trott verfallen wäre. Wir wählten also dieses Mal einen Baum mit Früchten daran – so etwas wie einen Orangenbaum, doch nicht ganz dasselbe.

Dieses Mal hatten wir mehr Erfolg. Die Hauptfehler bestanden darin, daß einige der Früchte reif waren und manche unreif. Die Blätter hatten nicht die richtige Farbe, und die Zweige waren nicht richtig proportioniert. Und so versuchten wir ein Ding nach dem anderen und stellten fest, daß wir jedes Mal ein wenig erfolgreicher waren. Du kannst dir das Vergnügen vorstellen, das diese Art von Schulung bereitet, und das Gelächter und die lustige Stimmung, die unsere Fehler begleitet. Diejenigen unter euch, die glauben, wir machten in diesem Leben niemals Witze und würden nicht einmal lachen, werden ihre Vorstellungen eines Tages revidieren müssen, anderenfalls werden sie uns für eine merkwürdige Gesellschaft halten – oder vielleicht werden sie uns merkwürdig finden. Doch sie lernen bald, was die Liebe dieses Landes ausmacht, in dem wir vollkommen natürlich und ungekünstelt sein können und tatsächlich gezwungen sind, so zu sein, wenn wir von einer anständigen Gesellschaft akzeptiert werden wollen, wie du es ausdrücken würdest. Ich fürchte, das Gegenteil trifft auf die Erde zu, oder nicht? Also, lebe und lerne, und diejenigen, die in diesem Leben leben – und nicht bloß existieren oder schlimmeres –, lernen sehr schnell. Und je mehr wir lernen, desto mehr staunen wir über die Kräfte, die uns zur Verfügung stehen.

Aus diesen Passagen wird ziemlich deutlich, wie der innere Geist und die äußere Substanz dieser Welten eng miteinander verknüpft sind und daß dies für die Bewohner nichts Merkwürdiges ist. Für eine wachsende Zahl von Menschen auf unserem Planeten Erde ist diese Auffassung und dieses Bewußtsein ein Aspekt ihres inneren Lebens und ihres Verstehens, das von Augenblick zu Augenblick fortlaufend anwächst. Und wir müssen uns vergegenwärtigen, daß sowohl der Geist als auch die Substanz dieser höheren Welten von einer weit feineren Beschaffenheit sind als in dieser Welt.

Beachten Sie auch, wie gesagt wird, daß Gedanken nicht nur „eine Wirkung auf die Umgebung des Denkers ausüben", sondern auch „von anderen gefühlt oder gespürt" werden. Dies ist die natürliche telepathische Art von Kommunikation oder 'Unterhaltung' in jenen Regionen. Wenn in dieser Welt Menschen von Schwingungen oder Atmosphäre sprechen, ist dies ein schwaches Gewahrwerden des eben Erwähnten.

Entsprechend wurde die Statue durch die „Vereinigung des Willens" oder des Geistes der Anwesenden manifestiert. Auf diese Weise werden alle Regionen des Geistes – physische, astrale und kausale – erzeugt. Doch der vollständige Mechanismus ist verborgen, bis die Seele auf die andere Seite der Kausalwelt, die Region des Universellen GEISTES gelangt ist. Wir beobachten die Resultate und sind uns bis zu einem gewissen Grad der Kausalbeziehung zwischen 'äußeren' Ereignissen und unserem innerem Geist bewußt. Dennoch sind wir unfähig, die vollständige Geschichte wahrzunehmen.

Es mögen dem Leser bestimmte Gedanken zur Ähnlichkeit zwischen diesen und irdischen Szenen in den Sinn kommen. Hier ist eigentlich nicht der Ort, sie zu behandeln, doch lassen Sie mich aus Paramahansa Yoganandas *Autobiographie eines Yogis* zitieren. Yogananda hat gerade vermittelt, was sein Meister ihm von den inneren Regionen erzählt hat. Er bemerkt, daß seine Leser seine Beschreibung vielleicht anzweifeln könnten, und daher ergänzt er:

> Es kann keine Grundlage für die oft gehörte Furcht geben, Gott habe vielleicht Seine Genialität darin erschöpft, *diese* Welt zu organisieren, und für die *nächste* nichts weiter vorgesehen, um unser Interesse herauszufordern, als das Herumklimpern auf Harfen!

Oder man kann auf die Bibel verweisen, wo Christus (auf hebräisch) gesagt haben soll:

> Euer Herz erschrecke nicht. ... Im Hause meines Vaters sind viele Wohnungen. (Joh., 14.1-2)

Und natürlich gibt es das alte hermetische Axiom: „Wie oben, so unten."

Bei Owen finden wir abermals eine entsprechende Passage, die die Verbindung zwischen Innerem und Äußerem demonstriert. Sie ist auch deshalb interessant, weil sie auf einen früheren Absatz verweist, in dem die Seelen in eine Halle des Lernens gekommen waren. Hier gibt es wie

in unser eigenen Welt Artefakte oder Instrumente, die von den Bewoh-
nern gemacht wurden, um ihnen zu helfen, die Steuerung und die Konzentration ihres Geistes zu beherrschen und das Wesen ihrer Welt besser
zu verstehen. Eine derartige Aktivität macht auch deutlich, daß die Seelen
dieser inneren Regionen über die Art, wie unsere Welt aufgebaut ist, ebenso
verblüfft sind wie wir. Obwohl sie darüber, wie die Schöpfung aufgebaut
ist, beträchtlich aufgeklärter sind als wir, erforschen sie immer noch – wie
wir – den Teil der Schöpfung, in dem sie sich selbst befinden.

Es scheint, ehe die Studenten in der Lage sind, Fortschritte in dieser Wissenschaft der Schöpfung zu machen, wie sie in dieser Region studiert wird, müssen sie ein Wissen der grundlegenden Elemente erlangen, mit denen sie sich
beschäftigen müssen. Dies ist ganz natürlich. Wenn die Schüler Fortschritte
machen, sind sie allmählich fähig, das Ergebnis, das sie sich wünschen, ohne
die wissenschaftlichen Apparate zu erzielen, die anfangs nötig sind. Ein Instrument nach dem anderen wird weggelassen, bis sie schließlich in der Lage
sind, sich allein auf ihren Willen zu verlassen. Wir fragten unseren Führer, zu
welchem praktischen Zweck das Wissen eingesetzt werde, wenn man es erlangt habe. Er entgegnete, der erste Nutzen sei die Schulung des Geistes und
des Willens des Studenten. Diese Schulung sei ganz ausgezeichnet und sehr
anstrengend.

In unserer physischen Welt würden Biofeedback-Instrumente in dieselbe Kategorie fallen, obwohl angemerkt werden sollte, daß zur Erzeugung größerer Bewußtheit oder Geisteskonzentration das letzte Ziel – wie
bei unseren astralen Freunden – darin bestehen sollte, auf den Gebrauch
solch äußerer Requisiten zu verzichten. Doch bedenken Sie, daß das obige mehr als ein halbes Jahrhundert, bevor jemand auf die Idee des Bio-
feedbacks kam, geschrieben wurde.

Interessant ist auch, daß die Persönlichkeit des Individuums, die sich
Vale Owens Geist vermittelte, deutlich einen eigenen Charakter hatte,
besonders wenn wir Stil und Inhalt mit den Informationen vergleichen,
die ihm von verschiedenen Individuen bei späteren Durchgaben übermit-
telt wurden.

Während sie über die inneren Regionen sprach, hatte eine andere Seele
vieles zur Lage der Wissenschaft in unserer Welt zu sagen. Bedenken Sie
noch einmal, während Sie dies lesen, daß diese Dinge 1913 gesagt wurden, also in den Anfangsjahren der heutigen theoretischen Physik.

Der Raum muß in seiner Bedeutung erweitert werden, wenn man den Begriff auf diese Sphären anwendet; denn Entfernung hat für uns nicht denselben hemmenden Sinn wie für euch. ...

Nichts ist ruhig, alles bewegt sich ständig[1]. Diese Bewegung ist kontrolliert und geordnet, und das ist eine Gewähr für die ständige Versorgung mit Energie...

Die Übermittlung fährt mit Aussagen zu unseren irdischen Gesteinen fort:

Die chemische Zusammensetzung ist mehr oder weniger ermittelt worden. Doch die subtileren Einflüsse, die von den unentwegt schwingenden Teilchen ausgehen, sind außer acht gelassen worden. ... Und diese Eigenschaften sind es wert, eingehender als bisher untersucht zu werden. ... Doch wenn man bedenkt, daß kein Stück Fels oder Stein ruhig ist, sondern daß all seine Teilchen ständig in geordneter Bewegung sind, bedeutet es nur einen weiteren Schritt vorwärts, um zu erkennen, daß irgendeine große Kraft zugegen sein muß, damit diese Bewegung aufrechterhalten wird.

Der Übermittler hat noch beträchtlich mehr über den Schöpfungsprozeß zu sagen, der unseren Sonnen, Sternen und Planeten zugrunde liegt, sowie über die Hierarchie von Seelen, die mit der Verwaltung dieses Systems beschäftigt sind. Yogische Autoren haben sie als *Devas* oder als tieferstehende 'Götter' und 'Göttinnen' bezeichnet. Doch ich glaube, wenn ich diese Abschnitte zitieren würde, könnte die Gutgläubigkeit[2] vieler Leser über die Maßen strapaziert werden, wenn dies nicht bereits der Fall ist!

Wir wissen nicht, wie irgend etwas in die Existenz tritt, doch wenn dann Vorschläge oder Antworten gegeben *werden*, glauben wir ihnen nicht, es sei denn, sie sind uns bereits vertraut. Und so verharren wir in Ignoranz, bis wir beim Tod gewaltsam aus unseren Körpern vertrieben werden und lernen müssen, in diesen Welten zu leben, bis wir früher oder später erneut geboren werden. Wie auch immer, *Life Beyond The Veil* ist ein Klassiker, der seit seiner ersten Auflage 1922 viele Male nachgedruckt

[1] Dies war vor der Entdeckung des Teilchen-'Spins' etc.

[2] Ich bekam einmal eine Buchkritik von einer der 'Institutionen', die behauptete, eines meiner Bücher zu lesen würde die 'Glaubwürdigkeit' des Lesers strapazieren. Ein interessanter Freudscher Lapsus! Ich faßte es als Kompliment auf!

wurde. Das Buch ist also für alle verfügbar, die seine Seiten weiter verfolgen möchten. Immerhin wird einem im Fernsehen und in den Medien so viel Schund vorgesetzt, wie also sollte man dadurch dazu gebracht werden, etwas zu lesen, das für die innere Realität maßgeblicher ist? Warum ist es so, daß wir uns mit Belanglosigkeiten oder sogar Dingen ablenken, die schädlich für den Geist sind, während wir, wo immer möglich, vor der Wahrheit davonlaufen?

In den Worten des persischen Mystikers Rumi:

> Oh Mensch – vor wem läufst du davon?
> Vor dir selbst – Oh Narretei!
> Vor Gott – Oh Frevel!

Gleichfalls relevant für unsere Untersuchung der Wissenschaft ist eine Übermittlung vom 9. Oktober 1913:

> Wenn wir versuchen, euch über die Chemie der Himmelskörper aufzuklären, mag dies für euch sowohl interessant als auch hilfreich sein. Wir meinen nicht den physikalischen Aspekt der Wissenschaft, wie er von modernen Astrowissenschaftlern verstanden wird, sondern das tiefere Studium ihrer Beschaffenheit. Wie ihr wißt, ist jeder Stern selbst Zentrum eines Systems, das nicht nur die Planeten umfaßt, die um den Stern kreisen, sondern auch die Materieteilchen, die dieses System durchziehen, die aber zu vergeistigt sind, um von irgendeinem Chemiesystem erkannt zu werden, das denen zur Verfügung steht, die in physischen Körpern leben und die bei ihrer Forschung genötigt sind, sowohl materielle Instrumente als auch materielle Gehirne einzusetzen. Diese Teilchen liegen zwischen dem rein Materiellen und dem Spirituellen und können in der Tat sowohl im physischen als auch im geistigen Reich genutzt werden. Denn die beiden sind bloß zwei von vielen Phasen eines progressiven Gefüges und agieren und reagieren eines auf das andere, wie eine Sonne und ihre Planeten.
>
> Die Gravitation ist auch auf beiden Seiten auf diese Teilchen anwendbar, und mit Hilfe dieser Kraft – wie wir sie mit einem Namen nennen, den ihr kennt, einem außerdem sehr wenig verstandenen – halten wir diese Teilchen zusammen und sind von Zeit zu Zeit in der Lage, unsere geistigen Körper so zu kleiden, daß sie für die fotografische Platte und manchmal auch für das menschliche Auge sichtbar werden. Doch wir tun mehr als dies und in einem größeren Bereich. Gäbe es diese Teilchen nicht, wäre der ganze Raum dunkel, das heißt, kein Licht könnte von einem Planet oder einer Sonne oder einem Stern zur Erde übertragen werden.

Eure Wissenschaftler müssen noch viel über dieses Thema lernen, und es ist nicht unsere Aufgabe, viel von dem kundzutun, was Menschen vermittels der Fähigkeiten, die sie besitzen, selbst herausfinden können.

Die 'Teilchen', auf die hier hingewiesen wird, sind Brennpunkte von Energie auf der physischen oder ätherischen Ebene, „zwischen dem rein Materiellen und dem Spirituellen". Mit dem Spirituellen ist hier eigentlich das Astrale gemeint, was streng genommen nicht wirklich dasselbe ist. Es wird jedoch angedeutet, daß das Spirituelle und das Physische Teil eines kontinuierlichen Spektrums sind, „eines progressiven Gefüges". Vergegenwärtigen Sie sich auch die Auffassung einiger der zuvor erwähnten Theorien über den Vakuumzustand, daß der Raum aus einer Matrix aus winzigen 'Raumteilchen' besteht, Quanten aus konzentrierter, räumlicher Vakuum- oder Ätherenergie, weit kleiner als die kleinsten subatomaren Teilchen, die wir heute kennen.

Bedenken Sie außerdem, wie Gravitation als eine Kraft zwischen diesen subtilen Teilchen erkannt wird, sowohl physisch als auch in diesen inneren Regionen. Es ist die Kraft der Kohärenz und der Beziehung, die überall dort existiert, wo es manifestierte Energie gibt, wobei ihre subtilste Essenz oder Quelle die innewohnende schöpferische Kraft des Shabd ist, dem Einen, das sich im Vielen zeigt.

Schließlich zeigt diese höchst aufschlußreiche Passage, daß diese Teilchen für die Ausbreitung des Lichtes, der elektromagnetischen Schwingung oder Energie nötig sind. Das heißt, Licht ist nicht etwas, das das Nichts durchquert, sondern es ist selbst eine Schwingung innerhalb dessen, was wir 'Nichts' oder Vakuum nennen.

Es gibt in der Tat eine Theorie über die Struktur des Vakuumzustands, die in Betracht zieht, daß ein Lichtphoton eigentlich ein Loch zwischen diesen Raumteilchen[1] darstellt, das nach dem Durchgang eines Elektrons oder eines anderen subatomaren Teilchens zurückbleibt, wobei ein subatomares Teilchen ein wirbelnder Vortex dieser räumlichen Energiequanten ist.

Nun ist es ein Postulat von Einsteins spezieller Relativitätstheorie, daß Objekte an Masse zunehmen, je schneller sie sich bewegen, und dies hat sich in Experimenten, bei denen es um die Beschleunigung subatomarer Teilchen ging, in der Tat als schlüssig erwiesen. Nach der Raum-Matrix-

---

[1] 'Teilchen' ist nicht wirklich das richtige Wort, doch was ist die Alternative?

Theorie ist dieser Massenzuwachs gänzlich auf die Zunahme des Elektrons an Raumteilchen zurückzuführen, während es sich durch sie hindurchbewegt, ähnlich einem Kometen, der kosmische Gesteinsbrocken aus dem All aufliest.

Das heißt, während diese räumlichen Quanten und deshalb Elektronen sowohl Masse *als auch* Energie aufweisen, besitzen Photonen Energie, aber keine Masse. Sie haben keine Masse, weil sie ein Loch im räumlichen Gewebe darstellen. Sie haben Energie, weil das Loch sich bewegt und schwingt, das heißt, es bewegt sich fort und besitzt Frequenz.

Natürlich bleibt immer noch das Problem: „Woraus bestehen die Löcher in der räumlichen Matrix?..." Denn wir haben längst entschieden, daß es kein 'reines Nichts' geben kann!

Interessanterweise wurde experimentell gezeigt, daß Elektronen nicht nur 'kreisen', sondern außerdem einen Perturbations- oder Wackeleffekt haben. Man sollte sich den 'Orbit' eher so vorstellen:

   als so: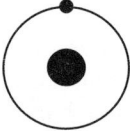

Dies ist der *Brownschen Molekularbewegung* analog, die an kleinen Partikeln wie etwa Pollen in einer 'unbewegten' Flüssigkeit beobachtet wird. Die Teilchen werden von allen Seiten ständig von den sich bewegenden Molekülen der Flüssigkeit bombardiert und damit ständig in einer Zitterbewegung gehalten.

Wenn wir uns den Raum aus 'Raumpartikeln' zusammengesetzt vorstellen, können wir sehen, wie ein Elektron auf diese Weise infolge der unablässigen Schwingungen der umliegenden Raumpartikel oder der räumlichen Energiematrix oszilliert. Die konventionelle Physik hat keine befriedigende Antwort darauf, warum Elektronen so gleichbleibend umherbewegt werden sollten.

Masse in Abwesenheit von gravitativer Anziehung ist tatsächlich dasselbe Phänomen wie Trägheit – die Weigerung von etwas, seinen Bewegungszustand zu verändern. Wenn also unsere kreiselnden, tanzenden Wirbel auf der 'Vakuumoberfläche' – unsere subatomaren Teilchen – infolge der Zugwirkung der Vakuum-Energiedichte (der 'Raumpartikel') einen Widerstand gegen das räumliche Bewegtwerden zeigen, werden unsere subatomaren Teilchen das Phänomen an den Tag legen, das wir Masse nennen. Und von daher werden alle aus ihnen bestehenden Atome und Moleküle (d. h. alle Materie) ebenfalls Masse besitzen, selbst wenn die Gravitationsanziehung fehlt.

Aus der mystischen Sicht von innen nach außen repräsentiert Gravitation ebenso wie elektrische Ladung, Magnetismus und die Starke und die Schwache Kernkraft die Bindekraft des Schöpferischen Wortes, des Shabd, des ursprünglichen kreativen Stromes in der Schöpfung, der, wenn auch in diffuser Form, noch immer gegenwärtig ist, indem er träge Materie in manifestierter Existenz hält.

Im Sinne der Physik, die von außen nach innen schaut, zeigen diese Kräfte eine strukturierte Polarisation des Vakuummeeres an, die äußerlich als Anziehung und Abstoßung zwischen den Blasen und kleinen Wellen auf dessen Oberfläche in Erscheinung tritt.

Die physische Realität ist wirklich genauso aufgebaut wie ein Kaleidoskop-Bild. Verborgene Muster werden aufgegriffen und in vielen Facetten reflektiert. Alles was wir sehen können, ist ein zusammengesetztes Bild, doch der Mechanismus, durch den es entsteht, ist uns verborgen. Wenn wir also nur das Bild sehen können, sind wir verblüfft über seine raffinierte Konstruktion und die komplizierte Abfolge von scheinbaren Koinzidenzen und sich wiederholenden Mustern oder 'Gesetzen', die seine Wirklichkeit ausmachen. Durch eine Analyse des Bildes allein und ohne den formativen Mechanismus zu verstehen, können wir nie dahin kommen zu begreifen, wie es entsteht. Doch wenn wir im Grunde sehen, daß wir nur ein Netz der Vielheit betrachten, das aus und über die Erscheinung der Ur-Intelligenz, des Urbewußtseins und Urseins des Einen gesponnen wurde, erkennen wir, daß 'Zufall' und 'Ordnung' mehr sind, als man erwarten würde. Wir sehen nur das eine integrierende Licht, das aus all den Lücken des verhüllenden Gewebes hervordringt.

Und dieses in sich verflochtene Gewebe der Vielheit ist der größere GEIST selbst. Das Konzept des *Formativen GEISTES* als dem großen Musterbildner der Schöpfung wird später in diesem Kapitel erörtert, und als Thema zieht es sich durch das nächste Buch aus dieser Reihe, *Am Anfang ist der Geist*, und wird darin ausgiebig vertieft. Da es das Hilfsmittel ist, durch das die physische Schöpfung, wie wir sie kennen, entsteht, können wir die Natur unseres Universums und den Ursprung seiner Gesetze ohne ein tiefes Verständnis dieses großen Zerteilers des Einen, den wir GEIST nennen,

nicht wirklich erfassen. Und wie wir zuvor gesagt haben, ist unser menschlicher Geist nur ein Aspekt dieses größeren GEISTES.

Alle Aspekte der Wissenschaft und der menschlichen Existenz werden
also belebt, wenn wir die Natur der vielschichtigen, vielfach reflektierenden, multidimensionalen Hierarchie zu begreifen beginnen, durch die sich
das manifestiert, was wir Natur nennen.

Doch zurück zu unserem Thema, zur Energie und ihrer Umwandlung!
Hierzu wurde am 2. Dezember 1913 von einer anderen Seele die folgende
Botschaft durchgegeben:

> Lieber Freund und Schützling, ich werde mit dir heute nacht über bestimmte
> Angelegenheiten sprechen, die mit der Frage der Energieumwandlung zusam-
> menhängen. Energie, so wie ich das Wort jetzt verwende, muß als der Vermitt-
> ler verstanden werden, der die Willensanstrengung mit der Wirkung verbindet,
> wie sie sich dem Geist der Menschen zeigt. Wir sind hier so weit geschult, daß
> wir unsere Gedanken durch Willensanstrengung über das, was man vielleicht
> Schwingung nennen kann, durch die dazwischen liegenden Sphären oder Zu-
> stände hindurch in die irdische Ebene übertragen können. Es ist diese
> Schwingungsbewegung, die ich Energie nenne.
>
> Nun, du mußt verstehen, daß ich, indem ich irdische Ausdrücke verwende,
> von einem Medium Gebrauch mache, das nicht ganz angemessen ist, die Wis-
> senschaft dieser Sphären und Reiche genau oder vollständig auszudrücken. Es
> ist deshalb nötig, daß ich meine Begriffe näher bestimme, und wenn ich den
> Begriff Schwingung verwende, spreche ich nicht bloß von einer Hin- und Her-
> Schwingung, sondern von Bewegungen, die manchmal elliptisch, manchmal
> spiralförmig und manchmal eine Kombination aus beiden und anderen Eigen-
> schaften sind.
>
> Aus diesem Blickwinkel heraus betrachtet ist das atomare Schwingungs-
> system, das sich den Männern der Wissenschaft erst jüngst offenbarte, für uns
> eines, das die Planetenbewegungen dieser Sonnensphäre und anderer, weit
> entfernt im Raum liegender Systeme umfaßt.

Es wird aufgezeigt, daß die Energie im Atom und die energetische Bewegung der Planeten und Sterne allesamt einfach Schwingungen oder
Energiemuster sind, die gemeinsame Eigenschaften aufweisen, daß es eine
Beziehung zwischen allen Formen von Energie gibt, die deren Bewegung
innewohnt.

> Doch die Umwandlung bewirkt in jedem dieser Systeme eine Bewegungs-
> veränderung, und wenn die Art der Bewegung verändert wird, gibt es auch und
> notwendigerweise eine Veränderung des Ergebnisses. Da wir immer im voll-

kommenen Einklang mit den Gesetzen handeln, die von denjenigen aufgestellt wurden, die höher und weiser sind als wir, konzentrieren wir somit unseren Willen auf die Bewegung bestimmter Schwingungen, die in andere Arten von Schwingung abgelenkt und umgewandelt werden, und somit ist der Wandel vollzogen.

Normalerweise tun wir diese Arbeit langsam und allmählich, um genau die Art von Abweichung von der ursprünglichen Schwingungsqualität zu erzielen, die beabsichtigt ist, und nicht mehr oder weniger.

Mit Hilfe dieser Methode befassen wir uns mit den Handlungen des Menschen und dem Gang der Natur in all ihren Teilen. Es gibt vielfältige Gruppen und Gilden, die für die verschiedenen Bereiche der Schöpfung verantwortlich sind – für die Mineralien, Pflanzen, Tiere, Menschen, das Irdische, Solare und Stellare. Darüber hinaus sind auch die Sterne zusammengruppiert, und sie werden von Hierarchien betreut, die für diese große Aufgabe qualifiziert sind.

Auf diese Weise sind Seelen in höheren Regionen mit der Verwaltung unserer physischen Angelegenheiten befaßt. Dies zu glauben mag manchem schwerfallen, doch zumindest sollte man sich solchen Dingen mit einer offenen Einstellung nähern. Mit anderen Worten, Administration und Evolution unserer physischen Welt stehen sowohl im Hinblick auf ihre Lebensformen als auch auf ihre inerte Substanz unter der Kontrolle des Bewußtseins, das von innen heraus zu individuellen Seelen gebündelt wird. Dies ist in der Tat nur in dieser Welt der Fall, in der die Dinge von einer bemerkenswerten und komplexen sozialen Hierarchie betreut werden, der äußeren Widerspiegelung und Summe des Geistes in uns allen.

Die Durchgabe fährt fort:

Durch dieselbe Methode der Energieumwandlung werden Systeme allmählich zu Welten entwickelt, und diese Welten werden mit Form ausgestattet und dann befähigt, Vegetation und tierisches Leben hervorzubringen. Aber da dies so ist, wirst du feststellen, daß alles Leben und alle Entwicklung sich aus dem Wirken geistiger Energie ergibt und den Geboten des Willens spiritueller Wesen gehorcht. Hat man dies erst begriffen, dann verschwindet die blinde Kraft, und Absicht tritt an ihre Stelle – die Absicht intelligenter und mächtiger geistiger Arbeiter verschiedener Grade, die nach bestimmten festgelegten Gesetzen handeln, aber innerhalb der Grenzen dieser Gesetze frei und mächtig sind.

Überdies ist die Materie selbst das Ergebnis der Umwandlung geistiger Schwingungen in solche von gröberer Art, und letztere werden nun von Wissenschaftlern analysiert, die herausgefunden haben, daß Materie in der Tat das Ergebnis von Schwingungen ist und daß kein Materieteilchen sich in Ruhe, sondern in unentwegter Bewegung befindet. Das ist richtig, doch nicht der Weisheit letzter Schluß. Denn es verfolgt die Materie nicht bis ins Letzte. Es wäre richtiger zu sagen, daß die Materie nicht schwingt, sondern Schwingung *ist*, das Ergebnis einer feineren Art von Schwingungen, die nicht in der Erscheinung materieller Dinge, sondern in den ihrer Qualität entsprechenden Sphären vorgefunden wird.

Du wirst also sehen, wie wenig es bedeutet, nicht mehr im Fleische zu sein, wenn die Zeit für dich kommt, den irdischen Körper abzuwerfen. Dein Erdenkörper war ein Körper aus Schwingungen und weiter nichts. Nun, du hast dann einen Körper aus Schwingungen, der fester und dauerhafter ist, aufgrund einer höheren Qualität und weil er dem Energie verleihenden Willen näher ist, der ihn erschuf und ihn so erhält. Der Körper wird dir während deines Aufenthaltes in den niederen Sphären dienen, und wenn du fortgeschritten bist, wird dieser Körper in einen noch dauerhafteren umgewandelt, in einen Körper von einer weit feineren Qualität. Dieser Prozeß wiederholt sich im Laufe der Zeitalter, und du schreitest von glanzvoller Herrlichkeit zu noch glanzvollerer Herrlichkeit voran in die unendlichen Weiten des vor dir liegenden Werdens.

So wie diejenigen in den niederen Sphären dieses geistigen Reiches für gewöhnlich in der Erdsphäre nicht sichtbar sind, sind folglich diejenigen aus den höheren Sphären normalerweise nicht in den niederen Sphären sichtbar, und so weiter in derselben Ordnung, da wir von einer Sphäre zur anderen Sphäre aufsteigen und unserem Weg entlang dieser wunderbaren Straße des Lichtes und des Strebens folgen.

So ist es denn, Freund und Schützling, und wenn du eines Tages hierher kommst, wirst du in der Lage sein, es besser zu verstehen. Denn obwohl du nun eben diese Methode, von der ich gesprochen habe, in deinem eigenen täglichen Leben anwendest, wie es jeder Mensch tut, verstehst du ihre Funktionsweise noch wenig. Verstündest du sie, wäre es gut, wenn alle Menschen eines Geistes mit uns wären, die wir versuchen, unsere Kräfte zur Glorie und Lobpreisung Gottes einzusetzen; denn die Waffe, die zum Guten oder Schlechten gebraucht werden kann und die der Mensch dann in seinen Händen hielte, würde in die Macht und Stärke all seines gegenwärtigen Wissens eingehen; denn dies geht über die geistige Begabung der Fliege oder der Ameise hinaus.

Es ist gut, daß wir in der Lage sind, den Fortschritt im Wissen mit der Tugendhaftigkeit in Einklang zu bringen, auf daß sie sich zusammen entwickeln. Denn dies ist so – nicht vollkommen, doch innerhalb bestimmter Grenzlinien, die weit, aber sicher sind. Wäre es anders, dann wäre die Welt nicht, was sie heute ist, noch würde verhältnismäßige Ordnung herrschen.

Dies ist jedoch ein Aspekt unserer Sorge um die menschliche Rasse. Und was die Zukunft bringt, kann ich nicht sagen. Denn ich kann nicht weit genug sehen, um Vermutungen darüber anzustellen, wie weit Menschen in diesem neuen Wissen gehen werden, dessen Schwelle sie nun gekreuzt haben. Doch die Dinge werden von denen gut geordnet werden, die mit eifersüchtiger Sorge und sehr großer Weisheit wachen, und alles wird gut sein, während dies so ist.

Am nächsten Tag, dem 3. Dezember 1913, wurde die Übermittlung fortgesetzt.

Ich habe einmal ein sehr schönes Beispiel für die Umwandlung von Energie hier in meinem eigenen Land beobachtet.

Da war eine Gesellschaft von Besuchern aus einer anderen Sphäre, und sie standen im Begriff, in ihre eigene zurückzukehren, da ihre Mission beendet war. Ein Teil der unsrigen, von denen ich einer war, ging mit ihnen zu dem großen See, über den sie zu uns gekommen waren. Hier stiegen sie in Boote und richteten an uns Abschiedsworte des Dankes und des Wohlwollens, als man einen unserer Fürsten bemerkte, der sich uns mit einer Gefolgschaft von hinten näherte. Sie kamen durch die Luft und schwebten über uns und den Booten, während wir, die wir ihre Gewohnheiten, aber nicht ihre gegenwärtige Absicht kannten, warteten, um zu sehen, was sie – oder vielmehr er vorhatten. Denn es ist in diesen Welten eine Freude, einander Vergnügen zu bereiten, indem man die Kräfte ausübt, wie wir sie besitzen, und das in variierenden Kombinationen, wodurch unterschiedliche Effekte hervorgerufen werden.

Weit oben im Himmel sahen wir sie, wie sie sich langsam bewegten und über dem Fürsten kreisten, von dem Schwingungsfäden verschiedener Qualitäten und also verschiedener Farbe ausgingen, die zu denen führten, die sich im Kreis befanden. Diese Fäden sandte er aus seinem Willen aus, und seine Untergebenen verwebten sie zu einem Netzwerk aus seltsamen und sehr schönen Mustern; und wo sich zwei Fäden kreuzten, schillerte das verstärkte Licht wie ein Stein von brillanter Tönung. Und die Knoten bestanden aus vielen Farben, was auf die sich verändernden Kombinationen von Fäden zurückzuführen war, die in die Konstruktion einflossen.

Als dies fertig war, weitete sich der Kreis, zog sich zurück und ließ den Fürsten in der Mitte allein zurück. Und dieser hielt das Netz in der Mitte in seiner Hand, und es breitete sich um ihn herum nach außen aus wie ein buntes Spinnennetz. Es war sehr schön.

Nun, dieses Netz war wirklich ein System aus vielen zusammengewebten Schwingungsqualitäten. Als er es losließ, begann es langsam zu sinken, während er durch es hindurch nach oben schwebte, bis es auf gleicher Ebene mit seinen Füßen war. Dann hob er seine Hände und glitt mit ihm hinunter. Und während er hinunterschwebte, schaute er durch das Netz auf die Boote unter ihm und machte mit seinen Händen langsame Bewegungen in ihre Richtung.

Dann begannen die auf dem Wasser sich wie von selbst zu bewegen, und sie fuhren so fort, bis sie sich zu einem Kreis formierten. Dann kam das Netz herab und legte sich über sie, und wir sahen, daß sie sich alle in seinem Umkreis befanden, und auch, daß sie, als es auf sie fiel, durch es hindurchfuhren, und es sank und blieb auf dem Wasser liegen. Dann winkte der Fürst, der auf dem Netz und auf dem Wasser inmitten der Boote stand, ihnen grüßend zu. Und das Netz erhob sich langsam aus dem Wasser, nahm die Boote mit sich empor und schwebte hinauf in die Luft.

So zogen sie also zusammen über den See hinweg, und die Gesellschaft aus unserer Sphäre drängte sich unter ihnen zusammen und wünschte ihnen in einem Lied glückliche Reise, während jene in Richtung Horizont über den See davonschwebten.

Es war bloß einer dieser kleinen Liebesbeweise, die wir hier mit der allergrößten Freude unseren Brüdern aus anderen Arbeitssphären erweisen – nichts weiter. Der Grund, warum ich dieses Ereignis schildere – das weit schöner war, als ich es dir schreibend wiedergeben kann –, war der, die Wirkung des Willens eines mächtigen Engelfürsten zu illustrieren, der sich auf die verfügbaren Kräfte konzentriert und sie in ihrer Qualität verwandelt.

Schönheit ist nicht allein ein Werkzeug des Vergnügens für das Sehen. Eher ist sie eine Eigenschaft dieser Reiche. Denn Schönheit und Nützlichkeit gehen hier Hand in Hand. Und je nützlicher ein Mensch wird, desto schöner ist er in Person. Die Schönheit der Heiligkeit ist wörtlich und real, mein Freund, und es wäre gut, wenn alle Menschen diese Wahrheit akzeptieren könnten.

Die Saat der Wahrheit

Häufig hört man von denen, die vom Leben in den inneren Regionen auf natürliche Weise fasziniert sind, die Frage: „Womit verbringen die Seelen dort ihre Zeit?" Aus dem Buch *The Seed of Truth* (Die Saat der Wahrheit), das dem, aus dem die vorstehenden Zitate stammen, ähnlich ist, kommt die Antwort:

Das wurde viele, viele Male beantwortet. Die Frage der Zeit ist von Interesse, weil wir nicht abhängig von eurer Definition von Zeit sind.

Die eure ist eine Grenzziehung zu Zwecken der Übereinkunft. Das heißt, ihr habt bestimmte Abschnitte wie Minuten oder Stunden oder Sekunden oder Tage abgesteckt, und all dies basiert auf der Drehung der Erde und ihrer Beziehung zur Sonne. Wir haben keine Nacht und keinen Tag. Unsere Lichtquelle ist nicht dieselbe wie die eure. Darum haben wir keine Zeit in dem Sinne, wie ihr sie habt. Unsere Zeitmessung hängt von unserem spirituellen Zustand ab, das heißt, wir spüren Zeit im Sinne von Vergnügen. Für uns ist die Zeit eine mentale Erfahrung.

Dem Fragenden fällt es schwer, spirituelle Erfahrungen in physischen Maßeinheiten zu begreifen, doch es gibt weitgesteckte und grenzenlose Betätigungsfelder für den Geist – kulturelle, pädagogische, zweckmäßige, die sich effektiv auf eure physische Welt auswirken –, die uns in Anspruch nehmen und beschäftigen, solange wir derart beschäftigt sein wollen.

Diese Antwort führte dann zu der Frage:

Wenn du etwas im voraus planen willst, wie tust du dies, wenn Zeit keine Bedeutung hat wie hier?

Meinst du, wenn ich jemanden treffen will? Dann schicke ich ihm einen Gedanken, und wenn es passend ist, treffen wir uns. Es werden keine Briefe geschrieben.

Was, wenn du mit jemandem ein Treffen zu einer bestimmten Zeit vereinbaren willst?

In dieser Form geschieht das nicht. Die einzige Art von Verabredung dieser Art ist die Fortsetzung des irdischen Brauchs von Festen. … Wenn gewünscht wird, daß ich irgendeiner Gruppe beiwohne, wird mir die Bitte mental zugesandt, ich empfange sie und gehe hin. Sie würde mir nicht jetzt geschickt, weil bekannt ist, daß ich in diesem Moment mit dir spreche. Es gibt keine Terminkalender; es ist eine Welt des Geistes.

Gibt es Züge in der geistigen Welt?

Es gibt keine Züge, es sei denn, du glaubst, du müßtest einen Zug bekommen, und dann gibt es für dich einen Zug. Das ist schwer zu verstehen, oder? Doch es ist wie im Traum. Wenn du glaubst, du mußt einen Zug bekommen, dann gibt es deinen Zug.

Selbst in deinen Träumen glaubst du, du mußt ein Schiff besteigen. Das Schiff ist da, weil du das Schiff erschaffst, und es ist für dich real. Du bevölkerst es, und es fährt. Es hat sein notwendiges Gefolge bekommen, nicht wahr? Es ist auf seiner eigenen Wahrnehmungsebene sehr real. Du mußt bedenken, daß Wirklichkeit ein relativer Begriff ist.

Ich habe von diesen Dingen häufig gehört und gelesen, doch ich muß sagen, es ist für mich sehr schwer, es richtig einzuschätzen.

Das ist es. Doch selbst in deiner Welt gibt es die Illusion der Zeit. Eine Stunde ist nicht immer gleich für dich; und fünf Minuten können manchmal so lang erscheinen wie eine Stunde. Das ist der mentale Aspekt daran. Wenn du erkennst, daß in unserer Welt dieser mentale Aspekt die Realität ist, wirst du sehen, daß wir vom rein mechanischen Aspekt der Zeit, der euch beeinflußt, völlig losgelöst sind. Ich glaube, dies ist die beste Art, es auszudrücken.

In Kapitel sechs erwähnte ich kurz die Idee eines natürlichen Gesetzes, und als ich *The Seed of Truth* las, stieß ich auf folgende interessante Stelle:

Es gibt in der geistigen Welt kein 'Parlament', weil kein Bedarf besteht, Gesetze zu schaffen, um das Leben der hier wohnenden Menschen zu reglementieren. Das Naturgesetz wacht über die Leute in der geistigen Welt, weil sie mit ihm auf unweigerliche Weise konfrontiert werden. Sie haben keine physischen Körper mehr, das Problem des physischen Lebens betrifft sie nicht. Sie drücken sich nun in geistiger Form aus, und das Naturgesetz ist in Kraft. Es gibt keinen Bedarf für irgendeine Vermittlung.

Diese interessante Antwort demonstriert einen der grundlegenden Unterschiede zwischen unserer physischen Welt und der Astralwelt, die beschrieben wird. Hier haben wir alle dichte physische Körper und sind größtenteils in unsere fünf physischen Sinne eingesperrt. Deshalb sind wir unfähig, unsere eigene Geistesgröße direkt wahrzunehmen, geschweige denn die der anderen. Seelen mit unterschiedlichsten Kenntnisstufen sind allesamt in äußerlich ähnliche physische Körper eingesperrt.

In diesen inneren Geistregionen gehen wir jedoch exakt zu dem Ort – spirituell und mental –, der unserer inneren Verfassung entspricht. Je höher und spiritueller der einzelne ist, desto höher ist die Region, in die wir automatisch gleiten. Oder umgekehrt, wenn unser Geist und unser Gefühlsinhalt während des physischen Lebens höllisch gewesen sind, wohin sonst könnten wir nach dem Tod gehen, wenn wir des physischen Körpers beraubt sind, als zu einer Geistwelt, in der diese Art Geistaktivität ihren Ausdruck erfährt. Sie wurde als Höllenregion bezeichnet. Wenn unser Geist bereits in diesem Leben eine Hölle ist, wohin sonst könnte er nach dem Tod gehen?

Wir schaffen unsere eigene Realität aus unserer eigenen Geistsubstanz heraus, genau wie wir es in dieser Welt getan haben. Unser Aufenthalt in solchen Regionen ist jedoch glücklicherweise nicht dauerhaft, sondern währt nur so lange, wie diese intensiven negativen Tendenzen in uns anhalten. Danach werden wir ein weiteres Mal geboren, wenn auch vielleicht nicht als Mensch. Gerechtigkeit geschieht in den geistigen Welten automatisch. Wir gehen dorthin, wohin unser innerer Geist uns bringt. Dies ist auch Teil des Kausalgesetzes, des Karma. Es ist keine Frage eines rachsüchtigen Gottes, der ewige Strafe über die Schwachen verhängt und uns für immer in die Hölle schickt, wie manche schlecht unterrichtete religiöse Prediger verkünden. Das hieße, unsere menschlichen Gefühle auf Ihn zu übertragen, und es zeigt, wo *wir* stehen, und nicht, wie Er Seine Angelegenheiten handhabt. Wir machen das Bett, in dem wir liegen. Wir bestrafen oder belohnen uns selbst, ohne es überhaupt zu wissen.

Noch einmal zu *The Seed of Truth*, wo jemand fragt, ob es in den inneren Welten irgendwelche Zeitungen oder Radio gebe. Die Antwort demonstriert wieder die geistige Natur dieser inneren Reiche.

Nein, wir haben kein Radio, weil Kommunikation anders gehandhabt wird. Um einander zu erreichen, ist Telepathie die gebräuchliche Methode. Doch denjenigen, die wissen wie, ist es möglich, sich an eine große Menge zu wenden und sie zu erreichen, auch wenn sie nicht selbst anwesend sind. Es funktioniert jedoch nicht nach dem Prinzip eures Radios.

Es gibt keine Zeitungen in eurem irdischen Sinne, weil es keine Notwendigkeit gibt, Ereignisse aufzuzeichnen, wie ihr das tut. Information wird ständig von denjenigen, deren Beschäftigung darin liegt, diese Fakten zu verbreiten, an diejenigen verteilt, die sie haben sollen. Dies ist für euch schwer zu begreifen.

Wenn es nötig ist, daß mir etwas mitgeteilt wird, das ich nicht weiß, wird mir der Gedanke von demjenigen geschickt, der glaubt, ich sollte ihn kennen. Es gibt Leute, die mit der Aufgabe betraut sind, diese Gedanken zu verbreiten. Sie sind besonders dafür ausgebildet.

In unserem Leben empfangen und übertragen wir ständig Gedanken. Diejenigen auf unserer geistigen Wellenlänge, das heißt von gleichgearteter spiritueller Mentalität, empfangen Gedanken, die wir ihnen senden, und sie übertragen Gedanken an uns. Die Wellenlänge wird vom spirituellen Bewußtseinsstand bestimmt.

Nun, man könnte mit diesen und ähnlichen Passagen fortfahren. Sie liefern jedoch nicht nur wunderbar inspirierendes Material, sondern machen ziemlich deutlich, daß die Verbindung von Geist und Substanz in diesen inneren Astralregionen, die in diesem Kapitel beschrieben wurden, das Wesen ihrer Realität ausmacht.

Aber falls es Ihnen schwerfällt, irgend etwas davon zu glauben – allzu wichtig ist es nicht. Erfahrung ist von erheblich größerem Wert als Glaube, doch wir müssen uns selbst in die Lage bringen, zu dieser Erfahrung zu gelangen. Und dann urteilen Sie selbst, während wir weitermachen. Das wichtigste überhaupt ist, unser jetziges Leben in spiritueller Hinsicht auf dem höchst möglichen Level zu leben, unsere Suche nach seinem Sinn immer über alle anderen Ziele zu stellen. Dann müssen wir überall hinfolgen, wohin unser suchender Stern uns führen mag.

Die verborgene Gegenwart

Bei den Beschreibungen der inneren Regionen fällt mir stets der Umstand auf, daß die Gegenwart und Existenz Gottes als die höchste innere Essenz des Lebens nie in Frage gestellt wird. Sie ist unmittelbar offensichtlich. Seine Gegenwart läuft und fließt durch alle Dinge, und die Bewohner sind sich dessen alle bewußt.

In unserer physischen Welt nehmen wir diese Gegenwart nicht wahr, es sei denn, wir sind innerlich höchst vergeistigt. Wir bekommen nur Andeutungen der unendlichen, unsterblichen und immanenten Kraft. Unser menschlicher Geist hat sich zu sehr in den Anblick unserer physischen Substanz vertieft, die wir durch unsere Sinne erfahren. Unsere Aufmerksamkeit ist nach außen gerichtet, nicht nach innen. Deshalb sehen wir wie in Platos Geschichte von den Menschen in der Höhle nur die Schatten, die sich an der Wand bewegen, und bemerken die Lichtquelle nicht, die ihnen Existenz verleiht. Doch diese Quelle durchdringt alle Dinge, sonst würde nichts existieren.

In unserem Geist erkennen wir diese Präsenz als Logik, Kausalität, Verbindung und Beziehung. Dies ist die integrierende Kraft des Einen im Vielen. Dies ist es, was das Viele als ein Ganzes zusammenhält. Manche dieser Beziehungen sind uns fraglos als die von Ursache und Wirkung klar: Ich stoße etwas an, und es bewegt sich; ich sage etwas Nettes, und es wärmt das Herz eines Menschen; ich bin unfreundlich, und er ist verletzt oder böse.

Diese Arten von Verbindung sind uns klar, wenn wir es allerdings – wie wir gesehen haben – wissenschaftlich analysieren, stellen wir dennoch fest, daß wir den Mechanismus nicht verstehen. Doch in vielen Dingen im Leben sehen wir keinen Sinn und Zweck. Wie suchen wir uns unsere Verwandten aus, unsere Kinder, unsere Eltern, unsere Brüder und Schwestern? Wir haben sicherlich keine Wahl bezüglich solch weitreichender Ereignisse in unserem Leben. Die Natur der Kausalität, die all diesen Dingen zugrunde liegt, ist uns verborgen. Dies ist ein Teil des erweiterten Kausalitätsgesetzes. Die indischen Mystiker nennen es Karma. Es ist das Gesetz, das gänzlich aus den verborgenen Dimensionen unseres eigenen Geistes heraus wirkt und doch die scheinbar äußere Realität schafft.

Schließlich, warum geschehen die Dinge – Unglücke oder angenehme Vorfälle, ja tatsächlich alle Ereignisse des Lebens – so, wie sie geschehen? Jemand verschläft und verpaßt ein Flugzeug, das abstürzt, wobei alle an Bord getötet werden. Jemand anderes war vielleicht solange froh darüber, dasselbe Flugzeug zu erreichen, bis es abstürzte.

Der persische Mystiker Rumi erzählt eine Geschichte, um die verborgene Kraft des Schicksals zu illustrieren, die den Phänomenen zugrunde liegen, welche unser tägliches Leben bestimmen.

Er berichtet, wie ein Lieblingsgesandter des Königs eines Morgens, als er durch den Bazar spazierte, den Engel des Todes traf, der ihn auf merkwürdige Weise ansah. Der verängstigte Gesandte eilte zum König und rief: „Versetzt mich sofort nach Bagdad. Ich habe den Engel des Todes gesehen, und es gefiel mir nicht, wie er mich ansah!"

Der freundliche König versetzte ihn sofort an seinen Palast in Bagdad und lieh ihm für die Reise sein schnellstes Pferd. Der verängstigte Minister brach sofort auf.

Später an diesem Tag traf der Engel des Todes zu einem kurzen gesellschaftlichen Besuch beim König ein. Der König nahm die Gelegenheit wahr, um den Engel des Todes zu fragen, was er getan habe, das seinen Gesandten so in Schrecken versetzt hatte.

„Ich habe nichts getan", sagte der Engel, „ich war nur überrascht, ihn hier zu sehen, da ich genau heute nachmittag eine Verabredung mit ihm in Bagdad habe!"

Dieses Kausalitätsgesetz des Karma schließt unseren eigenen Geist mit ein. Eigentlich ist der Geist dessen wahrer Baumeister, denn durch die geteilte Leinwand des Geistes nehmen wir die Einheit des Ganzen wahr und kommen so dazu, diese Einheit als Ursache und Wirkung innerhalb einer Welt zu interpretieren, von der wir glauben, sie bestehe aus Myriaden von Teilen.

Einiger Verbindungen sind wir uns bewußt, doch die meisten, wie die dritte Raumdimension unserer fiktiven Flachweltler, entziehen sich dem Blick. Wir mögen intuitiv fühlen, daß solche Beziehungen vorhanden sind, doch wir können nicht verstehen, warum wir so fühlen. Sehr prägnant formulierte dies Francis Thompson:

> Alle Dinge, nah und fern
> sind durch unsterbliche Kraft
> versteckt miteinander verbunden.
> Du kannst keine Blume bewegen
> ohne einen Stern zu beunruhigen.

Während unseres Lebens hinterlassen alle Ereignisse, Gedanken, Wünsche, Worte und alles andere mehr oder weniger starke Eindrücke in unseren Geistenergien, etwa wie beim Flugschreiber eines Flugzeugs. Wenn wir sterben, wird unser physischer Körper zurückgelassen, nicht aber diese kleine Blackbox, die mit den Aufzeichnungen eines Lebens bis zum Rand gefüllt ist. Unser zukünftiges Geschick wird von dieser Box aus geschrieben, die mit ihresgleichen in allen anderen Geschöpfen verwoben ist. Es sind dies die Grenzbedingungen für unseren 'freien Willen'. Unsere Ehefrauen, unsere Ehemänner, unsere Kinder, unsere Talente, unsere Veranlagung, unsere Gesundheit oder Krankheit, die Ereignisse eines Tages, unsere Arbeitsstellen – alles wird uns hierdurch gegeben.

Wie oft bekommt man zu hören: „Es war reiner Zufall, daß ich das tue, was ich jetzt tue." Daß wir es Zufall nennen ist unser Eingeständnis, den Mechanismus nicht zu verstehen, durch den die Ereignisse stattfinden. Ist zuviel Zufall im Spiel, dann nennen wir es Koinzidenz oder Fügung. Dann wird unser Geist zu der Erkenntnis aufgerüttelt, daß es verborgene Verbindungen geben muß, derer wir uns nicht bewußt sind. „Zufall ist Gottes Art, anonym zu bleiben." Nicht in allen Dingen nehmen wir Seine verborgene Hand wahr. Und doch ist sie da, und wenn wir unser Bewußtseinslevel anheben, können wir sie in größerer und größerer Pracht erleben. In der Tat ist dies der immanente Sinn und Zweck des Lebens. Dies ist die wahre Evolution, allerdings diejenige unseres Bewußtseins.

Durch Einstimmung auf diese innere Kraft oder die Ineinssetzung mit ihr gelangen wir auch zu der Glaubensstärke, die Ereignisse einzutreten veranlaßt. Im Gegensatz zum blinden Vertrauen, wie es Philosophien oder Religionen intellektuell zum Ausdruck bringen, ist das wahre Vertrauen eine Geisteslage oder -haltung, die sich auf die innere Erscheinung in allen Dingen konzentriert. Es ist Vertrauen, weil es ein Gewahrsein der höheren Kraft ist, die alle Dinge lenkt. Es ist ein Vorbote der mystischen Erfahrung und wird durch sie verstärkt. Es ist eine tiefe Intuition, die allem zugrunde liegt, was eine Person tut. Es ist ein gesammelter und konzentrierter Geist, voll wachsenden Verständnisses. Vertrauen bringt die Dinge um uns her dazu, in dieser Welt zu geschehen, und dasselbe bewirkt es in den feinstofflicheren astralen und kausalen Reichen. Es ist die Kraft eines verzögerten Wunders. Die Manifestation mag ein wenig Zeit benötigen, aber ganz gewiß realisieren sich die Dinge aufgrund der Glaubenskraft. Auch bedeutet es, mit seinem Schicksal im Einklang zu sein, wenn man mit dem, was geschehen soll, einverstanden ist und nicht dagegen ankämpft, indem man den Ereignissen bei jedem Schritt den eigenen egozentrischen Willen aufdrückt. Und all dies in einem Kontext des dazwischen liegenden karmischen oder des erweiterten Kausalitätsgesetzes.

Wir sind so blind und ignorant in unserer normalen menschlichen Verfassung, daß das, was für uns kristallklar sein sollte, überschattet wird von unserem Geist, unseren Emotionen, unserer sinnlichen Verstrickung und vom nachfolgenden Verlust des natürlichen Brennpunktes in unserem inneren Zentrum des Seins. Um uns aus diesem Morast zu erheben, brauchen wir die Kraft einiger verborgener Helfer. Diese wird tatsächlich von den Toten heraufbeschworen.

Der Formative GEIST

Es ist völlig klar, daß diese Welt eine Welt des GEISTES ist. Wohin Sie auch schauen, die Leute bewegen sich nur deshalb umher, weil sie Gedanken oder Gefühle haben, die sie antreiben. Ohne Gedanken oder Mentalprozesse, wie flüchtig sie auch sind, kommen wir allerdings nicht zum Handeln. Auch die Handlungen sind vom Geist gesteuert: Wenn wir bewußtlos werden, fallen wir um!

Schauen Sie sich doch einmal auf der Straße oder in Ihrem Haus in Ihrer eigenen Familie um, oder beobachten Sie sich nur einmal selbst. Jeder Mensch hat einen aktiven Geist, der vorschreibt, was dieser einzelne tut. Teilweise erfolgt dies bewußt, stellt aber in Wirklichkeit nur die Oberflächenaktivität auf einem riesigen und brandenden Meer aus unbewußten Gedanken und Gefühlen dar. Auch all unsere Artefakte, all die Dinge, die wir oder jemand anders gemacht haben, wurden mit Hilfe unseres Geistes geschaffen. Doch wissen wir, woher unsere Gedanken und Gefühle stammen? Meist wissen wir es nicht, denn unsere Gedanken und Gefühle kommen aus diesem Ozean des Unterbewußtseins und sind sowohl von den Ereignissen unseres gegenwärtigen als auch von denen unserer vergangenen Leben geprägt und geformt.

Wir haben also unseren 'bewußten' und unseren unbewußten Geist. Doch es gibt einen dritten Aspekt des Geistes, den ich den *Formativen GEIST* nenne. Wir erfahren allerdings nicht nur unseren bewußten Geist und werden bis zu einem gewissen Grad unserer unbewußten Vorgänge gewahr, sondern hinter all dem liegt der Mechanismus, durch den unser Geist diese physische Realität praktisch erschaffen hat, die uns so real vorkommen kann.

361

*Es ist das Verschmelzen des scheinbar individuellen Geistes eines je-
den einzelnen miteinander auf dieser zutiefst unbewußten FORMATIVEN
Ebene, die sowohl unsere innere als anscheinend auch die äußere Realität
erschafft.*

Diese physische Welt ist daher eine Geistwelt. Alles was hier passiert,
geschieht unter dem schöpferischen Einfluß eines jeden beteiligten Geistes.

Auf den Astral- und Kausalebenen wird durch die unmittelbare Wechselwirkung zwischen Geist und Substanz sofort offensichtlich, daß es
Geistwelten sind. Doch in dieser Welt ist die mentale Kausalität, die allem
Geschehen zugrunde liegt, vielleicht zu mehr als neunundneunzig Prozent verborgen. Selbst die emotionale und psychologische Motivation hinter
unseren eigenen Handlungen und denen anderer ist weitgehend nicht offensichtlich.

Wenn ich einen Gegenstand auf meinem Schreibtisch anstoße, habe
ich das Gefühl, die Kausalnatur zu erfassen und somit zu verstehen,
warum er sich bewegt. Ähnlich verhält es sich mit den Planeten auf ihren Umlaufbahnen, mit der Konstruktion eines motorgetriebenen Autos,
mit einer elektronischen Anlage oder selbst mit der Beziehung zwischen
einem geistigen Plan und seiner physischen Verwirklichung.

Doch die Ganzheit der grundlegenden Kausalität, warum ich etwa bestimmten Eltern geboren wurde, wie ich dazu kam, eine bestimmte Sprache zu sprechen, wie ich meine Freunde, meine Ehefrau oder meinen Ehemann kennenlerne, wie unsere besonderen Kinder zu uns kommen – wie
all dies und all die anderen Ereignisse des Lebens sich zutragen, große
oder kleine, all das entzieht sich unserer Kenntnis. In vielem davon können wir gewiß eine Beteiligung des Geistes sehen, doch das Gesamtbild
erkennen wir nicht.

Wir werden mental oder emotional von unserem zukünftigen Ehemann
oder unserer zukünftigen Ehefrau angezogen – dies ist ein Teil der Art
und Weise, auf die das innere mentale Gewirr des Karma zum Vorschein
kommt. Doch wie haben wir uns erstmals kennengelernt? Und ein noch
größeres Rätsel ist, woher zum Beispiel Kinder mit ausgeprägtem individuellen Temperament und Persönlichkeit kommen. Wieder waren unser
Geist und unsere Gefühle sicherlich beteiligt, als wir uns liebten und den
ganzen Prozeß der Geburt in Bewegung setzten, und doch liegen im offensichtlichen Wunder der Geburt mehr Rätsel als nur dieses eine.

Die Kausalität ist unserem Blick zumeist verborgen. Wie wir gesehen
haben, entzieht sich die Kausalität letztlich unserem Zugriff, selbst wenn

wir sie in der Physik in immer feineren und genaueren Abstufungen aufspüren. Was geht da nur vor? Wir können uns darauf keinen Reim machen.

Wir erkennen also die Existenz der Kausalität und des Determinismus an, doch wir können den Geistmechanismus nicht beobachten, aufgrund dessen die Dinge geschehen. Automatisch wenden wir in unserem Geist logische Prozesse an, ohne zu verstehen, woher unser intuitives Vertrauen in solche Logik rührt.

Wir treiben also in dieser Welt ebenso wie in den astralen und kausalen Sphären vollständig unter Einfluß unseres verborgenen Geistprozesses durch den Traum. Dasselbe gilt für die niedrigeren Arten. Auch sie besitzen um ihren inneren Lebensfunken oder ihr inneres Bewußtsein herum eine unterbewußte Geiststruktur, die ihnen die äußere sichtbare Form verleiht und sie instinktiv die Dinge tun läßt, die sie tun.

Gleichwohl haben viele meiner Freunde meine eigene Erfahrung bestätigt, daß Menschen und Dinge zu uns kommen, wenn der eigene Geist im Inneren konzentriert und fokussiert ist. Doch wenn der Geist sein Zentrum verliert und zerstreut wird, stellen wir fest, daß wir hektisch durch die Welt rennen, hier und da ein paar Dinge aufschnappen und einige Menschen treffen. Wenn der Geist zerstreut und überaktiv ist, neigen wir offenbar automatisch dazu, uns überaktiv zu verhalten, voreilig zu handeln und gleichsam der natürlichen Ordnung der Dinge vorauszueilen, die wir erfahren würden, wenn der Geist ruhig wäre.

Doch es gibt auch eine eher verborgene Seite, denn wenn der Geist ruhig und im Inneren gesammelt ist, prägen wir die sogenannte 'äußere' Realität tatsächlich auf eine andere Art, als wenn wir zerstreut sind. Unsere Wirklichkeit manifestiert sich für uns praktisch anders, indem sie den Inhalt unseres Geistes automatisch reflektiert. Dies ist die Aktivität unserer tieferen Geistesschicht, des Formativen GEISTES, der tatsächlich dafür sorgt, daß die Dinge sich so zutragen, wie sie es tun, und daß wir so denken, wie wir denken – wobei beide Aspekte ein integraler Teil des jeweils anderen sind.

Wenn unser Geist also im Inneren ruht, kommt die Welt gewissermaßen zu uns. Befinden wir uns draußen, dann gehen wir heraus und laufen in alle Richtungen, um unser Schicksal zu erfüllen.

Doch Tatsache ist, ob innen oder außen – es liegt alles in unserem Geist. Zu *spüren*, wo es sich befindet, richtet sich danach, worauf unsere Aufmerksamkeit fixiert ist.

Wenn wir für unser Haus Stühle brauchen, können wir ausgehen und Stühle suchen. Alternativ können wir einen Tischler zu uns ins Haus holen, uns um ihn kümmern und ihm unsere Aufmerksamkeit widmen. Dann wird es keinen Mangel an Stühlen geben! Der Tischler ist die Eine zentrale Kraft in uns, der Herr, der Schöpfer. Wenn wir unseren Geist ernsthaft auf den inneren Schöpfer konzentrieren, dann hindert uns nichts daran, Seine Schöpfung den Erfordernissen entsprechend umzusetzen!

Alles in dieser Welt wird vom GEIST beherrscht, von dem, was das Eine ins Viele zerteilt. Das Eine ist weiterhin im Vielen, in Seiner Schöpfung vorhanden, sonst könnte sie nicht existieren. Doch ihr zerteiltes Wesen liefert uns einen vollständigen Überblick über das Treiben, in das wir grundlegend verstrickt sind. Nur mit der liebevollen Hilfe eines Menschen, der über dieses Labyrinth hinausblickt, der aus dem Traum vollkommen erwacht ist, der nicht mehr zur Melodie des Geistes tanzt – physisch, astral oder kausal –, können wir in die wahre Freiheit der Seele entkommen. Und dieser eine Mensch ist ein vollkommener Meister.

Der Netzweber

Der GEIST ist also das formative Prinzip. Das ist seine wahre Natur. Teilen heißt Muster bilden. Muster zu bilden ist per se formativ. Ob wir in unserem 'bewußten' Geist für die Dinge, die wir uns wünschen oder die wir tun möchten, Pläne schmieden, oder ob wir den Einfluß unseres Unterbewußtseins auf diese 'bewußten' Gedanken- und Gefühlsmuster erkennen – der prägende Mechanismus des Formativen GEISTES ist stets am Werk. Zuerst haben wir die geistige Idee, den Bauplan, dann findet die Handlung statt. Wenn Sie diesen Bauplan oder Gedankenprozeß herausnehmen, wie es in der Bewußtlosigkeit geschieht, dann fallen wir um oder sacken auf unserem Stuhl zusammen.

Doch wie rätselhaft unsere menschlichen Gedanken auch sein mögen, sie sind nur ein Teil der Gesamtheit des GEISTES, und derselbe Gestaltungsprozeß setzt sich durch alle GEISTwelten hindurch fort. Unser Schicksal, die Ereignisse dieses Lebens, sind ein Teil unserer physischen Geiststruktur. Von hier aus formen vergangene Mentaleindrücke das Schicksal des gegenwärtigen Lebens, und die Muster der jetzigen bilden später das Schicksal unserer zukünftigen Existenzen.

Das Kraftwerk der Astralregion, das *Sahasra*, der *Tausendblättrige Lotos*, stellt die formbildenden Energiekreuzungen für die gesamte niedere Schöpfung dar. Doch es ist selbst nur ein Muster aus Energie, das aus dem tiefer inneren Kausalreich reflektiert wird. Diese Kausalregion, die Welt des Universellen GEISTES selbst, ist der ursprüngliche Musterbildner, der Urheber von Maya, der Weber des Illusionsnetzes, der Knüpfer des betörenden Formengewebes, das wir für so real halten, weil unser menschlicher Geist uns dazu verführt.

Doch der GEIST selbst existiert nur infolge der Macht des Bewußtseins, des Ozeans des Seins, aufgrund von Gott. Das lebenspendende Licht innerhalb dieses Zauberkastens der Formen ist das Göttliche selbst. Alle GEISTmuster, seien es die des Universellen GEISTES, die unserer menschlichen Gedanken oder die von irgend etwas innerhalb der kausalen, astralen und physischen Universen, sind nur Formblasen auf diesem großen Schöpferischen Ozean. Auch der GEIST ist eine Schöpfung des Höchsten Bewußtseins.

Wir haben also gesehen, daß das, was wir Energie nennen, somit nur Muster im Schöpferischen Lebensstrom sind, die vom Formativen GEIST hervorgerufen werden. Und da Bewußtsein Eins ist, sind also alle Energiemuster auch untereinander verbunden, ein Phänomen, das wir als Kausalität erfahren. Somit sind es eigentlich die Unterteilungen des Formativen GEISTES, die wir als die Unterteilungen der physischen Welt, als Differenzierung materieller Substanz in Muster und Form erfahren. Diese Teilung kommt auf allen Ebenen der Geistfunktion zum Ausdruck: emotional, 'bewußt', begreifend, unterbewußt und formativ oder kausal. Oder, in den Worten des östlichen, yogischen Aphorismus: *„Der Geist ist der Mörder des Wirklichen."*

In den physischen und tatsächlich auch in den astralen und kausalen Welten rufen die unterschiedlichen Konfigurationen dieser Energieformen Seelen hervor, die in verschiedene Geiststrukturen oder -muster eingekapselt sind und sich nach außen hin als Körper projizieren. Wir sind verwirrt, wenn wir nur die Körper sehen. Wenn wir beginnen, die verborgenen Gesetze der GEISTfunktion zu verstehen, dann fangen wir an, die Dinge anders zu sehen. Wenn die Seele dann schließlich in den spirituellen Regionen, jenseits vom Reich des Universellen GEISTES, nackt dasteht, dann kennen wir unser wahres Selbst.

Doch dies ist innerhalb der meisten Yogaformen unerreichbar. Nur ein vollkommener Mystiker kann eine Seele in diese Höhe erheben. Die mystischen Erfahrungen der meisten Seelen in diesem physischen Universum, wie erleuchtend, glückselig und vereinigend sie auch sein mögen, sind gewöhnlich bloß Erfahrungen innerhalb des subtilen Bereichs im 'Himmel' unserer physischen Anatomie, Erfahrungen, die gerade unterhalb der subastralen Sphären liegen oder gelegentlich in sie hereinreichen. Dies wertet solche Erfahrungen nicht ab, denn sie sind für den einzelnen von enormer Bedeutung. Statt dessen zeigt es uns die schiere Unermeßlichkeit der Schöpfung und der großen 'Reise', die die Seele antreten muß, um ihr ursprüngliches Zuhause zu erreichen. Solche Erfahrungen sind nur der Anfang.

Energie und der Formative GEIST

Oft hören wir Menschen von Körper, Geist und Seele sprechen. Die Worte werden für die Vermittlung von vielerlei Bedeutungsschattierungen benutzt. Doch was ist mit diesen 'Entitäten' wirklich gemeint? Und was ist Energie? Was sind Substanz und Materie? Nun, wir haben dies eingehend besprochen, doch da es von solch grundlegender Bedeutung ist, wollen wir es noch einmal zusammenfassen. Unsere Seele ist unser Bewußtsein, der innerste Lebensfunken in uns. Sie ist ein Teil des formlosen Einen, des Einen Seinsozeans. Deshalb ist Bewußtsein Eins und *ungeteilt*. Ohne Unterteilung bedeutet, es ist form-*los*, es gibt keinen Unterschied im Inneren, kein Muster, keine Dualität oder Polarität. Alles ist Eins, ein Ozean aus Liebe und Leben. Dies ist die Quelle, das unerschaffene Gute, absolute Realität. Es liegt im Herzen dessen, was wir sind.

„Geist ist der Mörder des Wirklichen." GEIST ist ein Teil des Schöpfungsprozesses. Im Bereich des Universellen GEISTES entsteht zuerst Dualität oder Polarität – Unterschied. Aus der Dualität geht *Teilung* hervor, *Form* oder *Muster*, und gleichzeitig, als ein Teil derselben Sache, *Raum* und *Zeit*. Raum, Zeit und Muster beinhalten allesamt Teilung oder Unterschied, es sind Muster der Trennung.

Die Realität des reinen Bewußtseins wird nun vom GEIST überlagert. Auch wenn GEIST keine unabhängige Existenz besitzt, entsteht er doch durch den Schaffensdrang des Bewußtseins. Diesen Schaffensdrang bezeichnen wir als das Wort, den Logos, den schöpferischen Lebensstrom. Er wird auch Shabd genannt, der Klangstrom oder hörbarer Lebensstrom, denn diese Lebensschwingung kann in der mystischen Praxis innerlich *gehört* werden. Eigentlich ist er der zentrale Angelpunkt der höchsten mystischen Lehre. Das Johannesevangelium beginnt sogar damit: „Am Anfang war das Wort." Und wir stellen fest, daß dieser Lebenskraft in den

Lehren aller Mystiker höchsten Ranges dieselbe zentrale Position einge-räumt wird. Gleichwohl gibt es viele Nachahmungen, die sich derselben Sprache bedienen, um eine niedrigere Ordnung der Wirklichkeit zu be-schreiben.

Die Muster des Formativen GEISTES werden durch die kausalen, astra-len und physischen Welten hindurch zunehmend komplexer. Alle Formen werden vom GEIST über das Antlitz des Einen, des Bewußtseins, gespon-nen. Der GEIST ist durch die Schöpfungskraft des Einen selbst dazu be-fugt, diese Aufgabe zu vollbringen. Ohne diese erhaltende Gegenwart des Einen würden der GEIST und all seine Formen sich verflüchtigen und nur das ungeschaffene Eine zurücklassen.

Alle Formen sind somit GEISTformen, und wir können unseren physi-schen Körper als ein Bild betrachten, das vom Bewußtsein durch den viel-schichtigen Schirm des Formativen GEISTES projiziert wird. Bewußtsein schimmert durch die GEISTmuster, und wir nehmen einen physischen Kör-per wahr.

Doch eigentlich ist der physische Körper in einem vollständigeren Sin-ne wirklich ein Teil dieser in der GEISTaktivität stets zunehmenden Kom-plexität. *Der physische Körper ist somit ein Teil des Formativen GEISTES selbst.* Nicht der physische Körper bringt den Geist hervor, sondern der Formative GEIST läßt den Körper entstehen.

Gleichermaßen sind die Gedanken, Gefühle, Intuitionen und Instinkte, die das umfassen, was wir normalerweise für unseren menschlichen Geist halten, nur ein kleiner Teil des Gesamt-GEISTES. GEIST ist weit mehr als unsere menschliche Erfahrung von ihm. Er besteht aus *allem* innerhalb unserer Erfahrungen und noch vielem mehr.

Jetzt beginnen wir zu erkennen, wie alles so passend übereinstimmt, denn alles ist ein Teil desselben Universalen Formativen GEISTES. GEIST ist holistischer, holographischer, ganzheitlicher und integrierter, als man sich je vorstellen könnte. Und die zugrunde liegende zusammenhängende Realität stammt vom Einen, vom Bewußtsein. Damit sind alle Aspekte der Formativen GEISTmuster miteinander verwandt, denn ihre Grundlage ist das Eine. Wir bezeichnen diese Beziehung innerhalb der Vielfalt als Kausalität. Es ist das Gesetz des Karma. Es ist das natürliche Resultat der schöpferischen Gegenwart des Einen im Vielen. Es ist das, was automa-tisch geschieht, wenn das Eine das Viele hervorbringt.

Was wir als Energie wahrnehmen, ist nichts weiter als Unterschied oder Muster innerhalb des Einen. Die Schöpfung selbst ist Energie. Selbst oberhalb der Ebene des Universellen Geistes gibt es spirituelle Regionen, die durch das erste uranfängliche Ausströmen der schöpferischen Essenz erschaffen wurden. Auch diese sind *erschaffene* Regionen. Nur das ununterschiedene Eine liegt jenseits der Schöpfung. Diese ursprünglichen spirituellen Regionen stellen also die erste Manifestation der Schöpfung, des Unterschiedes innerhalb des Einen, das heißt von Energiemustern dar.

Die Einfachheit dieser ursprünglichen Energieströme oder -formen multipliziert sich, wenn der Geist in Aktion tritt – oder richtiger, der Geist wird als das natürliche Ergebnis der Multiplikation der ursprünglichen Energieströme gebildet, des ursprünglichen Schaffensdranges, der ursprünglichen Form oder des ursprünglichen Unterschiedes.

In diesem physischen Universum und von einem pragmatischen Standpunkt aus betrachtet, scheint dies wahr zu sein, wenn man über unsere ganze innere Beziehung zum Geist nachdenkt, obwohl es, wie wir gesehen haben, in den rein geistigen Schöpfungsbereichen sogar Urenergiemuster jenseits des Formativen Geistes gibt. Doch der wahre Funken des Bewußtseins, des Lebens, ist die ursprüngliche ununterschiedene Energie oder Lebenskraft selbst.

Weil Energie, wie wir sie erfahren, nichts weiter ist als diese Muster des Formativen Geistes, die über die innere Kraft des Einen gesponnen werden, fühlen so viele Menschen instinktiv, daß das *Energieparadigma* so grundlegend und allumfassend ist. „Alles ist Energie" ist eine Redewendung, die man sehr oft hört.

Entsprechend spricht uns der Holismus intuitiv so stark an, weil er genau die Struktur des Schöpfungsprozesses reflektiert. Alle Teile *sind* in ein Ganzes integriert. Die holistische Wahrnehmung hat direkten Bezug zu der Art, wie die Dinge zusammengesetzt sind.

Innerhalb der Geistwelten nehmen wir Energie somit als die Muster der Schöpfung, der Unterscheidung wahr. Weil das Netz so fein und so zart gesponnen ist, wirkt der Geist so sehr wie der Schöpfer und die ursprüngliche Ursache, daß einige Mystiker den Universalen Geist irrtümlicherweise für das Höchste Wesen Selbst gehalten haben. Sie sprechen dann vom Göttlichen Geist und beschreiben das ursprüngliche ‘göttliche’ Gesetz als das der Gerechtigkeit, des Karma oder der Kausalität. Dies sagt uns bloß, welche Region und welcher ‘Herr’ es ist, der da beschrieben wird. Denn das Gesetz des Höchsten ist das der Liebe, des Verschmelzens und der Einheit. Der ‘Gott der Gerechtigkeit’ ist der Universelle Geist.

Bewußtsein in seiner reinsten Essenz ist das ungeteilte Eine. Es ist der Erhalter und Schöpfer des Musters, der Energie, so wie der Ozean die Wellen in Gang hält und die Wellen niemals vom Ozean getrennt sind. Doch grundlegend und seinem Wesen nach ist Bewußtsein formlos und unerschaffen, ein Tropfen des höchsten Seins.

Energie ist somit sowohl der Schöpfer als auch die Schöpfung. In den GEISTwelten ist Energie dasselbe wie Muster plus Urkraft, und alle Muster stammen vom GEIST. Doch die Kraft im Inneren, die ihm Existenz verleiht, ist der Eine Ozean des Bewußtseins, der Schöpferische Lebensstrom.

Oder einfach ausgedrückt: Es ist nur eine große Sache am Werk!

Die Ganzheit des Energietanzes

Dieser Prozeß der zunehmend komplexeren Musterbildung von innen nach außen vermittelt uns ein höchst erstaunliches, atemberaubendes und verführerisches Schauspiel von Integration und Ganzheit, denn das Eine ist stets in allem anwesend. Je mehr innere Muster, desto mehr innere Energien werden in den weiter außen befindlichen, abwechslungsreicheren Mustern gebildet. Doch die Gesetze, die diesen vielfach reflektierenden, vielfach facettierten, vielschichtigen, multidimensionalen Prozeß beherrschen, gehen weit über unser menschliches Begriffsvermögen hinaus. Unser menschlicher Geist und Intellekt sind selbst nur ein Teil des Gesamtmusters des Formativen GEISTES.

Doch mit dieser Vision oder diesem Verständnis der symphonischen, vielstufigen Ganzheit des GEISTES können wir allmählich einen flüchtigen Eindruck davon bekommen, wie unser physisches Universum und unser physischer Körper konstruiert sind. Aber immer noch betrachten wir bloß die äußeren Schichten dieser kosmischen Zwiebel. Wir sehen also lediglich Wirkungen.

Intuitiv können wir die Bedeutung erkennen, wenn wir die Tatsache begreifen, daß alle sinnliche Erfahrung subjektiv, nicht vermittelbar ist und nur in unseren eigenen Köpfen stattfindet – daß die scheinbar äußere Welt somit in unserer eigenen Geiststruktur liegt. Wenn der Körper bloß eine äußere Schale im Musterbildungsprozeß des Formativen GEISTES ist, können wir den integralen Kopiermechanismus verstehen, durch den er gebildet oder geprägt wird, und erkennen, wie psychosomatisch unsere gesamte Existenz wirklich ist – Geist und Körper sind ein Teil, ein Produkt desselben GEISTprozesses.

Die Struktur Körper-Emotion-Geist wird als Energiemuster und Energiebeziehung deutlich, denn die ganze Schöpfung besteht aus Mustern und Beziehungen – dies ist das Wesen der Form. Wir können auch sehen, wie dieselbe Sprache genauso gut auf die Welt der Physik und Wissenschaft wie auf die menschliche Psychologie und die Heilkünste anwendbar ist. All diese Bereiche befassen sich mit einem Netz aus Beziehungen, aus Mustern, aus Energie. Sie befassen sich mit verschiedenen Aspekten und Ebenen dieser Energie, doch die innewohnenden Gesetze bleiben dieselben.

Wir können sehen, wie spirituelle Entwicklung die Veränderung des eigenen Wahrnehmungspunktes nach sich zieht, der innerhalb der integrierten Musterbildungen des GEISTES immer höher oder inwendiger wird. Und es wird deutlich, warum der spirituelle Fortschritt Meditation, Beherrschung des Geistes erfordert und warum die höchste Form von Meditation sich um das Rückgrat, die Wirbelsäule, das Substrat dreht, die schöpferische Essenz all der Mannigfaltigkeit des Geistes. Das bedeutet, Kontakt mit dem zugrunde liegenden schöpferischen und hörbaren Lebensstrom selbst aufzunehmen.

Betrachtet man das physische Universum vor dem Hintergrund der tiefer innen liegenden Reiche des GEISTES, so läßt sich von ihm sagen, es sei nicht größer als ein Haar in einem Ozean. Aus diesem Blickwinkel heraus versteht man auch, warum es so viele Meditationsrichtungen gibt. Denn Meditation hat die Bedeutung erlangt, Kontakt mit jedem anderen als dem grobstofflichen Teil unserer Existenz aufzunehmen, die physischen Augen zu schließen und fast alles innerhalb seiner selbst zu tun. Dies schließt die Kontaktaufnahme mit den subtilen Energiemustern unserer physischen Hülle ein – mit den Pranas, Chakras und den physischen Tattwas – oder die Bewußtseinserweiterung unserer menschlichen Geiststruktur. Heute bezeichnet man es schon als Meditation, wenn man einfach dasitzt und nachdenkt. Es herrscht kein Mangel an inneren Dingen, die es zu erforschen gilt.

Automatisch werden die Menschen, die Meditation praktizieren, sich auch stärker der subtilen Existenzmuster bewußt, wenn sie die ihrem eigenen Geist innewohnende Subtilität erkennen. Hellsichtigkeit, Übersinnlichkeit, Telepathie, selbst die Fähigkeit, zu heilen oder Wunder zu vollbringen, stellt sich bei Meditierenden von selbst ein, wenn sie intuitiv und zunächst fast unbewußt wahrzunehmen beginnen, wie die Muster zusammengesetzt, verbunden und integriert sind.

Doch dann können sich die geistigen Energiemuster der Selbstgefälligkeit einmischen. Die Seele kann lange in Verzückung über derlei Erscheinungen verharren, während der weitere Fortschritt stockt. Die Aufmerksamkeit mag sich auf den höheren Etagen dieses mehrstöckigen Warenhauses des GEISTES tummeln, doch sie vergißt dabei den zentralen Aufzugsschacht des schöpferischen Wortes und den Einen, der in der Penthouse-Suite wohnt!

Alles ist also ein großer, vom Formativen GEIST ersonnener Tanz der Schöpfung, der Energie, der Muster. Wir haben ihn unzählige Leben lang in vielen Formen getanzt, gelegentlich sogar als vorübergehende Bewohner der astralen, vielleicht gar der kausalen Bereiche. Doch immer haben wir zur Melodie des GEISTES getanzt und werden dies weiter tun und uns auf der inneren Leiter des Bewußtseins entwickeln und unsere Spur hinterlassen, bis wir die Botschaft verstehen und uns wünschen, aus diesem großen 'Gefängnis' der Schöpfung befreit zu werden.

Mathematik, die Naturgesetze und der Formative GEIST

Geometrie, Mathematik und sogar die Statistik stellen im wesentlichen nur eine Sprache oder eine Terminologie dar, um Beziehungen in Raum und Zeit auszudrücken. Da Raum und Zeit grundlegende Attribute des Universalen oder Formativen GEISTES sind, ist es verständlich, wenn manche Mathematiker den Eindruck haben, Mathematik und die 'Gesetze' der statistischen Wahrscheinlichkeit seien grundlegende Attribute der Natur. Das, woraus die Natur besteht, wird tatsächlich durch die geordneten Beziehungen innerhalb der Vielfalt gebildet, die mathematischen Konzepte jedoch befinden sich im menschlichen Geist, im Intellekt. Man kann also sagen, daß unser menschlicher Geist somit den größeren Formativen GEIST wahrnimmt – der kleine Teil betrachtet das Ganze und findet automatisch eine Affinität zwischen sich selbst, seiner eigenen Art zu funktionieren und dem größeren Universum 'dort draußen'.

Die geordnete Struktur dieses ganzen Eies der Vielheit, dieses großen Uterus der Musterbildung ist somit durch Geometrie und Mathematik teilweise ausdrückbar, aber tatsächlich auch durch jede Terminologie oder Sprache, die, wie es zum Beispiel die Statistik tut, sich wiederholende Beziehungen beschreibt. Doch um ihres höchsten Ausdrucks willen müssen Geometrie und Mathematik wirklich die Art und Weise beschreiben, auf die das Eine in unserem multireflexiven, multidimensionalen, viel stufigen, integrierten System des GEISTES tatsächlich zum Vielen *wird*, obwohl in Wirklichkeit die Gesetze der höheren Aspekte des GEISTES vom menschlichen intellektuellen Geist nicht verstanden werden können. Und dieser Versuch, den schöpferischen Prozeß des Einen abzubilden, der das Viele hervorruft, liegt der alten Wissenschaft der *Heiligen Geometrie* zugrunde, ein Thema, das in einiger Ausführlichkeit im nächsten Buch in dieser Reihe, *Am Anfang ist der Geist*, betrachtet werden wird. In der alten Mysterienschule der Pythagoräer war es das zentrale Lehrfach.

Das Paradox zwischen den stärker *deterministisch* und mathematisch beschriebenen 'Naturgesetzen', wie den gravitativen, optischen oder elektromagnetischen 'Gesetzen', und der *statistischen* Basis der Quantentheorie und vielen anderen Beschreibungen physischer Ereignisse besteht nur scheinbar. In Wirklichkeit liegt hier gar kein Paradox vor. Denn wir verstehen weder die fundamentale Basis, die den deterministischen, mathematisch definierten 'Gesetzen' zugrunde liegt, noch das, was durch 'Zufallsgesetze' oder Statistik beschreibbar ist. Da beides unsere Beobachtung von Mustern, Beziehungen und Kausalität darstellt, den wahren Ursprung dessen, was jenseits unserer normalen menschlichen Wahrnehmung liegt, gibt es zwischen beiden keinen echten Konflikt. Mathematik, Geometrie, Statistik und die von ihnen definierten 'Naturgesetze' tun nichts weiter, als Muster zu beschreiben oder festzustellen. Doch die Art und Weise, wie sich diese Muster für uns manifestieren, übersteigt unser normales Begriffsvermögen.

Die Natur ist also nur ein Aspekt des Formativen GEISTES. Und das Thema der Natur und die Rolle des Formativen GEISTES sind höchst faszinierend und grundlegend, denn man kann die Natur der Form nicht verstehen, ohne die Rolle des Formbildners, des größeren Formativen GEISTES zu begreifen. Dies wird ebenfalls ausführlicher in *Am Anfang ist der Geist* erörtert.

Quantenrätsel und der Tanz der Beziehungen

Mystiker und Physiker

Wir wollen uns eine Weile der Quantentheorie direkt zuwenden, allerdings vom mystischen Standpunkt aus, und sehen, was daraus erwächst. Diese Herangehensweise unterscheidet sich übrigens von der eines Physikers, der Parallelen bemerkt zwischen seiner Art und Weise, das Universum wahrzunehmen, und dem, was er von den Dingen gelesen, gehört und verstanden hat, die Mystiker gesagt oder geschrieben haben.

Sehr wenige Physiker 'glauben' auch nur an die Existenz der mystischen Erfahrung, noch weniger haben über solche Themen jemals mit Menschen diskutiert, die Erfahrungen mystischer Art gemacht und zudem eine gewisse Ahnung von Physik haben, so daß ein vernünftiger Dialog stattfinden kann. Und noch weniger Physiker haben jemals selbst echte und tiefe mystische Erfahrungen gemacht. Und falls doch, erwähnen sie es vielleicht nie, sondern bleiben inkognito und fahren einfach fort wie bisher.

Nicht wenige Physiker stehen allem ablehnend gegenüber, was nach Metaphysik, geschweige denn nach Mystik riecht. Wahre Mystiker sind *keine* theoretischen Philosophen, die sich intellektuelle Abstraktionen ausdenken. Sie sind weder Pantheisten noch Monisten, noch gehören sie irgendeiner anderen Kategorie des Mystizismus an, die akademisch gebildete Gelehrte ihnen vielleicht zuschreiben. Sie befassen sich nur mit Erfahrung, und wenn sie Lehrer sind, sind sie nur daran interessiert, andere zu lehren, wie diese selbst in den Genuß solcher Erfahrung kommen können.

Ob die Leute im allgemeinen an das *glauben*, was sie sagen, ist den Mystikern recht gleichgültig. Sie sind nur für diejenigen hier, die das innere Leben jenseits der äußeren Schau erfahren wollen. Sie sind nicht darauf aus, eine Religion oder eine Sekte zu gründen oder eigenen Ruhm zu erlangen. Sie haben ihren Geist und ihre Gefühle völlig unter Kontrolle, sie fühlen sich also durch Unglauben nicht verletzt, angegriffen oder Schlimmeres. Wichtig ist ihnen, denjenigen, die diesen Zustand erfahren *wollen* und die sich zu ihnen hingezogen fühlen, die Mittel, die Technik zu vermitteln, um diesen Zustand zu erfahren und wirklich voranzukommen. Wie sie sagen, macht es wenig Sinn, über den möglichen Geschmack einer nicht gekosteten Erdbeere zu diskutieren. Worum es geht, ist sie zu essen. Auf der Stelle. Das beendet jegliche Diskussion.

In gewisser Weise ist es seltsam, daß die Menschen nicht an die Existenz oder Gültigkeit der mystischen Erfahrung glauben. Denn obwohl es unsere Erfahrung ist, lebendig zu sein, was von größter Bedeutung für uns ist, wissen wir doch, daß wir diese Erfahrung niemand anderem beschreiben oder vermitteln können. Ähnlich ist die mystische Erfahrung eigentlich nichts weiter als eine extreme Erweiterung unserer alltäglichen, subjektiven Erfahrung, lebendig zu sein. Und so wie niemand einen lebenden Menschen mit gesundem Verstand davon überzeugen kann, er sei nicht lebendig, spricht ganz ähnlich die innere Kraft der mystischen Erfahrung für sich selbst. Wie beim Aufwachen aus einem Traum bedarf es keines anderen, um einen von der Bedeutung und der Realität des Traumes zu überzeugen. Denn Leben ist dasselbe wie Bewußtsein, und mystische Erfahrung ist 'nur' ein erweitertes Gewahrsein der wahren Natur dieses Lebens oder Bewußtseins.

Doch wenige Physiker oder andere Menschen fühlen sich zu einer ganzheitlich mystischen Wahrnehmung des Lebens hingezogen, obwohl eine kürzlich unter der britischen Allgemeinbevölkerung durchgeführte Umfrage zeigte, daß über ein Drittel in ihrer Einstellung zum Leben 'nach innen ausgerichtet' war. Stephen Hawking, von seinen Kollegen als einer der größten theoretischen Physiker unserer Zeit geschätzt, sagt[1]:

> Östliche Mystik ist eine Illusion. Ein Physiker, der versucht, sie mit seiner eigenen Arbeit zu verbinden, hat die Physik aufgegeben.

Was für eine Aussage für einen Wissenschaftler, der weder jemals östliche Mystik wirklich studiert noch irgendeine ihrer Techniken ausgeübt hat! In der Tat eine keineswegs wissenschaftliche Aussage. Und die Philosophie einer der ältesten und weisesten Kulturen auf unserem Planeten einfach abzutun, indem man sagt, „sie haben es falsch verstanden", erscheint extrem oberflächlich. Ich habe siebzehn Jahre lang im selben Fach-

---

[1]*Beyond the Black Hole, Stephen Hawking's Universe,* John Bosclough.

bereich derselben Universität gearbeitet wie Stephen und habe großen Respekt und Sympathie für ihn und seine Suche nach Erkenntnis, doch wohlwollenderweise würde ich auf seinen Kommentar folgendermaßen reagieren:

> Es ist eine Illusion, die Verstandesvorstellungen für absolute Realität zu halten. Ein lebendiger Mensch, der versucht, die letzte Antwort auf das Rätsel des Lebens außerhalb der Sphäre seines eigenen inneren Bewußtseins zu finden, hat vergessen, daß er wirklich lebt. Er hat das Leben aufgegeben.

Eigentlich liegt die Illusion in den Beschränkungen, die wir uns selbst auferlegen: „Ich bin Physiker", „Ich bin Arzt", „Ich bin ein Anhänger dieses oder jenes Glaubenssystems oder der und der Ideologie". Die Verwechslung eines Glaubenssystems, einer Religion oder einer Vorstellung mit der Wirklichkeit ist eine Vorspiegelung durch den Verstand. Wir alle sind in uns selbst automatisch universelle Menschen mit der Fähigkeit, in unserer Seele Gott, das höchste Wesen oder Bewußtsein zu finden. Dann umfassen unser Bewußtsein und Wissen alles. Doch dies liegt jenseits aller Grenzziehungen des Geistes und Verstandes. Ganz sicher liegt es jenseits der Physik und sogar jenseits des Vakuumzustands!

Manche Physiker sind als 'eingefleischte Physiker' bezeichnet worden. Ich vermute, dieser Begriff soll soviel heißen wie ein Mensch, der glaubt, alle Antworten auf die Rätsel und Erfahrungen des Lebens seien in mathematischen Formeln und intellektuellen Konstrukten zu finden. Ich stelle mir vor, das ist etwa dasselbe wie ein 'eingefleischter Soldat' – jemand, der meint, die Antwort auf alle Probleme liege im gut ausgeführten, aggressiven, gegenseitig zerstörerischen Wettbewerb mit seinen Mitmenschen.

Doch solche Redewendungen zeigen nur, wie großes Wissen oder Können zu einer ernstlichen Wahrnehmungsbeschränkung führen kann. Dazu sollten Sie Bernard Shaws Definition eines Spezialisten gehört haben:

> Ein Spezialist ist jemand,
> Der mehr und mehr
> Über immer weniger weiß,
> Bis er schließlich alles über nichts weiß!

Es stimmt, wir sind „Kinder des Universums", wie es im Gedicht heißt. In der universellen Grundlage des Seins – im Bewußtsein – läßt sich die Antwort empirisch finden, jenseits von jeder selbstauferlegten geistigen Beschränkung.

Eine gewisse Absonderlichkeit

Es wird oft gesagt, die grundlegende Absonderlichkeit in der Quanten-theorie lasse sich im *Doppelspaltexperiment* zusammenfassen. Von die-sem Experiment meint man, es bewahre das einzige echte Rätsel, weil es unmöglich ist, unter Anwendung irgendeines der klassischen 'Gesetze', die die physikalischen Phänomene beschreiben, zu verstehen, was ge-schieht. Alle übrigen Quanten-Abstrusitäten sind logischerweise von ähn-licher Art. Das Doppelspaltexperiment ist ein wirkliches Experiment, und man hat es auf viele verschiedene Arten durchgeführt. Die Ergebnisse sind immer gleich. Dieses Experiment ist in jedem populären Buch über moderne Physik zu finden. In aller Kürze läßt es sich folgendermaßen beschreiben:

Angenommen, wir haben ein Wasserbecken und darin eine Wellener-zeugungsquelle, und wir bringen in diesem Becken eine Barriere mit einem Schlitz an. Abbildung 13-1 zeigt graphisch, was passiert.

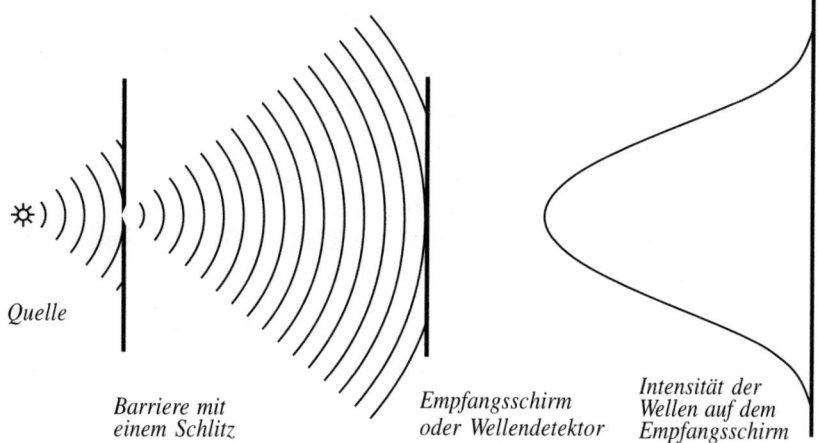

Quelle

Barriere mit einem Schlitz *Empfangsschirm oder Wellendetektor* *Intensität der Wellen auf dem Empfangsschirm*

Abb. 13-1. Wellenausbreitung in einem Wassertank mit einer Wellenquelle hinter einer Barriere mit einem Schlitz.

Wenn wir nun unsere Barriere durch eine mit zwei Schlitzen ersetzen, erhalten wir das in Abbildung 13-2 dargestellte Ergebnis.

Die beiden Schlitze verhalten sich wie zwei neue Quellen, und die Wellen addieren und subtrahieren sich nun derart, daß sie *Interferenz-muster* bilden. Daran ist nichts Geheimnisvolles.

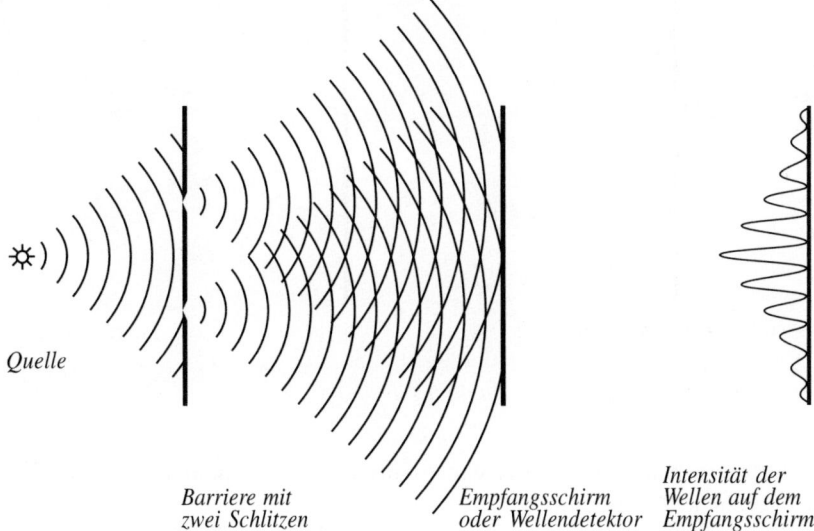

Quelle

Barriere mit
zwei Schlitzen

*Empfangsschirm
oder Wellendetektor*

*Intensität der
Wellen auf dem
Empfangsschirm*

Abb. 13-2. Wellenausbreitung in einem Wassertank mit einer Wellenquelle hinter einer Barriere mit zwei Schlitzen.

Wenn Sie das Experiment nun wiederholen und dabei eine Lichtquelle verwenden, ist das Resultat dasselbe. Wir erhalten Interferenzmuster. Es ist Licht, das sich wie Wellen verhält, und als Young 1803 das Experiment erstmals durchführte, glaubte man, dies sei der schlüssige Beweis für den Wellencharakter des Lichts. Tatsächlich läßt sich aus diesem Experiment (im nachhinein) lediglich ableiten, daß Licht Eigenschaften zeigt, die unter geeigneten Versuchsbedingungen wie Wellen erscheinen. Es mag außerdem andere Eigenschaften besitzen, die in diesem bestimmten Experiment nicht beobachtet werden. Darin liegt ein Schlüssel zum Geheimnis.

So weit, so gut. Wenn wir nun ein ähnliches Experiment mit einer Quelle aus Geschoßkugeln anstelle von Wellen durchführen und die Kugeln auf einer Wand aus irgendeinem geeigneten klebrigen Material auffangen (ein ultradichtes Gelee oder Plastilin wären gut geeignet), werden wir eine Verteilung von Kugeln beobachten, wie in Abbildung 13-3 gezeigt. Die meisten befinden sich im Zentrum und nehmen zu beiden Seiten hin zahlenmäßig ab. Es gibt keine Interferenz, denn Kugeln sind keine Wellen. Und wir müssen zwei Quellen verwenden, um die Kugeln durch beide

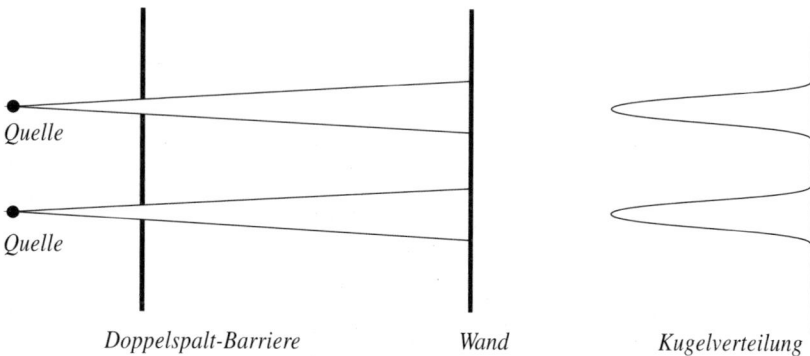

Abb. 13-3. *Kugeln aus zwei Quellen passieren eine Doppelspaltbarriere.*

Schlitze zu bekommen. Was wir erhalten, ist eine einfache Verteilungs-kurve (siehe Abbildung).

Nun einmal angenommen, wir würden die Doppelspaltversion dieses Experimentes mit einer Quelle durchführen und anstelle von Licht Elek-tronen verwenden. Die Doppelspaltversion mit Licht läßt sich natürlich in jedem Schulphysiklabor vorführen. Das entsprechende Experiment mit Elektronen ist ein wenig schwieriger und wird gewöhnlich bewerkstel-ligt, indem man Elektronenstrahlen von den Atomen in einer geordneten, kristallinen Substanz streuen läßt. Doch wir können hier so tun, als ob es mit Schlitzen in einer Barriere durchgeführt würde.

Unter diesen Versuchsbedingungen zeigen Elektronen wellenartige Merkmale. Wir erhalten Interferenzmuster wie in Abbildung 13-2.

Anders als Wasserwellen und Geschosse jedoch zeigen Elektronen in einem Einspaltexperiment Eigenschaften von Geschossen und in Doppel-spaltexperimenten Welleneigenschaften! Warum der Unterschied? Wenn man einfach einen Spalt blockiert, veranlaßt dies die Elektronen, durch den *anderen Spalt* zu gehen und sich wie Geschosse zu verhalten. Es ist, *als ob das Elektron wüßte, daß der andere Spalt offen ist*, und als würde es sein Verhalten entsprechend anpassen. Tatsächlich ist dieses Wellenmuster bei zwei Schlitzen selbst dann noch zu beobachten, wenn man jeweils ein Elektron zur Zeit durch jeden der beiden Schlitze schickt und zwischen den einzelnen Elektronen und zwischen dem Abfeuern der Elektronen lange zeitliche Abstände läßt. Selbst wenn tausend Einzelexperimente durchge-führt werden, wobei jedesmal nur ein Elektron abgefeuert wird, fünfhundert Mal durch einen Spalt und fünfhundert Mal durch den anderen, vermittelt uns das entstehende Muster aus der Summe all dieser Ergebnisse immer noch ein Gesamtmuster, das Wellenverhalten demonstriert – solange nur die Barrieren zwei Schlitze haben.

Die Tatsache, daß das Elektronenverhalten nur dann durch statistische Gesetze beschrieben werden kann, *wenn es 'weiß', ob der andere Spalt in dem Moment, wo es hindurchgeht*, offen ist oder nicht, bildet das zentrale Rätsel der Quantentheorie. Statistik und Theorie *erfordern* dieses 'Wissen', damit sie das Ergebnis beschreiben können. Beachten sie: Nicht *erklären*, sondern *es bloß nachbilden oder beschreiben*. Die Theorie entstammt natürlich diesen empirischen Beobachtungen. Sie versucht zu erfassen, was dabei vorgeht.

Selbst wenn wir versuchen, das Elektron zu überlisten, und einen Spalt versperren, *bevor* es die Barriere erreicht, *nachdem* es aber bereits die Quelle verlassen hat, verhält es sich in dem Augenblick, in dem es den Spalt passiert, als 'wüßte' es, daß der andere Schlitz offen ist.

Wenn wir außerdem an jedem Spalt einen Versuchsbeobachter postieren, um zu sehen, durch *welchen* Spalt die Elektronen hindurchgehen, veranlaßt genau dieser Akt des experimentellen Beobachtens das Elektron, sich wie ein Teilchen, wie ein Geschoß zu verhalten. Auf dem Empfangsschirm sind dann keine Interferenzmuster zu entdecken. Bedenken Sie jedoch, Beobachten ist niemals passiv. Es erfordert eine Wechselwirkung, die bereits an sich den Energiezustand des Elektrons verändert.

Die Quantentheorie zieht aus diesen anscheinend bizarren Beobachtungen die folgenden Schlüsse:

1. Die Natur hält sich ihre Optionen offen. Unbeobachtete Elektronen verhalten sich wie *Wellenwahrscheinlichkeiten*. Die Natur selbst weiß nicht, durch welchen Spalt einzelne Elektronen hindurchgehen. Wenn wir aber ein Experiment durchführen, um das Elektron als ein Teilchen zu beobachten, dann verhält es sich wie ein Teilchen. Es handelt sich dabei um das, was als 'Zusammenbruch der Wellenfunktion' bezeichnet wird. Und der findet nur dann statt, wenn wir eine experimentelle Beobachtung durchführen. Bis dahin, sagen die theoretischen Physiker, weiß die Natur selbst nicht, was vor sich geht. Man mag, nebenbei bemerkt, hinzufügen, daß es wir Menschen zu sein scheinen, die nicht wissen, was vor sich geht! Die Natur macht einfach munter weiter, völlig ungerührt von unseren neuesten Theorien über sie!

2. Die Wahrscheinlichkeit oder das Potential, etwas Spezifisches zu werden, wohnt der Natur inne, doch nur, wenn wir sie beobachten beziehungsweise mit ihr in Wechselwirkung treten. Die Implikation von Wahrscheinlichkeit gehört wesentlich zur Quantentheorie. Die Theorie stützt sich auf folgende Annahme: Wenn ein Ereignis auf mehr als eine mögliche Weise auftreten kann, dann *wird das beobachtete Ergebnis die Summe der Wahrscheinlichkeiten aus all den verschiedenen Wahrscheinlichkeiten sein, die tatsächlich aufgetreten sind, es sei denn, wir beobachten tatsächlich die Einzelheiten des Ereignisses selbst.* Das bedeutet also, daß sich unser Elektron wie eine Welle verhält.

Bezogen auf unser Elektronenexperiment bedeutet dies: Sobald ein Elektron die Quelle verläßt, verschwindet es in einer Wolke aus potentiellen oder 'Geister'-Elektronen, wobei jedes seinen eigenen Weg zum Detektorschirm verfolgt. Dort treffen sich alle Wahrscheinlichkeiten und rufen unser Interferenzmuster hervor. Doch sobald wir das Elektron beobachten, kristallisiert es sich als ein festes Teilchen, und all die 'Geister' verschwinden.

Nun kann die Grundlagenmathematik, wenn sie auch komplex ist, für all dies genauso leicht wie Newtons klassische 'Gesetze' verstanden, gelehrt und benutzt werden, um eine Technologie in der realen Welt zu beschreiben und zu konstruieren. Die Quantentheorie läßt sich deshalb wie ein Kochbuch verwenden, ohne auf metaphysische Spekulation zurückgreifen zu müssen. Auf diese Weise wendet die Mehrheit der Physiker sie an, was ihnen aus der Verlegenheit heraushilft, über die tieferen Implikationen der Rezepte nachzudenken, die sie verwenden. Und diese Kochkunst kann sowohl theoretisch sein – den Anwendungsbereich der Theorie erweiternd – als auch praktisch. Vom rein praktischen Standpunkt aus war es in der Tat eine bemerkenswert erfolgreiche Beschreibung der physikalischen Realität. Doch es ist (wie alle anderen) auch ein 'Gesetz', das auf empirischer Beobachtung basiert, und wenn unsere Beobachtungen unvollständig oder beschränkt sind, werden sich diese Beschränkungen in der Theorie widerspiegeln. Das Problem ist, obwohl es eine Reihe von möglichen Realitätsmodellen gibt, die sich durch die Quantentheorie beschreiben lassen, sind die 'Realitäten', die sie nahelegen, allesamt bizarr und scheinen dem allgemeinen Menschenverstand zuwiderzulaufen.

Die Tatsache also, daß die Theorie bis zu einem gewissen Grad 'funktioniert', beweist nicht, daß sie vollständig richtig ist. Sie war schließlich dazu *bestimmt* zu 'funktionieren', die beobachteten Phänomene zu beschreiben. Doch dies sagt uns nicht, wie die Phänomene ursprünglich entstehen. Tatsächlich wird sich ihre beschränkte Gültigkeit auch direkt in der Begrenztheit der daraus resultierenden Technologie widerspiegeln – so wie Newtons Beschreibungen der Gravitation und Bewegung niemals zur Entwicklung der Kernkraft hätten führen können (vielleicht bloß zu Apfelkraft).

Ein alternativer Blickwinkel

Wie fügt sich dies also in unsere Auffassung vom Vakuumzustand und in die mystische Wahrnehmung der Dinge ein? Nun, die experimentellen Beobachtungen lassen sich verstehen, aber auf andere Weise. Diese läßt sich folgendermaßen zusammenfassen:

1. Ein subatomares 'Teilchen' ist ein schwingender Energiekomplex. Es ist eine sich bewegende Energie. Seine Bewegung und seine wechselnden Polaritäten elektrischer Ladung, magnetische Polarität und so weiter sind ein Teil des Vakuumenergiemusters, das wir als sein Wesen beobachten. Es ist also weder eine Geschoßkugel noch eine Welle. Es ist, was es ist, ein schlüpfriger Schwaden, der schwingt und tanzt, ein Muster innerhalb des energiegeladenen Raumgefüges. Wir haben all dies bereits gesagt.

2. Wenn es in unserem Experiment an der Barriere anlangt, geht es durch *beide* Schlitze hindurch, weil seine Bewegung oder Schwingung beide Schlitze *einbegreift*. Wenn wir einen Spalt verschließen, kann es nur noch den anderen passieren, und entweder entkleiden wir es erfolgreich einiger seiner 'Wellenanteile', oder wir zwingen es, sich selbst als ein 'Teilchen' zu rekonfigurieren (ein sowohl innerlich als auch äußerlich sehr dichtes schwingendes Ding), damit es hindurchgelangen kann. Denken Sie daran, das durch den Spalt in der Barriere hindurchgehende Elektron ist auch ein energetisches Ereignis. Das Elektron *interagiert* mit der Barriere und seinen Schlitzen, um hindurchzugelangen oder auch nicht, je nachdem. Eigentlich sollte das Experiment *auch* überwachen, was mit der Energiezusammensetzung der *Barriere* geschieht, sowohl bei einem als auch

bei zwei offenen Schlitzen. Ich könnte mir vorstellen, daß es dabei Abweichungen gibt.

Was auch immer ein Elektron seinem Wesen nach ist, unsere beiden Experimente bilden zwei verschiedene Anschauungsweisen. Und wie bei den blinden Männern und dem Elefanten sehen wir verschiedene Aspekte derselben Sache, je nachdem, wie wir schauen. Es gibt wirklich nichts Geheimnisvolles daran, außer daß wir zugeben müssen, nicht genau zu wissen, was wir beobachten.

3. In der Quantentheorie wird das Konzept mit der Sache selbst verwechselt. Dasselbe gilt bei Determinismus und Wahrscheinlichkeit. Selbst aufgeklärtere Autoren sprechen immer noch von „Elektronen, die den Gesetzen der Quantentheorie *gehorchen*". Wie ich zuvor gezeigt habe, sind diese Gesetze eher in unseren Köpfen als in der Natur angesiedelt, obwohl in der schlußendlichen Analyse Natur nur ein Aspekt des Formativen GEISTES ist; und darum muß es eine Affinität zwischen unserem individuellen Geist und der Natur geben.

Doch Elektronen *gehorchen* den Gesetzen der Wahrscheinlichkeit nicht mehr, als Menschen dies tun. Wenn wir uns der determinierenden Faktoren nicht bewußt sind, mag der Einsatz von Statistik unsere einzige Zuflucht sein. Doch die Statistik beziehungsweise die Wahrscheinlichkeiten unterstellen eine zugrunde liegende Ordnung, sonst könnte es kein 'Gesetz' der Wahrscheinlichkeit geben. Man kann das Verhalten von etwas nicht im einzelnen statistisch oder gar deterministisch beschreiben und dann sagen, dieses Etwas *gehorche* dieser Beschreibung!

Betrachten Sie einmal eine geläufige Redewendung von Physikern. Dies ist ein Zitat aus Fritjof Capras evolutionärem Buch *Das Tao der Physik*. Er sagt: „Anstelle von Teilchen, die um den Kern kreisen, müssen wir uns Wahrscheinlichkeitswellen vorstellen, die auf verschiedenen Orbitalen angeordnet sind." Dieser Kommentar demonstriert kurz und bündig die Quelle der Verwirrung. Denn eher könnte man sagen, daß wir uns ein dynamisches, schwingendes Netz aus zusammenhängenden Energiebeziehungen vorstellen müssen, welches wir gegenwärtig nur durch das Hinzuziehen von Wahrscheinlichkeitsbegriffen *nachzubilden* in der Lage sind. Wahrscheinlichkeit ist unsere geistige Vorstellung, die entsteht, weil wir die verborgene Ursache der Dinge nicht sehen können. Doch darauf zu bestehen, die Natur verhalte sich wie unsere beschränkten und verworrenen Vorstellungen von ihr, heißt das Pferd beim Schwanz aufzuzäumen.

'Wahrscheinlichkeitswellen' sind eine unangenehme Kreuzung aus 'Dingen' (Wellen) und geistigen Konzepten (Wahrscheinlichkeit), also gewiß nichts, was man tatsächlich in ein Marmeladenglas füllen kann, sondern etwas im menschlichen Geist Ausgebrütetes. Wahrscheinlichkeitskonzepte verwenden wir einfach, um die Energiemuster und Beziehungen zu beschreiben, von denen wir einen Teil als Elektronen beobachten und mit ihnen wechselwirken. Und in unterschiedlichen Experimenten wird man jeweils andere Aspekte feststellen.

Das geschieht aufgrund der Wechselwirkung des Beobachters mit dem Beobachteten, und zwar sowohl auf Versuchsebene als auch in den logischen, theoretischen Konstruktionen. Das ist keine intellektuelle Spitzfindigkeit, sondern es demonstriert umso deutlicher die Wechselwirkung des Beobachters mit dem Beobachteten, da in Aussagen wie denen von Capra das Ding selbst mit unserer Vorstellung davon verwechselt wird.

Und das ist ganz verständlich, denn selbst wenn wir ein Experiment durchführen, beobachten wir nichts anderes als unsere *Wechselwirkungen*. Wir können ihnen nicht entkommen. Wir werden zum Hund, der seinem eigenen Schwanz hinterherjagt. Deshalb verwechseln Aussagen wie die von Capra eigentlich die *Wechselwirkung* mit *Vorstellungen von der Wechselwirkung*. Doch noch einmal, wir müssen erkennen, daß beides nur Teile in einem großen Ganzen sind.

4. Die Wechselwirkung des Experimentators mit dem Experiment bildet die Ausgangsbasis für die Verwirrung, doch man darf nicht annehmen, daß alles Existente, solange diese Wechselwirkung noch nicht stattgefunden hat, *ein Netz aus Wahrscheinlichkeit*, eine nicht zusammengebrochene Wellenfunktion ist. Das sind nur Vorstellungen in unserem Kopf, die 'außerhalb' nicht existieren. Wenn wir ein Experiment erfinden könnten, in dem ein Elektron als etwas anderes als ein Teilchen oder eine Welle betrachtet würde, dann würden die Versuchsergebnisse anders ausfallen als alles, was bis jetzt beobachtet wurde. Aber bislang würden wir bestenfalls nur unsere Wechselwirkung mit dem messen, was wir Elektron nennen. Auf eine sehr reale Weise verändert unsere Interaktion die Dinge, doch nur, weil nichts seinem Wesen nach statisch ist – alles ist interaktiv, alles par-

tizipiert. Wir haben nur eine *ganze* Situation – ein Uni-versum, nicht eine Menge kleiner Teile und kein Multi-versum. Je mehr unsere geistigen Konzeptionen und Theorien die Dinge als Vorstellung von kleinen Teilchen begreifen, desto mehr solcher Paradoxien kommen zum Vorschein.

5. Es erscheint wahrscheinlicher, daß das Existierende ein dynamisches Beziehungsnetz ist, ein in sich verbundener Energietanz. Unsere Experimente sind nur in der Lage, jeweils einen Teil dieser Beziehungen zu sehen, die wir dann als subatomare Teilchen, Wellen und so weiter bezeichnen. In Wirklichkeit sind *wir* es, die die Elektronen geschaffen haben, in dem Sinne, daß wir Experimente festgelegt haben, um nach bestimmten Eigenschaften dieses kosmischen Energiemosaiks zu suchen. Jedes Experiment betrachtet unterschiedliche Eigenschaften, die wir dann Elektronen oder Protonen und so weiter nennen. Andere Versuchsbedingungen werden es uns ermöglichen, abweichende Aspekte dieses Tanzes oder Teppichs zu erkennen, dieses ultrafeinen Beziehungsgewebes im Einen, das als das Viele erscheint. Doch zwei *ähnliche* Standpunkte, zwei ähnliche Experimente sind nicht identisch. Deshalb sieht jedes Experiment etwas anderes.

6. Wir verwirren uns selbst, wenn wir darauf beharren, es gebe wirklich ein kleines festes Klümpchen Etwas namens 'Elektron', und dann sind wir überrascht, wenn sich herausstellt, daß das 'Elektron' je nachdem, wie wir es beobachten, widersprüchliche Eigenschaften aufweist. Die Natur weiß nichts von kleinen festen Klümpchen. Zweifellos gibt es im Netz Brennpunkte, die wir Elektronen genannt haben. Doch diese Brennpunkte sind vom Gesamtnetz nicht unabhängig. Die Natur 'sieht' sie gewiß nicht auf diese Weise. Je nachdem, wie *wir* diesen Brennpunkt betrachten, sehen wir verschiedene Facetten von ihm. Und da sind wir wieder bei den fünf Blinden, die den Elefant beobachten. Jeder bekam einen anderen Teil zu fassen und meinte, er hätte das ganze Tier begriffen.

7. Jegliche Art von Unterteilung findet in unseren Köpfen statt. Tatsächlich ist die Natur bloß ein dynamisches Netz aus untereinander verbundenen Energiemustern, mit denen wir auf vielen unterschiedlichen Wegen experimentell in Wechselwirkung treten können und in die wir durch den bloßen Prozeß des Seins in der physischen Welt bereits eingebettet sind. Doch *wir* sind diejenigen, die bei jedem

Experiment, das wir durchführen, ständig die Farbe unserer Brillengläser wechseln. Und dann behaupten wir steif und fest, es sei die *Natur*, die dauernd die Farbe wechseln würde!

Wenn wir verstehen wollen, was vor sich geht, müssen wir die Natur *aller* Beziehungen innerhalb dieses vielschichtigen Energietanzes studieren. Dazu gehört auch unser eigener Geist. Wir müssen also auch die Energiestruktur unseres eigenen Geistes untersuchen.

8. Es ist möglich, daß statistische Berechnungen ebenso weit führen, wie Mathematik und Physik in ihrem Umgang mit dem unserer physischen Welt zugrunde liegenden fundamentalen Determinismus jemals werden gehen können. Dies deswegen, weil erstens der kausale Determinismus letztlich von innen kommt, vom Universalen GEIST, zweitens 'existiert' das physische Universum aufgrund unseres Schicksalskarmas. Letzteres bedeutet dasselbe wie die Aussage, daß wir 'Teilnehmer' sind. Doch wir müssen verstehen, was *wir* sind, um mit der wahren *Natur* dieser Teilnahme überhaupt weiterzukommen. Das *Wir* umfaßt unseren Geist.

Der menschliche Geist ist auf tiefe und grundlegende Weise eingeflochten. Auf diese Weise nimmt unser Schicksal Form an. Doch es ist unmöglich, dies in deterministischen Einzelheiten zu erklären – es würde eine vollständige deterministische Beschreibung der gesamten Energie des Universums und all der darin lebenden Geschöpfe erfordern – was sie tun, was ihr vergangenes und zukünftiges Karma ist –, und so etwas liegt deutlich jenseits der Fähigkeiten des Verstandes und der Logik. Es ist der äußerste, unendliche Regreß des reduktionistischen Denkens, denn Analyse und Unterteilung nehmen kein Ende.

Da wir nun mit dieser enormen Datenfülle zum Energieaustausch und zusätzlich mit der Tatsache konfrontiert sind, daß es wahrscheinlich keinen objektiven Platz gibt, von dem aus wir die Landschaft überblicken können, bleibt uns keine Alternative, als uns den Daten statistisch zu nähern. Doch dies sollte *mit* einem Verständnis des zugrunde liegenden Determinismus geschehen, in dem Wissen, daß Statistik und Wahrscheinlichkeit eine deterministische Grundlage voraussetzen.

Einfach ausgedrückt: Wenn ich eine Münze werfe, kann ich statistisch bestimmen, wie häufig Kopf oder Zahl fallen werden. Doch die zugrunde liegende Ordnung besteht erstens darin, daß *nur* Kopf oder Zahl fallen kann, und zweitens darin, daß ich tatsächlich genau berechnen könnte, ob Kopf oder Zahl fallen muß, wenn mir alle mechanischen Details eines jeden Wurfes vollständig bekannt wären.

In vielerlei Hinsicht bringt uns dies zurück zur alten Frage nach dem freien Willen. Verfügte ich in jedem Bruchteil eines Augenblicks über freien Willen, so stünde mir notwendigerweise eine unendliche Zahl von Möglichkeiten offen. Sind die Möglichkeiten auch nur ein wenig eingeschränkt, dann hätte ich bestenfalls einen bedingt freien Willen. Je größer die Beschränkungen oder Grenzbedingungen sind, desto weniger freien Willen habe ich. Das ist Quantentheorie auf unser individuelles Leben angewandt. Und in jedem Augenblick bringen wir die Wellenfunktionen zum Einstürzen, indem wir uns auf eine besondere Weise verhalten. Wenn wir uns aber wie Schrödingers Katze in einer Kiste befänden und niemand anderes uns beobachten könnte, so würde das lediglich für die äußeren Beobachter, die nicht sagen können, was wir da drinnen vorhaben, eine 'Welle der Wahrscheinlichkeit' darstellen. Das bedeutet nicht, daß unsere Handlungen der Schar von 'Geister'-Elektronen ähneln, ehe wir 'sie beobachten'.

Und es ist ein unendlicher Regreß, denn selbst wenn es in der Kiste ein Fenster gäbe und die Beobachter im selben Raum sehen könnten, was wir tun, und dabei ihre Wellenfunktion zum Einstürzen brächten, wäre die Wellenwahrscheinlichkeitsfunktion für Personen, die sich einen Raum weiter, hinter einer geschlossenen Tür, oder außerhalb des Hauses befinden, nicht zusammengebrochen. Und so weiter, ad infinitum. Doch wir werden ein paar Seiten weiter noch näher auf Schrödingers Katze eingehen.

Die Quantentheorie ist als eine Beschreibung physikalischer Realität also immer noch höchst unvollkommen, denn wir vergessen folgendes:

1. Die Verwicklung des Geistes und des Karma aller Lebewesen – ob Menschen, Tiere, Pflanzen oder Bakterien. Wir müssen noch erkennen, daß es verborgene Kausalbeziehungen zwischen unserem eigenen Geist und den Dingen und Menschen um uns herum gibt.
2. Wir müssen noch die eher holistische und wahrscheinlich holographische Natur nicht-örtlicher Kausalität und Beziehung entwirren, die dem Vakuum und den subtileren Zuständen innewohnt.
3. Wir halten ein subatomares Teilchen für ein kleines, festes, unabhängiges Etwas, während es eigentlich nur unsere Teilbeobachtung eines

bestimmten Brennpunktes oder Aspektes im Tanz von miteinander verbundenen Vakuumenergiemustern ist.

4. Wir müssen die innere Schwingungsstruktur subatomarer 'Teilchen' als Ausdruck von Energie in und auf dem Vakuummeer bestimmen.

5. Es gibt einen Kausalzusammenhang zwischen dem Geist und dem Vakuumzustand, der Teil des Vorganges ist, durch den sich das in unserem Geist Befindliche äußerlich als unser Schicksal manifestiert und durch den sich in unserem Geist neues Karma zur äußeren Inszenierung in einer zukünftigen Szene des Dramas ausprägt.

6. Die Anwendung der Statistik setzt Determinismus und Ordnung voraus. Statistik und Wahrscheinlichkeits-'Gesetze' sollten in Einsicht ihrer Grenzen angewendet werden. Das bedeutet, daß es im Universum eine grundlegende Ordnung gibt und kein Chaos.

7. Die sogenannte 'äußere' Realität befindet sich eigentlich auch in unserem Geist. Doch dies zu begreifen erfordert ein tieferes Verständnis der Natur des Geistes. Uns ist klar, daß unsere Gedanken und Vorstellungen ein Teil des Geistes sind. Doch die Tatsache, daß das anscheinend so feste physische Universum auch eine Geistwelt ist, ist nicht so offensichtlich. In gewisser Weise könnte man deshalb von zwei Illusionsebenen bezüglich der physischen 'Realität' sprechen: erstens unsere Ideen und Theorien von der physischen 'Realität'; zweitens die physische 'Realität' selbst. Doch beide liegen in unserem eigenen Geist. Zu glauben, entweder unsere Vorstellungen seien in einem absoluten Sinne real oder unsere sinnlichen Wahrnehmungen seien real, deutet beides auf unsere menschliche illusorische Verfassung hin.

8. Die herrliche, scheinbar zufällige Anordnung des Universums, wie sie das *anthropische Prinzip* oder die *Gaia-Hypothese* kennzeichnet, entsteht auf eine Weise, die in mancher Hinsicht Parallelen zur Erzeugung eines Bildes in einem Kaleidoskop aufweist[1]. Was wir für absolute physische Realität halten, ist ein projiziertes Bild, aufgebaut innerhalb der Projektionsmechanismen des Formativen GEISTES und durch das Medium unseres individuellen Geistes nach außen reflektiert-projiziert-manifestiert.

---

[1]Man kann ein Kaleidoskopbild niemals physisch anfassen, da es nur ein von Prismen und Spiegeln geschaffenes Lichtmuster darstellt.

Darum kann man es wie das Kaleidoskopbild oder eine Fata Morgana in der Wüste niemals in die Hand nehmen, denn es besitzt keine von seinem Projektionsmechanismus unabhängige Realität. Es verhält sich so wie bei der ausgerichteten Musterausformung im Kaleidoskopbild – wie sehr Sie das Kaleidoskop auch schütteln und welche Muster auch immer erzeugt werden, die Ordnung ist in die Natur des gesamten Erzeugungsmechanismus eingebettet.

Die grundlegende Ordnung wohnt der ununterschiedenen und einheitlichen Natur des Einen inne, das wir als das Viele wahrnehmen. Welche Muster das Viele auch aufweist, es ist immer von der zugrunde liegenden integrierten Einheit durchdrungen.

Ferner liegt der Unterschied zwischen der Kaleidoskop-Analogie und der Realität des Projektionssystems des Formativen GEISTES darin, daß wir selbst ein integraler Teil des Prozesses sind. Unser Gefühl des Seins und unser Geist sind ein Teil des Manifestationsprozesses selbst. Darum gibt es keine objektive, 'höher gelegene Stelle', auf die wir uns begeben können, um die Dinge zu überblicken. Uns bleibt nur übrig, die formative Leiter oder innere Dimension in uns selbst zu erklimmen.

Noch einmal schlüpfrige Schwaden

Der Wellenaspekt eines an die Atomhülle gebundenen Elektrons wird eigentlich als eine stehende Welle beschrieben – d.h. eine komplexe Schwingung innerhalb fester Grenzen, wie eine Gitarrensaite, mit einer Wahrscheinlichkeit, zu irgendeiner bestimmten Zeit an irgendeinem bestimmten Punkt zu sein. Aber das Elektron ist weder eine Welle, noch ist es ein kleines festes Etwas, das sich an diesem Wellenmuster entlangbewegt. Es ist ein schlüpfriger Schwaden, eine Energieschwingung. 'Es' existiert in Wirklichkeit gar nicht als eine unabhängige Einheit. Es ist ein Brennpunkt, ein Punkt des Zusammenflusses und der Polarität im Netz der Beziehungen.

Wenn wir mit ihm in einem Versuch direkt in Wechselwirkung treten, verändern wir nicht nur die Form seines Energiemusters, sondern wir wirken ohnehin nur auf einen kleinen Teil dieses Musters ein oder beobachten diesen. *Das*, was wir beobachten oder mit dem wir wechselwirken, bezeichnen wir als Elektron. Und je nach Versuch interagieren oder beobachten wir ganz unterschiedlich. Nur in diesem Sinne also haben wir das Elektron geschaffen. Die 'Es-existiert-nur-wenn-man-es-beobachtet'-Denkschule hat unrecht, wenn sie behauptet, es existiere solange nichts Spezifisches, bis wir es beobachten. Es liegt also eine Verwechslung vor zwischen dem, was wir gegenwärtig experimentell beobachten beziehungsweise womit wir wechselwirken können – ein Mangel an Einsicht, daß alle Unterteilungen und Kategorien sich in unserem Geist befinden –, und dem Unvermögen der vorhandenen mathematischen Sprache und ihren Formeln, dieses miteinander verbundene Netz aus Energie nachzubilden.

Diese Unfähigkeit besteht, weil nicht erkannt wird, daß Energie als ein natürlicher Teil des schöpferischen Prozesses sowohl horizontale als auch innere beziehungsweise vertikale Beziehungen hat. Schließlich ist das Eine immer im Vielen zugegen. Wir haben noch kein Experiment erfunden, mit dem wir die Vakuum-Oszillationen eines Elektrons direkt beobachten könnten. Wir können nur mutmaßen, was geschieht, wenn wir Effekte bemerken, die wir als Elektronen bezeichnen, die zwei Schlitze simultan passieren, oder wenn wir einander entfernte Photonen beobachten, die sich ohne jegliche energetische Bindung auf 'dieser Seite' des Vakuums gegenseitig beeinflussen. Doch es ist falsch, diese Versuche so zu interpretieren, als wäre die Natur ihrem Wesen nach probabilistisch. Das bedeutet nicht wirklich etwas. Es ist bloß ein etwas kniffliges intellektuelles Rätsel wie das Geräusch einer klatschenden Hand. Die richtige Interpretation besteht darin zu erkennen, daß wir immer noch sehr viel daran arbeiten müssen, die Beziehungen dieser inneren Dimension des Schöpfungsprozesses auf rein deterministische Weise zu bestimmen. Obwohl wir dieses Wissen dann vielleicht auf statistische Weise behandeln müssen.

Falls Sie sich vorstellen, die subatomare Welt sei in jeder Hinsicht eine Welt der langsamen Schwingungen, interessiert es Sie vielleicht zu erfahren, daß – sofern man Elektronen als Teilchen bezeichnen kann, wenn diese hochenergetischen Kameraden fest auf ein Atom beschränkt sind – sie ihre innere Energie und Frustration äußern, indem sie mit rund 1000 Kilometern pro Sekunde herumschwirren! Im Atomkern drücken die Neutronen und Protonen, die noch enger begrenzt sind, ihre Schwingung und ihre Energiefülle aus, indem sie sich bei Geschwindigkeiten an die 65 000 Kilometer pro Sekunde bewegen. Und diese Bewegung ist ein Teil der Gesamtenergie, aus der sie bestehen. Sie sind kein sich bewegendes 'Etwas'. Die Bewegung ist Teil ihres Seins.

Ganzheit und der geteilte Geist

Wenn ich aus meinem Fenster schaue, sehe ich Dinge, die ich Bäume, Pflanzen, Steine, Vögel etc. zu nennen gelernt habe. Ich möchte meinen, daß ich einen Vogel bis ins kleinste Detail beschreiben könnte. Zumindest habe ich das Gefühl, ich könnte einige seiner physischen Abmessungen und Eigenschaften bestimmen. Doch beschreibt das wirklich den Vogel? In der ganzen Gartenlandschaft hat der Vogel Myriaden von Beziehungen zu den Bäumen und Büschen, zu den Insekten und anderen lebenden Organismen, die er ißt, zu anderen Vögeln, zu seinem Gefährten, zu seiner Familie, zu herumschleichenden Katzen aus der Nachbarschaft, zu Wind und Wetter, zu mir und dem Futter, das ich ausstreue – zu so vielen Dingen. Kann ich einen Vogel beschreiben, ohne diese Beziehungen zu beschreiben? Natürlich nicht. Ohne sie wäre es nur eine teilweise Beschreibung.

Doch wo endet diese Beschreibung? Was ist mit den ähnlichen Beziehungen all der anderen Lebewesen und Dinge, mit denen mein Vogel verbunden ist? Beschreibe ich sie ebenfalls? Und was ist mit dem Geist des Vogels? Es ist ein endloser analytischer Regreß, der mehr und mehr bedeutungslos wird.

Die Natur ist ein Ganzes, unser unteilbares, integriertes Beziehungsnetz. Der Übereinkunft wegen und um einen praktischen Zweck zu erreichen, richten wir unseren Geist in der Analyse auf bestimmte Teile und Aspekte dieses Gewebes. Doch wenn wir dann glauben, diese Teile existierten unabhängig vom Ganzen, sind wir ein Opfer unseres Denkprozesses, unseres Verstandes geworden. Seiner Natur gemäß teilt der Verstand. Er war nie dazu bestimmt, das Ganze zu verstehen. Dies ist die Funktion des Bewußtseins – das Ganze in der mystischen Erfahrung zu erkennen.

Doch genau das ist uns passiert. Getrübt durch unbewußte Gefühle und zerstreut in unkontrollierte Gedanken, die sich weit weg von ihrem natürlichen inneren Zentrum bewegen, ist unser eigener Geist geteilt. Entsprechend bemerkt er überall Geteiltheit. Wohin er auch schaut, sieht er Teile, kein Ganzes. Er hat die wahre Natur der Wahrnehmung vergessen. Doch:

> Wenn die Pforten der Wahrnehmung gereinigt würden,
> Würde alles so erscheinen, wie es ist – unendlich.

So schrieb William Blake. Und das Wort unendlich könnten wir auch durch das Wort 'ganz' ersetzen. Alles würde ganz erscheinen, wenn die Fenster unseres Geistes ganz wären. Dann würden wir unseren analytischen Geist und Verstand ausschließlich als ein praktisches Werkzeug zum Vollbringen von Dingen in dieser Welt und als Sprungbrett zum Mystischen benutzen. Wir würden niemals das Bewußtsein für das zugrunde liegende Ganze verlieren. Die Realität läge offen vor unserem inneren Selbst.

Auf genau dieselbe Weise also müssen wir verstehen, daß wir nur einen Teil des Ganzen beobachten, wenn wir durch die gefärbte Brille eines bestimmten Versuchsverfahrens schauen. Mit einer anderen Brille nehmen wir einen anderen Teil wahr. Ist es so merkwürdig, wenn diese beiden Teile sich unähnlich, ja sogar offenbar entgegengesetzt sind? Ich denke nicht. Es ist bloß das, was wir erwarten würden.

Drei Beobachtungspunkte

Es gibt gewissermaßen drei Punkte der Wechselwirkung zwischen Beobachter und Beobachtetem. Einer ist der offensichtliche, bei dem wir, wenn wir etwas experimentell messen, den Vorgang verändern, den wir messen möchten. Wir müssen in Wechselwirkung treten, und daher kommt Heisenbergs Unschärfeprinzip ins Spiel. Dies ist der Yang-Modus der äußeren, angestoßenen Aktion.

Dann gibt es noch die sinnliche Wahrnehmung der Dinge. Hierbei haben wir das Gefühl, passive Beobachter zu sein. Der Geist ist beteiligt, doch die Dinge, die wir beobachten, verändern wir nicht. Dies ist der Yin-Modus des Sinneseindrucks. Leider können wir Elektronen und die subatomare Welt mit unserer normalen physischen Wahrnehmung nicht direkt als das wahrnehmen, was sie sind. Wenn wir es könnten, wäre all die Aufregung überwunden!

Weiterhin ist deutlich, daß uns die Logik irregeführt hat, wenn sie uns, das Yin mit dem Yang verwechselnd, weismacht, ein Ding existiere nur, wenn wir es beobachten oder mit ihm wechselwirken. Glücklicherweise ist das nicht so. Es wäre überraschend festzustellen, daß jedes Mal, wenn wir uns schlafen legten oder zum Einkaufen in die Stadt führen, unser Haus verschwände (vom eigenen Körper ganz zu schweigen). Dies ist eindeutig absurd – und doch führt diese Argumentationslinie zurück zu der Behauptung, daß es wirklich eine objektive äußere Realität gibt.

Wo ist also die Verbindung? Die Verbindung liegt in der dritten und ursprünglicheren Wechselwirkung von Beobachter und Beobachtetem. Der passive Beobachter ist der Geist, der Beobachter, der interagiert, ist der Geist. Im Geist sind das Potential, die Eindrücke gespeichert, die – wechselwirkend mit den Eindrücken in der Geistenergie anderer – die physische Welt prägen. Dies ist das Karma unseres Schicksals.

Doch aufgrund der Abwärts- und Auswärts-Ausrichtung unserer geistigen Aufmerksamkeit haben wir das Bewußtsein darüber verloren, wie unsere vereinigten Geistenergien diese physische Schöpfung tatsächlich ursprünglich erschaffen haben. Wir sind uns also nur des Yin- und des Yang-Modus der Beobachtung bewußt, der Empfänglichkeit und Aktion. Wir erkennen deren Ursprungspunkt nicht im inneren Prozeß der Geistenergie. Das ist alles unbewußt oder unterbewußt.

Wir können noch einmal auf unser vertrautes Diagramm verweisen:

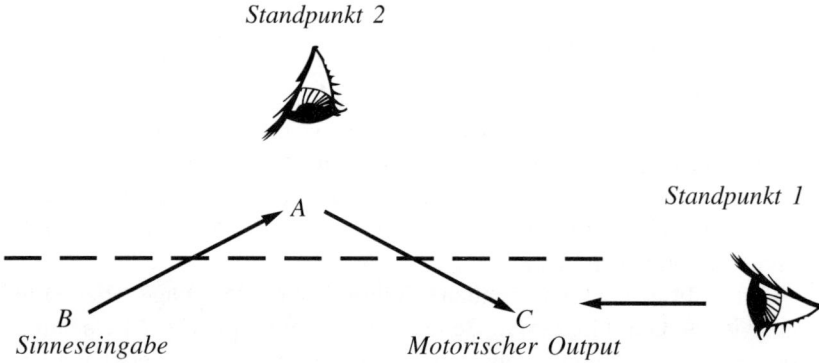

Standpunkt 2

A

Standpunkt 1

B
Sinneseingabe

C
Motorischer Output

Hier stehen B und C für den Yin- und Yang-Modus der Geistfunktion, der Beobachtung, wobei die vertikale Skala unsere Aufmerksamkeitsebene wiedergibt. Der Ursprungspunkt liegt in unseren unbewußten Geistenergien. Wir erkennen also intuitiv, daß der Geist an der Erschaffung äußerer Erscheinungen beteiligt ist, doch wir wissen nicht wie. Unsere logisch-intellektuelle Anschauung genau dieses Geistes landet schließlich bei Absurditäten wie „Es existiert nur, wenn wir es beobachten." Das stimmt, allerdings nicht in der offensichtlichen Bedeutung. Denn wir müssen unser Verständnis davon erweitern, was mit *Beobachtung* gemeint ist, um die überaus wichtige unbewußte schöpferische Aktivität der Geistenergiebereiche einzubeziehen – eine ursprünglichere und daher realere Energie als alles, was wir mit unseren Sinnen beobachten können.

Wie gelangt man zu dieser Wahrnehmung? Schulen Sie den Geist, indem Sie die richtige Art von Meditation anwenden. Das ist die einzige Antwort. Der Verstand kann uns nicht zu diesem Punkt bringen. Sein teilendes Wesen hält uns davon eher fern.

Schrödingers berühmte Katze

Ein paar Seiten zuvor habe ich Schrödingers Katze erwähnt. Erwin Schrödinger war es, der erstmals die Wellenfunktion formulierte – die Reihe von Gleichungen, die das Reich der Quantenwahrscheinlichkeiten beschreibt. Seine Alltagsgeschichte von der Katze faßt die offensichtliche, auf die 'reale' Welt übertragene Quanten-Absonderlichkeit zusammen.

Schrödinger dachte darüber nach, was geschehen würde, wenn man eine Kiste nähme und leicht radioaktives Material darin anbrächte, ferner einen Detektor für Radioaktivität, der mit einer Glasphiole mit Zyanid verbunden wäre, sowie eine lebendige Katze. Die Frequenz und Natur der radioaktiven Strahlung wird von der Quantentheorie beschrieben, doch nicht absolut, sondern nur innerhalb der Wahrscheinlichkeitsbereiche. Deshalb können wir, wenn wir diese Theorie anwenden, nicht *präzise* sagen, wann radioaktive Strahlung auftreten wird. Wir können nur eine statistische Berechnung anstellen, wann sie *in etwa* auftritt. Wenn wir also ein ausreichend kurzes Zeitintervall wählen, wird der Detektor gerade lange genug ein- und ausgeschaltet, daß es eine 50:50-*Chance* für radioaktive Strahlung gibt.

Falls sie auftritt, aktiviert der Detektor den Mechanismus, um die Zyanid-Phiole zu zerbrechen, und die Katze stirbt. Tritt keine Strahlung auf, lebt die Katze (siehe Abbildung 13-4).

Die Kiste ist jedoch versiegelt, und bis sie geöffnet wird, kennt der äußere Beobachter das Ergebnis nicht. Die 'Gesetze' der Quantentheorie behaupten tatsächlich, *die Katze sei weder gestorben, noch lebe sie noch.* Sie ist gleichzeitig sowohl lebendig als auch tot. Bis die Kiste geöffnet wird, beträgt die Wahrscheinlichkeit immer noch 50:50, und jede Wahrscheinlichkeit besitzt die gleiche 'Realität'. Die Wellenwahrscheinlich-keits-Funktion bleibt aufrechterhalten. Erst wenn wir die Wellenfunktion zusammenbrechen lassen, indem wir in die Kiste schauen, tritt die eine oder andere Wahrscheinlichkeit tatsächlich ein.

Nun ist dies eindeutig absurd. Es ist jedoch ein logisches Ergebnis der Theorie, und es demonstriert sehr schön, wie Vorstellungen und physi-

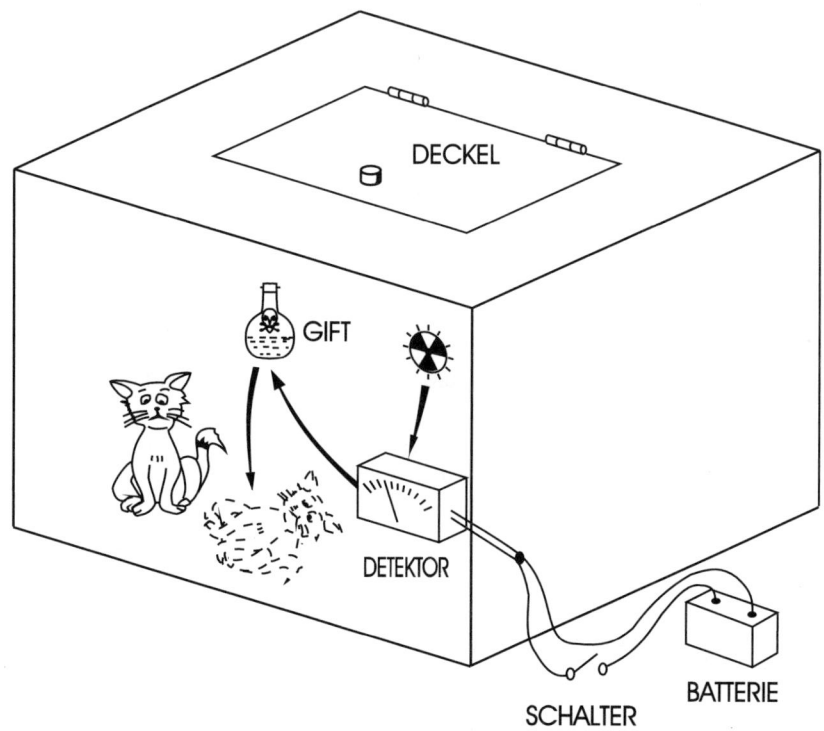

Abb. 13-4: Der merkwürdige Fall von Schrödingers Wahrscheinlichkeitskatze

sche Realität verwechselt wurden. Sicherlich ist die Theorie deshalb zumindest teilweise unvollständig oder, wie ich zu behaupten wage, falsch.
Schließlich suchen Physiker aus diesem Grunde immer weiter nach
vollständigeren Theorien. Doch was fehlt?

Vom mystischen Standpunkt aus ist die Antwort klar. Wir lassen die
Karmas der Katze außer acht! Mit Karmas ist hier der *Geist* der Katze
gemeint. Das Ergebnis war bereits vorherbestimmt. Es war vorherbestimmt,
wer das Experiment durchführen würde und an welchem Ort. Die Katze,
der Versuchsleiter, der Schreiner, der die Kiste baute, der Besitzer der
Katze, das kleine Mädchen, das der Mieze Blumen brachte – sie alle waren durch ihr Karma beteiligt. Das ist das interstitielle Kausalitätsgesetz,
das die ganze Sache ursächlich geschehen ließ. Und die Karmas werden
als Potential gespeichert und durch den Geist der Katze und den aller
Beteiligten zur Entwicklung gebracht.

Einige Physiker weisen darauf hin, daß das Bewußtsein der Katze ausreichte, um die Wellenfunktion einstürzen zu lassen, daß die Katze wissen würde, ob sie tot ist oder nicht! Zum Teil stimmt das, doch wir müssen auch verstehen, was mit Bewußtsein gemeint ist. Tatsächlich erfahren wir unser Bewußtsein und unseren Geist in unserer *Aufmerksamkeit* als miteinander verknüpft. Dasselbe gilt für die Katze. Auch wenn die Geiststruktur einer Katze ein wenig anders als die unsere ist, hat sie dennoch Geist und Karma. Es ist ihr Karma, das ihr diese besondere Geiststruktur und von daher ihre Körperstruktur verleiht.

In einem sehr realen Sinne sind es also unser Karma, unser Geist, die gemeinsam jede mögliche Wellenfunktion einstürzen lassen. Die ganze Anordnung ist bestimmt durch das gemeinsame Zusammenbrechen und die geistigen und karmischen Determinierungen aller Beteiligten. Damit wird der unendliche Regreß aufgrund unendlicher Wahrscheinlichkeiten an allen Punkten vermieden. Die Gesamtheit an Potentialität innerhalb des Akashas oder Vakuums wird vollständig vom Karma aller Beteiligten bestimmt. All seine potentiell unendlichen Wellenfunktionen sind vorherberechnet und bereits knapp zuvor zusammengebrochen.

Und während wir den karmischen Inhalt unseres Geistes ausführen, prägen wir unseren Geist erneut, um die kausalen Samen für zukünftige Inkarnationen zu liefern, für ein zukünftiges Zusammenbrechen der Akasha-Wellenfunktion in der physischen Realität. Somit gibt es keine unendlichen Paralleluniversen, die von jedem einzelnen Punkt in Raum und Zeit ausgehen, um die volle Bandbreite von Wahrscheinlichkeiten aufrecht zu erhalten, wie Everett behauptet hat und wofür er sogar die Mathematik und die quantentheoretische Basis geliefert hat. Dies sind bloß intellektuelle Spiele, die jedoch verständlich sind, wenn man sich ausschließlich von Logik und Verstand leiten läßt.

In der Quantentheorie wird also das Eingeständnis, daß der Beobachter ein integraler Teil der Beobachtungen ist, damit verwechselt, daß wir das Elektron oder irgendeinen Aspekt der subatomaren Welt nur teilweise beobachten. *Teilweise* Beobachtung einer Sache ist weder mit Wahrscheinlichkeit noch im metaphysischen Sinn mit dem Zusammenspiel von Beobachter und Beobachteten gleichzusetzen.

Beobachtung per se dürfte, selbst wenn sie korrekt ist, immer den Einsatz von Statistik für die weitere Vorhersage erfordern, denn wir können nicht all die notwendigen Faktoren, die die physische Manifestation beherrschen, in mathematischen Symbolen festhalten. Doch dies bedeutet nicht, daß die Grundlagen probabilistisch oder nicht-kausal sind. Es bedeutet bloß, daß sie für uns zu tief liegen, um sie mit intellektuellen Konstrukten zu enträtseln. Und dann kann auch der Teil (der Beobachter) nicht das Ganze (das Beobachtete) verstehen, weil es tatsächlich nur ein Ganzes gibt, ein Uni-versum. Und das *schließt* den Beobachter *ein*.

Wenn also der Physiker John Wheeler behauptet, das Universum existiere nur deshalb als etwas 'Reales', weil es von intelligenten Wesen beobachtet wird, hat er dem mystischen Standpunkt zufolge recht. Doch dahinter steckt noch viel, viel mehr, denn der deterministische Manifestierungsmechanismus von Geist und Karma muß ebenfalls verstanden werden. Und Wheeler selbst soll eine persönliche Antipathie gegenüber metaphysischer Spekulation und allem haben, was nach Übersinnlichkeit oder Mystik riecht. Man bezeichnet ihn als eingefleischten Physiker. Doch das ist natürlich nur seine persönliche geistige (und karmische) Struktur, die aus ihm spricht. Seine eigene Wellenwahrscheinlichkeits-Funktion ist bereits zusammengebrochen und bestimmt, daß er nur genau diese Haltung und diesen Standpunkt einnimmt.

Quantenrätsel

Bevor wir dieses Thema verlassen, lassen Sie mich noch einmal versuchen, diese Quantenrätsel zusammenzufassen und zu klären. Wir haben die Einzelheiten zuvor besprochen, es bedarf also bloß eines kurzen Verweises.

1. Heisenbergs Unschärfeprinzip. Sowohl experimentell als auch theoretisch ist es unmöglich, die Werte beider Seiten zweier miteinander verbundener Dinge zu kennen – zum Beispiel Impuls und Position –, weil wir Teilnehmer des Ereignisses sind. Indem wir die Szene betreten, verändern wir die Umstände. Beobachtung bedeutet Wechselwirkung, und dies verändert das, was beobachtet wird. Es ist unmöglich, dies zu vermeiden.
2. Diese Unschärfe führt zum Einsatz von Wahrscheinlichkeits-Logik und -Mathematik, um die Ereignisse zu beschreiben.
3. Subatomare Teilchen scheinen nicht entweder Wellen oder Teilchen zu sein, sondern wir haben in der konventionellen Wissenschaft keine gute Beschreibung für das, was sie außer dem einen oder anderen von diesen beiden wirklich sind. Kombiniert mit den vorstehenden

Punkten 1. und 2. erzeugt dieser dritter Faktor sogar eine noch größere Absonderlichkeit.

4. Sowohl die Quantentheorie als auch bestimmte, auf der Theorie basierende Experimente zeigen eine nicht-lokale Verbindung, wie es von den Wahrscheinlichkeitsgesetzen der Quantentheorie vorhergesagt wird. Dies wird als 'Beweis' für die probabilistische Struktur der Natur angesehen. Die Existenz irgendeiner grundlegenden Kausalität wird somit von der Quantentheorie angezweifelt.

Dies sind also die grundlegenden Rätsel. Wie kann ich behaupten, sie wären gelöst?

Die Gründe für das Rätsel

1. Die logische Struktur der physikalischen Analyse hat selbst einen Punkt erreicht, an dem sie nicht weiterkommt. Die Logik nimmt eine Trennung zwischen dem Beobachteten und dem Beobachter an, die in Wirklichkeit nicht existiert. Wenn man deshalb mit Logik an das physische Universum herangeht, um es zu prüfen und zu verstehen, erreicht man schließlich den Punkt, wo der Mangel an echter Unterscheidung zwischen dem Beobachter und dem Beobachteten, zwischen dem Teil und dem Ganzen nicht länger außer acht gelassen werden kann. Logik und Verstand werden dann unzureichend. Wir sind ein Teil des Bildes. Wie kann der Teil verstehen oder Freiheit vom Ganzen beanspruchen?

Dieser Mangel an echter Objektivität wird in der mathematischen und selbst in der philosophischen Theorie als Unschärfe- und Komplementaritäts-Prinzipien formuliert, *genauso wie* auf der Versuchsebene, wenn wir zu interagieren gezwungen sind und damit genau das Ding verändern, von dem wir dachten, wir würden es objektiv beobachten können.

2. Die erweiterte Natur der Kausalität selbst wird nicht verstanden. Die Beobachtung nicht-örtlicher Verbindung impliziert *nicht* eine immanente Akausalität an der Basis der physischen Manifestation. Es bedeutet bloß, daß wir die inneren Mechanismen der Schöpfung, der Kausalität, der Verbundenheit innerhalb des Ganzen nicht verstehen. Logik ist in der Tat eine höchst unbewußte geistige Anerkenntnis der gegenseitigen Verbundenheit der Dinge, der Kausalität. Lo-

gik oder Kausalität anzuwenden, um Akausalität zu beweisen, ist eindeutig falsch. Welchen Weg wir auch einschlagen, wir sind in Logik und Kausalität verankert. Warum schließlich halten wir unbewußt Logik für etwas Wertvolles, für den gangbaren Weg? Weil Logik unser Sinn für die inhärente Kausalnatur von Beziehungen innerhalb des Ganzen ist, von dem wir ein Teil sind.

3. Wie an anderer Stelle beschrieben, entsteht die scheinbare Nichtörtlichkeit von Verbindungen aufgrund unseres Blickpunktes. Wir müssen neu verstehen, was wir mit 'nicht-örtlich' meinen.

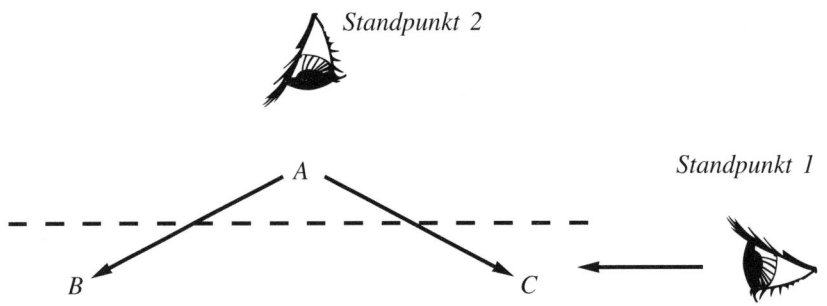

4. Bezüglich unserer vertrauten Grafik lassen sich drei weitere Faktoren aufzeigen.

(a) Die wahre Realität von B und C liegt in A. B und C sind jedoch räumlich getrennt, wobei sie einen einzigen gemeinsamen Ursprungspunkt haben. Zumindest liegt er tiefer als die Art Raum, die in der Welt von B und C existiert. Von Standpunkt 2 aus wahrzunehmen würde bedeuten, den B und C trennenden Raum zu überschreiten.

(b) Veränderungen an B beeinflussen *automatisch* C, allerdings durch das unsichtbare A, denn A *manifestiert sich* als B + C. Die Veränderung mag außerdem sowohl nicht-örtlich als auch augenblicklich sein, *ohne daß etwas 'zwischen' B und C ausgetauscht wird.* Die Frage einer Kommunikation, die schneller als mit Lichtgeschwindigkeit erfolgt, wird also irrelevant, weil die Beziehung von B und C in A liegt. Es ist keine Frage von irgend etwas sich Bewegendem, sondern eine Frage der Beziehung.

(c) Die Veränderung an C wird aufgrund des erweiterten Prinzips der Energieerhaltung genau der von B entsprechen. (a) und (b) werden tatsächlich bei den verschiedenen Experimenten beobachtet, die nicht-örtliche Kausalität bei Überlichtgeschwindigkeit demonstrieren.

5. Experimentell machen wir bloß Teilbeobachtungen unseres Netzes aus tanzenden Energiebeziehungen, je nach Art des Experimentes. Bei dem Experiment mit den zwei Schlitzen gibt unser Elektron einfach sein Bestes, um durch den Spalt zu gelangen, der ihm angeboten wird. Werden jedoch viele Spalte angeboten, wird es einfach 'durch' sie alle hindurchgehen. Unser energetisches, schwingendes Vakuummuster paßt sich einfach an oder interagiert den Umständen entsprechend. Dies läßt sich durch Versuchsanordnungen mit vielen Schlitzen zeigen. Wenn man nur einen von dreien versperrt, erhält man weiterhin Interferenzmuster. Solange es mehr als einen Spalt gibt, beobachten wir immer noch Welleneigenschaften. Wenn nur ein Spalt übrigbleibt, hat unser kleines Schwingungsmuster keine andere Wahl, als 'seine Flügel einzuziehen' und als 'Teilchen' hindurchzusausen. Zumindest besteht keine Gelegenheit für Wellenüberlagerung mehr. Die Natur der Energiebeziehungen, die eine Welle ausmachen, kann nicht mehr zum Ausdruck gelangen.

Jede Abwandlung des Versuchs stellt eine andere energetische Situation dar, und unser Energienetz verhält sich unter abweichenden Umständen unterschiedlich. Wir haben den Fehler begangen zu glauben, wir hätten wirklich unabhängige Dinge vor uns, die wir als Elektronen, Photonen oder irgendwelche anderen subatomaren Teilchen bezeichnen können. Wenn sich also infolge einer Veränderung der Umstände 'ihre' Eigenschaften zu widersprechen scheinen, dann verwirrt uns das. Wie in menschlichen Beziehungen haben wir den Fehler begangen, unbewußte Erwartungen auf die Situation zu übertragen und dann die Ereignisse in diesem Licht zu interpretieren. Treffen diese Erwartungen nicht ein, sitzen wir da wie Snoopy, dem ein dickes Fragezeichen aus dem Kopf aufsteigt.

Doch tatsächlich sind es unsere eigenen Vorurteile, die loszulassen uns schwerfällt und die Verwirrung stiften. Die Natur ist nicht verwirrt über das, was geschieht. Wir sind es!

Es gibt also nichts Geheimnisvolles an dem Experiment mit den zwei Schlitzen, wenn wir es im richtigen Licht betrachten.

6. Von unserem beschränkten Bewußtseinspunkt aus sehen wir nur die 'Vielen', nicht das Eine, aus dem sie entspringen. Flüchtig erahnen wir die Verbindungen als Kausalität, verstehen aber weder ihre wahre Natur noch ihr Ausmaß. Wir entdecken, daß Wahrscheinlichkeitsgesetze bestimmte Dinge voraussagen können, verstehen aber nicht, daß dies infolge der inneren holistischen Kausalität so ist. Wir machen deshalb den Fehler zu glauben, es gebe keine grundlegende Kausalität. Doch dies liegt nur daran, daß wir nicht sehen, wie sie funktioniert.

7. Wir *fühlen* dennoch, daß trotz unserer Theorie und unseres Denkens, das uns weismacht, es gebe nichts Objektives, die äußere Welt 'da draußen' wirklich objektiv ist. Dies entspricht, wie wir erörtert haben, der Ausrichtung der geistigen Aufmerksamkeit. Ändern Sie die Aufmerksamkeitsrichtung durch Meditation, und Sie verändern Ihre Wahrnehmung und Ihr Erfahren der Welt.

8. Der Zustand des Geistes ist derart, daß wir innerlich geteilt sind. Wir haben keine innere Kenntnis davon, wie unser Geist und unsere Persönlichkeit mit Bewußtsein zusammengebracht werden. Innerlich sind wir Legion, und automatisch übertragen wir diesen Mangel an persönlicher, spiritueller Integration auf die logisch-intellektuellen Konstrukte, die der Geist uns als unsere Sicht der Wirklichkeit präsentiert. Aus diesem Grund passen die mystischen und die holistischen Wahrnehmungen zusammen. Je höher unser Bewußtsein aufsteigt, desto ganzheitlicher und integrierter sind wir innerlich, und desto mehr nehmen wir das Universum als ein Ganzes wahr. Der Übergang von einer reduktionistischen zu einer holistischen Sicht der Welt und der Wissenschaft ist somit direkt mit unserer Bewußtseinsebene verbunden, mit dem Grad von Universalität in unserer spirituellen Erkenntnis, mit unserer persönlichen inneren Entwicklung oder Evolution. Und der Weg, das eigene Bewußtsein zu erweitern, führt über die Meditation und bringt uns schließlich zur mystischen Erfahrung der persönlichen Union mit dem Einen innerhalb des Vielen. Dann wissen wir genau, was vor sich geht! Das Denken wird dann als ein notwendiger Teil der menschlichen Existenz benutzt, doch es ist nicht das primäre Werkzeug, mit dem sich die kosmischen Geheimnisse verstehen lassen.

Nun, dieses Kapitel war gewissermaßen intellektuell strapaziös, und ich habe wahrscheinlich genug gesagt. Ich habe es für diejenigen Physiker und andere eingefügt, die sich mit den Auswirkungen der Quantentheorie abgemüht haben und den Umgang mit dieser Art Vorstellung gewohnt sind. Wenn Sie kein Wort davon verstanden haben, macht das eigentlich nichts. Sie haben sich wahrscheinlich einiges Kopfzerbrechen erspart!

Reflektierende Muster und verborgene Beziehungen

Um es noch einmal zusammenzufassen: Was wir haben, ist ein Netz oder ein Netzwerk aus untereinander verbundener Energie, in die wir selbst tief verwickelt sind. Einige der Beziehungen innerhalb dieses Tanzes sind uns klar, doch andere sind es nicht.

Elektronen, Protonen, Gravitation, Magnetismus, Orangen, Planeten, Sterne, Galaxien und alles übrige sind unsere eigene geistige Analyse und unsere sinnlichen Beobachtungen bestimmter Aspekte dieses Energiebeziehungsnetzes. Nichts davon existiert per se, als unabhängige Einheiten. Nichts ist vom Ganzen unabhängig. Alles existiert nur als Vorstellungen in unseren Köpfen und als Teilbeobachtungen. Darum kann dieses Netz auf viele verschiedene Weisen erscheinen, je nach dem, wie wir es betrachten oder mit ihm wechselwirken. Und der Bewußtseinsgrad, der unseren Geist belebt, wird unsere Art und Weise, Dinge wahrzunehmen, direkt beeinflussen. Je weniger getrennt unser innerer Geist ist, desto weniger Teilung nehmen wir in der 'äußeren' Welt wahr. Wenn wir also unser Wahrnehmungsinstrument, den Geist, verfeinern – indem wir angemessene Meditationstechniken praktizieren –, verändern wir unser Verständnis vom Universum, in dem wir leben. Das ist es, was unsere wahre Evolution darstellt, die Evolution der Seele, ihre langsame Loslösung von der Substanz. Das ist die Bedeutung des Lebens – in uns selbst zu entdecken, was Leben ist.

Innerhalb dieses Energietanzes erscheinen uns je nach unserem Blickpunkt manche Beziehungen als offensichtlich, andere hingegen nicht. Je höher der Punkt der inneren Vision liegt, desto mehr kommen diese zuvor verborgenen Beziehungen in den Blick, bis wir schließlich alles als eins sehen.

Je stärker wir in den Tanz verstrickt sind, desto weniger beobachten wir von den verborgenen Beziehungen, und desto verwirrter sind wir, ob wir es wissen oder nicht.

Doch gibt es auf dieser Ebene der physischen Beobachtung Muster oder Beziehungen, die uns von diesen verborgenen Verbindungen berichten? Nun, wir haben bereits viele davon erörtert – zum Beispiel die Verbindungen zwischen Elektrizität, Magnetismus und Gravitation, ganz zu schweigen von 'Zufällen' und der mysteriösen Verbindung unserer inneren Persönlichkeit mit Ereignissen, auf die wir treffen, und der erstaunlichen Art und Weise, auf die Geist und Lebenskraft die Körpervorgänge prägen. Tatsächlich ist alles, was wir erfahren und beobachten, ein Indiz für verborgene Beziehungen.

Doch lassen Sie uns für einen Moment den beschränkten Blickwinkel einnehmen und voraussetzen, wir verstünden die Kausalbeziehungen, die beteiligt sind, wenn wir einen Stein loslassen und ihn fallen sehen, wenn wir einen Apfel essen oder wenn ein Flugzeug fliegt. Gibt es andere solcher Muster oder Prozesse in der Natur, bei denen wir die Beziehungen nicht beobachten, weil sie in linearem Sinne nicht so offensichtlich kausal sind?

Nun, in der nicht allzu fernen Vergangenheit und an vielen Orten der heutigen Welt hat der Mensch nach solchen Mustern gesucht, damit sie ihm helfen, sein Leben zu leben. Was sonst ist die Suche nach Omen und verborgenen Bedeutungen? Fühlen wir nicht intuitiv, daß diese Verbindungen in der Natur zahlreich vorkommen? Angst und Ignoranz mögen diese Intuitionen überlagern und zu Aberglauben und Ritual führen; doch hat uns nicht alle schon irgendwann einmal der bedeutungsvolle 'Zufall' in Erregung versetzt, wenn wir erkannten, daß irgendein verborgener Prozeß am Werk war, der dafür sorgte, daß die Dinge so geschahen, wie sie es taten? Spüren wir bei solchen Gelegenheiten nicht, daß der Schleier zwischen dem Sichtbaren und dem Unsichtbaren fast zerrissen ist? Dies mögen Krisenzeiten in unserem Leben oder Zeiten von großem inneren Frieden sein. Häufig folgt das eine auf das andere.

Ja, es gibt also Möglichkeiten, ein Muster zu lesen und daraus zu einem Verständnis von etwas anderem zu gelangen, ohne überhaupt oder gar vollständig zu wissen, wie beides innerlich verbunden ist. Die Astrologie ist eine solche Wissenschaft. Das von Carl Gustav Jung sehr geschätzte chinesische I-Ging ist eine andere, und es gibt noch viele weitere. An diesem Punkt (nachdem ich die Astrologie erwähnt habe) schalten vielleicht manche Leute ab, während andere unmittelbar angesprochen werden. Doch Wissenschaft ist nicht nur ein Studium von Energiebeziehungen, von kausalen Mustern. Wissenschaftlicher Fortschritt bedeutet, verborgene Beziehungen aufzudecken. Warum also die negative Reaktion?

Der große Johannes Kepler (1571-1630) war ein Hofastrologe, der heute für seine Arbeit über die Planetenbewegungen als einer der Väter der modernen Astronomie gefeiert wird. Sir Isaac Newton (1642-1727) beschäftigte sich intensiv mit dem Studium der Alchimie und widmete sich nur zwischendurch der Abfassung der *Principia Mathematica* (1687) und der *Optik* (1704).

Wir selektieren aus dem Werk eines einzelnen, was wir für relevant erachten, und ignorieren den Rest, als ob es eine unbedeutende Verirrung sei und kein wesentlicher Bestandteil des Denkens dieser Person.

Die Astrologie ist eine Wissenschaft, die Muster liest. Es ist nicht so, daß die Sterne und Planeten tatsächlich unser Schicksal und unsere Psychologie beherrschen, obwohl es höchst wahrscheinlich gewisse energetische Verbindungen auf physischer Ebene geben wird. Die Himmelskonfigurationen repräsentieren einen Teil des Beziehungsnetzes innerhalb des Ganzen, und wie der Teil eines Hologramms wird das Ganze darin widergespiegelt und kann von einer erfahrenen Person gelesen werden, genau wie ein Teil eines Hologramms benutzt werden kann, ein Bild des Ganzen zu projizieren.

Die populäre Astrologie kann natürlich kaum als eine wahre Wissenschaft angesehen werden, doch ich habe im Laufe meines Lebens sowohl in Indien als auch im Westen einige wenige Menschen getroffen, die ein tiefes Verständnis der höchst wissenschaftlichen Prinzipien und Ausübung besitzen und höchst interessante und genaue Einschätzungen von Menschen und Situationen abgeben können.

Ähnlich basieren all die Energiespiegelungs-Techniken in den Heilkünsten auf dem Prinzip verborgener Verbindung. Die Hand, der Fuß, die Iris des Auges, das Ohr – sie alle wurden seit Jahrhunderten, wenn nicht seit Jahrtausenden als wertvolle diagnostische und therapeutische Punkte benutzt, von denen aus man sich dem totalen, holographisch strukturierten Energiesystem des Körpers nähern kann.

Das Studium der Muster und der Beziehungen deckt also weit mehr ab, als wir gegenwärtig durch den beschränkten Blick der klassischen, reduktionistischen Logik erfassen. Und interessanterweise ist es die Physik, der analytischste aller Wege des Denkens, die uns zu diesem Punkt des größeren Holismus in unserem Verständnis der Welt, in der wir leben, zurückgeführt hat.

Das Fische- und das Wassermannzeitalter

Zum Thema Astrologie ist es interessant festzustellen, daß wir jetzt in das von Astrologen sogenannte Wassermannzeitalter eingetreten sind. Zuvor haben wir das Fischezeitalter durchlaufen. Diese Zeitalter entsprechen natürlich genau wie die Hindu-Yugas unserer eigenen Klassifikation oder Darstellung von Zeitabschnitten in unserer Geschichte, doch Fische ist ein Wasserzeichen, das allgemein auf das tiefe, brodelnde Meer unbewußter Emotion hindeutet, die die Weltgeschichte während der beiden letzten Jahrtausende dominiert hat.

Wassermann andererseits ist ein luftiges Zeichen. Das luftige Tattwa ist das Energiefeld, das der Schnelligkeit und Gewandtheit des Geistes und des Verstandes zugrunde liegt. Das Wassermannzeitalter soll deshalb ein Zeitalter des Geistes und der Vernunft sein. Dies können wir in dem Trend in Richtung rationale Wissenschaft erkennen, der das zwanzigste Jahrhundert mit seinem Einfluß bestimmt hat – obwohl, wie wir gesehen haben, die Wissenschaft noch einen langen Weg vor sich hat, ehe sie sich als wahrhaft rational bezeichnen kann. Doch dies war der Einstieg in ein Zeitalter, in dem die enorme Macht des Geistes noch weit vollständiger verstanden werden wird, als dies heute der Fall ist, und in dem statt des Körpers der Geist den Faktor bildet, den wir als denjenigen erkennen, mit dem wir es untereinander zu tun haben. Das zeigt sich auch in den Fortschritten der Psychologie, ebenso in der Rationalität, die hinter den Gedanken der politischen und religiösen Freiheit und der Demokratie steht. Durch tiefe emotionale, wäßrige Gefühle unterdrücken Menschen das Menschenrecht der anderen, sich auf friedfertige Weise auszudrücken. Dies wird durch den luftigen Intellekt gemildert.

Die Schwäche dieser luftigen Natur liegt in der Tendenz, den Kontakt zur natürlichen Umgebung zu verlieren, wenn der individuelle Geist sich in sich selbst, in seine eigenen Wünsche, Ziele und Ideale vertieft. Doch sie wird auch zu einer Zeit führen, in der der menschliche Geist und die Natur des physischen Universums als eine Geistwelt vollständiger begriffen werden. Dieser Trend ist es, der dazu führt, daß Bücher wie dieses geschrieben werden und eine verständnisvolle Leserschaft finden. Dieser Trend ist es, der sich in all den 'New Age'-Aktivitäten manifestiert – seien es Meditation, Heilen, soziales Engagement, Umweltmaßnahmen, wissenschaftliche Aktivitäten oder was auch immer.

Vorstellungen, mentale Gewohnheiten und persönliche Bilder

Obwohl Physiker vielleicht davon reden, daß subatomare Teilchen weder Welle noch Teilchen sind, fällt es jedem schwer, sich *vorzustellen*, was sie denn wirklich sind. Wir alle haben unsere eigene persönliche, mentale Grafik, die uns eine Anschauung von unserer Meinung vermittelt, was diese Teilchen im Schilde führen. Doch man muß ehrlich sagen, daß streng genommen keines dieser Bilder richtig ist.

Vorausgesetzt, daß ein Bild aus lauter manifestierten Phänomenen – Teilchen, Kräften und so weiter – nichts weiter ist als unsere Interpretation und unsere Wechselwirkung mit den Energiebewegungen und -mustern auf der Vakuum-'Oberfläche', dann ist es leicht, sich subatomare 'Teilchen' als eine mehr oder weniger beliebige Kombination aus diesen Mustern vorzustellen. Das Muster würde zum Beispiel (wie eine Welle) in der Lage sein, 'durch' zwei Spalte gleichzeitig 'hindurchzugehen', wenn es diese Option hätte, doch es wäre auch zufrieden, nur durch einen hindurchzugehen, wenn nicht mehr zur Verfügung stehen, und würde somit letztlich wie ein Teilchen aussehen. Wenn wir darauf beharren, daß wir wirklich ein 'Teilchen mit Welleneigenschaften' vor uns haben (oder was auch immer), dann würde unser Freund, das 'Teilchen', ganz wie das ultra-anpassungs-fähige Chamäleon wirken.

Doch die klassische Vorstellung, Teilchen seien tatsächlich reale und individuell identifizierbare kleine Kameraden, besteht selbst in weiten Teilen der theoretischen Physikerzunft hartnäckig weiter. Versuchs-beobachtungen und theoretische Konstrukte, die sie betreffen, basieren deshalb auf dieser Annahme, mit dem Ergebnis, daß die Teilchen manch-mal unvernünftige Dinge zu tun scheinen. Der Sinn für vernünftige per-sönliche, mentale Bilder sowie für Mathematik erleidet daher einen ernst-lichen Rückschlag. Die persönliche Grafik vieler Physiker muß sich also umorientieren, ehe diese sowohl generell als auch auf mathematischer Ebene ernsthaft über die Möglichkeit der Vakuummusterung nachdenken können.

Doch die 'Realität' der physischen Welt und ihrer Teilchen ist zur men-talen Gewohnheit einer Lebensspanne geworden und läßt sich ebenso schwer aufgeben wie jede sonstige Gewohnheit oder Art und Weise, die Dinge zu betrachten. Soziale, persönliche, religiöse, philosophische oder ideologische Gewohnheiten verhalten sich genauso wie wissenschaftliche. Es sind Kerben in den geistigen Energiefeldern, und diese Gewohnheiten zu ändern erfordert eine enorme Willensanstrengung, zu der ein einzelner Mensch vielleicht nicht fähig ist, egal wie intelligent er oder sie auch sein mag.

Doch wenn wir einmal erkennen, daß jedes manifestierte Objekt in unserer realen Welt bloß eine Vakuummusterbildung ist, ein Energietanz im Raum, eine Reihe von Beziehungen, dann erweitern sich unsere Erklärungsalternativen ebenso wie unsere persönliche, mentale Grafik beträchtlich. Denn jedes 'Teilchen' oder jeder Energiebrennpunkt wird sowohl deutliche oder äußere Eigenschaften haben, die wir (mit Mühe) und je nach Versuchsaufbau vielleicht beobachten können, als auch Muster, die *nur* innerhalb des Vakuumzustands existieren und sich daher beim herkömmlichen Experimentieren nicht zu erkennen geben.

Wir müssen also ein gänzlich neues Sortiment von Geräten entwickeln, das uns äußerlich den Zustand dieser Vakuummuster anzeigt, die sich für uns noch nicht beobachtbar manifestiert haben. Dann werden wir zweifellos feststellen, daß das, was wir für nicht-örtliche Verbindungen ohne eine kausale Grundlage auf der manifesten Ebene hielten, in der Tat eine kausale Grundlage innerhalb der feineren und holistischen Musteranordnungen des Vakuumzustands besitzt.

Die Unbestimmtheit des Menschen

Die Theorie, die die ständige Emission und Absorption von virtuellen Photonen durch ein Elektron beschreibt, ist ein gutes Beispiel für die Verwechslung von Theorie mit Natur. Zunächst einmal hat niemand diese Wolke aus virtuellen Photonen je gesehen – sie sind ein theoretisches Konstrukt. Zweitens wird ihre *theoretische* Lebenszeit durch das Unschärfeprinzip 'zugelassen', das uns *theoretisch* eine unbestimmte Relation zwischen Zeit und Energie beschert. Das heißt, da die Theorie diesen virtuellen Teilchen eine Lebenszeit von 10-15 mal einer Sekunde einräumt oder weniger, was – durch die *Theorie* – 'genau' bestimmt ist, ist die *Energie* des Ereignisses unbestimmt.

'Aufgrund' dieser Unbestimmtheit ist es einem virtuellen Teilchen deshalb 'erlaubt', das Gesetz der Erhaltung von Masse/Energie zu verletzen, indem es spontan in die Existenz tritt und dann so schnell, wie seine Beinchen es tragen können, wieder verschwindet. Eine alternative, von Sarfatti vorgebrachte Theorie bezüglich der virtuellen Teilchen lautet, daß der Raum oder das Vakuum ein unendliches Meer aus Energie ist. Die virtuellen Partikel sind gemäß dieser *Theorie* deshalb momentane Organisationen von Teilen dieser Energie.

Dies entspricht mehr oder weniger derselben Idee, die Gegenstand dieses Buches ist. Doch beachten Sie, das Unschärfeprinzip, auf dem diese ganze Theorie basiert, entsteht als das Ergebnis der grundlegenden Beschränkungen sowohl der Logik als auch des Experimentierens – des Aufteilens unserer Erfahrung in Beobachter und Beobachtetes, die voneinander getrennt sind. *Es sind unsere Verstandes-/Wahrnehmungsbeschränkungen, die dem zugrunde liegen, was wir als Unschärfeprinzip bezeichnen.* Dann zu sagen, daß die Natur (die uns selbst mit einschließt) diesem 'Gesetz' *gehorche*, ist absurd. Wieder spannen wir den Karren vor das Pferd.

Wir sind es, die sich nicht darüber im klaren sind, was vor sich geht – nicht die Natur, in die wir so tief verstrickt sind! Die Erkenntnis dieser immanenten Verstandes- und Beobachtungs*beschränkung* sorgt für enorme Erleichterung, ein zen-artiges „Aha..." Sie stellt uns auch erneut eine Plattform für Vereinfachungen zur Verfügung.

Mystiker haben zu allen Zeiten gesagt, der Verstand könne *niemals* die Geheimnisse des Universums und des Lebens lösen. Um diese Dinge zu verstehen, muß man eins mit der inneren Quelle werden. Dies hebt die Dualität von Beobachter und Beobachtetem auf. Dies hebt die Unschärfe auf und vermittelt einem direkte Erkenntnis. Dort mischt sich das wahre Verständnis aller Lebensaspekte ineinander – und dies schließt das Verständnis des menschlichen Geistes und Körpers als eine vollständige, vielschichtige Energiestruktur mit ein. Hier ist der Ort, wo sich wahre menschliche Psychologie, physische Heilung und Physik verbinden.

Mystiker sprechen häufig von der *Gewißheit* der mystischen Erkenntnis und Erfahrung. Das ist wunderbar, denn es steht in genauem Kontrast zur Unbestimmtheit, die den logischen und intellektuellen Vorstellungen vom Universum innewohnt und durch die der Beobachter und das Beobachtete gezwungen werden, illusorischerweise getrennte Identitäten anzunehmen. Wo auch immer der Verstand ist, wird es Teilung geben, und wo auch immer Teilung herrscht, wird es ein Gefühl von Unschärfe oder Unbestimmtheit geben, denn Analyse und Teilung finden niemals ein Ende. Auf diesem Wege kann man nie zum Ende der Geschichte gelangen, das Ergebnis wird also immer unbestimmt bleiben. Man kann eine Situation immer wieder von einem anderen Blickwinkel aus betrachten und mit der ganzen Analyse von vorn beginnen. Und man kann immer weiter und weiter 'Teile' und ihre Beziehungen zueinander analysieren, ein Ende es gibt nicht.

Manche Physiker glauben vielleicht, sie stünden kurz davor, die Geheimnisse des Universums zu enthüllen, und doch hat kein Buch über eine derartige Physik irgend etwas zum menschlichen Leben und zu den Alltagserfahrungen auszusagen. Auch nicht zu Leben, Tod, menschlicher Emotion – nichts von überzeugendem Tiefgang zur täglichen Lebenserfahrung wird je ausgesagt. Auch das Wesen des Hauptwerkzeugs des Wissenschaftlers, der Verstand selbst, wird nie erwähnt. Was soll das? In Büchern, die gänzlich vom Verstand geschrieben werden, wird kein Wort darüber verloren, was der Verstand ist...

Der Verstand oder die Logik und die sinnliche oder instrumentelle Beobachtung sind also ganz einfach beschränkt. Eigentlich wird uns erst dieses Verständnis erlauben, unseren Verstand und unsere Technologie voll auszunutzen. Wenn wir erwarten, mit unseren Knien Dinge tun zu können, für die Knie ziemlich ungeeignet sind, werden wir uns ewig in unseren eigenen Schlaufen verfangen. Sobald wir erst einmal die impliziten Beschränkungen der Knie erkennen, können wir sie in ihrem vollsten, wenn auch begrenzten Ausmaß benutzen.

Wir können nicht erwarten, mit dem Verstand zur letzten Antwort vorzudringen. Der Teil kann nie das Ganze erkennen, wenn er abgetrennt bleibt. Wir können jedoch diese zugrunde liegenden Begrenzungen begreifen. Wir können die Struktur sowohl unserer selbst als auch die des physischen Universums beobachten und verstandesmäßig berücksichtigen. Unser wissenschaftlicher Ansatz legt davon Zeugnis ab. Doch unsere Unbestimmtheit mit der Unbestimmtheit im Ganzen zu verwechseln wird ganz sicher zu enormen mathematischen Komplexitäten und zu intellektuellen Verrenkungen ohne Ende führen.

Wie sich Relativität und Quantentheorie ergänzen

Dieses Kapitel hat sich zum großen Teil der Quantentheorie gewidmet. Abschließend wollen wir uns mit der Einsteinschen Relativitätstheorie und ihrer Beziehung zur Quantentheorie beschäftigen.

Die wissenschaftliche Definition von Impuls ist Masse mal Geschwindigkeit. Das heißt, je schneller und/oder schwerer ein Ding ist, desto schwerer ist es zu stoppen. Es ist zum Beispiel leichter, eine Murmel zu stoppen als eine Kricketkugel, allerdings nicht, wenn die Murmel sich mit der Geschwindigkeit einer Gewehrkugel bewegt. Die Vorstellung vom Impuls scheint also von unserer Alltagserfahrung her vernünftig zu sein. Wir verstehen allerdings die eigentliche Natur der Masse nicht. Was ist Masse, und warum sollte zum Beispiel ein Elektron Masse besitzen, ein Photon aber nicht?

Einstein hielt dies für grundlegend bedeutungsvoll und sah in den Implikationen der Geschwindigkeit eine Beziehung zwischen Raum und Zeit. Er erkannte, daß wir nie über Raum sprechen können, ohne die Zeit miteinzubeziehen, und umgekehrt. Geschwindigkeit ist die Veränderungsrate räumlicher Verlagerung. Veränderungsrate bedeutet Zeit. Aber wir verstehen immer noch nicht das Wesen von Zeit oder Raum.

Also noch einmal: Wenn wir zu den Grundlagen kommen, erkennen wir, daß uns der Teppich einer konkreten Realität unter den Füßen weggezogen wird. Tatsächlich zeigte Einstein eigentlich, daß wir nicht von Raum sprechen können, ohne Zeit miteinzubeziehen, und umgekehrt. Er erkannte, daß es keinen absoluten Bezugsrahmen gibt, nach dem wir Raum und Zeit beurteilen können, weil alles, einschließlich des Beobachters, in Raum und Zeit eingeschlossen ist. Dies ist erneut das Rätsel von Beobachter und Beobachtetem. Der Beobachter kann nicht aus Raum und Zeit heraustreten, um ein wahrhaft unabhängiger Beobachter zu sein. Quanten- und Relativitätstheorie stimmen in diesem Punkt also überein.

Dieser gedanklichen Linie folgend, führt das Einsteinsche Konzept von Raum und Zeit zum Konzept eines 'Raum-Zeit-Kontinuums', während die Neudefinition von Raum und Zeit dazu führt zu verstehen, daß Masse einfach eine Form von Energie ist. Hiervon ausgehend nahm Einstein an, Gravitation sei tatsächlich die Folge einer 'Krümmung' der Raum-Zeit, und damit verliert auch das Konzept des 'leeren Raums' seine Bedeutung. Es vermittelt uns auch eine Theorie der Gravitation, die die gegenseitige Abhängigkeit von Beobachter und Beobachtetem berücksichtigt. Weil diese Faktoren bei hohen Geschwindigkeiten nicht außer acht gelassen werden können, ist die Quantentheorie selbst gezwungen, bei der Betrachtung von subatomaren Teilchen das Einsteinsche Modell anzuwenden, da die subatomaren Teilchen sich mit solch enormen Geschwindigkeiten bewegen.

Die Ehe der beiden Theorien oder Modelle ist jedoch nicht sehr glücklich. Denn während Einstein sein Raum-Zeit-Kontinuum für etwas Objektives und Festes 'dort draußen' hielt, erkennt die Quantenwelt die partizipatorische Integration des Beobachters und des Beobachteten an. Doch die Relativitätstheorie erkennt auch die nicht-absolute Natur jeglicher Raum-Zeit-Koordinaten an. Was wir in Raum und Zeit beobachten, hängt davon ab, wo wir uns in Raum und Zeit *befinden*. Es hängt davon ab, was wir beobachten.

Sowohl die Relativitäts- als auch die Quantentheorie versuchen sich also mit der Tatsache auseinanderzusetzen, *daß nur eine große Sache vor sich geht*, was unser eigenes Bewußtsein einschließt (tatsächlich geht sie aus diesem hervor), ohne ganz zu erkennen, daß es dies ist, was sie wirklich zu tun versuchen. Das Problem, die beiden Modelle zu integrieren, liegt in Folgendem: Während die Quantentheorie die Erkenntnis dieses Rätsels zu einem expliziten Einsatz von Unbestimmtheit und Wahrscheinlichkeit führt, war Einsteins Theorie fest im Reich des Determinismus und der guten alten objektiven (aber relativen) Wirklichkeit verwurzelt.

Faktisch ist es natürlich so, daß beide Standpunkte richtig und doch beschränkt sind. Jeder stellt in sich selbst eine unvollständige Wahrnehmung dar, denn keiner von beiden berücksichtigt die unsichtbaren oder verborgenen Aspekte des schöpferischen Prozesses, wie das Eine zum Vielen wird und wie wir dahin gelangen, es als solches zu erfahren. Keine von beiden Theorien kann uns sagen, wie Raum, Zeit, Geist, Materie und die Naturgesetze eigentlich entstehen.

Raum, Zeit und all die Energiemuster der physischen Welt liegen *in* uns. Es gibt kein 'da draußen'. Der Punkt, an dem Raum, Zeit und die Energiemuster, die ihre Existenz wesentlich ausmachen, verbunden sind, dieser Punkt liegt im Geist. *Dort* ist es, wo alles existiert. Zeit gibt es selbst für jemanden, der aller sinnlichen Wahrnehmung beraubt ist, das heißt also, sie ist in uns. Die Mystiker haben immer davon gesprochen, daß die physische Welt tatsächlich eine Welt des GEISTES ist. Das erweiterte oder mystische Verständnis von Kausalität erfordert keine unabhängige, 'objektive' Realität. Tatsächlich sind Kausalität, Dualität, Teilung, Teilnahme, Integration, Verbundenheit all den geistigen Welten eigen. Sie sind dieselbe Sache. Kausalität ist das Wesen des Universellen GEISTES, das Gesetz von Brahmas Universellem Ei, Goggelmoggel als ein geteiltes und doch ungeteiltes Ei aus Energie, Muster und Beziehung.

Die Wahrheit von Wyrd

Es gibt einen faszinierenden Roman von Brian Bates: *The Way of Wyrd –
Tales of an Anglo-Saxon Sorcerer* (Der Weg von Wyrd – Erzählungen eines angelsächsischen Zauberers). Die Geschichte handelt von einem jungen christlichen Missionar, Wat Brand, der ausgeschickt wird, um (wie er
dachte) die angelsächsischen 'Heiden' zu bekehren und umzuerziehen.
Doch gleich zu Beginn sucht ihn der Zauberer Wulf auf, der ihn in eine
andere Welt versetzt und fortfährt, den Geist und das Verständnis des vor-
maligen Bekehrers zu erweitern.

Bei einer Gelegenheit verfolgen sie den Flug zweier Raben, während
sie sich in einem Fluß abkühlen. Wulf leitet aus der Beobachtung ihres
Fluges eine Vorhersage zukünftiger Ereignisse ab. Die Geschichte wird
von dem jungen Missionar in der ersten Person erzählt:

> Ich schnaubte spöttisch… „Wie kann der bloße Flug von Vögeln uns etwas
> über Ereignisse sagen, die in Raum und Zeit entfernt liegen?" …
>
> Ich drehte mich um, um ans Ufer zu waten, doch Wulf packte mich plötzlich
> am Arm, und ich sah ihn bestürzt an; er schaute mich durchdringend an, seine
> Augen waren von einem klaren Azurblau hinter Wimpern, an denen Flußwas-
> ser glitzerte. Er sprach mit Überzeugung: „Es ist ein Fehler anzunehmen, daß
> Ereignisse, die zeitlich weit entfernt liegen, deshalb getrennt sind. Alle Dinge
> sind miteinander verbunden wie im feinsten Netz einer Spinne. Die leichteste
> Bewegung an irgendeinem Faden kann an allen Punkten im Netz bemerkt
> werden. Der Flug dieser Raben erschütterte die Fäden, die sich unsichtbar mit
> den Angelegenheiten der Menschen verbinden."
>
> Meine Skepsis muß sich deutlich in meinem Gesichtsausdruck abgezeich-
> net haben… Mit dem Anflug eines Lächelns ließ Wulf meinen Arm los und
> bahnte sich patschend seinen Weg zum Flußufer. Ich stand im Wasser und sah
> ihn an. „Stell dir vor, du würdest einen Raben beobachten, der vom Himmel
> herabstürzte, um das Auge eines Kriegers auszuhacken", sagte er, während er
> sich auf dem Gras ausstreckte. „Du würdest sagen, der Flug des Vogels war
> direkt mit der Wunde verbunden. Doch wenn du den Flug desselben Raben
> einen halben Tag vor der Attacke beobachtet hättest, hättest du keine Verbin-
> dung zur Verletzung des Kriegers gesehen. Dennoch ist das Flugmuster eines

Raben am Mittag mit dem Muster seines Fluges in der Abenddämmerung verbunden, ebenso sicher wie der Tag auf die Nacht folgt. Man kann das Muster lesen und somit sehen, was die Zukunft bringt."

Er setzte sich auf und starrte mich gespannt an. „Ihr bezeichnet Teile der Welt mit Worten, dann verwechselt ihr euren Wortschatz mit der Gesamtheit des Lebens. Ihr seht das Leben, als wenn ihr einen Raum im Licht einer einzigen sich bewegenden Kerze betrachten würdet. Dann macht ihr den Fehler zu glauben, daß die kleinen Bereiche, die ihr jedesmal seht, getrennt sind und nicht als eins wahrgenommen werden können. Da die kleinen Bereiche eures Lebens somit als separat angesehen werden, müßt ihr Wege erfinden, sie zu verbinden. Dies ist der Trugschluß in der Lebenssicht gewöhnlicher Menschen, denn alles ist bereits verbunden. Mittelerde ist ein Raum, der von tausend Kerzen erhellt wird."

...

Wulf beugte sich näher zu mir herunter und sprach in mein Ohr, als ob er mir ein Geheimnis verraten wollte: „Du erstickst deine Lebenskraft mit Worten. Lebe dein Leben nicht, indem du in deinem Wortschatz nach Antworten suchst. Du wirst nur Worte finden, um deine Erfahrung rational zu erklären. Erlaub dir, dich Wyrd zu öffnen, und es wird das Gefäß deiner Einsicht reinigen, erneuern, verändern und entwickeln. Dein Wortschatz sollte deiner Erfahrung dienen, nicht umgekehrt."

Er lächelte freundlich. „Worte können in der Tat stark magisch sein, doch sie können uns auch versklaven. Wir erhaschen von Wyrd kleine Windhauche und speichern sie in unseren Lungen als Worte. Doch dadurch haben wir kein Stück Wirklichkeit eingefangen, über das man brüten und das man untersuchen kann, als ob es ein Schimmer von Wyrd wäre. Ebenso könnten wir eine Handvoll Luft für den Wind selbst halten, oder einen Tropfen Wasser für den Strom, aus dem er herausgespritzt ist. Das ist die Art und Weise, auf die wir von unserer eigenen Macht, Dinge zu benennen, versklavt werden."

Der Mensch, die Wissenschaft und das 21. Jahrhundert

Die Technik des 21. Jahrhunderts

Unser dürftiges Wissen über den Vakuumzustand ist gegenwärtig ungefähr auf demselben Stand wie unser Verständnis von Elektrizität zur Zeit des ausgehenden neunzehnten Jahrhunderts. Größere Durchbrüche, heißt es, gibt es nur alle hundert Jahre einmal. Der nächste ist fällig, und es scheint, daß der nächste größere Umbruch in unserer Technologie und unserer Gesellschaftsstruktur durch das Verständnis und die Nutzung dieser Vakuumenergie herbeigeführt werden wird.

Die Veränderungen unserer Lebensweise werden vielleicht genauso radikal sein wie die, die durch das Aufkommen der Elektrizität eingeleitet wurden. Und bedeutsamerweise ist die Entdeckung 'zufällig' so aktuell – denn unser Planet braucht dringend eine saubere Energiequelle. Gesellschaftlich, politisch und spirituell könnten die Umstände kaum günstiger sein.

Ebenso wie die gegenwärtig bekannten Gesetze der Energieerhaltung dahingehend erweitert werden müssen, daß sie den Vakuumzustand und höhere (z. B. mentale und emotionale) Energien einschließen und damit den Prozeß der Manifestation und sogar den der Auflösung, müssen auch die Gesetze von Aktion und Reaktion (Newtons drittes Gesetz) dahingehend erweitert werden, daß sie Reaktion *in einem Abstand* zur 'ursprünglichen' Aktion einschließen. Die Reaktion muß auch nicht genau *entgegengesetzt* sein, sondern nur äquivalent. Das heißt, wenn wir hier etwas tun, *kann* durch die Verbindungen innerhalb des Vakuumzustands *die Reaktion irgendwo anders stattfinden.*

Genauer heißt das, daß wir zum Beispiel elektrische Ladung an einer Stelle erzeugen und Gravitation oder Trägheitsveränderungen an einem anderen Ort hervorrufen können. Die Gesamtenergie des Systems bleibt gleich (ein erweitertes Gesetz der Energieerhaltung), und die Reaktion

413

(gravitative/inerte) ist aus unserer ursprünglich elektrischen oder elektromagnetischen Aktion heraus in ihrem 'Typus' gewandelt worden. Die
Reaktion erscheint auch an einem anderen Ort, das heißt mit unterschiedlichen räumlichen Parametern.

Bedenken Sie deshalb: Wenn diese Gleichsetzung aller Energien begriffen wird, *werden alle manifestierten Effekte untereinander austausch-
bar, sowohl mathematisch beziehungsweise theoretisch als auch in der
realen Technik.*

Masse, Trägheit, Gravitation, elektrische Ladung, das rein masselose
Potential des Vakuums – da all dies Effekte oder Wirkungen sind, können
sie im Verhältnis zueinander manipuliert und ausgetauscht werden. Sie
können von einem ins andere umgewandelt werden. Eine Art Vakuum-
musteranordnung wird zu einer anderen Art Vakuummusterung. Die Konstruktion von Freie-Energie-Transformatoren (die aus dem Vakuum heraus freie elektrische Energie liefern), trägheitsfreier und gravitationsloser
Transport, vielleicht sogar die Teleportation, jener Traum der Science-
fiction-Autoren – all dies und mehr wird zu vorstellbaren Möglichkeiten.

Aufgrund unserer derzeitigen Abhängigkeit von der Gewinnung elektrischer Energie und der Bandbreite von Geräten, die bereits in allgemei-
nem Gebrauch sind, stelle ich mir vor, daß die ersten Vakuumenergie-
Transformatoren für den Haushalt einfach elektrischen Strom erzeugen
werden, um bestehende Haushaltsgeräte, von Elektromotoren angetriebe-
ne Autos und so weiter zu speisen. Doch wenn die Vakuumenergie-Tech-
nologie entwickelt ist, kann man sich ohne weiteres eine Reihe kleiner,
ruhiger, motorloser Geräte vorstellen, die die Vakuumenergie in Licht,
Hitze, Bewegungskraft, Telekommunikation und so weiter umwandeln.

Eine der offensichtlicheren Veränderungen wird darin bestehen, daß
all die Leitungen überflüssig werden, die rund um unsere Häuser – von
unserem Planeten ganz zu schweigen – gespannt sind. Wenn das Vakuum
oder der Raum selbst zur Kraftquelle wird, können wir diese Kraft überall
dort nutzen, wo wir uns gerade befinden. Sie muß nicht zu uns gepumpt
werden. Wie der Vogel, der auf einer elektrischen Leitung sitzt, können
wir die Energie direkt unter unseren Füßen anzapfen. Wir müssen niemand anderem etwas für das bezahlen, was wir bereits haben. Wir brauchen lediglich ein Gerät zu kaufen, das Vakuumenergie extrahiert oder
umwandelt.

Ebenso wie der Transistor, der elektrischen Strom verstärken kann, die
Elektronikindustrie veränderte, wird das Aufkommen von Vakuumzu-

stands-Umwandlern ein neues Zeitalter sauberer Energie einleiten. Gegenwärtig sind diese Geräte groß und sperrig wie die alten Röhren, die der Transistor ersetzte, doch wenn sie durch Umsetzung eines klaren Verständnisses der Vakuumstruktur verfeinert und verkleinert werden, um das kosmische, physikalische Energiefeld des Raumes sanft umzuwandeln, dann wird der neue Technologiebereich voll zur Geltung kommen.

Auf ähnliche Weise wird die zu Kommunikationszwecken nötige Energie durch das Vakuum selbst übertragen und von Resonanzumwandlern oder Tunern aufgefangen werden, und zwar genau so, wie wir unsere Radio- und Fernsehgeräte auf die gröbere Form der elektromagnetischen Strahlung einstellen, die in der jetzigen Telekommunikationstechnik benutzt wird. Die Übertragungsgeschwindigkeit oder genauer die Übertragung wird vielleicht sogar unmittelbar erfolgen, ebenso wie unsere Gedanken und unsere emotionale Energie vielleicht direkt an entfernte Orte reisen können, wo sie von den Menschen wahrgenommen werden können, mit denen wir verbunden sind und an die solch telepathische Botschaften unbewußt oder bewußt gerichtet sind. Die Geschwindigkeit des Geistes ist entsprechend der Struktur der subtilen Energiebeziehungen weit schneller als irgendeine physikalische Energie.

Ein Verständnis der Energiebeziehungen und Zusammenhänge innerhalb dessen, was uns jetzt als 'nicht-örtliche' Verbindung erscheint, wird sich einstellen, wenn wir das Wesen der Vakuumstruktur besser verstehen, die eine sofortige, drahtlose Kommunikation durch die Vakuummatrix hindurch ermöglicht, statt wie heute durch elektromagnetische Energie.

Energiemuster der physischen Realität eines Ortes könnten somit in Vakuumzustands-Modulationen verschlüsselt und ohne weiteres übertragen werden. Mit geeigneten Empfangsschirmen oder selbst durch einen Prozeß der Licht*entfachung*[1] – der im dreidimensionalen Raum aus dem Vakuum heraus Lichtmuster durch Skalarwelleninterferenz hervorruft – könnten wir hörbare und sichtbare Signale empfangen, vielleicht sogar Geschmack und Geruch.

Die Aufgabe der Computertechnologie bestünde darin, die Vakuummatrix in *Vakuumzustandscomputern* zu programmieren. Vielleicht könnte eine universell übertragene Datenbank oder Matrix eingerichtet werden, die alle relevanten Informationen enthielte und jedem mit der richtigen Empfangs- und Entschlüsselungsanlage zur Verfügung stünde.

---

[1]Light kindling,ein Begriff, der glaube ich von T. E. Bearden geprägt wurde.

Die Fortbewegung würde, auf trägheitsfreier und gravitationsloser Technologie basierend, ohne Brennstoff und sauber erfolgen. Die Notwendigkeit, aus geschäftlichen oder anderen Gründen so viel herumzureisen, würde durch das Aufkommen mächtiger Kommunikationsnetzwerke reduziert werden, wie dies ja bereits heute geschieht. Wenn wir doch einmal andere Orte aufsuchen müssen, könnte dieselbe Art von Fahrzeugen für die Fortbewegung am Boden oder in der Luft oder sogar für die Raumfahrt benutzt werden. Dies würde zweifellos weg von kommerziellen Zentren wie den Städten führen und hin zu einem ländlicheren Dasein. Der Mensch muß mit der Natur leben, um seinen Sinn für die Harmonie mit ihr aufrechtzuerhalten, sonst zerstört er seine Umwelt und sich selbst obendrein. Technologie sollte ein Diener des Menschen sein, nicht sein Meister. Sie sollte benutzt werden, wenn sie gebraucht wird, und wenn nicht, dann sollte man sie beiseite stellen.

Wir haben in dieser Welt nur wenige echte physische Bedürfnisse. Nahrung, Kleidung, Schutz und Gesellschaft – das ist so ziemlich alles. Nun können wir diese erweitern oder sie auf einem Minimum belassen, das steht uns frei. Und je weniger Bedürfnisse er hat, desto glücklicher ist der Mensch. Dies war stets der Rat weiser Männer. Mein eigener Guru wurde einmal gefragt, ob es angebracht sei, zu unserem Herrn für unser 'tägliches Brot' zu beten, oder ob wir alles Ihm überlassen sollten? Er entgegnete: „Es ist in Ordnung, wenn wir nur Brot wollen. Doch wir wollen auch Marmelade und Butter darauf!" Ich glaube, den Großteil unserer Technologie kann man als Marmelade und Butter betrachten!

Doch weil die menschliche Natur so ist, wie sie ist, und der Schub unserer Wissenschaftskultur zu stark ist, um ihn aufzuhalten, es sei denn, es gäbe eine große planetare Katastrophe, werden diese Geräte und Erfindungen kommen. Also kann man ebensogut darauf vorbereitet sein.

Zweifellos wird es auch Menschen geben, die die Energie zur Zerstörung anderer Menschen einsetzen wollen, um Macht über sie zu erlangen, oder die einfach dicken Profit aus ihnen schlagen wollen. Der Wunsch nach Macht über andere ist wahrscheinlich eine der größten Illusionen aller Zeiten. Es ist einfach ein zügelloses inneres Ego, das die anderen Leidenschaften des Menschen nährt. Was hat man schließlich von Macht? Jeder stirbt am Ende. Was danach geschieht, ist wichtiger. Ist das Leben etwa eines dieser faszinierenden, aber geistlosen Monopoly-Spiele, bei denen das einzige Ziel darin besteht zu 'gewinnen', koste es, was es wolle? Und was wird tatsächlich gewonnen? Nichts. Zu verbuchen ist bloß ein Verlust menschlicher Spiritualität und die Leugnung der inneren Bedeutung, des inneren Sinns und der inneren Erfahrung des Lebens.

Die Menschen, die auf diesem Planeten mit Führungsaufgaben betraut sind, sollten sich als die Diener aller betrachten. Schließlich werden sie von dem Geld bezahlt, das sie von den anderen genommen haben, und sie geben vor, unsere Interessen zu repräsentieren. Wir haben also ein Recht zu erwarten, daß sie im Interesse der Gemeinschaft handeln, und nicht, um ihre eigenen selbstsüchtigen Interessen zu verfolgen, um persönlichen Motiven des Egos wie Hochmut, Habgier, Haß und der Errichtung von Wirtschaftsimperien zu frönen. Doch dies ist keine perfekte Welt, obwohl es schön wäre, die Menschheit als eine anständige, fürsorgliche Gemeinschaft von Wesen handeln zu sehen, mit einer gewissen Ahnung von der mystischen und spirituellen Realität, die uns alle untereinander und mit allen anderen Geschöpfen zu einer Familie verbindet. Wir bürden anderen und damit automatisch und augenblicklich auch uns selbst so viel unnötiges Leid auf. Unser eigener Geist ist immer der erste, der leidet, wenn wir andere verletzen oder ausbeuten oder auch nur daran denken, dies zu tun. Wir erleiden ein unmittelbares Schrumpfen an Bewußtsein und innerem Leben. Immer sollte unserem inneren Leben und Sein der Vorrang gegenüber äußeren materiellen Überlegungen eingeräumt werden.

Doch wir schweifen ab, obwohl diese inneren Realitäten so wichtig sind, daß sie nicht vernachlässigt oder mißachtet werden sollten, wie dies in der Wissenschaft üblich ist. Denn welchen Sinn oder Nutzen hat die Wissenschaft, wenn sie das Leben und das Bewußtsein ignoriert?

Es wird also zweifellos Menschen geben, die aus diesem Wissen heraus Waffen herstellen. Bearden behauptet ganz ausdrücklich, die Russen hätten dies bereits getan und seien fähig, jeden beliebigen Teil dieses Planeten zu zerstören, wenn sie wollten. Dabei handelt es sich um die *Skalarwellen-Inferometer*, die in großer Entfernung von der Waffe 'kalte Explosionen' erzeugen können, wobei die Energie durch den Vakuumzustand übertragen wird.

Er sagt auch, kriminelle Elemente hätten mit solchen Vakuumstrahlenwaffen experimentiert. Glücklicherweise soll der Erfinder in den Strahl einer seiner eigenen Waffen geraten und fast getötet worden sein. Dies wurde aufgedeckt, als einer von Beardens Freunden, der sich „in Untergrundkreisen bewegt" (hört sich an wie ein verwirrter Maulwurf!), versuchte, für Beardens Analyse solch eine Waffe zu kaufen. Die Trägheit kann, wieder laut Bearden, mit dieser Art von Technologie sowohl verringert als auch verstärkt werden, was es schwierig oder unmöglich macht, Dinge zu bewegen. Anscheinend wurde dies bereits 1969 vom Chef der Mordkommission in Toronto, Kanada, demonstriert, als der Mechanismus seiner eigenen Pistole blockiert wurde, indem man dessen Trägheit mit einer geeigneten Trägheitsplus-Vakuumenergie-Strahlwaffe verstärkte.

Im Gesundheitsbereich kann man die subtilen Heilwissenschaften der Homöopathie, Radionik, Akupunktur und andere als Wissenschaften der Vakuumzustandsenergie oder subtilerer Energiezustände ansehen. Das Wissen um das Vakuum und feinstoffliche Zustandsstrukturen wird also von großem Wert für die Heilkünste sein. Die Heilung von mentalem und emotionalem Ungleichgewicht wird vielleicht auch durch die Manipulation der Vakuumenergien möglich sein. Doch die Möglichkeiten sind endlos, und ich habe viele davon bereits hier und in *Strahlungsfeld* erörtert. Diese Technologie stellt eine enorme Macht zur Verfügung, sowohl zum Guten als auch zum Bösen. Lassen Sie uns also unser Bestes tun, um sie nur für harmonische Zwecke zu benutzen.

Ein menschengemachter Vakuumzustandscomputer

Das Problem beim Skalarwellenmodell und in der Tat auch bei jeder mathematischen Formulierung oder Beschreibung liegt darin, daß es im weitesten Sinne immer noch linear ist. Es kann in seinem Modell kein Bild der Vielfalt von Energiebeziehungen enthalten, die im Universum vorhanden sind – innerhalb und außerhalb.

Die Natur selbst ist nicht-linear. Sie wirkt auf einer Vielzahl von Ebenen und in einer Unzahl von Formen *gleichzeitig* und als ein *Ganzes*. Unser logischer, begreifender Geist ist linear, da er nur lineare Ursache- und Wirkungswege wahrnimmt anstelle der eigentlich aus sich heraus bestehenden, holistischen, holographischen und gleichzeitig aktiven Beziehungen innerhalb des Ganzen. Selbst unsere modernste Computertechnologie arbeitet immer noch mit nur einer zentralen Prozessor- oder Logikeinheit. Wir können vielleicht viele Prozessoren in einem System miteinander kombinieren, doch diese zentralen Parallelprozessoren arbeiten *separat*, nicht auf eine *automatisch* integrierte Weise, bei der jeder *gleichzeitig* weiß, was der andere tut, und dementsprechend und in Harmonie agiert. Die Integration wird durch lineare Software geliefert, nicht aber automatische Beziehung.

Weiterhin bleibt ein logisches System nötig, aber eines, das auf dem Holographieprinzip basiert, in dem die Teile automatisch von den anderen Teilen und der Gesamtfunktion des Ganzen 'wissen'. Solch ein System würde primär als ein Ganzes operieren. Bedenken Sie, das holographische Modell ist seinem Wesen nach immer noch logisch und arbeitet immer noch gemäß des primären Gesetzes von Ursache und Wirkung, der Verbundenheit untereinander, des Karma.

Wie in *The Web of Life* beschrieben, funktioniert höchstwahrscheinlich der ganze Körper so, mit seinen autonomen Zellen, die alle durch Resonanz und holographische Beziehung miteinander und mit dem Ganzen verbunden sind. Dies spiegelt sich in dem schwingenden Energiemuster wieder, das wir als DNS-Molekül bezeichnen. Es ist auch die Struktur des ganzen Uni-versums.

Im Gehirn und im zentralen Nervensystem ist die Komplexität dieser Verkettung immens. Jedes der 1012 Gehirnneuronen ist mit bis zu 100 000 anderen über nicht-lineare, sich lawinenartig entladende energetische Beziehungen verbunden.

Das, was diesen Effekt hauptsächlich prägt und organisiert, liegt eindeutig in den subtileren Energiebereichen, wo die Gesetze energetischer Beziehung *von Natur aus* holographisch und holistisch sind.

Ein fortschrittliches Computersystem zu entwerfen, das die Gehirnfunktionen abbilden würde, ist tatsächlich ziemlich unmöglich, da wir es niemals mit einer Seele oder mit Bewußtsein ausstatten könnten. Im Bewußtsein wohnt die grundlegende Fähigkeit zur Ganzheit. Dort kann das Individuelle zum Universalen werden.

Ganz einfach ausgedrückt, können wir keine Maschine bauen und sie mit Leben versehen. Das Äußerste, was wir erreichen können, ist die Musteranordnung des Lebensprozesses so gut wir können zu kopieren, doch können wir nur die Energie der trägen Materie einsetzen. Die Komplexitäten, die selbst auf der subatomaren Ebene von der Lebenskraft aus träger Materie heraus gewoben werden, sind auf keinem künstlichen Wege zu erreichen. Die Maschinen des Menschen sind immer nur bewußte oder unbewußte Kopien oder Artefakte der vorzüglich konstruierten Prozesse der Natur. Ohne die Lebenskraft des Bewußtseins können die individuellen holographischen Einheiten der Natur – in physischen Körpern gefangene Seelen und Geister, lebende Geschöpfe – nicht einmal im entferntesten vom Menschen geschaffen werden. Mit all unserem analytischen Denken und unserem experimentellen Forschen sind wir der

Konstruktion der einfachsten Zelle oder der 'primitivsten' Lebensform noch immer nicht näher gekommen. Tatsächlich gibt es sogar relativ wenige Moleküle, von denen wir wirklich wissen, wie man sie ohne die Hilfe von lebenden Wesen baut.

Doch selbst um den Versuch zu starten, auch nur den blassesten Entwurf dieses natürlichen Musterungsprozesses zu kopieren, müssen wir zuallererst über eine Technologie verfügen, die für integrierte Beziehungen aller Teile des Ganzen sorgt. Auf der Ebene des Elektromagnetismus, so wie wir ihn gegenwärtig verstehen, existiert nichts dergleichen. Hier haben wir es eher mit Wirkungen als mit einer primäreren Ursache zu tun, mit den Blasen, nicht mit dem Ozean.

Die Energiestufe, der diese Art von Bezogenheit innewohnt, liegt im Vakuumzustand. Unsere ursprüngliche Matrix muß deshalb in der Musterprägung des Vakuumzustands angesiedelt sein. Dies wäre unsere quasi-intelligente Datenbank, die *sich automatisch als ein Ganzes reguliert*, wann immer der Wert irgendeines Teiles sich verändert. Doch um dies zu bewerkstelligen, müssen wir die detaillierte Konstitution und Konstruktion des Vakuums verstehen und die Art, wie physische Manifestierung stattfindet. Das holographische Modell bietet uns eine gute Ausgangsbasis, doch die Einzelheiten sind uns nicht bekannt, obwohl eine Reihe von Leuten derzeit mit beachtlichem Erfolg daran arbeiten. Dr. Jim Said ist einer von ihnen, und seine Arbeit wird kurz in *The Web of Life* erwähnt.

Wenn wir eine solche Matrix innerhalb des Vakuumzustands angelegt haben, so daß wir sie nach Wunsch modulieren können, müssen wir sie dann sowohl mit den Input-Fähigkeiten (Yin), den quasi-sinnlichen Aspekten des Gesamtsystems, als auch mit den Output-Fähigkeiten (Yang) beziehungsweise den quasi-motorischen Funktionen verbinden. Dies müßte eine Reihe von Ausgabegeräten umfassen, die in der Lage sind, Daten innerhalb des holographischen und holistischen Paradigmas aufzubereiten und zu präsentieren. Diese würden zweifellos dreidimensionale, optisch projizierte Holographien beinhalten, die unsere heutigen Bildschirm-Displays aus linear-konzipierten Computergraphiken ersetzen würden.

Die Vakuummatrix für solch ein System wäre höchst wahrscheinlich in einem perfekten Kristall enthalten. Die Einzigartigkeit eines Kristalls liegt darin, daß er eine *geordnete* Struktur auf atomarer Ebene besitzt. Man nimmt deshalb an, daß dies eine Spiegelung der Ordnung auf der Vakuumebene ist. Und was natürlich einen Kristall zu einem Kristall macht, ist die Beziehung jedes Teils zum Ganzen, die geordnete Ausrichtung jedes Atoms innerhalb des Ganzen. Dies liegt ihrer Anordnung zugrunde. Wie wir zuvor beschrieben haben, gibt es jedoch unendlich viele Vakuumsubstrukturen, die alle zur selben äußeren Materialisierung führen können. Diese Substruktur wird die Vakuummatrix für die Gedächtnis- und Rechenfähigkeit unserer neuen Art Computer bilden, und zwar durch ein fortgeschrittenes Verständnis davon, wie physische Substanz aus dem Vakuumzustand manifestiert wird.

Unser menschengemachter Vakuumzustandscomputer basiert also auf realen Energiefeldern, die automatisch auf eine dynamisch holographische Weise miteinander in Beziehung treten. Der nächste Schritt besteht dann darin, Geräte mit dieser Matrix zu verbinden, die automatisch *sowohl als Input als auch als Output* dienen. Dies ist nötig, damit die Maschine von außen auf ihre eigenen Eindrücke oder ihren eigenen Input reagieren kann. Dies spiegelt unseren eigenen menschlich sinnlichen Input wider und unseren aufs innigste verknüpften motorischen Output.

Doch es kommt sehr schnell ein Punkt, an dem das Verschlüsseln, Aufnehmen und das logische Strukturieren von Daten selbst bei solch einem mächtigen Computer nicht mehr in der Lage wäre, die integrierende Rolle des Geistes und Bewußtseins in uns selbst widerzuspiegeln. Lernen, Bedeutung, Gedächtnis, Erinnerung, Erfahrung, Intuition, Fühlen, Vorlieben – all diese Fähigkeiten und viele mehr können von einem Computer niemals so kopiert werden, daß sie auch nur im entferntesten mit denen eines wirklichen, lebenden Menschen vergleichbar wären. Und einige der Dinge zu kopieren, die ein lebendes Geschöpf vollführt, macht noch nicht Leben und Intelligenz aus.

Ein menschengemachter Computer kann niemals Leben und Bewußtsein besitzen. Er kann niemals einen Geist oder Gefühle besitzen. Er kann sich nicht verlieben, wütend werden oder einen schönen Sonnenuntergang genießen. Er könnte niemals lichte Momente und mystische Erfahrung haben. Er könnte sich niemals seiner selbst bewußt sein. All dies fällt in den Bereich des Lebens selbst, und wenn viele der Wissenschaftler, die sich mit künstlicher Intelligenz beschäftigen, wirklich glauben, eine Maschine, die all das täte, was Menschen tun, wäre wirklich lebendig und sie könnten so etwas bauen, dann spiegelt dies nur wider, wie weit wir uns von unserem inneren Leben entfernt haben. Es ist eine Reflexion der Art und Weise, wie die Menschen nicht nur sich selbst, sondern auch diejenigen um sie herum und die Menschheit im allgemeinen sehen. Es zeigt, wie wenig wir das Wesen des Lebens verstehen, wenn wir glauben, wir hätten tatsächlich inneres Leben und Bewußtsein geschaffen, indem wir einiges davon imitieren, was sich nach außen hin darstellt. Man hält irrtümlicherweise die äußere Schale für das Leben und den Geist im Inneren.

Kehren wir zurück zum imaginären Entwurf unseres Supercomputers. Mit viel Phantasie kann man sich vielleicht vorstellen, eine holographische, dreidimensionale optische Projektion so anzulegen, daß sie einen Stimulus von außen erhalten könnte. Speist man diese Daten zurück in die Matrix ein, die ihre Aufbereitung kontrolliert, dann ließe sich das Hologramm vielleicht darauf programmieren, automatisch auf eine offenbar intelligente Weise zu reagieren. Wenn diese holographische Projektion zum Beispiel menschliche Form hätte, könnte eine optische Eingabe durch die Augen oder irgendeinen anderen Teil dieser Projektion wahrscheinlich so konstruiert werden, daß es zu einer passenden Handlung des ganzen Humanoiden führte.

Wenn dann diese holographische Projektion, basierend auf denselben holographischen und holistischen Prinzipien (all dies basiert auf einigen riesigen 'Wenns'!), in einen Roboter übertragen würde, hätten wir ein mächtiges Instrument. Es ist denkbar, den Roboter technisch so anzulegen, daß er tatsächlich durch Vakuumzustandsmanifestation in die Existenz träte – mit all der Manipulation von Gravitation, Masse, elektrischer Ladung und so weiter, die wir erörtert haben. Mit anderen Worten, seine Existenz würde ständig aus der zentralen Vakuummatrix heraus manifestiert und kontrolliert, und er würde verschwinden, sobald seine zentrale Maschine abgeschaltet würde! Es mag wie Science-fiction klingen, doch genauso hätte all unsere heutige Technologie für diejenigen geklungen, die erst vor so kurzer Zeit im neunzehnten Jahrhundert gelebt haben.

Ich bin mir sicher, der Mensch hat eine solche Technologie bereits in früheren Zyklen seiner Existenz auf diesem Planeten entdeckt. Es würde nur vernünftig erscheinen. Unsere westliche Geschichte reicht nicht weiter als ein paar Tausend Jahre zurück, und die letzte Eiszeit endete erst vor rund zehntausend Jahren.

Die Legenden von Atlantis und Mu basieren wahrscheinlich auf Tatsachen, und diese Kulturen waren bloß zwei von vielen technologischen Abenteuern, in die sich der Mensch gestürzt hat. In Südamerika beispielsweise sollen bestimmte Kristalle gefunden worden sein, die eindeutig menschlicher Herkunft sind und wahrscheinlich die Basis für eine frühere technologische Kultur darstellen. Vielleicht wurden sie hoch in den Anden als dauerhafte Aufzeichnung hinterlassen, auf daß zukünftige Generationen sie entziffern sollten, genau wie wir versiegelte Bibliotheken mit Informationen und verschlüsselten Daten für zukünftige Zeitalter zurücklassen oder für Zivilisationen auf anderen Planeten in den Weltraum schießen.

Solche Aufzeichnungen würden natürlich auf grundlegenden physikalischen Prinzipien basieren, von denen diejenigen, die sie hinterließen, annahmen, daß zukünftige Generationen sie aufdecken würden. Wir stehen kurz davor, genau dazu in der Lage zu sein.

Die Aufzeichnungen unserer gesamten Erdgeschichte sind vielleicht sogar ganz natürlich und automatisch im physischen Vakuum selbst kodiert und warten nur darauf, entschlüsselt zu werden. Dies ist die Akasha-Aufzeichnung, von der theosophische und andere Autoren sprechen, obwohl ich nicht weiß, ob diese planetare Information schwingungsmäßig ins physische Akasha oder in einen der höheren, mehr innen liegenden 'Himmel' eingeschrieben wurde. Doch sicherlich muß es dort einen gewissen Abdruck geben, denn diesen spüren wir, wenn wir die Atmosphäre von Orten registrieren. Dies ist es, was übersinnlich begabte Menschen wahrnehmen, wenn sie Gegenstände psychometrisch abtasten und in der Lage sind, etwas über ihre vergangene Geschichte zu erfahren. Diese Schwingung können wir in allen Objekten spüren, die die Schwingungen im Geist des Benutzers oder des Besitzers widerspiegeln. Dies habe ich zuvor in Kapitel 5 erörtert.

Denken Sie zum Beispiel an die grauenhafte Atmosphäre dieser mehrstöckigen oder unterirdisch angelegten Parkhäuser aus Beton und Stahl, die solch eine schreckliche Schwingung haben, daß Film- und Fernsehregisseure sie häufig für unschöne und gewaltsame Handlungen auswählen.

Oder denken Sie auf der anderen Seite an die friedliche und heilende Schwingung, die von spirituell eingestellten Leuten ausgeht, von ihren Wohnungen, ihrer Gegenwart und den Objekten, die sie benutzen. Es gibt sogar ein paar solcher Zentren oder Gemeinschaften in der Welt, wo solch liebevolle und harmonische Schwingungen reichlich vorhanden sind und einen umfangen. All dies ist im Vakuum und in subtilen Zuständen verschlüsselt und wird vielleicht eines Tages von fortschrittlichen wissenschaftlichen Instrumenten entzifferbar sein, zusätzlich zu dem, was durch den sensitiven Geist lebender Geschöpfe – Menschen und sonstige – bereits möglich ist. Wir mögen dies für unwahrscheinlich halten, doch vor nur wenigen Jahrzehnten hätte man auch die Technik des genetischen Fingerabdrucks für unwahrscheinlich gehalten, die vor ein paar Jahren in der forensischen Wissenschaft eingeführt wurde, um die Identität des Blutes und anderer Körpergewebe und -zellen festzustellen.

Tatsächlich war fast all unsere heutige Technologie noch Science-fiction, als Königin Viktoria vor weniger als einem Jahrhundert in England regierte. Die Technologie des Menschen *wird* voranschreiten, wenn er sich nicht selbst in Stücke sprengt oder seine Umwelt völlig zerstört!

Trick 17 bei der Neuen Wissenschaftsforschung

Es ist ein verbreiteter Irrtum zu glauben, jede neue und nützliche wissenschaftliche Forschung oder Entdeckung würde sich automatisch durchsetzen. So funktionieren die Dinge einfach nicht. Eine der Hauptschwierigkeiten, auf die jede neue Idee in der Wissenschaft trifft, ist gerade das akademische Wissenschaftssystem selbst. Wissenschaftliche Arbeit wird nur dann bekannt und akademisch akzeptiert, wenn die Erkenntnisse in orthodoxen wissenschaftlichen Zeitschriften oder Magazinen veröffentlicht werden. Deshalb spielen diese Zeitschriften eine Schlüsselrolle dafür, welche Forschung und welche Ideen propagiert werden und welche nicht.

Doch die Zeitschriften selbst sind an kommerzielle Überlegungen gebunden, daran, was für die Mehrzahl ihrer konventionellen Leser annehmbar ist. Sie können es sich nicht leisten, ihre Leserschaft zu verlieren. Sie haben auch einen Ruf zu verteidigen und können es somit nicht riskieren, Material zu veröffentlichen, das zu kontrovers ist.

Angesichts der Hunderttausenden von Wissenschaftlern weltweit ist die Anzahl von Beiträgen, die bei Zeitschriften eingereicht werden, enorm. Diese Schriften werden von namenlosen Experten auf diesen Gebieten überprüft, die deshalb den Vorteil haben, die Arbeit ihrer Kollegen im voraus zu überschauen und zu beurteilen. Und die menschliche Natur ist zweifellos bei ihrer Entscheidungsfindung beteiligt. Welcher 'Experte' würde sein Lebenswerk und seine Meinung schon gerne ernstlich angefochten sehen?

Doch unterm Strich bedeutet das, daß alles, was die Orthodoxie herausfordert, und sei es auch nur in Form von Versuchsdaten, abgelehnt wird. Es wird niemals veröffentlicht. Die Daten werden vermutlich für fehlerhaft gehalten. Und ohne Veröffentlichung wird es vielleicht nie bekannt oder bekommt bestenfalls den Touch von etwas 'Exzentrischem'.

Diesen Wissenschaftlern bleiben dann zwei Wahlmöglichkeiten. Erstens können sie unverdrossen weiterarbeiten, in der Hoffnung, daß ihre Arbeit eines Tages eine willkommene Bestätigung erfahren wird. Oder sie können sich an die Öffentlichkeit wenden, ein Buch schreiben oder Kontakt zu den Medien aufnehmen. Das funktioniert nur, wenn es an der Forschung sensationelle Aspekte gibt, und bei jedem Ereignis hält die Aufmerksamkeit der Medien nur für eine sehr kurze Zeit an. Die negative Folge hiervon ist jedoch, daß die Arbeit nun in den Augen konventioneller Akademiker herabgesetzt ist. Sicherlich sind die Wege für eine Veröffentlichung in wissenschaftlichen Zeitschriften dann verbaut.

Der Wissenschaftler befindet sich dann in einer gefährlichen Lage und mag in Vergessenheit geraten oder vielleicht sogar seine akademische Stellung verlieren. Die Wissenschaftler haben dies so oft miterlebt, daß sie natürlich fürchten, es könnte ihnen selbst passieren. Angst hilft deshalb, die etablierte Sichtweise zu untermauern. Unkonventionell zu sein ist gefährlich und kann zur wissenschaftlichen Exkommunikation führen.

Der andere Weg, auf dem neue Ideen Glaubwürdigkeit erlangen können, ist der des unabhängigen Wissenschaftlers, obwohl es davon nur wenige gibt und sie fast immer unter Geldmangel leiden. Solche Arbeiten werden häufig von einer großen Anzahl von Leuten aus der allgemeinen Öffentlichkeit akzeptiert, und auf dem Gebiet von Gesundheit und natürlicher Medizin mögen sie sich oft als sehr wertvoll erweisen. Und obwohl sie häufig von großem Interesse für viele Wissenschaftler sind, die sie privat zuhause lesen, werden sie selten vom 'System' akzeptiert. Die Gründe dafür liegen in der Psychologie der Situation.

Radikal neue und wertvolle Ideen erhalten deshalb selten die finanzielle Unterstützung oder auch nur die Manpower, die sie benötigen. Sie bleiben auf der Strecke. Angesichts der Notwendigkeit, seinen Lebensunterhalt zu verdienen, gibt es wenig, was der Entdecker tun kann, und seine Entdeckung wird entweder fallengelassen, wird zu einem Teilzeit-Hobby, oder er wird durch seine Zurückweisung so besessen und unausgeglichen, daß niemand etwas mit ihm zu tun haben will. Einen reichen Förderer zu finden, wie es Sandy Kidd gelang und Nikola Tesla um die Jahrhundertwende, ist eine seltene und glückliche Fügung.

Die Situation bleibt bestehen, bis der Mensch sich in einer natürlichen oder menschengemachten Krise wiederfindet – Krieg, Mangel an Energieressourcen, gesellschaftliche Umbrüche oder – im gegenwärtigen Fall – eine stark verschmutzte Umwelt und das dringende Bedürfnis, die Dinge zu ändern.

Es besteht zum Beispiel kein Zweifel daran, daß die beiden Weltkriege die vorherige Gesellschaftsordnung aus dem Gleichgewicht brachten und die Entwicklung neuer Ideen und einer neuen Technologie ermöglichten, ja geradezu erforderten. Keine von beiden Seiten wollte, daß die andere ihr gegenüber einen Vorteil bekam, also mußten alle Alternativen erforscht werden, wie absonderlich sie auch immer scheinen mochten, womit viele positive Forschungswege eröffnet wurden.

Dieses Muster traf auf fast alle in diesem Buch erwähnten Forscher zu. Selbst Professor Laithwaite wird ein wenig für einen Häretiker gehalten, weil er der Möglichkeit Ausdruck verlieh, daß ein verschrobener alter Wissenschaftler aus dem siebzehnten Jahrhundert (Newton) vielleicht nicht unfehlbar war.

Lassen Sie uns also hoffen, daß die Arbeit einiger dieser unbesungenen Helden aufgegriffen und gründlicher untersucht werden wird. Ich bin mir sicher, mit der vollen Unterstützung einiger größerer Gesellschaften oder der Regierung könnten eindeutige Versuchsergebnisse in weniger als einem Jahr vorliegen. Eine solche Technologie könnte zu einer besseren Welt beitragen – was doch wohl das Ideal aller Wissenschaft ist, oder? Warum also warten, bis die Pioniere gestorben sind?

> Während der lebende Homer bettelte für sein Brot,
> Brüsten sich sieben Städte des großen Homers – Tod.

Der Mensch, der Geist und die Seele

Der allergrößte Teil der Menschheit hat keine Ahnung, was Leben ist oder was sein tieferer Sinn sein könnte. Die Geschichte ermutigt uns nicht zu glauben, daß wir uns in der nahen Zukunft bessern werden. Unter allen Geschöpfen benutzt nur der Mensch seine größere Fähigkeit, seine Kapazität für höheres Bewußtsein, seine angeblich höhere Intelligenz, um sich und seinen Planeten zu zerstören. Er treibt mit seinen Mitmenschen und anderen Geschöpfen ein hochgradig selbstsüchtiges Spiel. Sein Ego ist unersättlich. Er jagt Chimären und Phantomen in seinem Geist hinterher und spielt sein inneres unbewußtes Gefühlschaos in Spielen aus, die vorsätzliche Gewaltakte gegenüber seinen Mitmenschen und Mitgeschöpfen nach sich ziehen. Wir alle tun dies mehr oder weniger. Wir haben die Fähigkeit, ein Engel oder ein Teufel zu sein.

Auf der anderen Seite gibt es unter einigen Menschen auf diesem Planeten derzeit ein wachsendes und sich erweiterndes Bewußtsein. Die grundlegenden Fragen werden durch die Belastungen des täglichen Lebens nicht mehr unter den Teppich gekehrt. Dies ist eine zunehmende Strömung, die gefördert und entwickelt werden muß und nicht von Bürokratie, Macht, Politik und aus bloßer Trägheit heraus unterdrückt werden darf. Es gibt einen wachsenden Kern von Leuten, die die Seichtheit der Regierungspolitik und der politischen Führer (egal welcher Glaubensrichtung) durchschauen und die wissen, daß menschliche Führer in erster Linie weise Männer sein sollten, keine Egoisten – solche, die vereinen, nicht solche, die Feindschaft und Teilung hervorrufen. Und diese Leute nehmen ruhig ihren Platz im Gefüge des Lebens ein und schaffen Veränderung von innen heraus. Die Menschen wollen aufrichtig Frieden. Der Machismus und die romantischen Einstellungen zum Krieg werden ebenso wie das einschränkende, parteiische und trennende Wesen der Loyalität seinem 'Land' gegenüber in ihrem wahren Licht gesehen.

Was das wissenschaftliche Studium und die Technologie betrifft, ist an ihnen an sich nichts falsch. Die emotionale Natur, die negativen Tendenzen unseres eigenen Geistes, unsere Einstellung und unser Ansatz an die Wissenschaft sind es, die die gegenwärtigen Probleme verursacht haben. Wir müssen unbedingt das universelle Substrat des Seins verstehen, die grundlegende Spiritualität – frei von jedem religiösen Dogma –, die auf natürliche Weise in uns allen vorhanden ist. Innerhalb dieses Kontextes und mit diesem Verständnis würden wir wissen, wie man die richtigen Entscheidungen bezüglich der Angelegenheiten auf diesem Planeten trifft. *Solch eine Philosophie sollte ein wesentlicher Teil jeder wissenschaftlichen Ausbildung sein.* Ohne eine gewisse Grundlagenschulung über seinen Nutzen zur menschlichen Verbesserung und seine harmonische Eingliederung in das weltweite Ökosystem sollte kein Wissen vermittelt werden. *Eine grundlegende wissenschaftliche und menschliche Ethik,* frei von jeder bestimmten religiösen Doktrin, sollte an allen Universitäten und Hochschulen gelehrt werden. Doch wir verlieren uns in spiritueller Ignoranz, sind ein Opfer der Schwäche unseres eigenen Geistes, ohne überhaupt zu merken, daß dies so ist. Wir sind sogar auf unsere Schwäche noch stolz.

Es ist nun wesentlich, daß unsere Welt-'Führer' ihr Bestes geben, um die Masken fallen zu lassen und die politischen Spielchen aufzugeben, und in einem Geist echter Kooperation und Harmonie zusammenarbeiten, um wieder ein gewisses Maß an Balance in die äußeren Aktivitäten des Menschen zu bringen. Und all dies, ohne das natürliche Menschenrecht auf persönliche Freiheit des Ausdrucks und der Handlung zu unterdrücken, innerhalb der Naturgesetze vernünftiger Harmonie.

Trotz all der offenbar selbstzugefügten Negativität sollte man jedoch nicht vergessen, daß dieses Universum eine ständige Schöpfung oder eine Projektion des höchsten Seins ist. Nach Seinem Plan sind wir das, was wir sind. Indem Er uns das Wissen um Sich entzieht und uns damit in Dunkelheit und Unwissenheit zurückläßt, bewirkt Er, daß wir uns zurück zum Licht durchkämpfen müssen. Dies scheint Seine Absicht zu sein, wenn Er uns auf diese Weise 'straft', so daß unsere größte Anstrengung und all unser Sehnen sich schließlich darauf richtet, die höchste Realität in uns selbst zu suchen. „Wenn du die Dunkelheit nicht erlebst, kannst du das Licht nicht voll zu schätzen wissen", äußerte mein eigener spiritueller Lehrer einmal. Und dieses innerste Licht von Wirklichkeit zu finden ist die göttliche Absicht bei der Schöpfung von menschlichem Leben.

Das größte Experiment der Welt

Mystik und Wissenschaft

Es scheint ziemlich klar zu sein, daß ein Verstehen oder intuitives Erkennen des Mystischen von größter Bedeutung ist, wenn die vollen Zusammenhänge des Vakuumzustands begriffen werden sollen. In der Tat waren fast alle wirklich großen Wissenschaftler zu allen Zeiten mehr oder weniger Visionäre mit mystischer Intuition. Albert Einstein, Max Planck und Niels Bohr erkannten in ihrer Arbeit allesamt die Bedeutung des mystischen Ansatzes an das Leben an. Bohr nahm sogar das chinesische Zeichen des verbundenen Yin und Yang des Universums in sein Familienwappen auf. Einstein, Planck und viele andere drückten ihre Anerkennung der inneren Seite des Lebens aus.

Das Erkennen der Wahrheit kann nur durch einen entschlossenen Schritt in das Reich der Metaphysik gewährleistet werden.

Max Planck

Das schönste und tiefste Gefühl, das wir erfahren können, ist die Empfindung des Mystischen. Es ist die Kraft aller wahren Wissenschaft. Zu wissen, daß das, was für uns unergründlich ist, wirklich existiert und sich selbst als die höchste Weisheit und die strahlendste Schönheit manifestiert, die wir mit unseren trüben Geisteskräften nur in ihren primitivsten Formen begreifen können – dieses Wissen, dieses Gefühl, steht im Zentrum wahrer Religiosität.

Albert Einstein

Tatsächlich ist alle physische Intuition vom höheren GEIST abgeleitet. Die Konzentration des Geistes ist sowohl in der mystischen Meditation als auch im wissenschaftlichen Bestreben von grundlegender Bedeutung. All diese wissenschaftlichen Pioniere waren kreative und konzentrierte Denker, die bestimmte Dinge in sich erkannten und dann diese Erkenntnis in äußeren Begriffen ausdrückten – als mathematische und physikalische Konzepte und so weiter. Alles tiefe Denken findet im Zentrum hinter den

Augen statt. Dort *beginnen* eigentlich die höheren Wege des Yoga und der Meditation. Doch sie fangen an, indem sie den Geist zum Schweigen bringen, nicht indem sie ihn aktivieren. Und in dieses Schweigen können die Eingebungen des höheren GEISTES einfließen, häufig dann, wenn wir es am wenigsten erwarten.

Der Sinn wirklicher mystischer Meditation liegt darin, innerhalb der höheren Ebenen des erweiterten Bewußtseins Überbewußtsein zu erreichen, zum höchsten Schöpfer oder Gott zu gelangen. Doch in diesem Prozeß wird der Geist so konzentriert, daß er automatisch dahin gelangt, die Struktur des physischen Universums zu verstehen. Dann ist der einzelne innerhalb der Beschränkungen, die ihm von den vorherrschenden Vorstellungen, der Natur des menschlichen Geistes und den Worten selbst sowie von seiner besonderen Persönlichkeit auferlegt werden, in der Lage, diese Erkenntnisse auszudrücken, sie mitzuteilen. Egal wie mystisch entwickkelt jemand sein mag, wir sind alle karmisch in die Zeiten verstrickt, in die wir gegenwärtig hineingeboren wurden. Dies ist unsere derzeitige Idiomatik, und innerhalb dieses Kontextes drücken wir uns aus. Die Pioniere treiben die Grenze dieses Ausdrucksrepertoires voran, häufig zur Bestürzung ihrer Zeitgenossen, und werden doch von der Nachwelt gefeiert, von zukünftigen Generationen aus jungen Leuten mit frischerem Geist und in einer sich verändernden Welt.

Doch alle Dinge geschehen so, wie sie geschehen sollen. In gewissem Sinne sind wir bloß Marionetten. Wir werden von einigen höheren Fäden bewegt. Doch solange wir das Gefühl haben, Individuen und vom großen Ozean getrennt zu sein, spüren wir, daß wir freien Willen haben. Wir sollten also versuchen, zu unterscheiden und in jeder Hinsicht in dieser unglaublichen Erfahrung, die wir Leben nennen, die bestmöglichen Entscheidungen zu treffen, die auf den höchsten Bestrebungen und Bemühungen basieren.

Des Pudels Kern

Die anerkannte Methodik aller klassischen Wissenschaft besteht darin, daß eine Theorie oder Hypothese nicht mehr als eine Möglichkeit bleibt, es sei denn, es können wiederholbare Versuche durchgeführt werden, die deren Gültigkeit zeigen. Lassen Sie mich also ein Experiment vorschlagen, das jeder durchführen kann, um die Gültigkeit nur einer in diesem Buch aufgestellten Behauptung zu überprüfen.

Die Behauptung lautet: *Die Praxis der Meditation verändert die Wahrnehmung eines Menschen von Leben und Universum.* Je länger die Praxis – obwohl dies bei jedem einzelnen variieren kann –, desto größer die Veränderung. Die Veränderung tritt durch eine Verlagerung oder Erweiterung im Bewußtsein auf, nicht bloß als ein Ergebnis davon, die Welt durch die gefärbte Brille einer anderen intellektuellen Philosophie zu sehen. Sie erweitert den eigenen Ausblick auf alle Aspekte des Lebens und beinhaltet einen radikalen, inneren Wandel.

Und das Experiment? *Die Meditation fleißig üben, jeden Tag, mindestens über einen Zeitraum von zwölf Monaten, und sehen, was passiert.* Das Labor ist Ihr eigener Körper in der Stille Ihres eigenen Zuhauses, es ist also keine teure Ausrüstung oder Finanzierung erforderlich. Doch so wie man nur mit der Hilfe eines qualifizierten Lehrers schwimmen lernt, ist es für jeden, der mit der Disziplin der Meditation beginnt, unerläßlich, zuerst einen geeigneten Lehrer dieser alten Technik zur inneren Expansion zu finden. Wenn Sie im Begriff stehen, ein Experiment innerhalb Ihres eigenen Geistes und Ihrer eigenen Seele durchzuführen und vielleicht von früher her keine Erfahrung in dem haben, was Sie entdecken werden, ist Führung bei solch einem Unterfangen erforderlich. Stellen Sie also gründliche Nachforschungen an, ehe Sie eine Entscheidung treffen, denn es gibt viele Arten von Meditation oder spiritueller oder yogischer Praxis.

Ohne dieses einfache Experiment durchzuführen, ist niemand qualifiziert, irgendein abschließendes Urteil über die Gültigkeit des Verständnisses vorzunehmen, das durch die Meditation hervorbricht, obwohl selbst ein solcher Schritt nur der erste auf einer Millionen Meilen langen Reise ist. Doch wie sagt Konfuzius: „Eine Reise von tausend Meilen beginnt mit dem ersten Schritt."

Auf der Suche nach der
mystischen Wirklichkeit

Wirklichkeit und Meinung

Es gibt eine bezaubernde Geschichte, die Drehbuchautor Allen Boone in seinem Buch *Die große Gemeinschaft der Schöpfung* über seine Freundschaft mit dem Hundefilmstar Strongheart erzählt. Strongheart war nach allem, was man hört, ein Hund von beachtlichem Charakter und einer beeindruckenden Ausstrahlung, und als seine Besitzer eine längere Reise ins Ausland machten, gaben sie den Hund bei Boone in Pflege. Dies erwies sich als ein Ereignis, das offensichtlich die Einstellung des Autors zum Leben im allgemeinen und zu anderen Geschöpfen im besonderen veränderte. Denn Strongheart hatte eindeutig ein eigenes Innenleben. Er las regelmäßig Boones Gedanken, selbst wenn sich beide nicht im selben Raum befanden, und er teilte seine Bedürfnisse, Forderungen und Stimmungen auf eine einfache Art und geradeheraus mit. Und Strongheart brauchte nicht lange, um Boone dies spüren zu lassen.

Boone erzählt die Geschichte, wie er eines schönen Frühlingsmorgens an seiner Schreibmaschine saß und den Wunsch verspürte, mit dem Schreiben aufzuhören und mit Strongheart in die sonnige Welt draußen zu entfliehen, die ihn lockte. Kaum hatte er sich entschlossen, sich für den Rest des Tages zu den Hügeln aufzumachen, stürzte ein aufgeregter Strongheart ins Zimmer. Er geriet ins Schleudern, stoppte kurz, um mit seiner Zunge über Boones Handrücken zu fahren, dann stürmte er ins Schlafzimmer und kam mit dem alten Pullover wieder, den sein menschlicher Freund immer bei ihren Ausflügen trug. Dann folgten die Bluejeans, ein Wanderstiefel, dann der zweite und schließlich der Spazierstock. In fünf schnellen Etappen waren alle Utensilien zum Spazierengehen versammelt.

Die fortwährende Häufung solcher Vorfälle verblüffte Boone immer mehr. Er dachte viel darüber nach, um herauszufinden, was vor sich ging, kam aber zu keinem zufriedenstellenden Ergebnis.

Schließlich erinnerte er sich an seinen alten Freund Mogave Dan, der in der Wüste lebte, umgeben von einer Familie aus Hunden und kleinen Eseln und häufig auch wilden Tieren, die Schutz bei ihm suchten. „Wenn mir irgend jemand dieses Rätsel erklären kann", dachte Boone, „dann Mogave Dan." Denn Dan war der einzige Mensch, den er je gekannt hatte, der eine wechselseitige Unterhaltung mit Tieren führen konnte. Er fuhr also los, um Dan in der Mogave-Wüste aufzusuchen.

Glücklicherweise hatte er kaum Schwierigkeiten, ihn zu finden, und er holte weit aus, um seinem Freund die Probleme zu erklären, die er dabei hatte, den Hund zu verstehen. Mogave Dan verstand Tiere ganz klar, weil sie seine ständigen Begleiter waren, und Boone wartete auf eine vorausgeschickte Erklärung: „So ist das eben bei Hunden." Doch nichts dergleichen kam.

Dan blieb größtenteils still. Boone konnte nicht sehr lange bleiben, und schließlich versuchte Dan zumindest seinem Freund mitzuteilen, wo er sich irrte.

„Es gibt Fakten über Hunde", sagte er, „und es gibt Meinungen über sie. Die Hunde haben die Fakten, und die Menschen haben die Meinungen. Wenn du Fakten über Hunde willst, dann hol sie dir direkt vom Hund. Wenn du Meinungen willst, dann hol sie dir von den Menschen."

Dann fuhr ein Lichtstrahl in Boones Geist. Er erkannte, daß er die Dinge falsch angegangen war.

Mit der Andeutung einer neuen Richtung, die ihm in seinem Geist eingepflanzt worden war, machte er sich auf den Heimweg, und seine faszinierende Geschichte gibt wieder, wie er dazu kam, Strongheart wirklich kennenzulernen.

Ähnlich sucht der Mensch, wenn er die Natur der Welt um ihn herum verstehen will, gewöhnlich in der falschen Richtung nach Antworten. Wir bitten unseren eigenen verstandesorientierten Geist um Antworten, statt die Natur selbst zu fragen. Das Problem ist, daß wir einfach nicht wissen, wie man die Frage stellt.

Die Natur ist, was sie ist, der Mensch hat viele Vorstellungen von ihr. Und wir verstricken uns so in diese Vorstellungen, daß wir unsere Perspektive verlieren. Es gelingt uns nicht zu sehen, wie ihre Geheimnisse uns langsam offenbart werden, wenn wir unseren Geist *zum Schweigen bringen* und *mit* der Natur sind. Doch die Sprache dieser Offenbarung ist nicht die der Worte und Formeln, auch wenn Worte und Mathematik nachfolgen mögen, sofern wir dazu neigen, die Dinge auf diese Weise auszudrücken. Aus der Stille eines meditativen Geisteszustandes ergeben sich Intuition und Verständnis.

Wir können die Natur der Wirklichkeit nicht begreifen, wenn wir ihr mit regem Geist nachjagen. Je größer unser persönlicher, egozentrischer Wunsch nach Wissen, desto mehr entzieht es sich uns. Denn unser inneres Ego ist die Quelle all unserer menschlichen Illusion, Verwirrung und Ignoranz. Unser zerstreuter menschlicher Geist mit seiner Kompliziertheit aus unterbewußten Gedanken und emotionalen Prozessen ist unser schlimmster Feind, und sein Wunsch, Wissen aufzuschnappen, mit dem er unsere Mitmenschen beeindrucken kann, hält ihn davon ab, überhaupt irgendein echtes Verständnis zu erlangen.

Wir können nicht den Kuchen vorgesetzt bekommen und ihn sofort aufessen. Wir müssen vor dem Leben und der Natur in demütigem Geiste niederknien und unseren Zustand der Unwissenheit erkennen. Dann werden wir vielleicht einen blassen Schimmer erfahren.

Den Weg finden

Ich kam während meines letzten Jahres auf der Universität von Cambridge 1965/66 zum Meditieren, nach einer Kindheit und Jugend, in der Andeutungen des Mystischen ständige Begleiter waren. Ich war einundzwanzig. Tatsächlich packte mich die Meditation, und ich machte damit weiter, weil es der praktischste Weg zu sein schien, in die innersten Geheimnisse des Lebens einzudringen. Sie versetzte mich außerdem in Freude und Verzückung und offenbarte mir eine Wirklichkeit, die ziemlich anders war als die Biochemie, Physiologie und andere Aspekte der Biologie, die ich zu studieren gedachte.

Ich war nach Cambridge gegangen, um Medizin zu studieren, mit der Absicht, mich auf Psychiatrie zu spezialisieren. Ich interessierte mich für den Geist und das Bewußtsein und dachte, die Psychiatrie hätte ein paar Antworten anzubieten. Doch bei näherer Betrachtung merkte ich, daß dies weitgehend nicht der Fall war, und ich landete schließlich dabei, einfach einen anständigen naturwissenschaftlichen Abschluß zu machen.

Als ich graduierte, ohne irgendeine weltliche Zielrichtung und nur mit der Absicht im Kopf, das Wesen des Bewußtseins und des Lebens zu verstehen, finanzierte ich mich kurze Zeit damit, Gitarre zu spielen. Doch sehr bald wurde ich stark von der Philosophie eines mystischen Adepten angezogen, der in Indien lebte. Es gab nur ein paar Bücher, die in Indien privat gedruckt worden waren, und ein befreundeter Kollege war gerade in Indien gewesen, um seinem Meister zu begegnen. Nun, die ganze Geschichte ist faszinierend, wenn sie auch hier nicht ganz hinpaßt. Doch im Oktober 1967 fand ich mich in Indien in einer ruhigen Ecke des Punjab wieder, mit einem Guru, dessen spirituelle Ausstrahlung und Weisheit mir den Atem raubte.

Er lehrte und lehrt immer noch eine einfache und wunderschöne universelle mystische Philosophie, die so alt ist wie die Menschheit und so natürlich wie das Leben. Und wichtiger noch, er lehrte eine ganz spezielle Meditationstechnik, um die inneren Urquellen des spirituellen Bewußtseins im Menschen zu öffnen, wenn er sich mit Lust und Liebe hingibt. Die Philosophie des Mystik ist nur dann nützlich, wenn sie zu einer praktischen Methode führt, Erfahrung zu entwickeln.

Das war es eigentlich, wonach ich suchte, und ich blieb vier Monate in Indien und kehrte im nächsten Winter für weitere drei Monate zurück. Die Temperatur erreichte im Sommer über 50 Grad Celsius, und westlichen Menschen wurde empfohlen, nicht zu bleiben. Seitdem habe ich ihn viele Male in Indien besucht, und vier Mal war er in England. Seine spirituelle Ausstrahlung ist recht einzigartig, und die Atmosphäre, die ihn umgibt, scheint von einer seligen Schwingung durchdrungen zu sein, die die Seele erhebt und den Geist beruhigt.

Ich muß noch einen höheren Meister finden, doch eigentlich suche ich nach keinem mehr. Ich bin mit wachsender Gewißheit davon überzeugt, daß er den Gipfel mystischer Erfahrung und mystischen Bewußtseins erreicht hat. Er selbst behauptet nichts dergleichen, da er weiß, daß gewöhnliche Menschen keine Möglichkeit haben, dies zu verifizieren oder zu widerlegen. Er sagt nur, er tue den Dienst, den sein spiritueller Vorgänger ihn auszuführen bat, das heißt, diejenigen zu lehren, die aufrichtig wissen wollen, wie man meditiert und in sich selbst die höchsten Ebenen von Bewußtsein erreicht. Er nimmt von seinen Schülern kein Geld und keine Geschenke an, sondern gibt immer selbst. In einer Welt voller Gier nach Geld und Macht ist dies ein Kennzeichen höchster Spiritualität.

Im Laufe der Jahre ist meine eigene Wahrnehmung der Welt somit zunehmend universaler, tiefer, feiner und mystischer geworden, und vor diesem Verständnishorizont schreibe ich. Ich erzähle Ihnen das Obige, weil es nützlich ist, den Hintergrund einer Person zu verstehen. Es gehört nicht zum natürlichen Muster, daß alle Leute dieselbe Sicht der Dinge haben sollten.

Da ich eine anständige und einfache Beschäftigung brauchte, die es mir erlaubte, der Meditation viel Zeit zu widmen, arbeitete ich siebzehneinhalb Jahre an der berühmten Abteilung für Angewandte Mathematik und Theoretische Physik der Universität von Cambridge, nicht als Physiker, sondern in der Computerwelt. Eine Welt, in der in jenen Tagen jeder Autodidakt war.

Der Hauptschwerpunkt in meinem Leben jedoch lag und liegt immer noch auf der mystischen Erfahrung. Das ist die Erfahrung des Lebensbewußtseins selbst. Es zu entfalten, darin liegt die Bedeutung und der Sinn des menschlichen Lebens.

Doch meine Liebe zur Natur und der Wunsch nach einem tieferen Verständnis der Leben- und Heilungsvorgänge blieb immer Teil meiner Geistmuster. Dann, um 1984 herum, kurz nachdem ich die Universität verließ, um mein eigenes kleines Unternehmen zu betreiben, schrieb ich *Strahlungsfeld*, eigentlich als Versuch, meine eigene intuitive Wahrnehmung zu klären, und auch, um ein wenig mystisches Lebensverständnis in die Wissenschaft zu bringen, die sich in eine materialistische Weltsicht verschanzt hatte und doch Anzeichen zeigte, daß sie ihr zu entkommen wünschte. Die Zeit war reif, und die Worte gingen mir leicht von der Hand.

Subtle Energy wurde im Frühjahr 1987 veröffentlicht, und innerhalb eines Jahres wurde es neu aufgelegt und in fünf der Hauptsprachen übersetzt.* Das Buch schien eine Saite zum Klingen gebracht zu haben, und um diese Zeit war schon fast mein zweites Buch zu diesem Thema, *The Web of Life*, im Druck, und es wurde sehr positiv aufgenommen. Das vorliegende Buch ist das dritte in der Reihe, und ein weiteres (*Am Anfang ist der Geist*) folgt.**

Danach ist es, glaube ich, Zeit für eine Pause, denn zu viele Worte verschleiern das Problem. Solche Aussagen wurden jedoch bereits zuvor gemacht, und ich bin nicht in der Lage, die Zukunft vorauszusagen.

Ich erwähne all dies, weil ich unterstreichen will, daß meine primäre Sicht und mein inneres Verständnis des Universums mystisch sind. Sie haben es wahrscheinlich bereits gemerkt!

---

*Subtle Energy erschien unter dem Titel *Strahlungsfeld* im Knaur-Verlag, ist aber seit einiger Zeit vergriffen und wurde nicht mehr neu aufgelegt; d. Ü.

**Inzwischen sind darüber hinaus *Natural Creation or Natural Selection* und *Natural Creation: The Mystic Harmony* erschienen; d. Ü.

Die mystische Wirklichkeit

Wie die Geschichte von Allen Boone und Strongheart oder wie der Mensch und seine auswärts gerichtete Wissenschaft sind die innere Natur Gottes und Seine Schöpfung so, wie sie sind, und der einzige Weg, dies zu erfahren, besteht darin, es selbst zu erleben. Die Vorstellungen des Menschen darüber sind von der Wirklichkeit selbst verschieden, und was ein Mensch persönlich glaubt, macht nicht den kleinsten Unterschied hinsichtlich der Natur dieser mystischen Wirklichkeit aus. Seine Glaubensvorstellungen sind in der Tat bloß ein anderer Teil des kosmischen Dramas. Wir sind bestimmt, so zu sein und zu denken, wie wir es nun einmal tun!

Die nach außen gerichtete Wissenschaft ist einfach das Studium eines kleinen Teils des vollständig mystischen Kosmos, und wenn der Mensch dies nicht erkennt, dann ändert das die Wirklichkeit nicht ein bißchen. Es sorgt bloß dafür, daß der Mensch sich verwirrt fühlt! Wenn man die wissenschaftlichen Zeitschriften liest, die philosophischen Schriften akademischer Gelehrter und selbst vieles von der halb-mystischen 'New Age'-Philosophie, bemerkt man diese Verwirrung.

All diese Schriften, einschließlich dieses Buches, gibt es bloß *wegen* unserer Verwirrung. Wenn jeder die Dinge so sehen könnte, wie sie sind, dann wären all diese Worte und gegensätzlichen Standpunkte nicht nötig. Wenn Menschen ihre Gedanken niederschreiben, ohne die Kräfte zu verstehen, die sie treiben, dann keimt sofort die alte menschliche Schwäche auf, der Experte sein und von seinen Mitmenschen hoch angesehen werden zu wollen. Wenn man außerdem berücksichtigt, daß wir alle von den Gedankenmustern unserer Ära geformt sind, folgt daraus, daß menschliche Schriften zutiefst von 'verborgenen' Aspekten der menschlichen Persönlichkeit des Autors geprägt sind, und dazu gehören ganz sicher diejenigen, die von einer scheinbar objektiv-wissenschaftlichen Art sind.

Manche mögen in dem Bemühen, als intelligent angesehen zu werden, Fremdwörter und geschwollene Phrasen benutzen. Viel wissenschaftliche Literatur ist in einem Stil geschrieben, der viele Menschen zu Tode langweilt, selbst wenn sie hinter die erstaunliche Kompliziertheit der Sprache kommen können, in der sie häufig übertriebener- und unnötigerweise verfaßt ist! Die Gesellschaften, die den Gebrauch von einfachem Deutsch propagieren, sollten sich mehr als nur um Bürokraten- und Rechtspapiere kümmern! In anderen liegt der Drang, jedem anderen zu widersprechen. Einige füllen ihre Seiten mit einem Zuviel an Fakten. Ausdrucksweisen gibt es so viele wie Autoren, und jede spiegelt die Gedankenprozesse wider, die Persönlichkeit und den Bewußtseinsgrad des Autoren. Mich selbst natürlich eingeschlossen.

Warum? Nun, wie Mogave Dans Kommentar zu Hunden: Es gibt Fakten, und es gibt Meinungen über die Natur der Wirklichkeit. Wenn du Meinungen willst, frag den Menschen. Wenn du Fakten willst, finde einen Weg, die Wirklichkeit selbst zu fragen, 'frag' Gott. Unsere Vorstellungen – unsere Gedanken – sind sogar selbst ein Teil Seiner kosmischen Struktur. Aus Gründen, die Er selbst am besten kennt, ist es eindeutig ein Teil des göttlichen Plans, daß wir so verwirrt sein sollen, denn es gibt auch ein Gesetz oder einen Plan, der unsere Gedankenprozesse beherrscht.

Jemand schrieb mir einmal, er sehe die Notwendigkeit nicht ein, zu Beginn von *Strahlungsfeld* die mystische Kosmologie anzuführen. Er glaubte, das sei zu kompliziert. Nun, es gibt einfache Wege, und es gibt kompliziertere Wege, diese natürlich existierende kosmologische Struktur auszudrücken, je nachdem, an wen man sich wendet und was man damit erreichen will. Doch es ändert in keiner Weise das Wesen der Wirklichkeit. Wir könnten uns auf ähnlicher Grundlage beschweren, daß uns die Struktur eines lebenden Organismus nicht gefalle – warum konnte er nicht einfacher gebaut sein, so daß wir ihn leichter verstehen könnten?

Die Frage und die Beschwerde sind in vielerlei Hinsicht irrelevant, denn die Dinge sind nun mal so, wie sie sind. Es gibt solche, die sagen, es gebe keine mystische Hierarchie physischer, astraler, kausaler und spiritueller Welten, es gebe keinen Gott oder keinen Universalen Ozean des Seins, aus dem heraus diese Welten geschaffen, projiziert oder manifestiert werden. Von unserem beschränkten Standpunkt aus haben wir ein Recht auf unsere Meinung. Aber Meinungen verändern das Wesen des Lebens und des Todes nicht. Jemand mag nicht an Reinkarnation glauben, doch das hält ihn nicht davon ab, immer wieder in dieser Welt geboren zu werden. Die Augen vor etwas zu verschließen bewirkt nicht, daß es verschwindet.

Wir müssen dahin kommen, den Grad unserer Unwissenheit zu verstehen. Zumindest das sollte uns als ein Anfangspunkt klar werden. Wir müssen einen Weg finden, unserem inneren Festklammern an Gedanken und Gefühle Einhalt zu gebieten. Sie bewegen sich auf Gewohnheitspfaden und sind gewöhnlich keine Quelle echter Weisheit für uns, sondern trüben genau die Sache, die wir zu finden hoffen. Meistens sind sie so intensiv und haben uns in solch ein Bündel aus verwirrter, unbewußter Emotion eingewickelt, daß wir noch nicht einmal wissen, daß wir etwas suchen.

Was ich Gott nenne, liegt jenseits aller verstandesmäßigen Kompliziertheit. Er ist jenseits aller Teilung. Er ist hier, in allem, genau jetzt, und doch gibt es eine große Hierarchie von Welten 'zwischen' dem Physischen und dem Universalen. Gott ist im einheitlichen Feld der Physik nicht zu finden. Im hierarchischen Sinne ist Er nicht einfach jenseits des Atoms zu finden. Er ist weit tiefer innen. Und doch kann der vollkommene Mystiker in einem Augenblick beim Herrn und gleichzeitig wieder bei uns sein. Für ihn ist alles in eins zusammengestürzt – aber nicht in ein einheitliches Feld!

Gott ist eins, ungeteilt. Er ist das Zentrum in allen Dingen. Aus Ihm entsteht die schöpferische Welt, der Heilige Geist, der Shabd, der ursprüngliche Lebensstrom. Dies ist die erste Teilung, und doch ist diese schöpferische Kraft immer noch in Ihm und trägt seine Eigenschaften in die Schöpfung. Wenn Schwingung, Bewegung und Teilung zunehmen, bilden sich die rein spirituellen Welten. Hier ist das ursprüngliche Gesetz das der Liebe, und die Seelen, die diese Regionen bewohnen, strahlen ein intensives Licht aus und sind in die Liebe des höchsten Bewußtseins versenkt.

Dieser Shabd oder das Wort ist der zentrale Teil der höchsten mystischen Übung, denn er kann als Klang gehört und als Licht erschaut werden. Die Seele besitzt diese beiden Fähigkeiten des Hörens und Sehens, denn wir erfahren die Quelle unseres eigenen inneren Lebens durch diese beiden Fähigkeiten. Aus diesem Grund ist der Shabd auch als der hörbare Lebensstrom bekannt. Wir sind Tropfen dieses mächtigen schöpferischen Flusses, und mit diesem Fluß zu verschmelzen heißt unseren Weg zurück zu seiner Quelle zu finden.

Die indischen Veden, die die innere Kosmologie nur bis hinauf in das Reich von Brahma beschreiben, den Universalen oder Göttlichen GEIST, nennen diesen schöpferischen Strom *Om* oder *Aum*, den zurückstrahlenden kosmischen Motor. Die geistige oder äußere Wiederholung des Wortes Om wird manchmal als Mantra praktiziert, um zu helfen, den Geist zu konzentrieren oder zu fokussieren, doch es ist vom wahren ungeschriebenen und unausgesprochenen Wort des Schöpfers verschieden. Dieser Klangstrom ist das Seil, das Gott herunterläßt, an dem wir mit der Hilfe eines qualifizierten Lehrers emporklettern können. Dies ist eine weit bessere Übung, als den Pranas oder dem Astrallicht zu folgen, denn jeder Strom, mit dem wir uns vereinigen, wird uns nur zu seiner eigenen Quelle und nicht weiter tragen. Solche Übungen mögen Sprungbretter oder Seitenwege sein, die uns zur Hauptstraße führen, doch sobald wir diese Hauptstraße finden können, sollten wir auf ihr fahren.

Wenn die Schöpfung sich nach außen fortsetzt, wird Dualität deutlich, und es bildet sich der gigantische Computer des Universellen Geistes. Hier kommen Zeit, Raum, Kausalität und die Dualität oder Polarität des Lebens, wie wir sie kennen, erstmals zum Ausdruck. Raum und Zeit entstehen als Erfahrungen der Seele, wenn sie sich von dem trennt, was sie erfährt. Hier nimmt die Seele die erste feine Essenz mentaler Umhüllung an. Diese ist weit subtiler als unser menschlicher Geist, doch dieselben wesentlichen Qualitäten werden darin widergespiegelt. In diesem riesigen Reich des Universalen Geistes ist die Seele, umgeben von ihrer ersten schwingenden Energiehülle (dem Kausalkörper und dem kausalen Geist), immer noch in Glück und Liebe versunken. Doch der eine primäre Energiestrom des Shabd beginnt nun, sich zu vervielfältigen und sich wechselweise mit sich selbst, ein Strom mit einem anderen, in Beziehung zu setzen.

Wenn sie eine Schleuse oder eine Schwelle in ihrer Schwingungsaktivität, einen inneren Vakuum- oder Akashazustand, passieren, vermischen und verbinden sich diese Ströme untereinander und bilden das zentrale Kraftwerk der nächsttieferen Region, der Astralzone. Diese Energiekreuzung ist als der Tausendblättrige Lotos bekannt, das Sahasra, und manchmal als das Kronenchakra. Doch sie liegt tief im zentralen schöpferischen Brennpunkt des Astralreiches. Die Seele ist in das Streben nach Glückseligkeit und innerer Freude vertieft, doch hier herrscht größere Aktivität. Astralgeist und Astralkörper werden natürlicherweise um die Seele in dieser Region gebildet, damit sie auf dieser Ebene existieren und sich ausdrücken kann.

Die Tendenz des Geistes bewegt sich nun in Richtung Aktivität und Äußerlichkeit. Die gewachsene Schwingungsaktivität um den Astralgeist beginnt ihn nun zu verwirren, zu fesseln und zu bezaubern. Raum und Zeit, die sich zuerst im Reich des Universalen Geistes manifestiert haben, scheinen kleiner zu sein und sich schneller zu bewegen, wenn die Komplexität des Geistes und der Grad von Vielfalt zunehmen. Doch Raum und Zeit existieren zweifellos in allen vom Universalen Geist beherrschten Regionen. Sie hören nicht auf, sobald das physische Reich überschritten wird. Sie existieren so lange, wie die Dualität des Geistes – die Universale oder menschliche – bestehen. Sie entstehen als natürliche Folge der durch den Geist bewirkten Trennung der Seele von ihrer Quelle. In Begriffen unserer physikalischen Erfahrung ausgedrückt, entstehen sie aufgrund der illusorischen Dualität des Beobachters und des Beobachteten.

Die eintausend Energieströme des Sahasra verknüpfen sich dann zu noch größeren energetischen Komplexitäten, bis der nächst tiefere Phasensprung gemacht und das physische Universum mit seinen fein- und grobstofflichen Aspekten geformt wird. Hier sind die Komplexitäten der äußeren Welt, unser physischer Körper und unser menschlicher Geist, so groß, daß die Zeit im Vergleich zur ausgedehnten Zeiterfahrung in den astralen und kausalen Reichen dahinzueilen scheint. Ähnlich scheint der Raum zusammengezogen und kleiner zu sein.

Ein gewisses Verständnis davon mag von unserer subjektiven Zeiterfahrung abgeleitet werden, die je nach unserem geistigen Zustand variiert – zum Beispiel je nach dem, was wir tun, und nach der Schnelligkeit unserer Gedankenabfolge. Ähnlich berichten Menschen in veränderten physischen Bewußtseinszuständen von Veränderungen in ihrem Zeitempfinden. Einer meiner Freunde erzählte mir einmal, wenn er ein kompliziertes Klavierstück spiele, dehne er sein geistiges Zeitempfinden, so daß er 'jede Menge Zeit' habe zu spielen, anstatt mit seinen Fingern durch die komplizierten Stellen des Stücks zu rasen und Stil und Ausdruck zu verlieren.

Ähnlich empfinden manche Leute eine Minute als eine lange Zeitspanne, während sie für andere ohne Bedeutung ist. Raum und Zeit sind somit ebenfalls geistige Erfahrungen, keine objektiven Realitäten. Und da alles in Raum und Zeit auftritt, können wir wieder leicht sehen, wie unser Geist auf unserer physischen Ebene der Schöpfer unserer physischen Welt ist.

Der menschliche Geist ist jedoch so von den Sinnen gefesselt, daß unsere geistige Aufmerksamkeit aus seinem Zentrum in uns selbst herausläuft und sich ins Spiel vertieft, ohne je zu erkennen, daß er selbst der Filmprojektor ist. Unsere Aufmerksamkeit – das ist eigentlich unser Geist verknotet mit unserem Bewußtsein. Wir sind also verloren und haben keinen Begriff von unserer mißlichen Lage. Deshalb verhalten wir uns so, wie wir es tun. Und ebenfalls aus diesem Grund ist unsere physische Wissenschaft so oberflächlich und hat keine Ahnung, wo sie im Gesamtsystem der Dinge steht. Sie hat ihren Platz, doch nur auf einer menschlichen Ebene. Sie muß durch ein inneres Studium erweitert werden, durch Bewußtsein von den inneren Reichen, von denen die physische Schöpfung abstammt. Das ist die mystische Wissenschaft der wahren Meditation, die nur von einem fortgeschrittenen Mystiker selbst gelehrt werden kann. Wie in allen Angelegenheiten ist auch hier ein erfahrener Lehrer erforderlich.

Die mystische Erfahrung ist zweifellos unsere eigene. Doch obwohl ein Olympia-Sportler derjenige ist, der die Fähigkeiten und Begabungen hat, braucht er dennoch einen Trainer, der dafür sorgt, daß sich dieses Vermögen manifestiert. Und je besser der Trainer, desto größer ist der Ausdruck von Können beim Schüler.

Da alle geschaffenen Dinge aus der Einen Quelle kommen, tragen sie alle einen Stempel der Liebe und des Seins des Schöpfers. Sie sind deshalb alle miteinander verbunden. Das Universale ist sowohl eins als auch unendlich, heißt es. Ferner verbinden sich alle Teile aufgrund ihres identischen Ursprungs automatisch miteinander. Je weiter wir auf mystische Weise nach Innen reisen, desto klarer erscheinen uns diese Beziehungen. Dies ist die Grundlage der wechselnden Gesetze der Energiebeziehung, die ich in diesem Buch erörtert habe.

In den letzten Jahren wurde die Erfindung der holographischen Fotografie als Analogie benutzt, um diese Realität auszudrücken, obwohl wir es mit einem ständigen schöpferischen Prozeß von innen heraus zu tun haben, nicht mit einem kristallisierten, vorgeformten Muster auf einer rein horizontalen oder physischen Ebene. Es ist das Wirken des mikrokosmisch-makrokosmischen Prinzips, das es unserem individuellen Geist letztlich erlaubt, mit dem Universalen GEIST zu verschmelzen, und dem Tropfen unseres individuellen Bewußtseins, sich mit dem Universalen BEWUSSTSEIN zu vereinigen.

Nun, wir sehen nur die aufgereihten, linearen Beziehungen, obwohl wir mit unserem intuitiven Geist vielleicht andere, zartere Verbindungen spüren mögen. Dies ist die Intuition, die der Suche nach einer Vereinheitlichten Feldtheorie zugrunde liegt. Es ist nicht so sehr eine rationale als eine intuitive, *mentale* Erkenntnis, daß alle Dinge verbunden sind. Ohne dieses mentale Erkennen würden Physiker nicht nach einem Modell suchen, durch das sich diese Beziehung ausdrücken läßt.

Doch wenn wir innerhalb der höheren Reiche fortschreiten, sehen oder erfahren wir direkt die Art und Weise, wie die Energien des Kosmos und unserer eigenen inneren Struktur zusammengesetzt sind. Der mystischen Erfahrung kommt darum mehr Gültigkeit und Wahrheit zu als irgendeinem mathematischen oder philosophischen Modell. Wir werden tatsächlich zum Meister von allem unterhalb von uns. Wir sehen und könnten die Struktur von alledem kontrollieren, wenn wir wollten, denn sie liegt in unserem Geist und Bewußtsein. Dies ist die Gewißheit des Glaubens, die buchstäblich Berge versetzen kann. Zum Schluß legen wir in der Region jenseits des Universalen GEISTES den Geist dankbar ab, denn er war die Ursache vieler Kämpfe. Dann eilen wir voran unserer spirituellen Heimat entgegen, von der wir so lange getrennt waren.

Bibliographie und weiterführende Literatur

Moderne Physik

Davies, Paul: *Superforce*, Unwin, 1984
Dirac, Paul: *Directions in Physics*, John Wiley and Sons, New York, 1978
Ford, K. W.: *The World of Elementary Particles*, Blaisdell Publishing Co., 1958
Gribbin, John: *Auf der Suche nach Schrödingers Katze*, Piper, München, 1988

Moderne Physik und die Neue Energiewissenschaft

Anderson, Selby: *In Search of Zero-Point Energy*, in: *Newsletter* der Planetary Association for Clean Energy, 5. Jahrg., Nr. 1 u. 2
Aspden, Harold: *A Theory of Proton Creation*, in: Physics Essays, Bd. 1 Nr. 2, 1988
Ders.: *Aether Science Papers*, Sabberton Publications, PO Box 35, Southampton SO16 7RB, UK, 1996
Ders.: *Anti-Gravity Electronics*, in: *Electronics and Wireless World*, Jan. 1989
Ders.: *Do We Really Understand Magnetism?*, in: *Magnets in Your Future*, Mai 1988
Ders.: *Ghost Mass and the Unseen Energy World as Revealed by the Anomalies of the Gyroscope*, in: *Tothmattian Review*, 1988
Ders. : *Physics Unified*, Sabberton Publications, 1980
Ders. : *Vacuum as a Source of Energy*, in: *Magnets in Your Future*, Bd. III, April 1988
Baurov, Yu. A.: *Space Magnetic Anisotropy and a New Interaction in Nature*, in: *Physics Letters A* 181 (1993), S. 283-288
Baurov, Yu. A., E. Yu. Klimenko und S. I. Novikov: *Experimental Observation of Space Magnetic Anisotropy*, in: *Physics Letters* A 162 (1992), S. 32-34
Bearden, T. E.: *The New Tesla Electromagnetics and the Secrets of Electrical Free Energy*, Tesla Book Company, Chula Vista, 1982

Ders.: *Towards a New Electromagnetics*, Tesla Book Company, Chula Vista, 1983

Bearden, T. E. und Andrew Michrowski: *The Emerging Energy Science*, Planetary Association for Clean Energy, Ottawa, 1985

Bird, Christopher: *Scientific Politics and the Future of the Earth*, in: *Newsletter* der Planetary Association for Clean Energy, 4. Jahrg., Nr. 3

British Intelligence Objectives Committee: *The Invention of Hans Coler Relating to an Alleged New Source of Power*, 1946, freigegeben 1962

Davidson, John: *Current Physics Theories and the Life Sciences*, in: *Newsletter* der Planetary Association for Clean Energy, 5. Jahrg., Nr. 3 u. 4

Ders.: *Subtle Energy*, C. W. Daniel & Co., Saffron Walden, 1987 (dt.: *Strahlungsfeld*, Knaur, München, 1989, vergriffen)

Davies, Paul: *Something for Nothing*, in: *New Scientist*, 27. Mai 1982

Dea, Jack: *Fundamental Fields and Phase Information*, in: *Newsletter* der Planetary Association for Clean Energy, 4. Jahrg., Nr. 3

Greenburg, Jack S. und Walter Greiner: *Search for the Sparking of the Vacuum*, in: *Physics Today*, August 1982

Greiner, W. und J. H. Hamilton: *Is the Vacuum Really Empty?* in: *American Scientist*, März-April 1980

Inomata, Shiuji: *Paradigma der Neuen Wissenschaft – Prinzipien für das 21. Jahrhundert*, Gijutsu-Shuppan, 1988 (auf japanisch)

Ders.: *Psychotronics*, Abschn. 6-9 des *Japanese Yearbook of High Technology and Science*, 1988, ins Engl. übersetzt von M. Nakada

Ders.: *Psychotronic Universe* und *Paradigm of New Science*, ins Engl. übersetzte Schriften

Kilpatrick, J. Franklin: *Free Energy Secrets*, Verlag und Erscheinungsjahr unbekannt

King, Moray B.: *Cohering the Zero-Point Energy*, Privatveröffentlichung, 1986

Ders.: *The Holistic Paradigm, Privatveröffentlichung*, 1986

Ders.: *Tapping the Zero-Point Energy*, Paraclete Publishing, Utah, 1989

Lodge, Sir Oliver: *The Ether of Space*, Harper, London, 1909

Manning, Jeane: *Die Revolution des 21. Jahrhunderts*, Omega-Verlag, Düsseldorf, 1997

Manning, Jeane und Pierre Sinclaire: *The Granite Man and the Butterfly*, Project Magnet, PO Box 839, 9037 Royal St., Fort Langley, British Columbia V1M 2S2, Kanada, 1995

Milnes, H. W.: *Faster Than Light Signals*, in: *Radio Electronics*, Ausg. 54-1, 1983

Moray, T. Henry: *The Sea of Energy in Which the Earth Floats*, Cosray Research Institute, 1978

Mueller, Eike und T. E. Bearden: *Experiments with a Kromrey and a Brandt-Tesla Converter Built by John Bedini*, Tesla Book Company, Chula Vista, 1984

Nakada, Mitsuo (Übers.): Abschnitt über *The New Science*, in: *Japanese Yearbook of High Technology and Science*, Ausg. 1988

Ders. : *The Generation of Electric Power by Magnetic Force*, Abschn. 6-5 in: *Japanese Yearbook of High Technology and Science*, Ausg 1988

Newman, Joseph: *The Energy Machine of Joseph Newman*, Joseph Newman Publishing Co., Lucedale, 1987

Nieper, Hans A.: *Revolution in Technik, Medizin, Gesellschaft*, MIT, Oldenburg, 1983

Pappas und Obolensky: *Thirty-six Nanoseconds Faster Than Light*, in: *Electronics and Wireless World*, Dezember 1988

Puthoff, H. E.: *Ground State of Hydrogen as a Zero-Point-Fluctuation-Determined State*, in: *Physical Review* D, Bd. 35, Nr. 10, 15. Mai 1987

Schaffranke, Rolf: *Ether Technology*, privat, 1977 (abweichende dt. Version: Sigma, Rho: *Forschung in Fesseln*, VAP, Preuß. Oldendorf, 1994)

Ders.: *Proof of Free Energy Devices and Supporting Data*, Tesla Book Company, Chula Vista, 1982

Tewari, Paramahansa: *Beyond Matter*, Printwell Publications (Indien), 1984

Zielinski, Adolf: *Magneto-Voltaic Technology, A Solid State Approach for Tapping the Zero Point Energy Field (ZPE)*, Aufsatz, vorgestellt auf der Konferenz „New Ideas in Natural Sciences" im Juni 1996 in St. Petersburg

Dem schwerelosen Flug entgegen..., Artikel in: *Interavia*, Frühjahr 1956

Proceedings: International Symposium on New Energy, Denver, Colorado, April 1996, International Association for New Science, 1304 S. College Ave., Fort Collins, Colorado 80524, USA

Mystische und yogische Philosophie

Davidson, John: *Consciousness, Vacuum and the Formative Mind*, in: *New Humanity*, Oktober/November 1988

Ders. : *The Web of Life*, C. W. Daniel & Co., Saffron Walden, 1988

Kabir Sahib: *Im Garten des Göttlichen, 112 Gedichte des indischen My-stikers;* nach der Übertragung. ins Englische von Rabindranath Tagore, deutsche Übers. v. Gunther Wolf, Hermes, Heidelberg, 1993

Maharaj Sawan Singh Ji: *Philosophy of the Masters*, Radha Soami Satsang Beas, 1964

Ders.: *Spiritual Gems*, Radha Soami Satsang Beas, 1981

Lal Kapur, Daryai: *Heaven on Earth*, Radha Soami Satsang Beas, 1981

Naimy, Mikhail: *Das Buch des Mirdad*, Rozekruis Pers, 1986

Owen, Rev. G. Vale: *Life Beyond the Veil*, Greater World Association, London, 1922

Ponlain, R. P. Aug.: *Mystic Experiences of Medieval Saints*, Kegan Paul, London

Rumi, Jalalu'din: *Das Mathnavi*, Hugendubel, München, 1994

Silver Birch: *The Seed of Truth*, zusammengestellt v. Tony Ortzen; Psychic Press, 1987

Yogananda, Paramahansa: *Autobiographie eines Yogi*, O. W. Barth, München, 1950

Physik mit mystischem Beigeschmack

Bentov, Isaac: *Stalking the Wild Pendulum*, Fontana, New York, 1978

Capra, Fritjof: *Das Tao der Physik*, Scherz, München, 1984

Verschiedenes

Alexandersson, Olof: *Lebendes Wasser*, Ennsthaler, Steyr, 1993

Bates, Brian: *The Way of Wyrd*, Century Hutchinson, 1983

Boone, J. Allen: *Die große Gemeinschaft der Schöpfung,* Hugendubel, München, 1990

Callahan, Philip: *Tuning In To Nature*, Devin-Adair, 1975

Carroll, Lewis: *Alice hinter den Spiegeln*, Insel, Frankfurt/M., 1974

Cheney, Margaret: *Nikola Tesla – Erfinder, Magier, Prophet*, Omega-Verlag, Düsseldorf, 1995

Davidson, John und Lucie: *A Harmony of Science and Nature – Ways of Staying Healthy in a Modern World*, Wholistic Research Company, Cambridge, 1986, 1994

Einstein, Albert: *Aus meinen späten Jahren*, Deutsche Verlags-Anstalt, Stuttgart, 1979

Ders.: *Ideas and Opinions*, Souvenir Press, 1973

Kidd, Sandy und Ron Thompson: *Beyond 2001 – The Laws of Physics Revolutionized*, Sidgwick and Jackson, London, 1995

Kronberger, Hans und Siegbert Lattacher: *Auf der Spur des Wasserrätsels – von Viktor Schauberger bis Johann Grander*, Uranus Verlagsgesellschaft, Wien, 1995

Lovelock, J. E.: *Das Gaia-Prinzip*, Artemis, Zürich/München, 1991

Manners, Peter Guy: *The Rhythm of Living Form*, Link Up, 1987

O'Neill, John: *The Life of Nikola Tesla*, Spearman, Saffron Walden, 1968

Prigogine, Ilya: *Self-Organization in Non-equilibrium Systems*, Wiley and Sons, Chichester, 1977

Prigogine, Ilya und Isabelle Stengers: *Die Gesetze des Chaos*, Campus, Frankfurt/M., 1995

Wilber, Ken (Hrsg.): *Das holographische Weltbild*, O. W. Barth, München, 1988

Register